9788527305976

Sociedade Israelense

Coleção Estudos
Dirigida por J. Guinsburg

Equipe de realização — Tradução: Dora Ruhman, Fany Kon. Janete P. Meiches e Paulina G. Firer; Revisão: Dora Ruhman, Fany Kon e Vera Toledo; Produção: Plinio Martins Filho.

S.N. Eisenstadt

SOCIEDADE ISRAELENSE

EDITORA PERSPECTIVA

Título do original em inglês
Israeli Society

© S. N. Eisenstadt

Direitos em língua portuguesa reservados à
EDITORA PERSPECTIVA S.A.
Av. Brigadeiro Luís Antônio, 3025
Telefone: 288-8388
01401 São Paulo Brasil
1977

Sumário

Prefácio 1

Prefácio a Esta Edição 5

Parte I. O FUNDO HISTÓRICO

1. Uma Análise da Sociedade Israelense: O Problema e o Cenário 29
2. Os Principais Estágios no Desenvolvimento Institucional do Ischuv: O *Background* 37
3. Os Principais Estágios no Desenvolvimento Institucional do Ischuv. Características Específicas das Principais *Aliot* 45
4. O Padrão Institucional do Ischuv 71
5. O Estabelecimento do Estado de Israel 99

Parte II. A ESTRUTURA SOCIAL EMERGENTE

6. A Estrutura Econômica, Problemas e Desenvolvimento no Ischuv e no Estado de Israel 113
   1. O desenvolvimento das principais feições da economia 113
   2. As principais políticas econômicas 155
   3. O funcionamento e os problemas da economia israelense. Produção, consumo e a brecha entre eles. Os problemas do avanço 172

7. Organização e Estratificação Sociais 199
   1. Organização e estratificação sociais no Ischuv 199
   2. Organização e estratificação sociais no Estado de Israel. Tendências emergentes 212
   3. Diferenciação e política sociais. Critérios conflitantes e áreas anômalas na sociedade israelense 241

4. Padrões emergentes de organização e estratificação social 277

8. Educação, Saúde e Família 301
   1. Desenvolvimento no Ischuv 301
   2. Educação no Estado de Israel 319
   3. Novos problemas e soluções 334

9. Estrutura Política e Instituições 365
   1. A estrutura política do Estado de Israel 365
   2. O processo político em Israel, os principais problemas da luta e as coligações ao seu redor .. 389
   3. O processo político e a continuidade do sistema 419
   4. Características básicas dos processos políticos e continuidade do sistema 452

10. Cultura e Valores 461
    1. Renascimento cultural: institucionalização das atividades culturais 461
    2. Controvérsia e padrões institucionais na esfera cultural 466

11. Grupos Minoritários Não-judaicos em Israel .. 489

12. Israel, uma Sociedade Moderna 509
    Bibliografia Selecionada 529
    Glossário 551

Prefácio

A obra aqui apresentada é produto de muitos anos de pesquisa e magistério. Os primeiros esboços deste livro encontram-se nos seminários e cursos sobre a estrutura social de Israel que estive lecionando, durante os últimos quatorze anos, na Universidade Hebraica. Os fundamentos da pesquisa foram assentados no Seminário de Pesquisa sobre a Estrutura Social do Ischuv, estabelecido no Departamento de Ciências Sociais da Universidade Hebraica, em 1946. Este Seminário continuou após a Guerra da Independência, até 1951, quando se criou um amplo programa de pesquisa no Departamento de Sociologia da Universidade Hebraica, fundado com a ajuda do Dr. G. S. Wise, então Presidente do Conselho dos Diretores da Universidade Hebraica e agora Presidente da Universidade de Telavive.

O livro beneficiou-se imensamente das muitas pesquisas empreendidas por meus colegas e por mim no Departamento de Sociologia da Universidade Hebraica, bem como da pesquisa de outras instituições, e em especial as do Departamento Central de Estatística, da Fundação Falk, do Instituto Israelense de Pesquisa Social Aplicada, da Fundação Szold e do Departamento de Pesquisa do Banco de Israel.

Embora muitos aspectos da estrutura social em Israel ainda não tivessem sido explorados, foi possível nos últimos três ou quatro anos cristalizar suficientemente os dados existentes para apresentar um quadro sistemático e apontar as áreas nas quais a futura pesquisa parece mais urgente. Quando o Professor M. Davis, Diretor do Instituto Judaico

Contemporâneo da Universidade Hebraica, abordou-me há mais ou menos três anos, com um convite para que publicasse minhas conferências em forma de livro, sob os auspícios de seu Instituto, acolhi de bom grado sua sugestão. Esse foi, de fato, o impulso final necessário para a realização deste livro sobre a sociedade israelense, na época em preparo por uma equipe da qual fazem parte os Drs. Ch. Adler, R. Bar-Yosef, o Sr. R. Cahanna e eu, equipe essa que foi de grande valia para este livro.

É desnecessário dizer que esta obra deve muito a diversas pessoas. Antes de tudo, gostaria de agradecer a todos meus alunos dos últimos quinze anos que sofreram em seminários e conferências e com os quais experimentei algumas de minhas idéias. Devo agradecer também aos meus colegas do Departamento de Sociologia pelas discussões sobre problemas da sociedade israelense, bem como pelos resultados de suas diversas pesquisas. Em especial, gostaria de mencionar o Professor J. Katz e sua obra sobre a Sociedade Judaica Tradicional e os Primórdios do Nacionalismo Judaico; o Professor J. Ben-David e sua obra a respeito das profissões, bem como nosso projeto comum sobre os movimentos juvenis; a Professora Y. Garber-Talmon e sua obra sobre os *kibutzim;* a pesquisa do Dr. Ch. Adler sobre o sistema educacional; o Dr. D. Weintraub e sua obra sobre os *moschavim;* as investigações do Dr. Mosche Lissac sobre aspirações ocupacionais; o Sr. E. Cohen e sua obra sobre as áreas de desenvolvimento e o trabalho sobre a mobilidade e a aspiração de *status,* da autoria do Sr. A. Sloczower.

Além disso, desejo ainda agradecer a vários colegas pela leitura deste manuscrito em diferentes estágios de seu preparo. Incluem Sra. Y. Atzmon, Professor R. Bachi, Dr. H. Barkai, Professor M. Davis, Sr. D. Gollan, Professor Elihu Katz, Professor J. Katz, Dr. I. Kolatt, Professor A. Morag, Sr. B. Schachar e Sr. A. Zloczower.

Durante minha permanência como professor convidado em Carnegie no Massachusetts Institute of Technology e enquanto ensinava na Harvard University, impus as provas deste ensaio a vários colegas: aos Professores Daniel Lerner, Talcott Parsons, Lucian Pye e Leonard Fein. Beneficiei-me enormemente de suas observações e das observações extremamente detalhadas do Professor S. M. Lipset sobre as provas finais deste livro.

Várias pessoas ajudaram no preparo do material. Sobretudo, gostaria de agradecer a Reuven Cahanna, cuja devoção e ajuda no preparo tanto deste livro, quanto da bibliografia, foram indispensáveis. Outros colaboradores inestimáveis foram Schlomo Deschen, Gur Offer, Z. Stup, o Dr. D. Weintraub e Yohanan Wosner.

Gostaria também de acentuar especialmente a paciente ajuda do Professor M. Davis e de Hagai Lev, Secretário do Instituto Judaico Contemporâneo.

M. Gradel e A. Schapiro fizeram milagres melhorando o inglês e a composição geral das provas — mas certamente não são responsáveis pelos "pecados originais" que não puderam ser corrigidos posteriormente. P. Gurevitch ajudou na revisão.

Finalmente, devo agradecimentos ao Central Bureau of Statistics (pelas tabelas), ao Banco de Israel, ao Instituto Falk, ao *New East Quarterly, New Outlook Quarterly*, ao Dr. J. Ellemers pela permissão de citar, ao Dr. J. Matras e aos meus colegas do Departamento de Sociologia, pela permissão de citar alguns de seus relatórios e artigos.

Um dos principais problemas que enfrentei na preparação do livro foi o de como reconciliar tanto os dados básicos sobre a sociedade israelense quanto a análise mais especificamente sociológica. O livro tencionava, em primeiro lugar, apresentar uma análise sociológica da sociedade e instituições israelenses. Como não há, contudo, nenhum livro que dê os principais pormenores históricos, institucionais e contemporâneos relevantes, senti que era necessário incluir nele muitos pormenores que poderiam talvez ter sido de outro modo omitidos — embora tenha aqui excluído muitos outros que supus serem do conhecimento geral. Obviamente, isto sempre requer que se encontre o equilíbrio apropriado entre a apresentação de todos esses pormenores e os da análise. Não há, provavelmente, nenhuma maneira melhor de fazê-lo e certamente não reivindico tê-la encontrado. Gostaria apenas de reivindicar a indulgência do leitor para com a maneira escolhida de acordo com o melhor de minha habilidade e julgamento.

A maior parte do trabalho deste livro foi concluída no fim de 1963. Contudo, vários aspectos técnicos de seu preparo adiaram a publicação final. Não foi, todavia, possível "atualizar" todo o material e só em alguns casos particulares (em especial no campo da política interna) foi adicionada informação mais recente, embora fosse tentada a mesma coisa para a maioria das tabelas.

S. N. Eisenstadt

Jerusalém
Universidade Hebraica
Escola Eliezer Kaplan de
Ciências Econômicas e Sociais
Dezembro, 1965

Prefácio a Esta Edição

Mudança e Continuidade na Sociedade Israelense *

[A sociedade israelense é provavelmente mais complexa do que a de qualquer um dos países circunvizinhos, consistindo em grande parte de imigrantes das mais variadas formações culturais expostos às tensões do cadinho que é Israel. A tradição religiosa e as tendências modernizadoras, as dificuldades econômicas e as ideologias políticas conflitantes, uma guerra contínua — tudo isso deixou sua marca. No artigo que se segue, proferido como conferência na Universidade de Harvard em 1969, S. N. Eisenstadt, Professor de Sociologia da Universidade Hebraica de Jerusalém, analisa algumas das principais características da sociedade israelense. Sociólogo de renome mundial, tem como recomendação não só estudos sobre teoria sociológica, mas também obras pioneiras sobre a sociedade israelense.]

I

Nesse escrito, tentaremos analisar algumas das principais mudanças e continuidades na formação da sociedade israelense [1] como sociedade moderna — e especialmente seus métodos de resposta aos novos e contínuos problemas que lhe são impostos por forças externas e pela sua própria

---

* Reimpresso aqui com permissão do autor. Direitos autorais de S. N. Eisenstadt.

1. A análise do desenvolvimento histórico da sociedade israelense e sua estrutura até cerca de 1965 baseia-se em minha obra: S. N. EISENSTADT. *Israeli Society*, Nova York, Basic Books, 1968. Os pormenores e eventos apresentados na conferência não vão além de 1969.

imagem e aspirações de desenvolver-se como uma moderna e específica sociedade judaica.

Tentaremos mostrar como o próprio início dessa sociedade já colocou de muitas maneiras a escolha tanto de problemas subseqüentes como das maneiras de lhes responder — e como esses foram afetados pelas circunstâncias em transformação. Usaremos o período da Guerra dos Seis Dias e suas conseqüências como um divisor de águas no qual essas várias tendências tornaram-se mais plenamente articuladas.

II

O problema central e o mais constante da sociedade israelense tem sido principalmente o da habilidade em forjar uma sociedade moderna, dinâmica e uma ordem cultural que pudessem combinar o caráter de uma estrutura moderna, diferenciada, social e econômica com o desenvolvimento de nova identidade cultural enraizada simultaneamente na tradição judaica e na rebelião revolucionária contra alguns aspectos daquela tradição que epitomasse o movimento sionista; segundo, a possibilidade de executar tal visão em país relativamente subdesenvolvido em pequena escala e em ambiente estranho e em última análise hostil.

Tal problema era proveniente do ímpeto original pelo desenvolvimento do Ischuv, ou comunidade judaica na Palestina, ideológico-revolucionário que forjou uma sociedade cuja identidade coletiva básica repousava em termos ideológicos.

As orientações ideológicas e de elite dos primeiros grupos pioneiros, as fortes orientações transcendentais e o enorme senso de responsabilidade pessoal pelo cumprimento do ideal inerente na imagem do pioneiro guiou o desenvolvimento inicial dessa sociedade, seus símbolos e instituições.

Essa ideologia pioneira subentendia tentativas de longo alcance para desenvolver uma estrutura moderna específica. Tais orientações e tentativas combinavam os aspectos positivos da tecnologia moderna com a manutenção de valores humanos e sociais básicos, sendo orientadas especialmente para seu cumprimento nos campos da organização econômica e social. Contudo, essas orientações econômicas não eram puramente sociais ou ideológicas. Estavam estreitamente relacionadas com o esforço nacional e não foram concebidas em termos utópicos, mas antes como parte essencial da edificação de uma nova nação.

Foi em grande parte devido às orientações de elite e à composição dos primeiros grupos pioneiros que talvez a característica mais destacada do Ischuv era seu centro ter-se desenvolvido primeiro, visto que suas instituições e símbolos centrais se cristalizaram antes do aparecimento da "periferia", composta de grupos e estratos sociais mais amplos e menos criativos. Tal centro — construído pelas futuras orientações da elite das seitas pioneiras — era considerado capaz de permear e absorver a periferia que, esperava-se, se desenvolveria e expandiria através da migração contínua.

Esse centro enfrentava contínuos problemas devido à sua própria expansão e à crescente diferenciação da estrutura social do Ischuv, devido à necessidade de absorver novas ondas de imigrantes e ao encontro, entre as orientações da elite, dos empreendimentos e da realidade da Palestina durante os governos otomano e mandatício, e mais tarde no Estado de Israel, nos mutáveis cenários do Oriente Médio.

Além desses variados problemas e exigências, existia a contínua tensão entre a realidade social e cultural da sociedade em pequena escala — mesmo que relativamente moderna — e as aspirações de tornar-se um centro de criatividade cultural e social cuja significação ia muito além das fronteiras de seus limites geográficos. Essa tensão poderia amiúde servir como ímpeto para contínua criatividade; também poderia ser facilmente resolvida na direção de uma crescente estagnação.

III

Foi o encontro desse centro ou, melhor, congérie de centros na forma de diferentes núcleos de instituições e grupos pioneiros com tantos problemas, que moldou o desenvolvimento da estrutura social do Ischuv e do Estado de Israel e algumas de suas características específicas como sociedade judaica moderna.

Uma das feições mais importantes de sua estrutura institucional foi a forte concentração inicial do capital público nos principais setores de desenvolvimento enquanto, ao mesmo tempo, permitia a contínua expansão dos setores privados. Também deram origem à forma especificamente israelense de organização sócio-econômica — sobretudo, aos estabelecimentos comunais e cooperativos — e à proliferação de empreendimentos cooperativos no setor urbano, um aspecto também encontrado com certa freqüência em outras sociedades sectárias e colonizadoras. Todavia, a maioria desses organismos cooperativos e colonizadores foi incorporada, em parte, na estrutura mais unitária da Histadrut em um grau sem paralelo em outros países, ficando assim além da orientação agrária inicial dos primeiros grupos pioneiros. Foi nesse ponto que as principais características da estrutura social urbana do Ischuv se desenvolveram. Mais importante ainda foi a tentativa de combinar estruturas organizacionais unificadas em larga escala, projetadas para a execução de metas coletivas, com as seitas mais totalitárias e fechadas ou com movimentos sociais, por um lado, e com as organizações diferenciadas e funcionalmente específicas, por outro.

O segundo aspecto da estrutura social emergente do Ischuv foi o da forte ênfase na igualdade e desaprovação da especialização. Ele se apresentava de duas maneiras: pela forte tendência igualitária da distribuição de recompensas a diferentes ocupações, e pela minimização das diferenças entre as diversas ocupações e a suposição de fácil transição de uma para outra.

O Ischuv também desenvolveu algumas características específicas no campo cultural e especialmente nas relações entre tradição e modernidade. Nessa perspectiva dois aspectos têm de ser distinguidos. O primeiro é o renascimento espetacular da língua hebraica como língua moderna que, por um lado, tornou-se a língua nacional comum da comunidade, a língua dos jardins de infância, das escolas e da conversação diária enquanto, por outro lado, provou ser capaz de enfrentar os problemas das exigências científicas, literárias e tecnológicas modernas.

Quanto a isso, ela ocupa provavelmente um lugar raro entre as línguas tradicionais, o que, por sua vez, teve importantes repercussões na constituição cultural da comunidade.

O fato da língua religiosa "tradicional" tornar-se a língua nacional comum e instrumento para a conversação de uma comunidade moderna reduziu ao mínimo a possibilidade de que, dentro daquela comunidade, se desenvolvessem grandes brechas ou divisões simbólicas entre o "tradicionalista" e o "modernista", bem como reduziu ao mínimo a dependência cultural de centros externos estrangeiros como fontes de modernidade.

Em direção semelhante, outro fator também funcionou na esfera cultural — a consecução, cedo na história do Ischuv, de um *modus vivendi* entre os grupos seculares e os religiosos.

No campo político, o Ischuv desenvolveu a feição bastante particular de uma série de movimentos e organizações ideológicos, potencialmente totalitários — estabelecendo uma estrutura pluralista baseada na legitimidade constitucional-democrática, dirigida por uma coalizão de movimentos — que em última análise uniram-se em torno de um partido continuamente dominante (Mapai — mais tarde, o Partido Trabalhista).

IV

Mas o desenvolvimento dos vários aspectos da estrutura social do Ischuv e do Estado de Israel não foi um ato do passado — foi um processo contínuo, moldado em cada etapa de seu desenvolvimento pelo encontro contínuo da estrutura já existente com as novas exigências internas e externas.

A situação em que se desenvolveu e suas próprias aspirações colocaram continuamente diante dele problemas e novos desafios, requerendo contínuas respostas do seu íntimo a tais problemas e desafios.

Embora a necessidade de enfrentar novos problemas e com eles lidar seja real em todas as sociedades modernas, ela é mais aguda tanto nas sociedades revolucionárias como nas ideológicas — e nelas tende a desenvolver-se de maneira um tanto específica. Tais sociedades, por causa de sua formação muito revolucionária e altamente ideológica e de seu impulso inicial, inovador e transformador, podem achar muito mais difícil desenvolver do seu próprio interior algumas novas forças transformadoras que poderiam ir além das originárias premissas institucionais de suas ideologias revolucionárias.

A sociedade israelense enfrentou esse problema — como qualquer outra sociedade revolucionária ou ideológica semelhante — e seu ambiente específico de formação e os problemas que enfrentou influenciaram grandemente as maneiras pelas quais lhes respondeu. Essas maneiras eram naturalmente bastante diversificadas, não se podendo discernir um padrão único, embora, como veremos, alguns pareçam ser mais predominantes do que outros.

O tipo mais simples de resposta que poderia ser discernido durante todo o desenvolvimento da estrutura social israelense era o de simples conservantismo estático — de tentativas de vários grupos de usar as novas oportunidades para promoção de seus direitos adquiridos.

Mas, na realidade israelense, esse tipo de conservantismo não era, em sua forma pura, muito predominante. Tendia com freqüência a se misturar com um conservantismo mais "dinâmico" — conservantismo que, embora nem sempre amarrado a interesses relativamente estreitos de organização existentes, tentava solucionar novos problemas usando e adaptando estruturas mais velhas — e manter as estruturas mais amplas do poder e da organização social, valores e ideologias.

A ilustração mais importante dessa abordagem tem sido a absorção de novos imigrantes na terra em cooperativas moldadas de acordo com os princípios dos grupos pioneiros iniciais, ou na expansão da Histadrut e nas atividades dos partidos em múltiplos campos sociais, assegurando assim suas relativas posições de poder em Israel.

De fato, esse conservantismo tem sido amiúde muito dinâmico no sentido de enfrentar abertamente novos problemas, de desejar renunciar a vários interesses específicos, incorporando novos grupos dentro das referidas estruturas. Ao mesmo tempo, as tentativas de solucionar tais problemas estavam quase sempre, no próprio interior das estruturas perceptivas e institucionais existentes.

Por último, durante todo seu desenvolvimento, desenvolveram-se de dentro do Ischuv e da sociedade israelense os tipos mais transformadores e inovadores de respostas — sejam eles novos tipos de colônias e empreendimentos econômicos, ou novas organizações educacionais, culturais e científicas. Desenvolveram-se de dentro dos cenários institucionalizados mais estabelecidos e contra as forças já desenvolvidas de conservantismo dinâmico.

Uma das principais características do Ischuv e da estrutura social de Israel — característica que analisaremos depois de modo mais pormenorizado — tem sido o fato de ter se desenvolvido no seu interior vários tipos de resposta que, além do mais, coexistem continuadamente lado a lado através de uma segregação estrutural e organizacional, mas não necessariamente pessoal.

V

O estabelecimento do Estado de Israel — com a transformação concomitante da estrutura política mútua em uma outra baseada na soberania política, a mudança dos líderes dos vários movimentos pioneiros em uma elite governante, bem como o afluxo de novos imigrantes em parte provenientes de diferentes cenários culturais (mais tradicionais) e com um diferente tipo de motivação — constituíram todos um importante divisor de águas na história institucional da sociedade israelense.

O impulso original inovador da liderança e do centro passou a focalizar os problemas de como forjar uma nova unidade nacional coesa, a expansão e absorção econômica dando origem à crescente diferenciação estrutural e ao desenvolvimento de novas organizações e estruturas.

Nos meados da década de 60, esse ímpeto revolucionário já fora "traduzido" para uma estrutura institucional que, por sua vez, criou novos problemas e tensões, enfrentando novos desafios em todas as principais esferas de sua vida.

No campo econômico surgiram muitas dificuldades na transição de uma economia cuja ênfase principal estava na mobilização e investimento de capital para expansão física com vistas a uma outra, cujos grandes investimentos devem ser aplicados no desenvolvimento tecnológico.

O afluxo de novos imigrantes de sociedades com níveis educacionais e tecnológicos mais baixos e a dinâmica interna da economia, com sua pressão em direção a padrões de vida mais altos, deram ímpeto à crescente diferenciação e especialização nas esferas ocupacionais e econômicas, resultando no estabelecimento de novos empreendimentos e na contínua expansão física da economia, de acordo com o padrão e a estrutura existentes.

Dentro dessa estrutura, a segurança social parcial fornecida pela Histadrut proporcionava facilidades importantes para a absorção inicial do potencial humano imigrante, tanto na agricultura como na indústria, a um grau provavelmente sem paralelo na maioria de outros países em desenvolvimento.

Mas essa política não era suficiente para assegurar a consecução de novos níveis de desenvolvimento econômico e tecnológico, e a habilidade da elite em lidar com diferenciação e desenvolvimento econômicos contínuos foi severamente testada.

Os problemas desenvolveram-se em dois níveis; no nível político central tornaram-se evidentes nas tentativas feitas pelo governo em manter seu controle global nos principais processos de crescimento e desenvolvimento; ao mesmo tempo que tentava usar todos os grupos empreendedores disponíveis a fim de assegurar a expansão física da economia.

Isso deu origem ao desenvolvimento paradoxal de uma forte onda ascendente de especulação tanto nos setores privados como nos públicos, e as conseqüentes tentativas da elite para controlar os sintomas (tais como o consumo patente), embora não pudesse controlar as causas mais profundas de semelhante especulação. Houve também grande dificuldade em refrear o crescente consumo e em colocar a economia israelense em nível tecnológico passível de competir no mercado internacional.

No nível mais setorial, os principais impedimentos à transformação estrutural estavam enraizados no conservantismo de muitos dos sindicatos que, sendo algo semelhantes aos da Inglaterra, não tinham a flexibilidade dos da Suécia. Esse conservantismo constituía um obstáculo à mobilidade do trabalho e ao processo em direção a níveis mais altos de competência técnica e profissional.

Semelhantemente, a política do governo tendia a desencorajar o desenvolvimento de tipos relativamente novos de empresários não dependentes da proteção no mercado local, proteção que lhes era fornecida através de subsídios governamentais e pela política alfandegária em um nível mais alto de especialização econômica.

Muitos desenvolvimentos ligados ao eleitorado altamente politizado, que desenvolvia contínuas pressões para um consumo crescente, deram origem a um possível desperdício de recursos necessários ao desenvolvimento econômico.

Em contraste com as mais antigas funções não especializadas que reivindicavam serem as únicas e legítimas portadoras de orientações mais amplas, tornou-se vital em todas essas esferas encontrar novas funções ocupacionais, ou diferenciadas, e modos de ligar os seus aspectos mais técnicos às mais amplas orientações coletivas e de valor.

No campo político, os principais problemas referiam-se ao grau em que as elites mais velhas poderiam incorporar ao centro tanto as mais novas como grupos mais recentes, e ser bastante flexíveis para responder às novas pressões e exigências, mantendo ao mesmo tempo sua própria coesão e habilidade em lidar com novos problemas, por um lado, e com o centro pluralístico constitucional, por outro.

VI

Além de todos esses problemas havia os relacionados com as principais tendências de mudança nas organizações sociais. A crescente diferenciação mudou fundamentalmente a organização social israelense, destruindo a relativa igualdade de diferentes posições ocupacionais e perturbando a homogeneidade do *status*. Também mudou as bases da acessibilidade a várias novas — e em especial mais altas — posições ocupacionais e criou novas divisões e tensões em torno dessas vias de acesso.

Nesse ponto desenvolveram-se dois novos conjuntos de problemas. Um era o problema "étnico", isto é, o problema dos assim chamados grupos orientais.

Em todas as esferas da organização social, o problema da possível divisão entre os novos grupos orientais e os veteranos europeus tornou-se muito importante.

Esse problema era mais evidente pelo fato de os grupos orientais tenderem a concentrar-se nos escalões ocupacionais e educacionais mais baixos, embora o sistema econômico bem como o educacional fossem muito bem sucedidos, ao transformarem-se em caminhos que vencessem tal diferença e criassem novos níveis de especialização, novas estruturas e organizações que pudessem ser comuns aos velhos e novos, "orientais" e "europeus", indistintamente.

Com a possibilidade de perpetuar a sua privação através de um contínuo fracasso na esfera educacional, desenvolveu-se uma sensação de frustração entre esses grupos que não era menor nem mesmo entre os seus escalões médios melhor sucedidos.

A busca de soluções para esses problemas foi desenvolvida, tal como em outras sociedades, em duas direções diferentes — maior flexibilidade e crescimento nas estruturas sociais e econômicas, de um lado, e tensões insolúveis e estagnação, de outro.

As políticas mais conducentes ao crescimento ligavam-se ao desenvolvimento de novos empreendimentos e estruturas especializados, sociais, educacionais e econômicos universalmente orientados e organizados, que tendiam a abrir caminho entre os diferentes grupos sociais e étnicos. As possibilidades mais estagnadas ligavam-se à perpetuação da estrutura já existente que as diferenças entre esses grupos tornavam mais pronunciadas, e com a concomitante simbolização dessas diferenças. Essas, por sua vez, faziam surgir tentativas de sobrepujar tais problemas, não ajudando os grupos relativamente precários a obter qualidades necessárias à realização em várias estruturas universais (velhas ou novas), mas principalmente fazendo com que o fato de ser membro em vários e determinados setores da sociedade — políticos, étnicos ou religiosos — fosse o principal critério de acesso a diferentes posições e às rendas a elas vinculadas.

Essas diferentes e possíveis soluções desaguaram no segundo problema principal no campo da organização social — a saber, o problema dos próprios contornos básicos da estrutura social emergente.

O principal problema ou dilema era, por um lado, o existente entre um sistema altamente centralizado e relativamente dinâmico e a organização monolítica burocratizada em larga escala — derivados da imagem socialista e baseados em uma coalizão de altos grupos políticos e administrativos com trabalhadores especializados ou semi-especializados reservando um lugar secundário para grupos mais autônomos, técnicos e profissionais — em comparação com uma estrutura mais flexível e menos monolítica, apresentando maior diferenciação e maiores possibilidades para o desenvolvimento de formações sociais autônomas, por outro lado.

Também se desenvolveram novos problemas no campo cultural. O primeiro deles seria a natureza da identidade cultural básica da sociedade israelense — especialmente em sua relação com sua "judaicidade", os componentes judaicos em sua identidade, as relações concomitantes com outras comunidades judaicas e o lugar de Israel dentro do nexo das comunidades judaicas modernas, por um lado, e suas relações com seu ambiente vizinho, com o cenário árabe e do Oriente Médio, por outro.

O segundo problema era o dilema entre a contínua criatividade cultural orientada por várias comunidades mais amplas e internacionais, em comparação com as possibilidades de provincianismo de uma cultura de massa amorfa.

O terceiro problema, ou nível de problemas, nessa área, era a maneira pela qual se efetuava a imagem "civil" da sociedade — a transformação da imagem do pioneiro.

Por último, também se desenvolveu a possibilidade de uma crescente tensão entre os grupos religiosos — que tendiam a tornar-se cada vez mais militantes — e os grupos mais seculares.

VII

Todas essas tendências e problemas eram contínuos mas, em um sentido, latentes dentro da estrutura social israelense no fim da década de 50 e na de 60. Tornaram-se, de certa maneira, parte contínua da realidade israelense e, mais ou menos nessa época, cristalizaram também o principal padrão de resposta que lhes era dado. Foi durante esse período que a resposta dinâmico-conservadora tornou-se a mais predominante dentro da estrutura social israelense. Foi também nessa época que a segregação estrutural — mas não necessariamente pessoal — entre as tendências conservadoras e as mais inovadoras se cristalizou como aspecto básico da estrutura social israelense.

Assim, durante todo esse período desenvolveu-se a expansão contínua das estruturas institucionais existentes. Ao mesmo tempo, essas próprias estruturas e símbolos passaram por um processo de mudança muito interessante e importante. Embora repousassem em termos da ideologia revolucionária (socialista-sionista) original, seu significado e implicação práticos mudaram muito.

A ideologia básica limitou-se à vinculação geral a alguns símbolos de identidade social. Além disso, limitou-se também a símbolos verbais, não mais servindo como guia aos princípios concretos e aos critérios de ação.

Essa realidade institucional estava cada vez mais atada à sua dinâmica interna — a dinâmica de seu próprio interesse, poder e compromissos — que, embora relacionada com os símbolos originais, não era mais guiada por suas orientações e compromissos originais, positivos.

Foi a combinação dessas dinâmicas institucionais e dos símbolos ideológicos "mais velhos" que estabeleceu os limites à capacidade de inovação e dinamismo institucionais ou, melhor, que canalizou tal dinamismo para meios muito específicos.

Esses limites já eram evidentes no período anterior à guerra, mas tornaram-se mais aguçados por vários modos no período posterior à guerra. Foi nesse período que as possibilidades tanto de imobilização institucional, ligada à expansão organizacional, como as das limitações de tendências mais inovadoras e transformadoras — e suas limitações — tornaram-se mais plenamente aparentes.

VIII

A Guerra dos Seis Dias — e em especial o período posterior a ela — não pode ser avaliada apenas em termos de eventos e problemas militares e políticos "externos". A guerra em si e o período subseqüente também podem ser vistos como um divisor de águas no desenvolvimento da sociedade israelense — assemelhando-se em muitos aspectos ao período da guerra de independência e o próprio estabelecimento do Estado. Diferentemente do último, contudo, o período da Guerra dos Seis Dias e o ulterior não foram, em geral, períodos de criação de estruturas e esquemas sociais inteiramente novos ou de símbolos culturais. Mais precisamente, a própria guerra e os desenvolvimentos posteriores realçaram de modo relativamente forte algumas das suas principais correntes e tendências, bem como problemas da sociedade israelense e as maneiras pelas quais foi capaz de enfrentá-los. Assim, a guerra e o período posterior revelaram — em lugares e aspectos bastante inesperados da vida israelense — tanto os pontos fortes como os fracos dessa sociedade.

A guerra, o período imediatamente anterior a ela e o período posterior acentuaram — como principal condição da mera possibilidade de sobrevivência — a importância vital para Israel de ser capaz de resistir aos ataques de seus vizinhos e a importância das condições militares e de segurança como dados básicos, ou parâmetros, de sua própria existência.

A guerra também mostrou que Israel tem capacidade de lidar com esses problemas, que tem habilidade necessária e nível de competência militar suficiente para resistir aos ataques dos inimigos árabes numericamente superiores e tecnicamente melhor equipados.

Mas sua supremacia no campo militar deveu-se obviamente à combinação de dois fatores enraizados nas bases sociais e culturais da sociedade israelense e no alto nível da competência técnica e do potencial humano: o elevado estado de espírito do exército e da sociedade em geral. Voltamos assim aos aspectos ou componentes mais básicos da vida social e cultural israelense e ao âmbito mais extenso de problemas internos e externos que a sociedade israelense enfrenta.

IX

Talvez um dos pontos mais interessantes da força descoberta nesse período tenha sido o nível muito alto de solidariedade e coesão, já manifestado no período crítico antes da guerra e que continuou posteriormente em elevado grau.

Essa solidariedade e coesão que atravessaram as "linhas" de grupos étnicos e de diferentes ondas de imigração pareciam desmentir a intensidade do problema das "duas nações" que, como vimos, eram consideradas como constituindo um dos principais problemas da sociedade israelense.

Mas essa solidariedade e coesão não se manifestaram apenas nas expressões gerais de patriotismo, ou mesmo na boa vontade em empreender sacrifícios pela consideração ao bem comum.

Além disso, elas se manifestaram também no campo de ação — pelo menos na área militar — na persistência, na luta, na coordenação e nas habilidades técnicas. Assim, também aqui mostraram que, pelo menos na esfera militar, alguns dos problemas da absorção de novos imigrantes foram sobrepujados — por mais que esse êxito fosse ainda na maior parte limitado aos escalões inferiores e médios da atuação técnica.

Essa solidariedade e coesão continuaram após a guerra, embora tenham se desenvolvido manifestações recentes de conflitos internos. A persistência da solidariedade e coesão — em certo contraste aparente com o período anterior — foi facilitada por diversos fatores: a contínua expansão econômica que unificou pontos potenciais de tensão e a contínua e crescente absorção de muitos novos imigrantes no campo político.

Mas essa crescente solidariedade e coesão internas tendiam a revelar mais agudamente os problemas da natureza de suas bases sociais e psicológicas; todos estes desenvolvimentos tinham estado latentes no período precedente, aumentando, isso também, potencialmente o alcance das tensões e conflitos internos.

X

O primeiro desses problemas era o dos componentes da identidade israelense e especialmente o problema da "judaicidade" da sociedade israelense e o de seus laços com as comunidades judaicas no exterior.

Os desenvolvimentos durante a guerra e os subseqüentes desmentiram diversas suposições prevalecentes a respeito da natureza desse relacionamento e a respeito da forma e força do componente judaico na identidade israelense.

Por um lado, desmentiram os que afirmavam a fraqueza

de tal componente, mas, ao mesmo tempo, indicavam que o seu conteúdo e forma e o da natureza das relações de Israel com as comunidades judaicas exteriores iam muito além das formulações ideológicas aceitas.

Primeiro, mostravam a profundidade da ligação dos israelenses com a herança histórica judaica e, simultaneamente, quão grande era o laço de solidariedade [entre] o Estado de Israel e as comunidades judaicas exteriores — solidariedade essa enraizada na ligação mútua com o passado comum, mas interpretada diferentemente por vários grupos judeus, e em um sentido apenas mais fortalecida pela variedade destas interpretações.

Mas essa solidariedade e ligação mútuas das várias comunidades judaicas com Israel não mais repousavam necessariamente em termos sionistas, em termos da necessidade de emigrar para Israel. Embora a imigração aumentasse após a guerra, o aumento era pequeno em relação às aspirações sionistas. A imigração para Israel tornou-se apenas um dos elos — e, no conjunto, não o mais freqüente — de solidariedade forjados nesse período com as comunidades judaicas.

Além disso, mesmo dentro de Israel, a acentuada preocupação com a imigração e com o problema da absorção, como se evidenciou no estabelecimento de um Ministério da Absorção, era apenas uma das maneiras pelas quais foram forjadas as relações com comunidades judaicas. Outros tipos de manifestações de solidariedade — tais como a conferência dos "milionários" e industriais judeus para ajudar Israel economicamente — não foram menos importantes.

Certamente tais manifestações foram além dos princípios ideológicos aceitos, embora demonstrassem ao mesmo tempo a grande vitalidade dessa solidariedade. Paralelamente, aumentaram também a sensibilidade mútua dos judeus para com Israel, criando continuamente novas bases de crítica e auto-apreciação.

Em geral, o crescimento dessa solidariedade e sua ligação com a tradição histórica judaico-israelense também solapou grandemente o componente "cananeu" na composição da identidade israelense.

Certamente desmentiu aqueles aspectos do pensamento sionista que viam em Israel uma comunidade judaica inteiramente nova, sem quaisquer ligações contínuas — exceto as que induziam a imigrar para Israel — ou semelhanças com outras comunidades judaicas. Em vez disso, foi mostrado que muitos desses elementos comuns — não facilmente definíveis — persistiram e se revitalizaram.

Também deu origem a tentativas dos grupos religiosos e intelectuais de reinterpretar esses elementos comuns em termos puramente religiosos, como uma volta aos princípios da ortodoxia — já formulados em termos mais ideológicos. Embora essas tentativas não fossem, em geral, aceitas fora dos grupos religiosos, acentuaram a crescente ligação desses grupos com a realidade israelense — também, não em pequeno grau, às custas dos mais revolucionários princípios sionistas aceitos.

Mas a própria importância desses novos tipos de laços com as comunidades judaicas pôs em discussão o problema se esses laços poderiam ter um efeito transformador de longo alcance na sociedade israelense, ou se poderiam apenas reforçar suas próprias tendências estruturais mais conservadoras.

XI

Ao mesmo tempo, esses desenvolvimentos também levantaram novamente todo o problema das relações de Israel com seu cenário do Oriente Médio.

A guerra e as suas conseqüências levantaram, em certo sentido pela primeira vez, e em termos relativamente concretos, os problemas das relações entre judeus e árabes, colocando suas relações em bases mais concretas do que antes.

Tal situação intensificou, em um dado nível, a tensão e o conflito políticos entre as duas populações. Contudo, essa tensão política, ou conflito, foi, de muitos modos, diferente da existente entre os Estados árabes e Israel antes da guerra. A principal diferença era que — pelo menos com relação à população árabe da Margem Ocidental (mas não só com relação a ela) — Israel tornou-se não só o mito e símbolo de um grupo estrangeiro transplantado para o Oriente Médio, mas também parte da realidade de contatos diários, contínuos e relativamente calmos com a população judaica. Embora isso não aumentasse necessariamente o "amor" da população árabe por Israel — e de muitas maneiras pode ter aumentado a sensação de tensão e conflito — acrescentou, ao mesmo tempo, no relacionamento entre os dois povos um elemento de realidade e de objetividade que faltara anteriormente. Dada a política geral de uma porta relativamente aberta e da possibilidade de certo tráfego entre as Margens Ocidental e Oriental do Jordão — por um lado — e a possibilidade de certo tráfego da Margem Ocidental para Israel — por outro — este elemento de concretização e realidade até certo ponto espalhou-se para outros países árabes em grau evidentemente muito difícil de medir.

Paradoxalmente, isso também afetou a situação dos próprios árabes israelenses. Pela primeira vez, desde o estabelecimento do Estado de Israel, sua minoria árabe foi libertada de sua clausura quase hermética em relação às outras partes do mundo árabe e entrou em um contato bastante intenso com elas. De qualquer forma, as primeiras etapas desse encontro só fizeram aguçar a posição problemática de sua identidade dentro da estrutura da sociedade israelense, e intensificar sua fidelidade ao nacionalismo árabe bem como aumentar sua ambivalência para com Israel.

A tendência geral será provavelmente a diminuição das diferenças entre eles e a população árabe da Margem Ocidental, e a minoria árabe em Israel, embora, é bem certo, algumas diferenças — em especial na possibilidade de algum *modus vivendi* com Israel — possam persistir durante longo tempo.

Mas, qualquer que seja o resultado final dessas tendências, parece não haver nenhuma dúvida de que, pelo menos nessa etapa, o aspecto problemático das relações entre o nacionalismo judaico e o árabe tenha se concretizado fora da cegueira do mito puramente estereotipado que antes prevalecia.

XII

Não foi, contudo, apenas com referência aos componentes "nacionais" da identidade israelense que o pós-Guerra dos Seis Dias levantou novas possibilidades e problemas. A guerra também levantou alguns dos problemas com referência aos componentes e aspectos sociocívicos do formato integral da identidade israelense — e das possibilidades e problemas de seu desenvolvimento.

A guerra aumentou necessariamente, em grandes proporções, o componente de segurança e o militar na identidade israelense. Da mesma maneira, ampliou o alcance das considerações militares e de segurança, a influência sobre os contornos econômicos, tecnológicos e sociais da sociedade e o seu prestígio.

A imagem militar tornou-se também, como é bem sabido, um dos principais componentes da identidade israelense fora de Israel — tomando até certo ponto o lugar do pioneiro — mudando assim muitas atitudes decorrentes da opinião pública para com ela.

Isso aumentou obrigatoriamente a possibilidade de militarização da sociedade israelense. Mas certos fatos estruturais básicos continuam a abrandar essa possibilidade. Em primeiro lugar está o fato do Exército Israelense ser na maior parte composto de unidades de reserva. Segundo, a reforma precoce dos oficiais do serviço militar e a sua entrada no serviço civil na condição de industriais (embora isso pudesse também ter aumentado a penetração na sociedade civil por elementos militares). Em terceiro lugar está a questão do pequeno tamanho do país e o preço excessivo da sua defesa em termos de potencial humano.

Destarte, apesar das situações desfavoráveis, Israel não se transformou em uma guarnição militar, mas antes em uma fortaleza civil — com um alto nível de consciência e sensibilidade a propósito de sua segurança.

XIII

Mas qualquer que seja o lugar exato dos componentes militares ou de segurança dentro da sociedade israelense, o problema da forma, bases e conteúdos integrais da identidade civil tem passado por contínua mudança, na verdade, em estreita relação com a situação global de segurança.

Talvez o fato passado mais importante tenha sido o enfraquecimento da forma ideológica da sociedade que, embora oficialmente ainda predominante, tendia a corroer-se cada vez mais — e a questão do que viria em seu lugar tornou-se ainda mais importante.

Como em muitas outras esferas, várias tendências contraditórias tornaram-se agudamente aparentes. Por um lado, a própria abertura para o mundo árabe, a intensificação das considerações de segurança, assim como uma outra, igualmente para comunidades judaicas e não-judaicas, poderiam reforçar as tendências e orientações universalistas mais amplas e a possibilidade de compromissos e consecuções mais extensos; por outro lado, também deu origem a tendências chauvinistas e populistas contrárias — tanto de nacionalismo religioso como secular — todos focalizados em relações mais míticas com os novos territórios, aumentando um sentimento de superioridade e de isolamento autojustificado em relação ao mundo.

Tendiam também a reforçar as tendências com vistas a um provincianismo cultural de orientação populista e rígida na definição da identidade coletiva.

Esse provincianismo tornar-se-ia facilmente aparente através da crescente inabilidade para tolerar qualquer crítica, da falta de interesse por questões internacionais que não afetavam diretamente Israel, da complacência presunçosa e do sentimento vaidoso de que Israel alcançara o ápice da sabedoria.

Esse provincianismo poderia ser facilmente reforçado pelo conservantismo ideológico secular mais conservador, bem como pela combatividade e rigidez crescentes das tendências religiosas. Talvez tenha sido um dos grandes paradoxos do cenário israelense — outra vez apresentado e aguçado no período de pós-guerra — de que no campo religioso é que o menor grau de inovação — em contraste com o desenvolvimento nas comunidades judaicas do exterior — foi encontrado. Em geral, testemunhamos a combatividade e rigidez crescentes da ortodoxia — em algumas condições mesclando-se facilmente com a orientação de segurança e secular populista. Apenas raros núcleos, em alguns dos *kibutzim* religiosos ou entre intelectuais religiosos independentes (extrapartidários), foram contra esta tendência — e, em geral, sem grande êxito.

XIV

Tais problemas e desenvolvimentos na esfera da formação da identidade israelense estavam estreitamente relacionados com os existentes na esfera social e econômica propriamente dita, onde também poderiam ser discernidas tendências contraditórias.

No campo social, tendia a desenvolver-se o crescimento de organizações em larga escala. Nelas a orientação ideológica totalitária dos vários movimentos pioneiros transformou-se em grandes blocos organizacionais, que se tornaram dominantes na sociedade israelense e que pretendiam solapar as instituições independentes mais autônomas — fossem elas institutos de ensino superior, agrupamentos profissionais ou jornais independentes.

Poderiam também ser reforçados pela contínua aliança sociopolítica entre as características peculiares dos grupos israelenses de alto *status* — os círculos dos assim chamados milionários privados, junto com os grupos administrativos dos setores públicos, especializados e semi-especializados e os escalões inferiores e médios dos agrupamentos não profissionais de escritório — em comparação com os grupos mais tecnológicos, profissionais e científicos, como esteios permanentes do sistema sociopolítico israelense.

Assim, não é de surpreender que, dentro do contexto do que chamamos conservantismo dinâmico, tal como é evidente na esfera econômica e sócio-econômica, continuasse o círculo vicioso do desenvolvimento de potencial humano técnico existente no período anterior.

Destaca-se, também, o modo especial de absorção dos novos imigrantes, e em especial dos grupos orientais — absorção essa, cada vez maior no serviço público, com sacrifício do setor técnico.

Mas, ao mesmo tempo, também tendiam a se desenvolver algumas tendências contraditórias. Parte da nova imigração compunha-se de elementos mais profissionais e científicos que, embora inicialmente absorvidos em muitas das organizações existentes em larga escala, teriam, no entanto, condições de reforçar as tendências para agrupamentos e instituições mais autônomos. Essas tendências poderiam também ser reforçadas pelo crescimento de tais grupos autônomos de dentro da população existente.

XV

Tendências contraditórias poderiam também ser discernidas no campo econômico.

O período imediatamente anterior à guerra era de recesso, de crescente desemprego, de diminuição de investimentos — que eram parte de um plano mais amplo para deter a espiral inflacionária e para a possível reconstrução da economia que até então mostrara alguns sinais muito perigosos (tais como o aumento do déficit comercial, queda de investimentos do exterior e, em geral, uma habilidade relativamente pequena para encorajar a exportação orientada e/ou indústrias tecnológicas).

Embora o recesso trouxesse alguns resultados positivos — tais como uma melhoria, principalmente através da estabilização da importação, equilíbrio do balanço de pagamentos, estabilidade relativa nos preços, alguma reorganização em fábricas, diminuição na taxa de consumo privado (de 5-6% para cerca de 1%) e um aumento de trabalhadores, mobilidade e exportações — em geral, seus efeitos psicológicos foram um tanto negativos, e é duvidoso o grau de sua contribuição para uma reestruturação da economia.

A situação mudou após a guerra de junho que trouxe a suspensão do recesso. Em geral, este período também tem sido de relativo desenvolvimento e expansão industriais e de tentativas de estabelecer novas indústrias, baseadas em tecnologias mais adiantadas e mais capazes de competir nos mercados internacionais.

Foram de especial importância os estímulos para o desenvolvimento industrial surgidos direta e indiretamente das necessidades da defesa, manifestando-se em especial na metalurgia e em alguns outros ramos da economia.

Mas isso não corria necessariamente paralelo a outros campos de empreendimento industrial onde muitos dos tipos mais antigos de atividade econômica tendiam a persistir e expandir-se, auxiliados por subsídios e taxas.

Além disso, mesmo dentro das indústrias tecnologicamente mais adiantadas, persistiu o círculo vicioso da falta de potencial humano técnico especializado, de um lado, e excesso de certos tipos de especialistas, de outro, intensificado pela contínua expansão da educação superior.

Assim, embora em geral o período de pós-guerra fosse de expansão econômica, alguns dos problemas econômicos básicos — como as brechas no equilíbrio comercial — não foram superados, e o pesado encargo da defesa também ocasionou uma exaustão importante nas reservas de câmbio exterior.

Grande parte da expansão econômica era — com exceção parcial da defesa, bem como de algumas novas tentativas para indústrias baseadas em ciência — canalizada para uma estrutura que multiplicava os tipos de empreendimentos econômicos existentes, tornando talvez alguns deles mais eficientes, mas não necessariamente solapando a estrutura básica dessas indústrias ou a política econômica do governo, que continuou — apesar de algumas tentativas de liberalização — a ser guiada por considerações e práticas estatais.

XVI

Embora, no campo econômico, encontremos, especialmente após a guerra, uma contínua mistura de conservantismo e inovação, o campo político interno mostrou, no período imediatamente anterior à guerra, de guerra e posterior a ela, uma forte tendência para o conservantismo e crescente imobilização. Na véspera da guerra, foi criado um governo de unidade nacional; além da coalizão anterior, o Rafi (que mais tarde se ligou novamente ao Partido Trabalhista) e o Gahal uniram-se ao governo [2]. O governo da unidade nacional, mesmo com a distribuição modificada de pastas e a crescente representação do Gahal, continuou também após as eleições de 1969.

Embora o estabelecimento desse governo fosse inicialmente uma resposta às questões de guerra, sua continuação contribuiu grandemente para a imobilização do sistema político israelense. É de fato na esfera política que todas as características do conservantismo se evidenciaram claramente.

Isso manifestou-se de diversas maneiras. Primeiramente, na crescente mobilidade política e absorção de pessoal novo nos níveis médios, inferiores e mesmo, até certo ponto, superiores das organizações políticas.

Mas, em segundo lugar, desenvolveu-se ao mesmo tempo uma crescente atrofia das instituições parlamentares, o

---

2. O Rafi era representado no gabinete pelo General Mosche Dayan, que se tornou Ministro da Defesa poucos dias antes da guerra — em grande parte sob pressão da opinião pública — enquanto o Gahal era representado por dois ministros (M. Beigin e J. Sapir) sem pasta.

que reforçou a tendência de evitar qualquer discussão sobre questões básicas e de lidar com elas na maioria das vezes em uma base *ad hoc*.

Essa tendência podia ser vista no campo da política exterior, na política para com os novos territórios e também no campo interno. Nesse último, as tentativas de estabelecer novas normas de regulamento das questões ou conflitos — quer no setor das relações trabalhistas quer no da política econômica — tornaram-se cada vez mais fracas e a tendência de decisões *ad hoc* até mais forte do que antes.

É bem verdade que no primeiro período após a guerra diminuiu a intensidade de tais conflitos. Mais tarde, contudo, e especialmente no período anterior às eleições de 1969, emergiram outra vez para submergirem e não ser apresentados publicamente. Isso amiúde resultava em ceder a várias pressões, com algumas tentativas um tanto vãs do governo de mostrar sua força contra alguns dos grupos mais fracos, favorecendo assim a possibilidade do aparecimento de novas tensões.

Assim, a grande força do sistema político israelense enraizada no fato de que a maioria das divisões atalhava posições e era proeminente dentro do partido predominante podia, no caso do partido tornar-se uma maioria e na falta de qualquer oposição efetiva, acarretar a atrofia de muitas das instituições parlamentares.

Isso aumentou a ambivalência de grandes partes da população, do sistema político e a segregação concomitante de diferentes atitudes para com ele; o aumento de solidariedade tornou-se ligado à apatia em relação ao processo político. Ao mesmo tempo, desenvolveram-se algumas novas forças mais independentes, manifestando um compromisso civil da opinião pública (como foi evidente, por exemplo, na questão sobre o funcionamento da televisão aos sábados) que tentou encontrar alguma expressão contra as forças e os processos políticos existentes.

Isso não significava necessariamente ser o sistema incapaz de enfrentar alguns dos problemas básicos — especialmente externos. Significava que isso era feito não através da inovação do próprio sistema político, mas pela ênfase em orientações mais conservadoras, existente em seu interior, junto com a crescente segregação de outras, mais inovadoras, provenientes do reino da política propriamente dita e conseqüentes do fato dos problemas sociais internos serem devidamente enfrentados.

XVII

Assim, o período pós-guerra, devido à intensificação

da agudeza de muitos problemas básicos da existência da sociedade israelense e por causa da necessidade de lidar com eles, revelou mais nitidamente as tendências também básicas em seu desenvolvimento, os modos pelos quais tendia a enfrentar tais problemas e seus pontos fortes e fracos.

Aguçou especialmente o contraste entre as várias tendências conservadoras e as mais inovadoras e, em especial, revelou as diferenças entre as premissas dessas abordagens com respeito aos problemas de Israel como sociedade em pequena escala com aspirações a reivindicar uma significação social e cultural mais ampla.

A abordagem mais conservadora tendia a supor que essas reivindicações poderiam ser realizadas pela estrutura social existente e pela sua adesão geral à tradição judaica e/ou socialista.

Em comparação com essas premissas, as tendências mais transformadoras ou inovadoras tendiam a enfatizar que a reivindicação de Israel a alguma significação mais ampla inclinava-se a ser feita não só em termos de sua habilidade de "brilhar" por sua própria existência, mas também por sua habilidade de participar diretamente de várias estruturas sociais e culturais em suas relações com comunidades judaicas, com várias comunidades culturais, científicas, políticas ou sociais. A habilidade de várias partes da sociedade israelense de participar ativamente de tais comunidades e, portanto, ser sensível a elas, enfrentando continuamente o problema de cumprir suas exigências e padrões, e desenvolvendo ao mesmo tempo identidade e orientações israelenses específicas, foi acentuada com maior intensidade. Essa ênfase tendia a reforçar o pluralismo interno da sociedade israelense em comparação com as tendências mais monolíticas apoiadas pelas orientações conservadoras.

Ao mesmo tempo, os desenvolvimentos desse período também indicaram ter a orientação conservadora um dinamismo próprio muito forte, que não tem sido necessariamente uma fonte de fraqueza em termos de sobrevivência, uma fonte de condições para enfrentar os problemas imediatos e para mobilizar os recursos a ela necessários.

Mas, ao mesmo tempo, tornou-se aparente que a relativa predominância dessas tendências — especialmente quando ligadas à crescente ênfase na segurança e crescente consciência do conflito com os árabes — pode influenciar grandemente os contornos sociais e culturais da sociedade, tornando-a mais fechada em torno de si mesma.

Mas, além disso, o período anterior e posterior à guerra também revelou que é a contínua tensão entre essas tendências conservadoras e inovadoras, sua segregação e interação, que constitui a força global da sociedade israelense e de seu contínuo dinamismo.

Sua principal força residia no fato de que essas várias tendências poderiam coexistir juntas e encontrar continuamente novos objetos de atividade — e é a certeza de tais possibilidades que constitui o principal desafio contemporâneo perante a sociedade israelense.

Parte I: O FUNDO HISTÓRICO

1. Uma Análise da Sociedade Israelense: o Problema e o Cenário

Introdução

A meta deste estudo é fornecer uma análise sistemática do desenvolvimento da comunidade judaica na Palestina [1] desde seu início, no fim da década de 1880, até o presente. Tal análise pode, é claro, ser considerada de diversos pontos de vista diferentes. Parece-nos que seu ponto crucial deveria ser o desenvolvimento da sociedade do país em uma sociedade moderna com problemas específicos e características próprias.

Os amplos resultados sociodemográficos e estruturais da modernização desenvolvida nas principais esferas institucionais foram, entrementes, estudados pelas ciências sociais. Talvez o melhor sumário global dos índices sociodemográficos da modernização foi cunhado por Karl Deutsch no termo "mobilização social". Definiu-o como "o processo em que os principais grupos de antigos compromissos sociais, econômicos e psicológicos são corroídos e quebrados, as pessoas tornando-se utilizáveis para novos padrões de socialização e comportamento". Também demonstrou que alguns de seus índices principais são exposições sobre aspectos da vida moderna através do desenvolvimento da maquinaria, construções, bens de consumo etc., respostas aos meios de comunicação em massa, mudanças de residência, urbanização, mudança de ocupações agrícolas, alfabetização e crescimento de renda *per capita*. [2]

1. Também citada como o Ischuv.
2. K. W. DEUTSCH, Social Mobilization and Political Development, *American Political Science Review*, 55, set. 1961, 494-95.

As principais características estruturais da modernização foram igualmente identificadas como o desenvolvimento de um grande volume de diferenciação, de recursos livres não consignados a quaisquer grupos fixos, atribuíveis (de parentesco, territorial etc.); também como o desenvolvimento de tipos especializados e diversificados de organização social e o desenvolvimento de amplas identificações grupais "nacionais", ou até supernacionais, não-tradicionais. O desenvolvimento concomitante, em todas as principais esferas institucionais, de papéis especializados, de mecanismos e organizações reguladores, de distribuidores específicos mais amplos deveria também ser mencionado. Isso inclui mecanismos de mercado na vida econômica, votação e atividades de partidos na política, e diversas organizações e mecanismos burocráticos na maioria das esferas institucionais.

Mas, além dessas variadas características sociodemográficas ou estruturais de modernidade, surge um problema maior e mais crucial. A modernização implica não só o desenvolvimento dos vários aspectos da crescente diferenciação estrutural, mas também o desenvolvimento de um sistema social capaz de gerar e absorver a contínua mudança. Deve ser capaz de absorver mudanças além de suas próprias premissas institucionais iniciais.

O problema central da modernização pode, portanto, ser visto como a habilidade de qualquer sistema em adaptar-se a exigências cambiantes, de absorvê-las em termos de criação de um plano de ação e de assegurar sua própria continuidade em face a novas exigências e novas formas de organização política.

Em outras palavras, a modernização cria problemas de constante crescimento social, econômico e político e a habilidade em lidar com mudanças sociais contínuas é o teste crucial de tal crescimento.

A importância vital desse problema também pode ser vista no fato de a maioria das sociedades modernas e sistemas políticos terem se desenvolvido através de algum tipo de ato ou movimento revolucionários.

Foi invariavelmente algum ato semelhante, ou movimento revolucionário, que constituiu o indício crucial na ruptura do mais tradicional para o moderno, ou na transição entre diferentes estágios de modernização. Tais eventos revolucionários eram usualmente proclamados como inícios de uma nova era — era de liberdade e criatividade maiores e estabelecimento de uma ordem social, cultural e política capaz de crescimento e desenvolvimento contínuos.

Em cada um desses casos as características e orientações específicas da ruptura revolucionária influenciaram grandemente as características específicas e o andamento da modernização em qualquer sociedade.

Em relação a outros casos semelhantes, a sociedade israelense apresenta algumas características próprias — surgindo de seus antecedentes históricos, feições sociais e orientações culturais específicas. Ao mesmo tempo, contudo, muitos aspectos de seu desenvolvimento histórico e social podem ser comparados com os de outras sociedades. Tal comparação contribuirá muito para uma melhor compreensão tanto das características singulares da sociedade israelense como do seu lugar na ampla estrutura da modernização.

A comunidade judaica na Palestina e o Estado de Israel desenvolveram-se das atividades dos grupos sionistas que evoluíram a partir do fim da década de 1 180 na Europa Oriental e Central e que forjaram sua orientação revolucionária específica. Essa rebelião era parte da sublevação sionista geral contra a vida judaica na Diáspora moderna e também, até certo ponto, uma rebelião contra o movimento sionista oficial que tinha de transigir os princípios puros de sua ideologia, a fim de criar raízes na vida comunal judaica. A rebelião sionista geral dirigia-se contra a suposição de que uma vida e tradição judaicas plenas poderiam ser mantidas dentro da estrutura de uma sociedade moderna estranha. Era um princípio fundamental da ideologia sionista que, dentro de semelhante estrutura, os judeus estariam ameaçados quer de aniquilação espiritual e cultural, devido ao solapamento de sua vida tradicional e comunal pelas modernas forças econômicas, políticas e sociais, por um lado, quer pela aniquilação econômica, política e física, por outro lado, graças à assimilação incompleta e à incapacidade da sociedade moderna de digerir esse elemento estranho.

A ideologia sionista supunha que os judeus não seriam capazes de participar completamente das novas sociedades modernas e tornar-se-iam, apesar de sua assimilação, um elemento estranho — um elemento que poderia talvez ser, em última análise, expulso ou destruído.

Portanto, pensavam que apenas na Palestina uma sociedade judaica nova, moderna e viável poderia ser estabelecida e prosperar. Mas, que espécie de sociedade imaginavam?

No nível puramente intelectual e ideológico, são numerosas as diferentes respostas a serem encontradas na literatura sionista — tal como são as variações na ênfase posta — sobre aspectos tradicionais, revolucionários, religiosos, seculares ou socialistas. Talvez mais claros do que os conteúdos positivos destas ideologias sejam os seus elementos negativos comuns — isto é, que espécie de sociedade eles *não* queriam. Eram contra a tradicional sociedade judaica medieval que ainda existia em muitos lugares na Europa Oriental e Central e contra os vários tipos de comunidades judaicas assimilacionistas, tal como se desenvolviam em especial na Europa Ocidental e Central. Procuravam, de diferentes maneiras, uma síntese entre o judaísmo e o iluminismo ou modernidade. Mas não rejeitavam nem a tradição judaica nem a modernidade como tal. Extremistas, como Brenner ou Berditschevsky, entre outros, tentaram, de fato, negar partes consideráveis da tradição judaica, mas até mesmo eles tendiam, em geral, a procurar dentro da história judaica novos elementos a serem revividos. Muito poucos rejeitavam qualquer forma de modernidade — embora freqüentemente o que queriam fosse uma sociedade "socialista utópica" orientada contra a "sociedade de massa". Essas novas idéias originavam-se amiúde do período da Hascalá na Alemanha e especialmente na Europa Oriental, que também visava a uma modernização da vida judaica e a uma síntese entre o moderno e o judaico. Agora, essas tentativas foram reformuladas numa tendência nacional, em oposição às tendências mais assimilacionistas da Hascalá. Assemelhavam-se estreitamente às correntes e movimentos intelectuais que, naquela época, começaram a se desenvolver em muitos países da Europa Oriental e que mais tarde estavam destinados a se propagarem pela Ásia e África.

Eram poucos os que sabiam exatamente quais, entre as muitas soluções propostas, escolher e quais rejeitar, ou como combinar exatamente o velho e o novo — o "especialmente judaico" e o "geralmente-humano".

A ênfase relativa em cada aspecto dessa ideologia mudava com o tempo e lugar, mas, em geral, representava a posição sionista e, em particular, a rebelião manifestada nas várias ondas de imigração (*aliot*) para a Palestina.

Ao contrário da corrente geral dos modernos imigrantes judeus, a consecução de metas econômicas ou segurança individual não tinha uma importância fundamental para os que imigravam para a Palestina. Essas metas estavam amplamente subordinadas às aspirações sociais e culturais — ao estabelecimento de um novo tipo de sociedade totalmente judaica, moderna, sobretudo secular, autônoma e economicamente independente. O objetivo da nova comunidade não era a melhoria econômica e uma elevação no padrão de vida, mas antes a normalização da estrutura econômica e social da comunidade e a reversão completa da estrutura econômica judaica usual na diáspora. Daí a grande ênfase no "retorno ao solo" tanto como uma base agrícola essencial para a comunidade, como seu fundamento ocupacional básico. Lado a lado com essas tentativas, uma forte ênfase era posta na justiça social e na segurança, em especial entre os vários setores socialistas do movimento. Esses setores também tendiam a subordinar considerações econômicas a certas premissas básicas de solidariedade social e a enfraquecer os aspectos individualista e competitivo da atividade econômica moderna. Assim, embora o estabelecimento de uma comunidade moderna e economicamente adequada fosse fortemente acentuado, isso não era encarado em termos puramente econômicos ou técnicos, mas antes colocado dentro da estrutura de uma nova entidade nacional.

Essas orientações moldaram os esforços dos grupos imigrantes pioneiros e assentaram os fundamentos do primeiro núcleo da moderna colonização judaica na Palestina, do qual iria brotar o Estado de Israel.

A tarefa dessa análise é esclarecer os fatos relativos à sociedade que emerge em Israel: que espécie de sociedade judaica está se desenvolvendo; quais são suas orientações e características culturais básicas; de que modo é distinta de outros tipos de sociedades judaicas, ou de outras sociedades modernas; que novas tradições, valores e símbolos criou; que antigos, perpetuou; e de que forma os vários setores da população israelense participaram na criação, perpetuação e mudanças das velhas tradições? De que modo o judaísmo dessa sociedade é diferente de outras tradições e modos de vida judaicos? De que maneira poderia ser diferente de outras sociedades modernas?

Alguns pontos de partida comparativos

Este livro constitui uma tentativa de responder a essas questões cruciais. Através dele tentaremos não só descrever e analisar o desenvolvimento concreto da comunidade judaica na Palestina e da sociedade israelense, mas também estabelecer uma estrutura mais ampla, através da qual tal desenvolvimento possa ser comparado com outras sociedades modernas. A primeira de tais comparações deve, certamente, ser a das novas sociedades colonizadoras. A colonização em Israel pode ser comparada a outras tentativas de transplantar as instituições sociais ocidentais em um cenário novo, não-ocidental. No caso de Israel, todavia, a tentativa não foi feita em um vácuo cultural como, por exemplo, na Austrália, mas em uma parte do cenário tradicional do Oriente Médio, que continha todas as características principais dos assim chamados países subdesenvolvidos. Os pioneiros judeus, em geral, tendiam a segregar-se desse cenário e tentavam transplantar para suas próprias estruturas várias instituições européias. Além disso, esse movimento colonizador não era, como já indicamos, primariamente motivado por considerações econômicas, mas pelo desejo de realizar um renascimento nacional e social — uma sociedade transformada e moderna.

Destarte, a sociedade israelense pode ser comparada a outras sociedades que se desenvolveram a partir de movimentos religiosos, nacionais ou políticos.

Contudo, ao contrário de muitos movimentos sectários puramente religiosos, os grupos pioneiros sionistas não tencionavam estabelecer seitas ou ordens monásticas nas fímbrias de uma sociedade mais ampla, visavam, em vez disso, a uma sociedade nova e madura. Nesse aspecto eram mais parecidos com os colonizadores puritanos da América do Norte nos séculos XVII e XVIII. Diferentemente da maioria dos modernos movimentos sociais ou políticos, o sionismo e a *aliá* visavam não à deposição de um regime existente mas ao estabelecimento de uma nova sociedade através da colonização.

O desenvolvimento da sociedade israelense também pode ser analisado do ponto de vista de uma comunidade imigrante. O Ischuv e o Estado de Israel foram construídos por ondas de imigrantes em um processo contínuo de absorção e expansão. Esse processo pode ser comparado a outros países de imigrantes e será analisado com maiores detalhes posteriormente. Basta salientar aqui que as características que o distinguem de outros movimentos migratórios modernos estão intimamente ligadas à forte ênfase nacional e social acima mencionada.

Um critério ulterior de comparação é aquele com nações "subdesenvolvidas" ou "em desenvolvimento" e com "Estados novos". Esta comparação é dupla. Em primeiro lugar, preocupa-se com os problemas de desenvolvimento econômico que são de grande importância também em Israel, em particular em vista do fluxo de imigrantes de origens tradicionais. Em segundo lugar, o desenvolvimento da sociedade israelense pode ser comparado com o de outros "novos" Estados soberanos que emergiram através da institucionalização de movimentos sociopolíticos, a transformação da liderança de tais movimentos em uma elite governante, e o estabelecimento de um novo regime político, originário de vários primórdios colonizadores e de "movimento social".

Essas amplas correntes capacitam-nos a analisar o desenvolvimento de Israel como uma entre as modernas sociedades cristalizadas.

O desenvolvimento da sociedade israelense pode ser

visto como o encontro entre esses pontos de partida iniciais e três processos sociais decisivos.

O primeiro foi o desenvolvimento "natural" de uma estrutura social diferente e complexa emergente dos inícios pioneiros.

O segundo constitui-se das mudanças causadas nessa estrutura pelo estabelecimento do Estado de Israel e sua transformação em Estado e sociedade maduros.

O terceiro processo foi o afluxo de imigrantes com novos comportamentos e motivações e seu encontro com a estrutura social emergente.

Assim, é o encontro entre os novos imigrantes e a estrutura institucional enraizada na ideologia pioneira que constitui o tema central de nossa análise.

É o conflito entre os movimentos sociais e nacionais por um lado, e as ondas de imigrantes de origens economicamente mais tradicionais por outro, que fornece as características principais da cristalização de Israel em uma sociedade moderna.

Essas considerações também explicam o planejamento do livro. Na Parte 1, que vai dos Caps. 1 a 4, analisaremos a emergência da estrutura social e institucional do Ischuv e do Estado de Israel tal como se desenvolveu através das várias fases de imigração até o estabelecimento do Estado. No Cap. 5 descreveremos sucintamente as principais mudanças nas estruturas institucionais e populacionais básicas decorrentes do estabelecimento do Estado de Israel.

A Parte 2 analisará as principais esferas institucionais da sociedade israelense atual — a estrutura política e econômica, educação, juventude e família, organização e estratificação social e, finalmente, a esfera das orientações "culturais" e de valores. Em cada um destes capítulos a análise focalizará certos temas recorrentes. Uma parte de cada capítulo apresentará, é claro, os fatos e esboços básicos da estrutura institucional específica, a fim de auxiliar a análise das diferentes tendências de desenvolvimento institucional. Prevalecerão duas considerações principais. Uma será a tentativa de entender como a ideologia pioneira inicial influenciou o desenvolvimento de qualquer esfera institucional especial, ao passo que o segundo ponto principal será a transformação que ocorreu naquelas esferas institucionais com o estabelecimento do Estado e o encontro com os novos imigrantes.

2. Os Principais Estágios no Desenvolvimento Institucional do Ischuv: o Background

Este capítulo e os seguintes tentarão analisar os principais desenvolvimentos institucionais do Ischuv e da sociedade israelense sem, contudo, dar uma descrição histórica completa desses desenvolvimentos. Aqui o principal propósito é acentuar os fatores que são mais importantes para uma compreensão dos principais problemas e características da sociedade israelense.

O "background": O velho Ischuv

Velho Ischuv é o termo usado para a sociedade judaica tradicional da Palestina, ao passo que Novo Ischuv é o termo para a sociedade que se desenvolveu ao longo das linhas nacionalistas que começam com a primeira *aliá* de 1880.

Historicamente, o Velho Ischuv data da remota Antiguidade pois, com exceção de dois séculos de domínio das Cruzadas, a Palestina sempre teve uma população judaica. As imigrações que começaram no século XIII com a desintegração dos reinos francos estabeleceram o padrão para o Velho Ischuv tal como apareceu nos séculos seguintes e marcou o início do misticismo judaico ligado à erudição da Cabala surgida na Espanha. Isso intensificou o anseio pela Palestina como a Terra Santa, ulteriormente fortificado pelo evento central na história medieval judaica, a expulsão dos judeus da Espanha em 1492. Nos meados do século XVI comunidades de imigrantes espanhóis já haviam se estabelecido principalmente em Jerusalém e Safed, centralizados em torno de sábios que compunham alguns dos clássicos da erudição judaica e que devotavam suas vidas ao "trabalho" pela vinda mais rápida do Messias vivendo em santidade na Terra Santa.

Era crença comum que a comunidade judaica da Palestina constituía uma elite extraída do povo judeu no exílio. Acreditava-se que os judeus da Terra Santa com suas orações e atos religiosos estavam mais perto de Deus. Essas idéias alcançaram ímpeto particular no século XVI. Relacionavam-se com o antigo conceito judaico que visualizava uns poucos homens escolhidos em cada comunidade, os quais passavam seu tempo estudando e orando, sendo total ou parcialmente sustentados pela comunidade e com isso elevavam-na ao *status* de elite religiosa do judaísmo universal.

Economicamente falando, esse ideal religioso significava que os judeus na Palestina eram totalmente dependentes do judaísmo da Diáspora. Esta ajuda era muito semelhante ao ato de fazer donativos em outras sociedades religiosas onde o doador não se considerava superior ao presumido, nem o recebedor sentia-se grato ou inferior ao receber a ajuda. Cada parte considerava-se como cumpridora de um dever religioso. Essa ajuda era tanto institucionalizada como ideológica. Os fundos eram comumente coletados por homens eminentes e de prestígio religioso, amiúde rabinos famosos enviados da Palestina. De sua parte, as comunidades no exterior freqüentemente faziam coletas sistemáticas mesmo sem o incentivo de enviados. Na Palestina o dinheiro não era destinado de acordo com as necessidades das famílias mas de conformidade com o *status* religioso de seu chefe.

Esse sistema funcionou virtualmente inalterado até mesmo no século XX. Todavia, modificações internas importantes foram feitas a partir do fim do século XVIII em diante. Acontecimentos religiosos nos centros judaicos da Rússia e Polônia trouxeram em sua esteira uma corrente de imigrantes da Europa Oriental. Embora esses estivessem basicamente motivados pelas mesmas razões religiosas que os imigrantes orientais, seu aparecimento em Jerusalém e Safed marcou uma mudança. As comunidades tornaram-se mais heterogêneas e diversificadas e dividiram-se em comunidades européias (ou aschquenazitas) e comunidades orientais (ou sefarditas) sendo a última mais homogênea do que a primeira. Cada grupo imigrante aschquenazita organizava-se de acordo com sua cidade ou origem européia, e seus pedidos de ajuda econômica dirigiam-se principalmente à sua cidade natal. Outras transformações básicas foram introduzidas por volta de 1830, quando vários judeus de classe alta da Europa Ocidental (tais como Sir Moses Montefiore e Adolphe Crémieux) começaram a advogar uma economia judaica mais produtiva. A princípio esses esforços dirigiram-se principalmente para as atividades religiosas, tais como a montagem de prensas tipográficas (para livros religiosos). Mais tarde porém também incluíam tentativas de organizar instalações básicas tais como moinhos de farinha e até bases de produção agrícola. Todos esses serviços estavam ligados ao ritual religioso e poderiam assim ser justificados em bases religiosas.

Por volta de 1870 existiam dois periódicos em Jerusalém, um deles incentivando abertamente a produtividade. No mesmo ano a Alliance Israélite Universelle fundou uma escola agrícola perto de Jafa. Em Jerusalém foi fundada uma escola secular moderna por judeus alemães que, embora logo anatematizada pelos rabinos, encontrou alunos, apesar disso. Em 1878 foi estabelecida a primeira colônia agrícola em Petach Tikva.

Durante o século XIX e no início do século XX, a imigração de tipo tradicional continuou, consistindo especialmente dos que literalmente fugiam das antigas comunidades judaicas da Europa que sentiam estar se desintegrando. Esperavam encontrar em Jerusalém um último baluarte do tradicionalismo, mas foram logo paradoxalmente afetados pela vida e idéias econômicas do mundo moderno. Como conseqüência, reforçaram as tendências para a modernização econômica e tornaram-se proeminentes nas aventuras colonizadoras do Velho Ischuv.

Contudo, o Velho Ischuv ainda ficava muito para trás da corrente principal do século XIX europeu e, com o começo das *aliot* nacionalistas, o abismo entre o Velho e o Novo Ischuv tornou-se claro.

Características básicas das "aliot" modernas

As *aliot* para a Palestina deram-se simultaneamente com as principais migrações judaicas do fim do século XIX que levaram ao estabelecimento das comunidades judaicas nos Estados Unidos, nas colônias e na América Latina. Uma sucinta comparação das *aliot* para a Palestina com as mais amplas imigrações judaicas pode fornecer um ponto de partida útil para análise.

Até a década de 20 as várias *aliot* para a Palestina foram de pequena significação numérica. De 1880 a 1930 abrangeram não mais do que 4% da migração judaica total. Foi só após 1930, e com a imposição de severas restrições à imigração na maioria dos países ocidentais, que as *aliot* ascenderam a mais de 50%. Desde o início, contudo, elas apresentaram características especiais e, às vezes, singulares.

Antes de 1930 os imigrantes consistiam principalmente de jovens solteiros ou de jovens casais sem filhos ou pais. Não constituíam, ao contrário da tendência geral da migração judaica, comunidades completas ou mesmo grupos de famílias. Essas características foram mais pronunciadas antes da Primeira Guerra Mundial e no início da década de 20, mas tendiam a persistir por toda a década de 30.

A natureza das *aliot* só mudou no fim da década de 30 e na de 40, com um fluxo de refugiados da perseguição nazista.

Como já foi mencionado, os grupos imigrantes compunham-se principalmente de jovens, com freqüência alunos de ginásio, estudantes universitários ou "externos", que haviam decidido não se dedicar às carreiras que haviam escolhido. Apresentavam, de muitas maneiras, as características de uma jovem *intelligentsia*. A maioria deles tinha origens economicamente estáveis e famílias que, embora ainda vinculadas à vida judaica tradicional, não se opunham às correntes mais modernas. Tendiam, ao contrário, a encorajar seus filhos a estudar em escolas e universidades seculares. Havia relativamente pouco atrito nessas famílias entre a geração mais velha e a mais jovem sobre a questão de religião *versus* secularismo.

As formulações ideológicas em grupos migratórios judaicos gerais usualmente tendiam a concentrar-se em problemas de absorção na nova sociedade e tentavam justificar, explicar e até certo ponto aliviar o processo de ajustamento [1].

Só no movimento sionista as ideologias precederam a real migração ou "transplante" e guiaram os estágios iniciais do estabelecimento no novo país. Embora grande parte da ideologia pioneira se cristalizasse apenas como resultado do encontro dos imigrantes com a realidade palestina, ela estava firmemente enraizada nas orientações ideológicas desenvolvidas pelo movimento sionista na Diáspora.

A ideologia de rebelião representou um papel importante nas *aliot* para a Palestina e na estrutura dos grupos imigrantes. Os "rebeldes" usualmente se organizavam em grupos pequenos e coesos, ligados por vários laços informais ou semiformais a associações, movimentos sociais e partidos políticos, nos quais se preparavam, tanto ideológica como socialmente para a *aliá*. Nesses grupos também passavam por treinamento nas várias vocações que queriam seguir na Palestina, concentrando-se no treinamento agrícola. Os vários grupos de *haschará,* através dos quais se adquiria a experiência prática em vida comunal, eram os exemplos mais destacados disso. Contudo, havia também preparação para

---

1. Apenas os budistas e alguns dos territorialistas tentaram dar liderança ideológica mais completa, mas sua influência no moldar e forjar as ondas de imigrantes foi muito pequena.

o trabalho na indústria, em construção ou profissional. Os grupos dissociavam-se abruptamente de seus meios ambientes e adotavam uma nova e intensa identificação social mútua. Isso era demonstrado nas relações de grupos primários dos imigrantes, visando a uma nova realidade social. Embora fossem de fato apenas grupos pequenos e altamente coesos de jovens desprovidos de papéis sociais definidos ou de compromissos institucionais, tinham tudo que era necessário para tornarem-se núcleos das estruturas institucionais recentemente estabelecidas. Eram semelhantes a vários movimentos juvenis rebeldes da Europa Central no que tendiam a dissociar-se da sociedade adulta. Ao contrário destes movimentos, contudo, sua rebelião não era anulada pela necessidade de comprometer-se com aquela sociedade quando se tornassem mais velhos. Devido à natureza e direção migratórias de sua rebelião, poderiam desligar-se da estrutura territorial e institucional existente e realizar sua rebelião de modo amplo criando uma estrutura inteiramente nova. Encontramos neles a combinação peculiar de um movimento rebelde com uma tendência migratória e colonizadora, combinação essa que deu origem a uma predisposição à mudança em todas as principais direções da atividade social — econômica, cultural e política.

Essas características distinguem as principais *aliot* da corrente comum das modernas migrações judaicas e das modernas migrações européias em geral. Elas foram mais claramente demonstradas entre a década de 20 até a primeira metade da década de 40, em particular nos vários grupos pioneiros que se voltaram para a colonização agrícola, a "conquista do trabalho" e o rejuvenescimento da cultura e educação hebraicas. Embora fosse um exagero flagrante sugerir que todos os imigrantes que vieram à Palestina durante esse período apresentassem essas características especiais, não há dúvida de que os mais ativos, os que deixaram sua marca em todo o país, assim o faziam. Também deveria ser lembrado que por todo esse período um processo seletivo estava em funcionamento na Palestina, pelo qual os que mais discordavam do padrão geral tendiam a deixar o país. Só no fim da década dos 30 a composição demográfica e a orientação social dos imigrantes tendiam a tornar-se cada vez mais semelhantes ao padrão geral da migração judaica. Casais mais velhos com filhos vinham, amiúde, em bandos de grupos de famílias ou partes de comunidades. Seu motivo básico era a realização do ajustamento econômico ou a liberdade de realizá-lo. No entanto, foram absorvidos dentro de um cenário social criado pelos grupos pioneiros.

Descrição concisa das principais "aliot"

Segue-se uma análise numérica das várias ondas de imigração desde 1882:

	Anos	Imigrantes
Primeira *aliá*	1882-1903	20 000-30 000
Segunda *aliá*	1904-1914	35 000-40 000
Terceira *aliá*	1919-1923	35 000
Quarta *aliá*	1924-1931	82 000
Quinta *aliá*	1932 e até 1948	265 000 (até o fim de 1944)

A primeira *aliá* foi iniciada pelo primeiro movimento sionista, Hovevei Tzion, na Rússia e na Romênia, onde houve a onda de *progroms* que inundou a Rússia Meridional em 1881, sua principal força motriz. Esses imigrantes consideravam a colonização da terra como uma condição primária para o rejuvenescimento do povo judeu. Durante esse período as primeiras colônias agrícolas judaicas, tais como Petach Tikva, Rischon LeTzion, Rosch Pina, Zichron Iaakov e Hedera, foram estabelecidas e as fundações do Ischuv foram assentadas. A segunda *aliá* consistia principalmente de membros de vários grupos trabalhistas sionistas da Rússia, que tinham se desapontado com o movimento de reforma social de seu país (no qual haviam tomado parte ativa) e com a Revolução de Outubro de 1905 que acabou em *progroms*. Chegaram à Palestina em um período de crise tanto naquele país quanto no movimento sionista. Embora os "trabalhadores" estivessem em minoria durante a segunda *aliá*, ela é, não obstante, considerada como uma imigração trabalhista, uma vez que a iniciativa e a energia dos trabalhadores modificou toda a estrutura da comunidade judaica. Novos métodos de colonização da terra foram adotados, e foram assentadas as bases para toda a estrutura do movimento trabalhista na Palestina. Foi durante esse período que a Organização Sionista Mundial começou a trabalhar na Palestina (1908), e foram estabelecidas as primeiras aldeias de lavoura mista. Esse período também presenciou o início do desenvolvimento urbano. Foram feitos os planejamentos para a cidade inteiramente judaica de Telavive (1909) e por toda a parte poderiam ser encontrados núcleos rudimentares de indústria.

A terceira *aliá* começou enquanto a Primeira Guerra Mundial ainda estava em curso, em 1917, após a Declaração Balfour, que o mundo judaico interpretou como a criação de uma nova arrancada em direção ao estabelecimento do ideal sionista. Nessa *aliá* predominava o elemento pioneiro.

Consistia de jovens que haviam sido treinados pelas organizações Halutz antes de sua partida para a Palestina e que estavam prontos e dispostos a fazer qualquer trabalho que o país pudesse requerer deles, não importa quão difícil fosse.

A quarta *aliá* começada em 1924 foi, em parte, impulsionada pelas condições econômicas mais favoráveis da Palestina, que tornou possível a absorção de um maior número de imigrantes e, em parte, pela posição econômica deteriorada da comunidade judaica na Polônia, causada pela política do seu governo, cujo fito era eliminar os judeus de muitos ramos do comércio. Essa imigração era constituída principalmente de elementos da classe média com poucos meios e a maioria deles estabeleceu-se nas cidades e dedicou-se ao comércio ou indústria, ou tornou-se artesã. Contudo, se levarmos em consideração o número absoluto de imigrantes, o elemento pioneiro também predominou nesse período. Essa *aliá* foi seguida por um considerável êxodo da Palestina como resultado da aguda crise econômica que eclodiu durante o afluxo desse período.

A quinta *aliá* começou em 1929, mas não alcançou seu ápice senão em 1932 quando um grande volume de imigração recomeçou, resultando em grande prosperidade econômica. Até 1935, cerca de 150 000 judeus chegaram — muitos deles da Alemanha; trouxeram um capital considerável e ajudaram a desenvolver em grande escala a indústria, o comércio e a agricultura. De 1936-40, período de graves dificuldades para o país, a imigração foi limitada pelo governo e apenas cerca de 100 000 judeus, inclusive 15 000 imigrantes "ilegais", entraram.

3. Os Principais Estágios no Desenvolvimento Institucional do Ischuv. Características Específicas das Principais <u>Aliot</u>

Este capítulo tratará de uma análise pormenorizada do impacto das principais *aliot* modernas na estrutura institucional do Ischuv.

A primeira "aliá"

O ano de 1882 é comumente considerado como o do início do moderno movimento migratório judaico que trouxe milhões de judeus da Rússia para o Ocidente. A causa imediata deste movimento foi o anti-semitismo da Rússia tzarista que culminou com as Leis de Maio de 1881. A maioria dos emigrantes dirigiu-se para a América e para a Europa Ocidental, mas uma pequena minoria (de vinte e cinco a trinta mil no curso de vinte anos) foi para a Palestina. Entre esses os mais conhecidos eram os biluístas cujos membros fundaram a colônia de Gedera. Uma considerável colonização prosseguiu no início da década de 1880 quando foram fundados Rischon LeTzion, Zichron Iaakov, Ekron e Iessod Hamaala.

Os novos colonizadores enfrentavam grandes dificuldades econômicas e não podiam, naquela época, obter qualquer ajuda real e contínua das várias sociedades sionistas da Europa. Apenas em um estágio posterior o Barão Rothschild veio em seu auxílio com um amplo programa administrado por funcionários judeus franceses trazidos ao país com esse propósito e que se ocuparam de todos os detalhes administrativos nos campos das finanças, do planejamento agrícola e até da cultura. Baseavam a economia das novas colônias quase que exclusivamente em vinhedos, após o fracasso de experimentos em vários ramos de técnica e cultivo de frutas.

Esses funcionários eram, principalmente, judeus franceses assimilados, da baixa classe média, não-familiarizados com os ideais nacionalistas dos judeus da Europa Oriental que consideravam geralmente incultos e provincianos. Ao mesmo tempo os colonizadores estavam mais ou menos à mercê desses funcionários e não tinham quaisquer meios de controle público sobre eles. Com a administração nas mãos dos funcionários do Barão e o trabalho agrícola executado por mão-de-obra árabe assalariada, os ideais nacionalistas dos biluístas estavam praticamente asfixiados e só sobreviveram em colônias como Gedera, não administradas pelo Barão. Até a religião e a educação foram despojadas de seu ímpeto ideológico, pois desenvolveu-se um sistema escolar em larga escala franco-levantino que dava muito pouca ênfase à cultura hebraica. Os esforços feitos para obter alguma independência fracassaram, e os elementos mais independentes e da geração mais jovem abandonaram as colônias do Barão.

Uma segunda onda de imigrantes veio em 1891 e as colônias de Rehovot e Hadera foram fundadas com forte ajuda financeira fornecida pelos judeus russos. Assim a burocracia do Barão foi menos marcada e o desenvolvimento um pouco mais autóctone. Em 1900 Rothschild transferiu seus interesses para a Jewish Colonization Association (ICA). Embora essa também fosse basicamente uma organização filantrópica sem quaisquer interesses nacionalistas específicos, seu caráter público e recursos mais restritos tornavam seu funcionalismo mais propenso ao controle. Em suas muitas especulações a ICA também tentou a inovação no planejamento agrícola e social. Entre essas foram especialmente dignas de nota as fazendas que fundou para o treinamento agrícola. No fim da primeira *aliá* a estagnação resultante da política de Rothschild dera lugar a uma limitada transformação. Não obstante, a população agrícola estava desmoralizada, as taxas de emigração eram muito altas e o quadro geral era desolador.

Ao mesmo tempo, contudo, havia desenvolvimentos marcantes no setor urbano. A população judaica em Jafa, antes bastante insignificante, crescera consideravelmente e se constituía quase que exclusivamente do Novo Ischuv, ao contrário dos elementos tradicionais que compunham a população das velhas cidades santas. A falta de um elemento judaico estabelecido de há muito em Jafa deu à sua nova população um caráter totalmente moderno e a Jafa judaica tornou-se, de certo modo, o centro social e cultural das novas colônias. A cidade absorveu muitos elementos que inicialmente tentaram e fracassaram na colonização da terra. Ramificações palestinas das várias organizações nacionalistas pré-sionistas e sionistas foram fundadas em Jafa, sendo a mais importante o estabelecimento do primeiro escritório da Anglo-Palestine Company (mais tarde Banco) em 1903. Entrementes muitas instituições locais tais como uma biblioteca (1885) e um hospital (1891) também foram estabelecidas. O desenvolvimento de diversos bairros judeus a partir daqueles anteriormente espalhados pela velha cidade árabe, e com uma florescente cultura hebraica moderna, começou na década de 1880. A imigração de 1891 também trouxe elementos profissionais e comerciais que alcançaram uma posição importante na vida econômica de Jafa. O começo de exportações de cítricos no fim da década de 90 acentuou o prestígio desse grupo. A Jafa judaica também se tornou um importante centro de desenvolvimento para um sistema escolar hebraico secular, bastante distinto do caráter "francês" das colônias do Barão.

Embora ocorresse considerável expansão simultânea em Jerusalém durante esses anos, a cidade, não obstante, manteve seu caráter tradicional.

A segunda "aliá" — Introdução

Embora a primeira *aliá* apresentasse pelo menos algumas características de um movimento social embrionário visando a uma expansão contínua, o que conseguiu alcançar em um período de vinte anos foi um estágio de estagnação potencial quase real.

Uma das manifestações básicas dessa estagnação foi a normalização e estabilização muito rápidas da estrutura econômica e social dos imigrantes. Se as tendências da primeira *aliá* continuassem, teriam levado a uma absorção total dos colonizadores como meramente outro pequeno grupo privilegiado, estagnado dentro do cenário pluralista da sociedade otomana-árabe.

A importância desses fatores torna-se aparente quando os comparamos com os desenvolvimentos da segunda *aliá* que constitui um dos estágios mais decisivos e formativos na história do Ischuv.

A importância da segunda *aliá* reflete-se no fato de que desde sua chegada seus membros eram proeminentemente ativos nos assuntos do Ischuv. Essa proeminência continuou até os primeiros estágios do Estado, com membros da segunda *aliá* representados nas várias elites mas em especial na elite política do país, em porcentagens desproporcionais aos seus membros reais. A ideologia forjada por eles tornou-se, além disso, o ponto de partida da transformação social e institucional do Ischuv, enquanto as várias atitudes para com a segunda *aliá* ainda impregnam a atmosfera social e política em Israel.

A influência da segunda *aliá* não foi, é claro, devida à força numérica — ela consistia originalmente de um pequeno grupo (ou grupos) de não mais do que dez mil pessoas, muitas das quais deixaram o país após um curto espaço de tempo.

Seria ilusório supor que os membros da segunda *aliá* poderiam ter por si mesmos alcançado outras coisas essencialmente diferentes da primeira *aliá* sob as condições prevalecentes na Palestina otomana. Os eventos que ocorreram durante e após a Primeira Guerra Mundial — o colapso do Império Otomano, a Declaração Balfour, a outorga do Mandato e as mudanças que aconteceram na estrutura das Organizações Sionistas na Europa e nos Estados Unidos — foram os fatores fundamentais que os capacitaram a aproveitar as oportunidades institucionais, políticas e econômicas para um desenvolvimento mais dinâmico.

Mas a significação da segunda *aliá* reside no fato de que seus membros estavam prontos e aptos — em combinação com a liderança sionista geral mundial — a aproveitar as oportunidades criadas a fim de desenvolver novas realidades sociais e políticas.

Os ideais e os padrões de organização criados por eles não eram apenas mantidos e perpetuados na estrutura social do Ischuv, mas deveriam guiar e moldar seu desenvolvimento ulterior. Embora a importância amiúde atribuída à segunda *aliá* seja exagerada, a própria prevalência desse mito constitui um aspecto importante da sociedade israelense.

Diferentemente da primeira *aliá,* os membros da segunda nunca aspiraram à normalização como camponeses ou operários. Em vez disso, consideravam-se pioneiros e exploradores não interessados em seu próprio estabelecimento imediato mas apenas no futuro de toda a comunidade nacional.

Para entender esse aspecto vital da segunda *aliá* torna-se necessário investigar suas origens.

Origens sociais e orientações ideológicas dos grupos da segunda "aliá"

A segunda *aliá* foi influenciada por diversos fatores: a Revolução de 1905, os tumultos antijudaicos que naquela época faziam parte do fervor revolucionário e anti-revolucionário na Rússia, e a decepção de parte da juventude judaica com respeito à possibilidade de solucionar o problema dos judeus na Diáspora. Esse desapontamento foi devido à compreensão de que mesmo os movimentos revolucionários não puseram um fim ao anti-semitismo ou às explosões anti-semitas e que, de fato, os grupos revolucionários com freqüência incitavam — se não francamente encorajavam — tais manifestações. Assim, muitos deles concluíram que nenhuma solução para seus problemas judaicos específicos poderia ser encontrada através da revolução ou reforma socialista. A essa conclusão chegou apenas um punhado de estudantes e intelectuais apanhados nas malhas da atividade revolucionária, da expansão econômica contínua e do subseqüente aumento de tendências assimilacionistas dentro da comunidade judaica. Conflitavam com muitas das correntes oficiais dentro da comunidade judaica e do movimento sionista, particularmente onde tais correntes aspiravam participar do movimento democrático geral na Rússia e no Império Austro-Húngaro na esperança de que a comunidade judaica pudesse ser capacitada a tomar seu lugar como uma das comunidades autônomas.

Essas atitudes foram grandemente intensificadas pela crise interna que envolveu a Organização Sionista após a morte de Herzl quando os sonhos de uma rápida e fácil solução diplomática para o problema palestino através da obtenção da Carta Régia do Império Otomano foram destruídos. O movimento além disso sofreu uma crise aguda depois das propostas de Uganda que encontrou a maioria dos sionistas russos e orientais, e em especial a *intelligentsia* mais jovem, em forte oposição a Herzl.

Sob a liderança de Wolfsohn, sucessor de Herzl como presidente, a Organização Sionista teve de encontrar um novo significado para suas atividades. Esforços enérgicos foram por conseguinte realizados para atrair novos membros e infundir novo significado para a obra colonizadora na Palestina, bastante negligenciada durante o período inicial das negociações diplomáticas.

Esses novos esforços refrearam, até certo ponto, o ressentimento que os jovens intelectuais na Rússia e Áustria sentiam contra a atitude oficial e apática do movimento.

Em 1905 grupos de jovens colonizadores começaram a chegar à Palestina em busca de uma nova solução para o problema judaico. Sua sede de rebelião foi atiçada pela realidade da Palestina judaica daquela época — em especial as aldeias e colônias do Barão e os centros urbanos incipientes em Jerusalém e Petach Tikva. Os jovens rebeldes viam nisso símbolos estagnados e negativos da colonização rápida e negligente e da satisfação complacente com a estrutura social existente na Palestina. Para eles tal situação poderia bem significar o fim de progresso ulterior. Além disso, a rebelião foi provocada por encontros e conflitos diários com os colonizadores mais velhos a quem os novos imigrantes se voltavam para pedir trabalho. Os veteranos viam nos recém-chegados um elemento estranho e perigoso.

Naturalmente os pioneiros da segunda *aliá* não podiam comparar-se com os colonizadores mais velhos em termos de poder econômico e organizacional, de conhecimento ou recursos — era apenas no campo das idéias que eles poderiam chegar ao que lhes era devido.

Suas tentativas de encontrar soluções organizacionais para problemas práticos eram feitas em combinação com suas orientações ideológicas, e não como conseqüência dos problemas diários e concretos de adaptação ao meio ambiente existente. Tal abordagem tentava alcançar os problemas mais amplos da coletividade a cuja vanguarda os grupos sentiam que pertenciam.

Até mesmo as tarefas mais realistas das quais esses grupos se encarregavam — encontrar condições apropriadas de trabalho como operários agrícolas, o estabelecimento da organização de defesa Haschomer, ou a iniciação de várias atividades de ajuda mútua não teriam tido muito sentido prático. Nessas circunstâncias os problemas concretos poderiam ter sido melhor solucionados encontrando-se algum *modus vivendi* com os outros colonizadores ou com os vários corpos da organização sionista. A atitude ideológica que abrangia até a mais humilde de suas tarefas realistas só faz sentido quando vista à luz de problemas mais amplos e mais radicais; o que também explica os debates acalorados, registrados em muitas páginas impressas fervilhantes, entre os vários componentes da segunda *aliá* — o Hapoel Hatzair e o Poalei Tzion e entre eles, a burocracia sionista e os antigos colonizadores.

Essas discussões precisam ser consideradas como disputas básicas sobre a solução essencialmente correta para os problemas sociais e culturais, fundamentais com vistas a uma sociedade futura e não como soluções aos problemas concretos dos grupos existentes.

A imagem do pioneiro (halutz)

A combinação de atributos ideológicos e potencialmente práticos foi responsável pela principal criação cultural da segunda *aliá*: a imagem do tipo ideal do pioneiro. Os seus contornos foram forjados principalmente durante esse período. Todas as formulações posteriores, embora mais articuladas e sujeitas a muita controvérsia e interpretação, refletiam uma imagem menos coerente embora muito mais vívida da forma como ela se desenvolveu no período da segunda *aliá*.

Fatores inerentes comuns ao tipo "pioneiro" incluem antes de tudo um elemento de abnegação social e pessoal. O pioneiro é um homem pronto a se privar e a viver como um asceta. A privação não é, contudo, para o seu próprio bem — embora muito amiúde o ascetismo tenha se tornado um elemento secundário porém muito forte — mas a fim de bem executar uma tarefa importante para a comunidade. Daí a falta de interesse do pioneiro em recompensas diretas e imediatas de posição, salários, confortos materiais ou até de poder político.

O segundo aspecto principal da imagem do pioneiro é a forte ênfase por ele posta no trabalho agrícola — ou no trabalho manual em geral — e na não-exploração de outros. Isto é considerado como fundamental, em particular na filosofia de A. D. Gordon, para criar, através do trabalho físico, um "novo" ser humano e uma nova entidade nacional.

A ênfase, portanto, tende a ser colocada na importância de viver em um tipo especial de comunidade útil ao desenvolvimento da sociedade ideal, considerada em termos semelhantes àqueles dos socialistas utópicos e, em menor grau, também dos marxistas.

Ao lado do trabalho manual é colocada ênfase muito forte na autodefesa e na autoconfiança, em resumo, na realização de independência em relação à proteção externa.

O terceiro ponto da ênfase é a criatividade cultural e o rejuvenescimento da língua e cultura hebraicas expressas em atividades literárias, científicas ou semicientíficas (tais como História ou Arqueologia). Intimamente relacionada a isto está a importância dada à participação ativa em atividades sociais e políticas e na vida da comunidade.

A "abnegação" pela causa da (futura) comunidade fundamenta o espírito pioneiro — o fato de que o halutz é um *avant-garde* que vai (no sentido hebraico literário do halutz) *à frente* do coletivo.

A orientação futurista era basicamente uma combinação de elite com ideologias igualitárias no que ela acentua a igualdade reinante dentro dos grupos pioneiros de elite — fortalecendo assim suas tendências sectárias.

Ao mesmo tempo, todavia, a orientação "construtivista" mais ampla na imagem do pioneiro ajuda-a a tornar-se um foco básico de identidade pessoal e coletiva não só para os membros dos grupos mas também para as futuras ondas de imigrantes.

O ascetismo inerente à imagem do pioneiro não estava vinculado a um escape do mundo social. Ao contrário, estava intimamente relacionado ao trabalho para uma comunidade concreta, se bem que futura e ainda não formada.

O fato da ideologia pioneira ter se focalizado em uma sociedade futura ideal, embora não alcançada, e ao mesmo tempo ter representado ideais e valores sociais além de qualquer realidade específica, capacitou-a a transcender situações do "aqui e agora".

Foi a combinação de elementos diferentes que forneceu os aspectos mais dinâmicos da imagem do pioneiro e acentuou sua forte natureza elitista.

Havia, contudo, possibilidades contraditórias inerentes à forte ênfase posta sobre uma elite, por um lado, e a concernente a qualquer grupo de pioneiros como representando necessariamente valores pioneiros, por outro.

As tensões que surgiram entre as várias orientações provavelmente se tornariam agudas assim que a estrutura social que elas próprias ajudaram a criar se tornasse mais diferenciada, e a luta pelo poder se tornasse inevitável. Todavia, nenhuma destas tensões desenvolveu-se plenamente no período da segunda *aliá*.

Desenvolvimentos organizacionais e institucionais durante a segunda "aliá"

A segunda *aliá* foi fundamentalmente composta de grupos sectários de jovens que tentavam forjar novos símbolos e encontrar novas soluções para problemas sociais e nacionais mais amplos e que consideravam suas próprias atividades práticas como expressões simbólicas de tais soluções. Suas próprias tentativas de instalar novas estruturas organizacionais e institucionais eram consideradas principalmente como experiências para expressar os problemas básicos da sociedade futura emergente.

Paradoxalmente, isso aconteceu porque na realidade não estavam prontos e dispostos a executar plenamente quaisquer formas organizacionais e institucionais, ou a dotá-las de valor plenamente simbólico e de *status* legal.

A história do desenvolvimento do Ischuv mostra que o período da segunda *aliá* foi aquele no qual as atividades sociais, políticas e organizacionais estavam mais dominadas pela criação e interpretação de valores.

Não obstante, muitos núcleos institucionais e organizacionais foram estabelecidos — alguns dos próprios grupos "pioneiros" sectários e outros em combinação com outros grupos do Ischuv.

Entre as organizações fundadas estava a rudimentar organização de defesa Haschomer (1909), composta de poucas dúzias de trabalhadores. Os símbolos e lemas do Haschomer assumiram um caráter nacional surpreendentemente amplo, se considerarmos quão restrita foram suas tarefas práticas.

Um Escritório de Informações estabelecido em 1909 foi projetado para ser uma simples agência de empregos. O aparecimento do Hapoel Hatzair (1907) e do Ahdut (1910) prenunciou o desenvolvimento de jornais periódicos. Mais ou menos nesta época também foram fundados o Avodá — um precursor do Gdud Haavodá (1909-10), o Kupat Poalei Eretz Israel (1909); o Misrad Haavodá, precursor da agência de empregos (1913); as organizações de trabalhadores da Judéia e da Galiléia (1911), e o United Committee of Palestinian Workers, possível núcleo da futura Histadrut (1913). Também foram feitas durante esse período algumas tentativas de uma assembléia geral representando o Ischuv como um todo.

Contudo, o desenvolvimento organizacional mais destacado do período foi o estabelecimento da primeira *kvutzá* em Degania e o núcleo de um *moschav* em Merhavia.

Esse tipo de pioneirismo, destinado a tornar-se um dos maiores símbolos do modo de viver "certo", não foi a princípio concebido como tal. Foi considerado uma solução para o problema de como organizar alguma forma de colonização para jovens com fortes aspirações socialistas e nacionalistas, sem capital, com pouca experiência e pouco conhecimento técnico — uma colonização que preenchesse ao mesmo tempo suas aspirações para um padrão de vida e de vida cultural decentes dentro da realidade da Palestina otomana.

Embora a *kvutzá* fosse tida como um importante modo de viver, alguns, tais como A. D. Gordon, que pregavam a religião do trabalho, viam, em uma visão semiprofética, que a atitude geral para com a forma inicial da *kvutzá* era antes a de experiência. Foi só mais tarde, durante a terceira *aliá,* que as atitudes mais sacrossantas para com o *kibutz* e a *kvutzá* tenderam a se desenvolver.

Como já foi dito, uma forma embrionária de colônia cooperativa desenvolvida sob a liderança de Franz Oppenheimer foi estabelecida em Merhavia. Mas isso, em si, não se tornou padrão para uma continuidade; e os *moschavim* que se desenvolveram mais tarde — de Nahalal em diante — não foram em grande parte inspirados por ela.

Outro desenvolvimento extremamente interessante que aconteceu durante esse período foi o afluxo de judeus do Iêmen. Sch. Yavnieli, um dos líderes da segunda *aliá,* foi ao Iêmen e voltou com muitos imigrantes que formaram o núcleo principal da "velha" colônia iemenita no Ischuv.

Além da idéia algo romântica da reunião de irmãos dispersos, um dos motivos importantes para essa atividade era a importação de elementos ("verdadeiramente" proletários) mais acostumados a trabalhar em condições tais como as da Palestina.

Desenvolvimentos institucionais nos setores urbanos durante a segunda "aliá". Telavive, serviços de educação e saúde

Os pioneiros agrícolas não foram os únicos que estabeleceram núcleos institucionais e organizacionais durante o período da segunda *aliá*. O primeiro núcleo urbano de Telavive foi estabelecido em 1910 por um grupo de residentes de Jafa há muito estabelecidos, liderados por Meir Dizengoff. Essas pessoas eram principalmente da classe média e alguns haviam imigrado com a primeira *aliá*. Cerca de um quarto deste projeto foi financiado pelos próprios colonizadores, com a ajuda adicional da Organização Sionista e de várias instituições bancárias. Os residentes da nova Telavive continuaram, a princípio, a trabalhar em seus negócios, escritórios ou escolas em Jafa. Foram necessários alguns anos para que Telavive perdesse seu caráter puramente suburbano e residencial e assistisse ao início de várias organizações profissionais e econômicas que também se desenvolveram em Jerusalém e, em menor escala, em Petach Tikva.

Contudo, o desenvolvimento mais dinâmico do período foi, sem dúvida, no campo educacional com o estabelecimento do Ginásio Hebraico (escola secundária) em Jerusalém, do Ginásio Hertzlia e da Escola Normal Levinski em Telavive. Na ocasião, várias escolas maternais e primárias hebraicas já haviam sido estabelecidas com o apoio de agências externas. A educação era um campo importante no qual muitas batalhas ideológicas foram travadas, sendo a mais destacada delas a batalha das línguas. Foi uma questão crucial, ganha pelos hebraístas, se a instrução deveria ser ministrada em hebraico ou alemão, como o queria a Ezra, organização filantrópica judeu-alemã. Assim, o estabelecimento do Hertzlia e de outros ginásios não foram eventos isolados mas antes a coroação de um esforço cultural muito mais amplo.

Certas características paradoxais de grande importância para uma compreensão de toda a estrutura e desenvolvimento institucionais do período emergiram dentre os vários grupos educacionais e culturais.

As novas metas educacionais eram dirigidas não para a transmissão de uma determinada herança cultural mas para a criação de novos elementos culturais da cultura judaica (embora mormente em forma não-religiosa) com o melhor da herança universal e moderna.

Além disso, embora obviamente em benefício da geração mais jovem de judeus na Palestina, as crescentes facilidades educacionais, agora acessíveis na realidade, visavam antes, além desse grupo, a um padrão educacional para grupos muito mais amplos — potencialmente toda a juventude judaica na Diáspora.

Destarte o sistema educacional que claramente se desenvolvia compartilhava dos traços predominantes da ideologia pioneira. Foi também dentro desse contexto que surgiu a imagem do professor como inovador e pioneiro "cultural".

Desenvolvimentos incipientes semelhantes ocorreram nos campos da saúde e da medicina. Foram feitas as primeiras tentativas de estabelecer a medicina nacional, na forma de auxílio a trabalhadores doentes. A imagem do médico pioneiro foi projetada como distinta da do médico habitual da família.

Paralelamente a esses desenvolvimentos, foram empreendidos projetos de reflorestamento pela Organização Sionista, terras foram compradas através do Fundo Nacional Judaico, e atividades bancárias foram dirigidas para ajudar as diferentes formas de colonização.

A futura orientação dos grupos da segunda "aliá". Desenvolvimento de novos núcleos institucionais

Os desenvolvimentos enumerados talvez resumam melhor uma das principais diferenças entre as estruturas institucionais e organizacionais da primeira e segunda *aliot*.

Em vez de planejar exclusivamente para as necessidades da população existente, a ênfase durante a segunda *aliá* foi colocada nos desenvolvimentos para o futuro com acentuação especial nos aspectos ideológicos.

Ao contrário da primeira *aliá*, essa orientação acentuou o desenvolvimento de amplas instituições funcionais — defesa, educação e, até certo ponto, colonização e saúde — destinadas a uma sociedade até agora inexistente, apesar de oferecer apenas serviços inadequados às necessidades das comunidades existentes. É significativo o fato de que tentativas de estabelecer uma organização territorial global no Ischuv tenham fracassado completamente.

Alguns dos padrões emergentes provaram ser de grande importância para o futuro desenvolvimento institucional do Ischuv e de muitas maneiras o vaticinaram. Embora, por exemplo, o número real de colônias estabelecidas pela segunda *aliá,* de fato, tenha sido menor do que o das fundadas pela primeira *aliá,* seu relacionamento com a Organização Sionista e outras agências colonizadoras foi de natureza muito diferente e também um indicador de futuras possibilidades. Em ambos os períodos a colonização foi necessariamente dependente — em termos de capital, potencial humano e proteção política — de recursos externos.

Em ambos os períodos os fornecedores iniciais destes recursos foram os vários organismos das organizações sionistas. Contudo, na primeira *aliá* a maioria destas funções foram assumidas após um breve espaço de tempo pela administração do Barão. Na segunda *aliá* elas foram executadas pela Organização Sionista e pelo seu representante na Palestina, o Dr. A. Ruppin, pela Hevrat Hachscharat Haischuv e pelo Banco Anglo-Palestino. O Dr. Ruppin concebia suas funções de maneira muito mais solidária aos colonizadores e suas aspirações nacionais do que o fora a administração do Barão. Havia, reconhecidamente, muitas tensões entre os pioneiros, o Dr. Ruppin e outros funcionários — especialmente por ser o Dr. Ruppin, em geral, indiferente às aspirações socialistas dos colonizadores. Não obstante, os colonizadores não eram mais objetos de uma administração paternalista — por melhor intencionada e generosa que ela pudesse ser. Eram, em vez disso, membros ativos de partidos ou grupos incluídos dentro da própria organização cujos funcionários administravam as atividades colonizadoras na Palestina — a Organização Sionista.

Devido a esse fato — e devido aos seus fortes conceitos ideológicos — estavam sempre prontos a lutar por suas divergências com o funcionalismo não só através de contatos pessoais, mas também através da propaganda a pressão políticas dentro da estrutura total da Organização Sionista comum a todos eles.

Relações entre os grupos da segunda "aliá" — *Núcleos de uma estrutura federativa*

Apesar do número relativamente pequeno de pessoas envolvidas na segunda *aliá*, surgiram muitos grupos e partidos — ou antes núcleos de movimentos sociais. Os mais destacados desses foram o Hapoel Hatzair, o Poalei Tzion, as várias organizações profissionais de operários da Galiléia, Judéia e Samaria e mais tarde o Haavodá, a organização separatista dos veteranos fazendeiros burgueses da primeira *aliá* que advogavam uma síntese rudimentar de agricultura e coletivismo.

Em suas disputas ideológicas bem como, até certo ponto, em seu relacionamento pessoal, a maioria dos grupos da segunda *aliá* apresentava toda a intensidade e exclusividade sectárias dos movimentos sociais extremos. Apesar de suas metas comuns, cada qual acreditava possuir a melhor solução para todos os problemas mais importantes. O antagonismo dos vários grupos entre si era apenas mitigado pelo fato de serem todos dependentes dos recursos externos para a realização de suas metas comuns e serem, portanto, forçados a agir dentro da estrutura comum da Organização Sionista.

Essa cooperação essencial, por sua vez, ajudava a moldar a natureza federativa da Organização Sionista. A ajuda era distribuída em bases análogas embora nem sempre iguais, capacitando assim cada grupo a continuar em grande parte autônomo, enquanto cooperavam em algumas tarefas comuns.

A disposição de cooperar em questões essenciais foi incrementada pela ideologia basicamente positiva de cada grupo. Queriam não só estabelecer a doutrina certa mas também executar uma obra colonizadora construtiva e verem-se como precursores de colonização e desenvolvimento nacionais mais amplos. Além disso, seu zelo revolucionário não poderia ser dirigido à ruína de um regime político — inexistente — mas tinha de visar ao desenvolvimento de novas formas sociais e econômicas. Sua necessidade de capital e de potencial humano adicional moderava o relacionamento entre os grupos pioneiros e as várias organizações e instituições educacionais, médicas e bancárias florescentes que se desenvolviam paralelamente a muitas das mesmas linhas.

Os funcionários dessas instituições e dos principais grupos urbanos diferiam social e individualmente dos pioneiros. Mais parecidos com os colonizadores mais antigos, eram em sua maioria pacatos profissionais e comerciantes. Porém estavam próximos do espírito pioneiro, compartilhando muitas de suas futuras metas e vendo seus próprios papéis de modo paralelo, embora não idêntico. Servindo como ponte social entre os grupos pioneiros e os colonizadores mais velhos da primeira *aliá* e o Ischuv mais antigo, suas atividades — em especial no campo cultural — davam-lhes um denominador comum aos pioneiros. O próprio fato de tais núcleos organizacionais existirem e tenderem a acentuar os objetivos comuns partilhados pela maioria dos setores do Ischuv enfraquecia a exclusividade dos grupos pioneiros. Isto também se aplicava a algumas das atividades políticas comuns dentro do Ischuv — especialmente nas relações com as autoridades turcas e no estabelecimento de escolas judaicas.

Outro fator na consolidação das relações entre os diversos organismos foi a migração para e da Palestina durante o período da segunda *aliá*. Esta migração foi causada por razões políticas internas, atrito com as autoridades turcas ou por razões pessoais.

O fato de estar a rebelião contra seu *background* anterior ligada ao transplante territorial e à separação de suas famílias, e ser esta rebelião amiúde em nome de ideais partilhados — embora menos intensamente — por seus pais, mitigava as tensões entre os pioneiros e suas famílias, permitia relações sociais em plano mais amplo e, por sua vez, também desgastava a orientação totalitária dos grupos pioneiros.

Parece duvidoso, contudo, que quaisquer das novas formas institucionais ou organizacionais embrionárias fossem bastante fortes para criar condições nas quais pudessem materializar-se desenvolvimentos futuros. Tais condições só foram criadas pelos eventos externos de grande alcance após a Primeira Guerra Mundial. O grande valor do período da segunda *aliá* está no fato de, uma vez que foram criados novos padrões e oportunidades, terem as idéias internas sido bastante fortes para orientar novos desenvolvimentos e imprimir sua marca na maioria dos desenvolvimentos posteriores.

Foi a combinação de forte ideologia com realismo potencial que encerrou a promessa real da segunda *aliá*. Todo seu potencial, bem como seus problemas, desenvolveram-se plenamente apenas no período posterior ao Mandato.

O Mandato: Sua estrutura organizacional e institucional. A terceira e quarta "aliot"

Com o fim da Primeira Guerra Mundial e o estabelecimento do Mandato Britânico na Palestina, incorporando as promessas da Declaração Balfour, o Ischuv entrou em novo período de desenvolvimento. Se o período da segunda *aliá* foi o período de ênfase ideológica, o Mandato introduziu um período de tensão na execução prática dos principais objetivos do Ischuv e no desenvolvimento de suas estruturas institucionais mais importantes. Essa fase começou com a terceira *aliá* (1919-23) e continuou até o estabelecimento do Estado de Israel.

A história social e institucional do Ischuv durante todo esse período foi moldada principalmente pela interação de quatro elementos básicos. Em primeiro lugar, o Mandato e o governo; em segundo, as diferentes organizações da Organização Sionista Mundial e a comunidade judaica na Palestina; em terceiro, as várias ondas de imigrantes para a Palestina; e, por último, a estrutura ideológica e institucional estabelecida durante os períodos da primeira e em especial da segunda *aliá*.

Começaremos com uma sucinta descrição do inter-relacionamento entre o governo mandatício, a Agência Judaica (ou a Organização Sionista com o estabelecimento da Agência Judaica em 1929) e as outras instituições da comunidade judaica na Palestina — em especial o Vaad Leumi e os vários organismos do governo local.

A estrutura mandatícia abrangia tanto o setor judaico quanto o árabe. Dentro do setor árabe, contudo, não havia nenhum equivalente da Agência Judaica (embora posteriormente se desenvolvesse um equivalente do Vaad Leumi na forma do Conselho Árabe Superior) e o âmbito geral do desenvolvimento organizacional interno foi menor. No setor judaico as organizações internas desenvolveram-se tanto na forma do Vaad Leumi, eleito pela maioria dos membros adultos da comunidade judaica, como na forma de numerosos organismos governamentais locais.

O Vaad Leumi era uma continuação das tentativas de formar uma organização geral que representasse todo o Ischuv que até então haviam fracassado. Durante a Campanha da Palestina, em 1918, foram assentados os fundamentos para abrir o caminho para a representação judaica sob novo regime. Durante o período mandatício seguinte foram realizadas eleições gerais regulares, pelas quais o Knesset Israel, como o Ischuv organizado era formalmente conhecido, elegia seu representante para o Asefat Hanivharim que, por sua vez, escolhia o Vaad Leumi como seu organismo governante. Em 1927 o poder mandatício concedeu ao Knesset Israel o reconhecimento oficial como organismo voluntário representando a população judaica da Palestina. Esta representação só foi qualificada pela recusa do Velho Ischuv de registrar-se no Knesset Israel, tornando-se, assim, formalmente um organismo distinto do Ischuv.

Eventualmente se desenvolveu uma divisão razoavelmente bem delineada de trabalho entre essas diferentes instituições e organizações. As várias instituições nacionais do Ischuv, o movimento sionista e a Agência Judaica lidavam na maior parte com as seguintes questões: 1) desenvolvimento da colonização judaica, tanto rural quanto urbana; 2) providências para imigração à Palestina dos diversos países da Diáspora; 3) manutenção e desenvolvimento da defesa judaica — a Haganá ilegal, vários grupos de polícia semilegais e legais e, durante a Segunda Guerra Mundial, a mobilização no Exército Britânico; 4) desenvolvimento de uma política "externa" ativa — principalmente com relação ao governo mandatício e à Liga das Nações — com o objetivo de aumentar a extensão da imigração e colonização, de manter a autonomia política do Ischuv e, finalmente, de criar o Estado Judaico; 5) manutenção de um sistema autônomo de educação; 6) manutenção de uma organização religiosa autônoma; e 7) manutenção de alguns serviços sociais, em especial uma ampla rede de serviços de saúde. Significativamente, as quatro primeiras tarefas estavam originalmente nas mãos da Organização Sionista e da Agência Judaica, ao passo que as outras estavam em sua maioria nas mãos do Vaad Leumi ou das várias municipalidades judaicas. Ficou acentuado, pois, que o Ischuv em si era, sempre foi, apenas uma etapa no constante desenvolvimento do empreendimento sionista.

As várias tarefas rotineiras de administrar o país e manter os serviços de comunicação, a polícia, um sistema legal e, até certo ponto, o governo local estavam principalmente nas mãos do governo mandatício. Surgiu uma tensão entre o governo e as instituições nacionais judaicas, tanto sobre importantes questões de política (imigração etc.) como nas esferas onde as atividades se sobrepunham. Como as instituições judaicas, e em especial a Agência Judaica, lidavam na maior parte com as tarefas "colonizadoras", que se caracterizavam fortemente por sua ligação com o futuro desenvolvimento, as instituições judaicas não tinham quaisquer relações com as questões econômicas e administrativas rotineiras nem com a manutenção da ordem. As únicas exceções importantes eram as municipalidades judaicas e a distribuição dos vários fundos para a colonização e as obras "construtivas".

Os recursos financeiros das instituições judaicas derivavam principalmente das contribuições voluntárias dos judeus do mundo inteiro e da Palestina. A principal base moral e social dessas instituições era a presteza da maioria dos grupos da Palestina em aceitar sua autoridade política e de cooperar na participação voluntária de tarefas comuns tais como na força de defesa (Haganá), na obra colonizadora e nos vários tipos de resistência passiva ao poder mandatício. As instituições nacionais também podiam contar com o movimento sionista no exterior e com a opinião pública não-judaica e judaica como fonte potencial de influência, se não de poder direto.

As características mais salientes dessas instituições desenvolveram-se rapidamente no fim da década de 20 e foi dentro de sua estrutura que a terceira, quarta e quinta *aliot* encontraram suas bases na Palestina.

Desenvolvimentos durante a terceira e quarta "aliot"

A terceira *aliá,* semelhante em muitos aspectos à segunda, consistia principalmente de jovens pioneiros proletários da Europa Oriental, profundamente influenciados pelo impacto da mudança social revolucionária.

Além de estabelecer um grande número de colônias agrícolas tanto do tipo *kibutz* quanto do *moschav,* principalmente no Vale de Jezreel, iniciaram também a colonização de áreas mais montanhosas. Os pioneiros eram muito ativos na construção de rodovias e estradas de ferro, bem como na drenagem de áreas pantanosas situadas principalmente no Norte do país, eventualmente convertendo essas atividades na expressão épica de um ideal.

A Histadrut foi estabelecida em 1920 e suas várias organizações e colônias subsidiárias foram também desenvolvidas durante esse período. Entre estas, deveria ser feita breve menção à Solel Boné, a principal firma de construções, a Hasné, uma companhia geral de seguros, ao Banco dos Trabalhadores, ao Centro de Cooperação e ao Kupat Holim, organização de seguros de saúde.

Ao mesmo tempo, os setores urbanos desenvolveram-se continuamente, e um proletariado começou a aparecer nas cidades. Telavive e Haifa cresceram constantemente, como o fizeram os novos bairros urbanos e semi-urbanos e as unidades municipais independentes. Um certo desenvolvimento também se manteve no tipo anterior de *moschavá*, ou aldeia privada.

A economia do Ischuv continuou a crescer e a diversificar-se. A lavoura mista desenvolveu-se firmemente, em contraste com as fazendas de monocultura (a princípio vinhas, mais tarde cítricos) da primeira *aliá*. No setor industrial foram estabelecidas fábricas, em contraste com as pequenas oficinas que predominavam desde a época da pré-colonização. Assim, foram construídas usinas elétricas, uma fábrica de sal, moinhos, a fábrica Schemen de produtos oleaginosos, a fábrica de cimento Nescher e diversas fábricas têxteis. Além disso, foi criado um grande número de fábricas menores mas modernas, em particular durante a quarta *aliá*.

O desenvolvimento foi retardado por crises econômicas devidas a causas internas e externas. A crise mais séria (que começou no fim de 1925) foi causada pelas restrições do governo polonês ao fluxo de capital para a Palestina, pelas regulamentações mandatícias que desencorajavam a imigração capitalista e pelo ritmo da imigração que estava acima das capacidades imaturas do Ischuv. A indústria de construção foi a mais afetada — muitas firmas faliram, o desemprego era elevado e durante três anos (1927-29) a emigração excedeu a imigração.

Foi dado novo ímpeto ao crescente desenvolvimento da estrutura econômica do Ischuv pela imigração da quinta *aliá*, no fim da década de 20 e década de 30. Esta *aliá*, que consistia de um novo tipo de imigrante e produzia mais capital privado e público, fez muito para superar as dificuldades que assediavam os colonizadores da quarta *aliá*.

Embora o elemento pioneiro nessa nova onda de imigração fosse menor, foi não obstante dentro desse período que os grupos e organizações de trabalhadores ganharam predominância. Para entender tal processo, vale a pena analisar os vários desenvolvimentos nos setores "trabalhadores-pioneiros" da terceira *aliá* em diante.

Desenvolvimentos sociais e ideológicos e atividades colonizadoras da terceira "aliá"

As características sociais e ideológicas da terceira *aliá* com suas atividades pioneiras socialistas tornaram-na, de muitos modos, uma continuação da segunda. Todavia, em termos de organização social concreta e formulação ideológica, ela foi muito além da segunda *aliá*. Tinha uma composição popular mais ampla, com um toque menos intelectual — embora muitos elementos intelectuais participassem dela. Era também muito mais heterogênea. Encontramos, quase desde o início, uma variedade relativamente grande de grupos pioneiros, movimentos sociais e partidos, muitos dos quais já haviam sido organizados na Diáspora. Encontramos, por exemplo, o Gdud Haavodá, no qual participavam centenas de pioneiros trabalhando nas estradas do distrito de Tiberíades. Seu ideal era formar uma comunidade de trabalhadores, tanto na cidade como na aldeia, que empreendesse tarefas pioneiras pela conquista de novas esferas de trabalho. O Gdud, visando à auto-suficiência econômica, pretendia transformar-se em um instrumento que ficaria à disposição do movimento sionista. Impregnado de idealismo socialista, o Gdud visava à igualdade no consumo e na produção. Também acreditava no estabelecimento de colônias maiores capazes de desenvolver ramos industriais. Diferia, assim, do *kibutz* do tipo de Degania, que se restringia ao trabalho agrícola e acentuava o ideal da pequena comunidade íntima, onde, desde o começo, cada qual teria conhecimento de todos os ramos de atividade. Finalmente, o Gdud fundou Ein Harod, o primeiro dos grandes *kibutzim*.

A Kvutzat Haemek era outro grupo cujos ideais e organização eram semelhantes ao Gdud Haavodá. Porém, desenvolveu um tipo ulterior de colonização com o aparecimento do movimento Haschomer Hatzair, originário da Polônia, onde era uma espécie de movimento escoteiro que aliciava seus membros, fortemente influenciados pelo socialismo radical, entre as famílias da classe média. As colônias por eles fundadas tinham a agressividade socialista do Gdud Haavodá, mas não davam ênfase ao desenvolvimento ocupacional, demográfico e organizacional imediato do *kibutz*. Eram comunas relativamente pequenas que acentuavam consideravelmente as metas sociopolíticas do movimento. Começando com o *kibutz* Beit Alfa, o Haschomer Hatzair fundou um grande número de *kibutzim* menores radicalmente comunais, com forte orientação social-marxista.

Durante esses anos de colonização intensiva, a segunda *aliá* também se reorganizou em novas comunas de colonização. Alguns membros fundiram-se com novos grupos imigrantes para fundar novas colônias, enquanto outros permaneceram relativamente auto-suficientes no processo de estabelecimento. As aldeias que fundaram incluíam pequenos e grandes *kibutzim,* bem como o novo tipo de coletivo, o *moschav.*

As diferenças entre os vários movimentos de *kibutz* eram não apenas sócio-ideológicas, mas se relacionavam com a concepção das tarefas a serem executadas — em especial com respeito à colonização e à criação de uma nova comunidade judaica.

Como resultado dessas diferenças foi dissolvida uma federação de todos os *kibutzim* logo após seu estabelecimento, em 1925. Poucos anos depois, três diferentes federações de *kibutzim,* com ideologias e programas políticos distintos, foram fundadas. Eram a Hakibutz Hameuhad, que favorecia *kibutzim* grandes e abertos, firmemente organizados em uma federação centralizada, e a Hakibutz Haartzi schel Haschomer Hatzair, ambas fundadas em 1927. Essa última sustentava as tradições da *kvutzá* pequena e autônoma; sua autonomia restringia-se a assuntos econômicos e sociais. Havia completo acordo político e ideológico entre estas duas federações, em questões relacionadas ao movimento global que mantinha um centrismo democrático.

A terceira federação, Hever Hakvutzot, foi fundada em 1929. Era uma federação de *kibutzim* originais, não ideológicos e autônomos. Era, até certo ponto, um acomodamento entre os princípios originais da autonomia kibutziana e opunha-se à ideologia completamente cristalizada e ritualizada. Sabia-se, contudo, que sem o apoio de um movimento juvenil e alguma organização representativa, os *kibutzim* do Hever Hakvutzot perderiam sua posição de elite para os outros movimentos kibutzianos missionários organizados.

Havia uma diferença muito real na atmosfera social dos pequenos *kibutzim,* do Hever Hakvutzot e do Hakibutz Haartzi, cuja média de afiliados por *kibutz,* no início da década de 40, era de noventa e três e de cento e vinte três membros, respectivamente (não incluindo seus filhos, pais ou membros das Hachscharot treinados no *kibutz* etc.) e os *kibutzim* maiores do Hakibutz Hameuhad, cuja média de afiliados era de duzentos e sessenta e quatro pessoas, mas permitia uma flutuação muito maior (um *kibutz* tinha mais de seiscentos membros, por volta de 1942).

Foi desenvolvida, ainda, uma outra concepção de colonização pelos fundadores dos *moschavim* — Nahalal e

Kfar Iehezkel — e por seu ideólogo, E. L. Jaffe. Acentuavam fortemente o pioneirismo agrícola e a unidade familiar camponesa como rejuvenescimento nacional e social, mas seu elemento "elitista" era mais moderado e colocava menos ênfase no coletivismo como tal.

O *moschav ovdim*, como o *kibutz*, localizava-se em terras pertencentes ao Keren Kaiemet. Mas a estrutura interna do *moschav* era distinta das organizações comunais dos diferentes *kibutzim*, nos quais todos os "meios de produção" eram coletivos, todo trabalho coletivamente organizado e onde até o alojamento, a alimentação e a educação das crianças eram feitos em base comunal.

No *moschav* a terra era dividida igualmente entre as famílias. O trabalho assalariado foi proibido e a fazenda planejada, a fim de que todo trabalho pudesse ser feito pelos membros da família. Parte da terra, contudo, permanecia sob cultivo comum — e, enquanto as famílias trabalhavam suas próprias áreas, também tinham de trabalhar na terra comum.

O *marketing* era organizado em bases cooperativas e havia arranjos para ajuda mútua, fundos de previdência, fornecimento de serviços e comumente também para facilidades de crédito, compra de equipamentos e de bens de consumo.

Certos conceitos básicos eram comuns a todos esses movimentos: toda terra era "propriedade nacional" (isto é, comprada pelo Keren Kaiemet e alugada aos pioneiros) e o capital "nacional", coletado e distribuído através da Organização Sionista e da Histadrut, financiava suas atividades. Os trabalhadores não possuíam capital, mas seus compromissos ideológicos tornavam-nos os únicos elementos de confiança adequados ao desenvolvimento da obra nacional, sem se interessar por lucros ou se esquivar de sacrifícios pessoais.

Em nome desses princípios, os grupos lutavam dentro da Organização Sionista por uma maior distribuição de fundos para a colonização através do Fundo Nacional, contra os que pretendiam tornar a rápida colonização da Palestina melhor realizada por colonizadores com capital privado.

A substituição da orientação ideológica por orientação de trabalho durante a terceira "aliá"

A maior e principal característica da terceira *aliá*, quando comparada com a segunda, foi a de ter sido muito mais orientada para metas e trabalho, devido a circunstâncias sociais cambiantes, embora a formulação e cristalização do dogma ideológico, isto é, a discussão sobre o tipo certo de colônia, ou sobre problemas de trabalhadores urbanos, estivessem sempre presentes. Contudo, todas essas disputas ajustaram-se mais às tarefas concretas. A nova abordagem também foi expressa pela maioria dos líderes da segunda *aliá*, que mais tarde exerceram muita influência em todas as organizações e movimentos da terceira *aliá*.

Essa mudança na ênfase deveu-se parcialmente às circunstâncias cambiantes na Europa Oriental e Central e nas comunidades judaicas, e em parte ao crescente número de imigrantes que emprestaram a essa *aliá* os contornos de um movimento social. Muitos dos movimentos sociais mais amplos, como os vários grupos Hechalutz, já haviam sido organizados na Diáspora.

A nova tendência também foi favorecida pelas circunstâncias cambiantes na Palestina, onde as possibilidades de atividades concretas criadas pela nova estrutura político-legal do Mandato foram encorajadas pela Organização Sionista.

Devido a isso, os principais grupos pioneiros transformaram-se de seitas e grupos de discussão em movimentos do tipo *magschim,* que lidavam não só com a ideologia em si como também com sua transmissão em termos práticos.

Durante esse período, os vários grupos e movimentos trabalhistas tiveram de competir por seu lugar na sociedade emergente, acentuando a crescente necessidade de inter-relações regularizadas entre os diferentes grupos e setores do Ischuv.

O desenvolvimento de setores "privados" durante a terceira e quarta "aliot"

Como já foi mencionado anteriormente, o setor "privado" na agricultura, em especial nas *moschavot,* desenvolveu-se simultaneamente com as colônias coletivas. Assim, várias *moschavot* foram estabelecidas, nesta época, no Vale de Scharon. Além disso, as colônias mais antigas da primeira *aliá* progrediram e o setor urbano expandiu-se grandemente, às vezes com a ajuda das instituições nacionais. Naqueles anos, um número considerável de novas colônias agrícolas do tipo privado foi criado. Em 1922 uma companhia particular de sionistas americanos começou a trabalhar na nova colônia de Raanana. Nos anos seguintes, colônias semelhantes, tais como Biniamina, Ramataim, Hertzlia, Magdiel e Kfar Hassidim, para mencionar apenas algumas, foram fundadas. As duas últimas mencionadas introduziram um novo elemento no Ischuv. Eram aldeias fundadas por sionistas religiosos ortodoxos do tipo Mizrahi. O elemento ortodoxo fora proeminente nas velhas colônias do Novo Ischuv, mas fora quase inexistente na segunda e terceira *aliot*. As mais antigas *moschavot* — Rischon LeTzion, Petach Tikva e Rehovot — expandiram-se consideravelmente durante esses anos, tanto em tamanho como em prosperidade, alcançando Petach Tikva 5 760 habitantes, em 1927.

A indústria de cítricos cresceu com a introdução de modernas técnicas e formou a base econômica das *moschavot*. O desenvolvimento nas cidades foi considerável, absorvendo Telavive, em particular, a maior parte da quarta *aliá*. A florescente indústria de construção ajudou a estabelecer novas cidades com capital privado — tais como Afula, que possuía um projeto grandioso para a construção de uma cidade central para o Vale de Jezreel.

Esse período também viu a organização da Associação dos Manufatores (1925), órgão central da indústria privada. Logo após sua própria fundação a Associação dos Manufatores criou importantes organismos subsidiários, tais como um banco para ajudar a financiar novas indústrias e uma firma importadora central para matérias-primas. Os pequenos manufatureiros, há muito no país e organizados desde 1909, ramificaram então sua organização e em 1923 fundaram um banco próprio.

Esses desenvolvimentos continuaram e se intensificaram durante a década de 30 e começo da de 40 — o período da quinta *aliá* e da Segunda Guerra Mundial.

A quinta "aliá"

A quinta *aliá* começou em 1932 e alcançou 265 000 imigrantes no fim de 1944. Sua importância residia não só em seu número — embora este tenha dado um ímpeto muito forte à expansão econômica e organizacional — mas na natureza cambiante da própria imigração. Ela constituiu um importante marco em termos de imigração de elementos urbanos e de desenvolvimento de setores urbanos, deixando neles a sua marca, bem como na economia rural.

Embora os tipos mais velhos dos grupos pioneiros continuassem por todo o período, a quinta *aliá* (e, em parte, já a quarta) viu uma mudança acentuada na motivação básica da imigração. O nítido padrão pioneiro-socialista transformou-se em tipos mais acomodadiços de motivação.

Talvez a inovação mais importante desse período tenha sido a aceitação de padrões e ocupações profissionais "burgueses" dentro do Ischuv.

A maior parte desses imigrantes foi para os centros urbanos, desenvolvendo novos setores e novos tipos de empreendimentos econômicos. Foi nessa época que as maiores firmas industriais privadas, como a Indústria Têxtil Ata, e várias instituições bancárias se estabeleceram ou se expandiram.

Novos tipos de colônias agrícolas desenvolveram-se onde os elementos socialistas e comunais eram muito mais fracos. Apesar de uma forte ênfase nas contribuições da lavoura para o esforço nacional, prevaleceram orientações mais burguesas, com ênfase na lavoura privada.

Essas mudanças, bem como o crescimento numérico e o desenvolvimento demográfico do Ischuv, necessitavam de regulamentações para as inter-relações dos diferentes setores.

As atividades econômicas e organizacionais do Ischuv aumentaram muito durante o período da Segunda Guerra Mundial, quando a economia da Palestina assumiu as feições gerais de uma economia de guerra. O resultado foi uma tendência inflacionária geral, trabalho ilimitado e taxas salariais em elevação. Mais importante foi a crescente auto-suficiência da economia do Ischuv, que se tornou cada vez mais variada devido às necessidades militares dos aliados. Ao contrário da indústria de cítricos, que sofreu a perda temporária dos mercados europeus, a indústria desenvolveu-se, pois os países do Oriente Médio recorriam ao Ischuv, devido ao bloqueio das rotas para os outros países. A imigração limitada causou um declínio na indústria de construção privada. Por outro lado, a agricultura irrigada cresceu muito rapidamente, sendo a área trabalhada em 1945 quatro vezes maior do que a trabalhada em 1936.

Intensificação das tensões externas

Foi durante a quinta *aliá* que se intensificaram os problemas políticos externos, a ponto de se chegar a um colapso gradual das relações entre judeus, árabes e o poder mandatício. A situação internacional piorou: a guerra abissínia, o período pré-Munique e o crescimento do nacionalismo árabe militante contribuíram para esse desfecho. Dentro da Palestina, a deterioração refletia-se nos tumultos que começaram no início de 1936 e que intensificaram o conflito entre árabes e judeus.

Os ingleses tentaram encontrar várias soluções para o problema palestino. A primeira dessas foi a da Comissão Peel, que recomendava a divisão da Palestina em um Estado soberano árabe e outro judeu com um enclave em Jerusalém. Devido à pressão árabe e à fraqueza do governo britânico, essa proposta foi arquivada e uma série de outras propostas provisórias — todas elas visando à restrição da imigração e colonização judaicas — culminaram no

Livro Branco de 1939, que restringia a imigração e a transferência de terras para os judeus. Na época, isso contribuiu muito para intensificar o antagonismo do Ischuv para com o governo britânico.

A eclosão da Segunda Guerra Mundial protelou temporariamente o problema e diminuiu a amargura existente. A comunidade judaica participou de modo intenso no esforço de guerra. Mais de 130 000 voluntários alistaram-se junto às autoridades do Ischuv no início das hostilidades, porém os ingleses não aceitaram todos. Finalmente, 24 000 voluntários, principalmente membros da Haganá, treinados para servir no que se planejara ser unidades mistas árabe-judaicas, alistaram-se no Exército Britânico. Devido ao pequeno número de voluntários árabes, as unidades palestinas constituíram-se, na realidade, quase que exclusivamente de judeus. Em setembro de 1944 finalmente deram permissão para a criação de uma brigada puramente judaico-palestina com um emblema específico próprio, o emblema sionista.

No fim da guerra, quando se tornou conhecida a extensão total do holocausto do judaísmo europeu, houve uma piora imediata do conflito entre o Ischuv e os ingleses. Iniciou-se uma luta intensa pela imigração, a qual, por fim, deu origem à série de eventos que culminaram no estabelecimento do Estado de Israel. Foi então que a luta intensiva pela imigração aconteceu, a assim chamada (pelos ingleses) imigração ilegal foi organizada e muitos desses imigrantes foram levados às costas da Palestina, "contrabandeados" e instalados da noite para o dia, enquanto outros navios importantes — tais como o "Êxodo" — foram obrigados pelos ingleses a regressar, alguns para a Europa, a maioria para campos especiais de refugiados em Chipre, tornando-se todos eles símbolos da grande luta.

Todos os esforços foram intensificados durante esse período de crescente pressão externa, inclusive a imigração ilegal. A opinião pública foi mobilizada ao máximo e todas as pressões diplomáticas e de poder disponíveis foram usadas na luta com os ingleses para ganhar concessões nas questões vitais de imigração, colonização e defesa.

Ao mesmo tempo, a colonização expandiu-se grandemente durante esse período e foram estabelecidas muitas colônias novas.

Enquanto os *kibutzim* haviam crescido mais ou menos na mesma proporção que os *moschavim,* até 1936, sua expansão foi muito maior entre 1936-45.

Com sua expansão, as orientações sociais dessas colônias mudaram de ênfase. Seu ímpeto pioneiro tornou-se político e quase militar, implicando uma defesa organizada, e a expansão de colônias judaicas em novas áreas, antes da proibição pelos árabes e britânicos, tornou-se seu principal objetivo. Os elementos puramente sociais tornaram-se secundários, embora fossem admitidos como parte essencial da colonização.

Lado a lado com o desenvolvimento das colônias, também aumentou muito a importância da Haganá. Ela cristalizou-se em sua forma organizacional e, com grande número de elementos em seus vários serviços, tornou-se um foco importante da identificação coletiva nacional.

Ao mesmo tempo se desenvolveram várias organizações militares dissidentes (os grupos Etzel e Lehi), cujo quadro de membros era composto de núcleos de partidários dos grupos revisionistas na Diáspora (em especial da Organização Juvenil Betar).

Esses grupos mais militantes também absorveram muitos elementos insatisfeitos dentro do Ischuv. Entre eles estavam alguns grupos orientais da segunda geração e alguns dos elementos mais jovens dos setores direitistas ou privados, insatisfeitos com as limitadas atividades políticas de seus pais mas, ao mesmo tempo, opondo-se ideologicamente e por tradição aos grupos e movimentos de trabalhadores.

A cisão e a luta entre esses grupos e o "Ischuv organizado" constituíram, como veremos mais tarde, pormenorizadamente, um aspecto crucial da história e do desenvolvimento do Ischuv e do Estado de Israel.

4. O Padrão Institucionalizado do Ischuv

O desenvolvimento dos padrões institucionais: A estrutura básica. Premissas culturais de modernidade, modernidade e religião; o renascimento da língua hebraica

O capítulo precedente descreveu as principais etapas do desenvolvimento no Ischuv. Entretanto, tratou apenas sucintamente dos padrões institucionais e sociais do período mandatício.

A comunidade judaica desenvolveu-se dentro da estrutura do Mandato e da população árabe, intimamente entrelaçada com ambos. Contudo, nunca se integrou plenamente neste cenário, sendo sua própria razão de existência a possibilidade de desenvolvimento relativamente independente.

Para entender a natureza desse desenvolvimento é importante considerar algumas premissas culturais proeminentes da maneira como se desenvolveram durante a segunda *aliá,* cristalizaram-se durante o Mandato e no qual foram dadas as primeiras respostas embrionárias à natureza da sociedade moderna que se desenvolveu no Ischuv.

Dois aspectos de importância crucial para o entendimento da nova comunidade moderna são, em primeiro lugar, a relação das orientações culturais com a religião judaica e, em segundo, o renascimento da língua hebraica. Embora a formação das instituições culturais estivesse nas mãos de grupos seculares e não-religiosos, estes não eram militantemente anti-religiosos. Além disso, embora ideólogos religiosos estivessem entre os expoentes importantes do sionismo, eles tinham pouca relação com o clima religioso do país. Apenas poucas personalidades religiosas — tais como o falecido Rabi Kook — tentaram algumas interpretações religiosas relativamente novas. Embora houvesse tentativas, em especial entre os *kibutzim* religiosos, de introduzir inovações religiosas práticas, estas foram poucas em termos de esfera religiosa interna ou de sua influência potencial nos grupos mais seculares. Mais tarde, especialmente após o estabelecimento do Estado, até mesmo estas inovações relativamente limitadas tornaram-se suspeitas dentro dos círculos religiosos e ocorreram somente poucos ajustes na lei tradicional, bem dentro dos limites da ortodoxia.

A falta geral de sentimento anti-religioso militante deveu-se a muitos fatores, dos quais só uns poucos serão aqui tratados. A revolta contra a Hascalá e a assimilação envolviam necessariamente a romantização da tradição e uniam, freqüentemente dentro do período de uma geração, pais relativamente tradicionais a filhos seculares. Isso aconteceu com quase todos os grandes líderes do movimento sionista.

Além disso, a "igreja" institucionalizada e organizada com profundos interesses adquiridos entre o judaísmo, opunha-se a todas as novas correntes e servia de alvo fácil à denúncia. Ademais, muitos dos rabinos participaram — embora não como líderes proeminentes — do movimento sionista desde seu início. Devido a isso, a orientação e as ideologias seculares da grande maioria do movimento sionista não se transformaram em símbolos e atitudes anti-religiosas maduros, embora tais símbolos fossem certamente acentuados em muitos dos escritos e em alguns dos padrões de comportamento coletivo. No campo industrial, os grupos religiosos eram parte da estrutura do movimento sionista e do Ischuv e portanto tinham de ser acomodados. Apenas os grupos da ala da extrema esquerda às vezes negavam a validez das reivindicações religiosas.

Isso explica, pelo menos em parte, o *modus vivendi* que se desenvolveu dentro do movimento sionista e o Ischuv entre os grupos religiosos e os não-religiosos. Aplicava-se não só ao aspecto institucional, isto é, aos vários arranjos do Rabinato-Mor e na aceitação de várias atividades e limitações religiosas pelo público, mas também estendia essa aceitação da legitimidade dos grupos e orientações religiosos dentro da estrutura da ideologia e do movimento sionista. Ao mesmo tempo, a falta de inovação interna na esfera religiosa limitava freqüentemente a inovação cultural ao campo secular.

A segunda característica principal da esfera cultural cuja importância dificilmente pode ser subestimada é o renascimento do hebraico e seu estabelecimento como a língua comum do Ischuv. Está fora do alcance desta análise explicar as razões sociais e lingüísticas para tal êxito. O fato crucial é que o renascimento e modernização foram bem sucedidos de modo provavelmente sem precedentes nos anais das sociedades modernas. A adaptação do hebraico aos problemas e à vida ocidental teve sucesso em tempo relativamente curto, não importa que curiosidades lingüísticas tenham surgido no processo. Isso significava que um decisivo meio de comunicação foi criado e, longe de permanecer meramente no nível do simbolismo nacional, tornou-se plenamente integrado na vida do povo. Foi a primeira geração que criou esse renascimento, a segunda e a terceira usaram-no como sua língua pátria natural. Isto provou ser um instrumento imensamente poderoso de unificação nacional desde os primeiros períodos do Ischuv, mas ainda mais desde o estabelecimento do Estado e o afluxo de novos imigrantes. Também foi provavelmente a contribuição mais importante para a identificação étnica com a expressão dos diferentes símbolos e tensões étnicos em hebraico. Se para a primeira geração o renascimento da língua era uma meta ideológico-coletiva e uma faceta de criatividade cultural especial, mais tarde se tornou um fenômeno natural — uma língua usada na vida diária bem como um tema para o filólogo. De fato, as inovações lingüísticas no hebraico são um passatempo nacional até hoje.

Mas a língua hebraica tornou-se mais do que um meio de comunicação. Ela impediu, ou pelo menos reduziu ao mínimo, o desenvolvimento de uma fenda entre a modernidade e a tradição, tão amiúde encontrada em outras sociedades. Uma vez que sua predominância fora estabelecida, as línguas estrangeiras deixaram de ser concorrentes ou símbolos de alienação, transformando-se em meros complementos. A instituição, sob o Mandato, do inglês como a principal língua estrangeira facilitou este processo, já que não era a língua de quaisquer dos principais grupos de imigrantes para o Ischuv. É certo que no nível cotidiano muitos grupos mantiveram seus hábitos lingüísticos, mas esses se tornaram padrões institucionalizados secundários, privados e não públicos.

Enquanto língua moderna, o hebraico também era a língua "tradicional". A luta contra os idichistas foi em grande parte motivada pela relutância em conceder valores folclóricos ou populistas ao ídiche ou a qualquer outra língua, a não ser o hebraico. Uma vez terminada a disputa, o hebraico se tornando a única língua comum, tanto o ídiche quanto outros dialetos encontraram caminhos para manter algumas de suas tradições, perdendo, contudo, qualquer significação simbólica global, nacional ou étnica.

Dessa maneira, todas as brechas sociais, culturais e

políticas desenvolvidas no Ischuv, eram expressas em uma língua comum. Todas as controvérsias entre os grupos religiosos e secularistas, conservadores e radicais, desenrolaram-se no mesmo idioma, sendo que apenas os grupos ultra-religiosos aderiram ao ídiche. Ademais, o hebraico tornou-se a língua de todos os estratos da sociedade e de todos os níveis de comunicação. É agora a língua de instrução nas escolas, nas universidades e nas escolas técnicas, a língua do discurso cotidiano, não mais um idioma folclórico nostalgicamente entesourado por intelectuais completamente impregnados das línguas de outros países e tradições. É curioso que embora o renascimento do hebraico tenha sido o produto do esforço ideológico, foi também o meio pelo qual, através da tendência antiverbalista da segunda geração, essa mesma ideologia, seus valores e premissas tornaram-se plenamente aceitos e, até certo ponto, esvaziados.

A estrutura institucional do Ischuv

As características sociais mais importantes do período mandatício consistiam na contínua expansão da colonização urbana e rural judaica e no estabelecimento de padrões institucionais básicos com a predominância dos grupos de trabalhadores.

Também durante esse período as relações internas entre os principais grupos do Ischuv e a Organização Sionista cristalizaram-se, sendo a ênfase dada às metas comuns tanto em política quanto em colonização.

Além disso, a predominância da Organização Sionista e da Agência Judaica sobre as várias outras instituições no setor judaico emergiu gradualmente nessa época.

Entre as questões que favoreceram o desenvolvimento desses arranjos estava o relacionamento político e econômico fundamental do Ischuv tanto com o regime mandatício como com o setor árabe. Aqui a questão primária era se o Ischuv e a Organização Sionista estariam dispostos — como foi sugerido em alguns círculos ingleses — a tornarem-se parte da sociedade colonial pluralista de classe alta ou "colonizadores" ocidentais em uma economia árabe.

A decisão de criar uma economia judaica completamente independente foi talvez o passo mais decisivo no desenvolvimento do Ischuv. A ênfase na independência política produziu um relacionamento inquieto e basicamente antagônico com o poder mandatício, acentuado pela expansão da imigração e da colonização que haviam se tornado os principais objetivos políticos comuns a todos os setores do Ischuv — e um pomo da discórdia para o governo mandatício. Isso também transformou a autodefesa, de questão de segurança local, em problema político vital. Esses desenvolvimentos tornaram-se intimamente ligados à procura de melhores maneiras de construir o lar nacional e desenvolver o impulso colonizador, baseados no capital nacional tal como mobilizado através do Keren Haiessod e do Keren Kaiemet.

Foram consideradas diferentes maneiras de colonizar o país no início da década de 20, sendo a primeira delas uma colonização rápida através de investimentos privados em larga escala, como propuseram o Juiz Brandeis e os sionistas dos Estados Unidos. O Professor Weizmann opôs-se fortemente e com êxito a essa proposta.

A segunda possibilidade era a simples expansão da imigração baseada em capital privado e visava à rápida normalização econômica. Aqui a experiência da quarta *aliá* foi decisiva. Provou que, embora tal imigração pudesse ser importante, não tinha em si suficiente significação para assegurar desenvolvimento contínuo em face de condições econômicas adversas, nem poderia desenvolver o poder econômico e político de maneira bastante rápida para garantir a absorção contínua de novo potencial humano.

Um pouco mais tarde os revisionistas sob Jabotinsky tentaram criar um clima político adequado para o desenvolvimento de um lar nacional através de movimento puramente político, interessado na agitação política, na organização das massas e da imigração, mas não por meio da colonização que, asseverava-se, apenas enfraqueceria a intensidade das atividades políticas.

A relutância da imigração em massa dos judeus estabelecidos na Diáspora, a fim de impulsionar a economia independente do Ischuv e seu poder político, pesou na balança em favor da solução pioneira, condensada pela política de Weizmann que se cristalizou gradualmente no fim da década de 20 e início da de 30.

Não é fácil estabelecer a polêmica histórica se todas essas possibilidades — e em especial as duas últimas — estavam condenadas desde o começo. Nem se a personalidade do Professor Weizmann cativou os elementos mais dinâmicos como clamam tanto o grupo de Brandeis como os revisionistas. Assim como aconteceu com muitas disputas históricas, a resposta provavelmente nunca será conhecida.

Entretanto, é verdade que a ênfase deslocada a favor do pioneirismo e colonização nacionais criou as condições necessárias à predominância dos grupos de trabalhadores. Isso não significava que os outros setores deixaram de desempenhar um papel crucial no desenvolvimento econômico do Ischuv. Antes, a expansão contínua do país em seus setores político-econômicos e organizações políticas tornou-se dependente da combinação do capital nacional com os movimentos colonizadores.

Através dessa mudança, a Organização Sionista tornou-se gradualmente mais poderosa do que o Vaad Leumi e dentro da Organização Sionista os grupos trabalhistas ganharam predominância. Essa tendência manifestou-se primeiro quando Chain Arlossoroff assumiu o comando do departamento político da Agência Judaica em Jerusalém e em 1935, quando Ben-Gurion tornou-se presidente de seu executivo.

As principais mudanças nos setores trabalhistas. Tendência para unificação.

O êxito dos grupos de trabalhadores dependia das mudanças significativas em sua orientação e atividades, com dois desenvolvimentos contraditórios acontecendo simultaneamente: havia um processo de rupturas e secessões ligado a uma crescente unidade de organização.

As diferenças entre os vários grupos trabalhistas eram agudas e freqüentemente amargas. Os ingredientes totalitários e semimessiânicos inerentes a esses grupos desde o período da segunda *aliá* cresceram em intensidade. Isso apareceu com o aumento da competição por potencial humano e por capital, no receio de que muitos dos novos desenvolvimentos nos setores urbanos e privados estivessem solapando, possivelmente extraindo recursos dos setores dos trabalhadores e minando o espírito pioneiro.

Contudo, paradoxalmente, muitas e novas organizações unificadoras cresceram lado a lado com essas tendências. Talvez a mais importante tenha sido o estabelecimento em 1920 — após prolongadas negociações entre os principais grupos operários — da Histadrut, que abrangia todos os grupos e organizações, tornando-se logo poderosa e influente em muitas esferas.

Características básicas da Histadrut

Desde o começo, a Histadrut foi mais do que um sindicato ou uma federação de sindicatos. As condições de trabalho e as disputas trabalhistas foram de alguma importância em suas fases iniciais, mas não foram predominantes ou fundamentais em sua concepção básica. O propósito da Histadrut foi antes criar condições benéficas para o desenvolvimento e organização de uma nova e privilegiada classe trabalhista do que proteger os interesses de uma classe trabalhista existente desprivilegiada.

A criação de uma classe trabalhista tirada de elementos da classe média precisava primeiro de preparo e treinamento de potencial humano. Isso significava fundar vários grupos de imigrantes na Diáspora e fazer o seu treinamento para o trabalho agrícola e físico em várias *hachscharot*, grupos *hehalutz* e campos de treinamento. Eles eventualmente obtiveram certificados de imigração da quota total dada pelo governo mandatício quando a Organização Sionista organizou sua imigração efetiva e seu estabelecimento definitivo nos setores urbanos e rurais da Palestina.

Embora essas atividades estivessem no início interessadas principalmente no preparo para a colonização agrícola, estendiam-se aos setores urbanos aos quais a ênfase das atividades da Histadrut foi logo transferida.

A urgência em criar uma classe trabalhista necessitava da criação de setores econômicos nos quais pudesse funcionar. Portanto, apesar das amargas acusações contra exploradores e capitalistas expressas nos escritos e discursos dos líderes da Histadrut, a necessidade de emprego e capital contínuos para a extensão e criação de vários setores econômicos, tais como obras públicas e transporte, era um problema muito mais agudo do que a luta contra os capitalistas sem poder ou inexistentes. A própria Histadrut tornou-se um dos focos para a mobilização de capital. Naturalmente seus primeiros esforços dirigiam-se para o setor agrícola onde continuamente lutava pela distribuição de fundos da Organização Sionista. Isso deu origem à concepção paradoxal de que os membros dos *kibutzim* e *moschavim* poderiam tornar-se camponeses independentes como membros da classe trabalhista — um paradoxo aparentemente solucionado pela sua ênfase nas organizações e movimentos coletivos e "trabalhistas".

Mas o principal ímpeto para as atividades da Histadrut nos meados da década de 20 veio do crescente reconhecimento da importância dos setores urbanos para colonização e expansão econômica do Ischuv. Aliada a isso estava a compreensão de que a concepção kibutziana e da Gdud Haavodá de organizar os setores urbanos em um *kibutz* quase expandido era inadequado.

O estabelecimento de várias unidades empreiteiras e semi-industriais dentro da própria Histadrut foi, portanto, de grande importância. Tais unidades acentuavam o desenvolvimento de algumas firmas públicas em obras e indústrias também públicas — que poderiam de outro modo não ter em absoluto se desenvolvido ou teriam sido deixadas para o empreendimento britânico ou árabe.

A primeira e mais importante dessas firmas foi a Solel Boné, estabelecida em 1921, originalmente como firma empreiteira para construção de estradas. Em meados da década de 20 ocupava-se com atividades construtoras maiores e desde então tem se expandido, suas atividades tornando-se cada vez mais diversificadas durante a Segunda Guerra Mundial.

Paralelamente à Solel Boné, desenvolveram-se muitas cooperativas de transporte dentro da Hevrat Haovdim, como era chamada a organização econômica global da Histadrut. A mais importante delas, a Egged, para transporte interurbano de passageiros, foi organizada em 1933. O ano seguinte, com distúrbios e tumultos, presenciou o desenvolvimento contínuo de companhias de transportes tanto para passageiros como para mercadorias.

O influxo de capital privado ajudou a criar a firma Mekorot (1936) da Hevrat Haovdim, que se tornou o mais importante distribuidor e abastecedor de água do Ischuv. No mesmo ano, devido à greve geral dos árabes, foi fundada a Companhia de Navegação Zim.

O estabelecimento e manutenção de uma classe trabalhista necessitavam mais do que a criação de mercados de trabalho. Também requeriam condições de vida, de trabalho e culturais adequadas, apesar do elemento ascético da classe pioneira.

As genuínas atividades sindicais que se expandiram com o crescimento dos setores urbanos ganharam em importância mas ainda não eram bastante importantes para constituírem a atividade central da Histadrut.

Essa, portanto, visava fornecer meios de habitação relativamente baratos e a longo prazo, bem como uma ampla rede de cooperativas de consumo para transferir os produtos agrícolas dos setores rurais para as cidades, assegurando certos preços mínimos para os produtores.

Paralelamente a isso, a Histadrut desenvolveu a segurança social e planos de seguro. Foram organizados Fundos para Doentes e Desempregados, relativamente pequenos a princípio, transformando-se nos importantes serviços médicos e sanitários do país.

A maioria dessas organizações foi estabelecida de modo experimental por um período de tempo relativamente curto na década de 20, como soluções organizacionais aos problemas sobretudo ideológicos que ainda afetavam as vidas de grupos relativamente grandes do povo.

As mesmas metas ideológicas também explicam o desenvolvimento e a importância das atividades educacionais e culturais da Histadrut, variando da *hachschará* para as diversas organizações educacionais e culturais especiais, bem como os movimentos juvenis pioneiros. Todos esses dirigiam-se para o treinamento de uma força pioneira de trabalho, assegurando-lhe padrões de vida adequados e ganhando a lealdade para a organização dos trabalhadores.

A Histadrut como organismo político

O estabelecimento de uma ampla rede de atividades

criou uma das organizações econômicas e políticas mais poderosas no Ischuv. Já nas fases iniciais, foi estabelecida uma *holding company* especial, Hevrat Ovdim, como o organismo coordenador geral dos empreendimentos econômicos da Histadrut. Muito mais tarde, esses empreendimentos tornaram-se tão poderosos a ponto de escapar a qualquer controle real pela Hevrat Ovdim, sendo necessários esforços especiais para controlá-los efetivamente. Mas na época e durante muito tempo, a característica mais importante da Histadrut foi a sua unificação sob liderança central — mesmo que tal liderança fosse composta de representantes de grupos e partidos divergentes.

Assim, desde seu início, a Histadrut foi um organismo político que visava a metas coletivas e políticas, sendo a maioria de suas decisões, atitudes e atividades moldadas por considerações políticas. Os problemas puramente econômicos estavam subordinados às concepções políticas enraizadas nas ideologias sionistas pioneiras básicas.

A meta principal das atividades e lutas políticas da Histadrut era ganhar potencial humano, o que naturalmente implicava conseguir a máxima distribuição de certificados de imigração aos seus membros e aumentar sua atração para novos imigrantes.

A necessidade de manter uma estrutura de atividades comuns mudou grandemente a orientação totalitária e sectária dos principais grupos pioneiros e ampliou a esfera das atividades. Isto com freqüência resultou em conservantismo ideológico e acentuou o sectarismo da parte de alguns grupos.

Em 1930, o Mapai foi criado e emergiu como o principal partido político dentro da Histadrut, composto do Ahdut Haavodá, do Hapoel Hatzair e de um punhado de políticos apartidários. O estabelecimento do Mapai como partido unificado marcou o começo da hegemonia dos grupos de trabalhadores na organização política do Ischuv e da Organização Sionista.

Diferença organizacional entre setores trabalhistas e setores privados

A força dos grupos de trabalhadores dentro do Ischuv e da Organização Sionista enraizava-se no fato de serem eles capazes de mobilizar apoio político entre pessoas também dispostas a emigrar para a Palestina e estabelecer colônias estrategicamente importantes, que poderiam servir de bases para a absorção de imigrantes ulteriores e para a extensão da colonização.

Sua eficácia dependia da forte ênfase nas mudanças ocupacionais e na falta de capital adequado dos próprios membros para a colonização, o que necessariamente fazia com que eles contassem muito mais com as várias organizações da Histadrut e com os partidos trabalhistas. Essas organizações constituíam uma ponte importante entre a Diáspora e o Ischuv.

Entre os imigrantes que não estavam preparados para mudar suas profissões e que também tinham algum capital próprio, não havia tal necessidade de novas estruturas e organizações. As relações entre eles e seus respectivos partidos na Diáspora eram mais tênues e não se baseavam em forte identificação ideológica ou organizacional. Com exceção do Hapoel Hamizrahi, a ligação desses grupos com a Palestina, tanto com relação ao potencial humano quanto à organização, era muito mais frouxa e sua organização interna muito mais fraca.

Enquanto o Partido dos Sionistas Gerais e o Mizrahi apoiavam algumas metas políticas e ideológicas amplas, em especial, eles não se ocupavam da busca de objetivos políticos concretos como cooperação organizada com os vários setores não-trabalhistas privados da Palestina.

Os grupos privados tais como agricultores e comerciantes encontravam-se principalmente dentro das organizações locais e municipais e estavam interessados em primeiro lugar na economia do país.

Os grupos locais não consideravam os partidos Sionistas Gerais como representantes de seus interesses, nem a liderança dos Sindicatos Gerais tentava unir os grupos divergentes em um sistema partidário comum.

No início de 1940 foram feitas tentativas de consolidar esses grupos variados de interesse em uma federação geral de direita, Ihud Ezrahi, planejada como um contrapeso para a Histadrut. Seu êxito, contudo, foi limitado.

Os vários grupos de Sionistas Gerais também produziram muitos membros independentes e livre-pensadores da *intelligentsia*. Alguns destes também estavam ligados aos grupos trabalhistas, mas relacionavam-se aos grupos políticos apenas em base individual.

Foi apenas com o desenvolvimento da Aliá Hadaschá, um partido de orientação aberta organizada em 1943 principalmente por imigrantes e profissionais liberais alemães da classe média, que foi fundada uma organização política mais ampla.

Nada disso, contudo, pôde deter o declínio dos grupos de Sionistas Gerais dentro da Organização Sionista como um todo. Sendo o elemento numérico mais importante nos Congressos Sionistas (73% no Congresso de Karlsbad de 1923 e 57% no Congresso da Basiléia em 1931), perderam sua liderança no 18.º Congresso de Praga em 1933 quando constituíram apenas 44% dos delegados.

Um padrão similar desenvolveu-se dentro dos grupos religiosos que abrangiam o partido Mizrahi, com exceção do Hapoel Hamizrahi (os grupos trabalhistas religiosos) mais semelhante aos partidos trabalhistas.

O padrão desenvolvido pelos revisionistas foi diferente. O grupo, criado em 1925 como resultado do descontentamento com a liderança de Weizmann, deixou a Organização Sionista em 1935. Era antes um movimento político que, por sua própria natureza, opunha-se ao pioneirismo e à colonização, não desenvolvendo qualquer rede marcante de grupos de interesse.

Na fímbria dos partidos políticos trabalhistas estavam grupos como o Beit Schalou ou mais tarde Ihud, composto de intelectuais independentes (tais como J. L. Magnes, S. H. Bergman e I. Epstein) e de figuras proeminentemente ligadas aos problemas profissionais mais do que aos ideológicos e políticos do Ischuv como A. Ruppin e H. M. Kalvarisky. Sua meta principal era o estabelecimento de boas relações com os árabes e criticavam muito a política da Organização Sionista.

As diferenças na organização política dos vários grupos e partidos sionistas também se refletiam no desenvolvimento da liderança política. Típicos dos setores privados ou Sionistas Gerais eram os líderes do "movimento" — personalidades de alto calibre nos campos da oratória, diplomacia e cultura, parte da elite sionista geral e da elite do Ischuv, mas virtualmente afastadas dos problemas práticos e cotidianos com os quais lidavam os vários líderes locais econômicos, profissionais e municipais.

Contudo, a falta de uma estrutura comum de atividades e interesses necessariamente restringia o alcance e a extensão dos problemas com os quais esses líderes poderiam lidar.

No setor trabalhista o desenvolvimento geral da liderança foi diferente. Inicialmente existiam também vários tipos de líderes e níveis de atividade política dentro desse setor, mas o tipo puro de líderes de movimento só persistiu nos grupos mais sectários. Na maioria dos casos, os diferentes níveis de atividades políticas e tipos de líderes tornaram-se intimamente entrelaçados e suas atividades estendiam-se com exclusividade a problemas do movimento, bem como a tipos concretos de atividade. Essas características indicam as principais razões da força dos grupos trabalhistas e sua crescente habilidade em desempenhar um papel crucial na absorção de novos imigrantes, mesmo não-pioneiros. Sua absorção necessariamente desviou os grupos e organizações trabalhistas de suas origens sectárias.

Assim, embora os grupos trabalhistas não constituíssem

necessariamente uma maioria numérica, sua força organizacional cresceu de maneira contínua e atraía cada vez mais os recém-chegados.

Em 1920 a Histadrut abrangia 11% da população adulta e a porcentagem em 1949 era de 40. A curva de crescimento da Histadrut ocorre, em geral, paralela à do Ischuv como um todo, acentuando assim a estreita relação entre os quadros de membros da Histadrut e as correntes de imigração. Tal fato tornou-se mais e mais evidente do período da quinta *aliá* em diante.

Crescimento da estrutura institucional do Ischhuv

Tendo analisado a natureza dos amplos desenvolvimentos organizacionais do Ischuv podemos passar à análise da estrutura institucional geral que se desenvolveu até o fim do período mandatício.

Essa análise evoluiu a partir da interação de duas tendências principais. A primeira, durante a década de 20 e início da de 30, foi o desenvolvimento do padrão básico cristalizado em forma embrionária durante a segunda *aliá*. Isso caracterizava-se pela natureza federativa dos diferentes grupos e pela discrepância entre os grupos puramente ecológicos e os núcleos de instituições e organizações funcionais.

A segunda tendência desenvolvida simultaneamente foi a crescente interdependência dos diferentes setores do Ischuv apesar da natureza federativa de sua organização.

Isso evidenciou-se no crescimento de mercados internos comuns, nos problemas e relações trabalhistas, no crescente alcance dos negócios municipais e no desenvolvimento de várias organizações econômicas e profissionais.

Os pontos adicionais de interesse comum de importância central para o desenvolvimento do Ischuv eram a posição nas relações políticas externas, a luta pela imigração contínua, a defesa e a expansão do lar nacional.

No entanto, apesar dos numerosos pontos de contato, a comunidade judaica da Palestina não era, mesmo no fim da década de 40, uma sociedade independente e auto-suficiente.

A interdependência dos vários setores e grupos em alguns assuntos não impediu sua independência no acesso a fontes externas de poder e capital, em sua organização e economia internas e, até certo ponto, em seus mecanismos reguladores. Com o crescimento de tais áreas, os pontos de contato também aumentaram e com eles o conflito potencial entre os diferentes grupos, emergindo também o problema dos mecanismos reguladores para lidar com os referidos problemas.

Institucionalização de ideologias pioneiras. Seleção de elites, cristalização de símbolos comuns

A melhor maneira de abordar o problema dos mecanismos reguladores é analisando o choque entre a ideologia pioneira básica e o contínuo crescimento da estrutura institucional do Ischuv — ou, em outras palavras, analisando o problema da institucionalização dessa mesma ideologia.

Como foi mostrado, largas partes da estrutura institucional do Ischuv foram criadas por movimentos colonizadores ideologicamente motivados. As ideologias forneceram muito do ímpeto para o desenvolvimento ulterior.

Obviamente, contudo, a ideologia pura não poderia ser retida após o desenvolvimento de uma estrutura institucional múltipla especialmente quando a própria força de tal ideologia era devida ao alcance restrito dos vários grupos, ao seu não-envolvimento nas necessidades e problemas concretos da estrutura social existente e à pureza de suas futuras orientações e aspirações. Uma estrutura social progressiva, crescente e diferenciada criava necessariamente novos grupos e problemas próprios, fazendo suas próprias exigências com base nos recursos da população.

Lado a lado com esses desenvolvimentos, a pureza ideológica também foi enfraquecida e desafiada pelos cambiantes padrões de motivação entre os novos imigrantes e pelo crescimento da nova geração no Ischuv — os quais, todos, acentuavam o problema de como ajustar o novo potencial humano, com suas diferentes motivações e orientações sociais, a alguns dos dogmas da ideologia pioneira.

Desenvolveu-se por isso um entrincheiramento seletivo de protagonistas da ideologia em partes estratégicas do sistema social que tentava influenciar e controlar muitos dos aspectos importantes da estrutura institucional. Tal entrincheiramento seletivo foi efetuado primeiramente através da formação de diferentes grupos e indivíduos de elite escolhidos como portadores ou símbolos reais da ideologia. Um tipo semelhante de elite foi a dos membros dos vários *kibutzim* e *moschavim* reconhecidos por grandes partes da comunidade como representantes da ideologia pioneira.

Outra manifestação desse tipo foi a predominância dos pioneiros entre as elites políticas e, em menor grau, econômicas e culturais. Com a crescente força dos trabalhadores no cenário político do Ischuv, seus líderes conseguiram implantar o mito da liderança pioneira na maioria dos lugares estratégicos da estrutura institucional. Exigia-se adesão ao protótipo, até mesmo dos que, em suas próprias vidas, não mantiveram o ideal ou não puderam fazê-lo. As exigências feitas foram reforçadas pelo importante fato de que nenhum contramito de qualquer validez dominante era desenvolvido por nenhum dos outros grupos. A necessidade de tal mito foi também aparentemente sentida no processo de transição por muitos dos grupos imigrantes que precisavam de alguma estrutura contínua de identidade coletiva.

Assim foi fornecido um símbolo na busca da auto--identidade pela nova comunidade.

O estabelecimento de diferentes "correntes" educacionais dos trabalhadores levou à disseminação bem sucedida da ideologia pioneira dentro do sistema educacional do Ischuv, o que era particularmente evidente nos vários movimentos juvenis que apoiavam o ideal do pioneirismo em um *kibutz* como a única maneira válida e como o símbolo principal de identificação.

Um segundo modo pelo qual ocorreu a penetração seletiva da ideologia pioneira foi através da cristalização e manutenção contínuas dos símbolos coletivos baseados na imagem pioneira. Essa tendência foi incrementada pela luta com a população árabe e com o governo mandatício — e pela conseqüente necessidade de expandir as colônias.

A influência da ideologia do pioneirismo afetou todo o modo de vida no Ischuv. Ela foi mostrada na ênfase colocada nas excursões em grupo, na exploração do país, na volta à natureza, na atividade dos movimentos juvenis, na maneira relativamente simples de vestir-se e no estilo geral de vida que prevalecia naquela época na maioria dos grupos.

Critérios da distribuição social

Além do entrincheiramento seletivo, a ideologia pioneira também se tornou o critério da distribuição de posições e recompensas nas principais esferas institucionais. Dessa maneira, os líderes dos grupos trabalhistas tentaram resolver os problemas criados pela estrutura institucional continuamente cambiante e em expansão.

Ser membro dos vários movimentos e aderir aos símbolos e valores coletivos tornaram-se pré-requisitos para a distribuição de empregos ou fundos.

Novamente, no campo político essa qualidade de membro dos movimentos trabalhistas tornou-se um pré-requisito para a ascensão à posição de elite e para a participação nas atividades políticas.

Na esfera social as associações voluntárias foram aparelhadas para metas mais amplas de movimento. Isso foi mostrado mais claramente nas organizações profissionais estabelecidas para professores, médicos e, até certo ponto, advogados, nas quais o propósito fundamental era criar, por assim dizer, novas profissões hebraicas que serviriam a nova comunidade. Foi apenas com o crescente desenvolvimento do Ischuv e a gradual normalização de sua estrutura social e econômica que os interesses puramente profissionais e econômicos se tornaram predominantes.

Economicamente, essa institucionalização de uma ideologia pode ser vista na ênfase colocada na propriedade coletiva (isto é, a Histadrut, cooperativas etc.) de empresas econômicas. Ser membro da Histadrut ou de outra organização coletiva era um pré-requisito importante para obter facilidades tais como habitação.

Esse processo foi talvez mais marcante na política salarial adaptada pela Histadrut e em menor grau pelas instituições nacionais (a Agência Judaica, o Vaad Leumi, etc.). Dentro da Histadrut prevalecia um salário-família básico; isto é, o salário básico era mais ou menos igual para todos os trabalhadores e empregados, com acréscimos muito pequenos por especialização, educação etc., variando principalmente de acordo com o *status* da família, o número de filhos e a antiguidade no emprego.

As instituições nacionais não eram na verdade tão radicais mas, não obstante, havia apenas seis ou sete categorias baseadas não só em especialização mas também em antiguidade e inclusive grandes bonificações de família. Às vezes acontecia que o zelador de uma instituição da Histadrut com seis filhos e suficiente antiguidade ganhasse mais do que um diretor com apenas dois filhos. Embora este sistema de remuneração não estivesse em aplicação no mercado livre, é significativo que existisse dentro daquelas organizações que arcavam com a principal responsabilidade pelo prestígio e poder nacionais e sociais.

Em vista disso, uma análise dos diferentes padrões de vida nos vários estratos da população judaica torna-se significativa e mostra uma dupla tendência. As diferenças econômicas cresceram com o desenvolvimento do Ischuv. Embora elas não fossem muito grandes quando comparadas às de outros países, mesmo no fim do período mandatício, deveria também ser mencionado que as discrepâncias eram até menores dentro da maioria não-oriental e que os judeus orientais é que formavam grande parte dos grupos de renda mais baixa.

Absorção de imigrantes. Padrões de dispersão de imigrantes

Talvez o modo de maior projeção em que a ideologia pioneira se manifestou tenha sido na absorção de imigrantes.

O Ischuv foi uma comunidade criada por imigrantes que chegavam em ondas a intervalos comparativamente curtos. Sua estrutura institucional estava em um processo contínuo de formação e desenvolvimento. Por toda parte o país se defrontava com problemas comuns a todos os países de imigração bem como tinha de lutar com seus problemas específicos que, como no caso dos judeus orientais, nem sempre pôde solucionar completamente.

Esse processo de absorção é portanto digno de exame a partir de diversos pontos de vista, começando com a extensão a que os grupos de imigrantes se dispersaram ou se concentraram em qualquer estrutura institucional específica, um critério amiúde usado como o índice básico da absorção de imigrantes.

Com exceção parcial dos judeus orientais e de alguns elementos refugiados europeus, o grau de dispersão dentro da estrutura institucional era excepcionalmente alto. Não havia nenhuma concentração forte e contínua de qualquer grupo particular de imigrantes — quer classificados por país, origem, quer por período de imigração. Em geral, a diferenciação ocupacional, política e social dentro do Ischuv deu-se através da redistribuição contínua das várias ondas de imigração entre as posições e estratos institucionais emergentes. A herança social e cultural dos imigrantes era em grande parte neutralizada e as posições importantes não eram monopolizadas por qualquer tipo único de grupo imigrante. É bem verdade que havia diversas exceções: a elite política estava por longo tempo nas mãos de pessoas da segunda e terceira *aliá,* isto é, na maior parte da Rússia e da Europa Oriental; embora por outro lado, certos grupos imigrantes fossem por algum tempo, pelo menos, predominantes em algumas esferas ocupacionais, como a *aliá* alemã nas profissões e finanças. Mas mesmo esses eram apenas exceções parciais e, até certo ponto, temporárias, e a contínua expansão do sistema social e econômico reduzia ao mínimo as divisões e tensões presentes nesse processo. Portanto as propriedades "étnicas" apenas raramente se tornaram um foco de identidade separatista dentro do Ischuv.

Padrões de absorção formal e informal

Intimamente ligada a esse processo estava a relação entre os padrões formais e informais de absorção.

A estrutura puramente formal do processo de absorção de novos imigrantes era menos significativo no Ischuv do que em muitos outros importantes países de imigração, devido, principalmente, ao fato de que era amiúde uma extensão dos grupos primários dos imigrantes, contendo sua orientação social básica. O desenvolvimento das várias organizações formais foi ocasionado pelos primeiros grupos de imigrantes pioneiros, estendendo-se gradualmente com a entrada de novos membros e a fusão contínua de vários grupos primários, mas nunca foi de fato plenamente realizado. Isto devia-se em parte à forte identificação entre diferentes grupos de imigrantes e, em parte, à ausência de um sistema global, político e coercitivo, que capacitava a manutenção de solidariedade básica por meios mais informais. As dificuldades de ajustamento eram assim diminuídas através da contínua reformação de vários grupos primários, desenvolvendo-se fortes ligações entre todas as facetas desses grupos, isto é, família, amigos e co-trabalhadores, bem como atividades políticas e sociais. A coexistência de tais grupos variados permitiu a constante redistribuição de poder entre os diferentes grupos e a manutenção de sua solidariedade e identificação com a estrutura global.

A sobreposição dos grupos primários e o arranjo institucional do Ischuv podem ser remontados tanto histórica como sociologicamente em quase todas as esferas. Isso é evidente na história do movimento trabalhista e das colônias cooperativas, bem como nas organizações profissionais e semiprofissionais, nas organizações ilegais de defesa e até nas escolas e movimentos juvenis.

Até certo ponto essas organizações variadas serviam como canais de seleção e mobilidade sociais, que facilitavam a dispersão institucional entre os imigrantes.

A absorção dessas organizações não envolvia nenhuma incompatibilidade entre as relações primárias e as formais; deixando pouco lugar às tendências "desviadoras".

Padrões institucionais de absorção

Com a crescente diferenciação da estrutura social do país, a esfera das várias associações formais cresceu e o ingresso nelas tornou-se mais difícil.

Entretanto, as premissas originais da estrutura social influenciaram grandemente a absorção de novos imigrantes, como pode ser visto nos fatos seguintes:

a) Ingresso em colônias cooperativas e comunais existentes como membros novos, com as mesmas vantagens e direitos iniciais que os dados aos veteranos e às vezes até um pouco melhores, tais como melhores condições de habitação, melhor padrão geral de vida etc.

b) Estabelecimento de novas colônias — quer sozinhos, quer junto com membros de colônias anteriores, antigas ou de novo tipo. Com a ajuda de capital nacional e auxílio das principais agências colonizadoras, eram dadas aos novos grupos as mesmas facilidades ou melhores do que as colônias mais velhas.

c) Absorção nas cidades, o que era numericamente o aspecto mais importante. Nesse ponto não havia nenhuma ênfase restrita na distribuição igual de facilidades e na participação em grupos primários existentes.

Por sua natureza a cidade era mais aberta ao jogo livre das forças econômicas e ao seu impacto no crescente desenvolvimento de um mercado industrial e comercial livre. No entanto desenvolveram-se muitos arranjos institucionais que visavam abrandar o impacto dessas forças, dos quais os mais importantes eram os que se seguem.

Havia, sobretudo, os vários planos de seguro social e organizações de trabalhadores tais como sindicatos, planos de ajuste coletivo etc., formados pela Histadrut e organismos semelhantes e menores. A crescente força dos sindicatos assegurava um padrão de vida decente, às vezes alto. Requeria-se apenas um período probatório muito curto — cerca de seis meses — para ser membro efetivo na Histadrut a fim de que a maioria dos novos imigrantes pudesse rapidamente gozar dos benefícios disponíveis.

Em segundo lugar, muitos empreendimentos nos setores urbanos tais como cooperativas e pequenas oficinas recebiam assistência das principais agências colonizadoras ou de capital nacional. Isso tendia a suavizar o impacto de forças econômicas concorrentes.

Em último lugar, os vários setores econômicos e sociais do Ischuv (com exceção do setor trabalhista) estabeleceram diferentes firmas, tais como bancos, sociedades de crédito etc., cujo propósito era ajudar seus membros — em especial novos membros — a se estabelecerem. Nesse aspecto as sociedades e atividades auxiliadoras dos *Landsmanschaften* também deveriam ser mencionadas.

Tudo isso ajudou a suprir os novos imigrantes de várias comodidades e reduziu ao mínimo os efeitos de qualquer discriminação contra eles. Não anulou, é claro, a crescente diferenciação social e econômica dentro do Ischuv mas neutralizou as diferenças entre os vários estratos, deixando sempre os principais setores abertos aos novos imigrantes.

Esse processo de absorção de imigrantes, quase único entre os modernos países migratórios, pode ser explicado por duas feições básicas na estrutura social do Ischuv. A primeira era a motivação pioneira e a identificação dos primeiros grupos de imigrantes, a continuidade desta motivação por toda década de 30, e a compatibilidade entre as aspirações dos imigrantes e as exigências a eles feitas pelas sociedades absorventes.

Essa compatibilidade era em parte o resultado da predisposição dos imigrantes de mudar em todas as direções da ação social na estrutura institucional emergente com grande flexibilidade; em parte, era resultado da ampla similaridade na motivação e orientação social da maioria dos imigrantes. A similaridade apresentava-se não só nas características externas, nos traços culturais etc., mas também na continuidade da identificação entre os diferentes grupos e em sua necessidade incessante de contatos e orientação na nova sociedade.

Uma segunda feição era o fato de que a estrutura social do Ischuv tinha necessidade constante de novos imigrantes para suas tarefas coletivas básicas. Uma vez que carecia de poder coercivo geral, tinha de reduzir ao mínimo quaisquer desigualdades inerentes às relações entre os veteranos e os recém-chegados a fim de atrair novos imigrantes.

Juntos, esses dois fatores explicam a natureza única do processo de absorção, sua suavidade e o fortalecimento da "forma federativa" da estrutura sociopolítica do Ischuv. Até certo ponto, contudo, atrapalhou a plena cristalização da estrutura institucional do Ischuv e o desenvolvimento de várias forças dinâmicas e progressivas.

Os grupos orientais no Ischuv

Os assim chamados grupos orientais provaram ser uma exceção parcial nesse padrão. Abrangiam indivíduos de ampla diversidade étnica, inclusive quase todos os judeus que vieram a Israel dos países do Oriente Médio e, em especial, do antigo Império Otomano. Vinham especialmente das seguintes comunidades *(edot):* sefarditas, persas, curdos, babilônios, iemenitas, magrebitas (do Marrocos), bem como judeus de Bukara, Haleb, Urfa, Geórgia e Afeganistão. O termo sefardita aplicava-se originalmente a todos os judeus originários da Espanha (Sefarad), que viviam em várias partes do Norte da África, da Turquia, da Grécia e do Egito. Constituíam de 20 a 25% da população do Ischuv, formando uma categoria em si e apresentando diferenças marcadas em relação aos outros judeus orientais. A parte principal da "velha" comunidade judaica que vivia na Palestina antes dos inícios da imigração na década de 1880 era composta de sefarditas.

Muitos sefarditas, contudo, e a maioria dos outros grupos orientais mencionados acima, vieram mais tarde, tendo pelo menos 70% chegado a Israel após a Primeira Guerra Mundial e cerca de setenta mil após 1918, para somarem-se aos aproximadamente vinte mil que já estavam lá. Por isso, sua chegada coincide mais ou menos com as principais ondas de imigração. Embora houvesse muitas diferenças essenciais entre eles, o denominador comum "judeus orientais" não era só geográfico mas também tinha um significado sociológico específico. Apesar de suas diferenças, formavam um bloco sociológico mais ou menos unificado quando comparados ao resto da comunidade judaica em Israel.

Sua primeira característica específica era que, diferentemente de outros grupos, não estavam institucionalmente dispersos. Concentravam-se de modo desproporcional em certos estratos das esferas institucionais. Podemos constatar isso a partir dos dados sobre sua concentração ecológica, sua estrutura econômica e educacional e a extensão de sua endogamia, quando comparados às outras seções da população. Os dados mostram uma indevida concentração de judeus orientais nas classes baixas e médias-baixas, vivendo principalmente em certos bairros, às vezes favelas, de Jerusalém e Tiberíades. Revelam também a manutenção, em grande parte, de sua própria estrutura educacional. Também vemos a emergência de alguns partidos políticos baseados na consciência étnica, como o Partido Iemenita e o bloco sefardita, embora nem todos os judeus orientais se identificassem absolutamente com eles. Assim verificamos que eram uma exceção ao alto índice geral da integração social do Ischuv.

Lado a lado com essas características, tornaram-se aparentes certos padrões de comportamento, sintomáticos da não-integração e da tensão. Eram a delinqüência juvenil, a criminalidade e a instabilidade da vida familiar.

As principais razões da relativa má integração dos judeus orientais no Ischuv estão enraizadas em suas motivações específicas para a migração, por um lado, e em sua formação cultural e educacional, por outro. Embora seja verdade que muitos sefarditas e judeus orientais (em particular os que vieram nos anos posteriores) estivessem inspirados direta ou indiretamente pelo ideal sionista secular, este não era o caso da maioria. Os dois estímulos principais eram a perseguição econômica e política do tipo recorrente, tradicional nos vários países do Império Otomano, e vagas aspirações messiânicas, revivificadas pela Declaração Balfour, pelo estabelecimento do lar nacional etc.

Embora a identidade judaica fosse muito forte, não era típica do nacionalismo moderno e secular com fortes orientações sociais, características do movimento sionista. Era antes do tipo religioso-tradicional das comunidades judaicas medievais. O contato com a modernização em seus países de origem servia na maior parte para intensificar este tipo de identificação tradicional, uma vez que a imigração para a Palestina não implicava para eles um rompimento com a tradicional estrutura social e cultural. Vinham com a esperança de serem capazes de seguir seu próprio modo de vida plena e seguramente não vislumbravam qualquer mudança drástica. Não estavam conscientemente preparados para alterar nem sua estrutura econômica e ocupacional, nem os princípios básicos de sua vida social e cultural e nem sua consciência judaica tradicionalmente religiosa. Não lhes faltava a identificação positiva com a nova comunidade judaica na Palestina — sua tradicional fé judaica e aspirações messiânicas abrangiam a todos os judeus. Mas essa identificação, embora bastante íntima para estabelecer contatos gerais e agrupamentos ecológicos, concentrava-se usualmente em certas cidades maiores. A maioria deles tencionava perpetuar seu modo anterior de vida, sem segregação social ou subjugação política. Isto, contudo, provou ser impossível dentro da estrutura do Ischuv.

A participação básica dos judeus orientais no Ischuv, junto com seu forte apego a velhos padrões de vida, é responsável por sua posição especial na estrutura social do Ischuv, onde formavam um grupo social separado. O fato de seus níveis educacionais e vocacionais estarem usualmente abaixo dos padrões relativamente modernos do Ischuv, forçou-os principalmente para os setores econômicos mais baixos e o impacto das modernas condições sobre eles pode ser comparado, de certo modo, ao contato entre uma economia moderna e adiantada em um povo "atrasado" (camponeses etc.). Sua velha estrutura estava ininterruptamente enfraquecida, mas, não obstante, isto não resultou em sua completa integração.

Pode-se ver isso mais claramente na dissolução do velho padrão de elites dos judeus orientais. Seus principais critérios — riqueza, antiga posição da família e erudição tradicional — estavam quer em declínio, quer passando por um processo de transformação social. A riqueza ainda era valorizada — talvez até mais do que anteriormente — mas as maneiras de alcançá-la não mais se limitavam ao padrão social tradicional. Os ricos não estavam necessariamente interessados em relações estreitas por casamento com outras famílias tradicionalmente ricas de sua própria origem. Nem desejavam permanecer confinados à sua prévia estrutura social. Ao contrário, a riqueza era amiúde vista como meio de estabelecer contatos sociais mais amplos. A erudição tradicional, de sua parte, decaiu muito rapidamente como meta de realização social.

O fato de a desintegração de padrões tradicionais nunca ter causado a integração completa e bem sucedida deveu-se principalmente à forte influência que os velhos valores ainda possuíam. Embora em si não mais realizáveis, ainda impediam a aceitação de papéis diferentes na nova sociedade.

Nem todos os judeus orientais, contudo, apresentavam

os sintomas de desintegração social. Embora não sejam obteníveis estatísticas exatas, sabe-se bem que muitos deles conseguiram adaptar-se com êxito às novas condições mesmo não tendo alcançado as mais altas posições. Para isso, foram necessárias três situações diferentes, embora interligadas. Em primeiro lugar estava a absorção completa e não-qualificada de uma dada família, ou grupo de famílias, dentro do Ischuv. A segunda possibilidade era a consecução puramente formal de um *status* social adequado enquanto mantinham suas tradições, seus padrões culturais e os modos específicos de viver suas vidas particulares. Assim, embora não partilhassem plenamente da integração expressiva do Ischuv através da criação de novos padrões, também não formaram um elemento dilacerador; e seus costumes privados eram aceitos como alternativas legítimas dentro da estrutura social.

Um terceiro tipo de adaptação bem sucedida era o encontrado entre alguns dos elementos mais conservadores e estáveis das comunidades orientais, em geral estreitamente ligado às famílias do segundo tipo. O seu processo era tentar estabelecer o organismo oriental inteiro (comumente sefardita) como um legítimo grupo associativo dentro da estrutura social do Ischuv. Assim, por exemplo, dentro da esfera religiosa a Palestina tinha dois Rabinos-Chefes — um aschquenazita e um sefardita. Fenômenos paralelos poderiam ser encontrados nas atividades comunitárias, conselhos etc. Todavia, apenas os elementos mais conservadores aderiam aos arranjos institucionais: as tentativas de reorganizar o fragmentado padrão tradicional de vida não tiveram comumente muito êxito.

Tensões inerentes à estrutura social do Ischuv. A institucionalização da ideologia pioneira

As seções precedentes analisaram algumas das principais feições institucionais da sociedade no Ischuv com ênfase especial na institucionalização da ideologia pioneira.

Esses desenvolvimentos fizeram com que a ideologia se tornasse "rotinizada", mais difusa e menos vívida em sua relação direta com as atividades cotidianas.

Lado a lado, desenvolveu-se uma crescente discrepância entre a expressão simbólica da ideologia e seus impactos gerais na vida cotidiana, e as formulações mais explicitamente ideológicas no sentido de plena expressão doutrinária.

A expressão doutrinária foi executada na forma da "codificação" da ideologia e na interpretação literária e política de seu "significado". Não mais parte essencial da vida dos grupos pioneiros, a codificação da ideologia tornou-se a prerrogativa dos líderes que tinham, entrementes, alcançado posições de elite dentro da estrutura social cambiante.

O processo de disseminação naturalmente criou muitos problemas e tensões originários do encontro dos patrocinadores da ideologia com os outros setores do Ischuv, do desenvolvimento de contradições inerentes à ideologia e das tentativas de seus patrocinadores de superá-las e de estender o alcance de seu poder e influência.

A principal contradição era entre o ideal difuso e geral do pioneiro e a sua orientação para uma estrutura econômica e política diferenciada, vinculando um alto grau de especialização e individualismo. Tornou-se óbvio que se poderia atingir um êxito maior não se devotando exclusivamente a metas coletivas. Isso foi descoberto por muitos que assim haviam feito, constatadas as posições mais lucrativas assumidas pelos que seguiram um caminho diferente.

Tal contradição foi acentuada pelo desenvolvimento contínuo dos setores privados e os encontros entre eles e os organismos econômicos e profissionais em desenvolvimento dentro dos setores trabalhistas.

Provocadas por essas atividades, desenvolveram-se fortes competições e conflitos entre os diferentes setores do Ischuv. O setor trabalhista, por sua natureza muito mais unificado e militante, usou seu poder e influência crescentes de modo cada vez mais amplo. A condição militante aumentou quando seus próprios desenvolvimentos internos, a interligação e competição crescentes com outros setores, apresentaram algumas das contradições e tensões inerentes ao processo de institucionalização ideológica.

A primeira esfera de competição era a juventude e isso se manifestou no estabelecimento de várias "tendências" escolares, pertencendo cada uma a um diferente partido ou setor. Além disso, os movimentos juvenis (em particular os pioneiros) emergiram como o foco principal da cultura, tentando impregnar toda a juventude com o seu caráter.

Um segundo grande foco de competição e conflito desenvolveu-se nas organizações ocupacionais e profissionais que se tornaram um importante ponto de reunião entre os diferentes setores.

Como vimos, muitas dessas organizações profissionais originaram-se como grupos pioneiros. Contudo, com o crescente desenvolvimento do Ischuv, a importância das atividades profissionais e econômicas também cresceu. Os grupos profissionais tiravam o potencial humano de diferentes setores e assim naturalmente se tornaram uma espécie de campo de batalha entre os diferentes grupos políticos e sociais interessados em exercer sua influência.

A liderança trabalhista tentou solucionar o problema

desenvolvendo duas políticas, às vezes complementares, às vezes contraditórias.

A primeira visava reforçar aquelas tendências da estrutura social que enfraqueciam a normalização da estrutura social e ocupacional.

Isso foi efetuado através da contínua extensão dos setores colonizadores e das várias organizações nacionais. Entre as últimas, a defesa classificava-se altamente em importância e ocupava grande número da população mais jovem por certos períodos — amiúde em época crucial do ponto de vista do desenvolvimento ocupacional normal.

O segundo conjunto importante de políticas caracterizava-se pela extensão do alcance de suas organizações e do seu poder e também por um monopólio das principais posições de mando no Ischuv.

Essa tendência aparecia mais claramente nas tentativas de manter a distribuição preferencial de poder político e de prestígio social para grupos ligados a interesses econômicos coletivos. Assim, esses grupos desenvolveram muitos direitos adquiridos, promovidos por seus representantes políticos. Tais atividades justificavam-se por causa da ideologia coletiva e do serviço nacional que executavam no desenvolvimento do país. Os benefícios resultantes (habitação, terra, até bens domésticos etc.) gradualmente vieram a ser aceitos como direitos básicos devidos aos participantes dos empreendimentos coletivos, com os próprios grupos competindo pela extensão do privilégio devido uns aos outros.

Em segundo lugar, e talvez até mais importante na transformação da ideologia para a sociedade cambiante, foi sua ligação ao poder e à posição, inerentes à ênfase construtivista das décadas de 20 e de 30. Ela tornou-se até mais pronunciada com a crescente competição entre os diferentes setores para a distribuição de recursos e posições de poder.

Isso levou necessariamente ao formalismo e ao conservadorismo ideológicos, crescentes na adaptação dos valores mais velhos para a realidade continuamente cambiante. A implicação plena desses desenvolvimentos não foi compreendida durante o período do Ischuv — só se tornou articulada com o estabelecimento do Estado de Israel.

A estrutura institucional do Ischuv. Sumário

Vemos assim que a estrutura institucional global do Ischuv não fora ainda plenamente cristalizada no fim do período mandatício. Embora ainda persistisse a separação dos diferentes setores, aqueles interligados tinham não obstante se expandido grandemente. A própria expansão criou pontos de confluência, tensões e divisões que requeriam novos princípios e mecanismos ainda não formulados.

A necessidade de regulamento tornou-se cada vez mais importante para a estrutura interna do Ischuv e constituía, embora talvez inconscientemente, uma importante força motriz para a consecução da condição de Estado.

De especial interesse nesse contexto são as recomendações da Comissão Peel que reconheceu a maturidade potencial do Ischuv para a pretensão de responsabilidade política sem restrições e ao desenvolvivmento em uma sociedade autônoma.

O reconhecimento não se baseava principalmente na estrutura existente do Ischuv, mas antes na avaliação de seu potencial como sociedade madura. Contudo, apesar desses pontos de confluência, conflitos e problemas, não se desenvolveram quaisquer mecanismos reguladores suficientemente compreensivos para lidar com todos os problemas.

Como vimos, as mais altas instituições políticas do Ischuv e do movimento sionista estavam mais preocupadas com a política exterior do que com o regulamento dos conflitos e dos interesses internos, sendo relativamente pequeno o confronto da legislação interna. As normas universalmente obrigatórias só se desenvolveram de modo gradual a partir da constante interação dos vários grupos, sendo estas mantidas em sua maioria pela identificação, pela coesão intensiva dos vários grupos e, apenas em escala muito menor, pela disciplina formal. Onde tal disciplina formal se desenvolveu (por exemplo na Histadrut ou nos vários conselhos locais), ela não afetou as relações entre os vários grupos onde a identificação e a lealdade eram em grande parte mantidas por pressões e disciplinas informais. Esse estado de coisas assegurou a continuidade da identificação e da solidariedade intensivas da maioria dos grupos aos principais símbolos coletivos, mas não tomou providências suficientes para um sistema unificado de regulamento e normas.

A interpretação privada ou grupal de normas sempre foi possível. A grande dependência dessas normas do acordo mútuo dos vários grupos era um perigo potencial para a existência de uma interpretação unificada das várias regras, escritas e não-escritas. Reforçava também a tendência para a relativa exclusividade ideológica por parte desses grupos e seu desenvolvimento como centros de direitos adquiridos.

Essas tendências não foram plenamente desenvolvidas ou pelo menos claramente compreendidas nesse período, sobretudo porque o Ischuv não era uma sociedade completamente unificada, existindo dentro da estrutura do governo mandatício. Esse, por um lado, regulava muitos dos aspectos mais instrumentais da vida social e econômica e, por outro, capacitava o Ischuv a manter, pelo menos até certo ponto, sua união global.

Todos esses problemas tornaram-se, contudo, muito mais agudos com o estabelecimento do Estado.

Ao mesmo tempo desenvolveu-se a grande fenda entre o "Ischuv organizado" e os grupos "dissidentes" (Etzel e Lehi). A luta constituiu um dos principais aspectos da história do Ischuv na década de 40. O seu foco eram as relações com os ingleses, por um lado, e a aceitação de uma estrutura política comum, por outro. O Ischuv organizado (e seu exército "ilegal" não-oficial — a Haganá) e os dissidentes compartilhavam, pelo menos em certo grau, as metas políticas básicas — a remoção das restrições na compra de terra pelos judeus, na imigração e finalmente a consecução da independência política. Mas diferiam grandemente com respeito à relativa ênfase nesses fins — os dissidentes acentuando mais a consecução da independência política e em especial os "meios" usados; o Ischuv organizado acentuando mais a combinação de acordo diplomático, imigração e defesa da redução ao mínimo da ação militar direta, enquanto os dissidentes colocavam maior ênfase na última. Além disso — e isso em si era de grande importância — os dissidentes não aceitavam a estrutura política voluntária comum do Ischuv, sua disciplina e responsabilidade coletivas implícitas.

Embora não possa haver dúvida de que as atividades da Haganá e do Irgun em última análise contribuíram igualmente para a decisão dos ingleses de renunciar ao Mandato e de sair da Palestina, no entanto naquela época o conflito entre os dissidentes e o Ischuv organizado ameaçava rompê-lo em pedaços e parecia às vezes estar levando ao fratricídio. A grande intensidade do conflito poderia ser parcialmente explicada pelo fato de os membros dos grupos dissidentes serem, como vimos, recrutados não em pequena medida nos grupos "marginais" à dominante estrutura institucional. Mas é significativo para o entendimento da estrutura social do Ischuv que os conflitos passaram a focalizar-se não em questões sociais ou econômicas, mas dentro daquela própria esfera — a da solidariedade política que fornecia o foco da identificação comum e suprimia muitos dos conflitos sociais e econômicos. Basicamente, os dissidentes, tanto dos revisionistas que deixaram a Organização Sionista como dos grupos marginais do Ischuv desafiavam a validez da estrutura "federativa" do Ischuv e, portanto, de sua disciplina política.

Por isso não é de admirar que mais tarde, após o estabelecimento do Estado, a cisão tenha sido de grande significação. A primeira divisão política bem definida estabeleceu a principal linha divisória entre os que foram aceitos (pela liderança oficial) para coalizão e os que foram dela excluídos, por longo tempo, vendo-se como opositores ao padrão político básico.

Como foi mencionado várias vezes, a estrutura social do Ischuv desenvolveu-se dentro do esquema mandatício. As relações entre o Ischuv e os mandatícios, bem como a população árabe, tiveram diversas repercussões importantes que sobreviveram a todas mudanças pendentes, por exemplo, o estabelecimento do Estado, a mudança da estrutura institucional básica e o êxodo de grande parte da população árabe do novo Estado de Israel.

Tanto com a pequena comunidade britânica governante como com os árabes, desenvolveram-se muitas relações informais e cotidianas. Aquelas com a comunidade inglesa restringiam-se usualmente à elite intelectual e política, bem como a algumas das eminências sefarditas mais velhas.

As relações com a comunidade árabe eram muito mais difundidas e estendiam-se do tradicional contato cotidiano entre aldeões árabes e colonos judeus às relações econômicas entre as duas comunidades, inclusive as relações há muito estabelecidas entre as eminências sefarditas e as árabes, abrangendo a cooperação em questões administrativas locais.

Esses contatos variados continuaram por todo o período mandatício apesar da crescente tensão entre as comunidades, mas, — em especial no período posterior — foram é claro grandemente influenciados pelos conflitos.

Além desses contatos informais, as relações entre as várias comunidades também alcançaram um impacto de longo alcance.

O impacto dos ingleses era sentido principalmente no cenário institucional e cultural. Era mais claramente evidente no sistema legal mantido, até hoje, em muitos dos aspectos básicos das instituições legais em Israel, e, não em pequena medida, nas esferas administrativa e política.

Além desses pontos, o impacto mais importante dos ingleses estava na esfera cultural e em especial nos contatos e orientações do Ischuv com o mundo ocidental "externo". Tais contatos focalizavam-se cada vez mais nos países de língua inglesa — apesar da predominância de uma formação européia oriental e central entre os pioneiros e imigrantes durante o Ischuv e, mais tarde, a crescente importância de padrões mais "latinos" ou mediterrâneos derivados da assim chamada imigração oriental.

O inglês tornou-se e, apesar de alguns avanços do francês, continua sendo até hoje a principal língua estrangeira não só nas escolas mas também nas instituições de ensino superior.

O número de contatos culturais com países de língua inglesa aumentou continuamente.

Em muitos círculos as concepções de cidadania, ordem civil e boas maneiras foram modeladas com base no padrão inglês. Embora não se tornassem estabelecidas e institucionalizadas no Ischuv, sua importância global não pode certamente ser minimizada.

É desnecessário dizer que essa influência foi grandemente reforçada pelo fato de que após a Segunda Guerra Mundial restaram apenas muito poucas comunidades judaicas na Europa Central e Oriental (exceto na União Soviética, com a qual os contatos são quase impossíveis) e que a comunidade judaica mais importante estava nos Estados Unidos, vivendo a segunda maior na Inglaterra. Durante pelo menos a primeira década do pós-guerra os centros de poder científico, político e econômico foram deslocados para os Estados Unidos, fato esse que capacitou o desenvolvimento ulterior das tendências que começaram sob a influência do Mandato.

As relações com a comunidade árabe foram muito diferentes — mais difusas e menos articuladas.

Por causa das orientações muito modernas do movimento sionista empenhado no desenvolvimento e por causa também da crescente hostilidade entre as comunidades árabe e judaica, houve apenas pequena identificação com os principais aspectos da cultura ou modo de vida árabes.

No entanto, em muitos aspectos e em muitos níveis diferentes as atividades relacionadas com a cultura e com a comunidade árabes tendiam a desenvolver-se.

Um dos desenvolvimentos mais importantes nessa área foi o surgimento de estudos árabe-orientais e muçulmanos no sistema educacional judaico, que se estendia desde o nível universitário, onde o Instituto de Estudos Orientais foi uma das primeiras e das mais importantes escolas, até o curso secundário onde o árabe era uma das duas (sendo o francês a outra) línguas estrangeiras essenciais.

Além disso, a geração mais nova de *sabras* e em especial aqueles das regiões e colônias agrícolas tendiam a adquirir uma variedade de características no vestir, na conduta cotidiana e nas expressões lingüísticas, estreitamente parecidas com seus equivalentes árabes.

Entre muitas das comunidades orientais, os padrões no vestir, lazer e atividades culturais tendiam amiúde a ser um tanto parecidos com os das comunidades árabes, tornando-se até mais acentuados com o crescente influxo de imigrantes "orientais" após o estabelecimento do Estado.

Embora apenas poucos desses padrões se tornassem plenamente reconhecidos, constituem sem dúvida um foco para alguns desenvolvimentos pluralistas no mosaico cultural de Israel que analisaremos posteriormente.

5. O Estabelecimento do Estado de Israel

A transformação social do Ischuv

O estabelecimento em 1948 do Estado de Israel não foi apenas um importante evento político e histórico, mas também constituiu um ponto crucial no desenvolvimento da estrutura social do Ischuv.

Sua conseqüência mais importante foi, é claro, o fato do Ischuv tornar-se então auto-suficiente, deixando de ser parte de uma sociedade tríplice: mandatícia, judaica e árabe.

O poder mandatício retirou-se, deixando muitas lacunas funcionais na estrutura social, a serem preenchidas. A comunidade árabe diminuiu por causa da partilha da Palestina, bem como pelo grande êxodo da população árabe. Os árabes que partiram deixaram atrás de si muitas cidades e aldeias desertas e muitos lugares vagos na economia agora grandemente diminuída.

Todas as lacunas tiveram de ser preenchidas imediatamente pelas autoridades do novo Estado, embora, na verdade, o fato de o Estado ter assumido a incumbência dessas muitas funções mudasse grandemente sua natureza sociológica — mesmo que isso não fosse plenamente reconhecido na época, ou mesmo agora.

Essas mudanças estavam enraizadas no fato de que a velha divisão de funções entre o Ischuv e a autoridade mandatícia, bem como entre os diferentes setores dentro do Ischuv, tinha deixado de existir.

Isso se notava de modo mais claro no campo político,

onde o novo Estado tinha agora de lidar não só com a execução de metas políticas e com a mobilização de recursos e potencial humano, mas também com a extensão de serviços administrativos em todas as esferas.

Portanto o estabelecimento do Knesset e do Judiciário, bem como a unificação e a extensão dos serviços administrativos, não foram meramente eventos técnicos ou administrativos, mas tiveram profundas conseqüências sociais globais. Deslocaram a ênfase política para o cenário interno onde a luta pelo poder e pela distribuição de recursos estava sendo travada. Reduziram a abordagem direta de diferentes grupos a recursos e potencial humano externos.

As abordagens a recursos externos para dinheiro e empréstimos, vitais até hoje, tornaram-se então regulados pelos órgãos estatais centrais. Igualmente a consecução do Estado efetuou uma mudança na relativa importância das organizações israelenses, quando comparadas às judaicas mundiais. Nos dias pré-Estado, a Organização Sionista e a Agência Judaica representando o judaísmo universal eram de importância muito maior do que as organizações territoriais do Ischuv. Isso então mudou. O foco de poder deslocou-se para os órgãos estatais, enquanto a maioria das funções da Organização Sionista tornaram-se secundárias.

Semelhante unificação dos vários aspectos da estrutura institucional aconteceu nos campos da economia, cultura, educação e *status* social. Todos esses tornaram-se cada vez mais engrenados nas necessidades e nos problemas da população que se desenvolvia e se expandia continuamente.

Muito significativo é o fato das diferentes agências que haviam lidado com as necessidades da estrutura social existente e futura terem agora se unido. Embora ambas as atividades continuassem, não eram mais institucionalmente separadas.

Essa unificação teve importantes repercussões nos valores e na ideologia. A forte orientação futura, tão importante no passado, declinou grandemente e seu lugar estrutural na sociedade foi transposto.

O estabelecimento do Estado poderia ter sido — e às vezes era — interpretado como a realização das principais metas do passado, enquanto a execução estatal de metas ulteriores enfraqueceu as relações entre os vários grupos no Ischuv e sua dedicação a essas metas. Também aumentou necessariamente as reivindicações feitas ao Estado pelos vários grupos e organizações para a distribuição de recursos e, em grande parte, mudou as bases da solidariedade dentro do Ischuv. Por ser parte de uma rede de grupos primários estreitamente entrelaçados, sua nova identificação acarretou um enfraquecimento da orientação intensiva ao coletivismo e, no começo, até mesmo da moral cívica, evidenciando-se cada vez mais as orientações individualistas.

Igualmente, o estabelecimento do Estado transformou aos poucos a natureza federativa dos diferentes grupos e setores no Ischuv em elementos de interesse e grupos de pressão.

Todos esses desenvolvimentos também acentuaram necessariamente os problemas, as tensões e as contradições inerentes à institucionalização da ideologia quando os patrocinadores da ideologia oficial — embora transformada — tornaram-se os governantes do Estado.

O estabelecimento do Estado em uma situação de guerra — e mais a contínua inimizade dos Estados árabes para com Israel e suas constantes declarações da intenção de destruir o Estado — adicionou outra dimensão à comunidade judaica no Estado de Israel.

A contínua consciência dessa ameaça, e a conseqüente necessidade de constante vigilância, deu predominância às considerações de segurança em muitos campos, tais como política exterior, política econômica e até certos aspectos de desenvolvimento.

Mudanças nos padrões de imigração

Essas mudanças não acarretaram completa auto-suficiência para a nova sociedade que continuou sendo dependente dos recursos externos, pois seus associados e sua ideologia explícita enfatizavam a arrecadação dos exilados. O país abriu suas portas para a imigração em massa que ocorreu. Desde a independência a população de Israel tinha mais do que triplicado. Foi essa singular imigração em massa que constituiu a segunda causa principal da mudança social, sendo seus efeitos sentidos, como veremos, em todos os campos institucionais.

As Tabelas 1-3 fornecem-nos os dados demográficos básicos sobre as mudanças na população judaica.

A população judaica aumentou em 211%, de 649 700 em 1948 para 2 115 600 em 1964; e a população não-judaica em 67,5%, de 156 000 para 286 400. Cerca de 68% do aumento na população judaica era devido ao equilíbrio migratório e em particular à imigração, com 32% devido ao crescimento natural (a diferença entre o número de nascimentos e o de mortes). Na população não-judaica o aumento é quase inteiramente devido ao crescimento natural [1].

---

1. O Recenseamento de 1961 mostrou que a população judaica constituía 89% e a não-judaica, 12% da população total de Israel, comparada com 82 e 18% respectivamente em 1948.

Da população não-judaica em 1961, 69%, eram muçulmanos, 20% cristãos, 10%, druzos e menos de 1%, "outros".

TABELA 1. As Fontes e a Porcentagem do Crescimento da População Judaica (Percentagem). 15 de maio de 1948 — 31 de dezembro de 1964.

Ano	População Total no começo do período (milhares)	Porcentagem em crescimento	Porcentagem do aumento	
			Aumento de Imigrantes	Aumento Natural
TOTAL 1948-64	2 155,6	211,1	67,6	32,4
1948	649,7	16,8	95,8	4,2
1950	1 013,9	18,7	84,8	15,3
1952	1 404,4	3,3	23,3	76,7
1955	1 526,0	4,2	48,3	51,7
1958	1 762,7	2,7	30,7	69,3
1960	1 858,8	2,8	33,0	67,0
1962	1 981,7	4,4	63,1	36,9
1964	2 155,6	3,8	56,8	43,2

Fonte: C.B.S. *Statistical Abstract of Israel,* n. 14, 1963, pp. 16, 17.
Op. cit., n.º 16, 1965, p. 21, Tabela 2/B.

Nota: Os cálculos para os anos 1948-60 são baseados na população atual, enquanto que os cálculos para 1962-64 baseiam-se na população permanente.

Quase 38% da população judaica enumerada em 1961 era nascida em Israel, comparada com mais de 35% no registro de 1948. A proporção de judeus nascidos em Israel diminuiu de 1948 até o fim de 1951 quando era apenas 25,2%; isso foi devido à imigração em massa durante aquele período. Desde então devido ao volume reduzido de imigração e um aumento do índice de natalidade, o número de nascidos em Israel na população judaica tem crescido constantemente para 39,4% em 1964 (Tabela 3).

Mais de 49% da população judaica nascida no exterior imigrou entre 1948 e 1951, vindo 27% antes de 1948 e chegando cerca de 24% após 1951.

Enquanto, durante os anos 1919-48, 89,6% de 452 158 imigrantes eram da Europa e da América e apenas 10,4% da Ásia e da África, durante os anos 1948-62 apenas 45,4% de um total de 1 074 792 imigrantes eram da Europa e da América e 54,6% eram da Ásia e da África (ver Tabela 2).

Assim, a proporção dos vários grupos na população inteira de Israel mudou. A proporção de imigrantes europeus e americanos diminuiu de 54,8% da população em 1948, para 31,9% em 1964; e a proporção de imigrantes asiáticos e africanos aumentou de 9,8% da população inteira em 1948 para 28,7% em 1964 (ver Tabela 3). Se adicionarmos a esta cifra os que nasceram em Israel de

TABELA 2. Instalação de Imigrantes e Turistas Judeus por Continente de Nascimento (Números Absolutos e Porcentagem) 1919-62

Período	PORCENTAGEM				NÚMEROS ABSOLUTOS			
	Europa América	Ásia África	Total	Não-conhecidos	Europa América	Ásia África		Total
	IMIGRANTES							
1919-48	89,6	10,4	100,0	22 283	385 066	44 809		452 158
1948-62	45,4	54,6	100,0	19 432	479 605	575 755		1 074 792
1948	85,6	14,4	100,0	11 856	77 032	12 931		101 819
1949	52,7	47,3	100,0	5 199	123 097	110 780		239 076
1950	50,4	49,6	100,0	1 471	84 638	82 296		169 405
1951	28,9	71,1	100,0	248	50 204	123 449		173 901
1952	28,4	71,6	100,0	3	6 647	16 725		23 375
1953	24,9	75,1	100,0	13	2 574	7 760		10 347
1954	11,3	88,7	100,0	12	1 966	15 493		17 471
1955	7,1	92,9	100,0	5	2 562	33 736		36 303
1956	13,3	86,7	100,0	3	7 305	47 617		54 925
1957	57,5	42,5	100,0	609	39 763	29 361		69 733
1958	55,7	44,3	100,0	1	14 428	11 490		25 919
1959	66,8	33,2	100,0	4	15 348	7 635		22 987
1960	71,0	29,0	100,0	2	16 684	6 801		23 487
1961	52,7	47,3	100,0	3	24 564	22 004		46 571
1962	21,5	78,5	100,0	3	12 793	46 677		59 473

Fonte: *Op. cit.*, n.° 16, 1965, p. 96, Tabela D/4.

TABELA 3. A População Judaica de Israel de Acordo com o Continente de Origem. (Porcentagens) — 1948-64

Ano	Total	Israel	Ásia	África	Europa-América
				Lugar de Nascimento	
1948	100	35,4	8,1	1,7	54,8
1950	100	25,8	15,7	6,7	51,8
1952	100	27,1	20,2	7,4	45,3
1953	100	29,2	19,7	7,4	43,7
1954	100	30,9	19,2	7,9	42,0
1955	100	32,1	18,4	9,6	39,9
1956	100	32,9	17,6	11,8	37,7
1957	100	33,4	16,8	12,4	37,4
1958	100	34,6	16,7	12,2	36,5
1959	100	35,9	16,3	12,1	35,7
1960	100	37,1	15,9	11,9	35,1
1961	100	38,1	15,2	11,9	34,8
1962	100	38,5	14,7	13,3	33,5
1963	100	38,9	14,2	14,2	32,4
1964	100	39,4	13,8	14,9	31,9

Fonte: Op. cit., n.º 14, 1963, p. 44, Tabela 20.
Op. cit., n.º 16, 1965, p. 46, Tabela 18/B.

pais de origem asiática e africana, abrangendo mais de 17% da população inteira (em 31 de dezembro de 1964), teremos um quadro um pouco diferente. Mais de 45% dos habitantes judeus de Israel são de origem africana e asiática, 6% são filhos de pais nascidos em Israel e os outros 49% dos habitantes judeus do país são de origem européia-americana [2].

De todos os imigrantes que vieram ao país entre 1948 e maio de 1961, 14,6% vieram da Romênia, 13% da Polônia, 13,3% do Iraque, 12,8% do Marrocos e Tânger, 5,2% do Iêmen e Aden, 4,5% da Argélia e Túnis e os outros, em número menor, vieram de outros países.

No período em discussão, menos de 1,1% de todos os imigrantes veio dos Estados Unidos.

Embora a grande imigração parecesse perpetuar as características básicas do Ischuv como sociedade absorvedora de imigrantes, isso só é parcialmente verdadeiro. O padrão total de absorção e motivação para migração mudou grandemente e a análise dessa mudança é de enorme importância para o entendimento da nova estrutura.

O movimento de migração em massa para o Estado de Israel diferia bastante em caráter do da imigração durante o tempo do Ischuv. O melhor ponto de partida para sua análise é a natureza da crise nas várias sociedades judaicas no exterior, que formavam a base de sua motivação

2. De acordo com op. cit., n.º 16, 1965, p. 42.

para migrar. Vimos que as *aliot* antigas desenvolveram-se a partir de uma transição relativamente bem sucedida da sociedade judaica tradicional para um cenário moderno e assimilacionista, transição essa que influenciou bastante apenas um grupo pequeno e altamente seletivo para tentar criar uma nova sociedade judaica na Palestina. Essa crise atravessou as diferentes comunidades judaicas, mas não abrangeu todas elas. A natureza da crise imediatamente antes da Segunda Guerra Mundial e em especial após ela, a partir da qual se desenvolveu a imigração para a Palestina e Israel, era de um tipo bem diferente. Embora as várias crises diferissem grandemente, havia algumas características comuns que se refletiam nos principais motivos para a imigração. Os mais importantes desses eram: em primeiro lugar, havia geralmente uma completa insegurança social, econômica e política; em segundo lugar, a crise em geral afetava comunidades inteiras ou setores dela e não meramente um grupo selecionado; em terceiro lugar, a perpetuação de comunidades e padrões existentes por todo o período de crise ligava-as necessária e estreitamente a seus valores e modos de vida existentes, impedindo um novo conjunto deles, dirigido para criar uma nova comunidade.

Todas essas características tiveram repercussões óbvias nos motivos para a migração. Em nenhum lugar encontramos tão grande disposição para mudar ou tão grande fusão de orientações nacionais, sociais e econômicas como nas primeiras *aliot*. Seu motivo mais comum não era a criação de uma nova espécie de comunidade e cultura, mas a consecução da segurança econômica e social e da solidariedade básica com a comunidade judaica existente. Nesse aspecto, a relação entre as aspirações e as mudanças ocupacionais e a identificação específica com a nação judaica que se desenvolveu é muito significativa. Vimos que nas *aliot* pioneiras a posição ocupacional era — pelo menos inicialmente — valorizada em termos da sua contribuição para a estrutura econômica do Ischuv e não em termos técnicos ou profissionais, econômicos puramente intrínsecos. Entre os novos imigrantes as aspirações ocupacionais não eram tão diretamente ligadas à identificação nacional. Sua avaliação das possibilidades ocupacionais era comumente feita em termos de segurança social ou econômica, ou era estimada pelo que se pode chamar o habitual prestígio social moderno de uma ocupação. Essa mudança na motivação ocupacional era vista mais claramente entre aqueles imigrantes que optaram pelo ingresso nas várias colônias agrícolas. Durante as primeiras imigrações o estabelecimento na terra devia-se comumente ao forte sentimento coletivista, ligado ao alto valor emprestado à agricultura como fator do renascimento nacional etc. Entre os novos imigrantes, a mudança para a agricultura era usualmente motivada por sua concepção como: a) fornecedora de relativa segurança econômica; e b) conferindo prestígio relativamente alto dentro do Ischuv.

Assim, entre os novos imigrantes a predisposição para mudança era mais restrita e menos intensiva do que nos períodos anteriores, sendo em geral limitada a uma adaptação à estrutura existente e às suas exigências e não à criação de uma nova sociedade.

Mudanças nos padrões de absorção

As mudanças na estrutura social do Ischuv — a sociedade absorvedora — não eram nem menores nem menos importantes do que as mudanças na motivação e na predisposição dos imigrantes em mudar. De muitas maneiras, ambos os conjuntos de mudanças caminhavam lado a lado. A relutância em mudar dos novos imigrantes era simultânea à burocratização do poder político e econômico e à solidariedade enfraquecida dos grupos pioneiros no Ischuv. Juntos eles produziram as condições iniciais para a absorção, algumas das quais já foram indicadas e serão agora elaboradas de modo mais pormenorizado.

A primeira característica importante no cambiante padrão de absorção era o fato de ela ser realizada sob a égide de agências burocráticas e formais. Desde o começo, a maioria dos imigrantes era recebida por vários funcionários — da Agência Judaica, do Governo, da Histadrut etc. — cuja função era dirigi-los às várias colônias e fornecer comodidades tais como habitação, móveis, rações, ajuda médica e assistência em geral. Foram formuladas novas regras para a distribuição dessas vantagens aos imigrantes que, do ponto de vista puramente burocrático, eram apenas grupos impessoais aos quais elas poderiam ser aplicadas. Uma relação formal e burocrática, portanto, foi a primeira que a maioria dos imigrantes experimentou em seu novo país, e por longo tempo permaneceu — e em alguns exemplos ainda é — a principal para muitos deles. Até a apresentação aos papéis básicos a cargo deles como cidadãos era comumente efetuada através de canais burocráticos — quer ocupados com educação, serviço militar, quer com direitos econômicos. O poder foi um elemento muito rapidamente adicionado à dimensão burocrática. Em estágios posteriores da absorção, muitos dos contatos com os representantes do país foram estendidos a funcionários dos vários partidos e organizações políticas — todos eles começaram a competir pelo valor político potencial dos imigrantes como votantes. Além disso, existia apenas um contato mínimo. Exceto os que tinham parentes, velhos conhecidos ou amigos em Israel, poucos imigrantes poderiam, no começo, entrar no cenário mais informal do país.

Uma segunda característica era a mudança em importância dos diferentes tipos de colônias como lugares de absorção. Colônias do tipo *kibutz,* onde a absorção se efetuava pela incorporação nos grupos primários existentes, diminuíram em importância. A proporção relativamente grande de colônias de pequenos proprietários indica não a absorção em colônias já existentes, mas, quase inteiramente, a criação de novos *moschavim* pelos imigrantes. O padrão cambiante também pode ser constatado através do fato de muitos dos imigrantes tenderem, pelo menos no início, a estabelecer-se em áreas especiais e segregadas onde usualmente mantinham um alto grau de homogeneidade social, em especial entre os velhos habitantes. Não só muitos deles estabeleceram-se em lugares inteiramente novos — tais como aldeias e cidades árabes abandonadas — mas, mesmo aqueles que o fizeram em cidades ou aldeias já existentes, procuravam, em geral, novos bairros onde estavam mais ou menos concentrados e, ecologicamente, segregados de modo relativo. Essa segregação era mais pronunciada no início das imigrações em massa e, embora tenha desde então diminuído um pouco através dos vários projetos residenciais dos quais participaram velhos e novos habitantes, ainda persiste como a principal feição institucional da nova imigração. Quando aumentou a imigração, foram construídos por todo o país novos tipos de colônias especiais de transição para os imigrantes — o campo de imigrantes e a *maabará*. Composta de cabanas de zinco e de madeira, a *maabará* constituía um contraste extraordinário entre os velhos e os novos habitantes. Tal segregação ecológica também indicava, é claro, que até os serviços separados que os imigrantes amiúde recebiam, tais como escolas, organizações governamentais locais etc., não eram necessariamente pontos de contato com os imigrantes mais velhos.

Em primeiro lugar, a distribuição econômica dos novos imigrantes também mostrou forte concentração institucional em setores especiais. Novos campos de atividade econômica foram desenvolvidos para eles, tais como obras públicas (reflorestamento, reparação de propriedade abandonada e assim por diante); e em geral os novos imigrantes ocupavam posições econômicas inferiores às dos velhos habitantes. Havia, é claro, diferenças entre os vários grupos de imigrantes e eventualmente certo grau de mobilidade e integração ocupacional ocorreu. Mas o quadro inicial persistiu como o conjunto básico de condições dentro do qual a absorção aconteceu.

A dinâmica da absorção de imigrantes e o desenvolvimento institucional da estrutura social

Como foi indicado, os padrões iniciais de absorção podem ser explicados através de diversos fatos interagentes, tais como a força numérica da população imigrante, seus motivos para a migração e as mudanças da orientação social do Ischuv.

Contudo, essa situação foi algo paradoxal. Embora fossem dados aos imigrantes alguns direitos e privilégios primários sob o critério atribuído a eles como cidadãos ou judeus, seu lugar na estrutura social era relativamente baixo, sendo eles, no início, apenas objetos passivos das agências burocráticas. A ligação paradoxal entre os dois aspectos da absorção significava que essa situação não permaneceu estática. A igualdade básica e os direitos civis universais concedidos aos imigrantes foram plenamente legitimados dentro da estrutura social — e a relativa segregação inicial não tinha nenhuma base, quer na lei, quer na ideologia do Estado — que acentuava a completa igualdade de todos os cidadãos e sua dedicação à tarefa da reunião dos exilados.

Além dessa ideologia, e fortemente ligados a ela, havia outros fatores que tendiam a mitigar a segregação inicial inerente ao processo de absorção. O primeiro entre esses eram as várias agências, tais como as escolas, o exército etc., que faziam exigências importantes aos imigrantes e dirigiam-nos a novos papéis universais. Em segundo lugar, na estrutura econômica em desenvolvimento do Estado o potencial humano adicional em vários níveis de especialização era necessário. O Velho Ischuv não poderia fornecer a quantidade total desse potencial humano e, como não existia nenhuma discriminação legal, muitos dos imigrantes foram introduzidos nos vários estratos econômicos do Ischuv. Embora em geral os imigrantes tendam a ser mais suscetíveis à retrogressão econômica, ao desemprego etc., emergiu gradualmente uma tendência geral para o progresso econômico e mobilidade ocupacional.

Em terceiro lugar, e o mais importante, foi o fato de se conceder aos imigrantes direitos políticos básicos que acentuaram o seu valor político para os diferentes grupos sociais, partidos etc. Todos esses grupos começaram a ser ativos entre os imigrantes, estenderam suas organizações para incluí-los e assim necessariamente introduziram muitas pessoas em sua órbita.

O impacto de todos esses fatores gradualmente rompeu a segregação inicial dos imigrantes e deu origem a vários processos de mobilidade e integração, que serão depois discutidos. Deveria ser enfatizado, aqui, que todas essas tendências operavam dentro do esquema de um cenário formal e institucional; mas, embora diminuíssem a segregação, elas não se baseavam na solidariedade intensiva e na identificação coletiva, previamente existentes no Ischuv. Não ocorreu, portanto, nenhuma fusão completa entre os grupos de imigrantes e os velhos habitantes. Deixou-se que cada grupo imigrante elaborasse seu próprio caminho, de acordo com suas próprias disposições e com as condições específicas de absorção nas quais fora colocado.

Sumário

O estabelecimento do Estado nos traz à parte central de nossa análise — a do desenvolvimento e cristalização das principais esferas institucionais na sociedade israelense. É com o estabelecimento do Estado que a estrutura institucional, desenvolvida dos grupos pioneiros, diferenciou-se, cristalizou-se e confrontou-se com uma população com novas motivações e orientações.

Isso nos leva à segunda — e mais longa — parte de nossa análise, que trata do desenvolvimento e cristalização da sociedade israelense em suas principais esferas institucionais — na economia, na organização e estratificação sociais, na educação, na política e nas esferas culturais. Os capítulos seguintes — cada um deles lidará com uma dessas esferas — descreverão, em primeiro lugar, sucintamente as principais feições de cada esfera e depois passarão a analisar esses desenvolvimentos em termos dos problemas que pesam sobre a transição do Ischuv para o Estado.

Em último lugar, analisaremos os problemas adicionais em evolução e estudaremos então as forças e as fraquezas da sociedade israelense ao lidar com seu ingresso em novas fases de desenvolvimento e modernização.

Parte II: A ESTRUTURA SOCIAL EMERGENTE

6. A Estrutura Econômica, Problema e Desenvolvimento no Ischuv e no Estado de Israel

1. O DESENVOLVIMENTO DAS PRINCIPAIS FEIÇÕES DA ECONOMIA

Introdução

Começaremos com um breve perfil da estrutura organizacional demográfica, física e básica da economia no período do Ischuv. As tabelas e descrições apresentadas na primeira parte do capítulo lidarão com os dados demográficos básicos, depois com o desenvolvimento dos principais ramos econômicos, suas feições institucionais e organizacionais básicas e sua distribuição entre os diferentes setores (isto é, privados, da Histadrut e do governo).

Analisaremos as mudanças em todas as esferas presentes na transição do Ischuv para Estado.

Na segunda parte deste capítulo analisaremos as principais políticas econômicas do governo. Na terceira parte trataremos do impacto global dos desenvolvimentos e políticas discutidos nas partes precedentes sobre o desempenho da economia em termos de produção e consumo e a relação entre eles.

Composição e dispersão da população

Nas Tabelas 1-3 foram fornecidos alguns dados básicos sobre o desenvolvimento e composição da população judaica no Ischuv e em Israel, podendo servir de base para a seguinte discussão.

Dispersão da população

Até o estabelecimento do Estado, a população judaica estava predominantemente concentrada nos três grandes centros urbanos que em 1948 abrangiam quase 60% do total. O restante estava principalmente disperso em pequenas colônias agrícolas. Não havia, assim, quaisquer cidades de tamanho médio.

Em 1951 desenvolveu-se um plano para a dispersão da população. O Estágio I, que se relacionava com uma futura população de 2 650 000, estipulava:

1) Divisão do país em vinte e quatro distritos — para cada um dos quais foi planejada separadamente "a futura população urbana e rural".

2) A população urbana planejada deveria alcançar 2 050 000 e a população rural planejada 600 000, ou quase 23%.

3) O plano acentuava o desenvolvimento de dois novos tipos de centros urbanos: I) um centro urbano-rural com uma população de seis a doze mil; II) uma cidade de tamanho médio, servindo como centro distrital, com uma população de quarenta a sessenta mil.

Estes dois tipos deveriam preencher a lacuna entre os grandes centros urbanos, por um lado, e as pequenas comunidades rurais, por outro, fornecendo, assim, um foco para a integração regional.

4) O plano supunha que a expansão ulterior das três grandes cidades seria detida e exigiria a dispersão da população nos dois tipos de colônias urbanas de extensão média.

5) Foram fixados setenta novos locais de colônias urbanas, das quais algumas eram inteiramente novas, algumas colônias árabes abandonadas e algumas colonizadas apenas por um pequeno núcleo de colonizadores judeus.

Em 1957 o Estágio II do plano foi desenvolvido. Baseava-se em uma população de 3 000 000 de judeus e 325 000 (mudada para 360 000, em 1961) de não-judeus. Dessa população, 750 000 pessoas, ou cerca de 23%, seriam estabelecidas nas cidades recém-desenvolvidas.

Quais foram os resultados desses planos? A porcentagem de população urbana judaica, de fato, se elevou ligeiramente no período 1947-61. A população rural elevou-se de 18% em 1948 para 20,1% em 1964, ou 120 000 em comparação com 507 000. Jerusalém cresceu em 98%, Haifa em 87% e Telavive em apenas 55%. Assim, parece que o principal objeto da dispersão da população — diminuir a pressão na planície costeira — foi realizado. Mas tal conclusão é injustificada devido ao enorme crescimento das cidades menores em torno de Telavive, formando com ela um sólido bloco urbano de cerca de 900 000 pessoas. Todas essas cidades cresceram de 200% a 1 250%: Ramat Gan — 425%, Holon — 403%, Bnei Brak — 433%, Bat Iam — 1 244%, Herzlia — 407%, Giv'taim — 220%.

Não obstante, houve um crescimento desproporcionadamente mais forte dos distritos sulinos. No período 1951--61 estes cresceram 169%, enquanto os distritos centrais cresceram apenas 28% e Telavive 41%. Mas a parte setentrional do país, a Galiléia, cresceu apenas 40% e permanece ainda espaçadamente povoada por judeus.

Em 1961 as vinte e sete cidades de desenvolvimento (das quais vinte e três são formalmente designadas desse modo, enquanto quatro são consideradas cidades de imigrantes) abrangiam 12,5% do total, com uma população de 273 000.

Não havia quase nenhuma mudança na proporção da população rural para a urbana, na da estipulação do plano de dispersão.

O crescimento das áreas centrais foi mais lento do que o do Sul, mas não do Norte. Mas o crescimento proporcional do Sul é, em parte, um artefato da população extremamente esparsa nessas partes no primeiro período após o estabelecimento do Estado.

O crescimento das grandes cidades tornou-se mais lento — em parte por causa da limitação geográfica — mas suas cidades satélites aumentaram em uma medida desproporcional.

O crescimento das novas cidades de desenvolvimento ainda está longe de alcançar as proporções planejadas para uma população judaica de três milhões.

O desenvolvimento dos principais ramos econômicos do Ischuv e de Israel. Dados básicos

As tabelas seguintes nos dão alguns dados básicos sobre a composição das atividades econômicas no Ischuv e no Estado de Israel (ver Tabelas 4 e 5).

O desenvolvimento da economia no período do Ischuv

Passaremos agora a uma breve descrição dos ramos econômicos básicos, começando com a agricultura.

Como vimos acima, as principais atividades monetárias (cerca de 70% dos investimentos públicos totais) das Instituições Nacionais Judaicas dirigiam-se para a colonização agrícola. No estabelecimento do Estado de Israel os judeus cultivavam cerca de um milhão de *dunams,* dos quais

TABELA 4. Distribuição da Renda Nacional entre Judeus e Não-Judeus por Ramos Econômicos

A. Distribuição em cada Ramo

	1936			1944		
	N. Renda em milhões de £ palestinas	Judeus %	Outros %	N. Renda em milhões de £ palestinas	Judeus %	Outros %
Total	33,8	52,6	47,4	123,0	59,7	40,3
População em milhares	1 366,7	28,1	71,9	1 739,6	30,4	69,6
Agricultura	5,6	30,1	69,9	29,5	30,8	69,2
Manufatura, Eletricidade	5,6	64,4	33,5	28,2	88,3	11,7
Construção	1,9	83,2	16,8	5,6	48,2	51,8
Comércio, Transporte, Finanças [a]	13,9	59,2	40,8	37,2	64,2	35,8
Saúde e Educação [b]	0,9	80,3	19,7	—[c]	—	—
Governo, Municipalidades	3,8	23,3	76,7	7,5	36,0	64,0
Outros serviços	1,9	—	—	8,8	77,3	22,7
Forças Armadas	—[d]	—	—	6,2	53,2	46,8

B. Por Ramo

	1936			1944		
	Judeus	Outros		Judeus	Outros	
	Milhões			Libras palestinas		
Total	17,8	16,1		73,4	49,6	
	Percentagem					
População em milhares	100,0	100,0		100,0	100,0	
Agricultura	9,4	24,2		12,4	41,1	
Manufatura, Eletricidade	21,9	12,4		33,9	6,7	
Construção	8,7	2,0		3,7	5,8	
Comércio, Transporte, Finanças [a]	51,7	35,2		32,6	26,8	
Saúde e Educação [b]	4,1	1,1		—[c]	—[c]	
Governo, Municipalidades	5,0	18,2		3,7	9,7	
Outros serviços	4,5	6,9		9,2	4,0	
Forças Armadas	—[d]	—[d]		4,5	5,8	

a. e aluguéis.
b. Não-governamentais.
c. Incluído em outros serviços.
d. Incluído no governo.

Fonte: R. R, NATHAN, O. GASS e D. CREAMER, *Palestine Problem and Promise*, Washington, D.C., Public Affairs Press, 1946.
JEWISH AGENCY FOR PALESTINE, *Statistical Handbook of Jewish Palestine, 1947*. Jerusalém, Agência Judaica, 1947.

TABELA 5. Produção do Produto Nacional e Renda Líquida do Produto Nacional (Renda Nacional)[a] ao Fator Custo por Ramo Industrial Principal 1936-60 (Porcentagem)

	1936	1939	1945	1950	1953	1955	1959[b]	1960
Total (em milhões de £ palestinas ou LI)*	33,85	75,89	82,0	337,0	1 139	1 812	3 211	3 552
Porcentagem	100,0	100,0	100,0	100,0	100,0	100,0	100,0	100,0
Agricultura Florestamento e Pesca	16,4	19,1	11,8	9,5	11,2	11,5	11,7	11,0
Mineração, Manufatura e Exploração de Pedreiras	16,0	19,9	36,6	24,0	20,5	22,0	22,2	24,1
Construção	5,5	6,1	4,4	11,9	6,5	7,6	7,2	6,6
Utilidades Públicas (Água, Eletricidade)	1,4	—[c]	—[c]	—[c]	2,1	1,6	1,7	—
Transporte e Comunicação	2,4[d]	5,9	6,2	6,2	7,4	6,7	7,2	7,4
Comércio	23,5[e]	12,3	20,8	12,5	10,4	11,3	20,5[f]	28,8
Bancos e Finanças, Imóveis	15,2	14,3	12,6	2,4	8,4	7,9	8,1	—
Outros serviços	5,6	7,4		18,7	11,4	10,3	—[f]	
Governo geral e Instituições não-lucrativas	14,0	14,9[g]	7,5	14,8	21,4	21,1	21,4	22,2

* Libras palestinas, Libra israelense.
a. Para 1936-9. b. Estimativas antigas. c. Inclui parte do transporte. d. Somente transportes ferroviários e comunicações. e. Água para irrigação na agricultura. Eletricidade na mineração etc. f. Inclui "outros serviços". g. Inclui em porcentagem: 1936: Governo Central 9,4%, Municipalidade 1,9% e Saúde e Educação não-governamental 2,7%; 1939: 8,2%, 3,3% e 3,4%, respectivamente.

Fontes: 1936: R. R. NATHAN, op. cit. Cap. 12, Tabela 1, p. 148.
1945-50: D. CREAMER, Israel's National Income 1950-54, Projeto Falk e Jerusalém, C.B.S., Série Especial n.º 57, 1957, Tabela 10, p. 30.
1953: C.B.S., Statistical Abstract, 1957/8, n.º 9, Tabela F3, p. 113.
1955-9: C.B.S., Statistical Abstract, 1959/60, n.º 11, Tabela F6, p. 126.
1960: C.B.S., Statistical Bull., v. III, n.º 1, Tabela c, p. 72.

TABELA 6. A Quota do "Setor Histadrut"[a] por Ramos na Indústria Total

	1939		1959	
	N.º Total (milhares)	Porcentagem do total Total da Histadrut	Total Milhões LI	Porcentagem do total Total da Histadrut
Total	156,0	18,7[a]	1 964,9	23,3[a]
Mineração, Exploração de Pedreiras	3,7	37,8	37,5	36,8
Alimento, Bebidas, Fumo	20,6	19,9	347,1	33,0
Tecidos	38,0	2,4	266,9	2,2
Vestuário			184,9	0,3
Produtos de madeira	13,2	16,7	116,4	29,9
Papel, Publicação	10,0	8,0	98,7	7,1
Couro e produtos	b	b	73,4	4,9
Borracha e Plástico	10,2	19,6	51,0	41,2
Produtos Químicos			169,1	20,4
Minerais não-metálicos	8,3	47,0	116,9	67,3
Diamantes	4,1	c	92,0	c
Metal			179,8	
Maquinaria	43,6	12,2	52,0	23,6
Equipamento elétrico de Maquinaria				
Equipamentos para Transportes	4,2	21,4	51,4 106,6	14,2 d
Vários			21,1	14,5

a. Incluem 50 250 milhões de LI e 7 140 pessoas empregadas nas oficinas dos Estabelecimentos Trabalhistas e de "indústria própria", que não estão incluídas nos ramos separados.
b. Incluído em "Tecidos e Vestuário".
c. Incluído em "Vários".
d. Incluído em "Metal".

Fontes: Produção Total: *Bank of Israel Report,* 1959, Tabela 1, p. 128.
Total de pessoas empregadas: idem, Tabela 2, p. 129.
Dados da Histadrut: *Industry in the Labour Economy 1959* (Fatos e Números), n.º 7/CFJL, Instituto de Pesquisa Social e Econômica, Telavive, ago. 1960, pp. III e 5.

TABELA 7. E. Tamanho dos Estabelecimentos Industriais por Número de Pessoas Empregadas, 1943-58

	1943a		1955b		1958	
	N.º de Estabelecimentos	N.º de Pessoas empregadas	N.º de Estabelecimentos	N.º de Pessoas empregadas	N.º de Estabelecimentos	N.º de Pessoas empregadas
TOTAL	2 120	45 049	6 996	92 000	9 271	118 300
	%	%	%	%	%	%
1-4 Pessoas empregadas	19,4	2,9	44,6	10,1	52,8	11,6
5-9 Pessoas empregadas	37,0	11,6	27,9	14,1	23,8	12,2
10-14 Pessoas empregadas	—	—	9,1	8,3	7,8	7,2
15-24 Pessoas empregadas	36,1	32,8	8,5	11,9	6,6	9,7
25-49 Pessoas empregadas	—	—	5,9	15,5	5,0	13,3
50-99 Pessoas empregadas	3,8	12,8	2,3	11,6	2,3	11,9
100-299 Pessoas empregadas	3,7	39,9	1,4	18,0	1,3	16,8
300+ Pessoas empregadas	—	—	0,3	10,5	0,4	17,3

a. Somente indústria judaica e sem artesanatos.
b. Indústria Total — de estabelecimentos que empregam ao menos um trabalhador.

Fontes: 1943: *Statistical Handbook, op. cit.,* p. 217.
1955: C.B.S., *Statistical Abstract,* n.º 9, p. 174, Tabela 14.
1958: C.B.S., *Statistical Abstract,* n.º 11, p. 192, Tabela 6.

menos de um terço era irrigado. O cultivo ocorria em cerca de 280 colônias agrícolas, das quais a metade eram *moschavot* e *moschavim* e a outra *kibutzim*.

O principal método agrícola era o de lavouras mistas. A fazenda mista tinha por base a criação de animais (vacas e galinhas de postura) e produção de forragens. As frutas e vegetais eram produções secundárias. Os "viveiros de peixes" eram outro ramo judeu típico. A fazenda mista desenvolveu-se tanto por razões econômicas como ideológicas.

A fazenda mista não cultivava os tradicionais produtos de mercado internacional, tais como açúcar, algodão e trigo, mas supria a maioria das necessidades de muitos dos gêneros alimentícios da comunidade judaica. Ela tornou possível a manutenção da unidade familiar e não dependia em grande parte do trabalho assalariado — facilitando, assim, a manutenção da ideologia de "trabalho independente" e auto-suficiência econômica e política do Ischuv.

Lado a lado com a fazenda mista, desenvolveram-se as plantações de cítricos como tipo de fazenda de monocultura. Esse produto, com uma considerável vantagem comparativa, abrangia a maioria das exportações palestinas. Esse ramo estava principalmente nas mãos de agricultores particulares. A Segunda Guerra Mundial causou uma severa redução das plantações e produção de cítricos na Palestina inteira, diminuindo a um terço do seu tamanho anterior à guerra. Levou cerca de quinze anos para alcançar a área plantada em 1939.

A deficiência de recursos naturais e de capital para fins de investimento, a política de comércio livre externo do governo mandatício e um pequeno mercado doméstico impediram o desenvolvimento de uma indústria em larga escala na Palestina. Os empreendimentos estabelecidos trabalhavam sob condições de falta de capital e equipamento insatisfatório, por um lado, e supercapacidade, por outro. A indústria recebeu seu primeiro impulso nos anos 30, quando novas ondas de imigrantes e capital vieram da Europa Central e Ocidental. Trouxeram também consigo o conhecimento necessário para operar modernos empreendimentos industriais. Para alguns ramos — tais como a lapidação de diamantes e a indústria têxtil — o conhecimento importado foi o fator principal de seu estabelecimento. A Segunda Guerra Mundial deu o segundo grande ímpeto à indústria, protegendo as fronteiras da concorrência e ampliando a procura devido às necessidades das forças armadas e da população regional. Os tecidos e o vestuário, os metais e os produtos químicos foram os ramos principais que se expandiram nesse período. Quando Israel foi estabelecido, a indústria judaica tinha a típica estrutura de uma jovem indústria em um país em desenvolvimento, consistindo a parte importante da produção principalmente de bens de consumo, tais como gêneros alimentícios e vestuário.

A indústria alimentícia empregava uns 20% de todos os empregados na indústria e produzia cerca de 30% da produção total. Outros ramos importantes eram: metais (menores do que é considerado usual nos países industriais), produtos químicos (originários, principalmente, dos recursos do Mar Morto) e materiais de construção (que diminuíram em tamanho durante a guerra).

O tamanho [1] médio dos empreendimentos industriais judaicos (não incluindo os artesanatos), em 1943, era de vinte e uma pessoas empregadas. Cerca da metade de todas as pessoas empregadas trabalhava em fábricas que empregavam mais de cinqüenta pessoas. Mais da metade dos estabelecimentos empregava menos de dez pessoas.

Cerca de 80% dos estabelecimentos — que empregavam cerca de 40% do total dos empregados de indústrias — eram organizados como propriedades privadas ou sociedades. As companhias limitadas privadas ou públicas abrangiam menos de um quinto do total de estabelecimentos, mas empregavam mais da metade da força trabalhadora industrial. A participação das cooperativas não era de mais de 5% da indústria total, de acordo com os dois critérios (ver Tabelas 7 e 11).

No fim do período mandatício (1943), o setor Histadrut possuía cerca de 70% do cultivo misto, 6,8% das plantações de cítricos, cerca de 10% da indústria, dois terços dos ramos de construção e uma participação semelhante do transporte rodoviário (ver Tabelas 6 e 10).

O impacto das orientações ideológicas na estrutura e organização da economia do Ischuv

Assim, do ponto de vista puramente descritivo a economia do Ischuv não era muito diferente de uma economia colonizadora e urbana em escala relativamente pequena. Mas, devido aos seus específicos pontos de partida ideológicos e sociais, suas principais características sociais e organizacionais desenvolveram algumas feições muito especiais.

As principais orientações ideológicas no campo econômico — como na maioria dos campos institucionais — foram moldadas no período da segunda *aliá* e então ulteriormente desenvolvidas e cristalizadas em formas institucio-

1. Número de pessoas empregadas.

nais incipientes sob o Mandato, em especial no período da terceira *aliá*.

A primeira ênfase ideológica estava no que pode ser chamado de criatividade econômica nacional — a criação de ramos essenciais do ponto de vista do estabelecimento de uma estrutura ocupacional e econômica normal. Essas orientações resultaram em diversas implicações institucionais. Em primeiro lugar, acarretaram uma forte ênfase na criação daquelas partes da economia que caracterizam qualquer estrutura econômica normal e que estavam especialmente ausentes entre os judeus na Diáspora — em particular, os ramos produtivos primários. Aqui, como vimos, a agricultura salientou-se como um dos ramos mais importantes e cruciais, tornando-se um símbolo do processo de regeneração nacional.

Em segundo lugar, essas orientações também acarretaram a entrada de capital e esforço nacionais em ramos estrategicamente importantes. Foi colocada forte ênfase na criação de condições apropriadas para o desenvolvimento de potencial humano dentre judeus na Diáspora, capazes de manter tais setores da economia.

A maioria dos princípios ideológicos gerais nesse campo eram, em grande parte, compartilhados por grande maioria do movimento sionista — mesmo que não necessariamente de todos os colonizadores da Palestina. Assim também eram algumas das derivações institucionais mais gerais desses princípios — tais como a ênfase posta no trabalho da terra, em parte na colonização nacional e até certo ponto também na nacionalização da terra. A última ênfase refletia-se no estabelecimento e funcionamento do Keren Kaiemet e do Hevrat Hachscharat Haischuv e, em menor grau, também nas várias atividades bancárias da Organização Sionista, na promoção da colonização. Mas os elementos socialistas mais específicos foram limitados, na maior parte, ao setor dos trabalhadores.

De acordo com todas essas esferas institucionais, o desenvolvimento e a cristalização da economia não foram erigidos segundo o esquema ideológico ou seus derivativos organizacionais iniciais. Os contornos concretos da organização e instituições econômicas desenvolveram-se através da interação entre essas ideologias e as formas organizacionais iniciais, por um lado, e as forças mais elementares que se desenvolveram na esfera econômica, por outro. Essas forças não se identificaram, desde o seu início, com os princípios básicos da ideologia.

A crescente diferenciação da economia, bem como das forças inerentes dentro dos setores trabalhistas, solaparam necessariamente muito a pureza da ideologia e a sua possibilidade de tornar-se plenamente efetuada.

Como em todas as esferas institucionais, a ideologia deixou sua marca na estrutura também institucional através de um processo seletivo de entrincheiramento e penetração que ocorreu de diferentes maneiras — primeiro, no desenvolvimento dos setores em que os derivativos institucionais da ideologia eram mais ou menos estritamente partidários e, segundo, na forte influência da ideologia sobre pontos estratégicos mais gerais da economia.

A expressão mais pura dessa ideologia encontrava-se, é claro, nas formas específicas das colônias agrícolas coletivas e cooperativas e nos diferentes tipos de cooperativas e corporações públicas e semipúblicas.

O impacto mais geral da ideologia na esfera econômica manifestava-se na manutenção da prioridade das considerações sociopolíticas, na distribuição de recursos econômicos nacionais e na regulamentação das atividades econômicas. Isso era visto primeiro na forte ênfase posta nas atividades colonizadoras e no desenvolvimento daqueles setores da economia importantes dos pontos de vista sócio-ideológicos e políticos. Segundo, manifestava-se na concentração relativamente grande do capital nacional e público em certos setores públicos, em especial na agricultura; terceiro, evidenciava-se na predominância das considerações sociais e políticas na distribuição interna de recursos econômicos públicos.

Um dos derivativos institucionais mais gerais da ideologia poderia ser encontrado na grande prevalência da propriedade pública da terra. Isso teve suas raízes nas atividades do Keren Kaiemet e tornou-se até mais intensificado no período do Estado.

Cerca de 92% da área total de Israel pertence ao Governo e ao Fundo Nacional Judaico, sob controle da Jurisdição das Terras de Israel, fundada em 1958. Mais de 80% de toda terra de cultivo e mais de 90% das áreas agora cultivadas por judeus são administradas pela companhia. A política de arrendamento de terras da companhia é, assim, o sistema dominante de Israel. A Jurisdição das Terras de Israel [2] cobra dos agricultores rendas bem menores do que as rendas econômicas médias, e as diferenças em rendas cobradas nem sempre se refletem na qualidade das terras ou vice-versa. O aluguel para o arrendamento de terra a colônias permanentes (por quarenta e nove anos) é calculado por unidade territorial — que é determinada pelo conceito de que a cada família deveria ser dada apenas a

---

2. Ou o Governo e o Fundo Nacional Judaico antes de 1959-60.

área que ela é capaz de cultivar sem ajuda de fora; portanto, o tamanho da família, a disponibilidade de meios de irrigação e a atividade agrícola antecipada principal da nova aldeia determinam o tamanho da unidade territorial. Desse modo, a unidade territorial varia de dezessete a cinqüenta *dunams*. Até recentemente, o aluguel por unidade territorial era de LI 12 — que é entre LI 0,25 e LI 1,50 por *dunam*. De acordo com alguns cálculos, o aluguel sobre a terra constitui cerca de 0,6% do valor bruto da produção agrícola, ou algo abaixo dessa taxa quando só as terras públicas são levadas em conta.

Tudo isso causou, gradualmente, a cristalização de direitos adquiridos em torno de muitos grupos que se originaram desses processos. Um dos resultados mais importantes desses processos foi a divisão da economia do Ischuv e mais tarde de Israel, nos vários setores — o setor privado (o setor dentro do qual a maioria dos empreendimentos pertencia a indivíduos ou corporações privadas) e o setor Histadrut (todos os diferentes empreendimentos da Histadrut, tais como cooperativas, colônias agrícolas e companhias públicas pertencentes, pelo menos oficialmente, à Histadrut).

O desenvolvimento do empresariado econômico no Ischuv

O impacto institucional da ideologia também se evidenciava na natureza do empresariado econômico que se desenvolveu no Ischuv.

Talvez o tipo singular mais importante do novo empresário que se desenvolveu no Ischuv foi o que se pode chamar de colonizador empreendedor institucional. Tal empresário usualmente ocupava uma posição-chave em alguma colônia, em um empreendimento cooperativo ou em algum dos empreendimentos econômicos públicos ou semipúblicos (por exemplo, algumas das fábricas pertencentes à Histadrut e as companhias públicas de água). Seu interesse principal era aumentar ao máximo a extensão das atividades econômicas, o ativo e os lucros de seu próprio grupo e organização, através da melhor manipulação tanto das possibilidades do mercado como das diferentes fontes de capital, crédito e assim por diante — especialmente das diferentes agências colonizadoras. Sua concepção do papel não era, contudo, puramente econômica. Ele se via promovendo os valores sociais gerais da sociedade, ajudando o movimento colonizador geral e a expansão através da ampliação e desenvolvimento de sua própria organização — uma suposição que usualmente continha alguns elementos de realidade. Não era, falando de maneira geral, um burocrata do tipo comum — embora se desenvolvessem gradualmente cada vez mais gerentes puramente burocráticos e desde o começo havia, na maioria desses grupos, alguma equipe técnica e burocrática inferior. Ele se via, antes, como um representante eleito de seu grupo e organização, seu emissário e em geral como um pioneiro econômico.

Ao mesmo tempo, dois tipos de empresários capitalistas surgiram no Ischuv. Um era um grande empresário, capaz de — através do uso apropriado de seus próprios recursos financeiros, de algum do capital líquido do país e de alguns dos meios de crédito concedidos pelas principais agências colonizadoras — explorar as possibilidades estratégicas do mercado interno em desenvolvimento, mercados de exportação e assim por diante, e estabelecer empreendimentos industriais relativamente grandes em áreas-chave. Bons exemplos disto são as Indústrias Têxteis Ata e algumas das indústrias de elaboração de produtos agrícolas.

Esse tipo de empresário também tinha de levar em consideração muitos dos valores sociais encontrados nos empreendimentos semipúblicos, embora de maneira algo diferente. Em primeiro lugar, a maioria desses empresários endossava os princípios básicos de seguro social, acordos comerciais coletivos, subsídios de família e de custo de vida. Em segundo lugar, eles, às vezes, achavam vantajoso para seus interesses entrar em sociedade — comumente em base limitada e em companhias subsidiárias — com alguns dos empreendimentos públicos ou semipúblicos. Tal tendência aumentou desde o estabelecimento do Estado de Israel. Em terceiro lugar, a maioria desses empreendimentos aproveitava-se das várias facilidades (em especial o crédito financeiro) das agências colonizadoras e mais tarde do Estado, e prestava serviço à ideologia pioneira. Isto apresentava-se em sua relativa concentração nas indústrias de importância estratégica para o desenvolvimento econômico.

O segundo tipo muito geral e heterogêneo de empresário capitalista que se desenvolveu no Ischuv era o pequeno industrial, comerciante ou negociante, cujas atividades eram, em sua maioria, orientadas para o crescente mercado interno. O alcance de suas atividades não era muito amplo e em geral era um tanto conservador em sua abordagem. Ele não estava comumente em estreito contato com as principais agências colonizadoras, embora com muita freqüência entrasse em alguma concorrência com grupos como as cooperativas públicas.

As principais mudanças organizacionais que acompanharam o estabelecimento do Estado na economia

A importância global das várias considerações políticas no sistema econômico intensificou-se grandemente após o estabelecimento do Estado de Israel com a unificação das estruturas institucionais econômicas, a crescente interdependência dos vários setores da economia, a subida ao poder dos patrocinadores da ideologia e as tarefas aumentadas com que se defrontava a economia.

O estabelecimento do Estado trouxe consigo diversas mudanças estruturais importantes nos mecanismos reguladores da economia. As mais importantes dessas foram o crescimento do planejamento central e a intervenção direta e indireta do governo na vida econômica.

O governo mandatício virtualmente se absteve de interferir na vida econômica do país. Sua política era expressa em leis, atos, decretos e nas reais atividades econômicas do próprio governo, através de orçamentos. O sistema monetário identificava-se essencialmente com o sistema "Padrão Ouro" em seu significado extremo, restringindo, assim, qualquer proteção da produção doméstica.

O orçamento governamental em conjunto constituía uma taxa relativamente baixa para países em desenvolvimento. O orçamento era administrativo em caráter, quase sem quaisquer investimentos para o desenvolvimento econômico. A quota dos serviços públicos era também relativamente pequena. Além disso, esses eram, em geral, orçamentos excedentes e, portanto, tinham um impacto deflacionário na atividade econômica de outros setores. Cerca de dois terços dos serviços governamentais iam eventualmente para a população árabe.

Em sua maior parte, essa política naturalmente prejudicava o setor judaico mais dinâmico. Era principalmente em uma determinada área — obras públicas — que o governo mandatício era ativo e, na medida em que essa atividade se dedicava a estradas e construções públicas, contribuía para a melhoria da estrutura econômica externa.

As instituições independentes da comunidade judaica da Palestina tentaram preencher algumas das lacunas das autoridades mandatícias. A maioria de seus orçamentos dedicava-se ao desenvolvimento econômico (principalmente na agricultura) e aos serviços públicos. Eram, contudo, tolhidas pela falta de dinheiro e pela impossibilidade de executar uma eficaz política econômica independente.

Durante a Segunda Guerra Mundial, a agudeza do problema foi em grande parte abrandada; por um lado, a interrupção das principais rotas comerciais mundiais protegeu a produção doméstica, por outro, essa produção foi também estimulada pela procura que surgiu das necessidades de um grande exército. Tal situação também forçou o governo a entrar na vida econômica como consumidor, regulador e supervisor efetivo.

Com o estabelecimento de Israel, todas as relações com os vizinhos geográficos imediatos (inclusive a parte da Palestina não incluída em Israel) cessaram e o governo israelense assumiu a gerência de uma política econômica nova e independente.

A política econômica do governo de Israel foi decisivamente oposta à do Mandato. O governo via-se, em princípio, como o supremo agente econômico do planejamento, encorajamento e supervisão da vida econômica e, em muitos casos, também era o participante direto.

O governo erigiu uma forte barreira alfandegária, reforçada por restrições de quotas na importação, e assim encorajou, por esses meios e outros, a produção doméstica em todos os setores. Por uma série de atos e decretos, o governo regulou a produção, o consumo e a maioria de outras atividades econômicas.

A mudança salienta-se especialmente na composição do orçamento governamental, que responde por mais ou menos 40% da renda nacional total e um quarto dos recursos totais. Um terço de toda despesa é em geral gasto em projetos de desenvolvimento econômico. A quota do governo em investimentos totais em Israel alcançara 80% e mesmo agora, após vários anos de quota decrescente, é mais de 50% (ver Tabelas 30a e 30b).

O estabelecimento do Estado criou um setor quase inteiramente novo — o governamental, que consiste principalmente em:

1) Empreendimentos para servir ao próprio governo. Nessa categoria podem ser mencionados a Imprensa Oficial e o Departamento de Obras Públicas. São departamentos dos ministérios pertinentes e seus orçamentos são parte do orçamento governamental regular.

2) Empreendimentos comerciais. Nessa categoria encontramos a maioria dos serviços públicos econômicos do governo: transportes (estradas de ferro, portos), comunicações (correio, telefone, telégrafo) e a Jurisdição de Desenvolvimento responsável por propriedade abandonada. Esses empreendimentos operam como entidades econômicas separadas e têm um orçamento especial.

3) Corporações governamentais separadas dos orçamentos governamentais, operando como companhias públicas limitadas independentes. O governo possui parte de seu capital total (na maioria dos casos, a sua maior par-

te) e tem seus representantes nos Conselhos Diretores (também, na maioria dos casos, uma maioria do total de votos). Em 1960-61 havia mais de quarenta corporações desse tipo — na mineração, indústria e artesanato, água e força, transporte, habitação, finanças e outros. Tais corporações empregavam mais de 17 000 pessoas, em 1960.

4) Além dos precedentes, encontramos vários organismos governamentais — públicos estatutários e autônomos, tais como a Jurisdição de Portos e, de maneira algo diferente, o Instituto Nacional de Seguros.

Em 1960-61 o governo empregava 58 434 pessoas em trabalho permanente (cerca de 8% do total da força de trabalho). A cifra referida inclui todos os funcionários dos ministérios e dos empreendimentos comerciais governamentais. Não inclui funcionários temporários, funcionários municipais, pessoas empregadas nas Companhias Governamentais de Desenvolvimento e as forças armadas.

O desenvolvimento e a cristalização dos principais problemas econômicos

O estabelecimento do Estado deu origem não apenas a uma mudança na organização reguladora da economia. A feição mais importante da mudança econômica foi o grande afluxo de novo potencial humano, o crescimento e a mudança na composição da população (ver Tabelas 1, 2, 3, 10, 12, 13 e 14).

O mais importante entre os novos problemas era o de absorver os imigrantes recém-chegados como elementos produtivos na economia — problema que se tornou mais agudo tanto por causa do nível educacional e profissional relativamente baixo de muitos deles, como por causa da redução inicial das reservas de capital do setor judaico da economia.

O segundo problema era o de alcançar independência econômica — isto é, um favorável balanço de pagamentos —, problema que obviamente não foi de importância central no período precedente, mas que se tornou muito importante com a responsabilidade do Estado pelo bem-estar econômico.

O problema estava intimamente ligado a outros dois adicionais. Um, era a habilidade da economia israelense, ainda em processo de crescimento, em alcançar um alto nível de modernização econômica, de mudança e desenvolvimento tecnológicos mais longe da primeira forma relativamente embrionária do último, alcançado no período do Ischuv. O segundo problema era o esforço por um padrão de vida mais alto que se tornou, como veremos adiante, mais pormenorizadamente, uma meta social importante e igualmente um problema econômico.

A fim de entender como a economia israelense lidou com esses problemas é necessário, primeiro, descrever os pormenores físicos básicos do crescimento da estrutura econômica do Ischuv.

TABELA 8. Produto Doméstico Líquido ao Fator [a] Custo por Ramo Econômico Maior (Porcentagens)

	1952 (1)	1954 (2)	1958 (3)	1962 (4)	1964 (5)
Todos os ramos	100,0	100,0	100,0	100,0	100,0
Agricultura, Florestamento e Pesca	11,5	12,1	13,0	9,7	9,4
Indústria, Ofícios e Pedreiras	21,8	22,3	21,6	23,2	24,3
Construção e Obras Públicas	9,0	7,6	7,8	7,9	7,8
Serviços e Administração Pública	57,7	58,0	57,6	59,2	58,5

a. Antes do ajuste para modificações do inventário, depreciação e interesse líquido do governo e instituições nacionais judaicas.

Fontes: Cols. (1)-(4): C.B.S. *The National Income and Expenditure of Israel (1950-62)*, Tabela 59, pp. 106-7.

Col. (5): C.B.S. *Statistical Abstract*, n.º 16, 1965, Tabela F/14, p. 176.

O crescimento da economia e de seus ramos principais

As Tabelas 8, 9, 30a e 30b mostram o crescimento contínuo da economia e da maioria de seus ramos.

Mudanças concomitantes também ocorreram na organização de diferentes ramos da economia. A agricultura tornou-se o ramo mais planejado. Em vez de planejar as colônias individuais, como no período pré-Estado, as instituições planejadoras passaram ao planejamento global e a maioria das mudanças na estrutura agrícola são os resultados dele. O planejamento era acompanhado por um sistema de subsídios cuja meta era dirigir a produção e manter um nível de renda mínimo para o agricultor.

O crescimento físico da agricultura desde o estabelecimento de Israel tem sido muito grande, como mostra a tabela inclusa. A produção quadruplicou; a área cultivada alcançou quatro milhões de *dunams* e a área irrigada 1,3 milhões de *dunams;* foram feitos investimentos volumosos

TABELA 9. Produto Doméstico Líquido e Renda Nacional ao Fator Custo por Ramo Econômico Maior (LI milhão) 1952-62

	1952	1953	1954	1955	1956	1957	1958	1959	1960	1961	1962
Agricultura, Florestamento e Pesca	97,0	127,8	176,1	200,0	244,0	315,7	370,5	384,9	411,8	468,5	507,6
Manufatura, Mineração e Exploração de Pedreiras	184,0	255,2	324,1	398,5	465,4	533,6	615,2	719,8	835,8	1 017,4	1 216,7
Construçãoa	75,6	84,8	110,5	144,7	155,6	191,4	220,8	234,8	247,6	312,7	412,8
Utilidades Públicas (Água e Eletricidade)	14,4	24,3	27,3	29,3	38,2	46,6	53,9	67,0	74,5	87,8	100,4
Transporte e Comunicação	59,0	76,3	104,5	122,9	150,0	178,5	203,4	237,6	266,0	314,8	400,4
Finanças, Seguros e Imóveis	19,1	26,3	34,3	45,1	54,0	63,6	75,5	95,5	118,9	154,0	201,0
Posse da Habitação b	44,4	56,0	73,3	96,4	128,7	141,5	155,8	180,1	208,2	251,6	326,2
Governo Geral e Instituições particulares não lucrativas	157,6	222,2	292,9	372,4	452,4	504,6	563,4	651,6	719,3	839,3	1 023,5
Comércio	106,1	134,7	170,4	208,0	248,7	291,2	328,5	360,5	729,0	872,0	1 060,0
Outros Serviços	86,3	112,0	141,6	166,8	192,2	222,1	260,7	289,7			

TABELA 9. (continuação)

	1952	1953	1954	1955	1956	1957	1958	1959	1960	1961	1962
Produto Doméstico Líquido ao Custo Fator (antes do ajuste)	343,5	1 119,6	1 455,0	1 784,1	2 129,2	2 488,8	2 847,7	3 221,5	3 610,3	4 318,1	5 248,6
Menos: Ajuste do inventário c	—	—	—	(—)29,0	(—)30,0	(—)32,0	(—)7,7	(—)8,7	(—)12,5	(—)52,2	(—)63,4
Menos: Ajuste da Depreciação d	(—)10,0	(—)26,0	(—)38,0	(—)34,0	(—)51,0	(—)60,0	(—)63,0	(—)59,0	(—)68,0	(—)79,0	(—)191,0
Mais: Juros líquidos pagos pelo Governo Central e Instituições Nacionais Judaicas e	7,3	11,7	19,2	13,4	16,5	6,2	5,2	5,2	20,8	34,8	48,1
Produto Doméstico Líquido como Custo (ajustado)	840,8	1 105,3	1 436,2	1 734,5	2 064,7	2 403,0	2 782,2	3 159,0	3 550,6	4 221,7	5 042,3
Menos: Pagamentos Fator Líquido ao estrangeiro	(—)17,2	(—)29,0	(—)34,2	(—)31,5	(—)33,1	(—)46,3	(—)54,3	(—)66,9	(—)68,3	(—)97,0	(—)148,8
Renda Nacional (= Produto Nacional Líquido ao Fator Custo)	823,6	1 076,3	1 402,0	1 703,0	2 031,6	2 356,7	2 727,9	3 092,1	3 482,3	4 124,7	4 893,5

a. Contrato de construção somente. b. Imputação. c. Ajuste para ganhos e perdas de capital incluídos nas estimativas dos lucros do capital, como resultado dos sistemas de avaliação de inventário empregados pelas empresas. d. Ajuste para diferenciação entre as estimativas de depreciação baseado nos dados da folha de balanço e avaliação do custo de reposição. e. Pagamento de subsídio imputado a setor não-governamental.

Fonte: C.B.S., *The National Income and Expenditure of Israel, 1950-62*. Jerusalém, Tabela 7, 1964.

TABELA 10. Estabelecimento e Pessoas Empregadas por Tipo de Proprietário 1933-58

	1933		1943		1955		1958		1964	
	N.º de Estabelecimentos	N.º de Pessoas Empregadas	N.º de Estabelecimentos	N.º de Pessoas Empregadas	N.º de Estabelecimentos	N.º de Pessoas Empregadas	N.º de Estabelecimentos	N.º de Pessoas Empregadas	N.º de Estabelecimentos	N.º de Pessoas Empregadas
TOTAL	—	—	2 120	45 049	6 996	92 900	9 271	119 300	10 430	178 308
Porcentagem	100,0	100,0	100,0	100,0	100,0	100,0	100,0	100,0	100,0	100,0
Estabelecimento de um só dono	89	75	48,8	20,5	50,2	18,2	51,8	18,0	50,7	15,1
Sociedade			29,9	21,4	27,2	18,8	23,5	16,3	22,0	11,5
Companhia Particular Limitada	5	18	16,9	52,4	16,2	39,6	14,8	39,7	22,2	47,2
Companhia Pública Limitada					1,2	13,7	1,2	12,9	1,6	15,0
Sociedade Cooperativa	6	7	4,4	5,7	3,2	5,5	1,8	5,7	1,8	4,7
Estabelecimento em Colónia Coletiva					1,7	2,1	1,0	2,2	1,2	3,4
Outros (Estabelecimento do Governo e não-declarado)					0,3	2,1	5,9	5,5	0,5	3,1

Fontes: 1933-43: *Statistical Handbook, op. cit.*, p. 219.
1955: C.B.S. *Statistical Abstract*, n.º 9, Tabela 16, p. 177.
1958: *Ibid.*, n.º 11, Tabela 8, p. 193.
1964: *Ibid.*, n.º 16, Tabela C/11, p. 416.

TABELA 11. Tamanho dos Estabelecimentos Industriais por Ramos — Tamanho |Médio (N.º de Pessoas Empregadas)

	1930	1943	1955	1958	1965
TOTAL	12	21	13	13	9
Mineração e Exploração de Pedreiras	—	—	28	31	34
Alimentos, Bebidas, Fumo	9	19	15	16	15
Tecidos	18	23	17	21	26
Vestuário	9	15	6	7	5
Produtos de Madeira	10	9	7	7	5
Papel, Papelão e seus produtos	13	12	13	15	15 / 11
Impressão e Publicação					
Couro e Produtos	11	15	8	7	3
Borracha e Plástico	—	—	22	24	19
Produtos Químicos	25	27	24	28	24
Minerais não-metálicos	19	27	18	19	15
Diamantes	—	112	14	23	11
Indústria Básica de metal	11	30	13	14	227 / 9
Produtos de metal					
Maquinaria	—	20	16	8	7
Maquinaria elétrica e Equipamento	32	40	20	12	9
Equipamentos de Transporte	—	—	48	13 a	10
Vários	12	18	9	7	4

a. Inclui pela primeira vez "consertos em veículos e bicicletas a motor" e essa é a principal razão para a média reduzida.

Fontes: 1930-43: *Statistical Handbook, op. cit.*, p. 219.
1955-58: C.B.S. *Statistical Bulletin*, Parte b, v. 11, n.º 10, out. 1960.
1965: C.B.S. *Establishments and Employed Persons in Industry, by Branch, Census of Industry, and Crafts*, 1965, Tabela 8, p. 58.

em empreendimentos de água e irrigação, máquinas, equipamento e recuperação da terra. O número de colônias agrícolas cresceu para cerca de 730 e o número de unidades agrícolas para 80 000. Das 450 colônias novas, cerca de 300 eram *moschavim* e aldeias e apenas 100 *kibutzim,* de modo que a quota das fazendas de famílias aumentou. Além disso, fazendas administradas tornaram-se uma forma nova e importante na agricultura. A maior parte dessa expansão extensiva ocorreu nos primeiros anos do Estado, quando a agricultura era a principal fonte da absorção em massa de imigrantes. Após um período de índice de crescimento relativamente baixo (1952-55), veio outro de crescimento rápido, principalmente na margem intensiva. No

TABELA 12. Número de Estabelecimentos e Pessoas Empregadas Por Tamanho do Grupo (Em números absolutos e em porcentagens)

Tamanho do grupo/anos	1955		1960-61	
	Estabelecimentos	Pessoas Empregadas	Estabelecimentos	Pessoas Empregadas
Total em números absolutos	6 996	92 900	9 754	138 800
Total em porcentagem	100	100	100	100
1-4	44,6	10,1	51,7	10,7
5-9	27,9	14,1	22,6	10,4
10-14	9,1	8,3	8,6	7,2
15-24	8,5	11,9	6,7	9,0
25-49	5,9	15,5	5,8	13,8
50-99	2,3	11,6	2,6	12,4
100-299	1,4	18,0	1,5	18,0
300 e mais	0,3	10,5	0,5	18,5

Fontes: 1955: C.B.S., *Statistical Abstract*, n.º 9, 1957-58, p. 176.
1960-61: *Ibid.*, n.º 14, 1963, p. 282.

TABELA 13. Número de Estabelecimentos e Pessoas Empregadas Por Ano de Início de Produção (em números absolutos e em porcentagens)

	1961-62	
Ano de início de produção	Número de Estabelecimentos	N.º de Pessoas empregadas
TOTAL	9 754	138 800
Porcentagem Total	100	100
Até 1939	20,6	27,2
1940-47	13,3	17,0
1948-51	22,2	19,4
1952-55	18,1	20,6
1956-57	8,8	6,0
1958-60	13,5	8,6
Não declarados	3,5	1,2

Fonte: *Ibid.*, n.º 14, 1963, p. 283.

curso de alguns anos a produção agrícola passou de deficiência para saturação, excedentes e preços decrescentes.

Essa última tendência foi uma das causas das diretrizes de produção, em especial com respeito à composição de safras. Outra razão foi o reconhecimento do fato de que a água e não a terra (como no período pré-Estado) é o verdadeiro fator de produção limitada, e que muito da terra cultivável permaneceria como tal quando todos os recursos de água tivessem sido plenamente explorados. Assim, parecia necesário planejar fazendas mais amplas. Outro fator nas mudanças do planejamento agrícola foi a gran-

TABELA 14. Pessoas empregadas por Ocupação (Porcentagens)
1955, 1961, 1964

	Novembro 1955	1961 a	1964
Todas as pessoas empregadas	100	100	100
Trabalhadores Profissionais, Cientistas, Técnicos e Correlatos	10,4	11,5	12,3
Trabalhadores Administrativos, Executivos, Gerenciais e de Escritório	15,8	14,1	16,0
Comerciantes, Agentes e Vendedores	11,3	8,6	8,5
Fazendeiros, Pescadores, e Trabalhadores Correlatos	17,1	16,9	12,5
Transporte e Comunicação	6,0	4,8	5,0
Trabalhadores de Construção, de Pedreiras e Mineiros a	—	8,0	9,5
Artesãos, Trabalhadores no Processamento da Produção e Correlatos a	29,0	23,8	24,1
Funcionalismo, Esportes e Trabalhadores no setor da Recreação	10,4	12,3	12,1

a. Em 1955 trabalhadores de construção eram classificados e considerados na categoria que incluía os artesãos e os trabalhadores da indústria. A partir de 1961, uma nova classificação de ocupação foi empregada. A diferença principal reside no fato de que na nova classificação os trabalhadores constituem um grupo separado, sendo os empregados de armazéns classificados como empregados de escritório, enquanto que na velha classificação eram classificados como artesãos, trabalhadores no processo de produção e trabalhadores correlatos.

Fonte: Ibid., n.º 16, 1965, Tabela K/16, pp. 316-17.

de dependência da importação de forragens para gado. Todos estes fatores combinaram-se contra a adesão a fazendas mistas e já em 1953 deram origem a muitas discussões sobre o planejamento de novos tipos de fazendas — especialmente a fazenda administrada — e sobre a transição para outras safras, principalmente safras industriais, açúcar e algodão. Isto foi possível, uma vez que subsídios e altas tarifas alfandegárias protegiam a produção doméstica. Mas a participação da família na agricultura aumentou durante a última década, apesar das críticas à irracionalidade na divisão da área cultivada em pequenos campos, em especial onde estavam envolvidas as safras industriais.

Já foi notado que as plantações de cítricos se expandiram em área, produção e exportação durante o período do Estado e estavam a ponto de alcançar o nível de 1939. As frutas cítricas são agora a principal exportação agrícola (e cerca de 25% da exportação total), mas não as únicas. Em anos recentes desenvolveram-se as exportações de alguns outros itens agrícolas, sendo os principais, ovos, aves, algumas frutas e hortaliças.

TABELA 15. Distribuição (Porcentagem) do Produto Doméstico Líquido por Tipo de Estabelecimento e Ramo Econômico 1953 (Porcentagem)

	Todos os tipos (milhões LI)	Empresas da Histadrut	Colônias coletivas e cooperativas	Outras cooperativas	Propriedades e companhias particulares	Setor do Governo
Todos os ramos	1 141	7,9	10,3	3,3	53,9	24,7
Agricultura	140	2,0	61,5	—	35,7	0,8
Indústria e Exploração de Pedreiras	242	12,6	3,6	3,4	79,0	1,4
Construção	7,6	18,9	—	—	71,6	9,5
Utilidades Públicas	18	—	—	—	100,0	—
Eletricidade para Luz e Força	7	—	—	—	—	100,0
Sistemas Regionais de Água	—	—	—	—	—	—
Transporte e Comunicação	17	—	—	100,0	—	—
Estradas, Ônibus	38	—	2,7	4,8	92,2	0,3
Outros	4	—	—	—	—	100,0
Trens	5	—	—	—	38,4	61,6
Portos	5	—	—	—	100,0	—
Frota Mercante	9	—	—	—	4,5	95,5
Transporte Aéreo	45	20,6	—	—	78,2	100,0
Correio, Telefone, Telégrafo	77	0,5	—	5,8	91,6	1,2
Comércio Atacadista	15	7,0	—	18,2	71,4	2,1
Comércio Varejista	6	20,3	—	—	76,2	2,7
Bancos Comerciais						3,5
Seguros						
Organização do Governo e organizações não-lucrativas	250	8,8	—	—	—	91,2
Outros Serviços	134	—	16,4	0,7	82,4	0,5

Fonte: D. CREAMER, Israel's National Income 1950-54, Jerusalém, Projeto Falk e C.B.S., Série Especial, n.º 57, 1957, Tabela 15, p. 36.

TABELA 15A. Distribuição do Produto Doméstico Líquido por Setor e Origem Industrial 1959 (Porcentagem)

	TOTAL	Setor Público	Setor Histadrut	Setor Privado
PRODUTO DOMÉSTICO LÍQUIDO [a]	100,0	21,5	20,3	58,2
Agricultura, Florestamento e Pesca	100,0	0,8	32,0	67,2
Mineração, Exploração de Pedreiras e Manufatura	100,0	4,3	22,2	73,5
Construção	100,0	10,6	31,9	57,5
Utilidades Públicas (Água e Eletricidade)	100,0	100,0	—	—
Transporte e Comunicação	100,0	40,3	37,0	22,7
Transações Bancárias, Finanças e Imóveis	100,0	1,1	9,1	89,8
Comércio e Outros Serviços	100,0	1,7	15,8	82,5
Instituições não-lucrativas	100,0	—	37,6	62,4
Serviços do Governo [b]	100,0	97,0	3,0	—

a. Uma vez que a cifra do produto doméstico líquido para 1959 derivou do uso do ajuste da depreciação global (cf. NAU, *Israel's National Accounts, 1950-62*, a sair), nós usamos a cifra que apareceu no sumário provisório do PDL para 1959.

b. No setor Histadrut, o termo "Serviços do Governo" se aplica a serviços realizados pela Administração da Histadrut, principalmente pelo pessoal do Comitê Executivo e Conselhos Trabalhistas Locais.

Fonte: H. BARKAI, *The Public Histadrut and the Private Sectors in the Israeli Economy*, Jerusalém. Projeto Falk para Pesquisa Econômica, Relatório n.º 6, 1961-63, 1964, Tabela 4, p. 33.

As atividades diretas e indiretas do governo de Israel e o afluxo de capital também modificaram a estrutura da indústria. Um fator importante — o dos recursos naturais — mudou apenas pouco. Ao mesmo tempo, tornou-se crescentemente claro para as autoridades econômicas que a capacidade de absorção de Israel e sua prosperidade econômica dependem do êxito ou fracasso da industrialização. Como resultado de esforços intensos dentro dessa orientação, a produção real da indústria cresceu em duas vezes e meia e a produção doméstica líquida em cerca de 170% durante o período do Estado. O índice anual de crescimento da produção era de 12% e da produção líquida de 6-8%. O índice anual de trabalhadores em empreendimentos industriais aumentou de 77 000 em 1949 para cerca de 160 000 em 1960. Após um período de transição, a produtividade também começou a subir. Na composição de sub-ramos notamos uma diminuição relativa na quota de alimentos, que em 1960 constituíam apenas um quinto da produção e empregavam 15% da força de trabalho industrial, uma ênfase maior nos tecidos, nos ramos têxtil e no

TABELA 16. Produto Doméstico Líquido por Setor 1953-60

Ano	PDL (1)	Setor Público (2)	Setor Histadrut (3)	Setor Privado (1)—[(2)+(3)] = (4)
	Milhões de Libras Israelenses (Preços em Vigor)			
1935a-(1)	1 120	217	227	676
1953 (2)	1 120	217	201	702
1957	2 489	521	513	1 455
1958	2 848	570	571	1 707
1959	3 222	695	653	1 874
1960	3.610	761	737	2 112
	Porcentagem			
1953 (1)	100,0	19,4	20,3	60.3
1953 (2)	100,0	19,4	18,0	62.6
1957	100,0	20,9	20,6	58,5
1958	100,0	20,0	20,0	60.0
(1959)b	(100,0)	(21,5)	(22,3)	(56,2)
1959	100,0	21,6	20,3	58.1
1960	100,0	21,1	20,4	58,5

a. A linha (1) refere-se aos dados de Creamer ajustados pelas diferenças nas definições dos setores. A linha (2) refere-se aos dados de Creamer ajustados pelas diferenças em definições setoriais e em processos estimativos. A cifra para PDL em 1953 é correspondente às séries revistas para PDL para 1950-62. A estimativa original de Creamer para PDL em 1953 era 1 141 milhões de Libras Israelenses.

b. A alternativa estimada para 1959 (linha 11) foi obtida aplicando-se processos estimativos de Creamer para produto líquido na agricultura e manufatura em 1953 aos dados comparáveis de 1959. Para a agricultura isto envolve o uso de dados de *output* bruto para cada setor e a assunção de que a porção relativa do produto líquido que se origina nos grupos e setores relevantes é igual à porção relativa do *output* bruto de cada um dos respectivos grupos e setores. Para detalhes ver CREAMER, *op. cit.*, p. 110 e apêndice B abaixo.

Fonte: H. BARKAI, *op. cit.*

do vestuário, um aumento no setor de metais (até um quinto na produção e um quarto do total da força de trabalho) e em outros ramos, tais como borracha, papel, produtos químicos e minérios. Mas só recentemente essas tendências deram origem a mudanças básicas na composição da indústria. Não obstante, cerca de 20% da produção industrial total é agora exportado.

É difícil comparar o tamanho médio do empreendimento industrial nos dois períodos, por causa das muitas mudanças nas definições empregadas nos estudos e na população investigada. O tamanho médio de um empreendimento industrial era cerca de treze pessoas empregadas durante o período do Estado. Isso permaneceu constante por todo o período e é o resultado de um aumento simultâneo no número de empreendimentos muito pequenos, bem como muito grandes. Mais de 40% da força de trabalho industrial é aplicada em empreendimentos que empregam mais de cinqüenta pessoas; ao passo que mais da metade dos empreendimentos totais aplicam cerca de 10% da força trabalhista industrial em grupos de uma a quatro pessoas por empreendimento (ver Tabelas 12 e 13).

Durante os últimos anos uma pequena revolução ocorreu no comércio varejista, principalmente em alimentos — com a participação progressiva dos sistemas de supermercado e de *self-service*. Os pioneiros desses novos métodos de venda foram as cooperativas de consumidores, recentemente seguidas por empresas privadas. Cerca de dois terços do comércio de comestíveis, sob a forma de cooperativas, foram organizados pelo sistema de *self-service*, em 1960. Algumas delas são agora muito maiores do que as lojas comuns. Outros grandes supermercados foram estabelecidos, nos últimos anos, por proprietários particulares. Uma estimativa aproximada da quota de todos os supermercados e do comércio de comestíveis, tipo *self-service*, na renda total das vendas varejistas de comestíveis, dá cerca de 20%. Esse desenvolvimento — que ainda continua — incitou os pequenos varejistas de comestíveis a experimentar organizar seus estabelecimentos como cadeia de lojas, mas isto não teve êxito. De qualquer maneira, foram forçados a aumentar o nível e a qualidade de seus serviços.

A grande expansão física da economia esboçada acima não ocasionou, contudo, mudanças de longo alcance na estrutura de setores.

A estrutura da economia dentro dos setores

Uma comparação da estrutura da economia judaica dentro dos setores, antes da Segunda Guerra Mundial, com o seu desenvolvimento até 1962 (ver Tabelas 5, 8, 11, 14), mostra apenas mudanças relativamente pequenas na distribuição das pessoas empregadas nos setores e na quota de cada um na produção nacional total. O impacto da guerra ocasionou várias mudanças nessa estrutura, canceladas, contudo, em poucos anos.

Podemos constatar o que foi dito em várias esferas importantes:

1) Cerca da metade de todas as pessoas judias empregadas trabalham em ramos primários e secundários, isto é, na agricultura, mineração, indústria e artesanatos, construção e obras públicas. A quota desses ramos na produção nacional é de aproximadamente 40%. A taxa tem sido

TABELA 17. Valor da Produção Agrícola nos Preços de 1948-49 (Incluindo Produto Intermediário) 1948-49—1963-64

Desde	1948-49	1950-55	1952-53	1955-56	1958-59	1961-62	1962-63	1963-64
			VALOR					
TOTAL	44 413	61 189	81 446	126 730	87 880	236 195	238 674	249 145
Safras Agrícolas	6 698	7 951	16 730	27 571	36 693	41 703	40 011	51 423
Verduras e Batatas	5 338	9 105	13 085	16 245	18 391	19 814	20 519	21 415
Frutas Cítricas	6 924	8 402	9 501	12 770	16 532	15 362	21 343	20 657
Outras Frutas	3 252	2 661	5 350	9 393	13 541	23 960	24 224	31 132
Leite	7 213	9 900	12 735	17 083	24 667	31 267	31 208	32 414
Ovos	6 663	10 766	10 147	14 549	29 337	36 988	32 947	37 448
Mel	123	96	167	241	234	211	202	286
Mudanças no Inventário do Rebanho	1 433	1 411	1 012	1 525	2 937	1 532	0	106
Carne (gado em pé)	3 775	5 144	6 016	17 853	32 766	42 839	52 582	58 060
Peixe	1 584	3 303	3 439	4 988	5 954	7 716	7 753	9 028
Diversos	1 410	2 450	3 250	4 512	6 828	7 803	7 885	7 176

TABELA 17. (continuação)

Desde	1948	1950-55	1955-56	1958-59	1960-61	1961-62	1962-63	1963-64
			ÍNDICE					
TOTAL	100,0	138	183	285	423	532	537	606
Safras Agrícolas	100,0	119	250	412	548	623	597	768
Verduras e Batatas	100,0	172	245	304	345	371	384	401
Frutas Cítricas	100,0	121	137	184	239	222	308	298
Outras Frutas	100,0	82	165	289	416	737	745	957
Leite	100,0	137	177	237	342	433	433	449
Ovos	100,0	162	152	218	440	555	494	562
Mel	100,0	78	136	196	190	172	164	233
Mudanças no Inventário do Rebanho								
Carne (gado em pé)	100,0	98	70	106	205	107	0	7
Peixe	100,0	136	160	473	868	1 320	1 393	154
Diversos	100,0	208	217	315	376	487	489	570
	100,0	174	230	320	484	553	559	509

Fonte: C.B.S., *Statistical Abstract,* n.º 16, 1965, Tabela L/18, p. 390

bastante estável durante as últimas três décadas, com exceção da Segunda Guerra Mundial, quando foi um pouco mais alta, o que se deveu principalmente ao rápido crescimento da indústria.

2) A agricultura emprega, em geral, mais ou menos 15% de todas as pessoas empregadas e produz algo mais de 10% da produção nacional. A quota da agricultura na economia diminuiu durante a guerra, com uma tendência ascendente nos primeiros anos de Israel e novamente uma queda nos últimos anos [3].

A quota da indústria (inclusive a mineração e o artesanato), tanto na força do trabalho total como na renda nacional, é um pouco acima de um quinto. Aumentou para cerca de um terço durante o incremento causado pela guerra e voltou à sua cifra normal em 1953. Ultimamente, a tendência de crescimento foi muito pequena. A diminuição da quota da agricultura e o aumento na quota da indústria provavelmente ocorrerá em futuro próximo, como resultado da relativa saturação de produtos agrícolas e dos grandes investimentos em projetos industriais.

O ramo de construção foi grande em todo o período de 1930-60 — com exceção dos anos de guerra — em proporção ao ocorrido em países em condições normais. Empregava, às vezes, um décimo da força de trabalho total e deu origem a uma produção proporcional. Esse ramo é o mais instável da estrutura econômica, uma vez que a guerra ou a imigração em massa podem (respectivamente) reduzi-lo à metade ou duplicá-lo. Do total de investimentos, 40% no início da década de 50 e cerca de 30% nos últimos anos foram investidos em habitação, fato esse que aumenta a relativa importância do ramo na economia.

3) Os serviços (inclusive transporte e comunicações) empregavam por todo o período cerca da metade da força de trabalho total e produziam mais ou menos três quintos do produto nacional total. Suas taxas são muito altas, em relação a outros países em semelhante grau de desenvolvimento.

Distribuição das atividades econômicas entre os principais setores

Seria interessante ver como esse desenvolvimento se dividia entre os diferentes setores, isto é, entre os setores privados, da Histadrut e do governo.

---
3. Essa última tendência é o resultado de um grande aumento na produção e de uma grande diminuição nos preços.

Nas Tabelas 15 e 16, sobre o tipo de propriedade, encontramos uma diminuição na porcentagem de empreendimentos e sociedades de propriedade privada, e um aumento na proporção das corporações governamentais. Contudo, a quota de cooperativas e companhias limitadas permaneceu mais ou menos inalterada.

Muitas companhias governamentais foram estabelecidas recentemente. Mas a importância do governo nessa esfera não deve ser medida em termos de porcentagem de propriedade, mas em relação à sua quota nos investimentos totais (ver abaixo), dos quais 40-75% eram investimento direto e o resto empréstimos e subvenções. Contudo, a quota de investimento governamental direto foi diminuindo com o tempo.

O setor Histadrut abrangia *mais de um quinto* e o setor governamental cerca de um quinto da produção doméstica líquida total em 1953 [4]. No setor Histadrut, apenas 40-50% da produção, em 1960, deu origem a empreendimentos possuídos diretamente pelo *Hevrat Haovdim*, o resto dando origem a colônias agrícolas comunais e a outras cooperativas.

Nos ramos produtivos vemos que cerca de dois terços da produção da agricultura vieram do setor Histadrut (principalmente de *kibutzim* e *moschavim*), em 1953, mas apenas 32% [5] em 1959.

A indústria do setor Histadrut produziu, em 1953, cerca de um quinto da produção industrial total e, em 1959, cerca de 22%. Em 1953, aproximadamente dois terços desta produção vieram de empreendimentos de propriedade direta do Hevrat Haovdim, mas em 1959 apenas 49,4%. Entre os ramos secundários, a Histadrut concentrou seus empreendimentos principalmente (e em relação a outros setores) nos materiais de construção e nos minérios, onde sua quota na produção era cerca de quatro quintos do total, nas indústrias de maquinaria de metal (um quarto), na indústria alimentícia (15%) e nas indústrias de papel e publicação (20%). A quota da Histadrut em vestuários e têxteis e em diamantes é muito pequena. Nos setores de construção e obras públicas, a quota da Histadrut era mais ou menos 20% da produção total.

A proporção do setor governamental nos ramos produtivos é um tanto pequena, não mostrando a verdadeira participação do governo no financiamento de investimentos nesses ramos. A quota governamental (em 1953) na produção da indústria química foi de 11%, em papel e publicações de 6% e em minérios cerca de 5%. Algumas

---
4. *Fonte*: H. BARAKAL, *op. cit.*, D. CREAMER, *op. cit.*, Projeto Falk e C.B.S. Série Especial n.º 57, 1957.
5. Cf. BARKAI, *op. cit.*, p. 33.

das grandes firmas de propriedade do governo em 1953 foram, desde então, transferidas para outras direções, públicas ou privadas.

No ramo de construção e obras públicas, o setor governamental produz cerca de 10% da produção total (principalmente através do Departamento de Obras Públicas do Ministério do Trabalho).

Os ramos de transporte e comunicações estão divididos entre os setores de maneira interessante: o governo possui todas as ferrovias, a maior parte do transporte aéreo e todos os meios de comunicação postal. O setor Histadrut possui o transporte de ônibus e os serviços de frete. O setor privado controla a maioria do transporte rodoviário, exceto o de ônibus. Os portos foram recentemente transferidos para as mãos de uma autoridade pública e a marinha mercante está distribuída entre os três setores. Os serviços públicos de eletricidade e água pertencem agora ao governo.

Entre os outros serviços, mencionemos sucintamente o comércio e os negócios bancários. O setor Histadrut participou do comércio atacadista com cerca de 20% do produto doméstico líquido total, mas no comércio varejista sua participação era apenas cerca de 6% [6]. A participação do governo nesses ramos é insignificante.

O setor Histadrut abrangia aproximadamente um quarto da produção total do ramo bancário, 20% do ramo de seguros e 80% do fundo de previdência e outros fundos sociais — no conjunto, mais ou menos um quarto desses ramos financeiros. A participação do governo na produção dos ramos acima era cerca de 3%.

Em geral, testemunhamos, após várias tentativas iniciais feitas pelo governo, a fim de criar seus próprios investimentos e empreendimentos diretos, um deslocamento para maior participação indireta na economia, através de sociedade ou subsídios.

Outro desenvolvimento interessante na economia israelense foi o empreendimento de atividades em vários países asiáticos e sul-americanos, na forma de marinha mercante ou companhias de transporte, vários tipos de obras públicas (em especial a construção) e ampla ajuda técnica. (Em 1963 havia cerca de 870 israelenses servindo como peritos técnicos nesses países.) Embora não haja quaisquer dados exatos disponíveis sobre a extensão de tais atividades, parece que o setor Histadrut e o governamental são predominantes.

Habitação em Israel. Ilustração do empreendimento público

A organização habitacional é de especial interesse no

[6]. Sua participação no ramo alimentício é maior.

contexto da distribuição das atividades econômicas entre os diferentes setores. Como vimos, a população de Israel mais do que triplicou desde a fundação do Estado, de modo que a questão habitacional durante esse período foi um dos problemas principais das autoridades públicas. A imigração em massa ocorrida nos primeiros anos, juntamente com a pouca experiência nessa esfera e falta de recursos, ocasionou a construção em massa de pequenas moradias de qualidade e planejamento baixos e de várias unidades habitacionais temporárias (de madeira ou até de lona) erigidas até 1951. A densidade de pessoas por cômodo construído também alcançou seu ponto mais alto naqueles anos.

O problema habitacional teria sido muito mais difícil se não houvesse possibilidade de alojar parte considerável dos novos imigrantes nas casas abandonadas pelos refugiados árabes. Por outro lado, construir para os novos imigrantes provocou uma forte exigência de construir para as famílias veteranas que não tinham tido, anteriormente, condições habitacionais adequadas.

Quando a imigração diminuiu e foi adquirida maior experiência na esfera da habitação pública, ocorreram melhoramentos consideráveis nas áreas da qualidade, saneamento e eletricidade; a arquitetura interior e exterior foi também melhorada. As unidades habitacionais temporárias foram substituídas por outras permanentes e a densidade demográfica das moradias diminuiu.

A maioria das construções para fins habitacionais estava nas mãos das autoridades públicas. Quase todas as habitações para imigrantes e parte delas para famílias veteranas foram realizadas pela Agência Judaica e pelo Departamento Habitacional do Ministério do Trabalho. Outra parte considerável foi empreendida por diferentes autoridades e organizações, tais como a Histadrut e companhias habitacionais ligadas aos partidos e movimentos políticos.

A participação do empreendimento privado nas habitações foi relativamente baixa em todo o período, mesmo nos grandes centros urbanos onde estava concentrado. A construção privada tem aumentado ultimamente, mas mesmo em 1959 cerca de dois terços das unidades habitacionais recém-construídas foram financiadas pelo governo (e pela Agência Judaica) e considerável parte do restante por outros agentes públicos.

Quase todas as casas construídas para famílias veteranas (ou famílias imigrantes que mudaram de apartamentos), assim o foram para ser vendidas e não para ser alugadas. Quanto à construção para novos imigrantes, a meta também tem sido vender os apartamentos às famílias se absolutamente possível. Dessa maneira, mais da metade das unidades habitacionais em Israel é agora propriedade das famílias que nelas vivem e essa taxa, sem dúvida, crescerá.

A compra de apartamentos traz consigo o problema de planos e instituições de crédito para ajudar famílias comuns a arcar com as excessivas despesas. Para tal propósito foram criados vários bancos de hipotecas habitacionais e organizados vários programas de poupança para habitações. Os esforços do governo para transferir o ônus de crédito financeiro para aquisição de casas para mãos privadas não tiveram, até agora, muito êxito.

Contudo, o fato de grande parte das habitações estar sob a égide de várias companhias públicas restringe, amiúde, os direitos de propriedade do indivíduo.

Quase toda habitação pública em Israel estava organizada na forma de associações públicas. Os regulamentos das associações impunham, nos primeiros anos, severas restrições aos seus participantes e aos proprietários de casas — especialmente quanto ao uso de seus direitos de propriedade [7].

Recentemente, as restrições sobre a propriedade das moradias foram afrouxadas até certo ponto — mas não completamente, até agora. Quanto ao terreno, tem havido recentemente uma tendência de vendê-lo aos proprietários das casas, tendência essa que não fez muitos progressos até agora — embora a venda mais geral de terra ao público tenha dado origem, como vimos acima, à intensa especulação e ao aumento nos preços.

O desenvolvimento dos serviços sociais e as relações entre os principais setores

As relações entre os diferentes setores também foram bem ilustradas na distribuição dos vários serviços sociais.

Dos principais serviços sociais, apenas a educação primária passou cedo ao controle da jurisdição puramente go-

---

7. Várias dessas associações não davam realmente pleno direito legal de propriedade do apartamento, principalmente em questões de venda ou transferência para outras mãos. As principais restrições (nas associações habitacionais da Histadrut) eram:

1. toda transferência estava sujeita à aprovação do comitê da associação;
2. era dada preferência aos membros da associação para comprar qualquer apartamento vago;
3. em qualquer circunstância a transferência era restrita apenas aos membros da Histadrut;
4. o preço de venda era determinado por um comitê especial da associação; os preços assim determinados eram em geral mais baixos do que os preços pertinentes do mercado.

Um dos membros do comitê de cada associação habitacional era representante da Histadrut e tinha direito de veto em algumas das questões.

Um segundo problema resultou do fato de os terrenos em que as casas eram construídas não serem propriedade dos donos dessas mesmas casas, assim toda transferência tinha também de obter a aprovação formal dos proprietários dos terrenos (o FNJ, ou depois a Jurisdição da Terra de Israel).

vernamental (ver posteriormente). A educação elementar compulsória e gratuita foi estabelecida em 1949 e um sistema nacional unificado de educação em 1953.

O alojamento e instalação de imigrantes tornou-se rapidamente, como vimos acima, responsabilidade do governo e da Agência Judaica, que também construiu lares para os veteranos de guerra e servidores civis. A Histadrut e os partidos políticos também subvencionaram projetos habitacionais para seus partidários.

O quadro é muito mais variado na ampla área da segurança social. A primeira fase de um plano pormenorizado de seguro social foi decretada pela Lei de Seguro Nacional de 1953, que providenciou benefícios para a velhice e sobreviventes, subsídios à maternidade e seguro contra acidentes da indústria. O seguro compulsório cobre todos os habitantes entre as idades de dezoito e sessenta e sete anos, aqueles que desempenham cargos remunerados, os autônomos e os não-empregados, bem como os assalariados. O fundo de seguro é composto de contribuições de empregadores e empregados, com um subsídio do Tesouro do Estado. As pensões para velhice são em geral pagas aos sessenta e cinco anos para os homens e aos sessenta para as mulheres; é dado um encorajamento à continuação do trabalho por um período adicional de cinco anos. As pensões são ligadas ao índice de custo de vida, de modo que um aumento nos preços não debilita o valor dos benefícios (ver Tabela 18).

O emprego de mulheres é regulamentado por lei. O Ministério do Trabalho tem poderes para proibir ou restringir seu emprego em certas indústrias e o trabalho noturno é proibido, salvo em casos excepcionais.

O seguro nacional de desemprego ainda não foi introduzido, por causa da escassez financeira. O governo tenta estimá-lo antecipadamente e fornece programas de obras públicas para absorvê-lo.

Não foi instituído um plano nacional de saúde, principalmente por causa da pressão da Histadrut, que não quis renunciar ao Kupat Holim, deixando, assim, essa área crucial fora da propriedade e controle diretos do governo.

A Histadrut e as agências voluntárias (tais como a Hadassá, a pioneira da medicina social em Israel; e Malben, instituída pelo DC[8]) continuaram com seus serviços de saúde, nominalmente sob a supervisão do Ministério da Saúde. O Kupait Holim expandiu suas facilidades, com subsídios governamentais, de modo que serve cerca de dois terços da população, sendo o restante servido por um dos fundos menores de saúde ou por planos de seguro de saúde

---

8. Comitê de Distribuição Conjunta.

TABELA 18. Reivindicação de Auxílios Concedidos durante os Seis Anos de 1954-60 — Seguro Nacional (em números redondos)

TIPOS DE AUXÍLIO	1959-60	1954-60
Pensões de Velhice	8 000	47 000
Auxílios a Sobreviventes	2 000	7 500
Doações para Funerais	5 500	17 500
Doações para Nascimentos	51 000	274 000
Auxílios à Maternidade	12 000	57 000
Pensões para Famílias Grandes	42 000	42 000
Danos, Invalidez e Auxílios a Dependentes	51 000	222 000
TOTAL	171 500	667 000

Gastos em Auxílios (em Milhões de Libras Israelenses) Seguro Nacional

TIPOS DE AUXÍLIO	1959-60	1954-60
Pensões de Velhice	26 900	64 400
Auxílios a Sobreviventes	4 300	10 600
Doações para Funerais	400	1 000
Doações para Nascimentos	4 600	19 800
Auxílios à Maternidade	3 800	14 900
Pensões para Famílias Grandes	3 500	3 500
Danos, Invalidez e Auxílio a Dependentes	6 900	24 600
Reabilitação (despesas médicas etc.)	3 800	16 200
TOTAL	54 200	155 000

Fonte: Appendix to National Insurance Institut Report, 1959-60

privados (ver Tabela 19). O governo suplementou os esforços das agências privadas em todos os campos da saúde pública e concentrou sua atenção no trabalho contra a malária, saneamento e higiene alimentar, no controle de epidemias através de exames e quarentenas, na expansão de facilidades hospitalares e laboratórios de saúde pública e na assistência às mães e à infância.

A Tabela 18 apresenta os principais gastos do Instituto Nacional de Seguros.

Um dos resultados interessantes e importantes dessa situação foi que, apesar de todas as reivindicações de um *welfare state,* não há em Israel qualquer serviço de saúde geral global e certos estratos da população — especialmente alguns grupos de trabalhadores autônomos da classe média inferior, tais como pequenos mascates ou trabalhadores manuais — foram excluídos de qualquer tipo de seguro de saúde.

Outra área importante de tais sistemas que recebeu muita atenção governamental foi a de auxílio e reabilitação, com uma ênfase principal nos veteranos feridos ou incapacitados e suas famílias. Hospitalização, assistência médica, convalescença, educação, recuperação e pagamento de

TABELA 19. População Segurada (Inclusive Dependentes) dos Fundos de Doença

Números Absolutos

Ano	Fundo Geral de Doença	Fundo Nacional de Doença	Fundo de Doença do Povo	Fundo de Doença Macabi	Fundo de Doença Sionista geral	Total	População total	População Segurada Porcentagem do total da população
1951	783 000	106 000 a	30 000	—	—	913 000	1 578 000	57,8
1952								
1953								
1954								
1955	1 013 000	133 000	12 000	—	—	1 158 000	1 789 000	64,7
1956								
1957								
1958								
1959								
1960								
1961	1 478 000	171 000	35 000	76 842	43 200	1 804 042	2 234 000	80,7
1962	1 570 000							

a. 1952
Computado com base no C.B.S., *Statistical Abstract*, n.° 14, 1963, pp. 156-59.

casas e pensões foram assegurados aos seriamente incapacitados.

As transformações na natureza e inter-relações dos setores privados e da Histadrut

Vemos, assim, que o desenvolvimento das regulamentações governamentais não obliterou os setores mais velhos — a Histadrut e os setores privados. Portanto, é necessário examinar até que ponto os diferentes setores persistiram após o estabelecimento do Estado de Israel e o que significam na economia israelense de hoje — até que ponto denotam diferenças nos interesses e abordagens econômicos e nos tipos de organização.

Essa questão é especialmente pertinente por causa do crescimento de problemas comuns a todos os setores — tais como os problemas de potencial humano e organização — que deram origem a atividades e organizações igualmente comuns. Isso refletiu-se no estabelecimento do Instituto de Produtividade, conselhos conjuntos de produção e organizações que cobrem os mesmos ramos, embora em setores diferentes (por exemplo, os Conselhos de Comercialização de Cítricos).

Além disso, o próprio estabelecimento de órgãos administrativos e políticos do Estado como importante regulador da vida econômica aumentou os recursos de *todos* os setores dessas estruturas e, portanto, necessariamente homogeneizou muitas de suas abordagens a problemas econômicos. Tal homogeneização, contudo, amiúde aumentou a competição por recursos escassos, enquanto acentuou a crescente importância da pressão política como instrumento da atividade econômica.

A decrescente diferença entre os setores não foi só devida ao crescente recurso à administração governamental, mas também ao fato de que várias mudanças importantes ocorreram na estrutura global da economia. Havia várias razões para isso.

Primeiro, algumas das fundações já haviam sido assentadas previamente por agências ou atividades colonizadoras ou, como no caso das ferrovias, foram transmitidas pelo poder mandatício. Tem sido de importância crucial a mudança da posição da agricultura na economia — no sentido de que, após o grande impulso inicial da Agência Judaica de absorver os vários novos imigrantes em *moschavim,* a agricultura alcançou mais ou menos seu ponto de saturação econômica.

Segundo, o governo estabeleceu um setor próprio que assumiu o encargo de várias — embora certamente não de todas — funções colonizadoras e de desenvolvimento anteriores.

No entanto, todas essas funções comuns não obliteraram as diferenças entre os vários setores — embora algumas dessas diferenças tenham sido grandemente transformadas desde seus começos históricos e ideológicos. Obviamente, uma das características intersetoriais básicas é a competição pelos vários e escassos recursos da economia.

Essa rivalidade vai além da concorrência econômica usual entre empreendimentos ou grupos de empreendimentos e abrange considerações mais amplas a respeito do tamanho de cada setor e sua habilidade em obter um tratamento preferencial através do acúmulo de influência e poder políticos.

Essas considerações políticas são, é claro, muito proeminentes dentro da Histadrut, onde alguma ação combinada é sempre mais fácil. Também podem ser discernidas em algumas das atividades do setor privado ou em atividades comuns a ambos os setores, como na organização e atividades do Conselho de Cítricos que mantém supervisão monopolizadora muito estrita, com plena sanção legal, sobre a produção e a distribuição dessa parte vital da economia israelense.

Contudo, além dessas semelhanças, podem talvez ser discernidas algumas diferenças entre os diversos setores em suas abordagens básicas a vários problemas da atividade e organização econômica.

Uma das alegadas diferenças é a ênfase no "desenvolvimento" e a presteza em engajar-se nas atividades "colonizadoras" ou nacionais. A Histadrut e ultimamente também o setor governamental de desenvolvimento amiúde asseveram que tendem a acentuá-lo e estão mais prontos do que o setor privado para investir em ramos não lucrativos (pelo menos a curto prazo) — tais como empreendimentos em áreas de desenvolvimento ou no exterior (companhias de desenvolvimento que operam em vários países africanos e asiáticos).

Isso pode ser visto como uma continuação da antiga tradição colonizadora — especialmente em sua ênfase nas distribuições preferenciais do capital nacional aos ramos de especial importância do ponto de vista das metas econômicas nacionais.

De acordo com essa premissa, o setor privado geralmente não se ocupa com tais atividades na mesma medida e só se engaja onde seus lucros estejam assegurados. Os representantes do setor privado tentem em geral a negar essa alegação, asseverando — com freqüência particular à

Histadrut — que a devoção aparente a metas nacionais só serve para estender os poderes de dados grupos políticos. Afirma-se ademais que o governo e a economia nacional são os que mais se arriscam e que, se lhes fosse dado pelo governo o mesmo tratamento preferencial, os empreendimentos privados estariam dispostos e seriam capazes de empreender tais especulações.

Essa declaração parece ter sido consubstanciada ultimamente, pelo menos até certo ponto, visto que os empreendimentos privados — com a ajuda do orçamento governamental de desenvolvimento — são os que mais florescem nas várias áreas de desenvolvimento (em especial no Sul). Isto também salientou alguns dos aspectos mais paradoxais, isto é, a crescente dependência de ambos os setores da barreira protetora do governo e seu grande medo — especialmente evidente entre os manufatores após a desvalorização de 1962 — de tentativas de abrir o mercado local à concorrência internacional.

O êxito do setor privado na esfera do desenvolvimento causou muita apreensão dentro da Histadrut. Em 1961 seu Secretário-Geral — o Sr. Becker — anunciou um plano de grande expansão dos empreendimentos econômicos da Histadrut em todas as áreas de desenvolvimento.

Embora a liberação e a crescente dependência da proteção e subsídio governamentais signifiquem que as diferenças entre os setores tornaram-se menos pronunciadas, elas ainda o são com freqüência nas concepções básicas dos líderes e empresários dos diferentes setores.

Talvez uma das manifestações importantes dessas diferenças possa ser constatada nos debates dentro da Histadrut sobre o papel do lucro e nas sérias declarações de alguns dos líderes econômicos — mesmo que não os mais eficientes — de que a Histadrut não deveria incumbir-se de novos empreendimentos por lucro e deveria até abandonar os velhos assim que se tornem economicamente viáveis.

As diferenças entre os setores foram amiúde acentuadas na ideologia e — em menor medida — na prática de relações trabalhistas e na participação também trabalhista na gerência industrial. A feição mais importante foi a tentativa no setor industrial da Histadrut de conseguir uma participação mais ampla por parte dos trabalhadores na administração.

Essas tentativas foram em geral limitadas à ideologia mais do que à prática, exceto talvez com respeito aos níveis inferiores de comitês de produção das fábricas e de comitês departamentais.

Só em muito poucos casos foi alcançada a plena participação dos trabalhadores na gerência central de uma companhia. Um dos exemplos mais proeminentes disso — dentro do setor governamental — foi a Companhia de Eletricidade e não teve muito êxito. A inclusão de representantes dos trabalhadores na gerência levou à crescente politização, contínuas tensões e eficiência diminuída.

Mas se na esfera da participação dos trabalhadores foram empreendidas no setor da Histadrut algumas tentativas especiais no campo das relações do trabalho, a situação parece ser, muito paradoxalmente, correspondente. Um estudo recente mostrou que os trabalhadores dos empreendimentos da Histadrut pensam que seus sindicatos e comitês locais são menos eficientes na consecução de vários benefícios para seus empregados por causa do próprio fato dos referidos empreendimentos a ela pertencerem, portanto, tais sindicatos não estão dispostos a aceder às suas exigências.

Os setores como estruturas políticas e econômicas

Mas se as diferenças em atividades econômicas concretas e a mentalidade entre os setores tornaram-se algo anuviadas, ainda existem algumas diferenças básicas na organização econômica global. Dentro do governo e da Histadrut — embora de maneiras diferentes — há uma grande ênfase no controle político, na distribuição e nas considerações políticas internas, enquanto nos setores privados esses desempenham um papel algo menor. Com relação a isso há também muitas diferenças entre o governo e a Histadrut — dependendo a última mais do controle interno e político e muito menos dos mecanismos puramente econômicos.

A natureza da direção política prevalecente na Histadrut pode ser vista principalmente no fato de que considerações de lucros econômicos relativos são até certo ponto anuladas por considerações políticas internas e externas. Os interesses de qualquer ramo podem ser, pelo menos em princípio, sacrificados por aqueles de considerações políticas globais, ou a favor de considerações sociais ou nacionais gerais.

Todavia, esse alcance muito amplo das atividades da Histadrut tem obviamente outro aspecto. Com o desenvolvimento e extensão das várias empresas, seu gerentes necessariamente desenvolveram uma forte preponderância pela autonomia e amiúde tentaram explorar o amplo apoio político da Histadrut para favorecer a expansão de suas próprias empresas.

Em um determinado momento, em 1959, a Histadrut reagiu muito fortemente contra essa tendência de fugir da direção política global do Hevrat Ovdim. A Histadrut, todavia, nem sempre teve êxito em suas tentativas de supervisionar todos os empreendimentos econômicos que lhe pertencem formalmente.

Um dos exemplos mais importantes disso foi a relativa falta de êxito em manter um controle efetivo sobre as cooperativas de transporte, especialmente com referência ao emprego de trabalho contratado impedido pelo custo proibitivo de uma quota de ingresso na cooperativa na condição de membro.

Em muitos casos, as cooperativas mantinham monopólios que não podiam ser plenamente restringidos nem pela Histadrut, nem pelo governo. O serviço de ônibus de Israel que constitui a parte principal do sistema de transportes pertence quase totalmente a três grandes cooperativas que dividem entre si as principais áreas de serviço. Isso é o resultado de uma absorção gradual de companhias menores.

O problema principal não é o preço direto do serviço para o consumidor (que é relativamente barato) mas a eficiência global das cooperativas e especialmente a medida em que elas se encarregam da substituição de veículos e maquinaria a custa dos seus próprios lucros — ou inversamente, em que medida elas têm de ser subsidiadas pelo governo nesse aspecto.

Como a maioria das cooperativas em Israel, as companhias de ônibus também são parte do Hevrat Ovdim, mas sua jurisdição é muito fraca, em especial em questões de política prática. As cooperativas de ônibus alcançaram, na verdade, um alto grau de independência como resultado de seu tamanho e poder monopolizador. O resultado é uma situação em que um serviço público está nas mãos de proprietários particulares, com pouca inspeção eficaz por parte de qualquer autoridade pública. Ocorrem muitos conflitos entre as cooperativas e as autoridades públicas por causa dos problemas decorrentes do nível de serviço, dos preços, dos altos salários e dos lucros dos proprietários. Reconhecendo a necessidade de controle público eficaz em um serviço monopolizado, foram feitas ultimamente algumas propostas pelas autoridades e organismos públicos (principalmente o Hevrat Haovdim e o governo) de que se comprasse parte considerável do capital das companhias para desse modo ganhar um controle real de tais serviços. As cooperativas opuseram-se a essas propostas porque os seus membros tornar-se-iam mais ou menos trabalhadores assalariados, a produtividade geral do serviço diminuiria, causando assim um ônus ao público. Apesar de muitas tentativas, nenhuma dessas propostas materializou-se. Como espécie de ajuste, foram dados os seguintes passos (alguns deles antes da rejeição das mencionadas propostas):

1) um representante do Hevrat Haovdim foi designado para o organismo dirigente das cooperativas;

2) concordou-se que nenhum aumento dos salários, ou outras contribuições aos membros das cooperativas, ocorreria sem a concordância da Histadrut;

3) foi organizada uma "Jurisdição Tarifária (Passagens) Pública" para supervisionar as contas das cooperativas e decidir sobre alterações nos preços das passagens.

Desde então os problemas tanto dos salários dos membros como dos preços das passagens têm sido um assunto contínuo de discussão pública — sem ter ocorrido qualquer mudança estrutural real. Embora, sem dúvida, isso seja um caso extremo de monopólio, indica alguns dos problemas originários da estrutura setorial da economia israelense.

Em outros casos, tal monopólio público tende a desenvolver-se não só dentro de um dado setor mas através de arranjos mútuos entre os setores. O melhor exemplo disso pode ser encontrado no Conselho de Comercialização de Cítricos — que foi fundado por lei para regular a totalidade da indústria de cítricos.

Vemos assim que até certo ponto as diferenças entre os setores tenderam a persistir no período do Estado, mas que ao mesmo tempo a extensão dessas diferenças diminuiu e sua natureza mudou. A dicotomia relativamente simples entre os setores "colonizadores" e os "privados" — dicotomia que sempre foi exagerada e que em sua pureza só existiu provavelmente como princípio ideológico — diminuiu mais ainda em importância.

Os setores retiveram talvez um pouco da ênfase posta nos diferentes tipos de atividades econômicas, mas sua importância sobretudo pode ser entendida em termos políticos. Constituem importantes divisões políticas dentro da economia israelense, cuja própria existência é, como veremos de grande importância para o funcionamento da mesma.

2. AS PRINCIPAIS POLÍTICAS ECONÔMICAS

Introdução

A discussão precedente acentuou continuamente a grande importância do regulamento político e administrativo dentro dos diferentes setores — e em especial dentro da estrutura central da economia como um todo. Portanto, vale a pena analisar agora de modo mais pormenorizado o mecanismo desse controle e o modo pelo qual opera no interior da economia israelense, delineando seus contornos.

Do ponto de vista tipológico amplo a economia israelense é uma pura economia de mercado no sentido de que quase não contém quaisquer unidades autárquicas subsistentes e auto-suficientes e que — com exceção parcial de alguns produtos agrícolas — todos os produtos são produzidos para mercados internos e externos e não são consumidos pela unidade produtora.

Portanto, é uma série de mercados que constitui o mecanismo regulador mais importante de Israel — como de qualquer outra economia moderna (mesmo pequena). Os mais importantes entre eles são os mercados de trabalho, de mercadorias e de dinheiro.

No período pré-Estado, a própria estrutura e natureza das atividades econômicas do setor judaico criaram, como vimos, diversos tipos específicos de mecanismos reguladores dentro dos diferentes setores e especialmente dentro da Histadrut. Com o estabelecimento do Estado e a unificação das estruturas econômicas e de mercado, os vários mecanismos reguladores tornaram-se muito mais importantes.

Vários dos mecanismos reguladores setoriais internos — em especial os da Histadrut sucintamente descritos acima — persistiram, mas mesmo eles foram necessariamente cada vez mais atraídos para a órbita dos mercados centrais e do regulamento político central desses últimos.

A economia de Israel está sujeita — mesmo após a assim chamada política de "liberação" iniciada em 1952 e que aboliu vários controles físicos — a um grau considerável de regulamentação política. Esse controle não é efetuado — como já foi visto acima — através da posse direta de vários empreendimentos pelo Estado, mas principalmente através de um estratégico controle na maioria dos mercados e de uma estreita cooperação — apesar das muitas discussões por causa de pormenores — entre o Estado e a Histadrut.

Os principais tipos de políticas econômicas

As políticas econômicas mais importantes são, primeiro, a política monetária em geral e a política de crédito em particular, efetuadas principalmente pelo Banco de Israel e pelo controle do câmbio exterior em termos de taxas múltiplas de câmbio (até a desvalorização de 1962); a segunda, é evidentemente a política fiscal, executada pelo Tesouro e que lida com vários impostos diretos (dos quais o mais importante é o de renda) e vários outros indiretos, tais como, de consumo, de compra e direitos alfandegários.

As tabelas seguintes mostram alguns dos aspectos mais importantes do desenvolvimento do imposto em Israel (ver Tabelas 20 e 21).

A análise da política tributária mostra que:
1) A quota de impostos na renda orçamentária total tem aumentado continuamente.

2) A quota de impostos diretos (dos quais o principal é o de renda, altamente progressivo) aumentou durante o período 1949-57 e diminuiu depois. A quota de impostos indiretos diminuiu após 1953 e aumentou desde então. Entre os impostos indiretos, os direitos alfandegários diminuíram nos anos iniciais e têm aumentado desde 1956. Isso é o resultado do programa de "liberação" pelo qual o sistema de quotas para importação foi substituído por importações livres com altas taxas alfandegárias. Também é o resultado do processo de ampliação da diferença entre a taxa de câmbio real e a nominal.

3) O aumento na quota dos direitos aduaneiros durante os últimos anos é uma das causas da quota decrescente dos impostos diretos. A diminuição não é o resultado da política fiscal mas da política de comércio externo [9].

A terceira área importante das políticas econômicas é o regulamento da produção e do comércio através de licenças de importação e exportação, subsídios e dotação diferencial, que, é claro, acarretam tratamento preferencial de diferentes empreendimentos e também, pelo menos potencialmente (e provavelmente também na prática), de diferentes setores.

Em quarto lugar estão as políticas sociais básicas que lidam com o campo inteiro de serviços para a população e se estendem da educação e saúde à habitação. Aqui também o grande gasto com a defesa deve ser mencionado.

Em quarto lugar está o campo das políticas salariais. Oficialmente essa política não está nas mãos do governo mas da Histadrut e das Associações de Empregadores (especialmente a Associação de Manufatores). Mas é grandemente influenciada pelo governo tanto como um dos maiores empregadores do país (cerca de 59 000 empregados) quanto como um de seus problemas econômicos básicos.

Em 1959 os antigos Departamentos de Empregos da Histadrut foram transferidos para a jurisdição da Agência de Empregos que é parte do Ministério do Trabalho mas é dirigido por um conselho público especial. De acordo com a lei, todo assalariado ou todo aquele que desempenha

---

9. Mais adiante (ver p. 279) lidaremos em escala maior com algumas das implicações sociais da política e da estrutura tributárias.

TABELA 20. A Estrutura dos Impostos na Palestina Mandatícia (em Rendas Governamentais Totais) 1934-44 em Porcentagem

	Cinco anos fiscais 1934-39	Cinco anos fiscais 1939-44
IMPOSTOS TOTAIS (% de Rendas Totais)	83,8	69,6
Imposto de Renda (% de Rendas Totais)	—	7,7
Impostos Territoriais e Rurais (% de Rendas Totais)	13,9	12,5
Honorários e Multas de Licenças (% de Rendas Totais)	15,6	12,3
Taxas Alfandegárias e de Consumo (% de Rendas Totais)	54,3	37,1
OUTRAS RENDAS	16,2	30,3
Subvenções	9,8	20,2

Fonte: R. R. NATHAN, op. cit., p. 343.

TABELA 21. Receitas de Imposto de Renda por *Status* do Contribuinte (Inclusive Arrecadação da Defesa)

Ano	Imposto de Renda Total LI milhões	Porcentagem	Empregados	Autônomos [a]	Companhias
1949-50	9,3	100	47,3	39,8	12,9
1955-56	152,9	100	38,0	39,5	27,5
1960-61	319,8	100	44,5	35,1	20,4
1964	900,9	100	40,6	33,8	25,6

a. A partir de 1961-62 a renda de juros deduzida na fonte foi incluída.
Fonte: C.B.S., *Statistical Abstract*, n. 16, 1965, Tabela R/7, pp. 554-55.

um cargo remunerado (não incluindo alguns funcionários superiores) e todo empregador tem de obter emprego e trabalho através do serviço. A Agência de Empregos é organizada com base na distribuição geográfica e ocupacional.

Repartições de empregos de trabalho especial para a juventude estão espalhados por todo o país que, além de sua tarefa básica de encontrar trabalho adequado para seus candidatos, tentam dirigir os jovens aos cursos de treinamento, para fazer empréstimos para sua educação e cuidar de suas condições de trabalho. Por outro lado, há departamentos para trabalhadores velhos bem como para os incapacitados. As repartições do Serviço de Empregos também servem à população árabe.

Além disso, o Serviço de Empregos consegue treinamentos para os trabalhadores não-especializados e lida com o problema de treinamento vocacional em geral — tanto para adultos como para jovens que completaram a escola elementar.

Foi estabelecido por lei um maquinismo especial para ajustes de disputas trabalhistas. Embora o direito de greve não seja restringido, são encorajados os acordos coletivos em relações de trabalho e registrados no Ministério do Trabalho. Um serviço de inspeção do Estado foi fundado e encarregado da supervisão e promoção da segurança do trabalho e das condições sanitárias.

O último tipo entre as importantes políticas econômicas é o das que lidam com os desenvolvimentos diretos do governo. Anteriormente (em 1950-51), o regulamento governamental da economia era também executado por muitas políticas diretas de controle físico — tais como o racionamento de alimentos — mas a importância dessas atividades tornou-se menor nos últimos anos.

Forças fiscais, administrativas, sociais e políticas que influenciam a formação e o cumprimento de políticas econômicas

A fim de entender o efeito das variadas políticas descritas acima sobre os principais problemas econômicos de Israel e sua eficácia ao solucioná-los, é necessário analisar as considerações e critérios básicos de acordo com os quais elas foram formuladas e executadas.

Vários critérios semelhantes podem ser discernidos operando ao longo da política econômica de Israel. A política real em qualquer caso dado é comumente o resultado de algum acordo entre as diferentes orientações, considerações e pressões políticas e administrativas.

O primeiro fator, e de certa forma o mais simples, na política econômica tem sido a necessidade fiscal tal como é determinada pelas necessidades orçamentárias dos diferentes ministérios e pelas exigências que fazem ao Tesouro. Essas abrangem os funcionários (salários), fundos de dotação para construção e manutenção e dinheiro para subsídios e para o desenvolvimento de seus próprios empreendimentos.

Dentro dessas necessidades gerais salientam-se várias outras, constantes — além daquelas referentes à manutenção dos funcionários. As exigências para a defesa são necessariamente uma carga pesada sobre a economia israelense. Em segundo lugar, há as várias exigências da política social — educação, habitação e serviços de saúde. Em último lugar, há as exigências continuamente crescentes de vários subsídios, fundos para o pagamento de juros sobre empréstimos e para o seu reembolso.

Essas são as exigências ou gastos do orçamento e o problema do Tesouro tem sido financiar esses através de impostos, empréstimos e recursos externos, e determinar a escala de prioridade para diferentes exigências.

Quais são então as considerações básicas de acordo com as quais tais prioridades são estabelecidas? Primeiro, a consideração da solvência orçamentária, isto é, manter os gastos na medida do possível dentro do orçamento. Mas esses são apenas pontos de partida e de fato as variadas considerações e fatores sociais, políticos, administrativos e econômicos são operantes no cumprimento de políticas econômicas.

Essas considerações ou critérios políticos podem ser encontrados em todas as diferentes esferas da política econômica, alguns deles mais proemientes em uma esfera do que em outras.

Assim, dentro do campo da política fiscal várias considerações semelhantes operam sempre além das necessidades puramente fiscais, amiúde grandemente influenciadas pelas exigências de vários ministérios. As considerações de política e ideologia sociais são também claramente operantes. Entre elas está, primeiro, o igualitarismo, evidente na ênfase relativamente forte posta no imposto de renda progressivo.

Essas idéias de justiça social estão também evidentes em outros impostos, tais como aqueles sobre viagens ao exterior, carros e gasolina, ou nos impostos recém-propostos sobre grandes apartamentos, salões de beleza e auto-escolas — cuja utilidade fiscal pode ser pequena — mas que são administrativamente convenientes uma vez que podem ser taxados na fonte. Ao mesmo tempo a orientação social está também evidente na isenção do imposto na compra de alimentos, livros e jornais.

Mais recentemente foram instituídos novos impostos com metas "sociais" (isto é, na maioria igualitárias). Um dos tais impostos — visando restringir tanto os lucros excessivos da especulação em terras como tal especulação — foi o "imposto de melhoramento" de 1963 que, após algumas dificuldades e ineficiência administrativas iniciais, provou ter êxito relativo em sua meta.

Outro imposto "social", algo mais problemático, foi o sobre ganhos de capital, instituído em 1962 cuja eficácia ainda deve ser provada — visto que talvez o seu primeiro efeito tenha sido principalmente afetar adversamente a jovem bolsa de valores israelense.

O terceiro é um novo (1964) imposto de transmissão *causa mortis* que parece atingir em especial os escalões médios ou grupos com renda.

Uma segunda condição é a influência potencial de diferentes tipos de impostos sobre a motivação e o comportamento econômicos de diferentes grupos — quer em termos de fornecer incentivo para trabalho quer aumentando a propensão para economizar, bem como a influência da política de taxação sobre os costumes públicos e a honestidade. Mas em geral essas considerações não pareciam ser comumente de suma importância.

Além dessas, as exigências de diferentes grupos (tais como agricultores ou profissionais) de tratamento especial também podem desempenhar um papel importante — de acordo com sua importância política ou econômica. De não menor importância no cumprimento real da política de taxação é a relativa eficiência do sistema de taxação quanto a cada grupo de contribuintes — e aqui a principal fraqueza tem sido o setor autônomo e as companhias.

Tais critérios sociais, políticos e administrativos variados operam também nas políticas monetárias e salariais. Na política monetária e de crédito vemos que as considerações para restringir a inflação por um lado e as necessidades de desenvolvimento por outro (ver abaixo) influenciam grandemente o regulamento de crédito e as várias tentativas de restringir o consumo.

Contudo, esses fatores são amiúde abrandados e às vezes até anulados por pressões políticas de grupos variados por salários crescentes e por uma extensão de créditos e subsídios.

São de alguma significação as considerações ideológicas e políticas sobre a importância do controle estatal e administrativo na economia. Além disso essas políticas monetárias, e em especial a do câmbio exterior, também foram influenciadas — pelo menos inicialmente — pelas necessidades fiscais do governo.

A política salarial talvez seja até mais determinada pelas diferentes pressões de vários grupos, pela ideologia do igualitarismo e pelas tentativas de encontrar algum acordo entre esses fatores e a necessidade de absorver novos imigrantes e de fornecer incentivos às habilidades técnicas e profissionais [10].

A política global de subsídios — cuja extensão é dada na Tabela 22 — também é grandemente influenciada por algumas considerações socionacionais amplas, vistas de modo mais claro na forte ênfase posta sobre a agricultura, e em grau algo menor por uma ajuda especial a empreendimentos dispostos a absorver novos imigrantes indo para áreas de desenvolvimento. Segundo se alega, aqui também

---
10. Quanto às principais implicações sociais dessa política ver mais pormenorizadamente o Cap. 7.

as considerações políticas de tratamentos preferenciais a diferentes setores poderiam ser operantes.

Ademais, a política é guiada por considerações originárias da necessidade de expandir o comércio e as exportações, como um meio para alcançar a independência econômica, bem como por considerações sobre a "proteção" das indústrias locais.

Assim, por exemplo, a meta dos subsídios para a agricultura tem sido:

1) Manter um nível razoável de preços para os consumidores (e às vezes níveis de preços razoáveis para cálculos de índice c.o.l.). Nessa categoria incluímos também os subsídios para alimentos importados (tais como cereais e carne).

2) Encorajamento para produzir várias safras, manter um nível de renda justo para os fazendeiros em geral ou para certos grupos desses ou para estabilizar os preços de certas safras (em particular verduras) durante a estação de excedentes.

As políticas especiais de habitação, controle de aluguéis, educação etc., são determinadas pelas necessidades práticas da imigração e são moldadas de acordo com as concepções de direitos sociais e da ideologia da reunião dos exilados — se possível dentro da estrutura das instituições sociais existentes [11]. Ultimamente, foi dada muita ênfase ao encerramento da discrepância econômica e educacional entre os veteranos e os recém-chegados (especialmente os orientais).

Nessas esferas, bem como na do seguro e serviços de saúde, as considerações sócio-ideológicas básicas foram unidas, no nível administrativo e executivo, às considerações surgidas dos direitos adquiridos de várias organizações poderosas que lidavam com esses problemas e não estavam prontas a renunciar às suas posições nesse setor.

Dilemas importantes de políticas econômicas

Atravessando essas variadas considerações políticas, sociais e administrativas, salientaram-se continuamente alguns problemas ou dilemas básicos da política econômica. Esses dilemas estão estreitamente ligados às maneiras de lidar com os principais problemas econômicos acima delineados.

O primeiro dilema importante é o surgido entre o que pode ser chamado de aspectos distributivos da economia e a ênfase sobre a consecução da sua independência. Os aspectos distributivos acentuam o aumento do consumo, a dotação de vários serviços e bens e o fornecimento de vários serviços e facilidades à população. Os princípios ideoló-

---

11. Ver mais pormenorizadamente no capítulo seguinte.

TABELA 22. Subsídios por Autoridade e Tipo (Milhões LI) 1952-1962

	1952	1953	1954	1955	1956	1957	1958	1959	1960	1961	1962
Subsídios Totais	7,4	39,1	30,3	76,6	82,9	111,8	128,7	157,6	218,1	257,9	211,7
Subsídios Governamentais centrais	—	26,9	9,9	61,2	63,9	102,6	120,2	149,5	194,0	220,1	161,1
Subsídios Pagos pelas Instituições Nacionais	0,1	0,5	1,2	2,0	2,5	3,0	3,3	2,9	3,3	3,0	2,5
Juro Líquido pago pelo Governo Central e Instituições Nacionais	7,3	11,7	19,2	13,4	16,5	6,2	5,2	5,2	20,8	34,8	48,1

Fonte: C.B.S., *The National Income and Expenditure of Israel, 1950-62*, Série Especial n.º 153, Jerusalém, 1964, Tabela 44, pp. 82-83.

gicos que acentuam os direitos sociais básicos de vários grupos e pressões estão aqui estreitamente entrelaçados.

Em contraste com essas metas distributivas da política econômica está a meta da independência econômica na qual coloca-se uma ênfase muito maior no acúmulo e investimento de capital em vez de no de consumo.

Essas metas de desenvolvimento e consecução de independência econômica contêm variadas orientações, às vezes paralelas, às vezes contraditórias.

As orientações contraditórias podem desenvolver-se entre as diferentes submetas do desenvolvimento econômico e a independência também econômica e entre a meta principal e a ênfase nos aspectos distributivos da economia.

Tais contradições podem surgir, por exemplo, entre o crescente investimento e o crescente consumo público — embora às vezes o investimento em desenvolvimento possa trazer suas próprias tendências e pressões inflacionárias. Em tais casos a ênfase no desenvolvimento físico pode muito facilmente combinar com as orientações distributivas da economia.

Por todas essas orientações, há as diferentes ênfases sobre as concepções básicas da política econômica — planejamento e centralização *versus* mecanismos econômicos livres.

De não menor importância foram os dilemas ou contradições surgidas entre algumas das principais metas sociais implícitas nas políticas econômicas — e em especial aquelas entre a contínua expansão econômica, elevação no padrão de vida e igualdade social e a manutenção da predominância política da elite existente. Lidaremos com os problemas que se originaram de tais dilemas no próximo capítulo [12].

A execução das políticas econômicas

Como já foi salientado a política real empreendida foi, é claro, um acordo entre as diferentes orientações econômicas e as pressões políticas, de um lado, e as várias concepções administrativas e os direitos adquiridos, de outro.

As deliberações e decisões concretas e a sua execução estão nas mãos dos comitês de gabinetes, dos ministeriais e dos diferentes ministérios econômicos (os Ministérios de Finanças, Comércio e Indústria, Desenvolvimento, Agricultura), constituindo cada um deles em muitos aspectos um império próprio com seus próprios direitos adquiridos. As disputas entre eles são relegadas ao Gabinete e ao Comitê dos Ministros Econômicos, enquanto outras — especialmente as que lidam com políticas salariais — são discutidas

12. Ver Cap. 7, Parte 3.

nos comitês centrais dos principais partidos (especialmente o Mapai) e a Histadrut ou entre o governo e esses organismos.

As deliberações e decisões desses vários organismos são, é óbvio, grandemente influenciadas por pressões neles exercidas por vários grupos — de diferentes empreendimentos econômicos e representantes de diferentes setores até os vários organismos governamentais e os próprios ministérios — e por considerações mais amplas de política econômica

Obviamente essas decisões são feitas em níveis diferentes — que se estendem dos escalões médios da administração onde são tomadas muitas das decisões rotineiras mais importantes, até as decisões mais gerais sobre os princípios da política, tomadas no escalão superior da administração através de discussão e comitês interministeriais.

Até que ponto o governo procurou uma política bem delineada e conseqüente? Examinemos primeiro o desenvolvimento real de suas principais políticas.

As principais etapas no desenvolvimento das políticas econômicas:1949-62

Durante todo o desenvolvimento do Estado de Israel podemos discernir tanto alguma continuidade básica bem como alguns deslocamentos importantes na política econômica.

As principais feições da continuidade podem ser encontradas na ênfase geral sobre o desenvolvimento físico, a manutenção de emprego total e fornecimento de serviços (aqui também pode ser incluído o grande gasto com a defesa), e na importância estratégica global do governo na direção da economia.

Pode-se distinguir quatro etapas no desenvolvimento econômico de Israel. A imigração em massa e as atividades econômicas extensas — embora mormente improvisadas — marcaram o período desde o estabelecimento do Estado em maio de 1948 até o fim de 1951. Seguiu-se a Nova Política Econômica de 1952-54, que alcançou maior estabilidade econômica. Desde 1955 o país tem lutado com condições e problemas semelhantes aos do primeiro período, mas menos agudos. Foi apenas em mais ou menos 1960 que a situação econômica global tornou-se novamente um tanto crítica e uma nova política econômica foi executada em fevereiro de 1961, quando a libra israelense foi desvalorizada para LI 3 = $ 1 de LI 1,80 = $ 1,00.

O esforço de acomodar massas de imigrantes, travar uma guerra, estabelecer forças de defesa e promover extensos projetos de desenvolvimento foi demais para a economia de Israel. A fraqueza revelou-se especialmente na inflação e em uma balança comercial desfavorável.

Os imigrantes tornaram-se consumidores logo que chegaram a Israel, porque tinham de ser providos de um mínimo de alimentos, roupas e abrigo. Mas a maioria chegou sem meios e não contribuiu imediatamente para a produção de bens. Isso criou uma crescente procura de suprimento disponível de utilidades. Os grandes gastos com a defesa ampliaram igualmente o poder aquisitivo sem aumentar o suprimento de bens de consumo. O programa de longo alcance do desenvolvimento econômico aumentou a pressão sobre os bens desejados para o consumo corrente. Finalmente, os orçamentos desequilibrados e a expansão de crédito criaram uma espiral de inflação com preços, custos e salários aumentados e um declínio no valor da libra israelense.

O padrão do comércio exterior era igualmente desencorajador. Durante 1949-51 as exportações importavam em apenas 11 ou 12% do valor das importações e os déficits comerciais anuais aumentaram constantemente, alcançando um total de cerca de $ 333.000.000 em 1951. Durante esse período o governo tentou reprimir a inflação por meio de racionamento, controles de preços e outras medidas administrativas diretas. Mas tais esforços foram anulados por operações de mercado negro e pela diminuição da confiança pública, especialmente depois da introdução, no verão de 1950, do racionamento de roupas e calçados. A seca do inverno seguinte agravou a situação ameaçando causar o colapso de toda a estrutura monetária e de preços. A mudança na política tornou-se imperativa.

A primeira Nova Política Econômica é em geral associada à desvalorização oficial da libra israelense em 13 de fevereiro de 1952. De fato, contudo, ela foi mais extensa e algumas das medidas foram adotadas já na primavera do ano precedente. A Nova Política Econômica gradualmente abandonou os controles diretos tais como o racionamento e procurou refrear a inflação e melhorar o equilíbrio dos pagamentos por meios indiretos. A emissão de papel-moeda foi suspensa e fez-se uma tentativa de equilibrar o orçamento estatal regular. Os salários básicos foram congelados, exceto quando justificados por uma produtividade mais alta, e foi imposto um empréstimo compulsório de desenvolvimento. Essas medidas ajudaram a reduzir as importações e as variadas políticas serviram para estimular as exportações.

Os efeitos da Nova Política Econômica foram evidentes — embora não imediatamente — na crescente produção agrícola e industrial e no desenvolvimento de matérias-primas locais. Embora no início houvesse uma elevação no desemprego e nos preços, o desemprego diário médio caiu nitidamente durante 1954. O déficit do comércio exterior caiu de $ 333000000 em 1951 para cerca de $ 198000000 em 1954. Alcançou-se maior estabilidade nos preços e custos durante 1954 e a confiança pública foi restaurada. Desde 1955, todavia, vários fatores perturbaram novamente a tendência para a estabilização econômica. A imigração em massa — embora não no mesmo índice da onda inicial de 1948-50 — ocorreu como resultado dos distúrbios no Norte da África. Os gastos militares subiram para satisfazer a ameaça do acordo de armas entre o Egito e a Rússia Soviética e seus satélites em setembro de 1955, e a campanha do Sinai de outubro-novembro de 1956 dificultou ainda mais a economia israelense. A dependência de importações externas aumentou novamente e o maior poder aquisitivo intensificou as pressões inflacionárias.

O principal propósito da política econômica do governo de 1955 em diante era atingir — por taxas altas de investimento — o desenvolvimento e crescimento rápidos nos diferentes ramos econômicos, de modo a lidar efetivamente com os problemas da absorção da imigração, independência econômica e elevação do padrão de vida da população. As metas secundárias eram a dispersão da população, especialmente nas regiões meridionais, e a consecução da auto-suficiência em algumas das utilidades essenciais.

Para alcançar esses propósitos principais junto com o rápido desenvolvimento, o governo empregou quatro linhas mestras de política.

1) Política de orçamentos equilibrados — um esforço para atingir excedentes nos orçamentos regulares — para financiar gastos no orçamento do desenvolvimento. Essa política teve em geral êxito apesar do crescimento constante dos serviços públicos.

2) Foi tentada uma política de restrições salariais que teve êxito parcial.

3) Encorajamento da população para economizar (por diversos meios [13]) e um esforço para restringir o crescimento rápido no nível de consumo.

4) Supervisão da expansão de crédito e monetária.

As principais políticas na esfera do desenvolvimento foram:

1) O encorajamento das exportações pelo aumento dos subsídios e por outros meios.

2) Regulamentos e leis para encorajar investimentos de capitais exteriores, acompanhados por grandes empréstimos em boas condições dos orçamentos governamentais de desenvolvimento.

---

13. Programas de economia, reduções de impostos, taxas de juros altas sobre economias, incentivos no mercado de valores.

3) Investimento direto do governo — principalmente nos empreendimentos e serviços básicos tais como mineração, força, programas de irrigação, meios de transporte etc.

Em quase todas as áreas de atividade governamental podemos discernir uma clara tendência de liberação e interferência direta decrescente do governo na vida econômica.

Apesar da campanha do Sinai e dos muitos gastos com segurança e defesa, podemos dizer que em geral o governo teve um êxito parcial na consecução de suas metas. O principal fracasso foi com a política de economia e no consumo. Por causa disso e do desenvolvimento da expansão monetária autônoma, a estabilidade geral começou a vacilar e em última análise deu origem a mais uma outra mudança política para o que pode ser chamado de segunda Nova Política Econômica.

A (segunda) Nova Política Econômica — 1962

Em 9 de fevereiro de 1962 a libra israelense foi desvalorizada e em vez da taxa de LI 1,8 = $ 1, uma nova taxa de LI 3 = $ 1 foi introduzida. Junto com a desvalorização, foi proclamado um plano que visava estabilizar a economia israelense.

Durante os anos precedentes (após um curto período de estabilização) a pressão inflacionária aumentara e ocasionara um aumento na procura. A ligação automática dos salários e vencimentos ao índice do custo de vida (como foi explicado acima) causou um aumento nos vencimentos e isso, unido a uma crescente procura, criou uma espiral viciosa de preços. O governo tentou atacar tal estado de coisas através de uma desvalorização gradativa, impondo tarifas alfandegárias mais altas e concedendo prêmios para exportações e transferência de capitais. A principal motivação para essa abordagem consistia nas transferências unilaterais relativamente grandes de capitais. Uma desvalorização teria trazido tremendas somas adicionais de libras israelenses para a economia e assim aumentado a pressão inflacionária. Desse ponto de vista não havia nenhuma necessidade de restrição imediata e severa das importações, especialmente uma vez que aumentou a quota de bens capitais nas importações totais. Por outro lado, com a ajuda de prêmios, as exportações apresentaram uma constante tendência ascendente; e houve debates e diferenças de opiniões quanto a haver, ou não, necessidade de desvalorizar a fim de estimular as exportações.

Houve, contudo, várias razões para que o governo decidisse por uma mudança de política:

1) Tornou-se excessivamente difícil controlar, do

ponto de vista administrativo, o labirinto das taxas de câmbio. Alcançou um tal estágio onde até mesmo os funcionários que lidavam com essas questões não podiam quase encontrar nele o seu caminho (sem mencionar o público). A rentabilidade de um empreendimento ou de uma transação comercial amiúde dependiam da decisão de um funcionário e eram influenciados pelo poder de persuasão da facção interessada.

2) O governo alcançou o limite de sua habilidade de financiar os prêmios e subsídios por financiamento não-deficitário.

3) A estrutura de custos e preços da economia estava consideravelmente deformada.

Essa última razão era provavelmente a mais importante. Israel está se desenvolvendo em um ritmo acelerado. Deixar a deformada estrutura de custos e preços como estava teria privado a economia de qualquer critério objetivo para determinar a rentabilidade dos investimentos e estabelecer uma escala de prioridade. A desvalorização tencionava evitar o investimento errôneo em larga escala.

Como já foi mencionado, havia um verdadeiro perigo — devido às circunstâncias específicas em Israel — de que a desvalorização pudesse aumentar a pressão inflacionária.

Para restringir a procura, tinha de ser evitado um aumento do suprimento de dinheiro. A principal fonte desse aumento era (e ainda é) o dinheiro de indenização pessoal da Alemanha que tem afluído durante os últimos anos em um índice de mais de cem milhões de dólares por ano. Além do fluxo corrente, havia depósitos cambiais exteriores dessa fonte de aproximadamente 130 milhões de dólares no dia da desvalorização. O Ministro das Finanças lançou um apelo para não se converter a moeda estrangeira em libra israelense. Foi um risco tremendo da parte do governo porque a conversão em massa teria sido desastrosa para o novo plano econômico. O apelo teve êxito até certo ponto — pelo menos no primeiro ano.

O governo conseguiu ter um orçamento excedente em 1962-63. Entre outras coisas foi decretada uma lei de economia compulsória com a intenção — mantida durante o primeiro ano — de imobilizar o dinheiro assim recebido.

Os empréstimos em moeda estrangeira foram reduzidos a um mínimo e não restringidos a exigências de importação. A conversão de tais empréstimos em libras israelenses foi inteiramente proibida.

Não houve nenhuma remissão dos créditos bancários, apesar da desvalorização significar que um maior volume de crédito seria necessário para atingir o mesmo volume de importações e produção.

Mas o aspecto mais importante dessa política foi a habilidade inicial do governo de refrear, pelo menos até certo ponto, a elevação dos preços de acordo com a Associação dos Manufatores, apesar da necessidade de pagar a bonificação adicional de custo de vida, e de acordo com a Histadrut para não fazer exigências globais para elevação de salários em 1963-64. Contrariamente a muitas expectativas, o governo teve êxito, pelo menos até 1962-63, no cumprimento da maioria dessas políticas e na consecução da estabilidade.

Até certo ponto, a situação mudou em 1963-64. Efetivamente, é verdade que a expansão ocorreu em quase todos os ramos principais da economia, o desemprego foi grandemente reduzido e uma escassez de trabalho especializado tornou-se quase endêmica na economia. Igualmente, o padrão de vida continuou a avançar com rapidez, e havia no conjunto uma relativa estabilidade de preços, expansão de crédito ao consumidor e uma sensação geral de segurança econômica.

Mas como indicou um estudo de 1963-64 em um importante jornal inglês, os fracos esforços feitos sob a Nova Política Econômica para impedir o rápido desenvolvimento e para desviar parte dos recursos da nação a fim de melhorar o equilíbrio de seus pagamentos foram tacitamente abandonados em vista da contínua maré alta da importação de capitais — tanto de indenizações pessoais como de investimentos privados — sobre os quais foram obtidas somas substanciais por intermédio de empréstimos a longo prazo.

Na verdade, o vácuo comercial ampliou-se devido a uma temporada má de cítricos e a uma diminuição geral da expansão da exportação, enquanto a quota da importação avolumou-se consideravelmente. Esse desenvolvimento, contudo, seria inevitável se a estabilidade de preços no mercado doméstico devesse ser mantida a despeito da elevada procura. Foi mantido o financiamento do déficit público. Enquanto o governo resistia firmemente aos aumentos salariais além de 3% (a fim de manter o avanço das rendas em dinheiro dentro dos limites dos ganhos da produtividade) e bloqueava qualquer expansão dos créditos bancários, o crédito expandiu-se em vez disso na forma de letras negociadas fora do sistema de controle bancário, e após conflitos dramáticos e muitas greves — a maioria das quais repudiadas pelos sindicatos oficiais — os salários também foram aumentados acima da margem segura de 3%. Os resultados desse aumento salarial, todavia, não serão sentidos imediatamente.

Assim as novas pressões inflacionárias estavam se desenvolvendo na economia a qual não parecia estar preparada para quaisquer mudanças estruturais de longo alcance.

Assim, se examinarmos a ampla tendência do desenvolvimento da política econômica em Israel, veremos que na primeira etapa a principal ênfase ou meta era a de assegurar emprego total; na segunda, a meta principal era a melhora do equilíbrio nos pagamentos; enquanto que na última etapa havia o objetivo um tanto vago do que se tem chamado de "estabilidade" — isto é, a manutenção de algum desenvolvimento contínuo sem inflação e muitas mudanças estruturais de longo alcance na economia.

O objetivo da manutenção de emprego total e da expansão física continuou a predominar por todos esses períodos e constituía, junto com a manutenção da estabilidade dos esquemas políticos existentes, a principal linha mestra da política econômica. Mas mesmo essa parece ser apenas uma linha mestra e não princípios da política bem definida e conseqüente.

Nesse aspecto o quadro é um tanto variado. Enquanto em certas esferas, tais como a educação, uma política relativamente uniforme foi desenvolvida e executada por uma administração relativamente coesa, o mesmo não aconteceu na maioria das outras esferas.

Uma razão para isso é a divisão dos aspectos da política entre os diferentes ministérios, lidando cada um com uma área diferente, amiúde a ele designada por meras exigências de política partidária. Segundo, nem sempre há uma coordenação efetiva entre os ministérios. Com muita freqüência os critérios das atividades administrativas empregados por diferentes ministérios são contraditórios — por exemplo: a ajuda a casos sociais através de autônomos (especialmente fornecendo-lhes locais de trabalho particulares como é às vezes feito pelo Ministério do Bem-Estar Social) pode contradizer os critérios de produtivização do Ministério do Trabalho.

Terceiro, como já foi mencionado, muitas áreas cruciais da política social, tais como saúde, não estão — principalmente por razões políticas — nas mãos do governo, enquanto ao mesmo tempo elas necessariamente invadem muitas áreas com as quais o governo lida — só aumentando desse modo a falta de coordenação e os altos custos da política social.

Por último, e muito importante também, está a "capitulação" das autoridades a várias pressões políticas e locais — grupos de imigrantes, partidos políticos, direitos econômicos adquiridos — que muito amiúde previnem a possibilidade de manter políticas bem definidas.

Parece que o quadro global foi mais o da adaptação contínua a pressões, situações e exigências políticas, sociais e econômicas cambiantes do que o de uma política global contínua. Essa adaptação tem sido dirigida principalmente por várias considerações interligadas: necessidades fiscais continuamente crescentes, tentativas de assegurar o emprego máximo (mesmo que em um nível relativamente baixo de remuneração), contínuo desenvolvimento físico que visa garantir lugares de trabalho, manutenção de conflitos e tensões sociais e políticas a um nível mínimo, garantia de controle político da elite governante e a execução de algumas de suas metas sociais e, por último e amiúde de menor importância, a meta de independência econômica. As considerações anteriores parecem ter sido supremas e reduziram ao mínimo a possibilidade da execução de políticas bem definidas e conseqüentes em geral, bem como a possibilidade de dar às considerações de independência econômica a produtivização um alto nível de prioridade, em particular.

3. O FUNCIONAMENTO E OS PROBLEMAS DA ECONOMIA ISRAELENSE. PRODUÇÃO, CONSUMO E A BRECHA ENTRE ELES. OS PROBLEMAS DO AVANÇO.

A brecha entre a produção e o consumo. Os principais problemas da economia israelense

A discussão precedente tentou analisar os critérios que orientam as principais políticas econômicas e sua execução. Qual é o resultado global dessas variadas políticas?

Por um lado testemunhamos um tremendo desenvolvimento econômico, um processo de crescimento econômico sustentado, especialmente notável em vista do grande número de imigrantes que entraram no país. A proporção desse crescimento tem sido variadamente estimada em cerca de 11 a 13% mas todos concordam que é muito alta.

Por outro lado, contudo, a economia israelense é continuamente atormentada — como mostram as Tabelas 23 e 24 — por uma brecha em seu equilíbrio comercial.

Essa brecha foi controlada em sua maior parte por fontes externas — contribuições judaicas do exterior, empréstimos governamentais dos EUA, indenizações alemãs etc.

Esse problema tem constituído um tópico contínuo de debate público o que evidencia sua grande importância *política*.

Como pode ser visto, por exemplo, pelas tabelas, a razão da brecha não reside na produção estagnada — embora essa pudesse provavelmente ter sido expandida muito mais — mas na inabilidade da produção em emparelhar-se com o consumo continuamente crescente.

A fim de entender as razões dessa brecha persistente é necessário analisar os principais componentes do processo econômico — especialmente os processos de produção e consumo. Como uma análise técnica-econômica pormenorizada seria aqui inoportuna, concentrar-nos-emos apenas em alguns dos seus aspectos mais amplos.

A composição do potencial humano em relação à produtividade

Tentemos analisar alguns dos principais aspectos do processo de produção e alguns dos fatores econômicos, sociais, políticos e ideológicos mais amplos que afetam os aumentos e diminuições na produtividade.

Comecemos com um exame da estrutura e da distribuição do potencial humano e sua relação com a produtividade.

Os vários estudos do potencial humano sintetizados nas Tabelas 25-29 indicam que:

1) Durante o período 1931-59 o índice de crescimento da força de trabalho era mais ou menos o mesmo que o da população judaica total (10,5).

2) Como resultado do grande número nas forças armadas em 1948 e da imigração em massa em 1948-49, a força de trabalho civil proporcionalmente à população era extremamente baixa em 1949, e apenas em 1951 esta proporção alcançou seu nível anterior.

3) De 1931 a 1944, a composição demográfica da população judaica tornou-se crescentemente mais favorável a uma grande força de trabalho. Em 1944, essa tendência foi invertida. Essa é a causa da contínua redução da força de trabalho civil, proporcionalmente à população.

4) Falando de um modo geral, a imigração em larga escala não levou a um índice de desemprego extremamente alto (à parte do efeito direto em 1949) embora durante os primeiros seis a sete anos o referido índice não fosse sem dúvida baixo. Ao mesmo tempo (durante a maior parte do período 1949-58) aumentaram os salários reais.

5) Índices muito baixos de participação nas forças de trabalho podem ser encontrados, primeiro no grupo de homens de cinqüenta e cinco anos ou mais — que emigraram após 1948 da Ásia ou África — e segundo entre mulheres de trinta e cinco anos ou mais — novos imigrantes da Ásia e África.

6) Por outro lado, entre o grupo de quatorze a dezessete anos da população judaica, encontramos um índice relativamente alto de desemprego.

7) Parece que as donas-de-casa são a principal fonte futura da força de trabalho civil.

8) Os não-judeus, que constituíam cerca de um décimo da população israelense de 1948-59, tinham uma proporção mais alta de filhos por família do que a população

judaica, um nível mais baixo de educação, mais alto de desemprego e uma proporção específica mais baixa de participação na força de trabalho, em particular entre as mulheres.

9) Um projeto da população de Israel para 1970 — baseado na presente composição demográfica e na suposição de que os índices de participação para cada grupo por idade, sexo, quota de origem e período de imigração permanecerão mais ou menos estáveis — leva à conclusão de que a força de trabalho civil proporcionalmente à população diminuirá de 34,9% em 1958 para 30,9% em 1970 [14] — mas isso pode, é claro, mudar se a composição da imigração mudar.

Esse estudo também mostra que ao comparar a distribuição industrial na economia de Israel com a de outros países (distribuição de pessoas empregadas bem como do produto nacional), a baixa porcentagem na agricultura e manufatura e a porcentagem extremamente alta nas indústrias de serviços salientam-se.

Essas descobertas mostram que as principais vantagens do potencial humano israelense do ponto de vista da produção tem sido o grande reservatório, em especial entre os veteranos, de pessoas com educação e habilidades superiores. Mas essas descobertas também indicam certos problemas.

Os problemas podem ser discernidos a partir dos dois pólos na composição do potencial humano israelense — o potencial humano mais antigo (isto é, os que vieram antes de 1948) e os novos imigrantes. Podemos também começar com os últimos. O principal problema era a composição do potencial humano que mostra a participação relativamente baixa dos imigrantes na força de trabalho. Esse fenômeno relaciona-se com o baixo nível de educação e habilidades técnicas e o conseqüente baixo nível de ordenados e também até certo ponto com a estrutura etária. Embora todos estes fatores estejam melhorando constantemente, no entanto, o nível produtivo deste potencial humano é relativamente baixo, em geral. Ele sempre conteve algum desemprego estrutural e a sociedade confronta-se com a ameaça tanto de brechas contínuas no potencial humano disponível como de níveis inadequados de habilidade.

Os efeitos da política de absorção na produtividade

Uma das questões mais importantes com respeito a essa área inteira é a influência da política de absorção sobre a produtivização dos imigrantes. Nas primeiras etapas essa

---

14. *Fonte*: Projeto Falk, Fifth Report 1959-60, Project Report 1, pp. 133-38, e ver A. HOVNE, *The Labour Force in Israel*, Jerusalém, Projeto Falk para Pesquisa Econômica, 1961.

TABELA 23. Excesso de Importações sobre Exportações
(Milhares de Dólares)

	Importações Líquidas	Exportações Líquidas	Excesso de Importações sobre Exportações	Exportações como porcentagem de Importações
1949	251 906	28 495	223 411	11,3
1950	300 325	35 147	265 178	11,7
1951	381 682	44 754	336 928	11,7
1952	322 261	43 489	278 772	13,5
1953	279 929	57 536	222 293	20,6
1954	287 248	86 300	200 948	30,0
1955	334 453	89 056	245 397	26,6
1956	375 593	106 501	269 092	28,4
1957	432 829	140 127	292 702	32,4
1958	420 930	139 102	281 828	33,0
1959	427 291	176 383	250 908	41,3
1960	495 646	211 276	284 370	42,6
1961	583 912	239 082	344 830	40,9
1962	620 473	272 256	348 217	43,9
1962	626 222	271 403	354 819	43,3
1963	663 506	338 285	325 221	51,0
1964	804 102	351 821	452 281	43,8

Fonte: C.B.S., *Statistical Abstract*, n.º 14, 1963, p. 422; n.º 16, 1965, Tabela I/1, pp. 239-49.

política era orientada por dois princípios interligados — primeiro, a provisão de um nível mínimo de segurança para os imigrantes em termos de habitação e necessidades econômicas e segundo, mitigação da concorrência aberta entre os recém-chegados e os veteranos no mercado de trabalho, de modo a proteger ambos igualmente.

O único dispositivo contínuo mais importante desse sistema era a provisão de obras públicas especiais para os imigrantes na construção de estradas, reflorestamento etc. Ao mesmo tempo, isto mantinha-os fora do mercado regular de trabalho.

Nas etapas posteriores de absorções foram desenvolvidas políticas mais diversificadas para lidar com esse problema — sendo talvez as mais importantes as várias políticas que lidam com a direção e educação de trabalho e com a orientação e treinamento vocacionais.

Nesse contexto deveríamos mencionar as várias facilidades de treinamento fornecidas pela Agência de Empregos.

Apenas poucos dos novos imigrantes tinham sido, antes de sua chegada, operários industriais; muitos, vindo de países subdesenvolvidos, nem sabiam o significado de uma fábrica. Como os novos imigrantes constituem o único reservatório de trabalho, é importante para o êxito da indústria em expansão de Israel transformá-los em uma força de trabalho treinada.

TABELA 24. Excesso de Importações sobre os Recursos Totais, 1950-1963[a] (Milhões de Dólares)

Ano	Recursos Totais	Excesso de Importação	Porcentagem dos Recursos Totais
1950	1 045	338	32,3
1955	1 529	289	18,9
1960	2 203	292	13,2
1963	3 061	515	16,8

a. Em preços fixos de 1955: $1 = 1,80 LI
Fonte: D. Horvitz, *Tendência e Estrutura na Economia de Israel* (hebraico), Telavive, Massada, 1964, p. 39.

Por causa disso, a fábrica sozinha tem de educar o imigrante e socializá-lo no papel de operário industrial. A fábrica é de algum modo duplamente responsável pelo emprego e subsistência dos novos imigrantes bem como pelo seu treinamento vocacional. Nesse ínterim não há muito sentido em tentar impor padrões estritos de eficiência.

Além disso, embora a força de trabalho industrial ainda esteja em processo de formação, ela já tem uma forte estrutura organizacional na forma da Histadrut. Os sindicatos têm força considerável e qualquer mudança no pessoal tem de ser aprovada por eles. É de importância especial para a seleção de trabalhadores que de fato, se não formalmente, nem o emprego nem a demissão estejam nas mãos da gerência (embora tenha havido ultimamente uma tendência para dar mais margem para a ação nesse aspecto à própria fábrica). Como a Histadrut é um dos maiores empresários e um fator básico e participante do desenvolvimento, ela se vê como o principal representante dos interesses nacionais gerais — abordagem essa que torna o ajuste da gerência com os sindicatos muito complicado. Ademais, pelo menos nas primeiras etapas da absorção nos empreendimentos industriais, tem havido uma política mais ou menos explícita de manter um nível relativamente mais lento de produtividade por trabalhador de modo a capacitar a absorção de um maior número de trabalhadores.

Qual é a influência global das várias políticas de absorção — no nível nacional ou local — sobre a produtivização dos imigrantes? Embora não se disponha de dados completos e sistemáticos, pode-se discernir algumas indicações.

Um fator facilitador básico era a segurança social dada pelas instituições absorvedoras. Isso reforçava aquelas forças internas entre os imigrantes inclinados a mudar e desejosos de adquirir novas habilidades. Também muito importante nesse contexto era o fato dos vários serviços — se administrados apropriadamente — poderem elevar rapi-

TABELA 25. População com a Idade de 14 Anos e mais por Características de Potencial de Trabalho (Números Absolutos e Porcentagens) em setembro de 1955 [a]; Médias Anuais em 1960 e 1964

Ano	População Total	Potencial de Trabalho Civil (Porcentagem)	Total do Potencial de Trabalho Civil (100%)	Pessoas Empregadas (Porcentagem)	Pessoas Desempregadas (Porcentagem)
1955	1 073 800	54,4	100	92,9	7,1
1960	1 258 100	54,1	100	96,1	3,9
1964	1 506 000	54,0	100	96,6	3,4

a. Em novembro de 1931 o potencial de trabalho civil e as Forças Armadas abrangiam 30,3% da população total da Palestina.

Fonte: C.B.S., Statistical Abstract, n.° 16, 1965, Tabela K/2, p. 296.

TABELA 26. População (14 Anos e mais) por Características de Potencial de Trabalho, Religião e Sexo, 1959-62

Ano	Junho de 1954			Média de 1958			Média de 1960			Média de 1962		
	Total (.000)	Potencial de Trabalho Civil (% do Total)	Desempregados (% do Potencial de Trabalho Civil)	Total (.000)	Potencial de Trabalho Civil (% do Total)	Desempregados (% do Potencial de Trabalho Civil)	Total (.000)	Potencial de Trabalho Civil (% do Total)	Desempregados (% do Potencial de Trabalho Civil)	Total (.000)	Potencial de Trabalho Civil (% do Total)	Desempregados (% do Potencial de Trabalho Civil)
	(1)	(2)	(3)	(1)	(2)	(3)	(1)	(2)	(3)	(1)	(2)	(3)
População Total	1 145,1	49,0	8,6	1 313,7	53,2	5,7	1 391,9	52,9	4,6	1 513	54,1	3,7
Homens	578,0	76,5	8,7	661,6	78,7	5,3	700,2	78,1	4,5	760	78,7	3,3
Mulheres	567,1	20,9	8,2	652,1	27,3	7,0	691,7	27,3	4,9	753	29,2	4,8
Judeus:												
Total	1 046,8	49,4	8,3	1 190,1	54,5	5,6	1 258,1	54,1	3,9	1 369	54,5	3,6
Homens	528,1	76,6	8,3	599,3	79,3	5,1	633,0	78,4	3,6	687	78,5	3,1
Mulheres	518,7	21,7	8,4	590,8	29,4	7,0	625,1	29,5	4,9	681	30,3	5,0
Outros:												
Total	98,3	44,0	9,0	123,6	40,0	7,1	133,8	41,5	13,3	—	—	—
Homens	49,9	75,8	10,1	62,3	72,7	7,3	67,2	75,5	14,2	—	—	—
Mulheres	48,4	11,4	1,8	61,3	6,8	4,8	66,6	7,2	4,2	—	—	—

Fontes: 1954: C.B.S., *Statistical Abstract*, n.° 6, 1954-55, Tabela 1, pp. 117-18.
1958: *Op. cit.*, n.° 11, 1959-60, Tabela 1, pp. 300-01.
1960: C.B.S., *Statistical Bulletin*, Parte B. *Economia*, v. 12, n.° 4, abr. de 1961, Tabelas 1-6, pp. 385-90.
1962: C.B.S., *Statistical Abstract*, n.° 19, 1963, pp. 486 e 488.

TABELA 27. Judeus no Potencial de Trabalho Civil por Sexo, Continente de Nascimento e Período de Imigração (Porcentagens) Médias de 1958-1963; novembro de 1955)

Continente de Nascimento e Período de Imigração	Potencial de Trabalho como Porcentagem da População Total (14 anos e mais) em cada Continente de Nascimento e Período de Grupo de Imigração					Potencial de Trabalho — Números Absolutos (1000)
	Novembro de 1955	1958	1960	1962	1963	1963
TOTAL	54,4	54,5	54,1	54,5	53,6	774,9
Nascidos em Israel	51,8	50,5	49,7	51,9	50,5	136,7
Nascidos no Exterior — Total	54,8	55,3	54,9	55,1	54,2	430,2
Imigrados até 1947	60,2	60,3	61,3	61,3	60,7	201,5
Imigrados desde 1948	51,2	52,6	52,0	52,8	51,7	436,7
Nascidos na Ásia e África — Total	48,9	49,2	49,7	51,0	50,2	259,3
Imigrados até 1947	52,9	52,4	53,6	54,7	51,7	30,7
Imigrados desde 1948	47,9	48,6	49,2	50,6	50,1	228,6
Nascidos na Europa e América — Total	58,2	59,0	58,5	58,1	57,3	378,9
Imigrados até 1947	61,7	61,7	62,8	62,8	62,7	170,8
Imigrados desde 1948	54,4	56,3	55,1	55,2	53,6	208,1
HOMENS	80,3	79,3	78,4	78,6	76,5	557,5
Nascidos em Israel	64,9	62,9	62,5	65,8	62,7	86,0
Nascidos no Exterior — Total	83,1	82,6	81,4	81,1	79,8	471,5
Imigrados até 1947	89,4	88,6	88,4	88,5	87,5	150,2
Imigrados desde 1948	78,8	79,2	78,0	78,3	76,6	321,3

TABELA 27. (continuação)

Continente de Nascimento e Período de Imigração	Potencial de Trabalho Total (14 anos e mais) e Período de Grupo de Imigração	Potencial de Trabalho como Porcentagem da População em cada Continente de Nascimento			Potencial de Trabalho — N.ºs Absolutos
Nascidos na Ásia e África — Total	77,3	77,1	77,2	77,6	76,0	198,1
Imigrados até 1947	81,5	84,2	85,2	84,4	80,8	25,6
Imigrados desde 1948	76,3	75,9	76,0	76,8	75,3	172,5
Nascidos na Europa e América — Total	86,4	85,7	84,4	83,8	82,7	273,4
Imigrados até 1947	91,0	89,4	89,1	89,4	89,0	124,6
Imigrados desde 1948	81,2	82,3	80,3	80,1	78,1	148,8
MULHERES	27,9	29,4	29,5	30,3	30,3	217,4
Nascidas em Israel	27,4	37,8	36,8	37,7	38,0	50,7
Nascidas no Exterior — Total	26,3	27,7	28,1	28,9	28,5	166,7
Imigradas até 1947	29,6	30,5	31,6	32,6	32,0	51,3
Imigradas desde 1948	24,2	26,2	26,6	27,6	27,1	115,4
Nascidas na Ásia e África — Total	20,2	20,8	21,8	23,8	24,0	61,2
Imigradas até 1947	21,8	18,4	19,2	23,1	18,3	5,1
Imigradas desde 1948	19,9	21,2	22,2	23,9	24,7	56,1
Nascidas na Europa e América — Total	29,8	31,7	32,5	32,6	31,9	105,5
Imigradas até 1947	31,2	32,6	34,1	34,7	34,8	46,2
Imigradas desde 1948	28,3	30,9	31,3	31,4	30,0	59,3

TABELA 28. Características do Potencial de Trabalho da População Judaica (14 anos e mais) — Veteranos e Novos Imigrantes [a] — Por Lugar de Nascimento e Sexo (1954-60) (Porcentagem)

Ano: Sexo	Total	Nascidos em Israel	Veteranos	Novos Imigrantes	Veteranos — Europa e América	Veteranos — Ásia e África	Novos Imigrantes — Europa e América	Novos Imigrantes — Ásia e África
A. POTENCIAL DE TRABALHO CIVIL DA POPULAÇÃO:								
Junho de 1954								
Ambos os sexos	49,4	43,5	52,8	46,3	60,3	50,2	51,6	43,8
Homens	76,6	59,1	78,1	75,2	91,5	83,2	83,8	74,5
Mulheres	21,7	27,4	25,8	18,1	27,9	15,2	21,5	14,8
Junho de 1957 [b]								
Ambos os sexos	55,3	52,2	61,8	52,4	62,5	58,3	56,1	48,6
Homens	80,0	64,6	89,8	78,8	90,3	87,0	83,6	74,1
Mulheres	28,3	—	—	—	—	—	—	—
1960:								
Ambos os sexos	54,1	49,7	—	—	62,8	53,6	55,1	49,2
Homens	78,4	62,5	—	—	89,1	85,2	80,3	76,0
Mulheres	29,5	36,8	—	—	34,1	19,2	32,0	22,2

TABELA 28. (continuação)

Ano: Sexo	Total	Nascidos em Israel	Veteranos	Novos Imigrantes	Veteranos Europa e América	Veteranos Ásia e África	Novos Imigrantes Europa e América	Novos Imigrantes Ásia e África
B. DESEMPREGADOS DO POTENCIAL DE TRABALHO CIVIL								
Junho de 1954								
Ambos os sexos	8,3	10,7	5,7	11,1	3,4	7,7	7,9	15,4
Homens	8,3	10,5	5,7	10,9	3,6	7,9	7,8	14,7
Mulheres	8,4	11,2	5,4	12,0	2,6	6,5	8,1	18,3
Junho de 1957								
Ambos os sexos	6,6	8,7	2,9	8,6	(2,5)	(5,5)	6,5	11,2
Homens	8,9	(7,3)	(2,6)	7,7	(2,1)	(5,0)	5,1	10,6
Mulheres	8,9	—	—	—	—	—	—	—

a. Veteranos: nascidos em Israel e imigrantes que chegaram até o fim de 1947; Novos Imigrantes: chegados de 1958 em diante.
b. Veteranos: como em *a*, mas excluindo os nascidos em Israel.
Fontes: 1954: C.B.S., *Labour Force Survey*, jun. 1954, Jerusalém, abr. 1957, Tabelas 5, 7, 8, pp. 10-14.
1957: C.B.S., *Labour Force Survey*, 1957, Jerusalém, jan. 1959, Tabela 10, pp. 20-1.
1960: C.B.S., Dados não publicados.

TABELA ... Pessoas Empregadas* por Ramo Econômico e Religião 1931-62

RAMO ECONÔMICO	PALESTINA 1931 Total	1931 Judeu	1942 Total	1943 Judeu	1948 Judeus	1954 Judeus	ISRAEL 1957 Total	1957 média Judeus	1960 Total	1960 média Judeus	1960 Outros	1962c Total	1962c média Judeus	1962c Outros
Total (milhares)	338,3	66,7	595,9	212,0	315,3	474,4	642,2	599,5	701,8	653,7	42,7	787,9	719,4	48,1
Porcentagem	100,0	100,0	100,0	100,0	100,0	100,0	100,0	100,0	100,0	100,0	100,0	100,0	100,0	100,0
Agricultura, Florestamento, Pesca	58,8	18,4	46,7	13,2	14,0	14,7	16,3	14,0	17,3	15,0	48,8	16,0	12,4	48,4
Manufatura, Artesanatos, Exploração de Pedreiras	10,2	21,9	11,8	29,0	30,9	23,4	21,7	22,1	23,2	23,8	16,5	24,8	26,0	14,4
Construção, Obras Públicas	3,6	7,6	10,6	9,2	6,1	9,2	9,8	9,5	9,3	8,9	14,9	9,6	9,0	14,2
Eletricidade, Gás, Água, Serviços Sanitários	—	—	—	—	—	2,0	2,4	2,5	2,2	2,3	0,7	2,0	2,2	1,0
Comércio e Serviços Bancários	—	—	{ 16,3	14,6	13,4	13,1	13,0	13,5	12,3	12,7	5,4	12,5	13,1	7,5
Transporte, Armazenamento, Serviços Comunitários	12,6	5,0	}	3,8	6,1	6,7	6,9	7,1	6,2	6,4	3,5	6,1	6,4	3,3
Serviços b	14,8	30,8	19,8	30,2	29,5	30,9	29,9	31,3	29,5	30,9	10,1	29,0	30,9	11,4
Governo, Administração Pública	—	—	—	—	—	—	8,1	8,5	7,9	8,3	2,1	7,4	7,8	3,1
Saúde, Bem-Estar, Educação	—	—	—	—	20,1	—	{ 14,1	14,8	14,1	14,8	5,4	14,0	15,0	5,0
Religião, Judiciário etc.	—	—	—	—	—	—	}	—	—	—	—	—	—	—
Serviços Pessoais, Recreação	—	—	—	—	9,4	—	7,7	8,0	7,5	7,8	2,6	7,6	8,1	3,3

Nota: "—" dados não disponíveis.
a. 1931-43: "Empregados Remunerados"; 1948 "População que Trabalha" (inclusive desempregados).
b. 1931-43: "Inclui entre outras Profissões" e "Outros".
Fontes: 1931-43: R. NATHAN, O. GASS, D. CREAMER, Palestine: Problem and Promise, Washington, Public Affair Press, pp. 144-5.
1948: Registration of Population, op. cit., Tabela 26, p. 50.
1957: C.B.S., Statistical Abstract, 1958-9, op. cit., Parte P, Tabela 3, p. 295.
1954: Labour Force Survey, op. cit., Tabela 15, p. 24.
1960: C.B.S., Statistical Bulletin, op. cit., Tabela 6, p. 390.
c. Fontes: C.B.S., Statistical Abstract, n.º 14, 1963, pp. 498-501.

damente o padrão geral de saúde e de habilidade física. Mas tal segurança básica era apenas o primeiro passo — e um que, como veremos, tinha perigos próprios. Era apenas na medida em que se desenvolviam fatores reforçadores que as potencialidades dessa segurança básica poderiam ser aumentadas ao máximo.

O segundo fator facilitador era que a estrutura absorvedora fornecia às vezes cenários sociais nos quais os novos tipos de habilidades, atividades e atitudes poderiam ser aprendidos. Os melhores exemplos disso são as colônias agrícolas e algumas das organizações sociais e políticas mais gerais que se ocupavam com as relações econômicas e trabalhistas, tais como conselhos sindicais locais e comitês de trabalhadores locais. Em todos esses casos os imigrantes não foram atirados no mercado aberto, com suas relações impessoais e possível falta de organização, mas puderam participar de grupos sociais relativamente estáveis que incorporaram muitos dos novos tipos de atividades e motivações econômicas dentro de uma estrutura de valores sociais e incentivos novos. Desse modo os imigrantes puderam ser poupados da experiência anárquica da urbanização ou modernização rápidas.

Mas esses vários fatores e políticas facilitaram não apenas o processo de produtivização dos novos imigrantes. Incluíam também com freqüência vários fatores obstrutivos.

O efeito obstrutivo mais geral devia-se à distribuição atributiva de vários serviços, direitos e facilidades para o consumo sem qualquer relação clara ou básica com a produtividade. Embora isto pudesse em certa etapa fornecer segurança mínima e vários outros requisitos prévios para a aquisição de novas habilidades, tais como certos padrões de saúde e educação, além desse nível, poderiam facilmente, se não tivesse tomado precauções para impedi-lo, prejudicar a produtivização. Isto poderia acontecer de diversas maneiras. Os imigrantes poderiam estar relutantes em trabalhar mais do que fosse necessário para a manutenção de seu presente nível de necessidades e estariam especialmente relutantes em trabalhar para pagar impostos e assim por diante. Ou poderiam usar sua colônia, fábrica etc., como base para atividades menos produtivas que rendessem dinheiro fácil, tais como várias atividades de mercado negro, mascateação ou especulação em pequena escala.

Intimamente ligado a isso estava o problema da dependência a várias agências burocráticas de absorção. Isto amiúde dava origem à passividade, apatia com respeito ao progresso e fortes exigências agressivas às agências por parte dos imigrantes [15]. Todos esses problemas tinham a probabi-

---

15. Ver, para análise mais completa destes problemas, S. N. EISENSTADT, *The Process of Absorption of the New Immigrants*, *Human Relations*, v. 5, n.º 3, 1954.

lidade de tornar-se especialmente agudos quando, como comumente acontecia, o capital disponível para as agências absorvedoras não era suficiente para efetuar uma produtivização rápida dos imigrantes — que de sua parte relutavam em investir seus próprios fundos — e tinha de ser gasto na manutenção de um dado nível de consumo.

Um segundo impedimento importante — especialmente nas etapas iniciais da absorção — ligava-se a certas tendências inerentes à administração burocrática israelense. O poder e a autoridade concentravam-se nas mãos do setor absorvedor, enquanto que os imigrantes tinham apenas funções mais passivas e assim dependiam extremamente dos primeiros. Esse estado de coisas era em particular conspícuo nos vários campos de recepção dos imigrantes, colônias de trabalho transitórias etc. Tal relacionamento burocrático e autoritário formal constituía comumente um dos fatores decisivos na criação de apatia social e vocacional e no desenvolvimento de vários outros fenômenos negativos, tais como exigências peremptórias, agressividade e má vontade em persistir em qualquer emprego aparentemente imposto do alto.

Esses problemas foram acentuados pelo fato de que com o passar do tempo desenvolveram-se nas etapas posteriores da absorção muitas brechas que impediam muitos imigrantes de serem absorvidos em atividades produtivas.

Um exemplo muito importante de semelhantes brechas tem sido a falta de orientação vocacional adequada para vários grupos — em especial para os imigrantes maïs jovens — ou sua falta de habilidade em aproveitar-se das provisões e facilidades existentes. Isto tornou-se evidente no fim da década de 50 quando realmente o grande desemprego entre esses grupos era devido a tais condições.

Embora algumas dessas brechas tenham sido recentemente sanadas pelo desenvolvimento de cursos especiais de orientação vocacional, ainda existem lacunas, com toda probabilidade.

O empresariado e os problemas globais de produtivização entre os novos imigrantes

Outro problema ligava-se ao tipo de empresariado mais fortemente favorecido pela estrutura absorvedora. Havia de modo bastante óbvio muitas pressões formais e informais sobre os imigrantes para produzirem tipos semelhantes aos existentes no Ischuv — e em especial o tipo institucional mais específico. Embora não se disponha ainda de dados estatísticos fidedignos, pode-se dar algumas impressões gerais. Dos três tipos principais de empresários do Ischuv, apenas o primeiro (a instituição) e o terceiro (o pequeno capitalista) parecem ser prevalecentes entre os imigrantes. O segundo tipo, o do capitalista colonizador em grande escala, é raro — em grande parte devido ao pequeno número de novos imigrantes com recursos adequados de capitais próprios. Os poucos que tinham tais recursos não afetaram grandemente a estrutura inteira do desenvolvimento das atividades econômicas dos imigrantes. Além disso, alguns deles tendiam a usar seu capital em várias especulações financeiras em vez de empregá-lo em investimentos produtivos.

Muitos imigrantes continuaram em seu velho padrão de atividades, tornando-se empresários do terceiro tipo, em pequena escala. Alguns continuaram a ser artesãos do tipo tradicional, enquanto muitos outros foram atraídos para a seção menos produtiva da economia que se expandiu durante a inflação e o crescimento rápido da população.

O desenvolvimento mais original entre os imigrantes foi o tipo institucional de empresário — o secretário de uma colônia cooperativa, o organizador agrícola em pequena escala, o diretor de uma fábrica cooperativa, o capataz ou funcionário de um dos maiores empreendimentos agrícolas ou industriais existentes, o funcionário de um dos empreendimentos públicos ou semipúblicos. Poucos destes empresários alcançaram de fato posições econômicas superiores, mas seu próprio desenvolvimento era significativo. Também é significativo que, de certo modo, a esse tipo estejam sendo dadas maiores oportunidades para a atividade produtiva do que aos outros tipos, embora com bastante freqüência possa surgir e desenvolver-se um tipo mais misto de empresariado.

Talvez o problema básico tenha sido a concorrência latente, não obstante muito real, existente entre a mobilidade política e a mobilidade puramente vocacional. Em muitas colônias de imigrantes — especialmente naquelas compostas de imigrantes orientais — podemos amiúde observar os seguintes fenômenos: por causa da pressão exercida pelos vários organismos de absorção — instituições governamentais locais, partidos políticos e assim por diante — muitos dos imigrantes mais ativos escolhem a atividade pública como a ocupação que proporciona maior segurança e não se inclinam a aprender a se estabelecer em qualquer vocação primária. A influência desta atitude também penetrou além do estrato ativo em círculos amplos, em especial os dos imigrantes orientais que consideram o trabalho de escritório no setor público ou na atividade política como o progresso mais importante.

Mas seja qual for o êxito das várias medidas concretas da absorção, tornou-se cada vez mais claro que o problema singular mais importante dentro desse contexto é o de elevar a habilidade produtiva fundamental de seções da população elevando seu nível educacional. Foi relativamente há pouco tempo — nos últimos três anos — que a importância plena de transpor a brecha entre os (novos) imigrantes orientais e os mais antigos foi compreendida, sendo tomadas medidas especiais para agir contra o baixo nível educacional desses grupos (ver Cap. 7).

É do êxito final dessas medidas que depende a solução de um dos problemas mais cruciais do potencial humano israelense.

Ao mesmo tempo, com a contínua absorção dos imigrantes na economia, muitos dos problemas específicos dos novos imigrantes mesclaram-se com os problemas mais gerais do potencial humano israelense. O mais importante desses tem sido, como veremos de modo mais pormenorizado a seguir, a habilidade da economia israelense em desenvolver níveis mais altos e *know-how* profissional e tecnológico capazes de assegurar o avanço da economia israelense para um nível mais alto de desenvolvimento econômico.

É bastante paradoxal que o êxito relativo da economia em absorver muitos novos imigrantes em seus níveis mais baixos e médios, bem como principalmente através de canais mais velhos do empresariado, possa constituir um obstáculo muito importante para a consecução de tal avanço.

Impedimentos estruturais nos setores veteranos da população

Podemos passar agora à análise dos vários fatores que afetam os problemas do potencial humano e da produtividade dentro do setor veterano da população.

Aí se desenvolveram diversos problemas básicos — todos ligados às necessidades da economia em expansão de diferentes tipos do potencial humano especializado e de níveis adequados de especialização — e o quadro global é um tanto complexo. Por um lado encontramos um desenvolvimento contínuo de novas especializações, novas atividades econômicas e profissionais e novos empreendimentos — como mostram as Tabelas 29 e 30. Por outro lado, diversos obstáculos muito importantes desenvolveram-se em todas essas áreas.

O primeiro obstáculo é o da distribuição do potencial humano ocupacional. O problema central, como foi visto acima, é o contínuo crescimento de serviços — em especial daquilo que pode ser chamado de serviço administrativo — e a porcentagem relativamente pequena na manufatura e agricultura. Isso é até certo ponto um fenômeno natural em uma economia altamente desenvolvida — e em especial em uma que depende principalmente da importação de potencial humano. Há, contudo, um consenso um tanto geral de opinião entre os peritos de que esse desenvolvimento em Israel estendeu-se além do que pode ser chamado de expectativas econômicas normais. Ele distorceu o desenvolvimento ocupacional e retardou o desenvolvimento da produtividade pela concentração de uma parte demasiado grande do potencial humano nesses serviços e através da eficiência (conseqüente) relativamente baixa de muitos desses serviços.

As razões dessa superexpansão de serviços não são em geral meramente econômicas (tais como os grandes excedentes da importação na economia israelense), mas estão também relacionadas com fatores sociais e políticos. Os mais importantes desses parecem ser a grande procura de serviços públicos, o alto grau de politização e burocratização no governo e em muitas agências públicas, a proliferação continuamente em expansão de organizações burocráticas dentro dos vários partidos e organismos públicos e a conseqüente concorrência dessas diferentes organizações para assegurarem para si tantas posições quanto possível.

A isso é adicionada a necessidade de absorver um pessoal relutante ou incapaz de ingressar em outras ocupações e capaz de exercer pressão política ou semipolítica direta ou indireta, constituindo uma clientela potencial ou um grupo hostil do ponto de vista dos diferentes partidos.

Mas além dessas razões, a forte predileção por ocupações de serviço também foi grandemente influenciada pela composição ocupacional de imigrantes, por um lado, e por mudanças na motivação ocupacional, em especial no primeiro período do Estado, por outro.

Isso manifestava-se na tendência geral à mobilidade após o estabelecimento do Estado em direção dos serviços e das ocupações políticas.

Embora os últimos anos tenham visto mudanças em direção de atividades mais técnicas e profissionais, essas ainda não neutralizaram suficientemente a tendência anterior [16].

Obstáculos à produtividade no desenvolvimento de potencial humano profissional e no estado de espírito do trabalho

O problema específico analisado acima foi apenas parte

16. Uma análise econômica muito compreensiva deste problema pode ser encontrada em *Gur Offer Service Industries in Israel,* Conselho Consultivo para a Pesquisa Sócio-Econômica em Israel — em cooperação com o List Institute, Basiléia, julho 1964.

de uma estrutura mais ampla dos obstáculos estruturais à produtivização. Uma área na qual podem ocorrer obstáculos à produtivização é a da organização industrial.

Vimos que se desenvolveram muitos novos empreendimentos, em particular em direção a unidades maiores e mais complexas. Mas parece que esse desenvolvimento foi estorvado não só pelo desenvolvimento paralelo de unidades menores mas também pela inadequabilidade das técnicas de organização e gerência.

A falta de potencial humano administrativo e de tradição, os tipos específicos do empresariado que se desenvolveram em Israel — o de empreendimentos relativamente pequenos — combinados com tradições de unidades familiais e gerência, por um lado, e de vários empreendimentos "institucionais" (*kibutz,* Histadrut), por outro, com orientação e gerência políticas muito intensas, constituíram impedimentos importantes para um avanço a níveis mais altos de empreendimento tecnológico.

Foram feitas, de fato, muitas tentativas para transmitir habilidades e *know-how* administrativos e organizacionais — inicialmente pelo Instituto de Produtividade e depois pelo Centro de Gerência. Mas a eficácia dessas tentativas — cuja importância não deveria ser subestimada — foi amiúde enfraquecida por vários aspectos da política social e salarial analisados acima e também pela política econômica global que subvencionava empreendimentos independentemente de sua produtividade, acentuando antes sua função como fornecedores de locais de trabalho para novos imigrantes.

Nessa esfera, outro obstáculo crucial, que parece surgir continuamente é o do suprimento inadequado de pessoal administrativo, profissional e científico-técnico habilitado por um lado e a inabilidade da economia em absorver um pouco do potencial humano existente, por outro.

Estreitamente relacionada a isso está a tendência de "satisfazer-se com o disponível", com padrões inferiores de treinamento.

Esses problemas também se relacionam com a tentativa do governo e da Histadrut de agir contra o desenvolvimento de uma concepção mais diferenciada das atividades profissionais. Aqui também a política da Histadrut (e do governo) com respeito a diferenças salariais entre trabalho especializado e não-especializado e entre o manual e o intelectual pode ser relevante. Essa política tendia, por causa de suas premissas igualitárias, a favorecer os trabalhadores manuais estabelecidos, veteranos e especializados, em comparação com os grupos mais técnicos e profissionais.

Embora tal política não impedisse em geral o desenvolvimento de diferenças entre trabalho especializado e não-es-

TABELA 30. Formação de Capital Doméstico Bruto

	1950 (1)	1954 (2)	1958 (3)	1962 (4)	1964 (5)
1. Formação do Capital Doméstico Bruto	127,4	415,3	1 024	2 120	2 885
2. Produto Nacional Bruto (M.P.)	474,8	1 828,9	3 574	6 652	9 341
3. Excedente de Importação	100,7	367,1	624	1 368	1 649
4. Importação	—	—	1 046	2 802	3 952
5. Exportação	—	—	422	1 434	1 943
6. F.C.D.B. como porcentagem do P.N.B.	26,83	22,71	28,65	31,87	30,88
7. F.C.D.B. como porcentagem do excedente de Importação	126,51	113,13	164,10	154,97	174,95

Fontes: Colunas (1) e (2), Fileiras 1-3: D. PATINKIN, *The Israel Economy in the First Decade*, Jerusalém, Relatório do Projeto Falk, n.° 14, Falk Project for Economic Research, 1957-58.
Coluna (3): Banco de Israel, *Annual Report, 1963*, Tabela II-1, pp. 12-3.
Coluna (4): Banco de Israel, *Annual Report, 1963* e *Annual Report, 1964*.
Fileira 1: *Annual Report, 1964*, Tabela V-1, p. 67.
Fileira 2: *Annual Report, 1964*, Tabela II-8, p. 23.
Fileiras 3, 4 e 5: *Annual Report, 1963*, Tabela II-1, pp. 12-13.
Coluna (5), Fileiras 1-5: Banco de Israel, *Annual Report, 1964*, Tabela II-1, p. 9.

TABELA 30A. Recursos e Usos dos Recursos (Porcentagens)

	1950	1954	1958	1962
Despesa com o Consumo Privado	57,9	55,4	53,7	48,4
Despesas com o Consumo Governamental Geral	15,5	13,4	14,7	14,9
Formação do Capital Doméstico Bruto	24,1	21,4	21,8	21,7
Exportação de Mercadorias e Serviços	2,5	9,8	8,9	14,7
Subsídios sobre Exportações	—	—	0,9	0,3
USOS TOTAIS DE RECURSOS	100,0	100,0	100,0	100,0
Produto Doméstico Bruto	77,9	74,3	74,0	69,2
Importação de Mercadorias e Serviços	20,2	24,0	21,1	26,7
Impostos Líquidos sobre Importações	1,9	1,7	4,9	4,1
RECURSOS TOTAIS	100,0	100,0	100,0	100,0

Fonte: C.B.S., *The National Income and Expenditure of Israel, 1950-62, op. cit.,* Tabela 2, pp. 6-7.

pecializado, sempre asseverou que não era entretanto bastante sensível às necessidades de vários grupos profissionais e técnicos [17]. Também foi afirmado que essas políticas e a atmosfera organizacional restritiva de muitos empreendimentos fazem com que o potencial humano técnico fuja para o exterior onde pode facilmente encontrar condições muito melhores. Embora não exista nenhuma pesquisa exata sobre esses problemas, há muitas indicações de que tais alegações têm algum fundamento [18].

Uma manifestação mais geral de tais impedimentos estruturais pode ser encontrada na área do estado de espírito do trabalho, um assunto central de muitos debates públicos recentes.

A maioria desses debates mostrou não só que há um reconhecimento da existência desses problemas de modo geral mas que ele se relaciona estreitamente com o contexto integral das políticas sociais, econômicas e salariais da Histadrut. Embora haja apenas poucos estudos que analisem sistematicamente o efeito dessas políticas na produtividade — por sua própria natureza tais estudos não são fáceis de se fazer — há indicações de que existe em Israel uma taxa de benefícios adicionais em salários, embora esses não sejam necessariamente equilibrados da melhor maneira. A dificuldade em amarrar os aumentos salariais à eficiência aumentada, a prática de conceder *status* permanente após um período de experiências relativamente curto (de seis a doze meses), e a virtual impossibilidade de demitir empregados, podem ter efeitos prejudiciais no estado de espírito do trabalho. Podem também ter efeitos prejudiciais na mobilidade e flexibilidade do potencial humano e sua habilidade em se ajustar a uma tecnologia em expansão.

As políticas econômicas e sua relação com a produtividade

Entre os ulteriores e citados impedimentos à eficiência e à produtividade aumentadas, pode-se fazer referência à estrutura tributária com sua forte ênfase nos impostos diretos. Isso é de especial significação em vista do nível relativamente baixo de vencimentos e o escasso encorajamento dado aos setores profissionais e administrativos. Afirma-se que outro impedimento importante à eficiência é o controle político extenso e a conseqüente restrição exagerada da con-

---

17. Ver por exemplo o relatório no *Jewish Observer and Middle East Review*, 20 out. 1961.
18. Uma interessante linha lateral a esse problema é a importância das variadas atividades econômicas e técnicas em vários países africanos e asiáticos. Essas atividades fornecem oportunidades temporárias para potencial humano técnico, profissional e administrativo.

corrência econômica e outros mecanismos. Tais restrições à concorrência operam não só por causa da pressão das exigências trabalhistas mas também por causa da concorrência entre setores em que as considerações políticas são supremas; o sistema centralizado de dotação de recursos econômicos necessariamente multiplica a possibilidade de tratamento administrativo preferencial em geral.

Outra alegação comumente acentuada são as excentricidades da política de desenvolvimento. Os fundos públicos são não só distribuídos a algum plano de desenvolvimento importante que pode talvez ser desenvolvido apenas com financiamento governamental, são também às vezes dados — na forma de concessões — a vários investidores privados ou públicos em empreendimentos de duvidosa viabilidade econômica. Esse sistema amiúde dá origem a excessivas especulações, como por exemplo em terras onde os aumentos incontidos de preço têm sido muito freqüentes durante os últimos anos. Um dos resultados paradoxais dessa política — paradoxais especialmente do ponto de vista das orientações sociais ou socialistas da elite — foi a crescente tendência de dar tratamento preferencial e encorajar empreendimentos econômicos em larga escala. Parecia desenvolver-se aqui uma coalescência interessante entre os setores públicos e os empresários em larga escala dentro do setor "privado". A tendência do governo de controlar indiretamente a maior parte da economia, unida como estava ao abandono — após algumas tentativas iniciais de empreender ele próprio tais atividades — e a pressão do setor Histadrut, criaram uma situação na qual foi dada preferência aos grandes empreendimentos e empresários acima dos menores — mesmo os cooperativos.

Além disso, a rentabilidade e eficiência de muitos empreendimentos governamentais de desenvolvimento com freqüência foram submetidos a críticas severas pelo Superintendente Estatal.

A falta de coordenação adequada entre os diferentes ministérios econômicos, cada qual com sua própria clientela e direitos adquiridos, também é amiúde salientada como um fator obstruidor, como são também as contínuas modificações nos pormenores e execução da política econômica já mencionados acima.

As raízes sociais e ideológicas da relação entre políticas e produtivização

O que são então as raízes estruturais mais amplas de vários impedimentos à crescente produtivização?

Um dos denominadores comuns mais importantes pode ser encontrado na falta de desenvolvimento dos diferentes papéis ocupacionais econômicos — especialmente de produtores — sejam eles trabalhadores, gerentes ou trabalhadores profissionais. Como vimos acima, na maioria desses papéis as atividades ou metas intrínsecas eram de importância relativamente pequena e era sobretudo a sua contribuição aos valores e tarefas coletivas o que acentuava sua definição de papel. Vimos como essa abordagem podia realçar o desenvolvimento de vários critérios atributivos de pertencer a certas coletividades (isto é, a um partido, movimento ou colônia) como mais importantes do que critérios de realização de trabalho.

Essa abordagem transbordou de vários modos para muitas áreas de trabalho e poderia impedir grandemente o desenvolvimento de identificação e motivação ocupacionais. O problema tornou-se mais agudo com a crescente diferenciação da economia e a necessidade de mais potencial humano especializado e profissional, podendo afetar de modo negativo a possibilidade de um avanço a um nível mais alto e mais modernizado de desempenho e de desenvolvimento tecnológicos.

Tais influências negativas no avanço a níveis mais altos de desenvolvimento são também amiúde combinadas com alguns dos principais derivados organizacionais das principais orientações ideológicas e políticas na esfera econômica — a saber, pela tendência a regulamentações governamentais, administrativas, políticas internas variadas da economia, pela fraqueza de a longo prazo — em comparação com uma variedade de a curto prazo — considerações na formação e execução de tais regulamentos e pelas contínuas modificações nos pormenores e execução da política.

Uma fonte contínua de modificações e inconsistências na política econômica era a atitude ambivalente da elite para com aqueles aspectos do desenvolvimento, relacionados com o crescimento do consumo e especialmente consumo diferencial, que ia contra alguns dos elementos ascéticos e igualitários da ideologia oficial.

A contínua expansão do consumo com freqüência deu origem a tentativas de refrear — ou pelo menos taxar — alguns dos aspectos "extravagantes" ou "visíveis" de tal consumo. Enquanto que em alguns casos, com a imposição de impostos sobre viagens, as implicações econômicas diretas não fossem grandes — embora os limites fiscais de tais tentativas se tornassem muito rapidamente aparentes — em outros, tais como na elevação dos preços para serviços postais ou telefônicos ou impostos sobre carros, essas atividades amiúde enfraqueciam certos aspectos ou facilidades técnicas importantes do desenvolvimento econômico.

Essas atividades com freqüência solapavam a eficiência de tais serviços técnicos, desviavam a atenção dos criadores de políticas de alguns problemas técnicos cruciais (tais como o planejamento do transporte e cargas sofrendo sob a superlotação dos carros). Também aumentavam a tendência de deslocar cada vez mais semelhantes impostos para contas de despesas e as contínuas modificações da política exerciam provavelmente maus efeitos sobre os incentivos para economizar e sobre a possibilidade de um planejamento econômico de longo alcance realizado por vários empresários.

O planejamento da agricultura. Um exemplo crucial de impactos sócio-ideológicos sobre as políticas econômicas

Algumas dessas orientações ideológicas e sociais, relacionadas tanto com os setores mais antigos como com os mais novos da população, podem ser encontradas na agricultura e seu lugar no desenvolvimento econômico.

Já vimos que quando o Estado de Israel foi estabelecido a política agrícola continuou como antes. Durante pelo menos quatro anos (isto é, até 1952) a colonização agrícola continuou a toda velocidade — principalmente através de fazendas de família e de cultivo misto — em todo o país e em todo tipo de terra. A grande expansão da população no curso desses quatro anos também capacitou uma grande expansão da produção agrícola sem quaisquer quedas sérias de preços ou outras crises. O setor agrícola desfrutou um período de relativa prosperidade e é claro não havia a questão de rentabilidade.

De 1953 em diante apareceram os primeiros sinais de uma crise de saturação em quase todos os produtos de cultivo misto. Os lucros dos agricultores começaram a diminuir junto com os preços, e o governo teve de aumentar anualmente seu apoio direto aos agricultores no tocante a subsídios abertos ou encobertos.

Essa crise ocasionou uma revisão gradual nas políticas agrícolas do governo e da Agência Judaica. Em 1953 chegou a época de considerar mais os fatores econômicos (e não apenas fatores "naturais" tais como a disponibilidade de terra), tais como os custos alternativos dos produtos altamente avaliados do cultivo misto (que se averiguou serem mais altos do que o de outras safras). Também foram agora tomadas em consideração as diferenças de clima, fertilidade da terra e disponibilidade de água nas diferentes regiões do país, as vantagens da especialização e outros fatores.

A crise na produção do cultivo misto — e o reconhecimento das novas condições — trouxeram consigo o planejamento de outros tipos de fazendas com as seguintes características comuns: restrição das variedades do gado (e conseqüentemente da área sob safras de forragens) e do cultivo de verduras; e uma conversão para diversas safras de baixo valor industrial — principalmente algodão, açúcar e amendoim. Essa mudança nos padrões das safras trouxe consigo economia na água por unidade de terra, enquanto que a unidade de terra por família teve de ser aumentada. Outra necessidade das safras industriais é a produção em larga escala que se opõe aos padrões de colonização em pequenas unidades. As autoridades do planejamento não se submeteram a esse fator, uma vez que queriam continuar o cultivo por família. Tentaram, contudo, encontrar maneiras de concentrar áreas bastante grandes para o cultivo das safras industriais. A fazenda administrada, já mencionada acima, é uma dessas novas maneiras.

Não há nenhuma dúvida de que essa mudança na política agrícola do governo deteve a tendência descendente da rentabilidade agrícola, embora a necessidade do apoio governamental ainda não desaparecesse.

A saturação geral de produção agrícola dos últimos anos também causou uma mudança importante na política de colonização. Em contraste com o propósito geral de estabelecer tantos novos imigrantes quanto possível na terra durante o período mandatício, não se tenciona em geral, no momento, aumentar a força de trabalho agrícola (agora cerca de 12,5%).

Todas essas mudanças na política agrícola não foram efetuadas sem muito debate do qual grande parte não se limitava a aspectos técnicos e econômicos mas se estendia a muitos problemas ideológicos — tais como a importância da fazenda de família e sobretudo a importância geral da agricultura no sistema social e econômico de Israel. O ponto mais crucial desse debate foi alcançado quando o problema da rentabilidade agrícola em geral e das formas específicas de colonização (*kibutz* ou *moschav*) foi levantado. Enquanto alguns defendiam uma avaliação relativamente real dos vários problemas, outros asseveravam que as colônias agrícolas tinham de ser mantidas e expandidas — por causa de sua importância socionacional — acima de quaisquer cálculos de rentabilidade e que não competia às colônias absolutamente provar sua viabilidade. Embora semelhante visão extrema fosse raramente expressa, tinha certamente penetrado de um modo mais difuso em grandes áreas de planejamento agrícola.

Uma transformação muito interessante e significativa da política agrícola podia ser encontrada nos últimos anos. Uma das principais metas admitidas pela política oficial do Ministério da Agricultura consistia em manipular os subsídios e preços de tal maneira a fim de que fosse assegurado aos agricultores o mesmo uso ou nível médio de renda alcançado por outras partes da força de trabalho.

De acordo com essa política, não é a relativa produtividade ou rentabilidade da agricultura e sua contribuição à economia e ao crescimento nacionais que são as principais considerações. Tais níveis de produtividade ou rentabilidade são, por assim dizer, alcançados por outros setores produtivos e a principal meta da política econômica parece tornar-se o ajustamento da renda dos camponeses aos desenvolvimentos aparentemente independentes de sua própria contribuição direta.

Essa transformação da política dá à agricultura israelense um *status* político com respeito à certeza de certos níveis de renda — não dessemelhante do que pode ser encontrado em outros países, tais como os EUA — mas aqui em Israel com uma inclinação ou implicação ideológica e política muito mais forte.

Consumo em elevação. O calcanhar de Aquiles da economia israelense.

A análise precedente tentou mostrar alguns dos impedimentos estruturais à crescente produtividade da economia israelense.

Contudo, a produção em si não tem sido, como já foi indicado, o calcanhar de Aquiles da economia israelense. Quaisquer que sejam as limitações à sua expansão, tem havido uma contínua elevação na eficiência e no crescimento.

É bem verdade que a economia israelense enfrenta no campo da produção o problema de uma avanço bem sucedido a um nível mais alto de produção tecnológica e ainda não se engrenou à sua consecução. Mas ao mesmo tempo tem se desenvolvido continuamente dentro da estrutura de seu nível existente de capital, produção, produtividade e expansão física.

O verdadeiro calcanhar de Aquiles da economia israelense é o consumo. Tem sido o crescente consumo que devorou a maioria do aumento na produtividade.

Esses fatores têm sido continuamente acentuados pelo Banco de Israel, tanto em seus relatórios anuais como nos relatórios especiais que o diretor do Banco tem de submeter ao Comitê Financeiro do Knesset em época de tendência inflacionária.

Em todos esses relatórios, bem como nos estudos de pesquisas econômicas, tem sido salientado que o crescente consumo foi facilitado pela expansão do crédito e por restrições à inflação relativamente não-eficazes, contribuindo grandemente para a contínua brecha no equilíbrio comercial.

Tal consumo crescente é grandemente influenciado pela contínua elevação nos salários e no padrão de vida, por um lado, e pelo gasto público, por outro. A Tabela 31 mostra os desenvolvimentos nesse campo.

7. Organização e Estratificação Sociais

1. ORGANIZAÇÃO E ESTRATIFICAÇÃO SOCIAIS NO ISCHUV

Introdução. O problema e o cenário

Este capítulo analisará os padrões básicos da sociedade israelense. Vimos que um dos principais propósitos da ideologia sionista era criar um novo tipo de sociedade moderna — na qual algumas ciladas de outras sociedades seriam evitadas. À medida que se desenvolveu, entretanto, mais e mais problemas similares àqueles de outras sociedades modernas tornaram-se manifestos e emergiram grupos sociais e organizações diversificadas com diferentes estilos de vida, valores e tradições. As atividades que delas se cristalizaram devem ser avaliadas em termos das principais recompensas sociais: dinheiro, poder e prestígio. A sociedade israelense — como qualquer outra — defrontou-se, portanto, com os problemas de organização de posições sociais diferentes e distribuição de pessoas dentro dessas mesmas posições.

Este capítulo tentará analisar os aspectos da estrutura social de Israel a partir dos pequenos grupos "sectários" da primeira e segunda *aliot,* evoluindo para a estrutura social muito mais diferenciada do final da década de 30 e do início da de 40 do nosso século.

Em um importante aspecto o desenvolvimento da comunidade diferiu das sociedades normais, camponesas ou sociedades tradicionais, e até da maioria das sociedades colonizadoras: nas etapas iniciais de desenvolvimento as unidades ecológicas e as solidariedades atribuíveis básicas, tais como grupos de parentesco, divisões territoriais ou de classe etc., não constituíram o fator mais importante ou obrigatório a partir do qual os grupos mais específicos se desenvolveram e se cristalizaram.

Inicialmente, os grupos básicos dentro do Ischuv eram os vários grupos e seitas de pioneiros. Alguns grupos ecológicos do velho Ischuv existiram durante todo o período inicial e a maioria dos novos — quer colônias agrícolas quer novos conjuntos urbanos — eram em princípio ramificações dessas seitas, não desenvolvendo quaisquer tradições marcantes ou símbolos próprios de identificação.

Além disso, a natureza especial do movimento migratório para a Palestina determinou que inicialmente não se desenvolvessem quaisquer solidariedades imputadas intensas, tais como grupos de parentesco ou étnicos ou camadas sociais. Foi apenas muito mais tarde que tais coletividades diferentes — algumas vezes mais precisamente de um tipo especial — evoluíram e os cenários ecológicos assim como as solidariedades imputadas adquiriram alguma autonomia e tradição próprias. Mas até essas foram grandemente influenciadas pelas características das seitas de onde se originaram. A mais importante dessas características foi talvez a de que tais seitas e grupos foram orientados para complexas atividades sociais, econômicas, políticas e culturais que cedo superaram suas necessidades concretas.

Tendências de desenvolvimento nos setores "privado" e "trabalhista"

A partir dessas origens, a estrutura social do Ischuv desenvolveu-se em duas direções "tipo-ideal" que embora grandemente diferenciadas tinham algumas características comuns.

Uma delas pode ser observada nos estabelecimentos rurais e urbanos da primeira *aliá* e no que veio a ser chamado de setor "privado" do Ischuv. A segunda tendência desenvolveu-se a partir dos grupos mais sectários que compreendiam os campos de "trabalhadores". Entre as duas houve diversos pontos de encontro nas várias atividades culturais, educacionais e até profissionais.

Mas já na primeira e segunda *aliot* e embora temperado por sua orientação no sentido do serviço nacional e pelo desenvolvimento do setor trabalhista, o setor "privado" desenvolveu inclinações relativamente fortes para uma organização social "normal", isto é, baseada em consecução econômica e tradição familiar.

Isto deu maior ênfase aos grupos funcionais e aos pequenos cenários ecológicos, tais como *moschavot* e alguns dos bairros urbanos que desenvolveram símbolos tradicionais de uma solidariedade difusa. Mas, devido ao reduzido tamanho e à grande dependência de todos os grupos quanto aos recursos externos, até essas orientações eram fracas e não totalmente cristalizadas. As diversas organizações econômicas, profissionais e administrativas em desenvolvimento dentro dos setores privados estavam circunscritas pelo limitado escopo e pelas diminutas diferenciações desses grupos. Do mesmo modo, as várias associações voluntárias de cunho filantrópico ou cultural "local" que se desenvolveram também eram necessariamente de um escopo restrito, a não ser quando ligadas a princípios sionistas mais amplos.

Os padrões da organização social que se desenvolveram dentro dos assim chamados setores laboristas ou trabalhistas dos grupos sectários da segunda *aliá* e dos movimentos sociais da terceira foram de tipo marcantemente diverso daqueles descritos na seção anterior.

A cristalização de unidades ecológicas foi relativamente lenta neste setor. Mesmo nos *kibutzim* e *moschavim*, onde se desenvolveram identificações definidas com localidades, essas tradições encontravam-se a princípio fortemente incrustadas em um movimento mais amplo, não-ecológico, e em uma estrutura ideológica.

O mesmo ocorreu em larga medida com unidades e organizações mais especializadas, cujos propósitos eram, pelo menos inicialmente, encarados como metas pioneiras coletivas gerais. A filiação aos movimentos e seitas gerais era, pois, muito mais importante do que qualquer qualificação específica necessária à participação nos grupos especializados.

Tentativas de um desenvolvimento mais independente de cada organização foram fortemente desencorajadas dentro das seitas tanto mais quanto o desenvolvimento natural destes grupos tendia a produzir novas metas autônomas e evolver várias possibilidades de cooperação com diferentes grupos no setor privado.

Simultaneamente com essas tendências os grupos trabalhistas desenvolveram suas próprias solidariedades imputadas. Ao contrário do setor privado que baseava seus critério em parentesco, posse e realização econômica e educacional, aqueles do setor trabalhista eram principalmente baseados na filiação a seitas e movimentos, na experiência migratória comum em certa extensão, e na filiação e atividade políticas comuns. Foram de grande importância no desenvolvimento da estrutura social do Ischuv.

A estrutura dos principais papéis

Para compreendermos as características especiais da organização social do Ischuv de uma maneira mais completa, vale a pena analisar a estrutura dos diversos papéis, suas imagens e a maneira pela qual foram definidos pelos diferentes grupos e suas elites.

Novamente, as raízes dessas tendências e orientações existiam na ideologia pioneira básica, socialista e sionista e seus derivados.

A ideologia sionista inicial, comum em larga extensão aos diferentes ramos do movimento sionista, considerou o desenvolvimento completo de todas as funções ocupacionais, econômicas, sociais, culturais e políticas, como sendo penetradas por um espírito de identificação nacional, justiça social e igualdade.

Dentro dessa imagem o único papel real era o do pioneiro com sua dedicação básica às metas nacionais e aos movimentos pioneiros.

Exigências de maior autonomia para tais funções — sua reivindicação de prestígio, de competência técnica, ou de realização intrínseca e desempenho — eram freqüentemente desprezadas como transgredindo a pureza do papel pioneiro. Em formulações mais ideológicas essa carência de ênfase em qualquer tarefa concreta era vista como uma manifestação da falta de "auto-alienação humana", característica de muitas sociedades modernas, especialmente a capitalista. Em termos mais realístico-políticos desenvolvidos durante a terceira *aliá,* tais reivindicações de autonomia das diferentes funções eram tidas como debilitantes do fervor político e da identificação com as diversas seitas e partidos do setor trabalhista.

As orientações ideológicas contra tais tendências foram também grandemente reforçadas pelo medo da "normalização prematura" — como no caso da primeira *aliá.*

O temor da normalização prematura unido a fortes orientações ideológicas transparecem mais nitidamente em um dos papéis mais vitais do período — o do agricultor já cristalizado na primeira *aliá,* amadurecido no período da segunda e plenamente desenvolvido no período mandatício.

A característica mais importante desse papel "camponês" foi a desenfatização dos aspectos ocupacionais e "tradicionais" da vida camponesa, à custa da concepção mais elitista do trabalho agrícola como a principal expressão simbólica de pioneirismo.

Posteriormente, durante a terceira *aliá,* essas orientações elitistas foram consolidadas nos vários movimentos kibutzianos, que atribuíram maior importância à ortodoxia ideológica do que às atividades agrícolas ou ao modo de vida rural.

Embora os *moschavim* fundados durante a terceira *aliá* colocasse maior ênfase nas atividades agrícolas e na vida familiar, essas tendências faziam parte apesar de tudo da ideologia e do movimento sociopolítico.

Uma tendência semelhante, embora talvez menos intensa, desenvolveu-se dentro dos setores culturais e educacionais, onde o papel do professor era definido e desenvolvido de modo a incluir o ingrediente cultural na imagem geral do pioneiro.

Avaliação dos papéis

Intimamente relacionado à definição dos diferentes papéis estava sua avaliação e os níveis de *status* desenvolvidos nos vários setores do Ischuv.

Os critérios de avaliação no setor privado eram sob muitos aspectos critérios "usuais" de competência econômica e profissional com ênfase algo maior no *status* da família através da posição econômica e da linhagem familiar. Mas mesmo neste setor houve grande ênfase sobre as metas e serviços nacionais, embora várias das suposições básicas do grupo pioneiro fossem rejeitadas.

A situação diferia necessariamente nos grupos pioneiros e no setor trabalhista. Lá, o critério básico de avaliação de *status* era a devoção às tarefas coletivas pioneiras, sendo a principal recompensa o prestígio aos olhos da comunidade. Supunha-se que as recompensas materiais — e especialmente as recompensas *econômicas diferenciais* (e até prestígio e poder) — eram não só sem importância mas até perigosas e potencialmente destruidoras da solidariedade do grupo pioneiro.

Essas avaliações de atividades nos grupos "trabalhistas" e nas primeiras colônias foram, em sua forma pura, muito mais adaptados aos pequenos grupos de elite da vanguarda do que aos cenários amplos e funcionalmente diferenciados. Portanto, não foi por acaso que a mais completa manifestação desses critérios de avaliação se encontrasse nas colônias coletivas. Por causa disto, a manutenção destes critérios pelos grupos de elite dependia em grande parte da minimização dos aspectos ocupacionais e de *status* de suas orientações camponesas e da acentuação das orientações elitistas para a colônia e o movimento. Dentro desses grupos tais critérios e recompensas poderiam ser preservados em toda sua pureza.

É significativo que a ideologia não se ocupasse do problema do acesso a qualquer dessas funções. Sua suposição implícita era que o acesso a todas as funções — e especialmente à função do pioneiro — estava igualmente aberta a todos que desejassem assumi-las. Só posteriormente, com o crescimento da estrutura social do Ischuv, esse problema tornou-se importante e o fato de a ideologia predominante não estar preparada para enfrentá-lo é significativo.

A imagem da sociedade

Essas variações na estratificação social estavam intimamente relacionadas à imagem de uma sociedade desenvolvida por tais grupos e derivadas de sua ideologia básica.

A maioria dos elementos disponíveis limita-se a elucidar expressões ideológicas — necessariamente representando mais às do setor trabalhista do que às do privado.

As opiniões tais como são lá expressas dizem respeito mormente à sociedade "sem classes", composta de diferentes grupos e movimentos e ligada por aspirações e atividades comuns, na qual há muito pouca divisão de trabalho e pequena diferença em riqueza. Entretanto, essas imagens eram puramente ideológicas e utópicas, apresentando escassa conexão com a sociedade existente.

É significativo que nem nas ideologias básicas nem nessa imagem embrionária da sociedade houvesse qualquer referência aos problemas de distribuição de poder, ou do poder como base de *status social*. Esta omissão devia-se ao limitado alcance das colônias e grupos, aos fortes elementos utópicos de sua ideologia e ao fato de que os principais recursos da maioria dos grupos vinham de fora do Ischuv. Tal fato teve repercussões muito importantes no desenvolvimento da organização e da estratificação sociais.

Inter-relações entre a escala das coletividades, estrutura dos papéis e critérios de status

Os três aspectos mais importantes da organização social — a natureza das coletividades, a definição dos papéis e os critérios de *status* — tenderam a complementar-se entre si controlando as diferenças sociais incipientes.

Isso deveu-se a vários fatores. Um foi o grau relativamente pequeno de diferenciação na estrutura social do Ischuv, tendência reforçada pelo fato de que o Ischuv era naquela época composto de várias pequenas colônias e organizações "paralelas", permitindo desenvolver reduzida diferenciação econômica ou ocupacional. Pouca especialização ocorreu entre os muitos grupos semelhantemente compostos, mas diferentes, e mesmo as atividades dos organismos profissionais e culturais não estavam aparelhadas para quaisquer necessidades específicas exceto as de uma sociedade "futura". Só gradualmente se desenvolveu um inter-relacionamento mais concreto entre os vários grupos e com ele uma crescente mudança nas tarefas.

A segunda razão mais importante para as diferenças limitadas estava enraizada na ideologia do grupo pioneiro.

Historicamente, essas duas condições estavam intimamente ligadas. Entretanto, cada qual era mais fortemente operativa em um setor do que a outra e, portanto, seu desenvolvimento variou entre os setores e provavelmente influenciou desenvolvimentos posteriores na estrutura social do Ischuv.

As tendências iniciais deixaram sua marca em diversas áreas cruciais. A primeira característica importante, comum ao Ischuv assim como a muitos outros países colonizadores, foi a ausência de uma aristocracia. Isto devia-se não só à falta de tradição familiar particular mas também ao fato de grande parte da terra e do capital disponível estar investido em mãos públicas, freqüentemente no exterior. A segunda característica era a concentração da riqueza em várias organizações e organismos públicos. Em terceiro lugar, a forte ênfase igualitária na estrutura social do Ischuv tornou-se evidente até nesse estágio; e em quarto, lado a lado com o forte igualitarismo, havia também a ênfase sobre a elite intrínseca na imagem do pioneiro. Essa combinação teve muitas repercussões interessantes na estrutura e organização sociais do Ischuv.

A crescente diferenciação no período mandatício. Concorrência entre os setores. Padrões de associações voluntárias

Com o período mandatício a estrutura social relativamente homogênea tornou-se mais complexa, diversificada e distinta dos velhos tipos de seitas homogêneas e de pequenas comunidades ecológicas "subdesenvolvidas".

Com a crescente expansão econômica do Ischuv, desenvolveram-se muitas atividades ocupacionais novas — industriais, profissionais e de escritório. Estavam ligadas ao crescimento de cenários ecológicos mais diversificados, com os inúmeros tipos novos de organizações e grupos, e com o crescimento da interdependência dos diferentes setores do Ischuv. O aumento de funções autônomas e de grupos especializados assim como a crescente importância das recompensas monetárias e econômicas também influenciaram esse desenvolvimento.

O progresso criou novas tendências na distribuição de riqueza e poder, gerando crescentes diferenças entre grupos econômicos e entre grupos ocupacionais incipientes.

Concomitantemente, solidariedades imputadas começaram a se desenvolver no setor privado, baseadas em parentesco e em tradições ecológicas e ocupacionais, com ênfase mais difundida em critérios de *status* econômico, realizações ocupacionais e remuneração diferencial.

Dentro do setor trabalhista esse progresso constituiu um desafio às premissas pioneiras ideológicas básicas.

Para entender de uma maneira mais completa a diferença entre os setores deveremos analisar sucintamente as características de associações voluntárias no Ischuv e os padrões de mobilidade dentro dele.

As diferenças entre os setores são talvez mais claramente perceptíveis na natureza e desenvolvimento das diversas associações voluntárias. Os propósitos de tais associações eram múltiplos — culturais, literários, esportivos, recreativos, étnicos etc. Não dispomos a seu respeito de nenhuma estatística exata, mas sabemos que seu número era considerável. Um levantamento preliminar de associações voluntárias em Jerusalém mostrou que ao fim do período mandatício existiam cerca de 1 146 organizações voluntárias diferentes, classificadas a partir de simples sociedades de ajuda filantrópica a crianças e estudantes das Ieschivot até associações de amplitude nacional de diferentes tipos.

Havia muitas semelhanças nos objetivos oficiais das associações dos diferentes setores. Algumas das associações puramente filantrópicas ou culturais aliciavam seus associados em ambos os setores. Mas a maioria das associações centrais eram separadas e cada setor desenvolvia um padrão algo diferente de atividades e orientações. No conjunto o setor dos trabalhadores evidenciava as seguintes características:

a) A maioria de suas associações estavam intimamente relacionadas com vários movimentos e organizações sociais gerais (os movimentos trabalhistas, as organizações sionistas etc.) e partidos políticos, freqüentemente fazendo parte deles.

b) A maioria delas executava certas funções vitais dentro da comunidade, tais como tarefas de vigilância e defesa (como no caso da Haganá, a organização de defesa semilegal que consistia em sua maior parte de grupos voluntários), ajuda médica (a Sociedade Escudo Vermelho), bem-estar social, propagação da língua hebraica, ajuda aos estabelecimentos cooperativos, incremento do consumo de produtos locais, desenvolvimento de diversas atividades profissionais e culturais etc.

c) Devido a essas funções a maioria dos grupos estava intimamente ligada com as atividades centrais sociais e políticas da comunidade e seus centros de poder e influência.

d) A maior parte dos grupos considerava estar contribuindo para o ideal sionista de renascimento nacional.

Na maioria dos casos, exatamente como no sistema de valor dominante do Ischuv, havia geralmente uma pequena diferenciação entre aspectos e ideais sociais, políticos e culturais, embora um ou outro desses recebesse obviamente ênfase mais forte segundo o grupo.

A maioria dos grupos capacitava seus membros a participar na vida política e social da comunidade, fazendo-os sentir que estavam contribuindo diretamente para seu desenvolvimento e partilhando do seu poder e influência. Nessa conexão é importante notar que uma grande proporção da elite social e política participava mais ou menos ativamente em alguns desses grupos e exercia influência dentro deles. Assim as associações serviram de importantes pontos de encontro entre a elite e as camadas da população mais ativas social e politicamente. Através da participação nos grupos, os membros recebiam reconhecimento e prestígio na comunidade, estabeleciam e mantinham seu *status*.

O padrão estrutural das atividades das associações era algo diferente no setor privado e nos grupos de *status* inferior. Nesses setores a conexão entre o lado puramente "social" e a participação na esfera central da sociedade era muito mais fraca. Nas camadas superiores dos grupos de orientação puramente econômica existiam certas formas de atividades sociais, filantrópicas e culturais (por exemplo, lojas e clubes) através das quais interesses e orientação cultural mais amplos eram expressos sem que houvesse, necessariamente, um relacionamento estreito com grupos políticos. Nos escalões inferiores prevaleciam os organismos mais puramente sociais e em proporção havia pouco contato entre associações de diferentes camadas. É importante notar aqui mais uma vez, que apenas pouquíssimas associações "étnicas" desenvolveram-se neste período e que o alcance de suas atividades era mais ou menos limitado aos propósitos de ajuda mútua ou a comemorações de seus lugares de origem na Diáspora.

Padrões de mobilidade

A fim de que entendamos inteiramente a concorrência entre os setores, é essencial estudar os métodos de mobilidade, especialmente de mobilidade ocupacional, naquela época. Infelizmente, são escassos os dados sistemáticos e exatos desse processo e a análise deve por força basear-se sobretudo em informações estimativas.

Mesmo assim, destacam-se algumas características. Os dois fatos mais importantes parecem ser a extensão da mobilidade unigeracional (intrageração), especialmente entre a primeira geração de imigrantes, de um lado, e a extensão da continuidade intergeracional, de outro.

A medida da mobilidade intrageracional entre a primeira geração de imigrantes foi determinada principalmente pela contínua expansão econômica. Essa criou muitos canais de mobilidade ocupacional — deslocados especialmente das tarefas pioneiras relativamente não-definidas, tais como construção etc., para posições mais cristalizadas como as de operários industriais, funcionários etc. — que se desenvolveram tanto nos setores privados quanto nos operários.

É, entretanto, bem possível que tal mobilidade fosse algo menor no setor privado cujos membros se estabeleceram em posições mais "definitivas" desde o começo.

Dados disponíveis sobre a extensão intergeracional tendem a mostrar certo grau de continuidade entre o "ponto final de consecução ocupacional" dos pais e as aspirações ou realizações efetivas dos filhos — pelo menos até o estabelecimento do Estado, quando houve uma nova erupção de mobilidade.

A informação a respeito desse problema é meramente ilustrativa, mas indica que mesmo nessa época tendências incipientes no sentido de um certo "congelamento" da continuidade ocupacional intergeracional e uma cristalização inicial de grupos de *status* desenvolveram-se em todos setores.

Havia certamente diversos fatores atenuantes nessas tendências. Um era a ênfase contínua em ingressar nos *kibutzim* predominante em muitos movimetnos juvenis que orientavam alguns jovens — embora aparentemente uma porcentagem relativamente pequena — a estes estabelecimentos.

Em segundo lugar havia o fato que, devido à necessidade de defesa nacional — tais como a Haganá, Palmah e posteriormente a Brigada Judaica, houve um período de moratória ocupacional com jovens sendo tirados dos canais habituais aos quais tinham de retornar ou planejavam fazê-lo.

Conseqüentemente os problemas provenientes do crescimento da diferenciação social e da concorrência entre os setores também se tornaram aparentes no processo de mobilidade, aguçando consciências mútuas e concorrências dos setores.

Padrões de institucionalização da ideologia

Os líderes do setor trabalhista de várias maneiras aceitaram os desafios das crescentes diferenças sociais, algumas das quais já foram analisadas na seção sobre métodos de institucionalização ideológica onde foi esclarecido que a ideologia tornou-se institucionalizada em parte através da seleção de elites e em parte através da afiliação das elites com grupos pioneiros assim como pela distribuição simbólica do status de elite a colônias (ver Cap. 4, pp. 83-84, 92-93).

Surgiram problemas semelhantes em um nível organizacional onde havia contínua luta entre grupos profissionais e econômicos pela autonomia.

Os líderes trabalhistas ocuparam-se destas tendências de várias maneiras, tendo em mente o fato de que muitas organizações funcionais existiram dentro do setor trabalhista, que poderia "absorver" tais tendências para a autonomia embora conservando-as dentro dos limites da estrutura monolítica geral do movimento.

A habilidade da Histadrut em manter sua estrutura global foi bastante facilitada pelo fato de que estas organizações estavam em uma posição muito forte com respeito à distribuição de recompensas materiais e prestígio simbólico.

De interesse especial nesse contexto é o modo pelo qual os problemas relacionados com o desenvolvimento de trabalhadores industriais e a força de trabalho eram tratados.

Um organismo de trabalhadores industriais semi-especializados e especializados empregados em trabalho de construção, trabalhos públicos e agricultura, emergiu gradualmente. Isto aumentou bastante as atividades do sindicato do comércio dentro da Histadrut assim como o desenvolvimento de organizações específicas e "setores" que se ocupavam de seus problemas.

O nível organizacional estava equipado, segundo o desenvolvimento *dentro da Histadrut,* de setores especiais e organizacionais ocupando-se de problemas específicos em ambos os níveis, central e local. Ideologicamente, muitas tentativas foram feitas para definir os trabalhadores industriais como pioneiros individuais ou grupais cujos deveres e imagem não diferem grandemente daqueles do tipo do pioneiro mais antigo.

De igual interesse foram as únicas tentativas parcialmente bem sucedidas feitas para definir os vários papéis profissionais e as organizações de acordo com a imagem pioneira e dentro dos limites da estrutura do movimento.

Assim, professores eram comparativamente avaliados em alto grau enquanto um menor valor era atribuído às funções médicas e — menor ainda — aos advogados que apareciam como os menos relacionados com os objetivos coletivos. Embora não haja nenhum levantamento sistemático de dados disponível sobre o prestígio relativo das diferentes profissões no momento, a informação existente indica que, certamente em um nível "ideológico", a avaliação era verdadeira.

A função do trabalhador foi definida cada vez mais em termos coletivos de identificação social e política e, ainda menos do que no caso do pioneiro agricultor, em termos de contribuição ocupacional ou técnica.

Critérios de distribuição e organizações nos setores trabalhistas

Tentativas de institucionalizar a ideologia pioneira trouxeram à luz algumas das implicações estruturais e das contradições potenciais inerentes a essa ideologia. Tornou-se importante naquela época o acesso a diferentes funções e conseqüentes recompensas.

Embora a formulação oficial da ideologia pioneira acentuasse a importância do livre acesso de todos às tarefas pioneiras, uma intensa seleção era de fato praticada dentro delas. Isso era acentuado pela importância colocada nos associados nas diversas organizações coletivas e era inerente à natureza da orientação da elite. Com o problema crescente de adaptar a ideologia ao progresso da estrutura social, isso tornou-se ainda mais geral, recorrendo-se à distribuição de recompensas, aos padrões organizacionais dentro dos movimentos e aos diferentes modos de vida nos setores trabalhistas. Tais modos estavam baseados em filiação de diferentes grupos e movimentos de elite centralizados nas colônias comunais, nos movimentos juvenis e nos bairros de trabalhadores nas cidades, mas apresentavam poucas classes autônomas ou orientações de estratos.

Os líderes do setor trabalhista visavam à conservação da antiga homogeneidade dos critérios de *status*. A filiação nessas associações vinha a ser um meio importante de acesso às diferentes posições e riquezas.

A estrutura social no fim do Mandato. Diferenciação e ideologia sociais

No fim do período do Mandato, a organização e a estratificação sociais no Ischuv já eram muito mais complicadas do que nas etapas incipientes de seu desenvolvimento. Uma maior variedade de organismos coletivos existia, assim como grupos ecológicos, organizações funcionais, associações voluntárias, organizações de movimento amplo e de fraternidades, vários tipos de solidariedades atribuíveis latentes — e as diferenças entre cenários rurais e urbanos aumentavam continuamente.

Entretanto, emergia gradualmente um número maior de funções ocupacionais, políticas e culturais e grupos funcionais que, embora até agora embebidos nas definições coletivas e ideológicas da imagem pioneira, adquiriram crescente autonomia e começavam a atravessar seus setores coletivos iniciais. Como resultado destes desenvolvimentos, as diferenças nos modelos e modos de vida entre grupos cresceram.

A maioria dessas diferenças ainda eram pequenas comparadas às de outras nações modernas. Não obstante, áreas da classe inferior ou mesmo dos bairros miseráveis desenvolveram-se como, por exemplo, no bairro Hatikva de Telavive. Esses eram compostos em sua maioria de grupos de uma classe mais baixa e com um fundo educacional com leve orientação de pioneirismo.

A adesão às seitas da ideologia pioneira oficial como moldura principal para todos os desenvolvimentos sociais e a contínua expansão da estrutura social impediram tais desigualdades e os problemas sociais incipientes de serem totalmente percebidos; um subproduto era o lento, e inicialmente inadequado, desenvolvimento e reconhecimento do trabalho social.

Vários fatores não relacionados com o ideal de pioneirismo, tais como ocupações, profissões e educação começaram a assumir importância na organização e na estratificação e a determinar o *status* social e ocupacional de vários grupos.

De especial importância nesse ponto era o fato de que a quinta *aliá* acarretou não só crescentes diferenças econômicas e especialização mas também pleno reconhecimento das funções profissionais e administrativas.

Apenas dentro de alguns grupos orientais a relação entre posição ocupacional baixa e consecução educacional baixa tornou-se relativamente clara. Mas mesmo em outros setores a influência desses critérios cresceu continuamente e era apenas em parte compensada pela continuidade dos grupos de antigos pioneiros e também dos grupos de imigrantes trabalhadores.

Além disso, as tentativas feitas pelos líderes dos grupos ou dos trabalhadores para institucionalizar a ideologia deu origem a novas tensões e problemas, assim como a conseqüências paradoxais e involuntárias.

Entre essas estava a crescente e ainda não plenamente reconhecida importância do poder e das posições de poder no sistema de organização social e estratificação.

Poucas normas bem definidas, portanto, emergiram para

tratar da distribuição ou regulamentação do poder. A maioria das molduras econômicas e organizacionais constituía importantes posições de poder e a transição gradual do Ischuv de uma série de grupos relacionados em sua maioria por solidariedade "mecânica" e orientação ideológica para uma estrutura social mais diferenciada, necessariamente realçou as posições de poder e o valor desses grupos e empreendimentos. A crescente importância das posições de poder era só parcialmente alcançada pela natureza "federativa" da estrutura social expandida e pela preocupação contínua com o cumprimento dos objetivos coletivos. Isso naturalmente mudou com o estabelecimento do Estado.

2. ORGANIZAÇÃO E ESTRATIFICAÇÃO SOCIAIS NO ESTADO DE ISRAEL. TENDÊNCIAS EMERGENTES

O estabelecimento do Estado. As principais mudanças na organização social

Com o estabelecimento do Estado de Israel, as tendências, tensões e problemas de organização e estratificação sociais descritos na seção precedente foram lançadas dentro de um relevo maior. A independência nacional provou ser de muitas maneiras um ponto crítico no desenvolvimento e na cristalização, realçando diversos fatores de crucial importância:

1) O primeiro foi a crescente unificação dos diferentes setores com seus "sistemas" freqüentemente separados da estratificação e da organização social. Isso foi acompanhado por um enfraquecimento da autarquia relativa e da dissolução da natureza "federativa" de relações entre os setores.

Esta unificação foi causada pelo estabelecimento de uma estrutura política central e pela crescente importância de considerações políticas e critérios na distribuição de recompensas "materiais" e de prestígio [1].

2) O segundo principal desenvolvimento que influenciou a organização social foi o grande afluxo de novo potencial humano na forma de novos imigrantes, com suas peculiares formações sociais, culturais e educacionais e suas motivações especiais de imigração (ver pormenorizadamente o Cap. 5). Esse afluxo criou grandes problemas em termos de pressões sobre várias fontes, a extensão da mobilidade aberta a tais grupos e com inclinações para manter ou desenvolver seus próprios estilos de vida e tradições.

1. O crescimento em importância das considerações políticas globais nas distribuições de recompensas materiais foi mais claramente demonstrado pelo fato dos problemas importantes de política salarial assim como condições de trabalho terem sido decididos pelas autoridades políticas centrais em base mais ou menos nacional, tornando-se em conseqüência um ponto focal na luta política central.

3) Esse processo de absorção estava em estreita relação com o progresso econômico contínuo e com a diferenciação social e econômica. O verdadeiro estabelecimento do Estado com suas estruturas administrativas e políticas criaram novas posições ocupacionais e de prestígio, realçadas pela expansão da estrutura econômica e dando origem a novos papéis ocupacionais, organizações e padrões de mobilidade. Igualmente, emergiram novos problemas de mobilidade diferencial com respeito a velhos e novos imigrantes.

4) O quarto desenvolvimento principal foi a crescente importância do poder político como recompensa social, um critério de *status* social e posição, e como um meio de acesso a posições ocupacionais e econômicas mais importantes.

5) Tal desenvolvimento revelou também mudanças importantes em orientações de valor entre os diferentes setores, sendo o mais importante destes o enfraquecimento na perspectiva "futura" e, como substituto, uma crescente ênfase no presente com importante dimensão da ação social. A crescente ênfase foi portanto colocada em um espectro mais amplo de recompensas e na luta e concorrência por estas recompensas.

Isso modificou grandemente as relações entre os vários grupos e estratos da sociedade e afetou também os objetivos e valores coletivos principais. Um processo de ligeira dissociação surgiu entre tais objetivos e os domínios privados de muitos grupos (com exceção parcial de algumas das colônias com fortes orientações de elite) e a transferência dos referidos objetivos para organismos oficiais políticos e administrativos.

6) Todas essas tendências necessariamente aguçaram o conflito entre a ideologia pioneira oficial e o desenvolvimento da realidade social. O estabelecimento do Estado conduziu os portadores da ideologia pioneira-socialista ao poder, mas ao mesmo tempo uma nova realidade resultou de suas próprias políticas e sua mudança em uma elite dirigente.

A crescente diferenciação de papéis e organizações

Os processos descritos acima forneceram o fundo para o desenvolvimento na organização e estratificação sociais.

A tendência mais comum neste período foi a crescente mudança dos padrões predominantes (pelos quais várias funções da sociedade eram realizadas pelas mesmas pessoas em um dado grupo) através de um processo de ênfase gradual em tarefas separadas que se cristalizaram em papéis e organizações distintos.

Muitos empreendimentos industriais novos desenvolveram-se, trazendo com eles uma florescente classe profissional e administrativa e intensificando a diferenciação entre empregos técnicos, especializados e semi-especializados. Além disso, o exército e o serviço público forneceram exemplos evidentes de funções inteiramente novas ou anteriormente subdesenvolvidas.

Ocorreram desenvolvimentos semelhantes em outras esferas. No campo dos serviços públicos os negócios bancários foram grandemente expandidos e evoluíram novos setores, tais como o crescimento do comércio hoteleiro. Ocorreu também uma contínua expansão nas profissões mais antigas, tais como a advocacia, a medicina e o magistério. A engenharia e a arquitetura que não haviam se desenvolvido muito no período anterior cresceram rapidamente. As profissões relativamente "subdesenvolvidas", tais como o serviço social, também ganharam em importância. Além disso, havia uma inclinação constante para a profissionalização em muitas novas ocupações. Isto manifestou-se em uma crescente ênfase nos padrões educacionais formais para a consecução de níveis ocupacionais no serviço público, no exército e no comércio, assim como na crescente tendência de tais grupos em unirem-se em organizações profissionais relativamente autônomas.

Estreitamente ligado a isso, estava o desenvolvimento de novas formas de grandes organizações burocráticas, administrativas e econômicas — tendência essa que poderia também ser encontrada na agricultura. Embora oficialmente a unidade básica permanecesse a aldeia simples (*kibutz* ou *moschav*) uma parte importante do plano global era de fato dada pelas agências burocráticas centrais, como a Agência Judaica, e em bases regionais ou "seccionais" (isto é, movimento kibutziano).

O afluxo contínuo de população causou certa multiplicação de funções coletivas tanto em estabelecimentos agrícolas quanto urbanos.

Contudo, uma grande parte foi absorvida pela crescente especialização e diferenciação de facções. Além disso, lado a lado com a expansão do campo de ação da solidariedade "mecânica" de Durkheim, ocorreu uma forte mudança para uma estrutura mais "orgânica" com uma divisão de trabalho mais complicada.

Isso multiplicou o número de novas funções mas também intensificou as tendências para a autonomia dentro delas. Tal tendência foi a crescente ênfase nos padrões intrínsecos de qualquer papel, seja ele técnico, econômico, de lucro ou profissional. Isto aumentou bastante a importância dos papéis profissionais e administrativos, comparados à antiga preponderância global de orientações e funções de "movimento".

Entretanto, o resultado estrutural mais importante dessa crescente diferenciação ocupacional foi talvez o fato dela ter criado uma situação de irreversibilidade dos papéis ocupacionais. Ao contrário da ideologia pioneira original que admitiu que uma pessoa podia facilmente mudar seu papel ocupacional de acordo com exigências coletivas, o desenvolvimento econômico depois do estabelecimento do Estado fez com que o compromisso com um papel ocupacional se tornasse mais determinado.

As pessoas podiam fazer novo treinamento e o faziam, mas o tempo gasto e as exigências especializadas da maioria dos empregos eram tais que as possibilidades de contínua mudança em ocupações por adultos tornou-se mais difícil.

A crescente especialização ocupacional constituiu a mais importante brecha para a modernização econômica em Israel.

Todavia, todas essas mudanças e tendências para a diferenciação sucederam dentro da estrutura de uma sociedade relativamente pequena. Embora a população dessa sociedade tenha sido quase quadruplicada, desde o estabelecimento do Estado, seus números absolutos eram ainda relativamente pequenos em termos de comparação com outras facilidades modernas.

Esse fato teve, como veremos a seguir, muitas repercussões na própria direção dos processos de diferenciação, na sua repercussão estrutural e nas relações entre a elite e os grupos mais amplos da população.

Padrões de ocupação e mobilidade, padrões de nível de vida

Todos esses desenvolvimentos afetaram bastante a distribuição ocupacional, a mobilidade e os padrões de nível de vida das diferentes ocupações.

Os dados sobre a distribuição ocupacional e a mobilidade mostram uma dupla tendência de crescente diversificação ocupacional e novos canais de mobilidade, assim como crescentes diferenças ao acesso às várias posições por diferentes grupos "étnicos".

Quase todas as pesquisas indicam ser a educação o fator principal que explica o atual *status* ocupacional. Assim, por exemplo, a história ocupacional de uma amostra em exame [2] revela que o ingresso dentro do mercado de trabalho em Israel era tipicamente de ocupações manuais durante o período pré-Estado, sem levar em consideração o nível educacional dos principiantes, mas a porcentagem de principiantes "matriculados" nas ocupações manuais era inferior aos principiantes "não-matriculados".

2. Ver A. ZLEOCZOWER — materiais do trabalho de campo para — *Mobility Patterns and Status Conceptions in an Urban Israeli Setting.* Tese de doutoramento em filosofia, Universidade Hebraica, 1966.

A diferença entre os dois níveis educacionais a esse respeito tem aumentado constantemente:

Porcentagem de ingresso no trabalho manual

	1938	1947	1952	1958	1964
Não-matriculados	78%	79%	73%	68%	67%
Matriculados	52%	40%	32%	27%	23%

A pesquisa foi conduzida em uma amostragem de residentes de Haifa entre 25-55 anos de idade.

Esses dados mostram que quanto mais tempo uma pessoa permanecer no mercado de trabalho tanto menos mantém-se em ocupação manual. Isso é especialmente provado em indivíduos "matriculados".

Essa pesquisa revelou que cerca de 60% de todos os pesquisados permaneceram em 1964 na mesma classe ocupacional (manual ou não-manual) como seus pais. A mobilidade da intergeração era maior para os não-matriculados (cerca de 43% os que mudam) do que para indivíduos matriculados (cerca de 31%). Mais de 80% dos descendentes móveis (filhos em trabalhos manuais de pais em trabalhos não-manuais) são não-matriculados (comparados a 66% não-matriculados na amostragem).

O exame desses fatos revela o grande campo da ação geral da mobilidade — explicado principalmente pela contínua expansão econômica, embora sobressaiam algumas características especiais. Encontramos uma ênfase relativamente grande — comum à maioria das nações modernas — na mobilidade em direção aos escalões mais altos das ocupações profissionais e técnicas e, em alguma extensão, para os "altos negócios". Nos escalões médios encontramos um movimento limitado em direção às ocupações burocráticas freqüentemente concentradas em unidades comerciais de pequena escala, e uma maior tendência para ocupações especializadas e semi-especializadas que goza em grande escala do benefício de proteção do sindicato do comércio em Israel. Os dados sobre a mobilidade também revelam a contínua aglutinação entre ela e os países de origem.

Um padrão semelhante pode ser distinguido no progresso do padrão de nível de vida que abrange a maioria dos grupos da população.

Um aspecto interessante desse progresso é a crescente ênfase colocada no consumo, que causou a uniformização sempre crescente dos padrões de aspiração entre os diversos grupos cuja maioria começou a lutar pelos mesmos confortos materiais e rendas, tais como melhor habitação, rádios, refrigeradores, mobília etc. Tais benefícios materiais tornaram-se também importantes símbolos de *status* visivelmente ostentados em muitos casos.

Embora a manifestação mais extrema dessas tendências deva ser encontrada nos assim chamados "Círculos Dourados" da sociedade urbana, ela penetrou de alguma forma na maioria dos grupos e camadas, e o nível evidente de consumo tornou-se uma feição continuamente em expansão da vida israelense.

Muitos benefícios materiais, como habitação, educação e artigos relativamente escassos como refrigeradores, foram inicialmente distribuídos pelas diversas organizações político--coletivas, embora eles estivessem também disponíveis no "mercado aberto". As diferenças entre as "fontes" dos artigos tornaram-se relativamente imateriais com a crescente demanda de tais mercadorias intensificando a importância do mercado.

Os padrões de nível de vida de quase todos os grupos têm assim estado continuamente em elevação, embora em graus diversificados e o conseqüente aumento de exigências pelos mesmos tipos de mercadorias atravessam todos os grupos e setores com as mais extremas manifestações, sendo encontradas entre os grupos superiores do setor privado assim como entre algum dos executivos públicos.

Muitos desses aspectos de "alto nível de vida" foram, pelo menos indiretamente, ajudados pelo arrendamento territorial do governo, cujas taxas eram especialmente baixas para investidores estrangeiros ou locais, ou mais indiretamente através de vários subsídios. Esse fato auxiliou a legitimar as referidas tendências e padrões.

Crescentes diferenças em ocupações e padrões de vida

A crescente diversificação ocupacional e a expansão do padrão de vida levantou o problema do acesso às várias posições e aos diferentes níveis de consumo. Acentuou também o crescimento da renda e as variações entre ocupações diferentes e entre "mais velhos" e "novos", "ocidentais" e "orientais".

Uma análise dos dados sobre a mobilidade, principalmente na distribuição da população por ocupação, mostra a importância do país de origem e da antiguidade do estabelecimento em Israel. Ao determinar a distribuição, entretanto, a importância desses fatores não é igual em todas as profissões. Assim, por exemplo, há muito maior concentração na agricultura dos novos imigrantes da Ásia e África do que dos países europeus. A combinação do país de origem e da antiguidade do estabelecimento pode também ser encontrada de modo inverso na indústria, onde se encontram menos novos imigrantes dos grupos orientais em comparação com os recentes colonos. No trabalho de construção a mes-

TABELA 31. Despesas Mensais Médias para Consumo (excluindo habitação) da Família Judia Assalariada e a Porcentagem de Despesas de todas as Despesas para Consumo, de Acordo com Grupos Reais de Gastos (1959-60, 1963-64).

	Despesas em preços em vigor		Porcentagem de mudança			Porcentagem da Despesa do Consumo Total	
	1959-60	1963-64	Despesa Nominal	Preços	Despesa Real	Despesa Real Média Mensal	1959-60	1963-64
GRUPOS PRIMÁRIOS DE DESPESA								
Despesa Total para Consumo (excluindo habitação)	369	574	55	24	26	6,3	100,0	100,0
Alimento (excluindo frutas e verduras)	118	154	30	15	13	3,3	32,0	26,8
Frutas e Verduras	34	51	50	41	6	—	9,3	8,9
Manutenção e Orçamento Domésticos	33	48	43	23	16	4,0	9,1	8,3
Mobiliário e Utilidades Domésticas	35	62	79	20	48	11,0	9,5	10,8
Vestuário e Sapatos	44	66	48	13	31	7,5	11,9	11,4
Saúde, Educação e Cultura	54	93	70	35	26	6,3	14,7	16,1
Cigarros, Transporte e Serviços Pessoais	42	90	112	33	60	13,4	11,4	15,6
Impostos e Doações Organizacionais	8	11	45	—	—	—	2,1	2,0

Fonte: C.B.S., Estudo das Despesas Familiares 1963-64 (hebraico), Publicação Especial n.° 175, 1965, Tabela A, p. VIII.

ma combinação de antiguidade e origem reaparece, embora nesse caso os precedentes tenham mais peso do que os últimos. Assim é possível encontrar muitos novos imigrantes de origem européia nessa categoria, o que também se aplica à esfera comercial. O país de origem tem o maior peso no campo dos serviços públicos que contêm predominância numérica de população oriental, mas uma grande concentração da população aschquenazita no escalão médio e superior do serviço.

Algumas vezes a duração da residência é mais importante nesse índice seletivo do que o país de origem (europeu, em oposição ao Oriente Médio). Entretanto, em ambos os casos o processo de seleção no mercado de trabalho levou a uma concentração de novos imigrantes da Ásia e África nas profissões e ocupações mais subdesenvolvidas. Os colonos veteranos de origem européia dominam a esfera administrativa e profissional, e enquanto os novos imigrantes da Europa e América e os mais recentes colonos da África e Ásia ocupam posições intermediárias, os primeiros estão usualmente em plano superior aos últimos.

Um quadro semelhante pode ser encontrado com respeito aos níveis de consumo e padrões de vida (ver Tabelas 31 e 32).

Conseqüentemente, essa parcela da despesa total devotada à aquisição de alimentos declinou entre empregados judeus de 30,1% em 1950-59 para 26,8% em 1963-64 (nos preços de 1963-64), enquanto as despesas dedicadas à saúde, educação, cigarros, transporte e gastos pessoais estavam em contínua elevação.

Isso também ocorreu no que diz respeito aos bens duráveis. A porcentagem em Israel de famílias possuidoras de refrigerador elétrico subiu de 34% em 1958 para 70,8% em 1954. A porcentagem de famílias que têm fogões a gás e fornos para cozer e assar elevou-se de 35% em 1958 para 84,5% em 1964. O uso de máquinas elétricas de lavar permanece menos amplo, mas está também crescendo continuamente. Assim, em 1958 apenas 9,1% de famílias possuíam uma máquina de lavar e essa cifra subiu para 23,6% em 1964.

Um estudo de um número de outros itens apresenta um quadro semelhante:

rádio	1959	— 72,2%	1964	— 89,3%
vitrola	1959	— 11,8%	1964	— 20,9%
batedeira elétrica	1962	— 9,2%	1964	— 14,4%
aspirador de pó	1963	— 8,7%	1964	— 10,3%
automóvel	1962	— 4,1%	1964	— 6,9%

Fonte: C.B.S., *Statistical Abstract of Israel*, n.º 16, 1965, Tabelas n.º G/21, G/23, pp. 213-14.

TABELA 32. Índices das Despesas de Consumo das Famílias de Acordo com o Continente de Nascimento e Tempo de Residência em Israel dos Chefes de Famílias (média de 100)

Despesa por Continente de nascimento e tempo de residência em Israel dos chefes de famílias	Por Família		Por Pessoa	
	1959-60	1963-64	1959-60	1963-64
Despesa Média da População	100	100	100	100
Ásia e África	97	90	73	70
Europa e América	100	104	115	120
Israel	109	—	112	123
IMIGRADOS ANTES DE 1947	113	114	119	121
Ásia e África	104	96	84	82
Europa e América	114	118	127	131
IMIGRADOS APÓS 1948	86	92	85	85
Ásia e África	95	89	71	68
Europa e América	84	95	103	108

Fonte: C.B.S., *Study of Family Expenditures 1963-64*, op. cit., Tabela B, p. X.

Até esse ponto vemos que o padrão de vida em Israel tem estado constantemente em elevação. Por exemplo, nos anos de 1959-60 e 1963-64 as despesas reais por família aumentaram em 26% [3].

Esse aumento absoluto do nível de vida estava ligado ao decréscimo relativo em despesa para os nascidos na Ásia e África. Enquanto entre essa população as despesas por pessoa baixaram de 73% para 70% do consumo médio da população inteira, as despesas dos nascidos na Europa e América subiu de 115% para 120%, em comparação com os consumos médios *per capita* da população inteira.

Quadro semelhante manifestou-se com respeito a padrões educacionais e distribuição ocupacional. Uma comparação feita em Israel entre pessoas de origem asiática e africana com as originárias da Europa e América, revela uma concentração das primeiras em níveis educacionais inferiores. Em 1961, por exemplo, o investimento educacional *per capita* (em milhares de libras) era 2,4 para imigrantes da Ásia, em comparação com 3,9 para imigrantes europeus e americanos. A mesma discrepância aparece entre pessoas nascidas em Israel. O investimento educacional *per capita* para crianças de pessoas originárias da Ásia e África era 3,8 (mil libras), enquanto seu investimento para crianças de

---
3. *Study of Family Expenditures*, 1959-60. Primeiros resultados. The Central Statistics Bureau, Publicações Especiais, 175, 1965, pp. 7, 8.

pessoas de origem européia e americana era 8,9, como era seu investimento para filhos nascidos de israelenses natos [4].

Um estudo do desenvolvimento das tendências entre 1961 e 1963 indica que a soma total do investimento educacional para imigrantes da Ásia e África baixou de LI 2 400 para LI 2 400 *per capita* e que o investimento educacional para israelenses natos baixou de LI 7 300 para LI 7 000 *per capita*, o que tem sua melhor explicação no aumento em porcentagem da porcentagem das crianças da Ásia e África em meio a sua população.

Uma comparação parcial entre os dados de 1954 e 1961 [5] indica que enquanto o número de anos de educação adquirida pelos israelenses natos entre 15 e 29 anos de idade era de 8,1 anos em 1954, em 1961 o número de anos de educação relativo a *todos* os israelenses natos do sexo masculino era 10,2 anos.

Um acréscimo semelhante manifestou-se entre as mulheres israelenses natas.

Quanto aos imigrantes da Ásia e África, o número de anos de educação adquirida por homens de 15 a 29 anos aumentou de 5,1 anos em 1954 para 6,5 anos em 1961. Com relação ao número de anos de educação adquirida por imigrantes do sexo feminino da Ásia e África, aumentou de 3,6 anos para mulheres de 15 a 29 anos em 1954, para 4,3 anos para mulheres de *todas* as idades em 1961.

As porcentagens de aumento relativas a imigrantes de origem européia e americana são levemente menores do que as relativas aos israelenses natos.

Similarmente um esgotamento de empregados judeus — de acordo com a profissão, continente de origem e duração de permanência em Israel — indica uma diferença na distribuição de membros dos vários grupos étnicos entre as várias profissões. Israelenses natos e imigrantes de origem européia e americana estão empregados em profissões científicas, executivas e de escritório acima e além da média nacional. Por outro lado, imigrantes de origem asiática e africana estão empregados nessas profissões em um grau abaixo da média nacional. O quadro oposto emerge com respeito às habilidades semiprofissionais e trabalho manual (agricultura, construção, mineração, indústria) onde uma alta concentração de imigrantes de origem asiática e africana (comparado à média nacional) pode ser encontrada, com uma ocorrência correspondentemente baixa de israelenses natos e imigrantes da Europa e América [6].

De conformidade com esta tendência, por exemplo, a

---

[4]. Investimentos em educação e reservas humanas em Israel. Pesquisa do Banco de Israel, 23 de dezembro de 1964.
[5]. Padrões de educação. Escritório Central de Estatística, Publicação Especial n.º 66 (Tabela 11).
[6]. Fonte: *Statistical Abstracts of Israel*, 15, 1964, p. 274 (Tabela 16).

porcentagem de israelenses natos (sendo esta uma porcentagem do número total de israelenses natos) empregada em profissões científicas "profissionais" e técnicas aumentou de 18,5% em 1958 para 21,2% em 1963. As cifras correspondentes para imigrantes de origem européia e americana também mostram um aumento (veteranos: de 14,3% para para 16,6%; recém-vindos: de 11,1% para 14,4%). Por outro lado, a porcentagem de imigrantes de origem asiática e africana (do número total de tais imigrantes em Israel) empregada em posições executivas e de escritório diminuiu de 7,5% em 1958 para 7,1% em 1963, enquanto aumentava nas oficinas industriais e minas de 38,6% em 1958 para 42,8% em 1963.

Deve ser notado, entretanto, que nas profissões "profissionais", científicas e técnicas, com o propósito de que um padrão mais elevado de educação é necessário, a porcentagem de emprego de imigrantes de países asiáticos e africanos moveu-se na direção oposta, subindo de 3,9% em 1958 para 4,8% em 1963. A taxa de elevação é menor do que a taxa correspondente relativa aos imigrantes de outros países, que também indica uma tendência diferente.

Quanto aos imigrantes veteranos de países asiáticos e africanos, suas variações de tendências são exatamente opostas àquelas dos recém-chegados dos mesmos países (enquanto em 1958, 6,2% deles estavam concentrados entre as profissões em discussão, essa porcentagem desceu para 4,1% em 1963).

Uma pesquisa empreendida em 1960 sumariou os materiais pertinentes a esses problemas da seguinte maneira [7]:

Averiguou-se existir uma disparidade considerável entre as famílias israelenses em cada ano durante a última década. Enquanto metade das famílias mais pobres em 1957-58 receberam somente um quarto do total da renda, a metade mais rica recebeu três quartos. Apesar disso a desigualdade é mais reduzida do que a existente nos países da Europa Ocidental e é provavelmente a mais reduzida do mundo. Em grande parte, o fenômeno é devido à homogeneidade da população judaica da Palestina no pré-Estado e à sua forte formação ideológica. Desde o estabelecimento do Estado as coisas têm mudado e temos testemunhado um alargamento significativo da desigualdade, junto com um aumento na média real da renda da população. Esse é um processo contrário àquele que ocorre na maioria dos países desenvolvidos, onde a desigualdade tende a reduzir-se durante as últimas décadas. É razoável esperar o reverso dessa tendência em Israel com a completa absorção dos imigrantes, a difusão da educação e a remoção das barreiras sociais e econômicas.

Antes de tudo, quanto maior o período de residência em Israel de qualquer grupo tanto mais alta é sua renda. As diferenciações entre grupos de duração de residência são explicadas em parte pelo fato de que a composição ocupacional e o nível educacional dos novos imigrantes são mais baixos na média do

---

7. G. HANOCH, *Income Differentials in Israel*, Projeto Falk, Quinto Relatório 1959 e 1960. Jerusalém, 1961, pp. 117-19.

que o dos veteranos, com o resultado de que suas rendas médias são também mais baixas. Também averiguamos que as diferenças na composição dos grupos de duração de residência por países de origem conduz a rendas diferenciais. Há uma maior porcentagem de pessoas de origem asiática e africana entre os novos imigrantes do que entre os veteranos, e isso reduz a média de receita dos imigrantes. Esses fatores, porém, fornecem uma explicação apenas parcial para as rendas diferenciais de acordo com a duração de residência. Tais diferenciais também existem entre os assalariados, da mesma idade, que vêm do mesmo país e têm um nível semelhante de educação, ou pertencem ao grupo do mesmo emprego e *status* e ao mesmo grupo ocupacional. Além do mais, parece que as diferenças entre imigrantes que vieram durante períodos diferentes não desaparecem ou nem mesmo decrescem com a passagem do tempo, e em anos recentes elas têm aparentemente se inclinado a aumentar.

Há também rendas diferenciais consideráveis entre pessoas de diferentes países. Como tem sido exposto, pessoas de origem oriental têm rendas menores, enquanto pessoas do Ocidente, assim como os filhos nascidos de famílias européias, têm maiores rendas. A brecha no padrão de nível de vida entre estas comunidades é ainda maior do que a brecha nas rendas dos assalariados, como pode ser visto a partir dos dados sobre a renda e despesa *per capita*. Isso porque pessoas de origem oriental têm famílias maiores e precisam sustentar um número maior de filhos e dependentes. Além disso a brecha entre grupos de origem tem aumentado nos últimos anos, de forma que a renda real de pessoas de origem européia e americana tem subido consideravelmente mais do que a renda real e o padrão de nível de vida de pessoas originárias da Ásia e África. Por causa das mudanças extremas ocorridas na composição da população por continentes de origem, a desigualdade resultante das diferenciais por origem tendeu a alargar-se ainda mais do que essas diferenciais aumentadas. De fato, o rápido aumento na proporção do grupo afro-asiático que tem renda e padrão de nível menores, teria ampliado consideravelmente a desigualdade no total, mesmo sem qualquer aumento das diferenciais.

Além disso, a maior parte das diferenciais entre os assalariados nesses grupos é explicada pelas diferenças em estrutura etária, nível educacional e composição ocupacional. A média de duração de residência mais baixa entre pessoas de origem oriental é outra causa de suas rendas relativamente menores. Mas todos esses fatores não eliminam completamente as diferenças líquidas nas rendas baseadas em origem. Mesmo dentro de grupos de assalariados que chegaram ao país durante o mesmo período, que são da mesma idade e têm a mesma educação, ou pertencem ao mesmo grupo de *status*, serviço e camada ocupacional, existem diferenciais líquidas do tipo descrito. Entretanto, parece que essas diferenciais, e particularmente as da educação, são muito mais estreitas nos grupos com maior duração de permanência. Podemos então concluir que mesmo se existisse algum tipo de discriminação direta entre os imigrantes dos países orientais e ocidentais, ele seria eliminado no decorrer do tempo, quando os recém-vindos tornarem-se veteranos. Entretanto o *status* econômico relativo dos grupos orientais é diminuído devido aos seus níveis educacionais baixos e sua falta de treinamento ocupacional apropriado.

Comparando as diferenciais nas médias com a desigualdade total entre famílias, indivíduos ou assalariados, verificamos que

apenas menos da metade dessa desigualdade pode ser explicada
através desses fatores.

Quanto à comparação da disparidade dentro dos grupos,
averiguou-se que ela é maior entre afro-asiáticos e novos imigrantes do que entre europeus-americanos e veteranos, mesmo
depois do ajuste por diferenças ocupacionais e tamanho da família. Após eliminar uma estimativa das variações transitórias
da renda, verificou-se que veteranos europeus têm uma desigualdade mais reduzida do que os outros grupos. Parece que os
novos imigrantes da Ásia e África sofrem de uma instabilidade
considerável no fluxo de suas rendas, acrescido a suas baixas
rendas médias e padrões de nível de vida.

Mudanças de critérios de status; *enfraquecimento das
orientações elitistas*

Os desenvolvimentos nas diferenciações ocupacionais e
o crescimento nos padrões de nível de vida estavam nitidamente ligados às mudanças significantes no campo da avaliação de *status*.

Em muitas esferas e em muitas ocupações emergiu um
grau mais elevado de insegurança de *status* do que o esperado em uma sociedade diferenciada moderna. Isso tornou-se evidente nas incertezas sobre os critérios de avaliação
a serem aplicados às diferentes atividades e ocupações.

Talvez o melhor ponto de partida para uma análise
dessas mudanças é o desenvolvimento da imagem do pioneiro
em que ocorreu um enfraquecimento geral, especialmente da
ênfase sobre o "estabelecimento" pioneiro. A vinculação a
essa imagem e seus derivativos, entretanto, não enfraqueceu,
sofreu pelo contrário uma série de transformações.

A transformação maior foi a rejeição difundida progressivamente por diferentes grupos do direito em cada grupo em
particular — sejam eles membros da colônia ou da elite política — de monopolizar tal imagem. Assim, militares, profissionais, industriais e outros grupos passaram a reivindicar
também a glória de ser pioneiros com iguais contribuições
a alguma meta comum.

Muitos grupos rejeitaram as limitações sobre recompensas inerentes às premissas elitistas de pioneirismo ou o direito
de um grupo em particular monopolizar a distribuição de tais
recompensas. Tal relutância progrediu não obstante às muitas tentativas feitas pela elite política em exercer os referidos
direitos e manter seu monopólio, freqüentemente através de
ação política e legislativa, a fim de estabelecer critérios relativamente rígidos e uniformes segundo os quais as diversas
profissões de *status* e recompensas devessem ser distribuídas.

As relações entre os valores e pioneiros e ascéticos e as
orientações também pioneiras enfraqueceram com os primeiros transformando-se em uma base para exigências dos vários
ganhos do *status*.

O desenvolvimento descrito acentuou tipos de recompensas — econômicas, de prestígio e políticas — e deu ênfase à consciência dos diferentes grupos para as possibilidades de tais recompensas.

Mudanças na estrutura e organização dos kibutzim. Consumo e produção

Todas essas mudanças necessariamente afetaram muito todo o sistema de estratificação do Ischuv e enfraqueceram especialmente seus componentes e orientações elitistas. Por isso, antes de analisar as repercussões de todos os novos desenvolvimentos nos campos da organização e estratificação sociais, vale a pena descrever as mudanças ocorridas nos centros dessas orientações de elite — o *kibutz* e o *moschav* — e seu lugar na sociedade israelense. Muitos desenvolvimentos modificaram o lugar dos estabelecimentos na sociedade israelense.

Várias das tarefas nacionais, tais como defesa e colonização no desempenho das quais as colônias e especialmente os *kibutzim* basearam sua reivindicação de *status* de elite, foram assumidas por agências estatais. O mesmo se aplicou em escala ainda maior na absorção dos novos imigrantes.

O enfraquecimento de suas posições de elite foi muito acentuado pela ruptura entre os movimentos kibutzianos ocorridos na recente década de 50. Ao mesmo tempo as colônias tiveram de adaptar-se às crescentes diferenciação econômica e especialização.

Lado a lado com esses fatores externos ocorreram muitos fatores internos de mudança.

Essas alterações eram múltiplas. Uma das principais evoluções nesse setor foi a transição de grupos de jovens (homens e mulheres) para comunidades estabelecidas de unidades familiares de meia-idade, acompanhada de uma camada de pessoas idosas, pais de membros ou membros idosos e pessoas aposentadas. Ao mesmo tempo havia contínuo aumento nos grupos da segunda e até terceira geração nascida e educada no *kibutz*. Por esse processo, a população do *kibutz* mudou de uma população uniforme para uma diversificada, e de uma jovem para outra de média etária mais elevada.

Por sua vez, as mudanças afetaram os principais valores institucionais do *kibutz*, isto é: 1) igualdade — "distribuição de recompensas de acordo com as necessidades e trabalho de acordo com a capacidade"; 2) simplicidade e consumo modesto; 3) trabalho manual; 4) produção e consumo coletivos; e 5) direção por democracia direta.

Essas tendências são claramente discerníveis com respeito à distribuição de bens de consumo aos membros das colônias. O método original de distribuição elaborado para um alto grau de uniformidade entre categorias amplas de membros na base de idade e de sexo e igualdade assegurada nas mercadorias que um membro recebia. Mas mesmo esse método já passou por cima do princípio de "todos de acordo com suas necessidades", ou, mais corretamente, nos estágios iniciais dos *kibutzim* foi dada a interpretação de necessidades iguais a todos.

Por volta de 1960 o método dominante de distribuição que funcionava na maioria dos *kibutzim* repartia verbas anuais iguais, caracterizadas como uma certa soma monetária aos seus membros e dentro dos seus limites cada membro tinha carta branca para obter mercadorias no armazém geral do *kibutz* no valor da soma imputada.

As principais mudanças resultantes desse método de distribuição dizem respeito ao princípio de uniformidade no consumo. Esse princípio declinou na transição de "norma" para "verba pessoal". Uma mudança importante também ocorreu no grau de autoridade imposta pelos membros do *kibutz* a si próprios. O método de verba pessoal inferia que o *kibutz* distribuía somas relativamente significativas e diversos artigos do estoque para consumo, o que também aumentou o raio de ação da escolha individual.

Na esfera da produtividade constante mudança vem ocorrendo; movendo-se do trabalho agrícola e manual como objetivos em si próprios, para crescente aceitação de realizações materiais e daí para o estabelecimento de diversificação agrícola e fábricas industriais diretamente para acentuação da rentabilidade de uma empresa.

Outra alteração estrutural revolveu a distribuição de posições diferentes para membros do *kibutz*. De acordo com os valores gerais do *kibutz,* os membros alternavam seus deveres e era esperado que executassem uma tarefa específica só por um período limitado. Não deveria resultar, portanto, nenhuma identificação entre um membro e qualquer tipo especial de trabalho. Esse arranjo sucumbiu quando surgiu a necessidade de especialização por diferentes pessoas adaptadas às diversas demandas. Um grau crescente de estabilidade funcional desenvolveu-se na maioria das ramificações, exceto naquelas que exigiam, de um lado, qualidades centrais, administrativas ou, de outro, baixo prestígio e funções de serviço. Atualmente até esta distinção foi suprimida. Posições de liderança, muitas das quais são distribuídas através de eleições, ainda se alternam — mas entre um pequeno grupo de membros. As principais tarefas nas divisões de serviço — cozinha, lavanderia, armazém geral, creche e escolas — estão sendo preenchidas pelas mesmas pessoas por crescentes períodos de tempo. Só combinações para trabalho no Schabat, à tarde, e outros deveres adicionais são organizados por rodízio. Esta mudança comprovou ser um ponto estrutural decisivo porque precisava de uma redefinição de muitas tarefas de sentido mais especializado. Deu-se prioridade às necessidades e demandas da estrutura econômico-funcional e não à pessoa que preenche a tarefa, nem às pessoas ou grupos que são seus usuários. A crescente identificação e continuidade entre os diferentes grupos de trabalho desenvolveu-se e tendências distintas de racionalização, especialização e centralização emergiram, especialmente nos *kibutzim* mais antigos.

Há muitos fatores atenuantes derivados dos valores totais do *kibutz*. O trabalho é visto como um propósito em si mesmo como é a presteza em trabalhar sem tempo limitado, tal como oito horas por dia. Por isso, quando as condições o exigem, os *kibutzim* estão prontos a subordinar interesses econômicos a considerações mais amplas sociais e econômicas, delegando membros experientes para ajudar os *kibutzim* mais jovens ou a participar dos papéis de elite — tais como no governo ou no exército.

Uma questão central aqui é o problema do trabalhador assalariado nos *kibutzim,* o que é estritamente proibido pela ideologia kibutziana. Entretanto, como a maioria dos *kibutzim* se expandiu economicamente e sofre de uma constante escassez de potencial humano, as colônias não têm outra escolha a não ser a de usar o trabalhador assalariado encontrado nos arredores. Porém, nenhuma espécie de legitimação existe para isso, nem mesmo do ponto de vista nacional, de prover trabalho para os desempregados. O emprego de ajuda assalariada nos *kibutzim* é um resultado da necessidade premente e, não tendo *status* legitimado, cria uma anomalia bastante real.

Muitas tentativas têm sido feitas a fim de encontrar soluções mais adequadas para a escassez de potencial humano, tais como estabelecendo *ulpanim,* combinando parte do tempo-trabalho como parte do tempo-estudo e oferecendo hospitalidade e trabalho por um pequeno salário a grupos de crianças citadinas abandonadas. Tem também muito valor desse ponto de vista o trabalho em colônias de férias, onde crianças da cidade e membros dos movimentos juvenis voluntariamente contribuem com suas férias para trabalhar nos *kibutzim*. Não obstante, isso continua a ser um dos problemas mais difíceis no *kibutz*.

Lado a lado com esses desenvolvimentos internos vários tipos de novas atividades econômicas têm aparecido provando que o *kibutz* é capaz de grande flexibilidade em muitos campos. Embora não existam cifras exatas, estimativas seguras indicam que cerca de uma centena de empresas industriais se estabeleceram nos *kibutzim* — a maioria de tamanho médio ou pequeno exigindo altos níveis de competência técnica. Algumas das maiores empresas têm como sócios diversos *kibutzim* na mesma região ou o movimento kibutziano — e em alguns casos o capital privado é mobilizado. A maioria dessas empresas está no ramo de madeira e mobília, alimentação, metal e indústrias plásticas, abrangendo uns 30 ou 40% da produção total dos *kibutzim*.

As organizações e empresas regionais ocupam-se de várias necessidades de serviço. Há instituições educacionais comuns (especialmente ensino secundário e seminários) e várias empresas econômicas, de *marketing* e industriais, muito bem sucedidas nos casos em que os *kibutzim* que empregam o serviço pertencem ao mesmo movimento político.

Mudanças na organização social interna do kibutz

Alterações semelhantes ocorreram na direção interna do *kibutz*.

Com o aumento de filiados e do desenvolvimento, a direção do *kibutz* tornou-se complexa e multiforme, de tal modo que a "assembléia geral" de membros empregada no passado perdeu muito de sua competência e autoridade operantes. Embora a assembléia geral seja ainda a maior autoridade para a maioria dos membros, ela agora serve como fonte de informação e meio de comunicação, sob a influência de especialistas e funcionários administrativos eleitos, cujo propósito é tomar decisões.

O campo das relações familiares, em seu todo, igualmente modificou-se no *kibutz*. No início, a maioria dos *kibutzim* tentou diminuir as funções familiares. Era crença que enfraquecendo-se a unidade familiar o *kibutz* seria fortificado e que a identificação direta da segunda geração com o *kibutz* seguir-se-ia automaticamente. Hoje, entretanto, cada vez mais os *kibutzim* estão dando à família funções e valores novos. Embora na maior parte dos *kibutzim* as crianças não durmam ainda em casa, elas estão, no entanto, mais ligadas aos pais. Acredita-se agora que, se a criança se identifica com a família e essa com o *kibutz,* ela se identificará com ambas igualmente, fortalecendo assim o último.

Isso tornou-se também evidente na importância crescente do consumo "privado" ou familiar de refeições (especialmente chás à tarde, lanches etc.) que cada vez mais estão sendo preparadas em quartos particulares onde também ocorre um entretenimento mais informal [8]. O refeitório principal continua a servir como centro de todas as princi-

---

8. Uma inovação recente interessante nessa esfera é o estabelecimento, em muitos *kibutzim*, de cafeteiras comunais que tentam restaurar o consumo mais público, mas em base mais pessoal e informal do que em um refeitório.

pais refeições diárias e especialmente para ocasiões festivas (sábados e feriados).

A educação é a mesma para todas as crianças no *kibutz*. Todas têm de concluir a escola secundária mesmo não tendo aptidão acadêmica. Só após o término da escola secundária, são enviadas as melhores dotadas a fim de receber uma educação superior, retornando freqüentemente para tornarem-se professores do próprio *kibutz*.

Em geral a segunda geração permanece no *kibutz* e identifica-se com seus ideais. Há algumas exceções: alguns da jovem geração preferem estabelecer seus próprios *kibutzim* novos, sentindo que esta é a única maneira de realizar seus valores pioneiros. Outros deixam os *kibutzim* pela cidade como resultado de conflitos ou com o *kibutz* ou com seus pais, ou a fim de alcançar fora um padrão de vida mais elevado, profissões especializadas e "melhores". Mas a maioria da jovem geração permanece e continua o modo de vida de seus pais, tomando parte integral em todas as atividades.

A crescente importância dos moschavim e as mudanças em sua estrutura interna

Não menos importante do que as alterações ocorridas nos *kibutzim* com o estabelecimento do Estado é o fato de que ao mesmo tempo os *moschavim* ganharam preponderância sobre os primeiros, revertendo a situação do período pré-estatal.

Como forma de colônia para novos imigrantes, os *moschavim* provaram ser melhor sucedidos do que os *kibutzim* para os europeus e, ainda mais, para os imigrantes orientais. Uma das principais razões desse êxito é a sua maior flexibilidade, sua reduzida ênfase em princípios ideológicos e elitistas e a importância por eles dada ao chamado, a princípio, aspecto "intrínseco" ou "estrato" da classe agrícola.

Com o início da imigração em massa tornou-se imperativo, por razões econômicas e de segurança, estabelecer grande número de imigrantes na terra disponível, passando por cima dos motivos ideológicos. A maioria desses novos imigrantes não escolheu voluntariamente dirigir-se para lá, mas foi enviada pelas autoridades de colonização. Mas dentro da estrutura geral eles tiveram escolha relativamente grande. Apesar de esforços consideráveis, o *kibutz* não conseguiu atrair imigrantes suficientes porque eles careciam de passado ideológico sem o qual a vida no *kibutz* é inexpressiva. Nem poderia o *kibutz* adaptar-se às necessidades dos imigrantes. Os *moschavim* então absorveram o grosso da imigração rural e conduziram-na para a agricultura. Assim, enquanto em 1948 havia apenas uns 60 *moschavim* no Ischuv, por volta de 1953 havia 180, dos quais 109 eram compostos exclusivamente de novos imigrantes. Dúzias mais têm se estabelecido desde então. Em 1957, 70% de novas aldeias eram compostas de imigrantes orientais, em comparação com 30% de europeus. Embora o movimento kibutziano estabelecesse várias novas colônias compostas principalmente de veteranos e soldados desmobilizados imediatamente após 1948, tem desde então estado geralmente na defensiva — tanto com respeito ao número de estabelecimentos quanto à população.

Em 1965 havia 367 *moschavim* em Israel, contando com 124 102 membros. Destes, 83 eram *moschavim* "veteranos" contando com 28 194 membros e 284 *moschavim* novos (a maioria é de *moschavim* de imigrantes) com um total de 95 908 membros.

70% da população do *moschav* em Israel pertence ao Movimento do Moschav (influenciado pelo Mapai e pelo Rafi) e os outros *moschavim* estão divididos entre Hapoel Hamizrahi, Haihud Hahaklai, Haoved Hatzioni, Poalei Agudat Israel e Hitahdut Haicarim.

No mesmo ano havia 230 *kibutzim* e *kvutzot* com um total de 80 939 membros. Destes, 135 eram *kibutzim* veteranos contando com 61 528 membros e 95 novos *kibutzim* com um total de 19 411 membros (a maioria israelenses e grupos de fora).

Do número total de *kibutzim,* 74 pertencem ao Hakibutz Hartzi (Mapam), 76 ao Ichud Hakibutzim e Kibutzot (Mapai e Rafi) e 581 ao Hakibutz Hameuhad (Ahdut Haavodá). Os outros estão divididos entre o Hapoel Hamizrahi (Mafdal), Haoved Hatzioni e o Poalei Agudat Israel. Apenas cinco *kibutzim* não estão ligados politicamente a nenhum movimento.

O movimento do *moschav,* tendo triplicado em tamanho, também sofreu importantes mudanças internas, originadas em primeiro lugar nas aldeias de imigrantes, nas quais vários novos subtipos de *moschav* evoluíram. Alguns destes processos por sua vez influenciaram o setor veterano, cada vez mais suscetível aos desenvolvimentos globais nos setores sociais, ideológicos, econômicos e políticos.

A mais completa mudança diretamente devida às colônias de imigrantes é, sem dúvida, o aparecimento do trabalhador assalariado, incluindo o trabalhador árabe. Esse fato foi causado pela ausência da ideologia do pioneirismo e socialismo entre os novos colonos do que pelas novas circunstâncias internas e externas.

O fator mais importante, entretanto, é sem dúvida a situação ecológica. A maioria das novas aldeias está em áreas montanhosas, áridas ou semi-áridas, inadequadas para a agricultura mista característica das colônias mais antigas, mas boas para o cultivo de vegetais, pomares de frutas ou plantios industrializados. Essa transformação agrícola resultou em uma curva de trabalho irregular e particularmente em requisitos periódicos muito pesados que não podem ser cumpridos pela família do trabalhador, sozinha. Ulteriormente, tornou-se imperativo recorrer ao trabalhador assalariado devido à ausência de seleção demográfica prévia das famílias de colonos. As aldeias, conseqüentemente, incluem famílias onde falta suficiente potencial humano mesmo para uma agricultura mista mais equilibrada e que precisam solicitar ajuda externa, ou uma mecanização mais intensa, ou ambos.

A curva de trabalho irregular já afetou outro princípio do *moschav*, isto é, aquele segundo o qual o colono deveria ganhar sua vida por si só e principalmente da agricultura. A existência de longas estações de inatividade implica a necessidade de considerável trabalho externo — tendência reforçada pelo desenvolvimento lento e pela baixa renda das novas fazendas. Essa situação intensifica-se com o crescimento das crianças, que não têm nem uma fazenda própria nem podem herdar a de seus pais, mas que estão simplesmente vinculadas à aldeia e desejam continuar vivendo nela. Muitas famílias têm conseqüentemente se tornado apenas em parte agrícolas, e muitas aldeias contêm uma grande população não empregada localmente. O problema da integração desse elemento dentro da comunidade tem criado grandes dificuldades.

A diferenciação social tem também aumentado na esfera administrativa. No antigo *moschav* os funcionários eram eleitos por um período determinado, ou combinando seus deveres com o cultivo ou retornando às suas fazendas depois de completado seu serviço público. Turnos de deveres eram em geral curtos e de ampla rotação. Agora a crescente complexidade de problemas municipais e econômicos, junto com a retirada progressiva da proteção nacional à agricultura, combinaram-se para requisitar especialização administrativa e criação de diferentes "burocracias". Nas aldeias veteranas esses funcionários quase permanentes são ainda membros da comunidade, embora comumente não sejam agricultores. Nas aldeias de imigrantes, entretanto, eles não são em sua maioria membros dos estabelecimentos, mas são ou representantes das agências de absorção e colonização, ou simplesmente funcionários assalariados de trabalho.

O *marketing* nas aldeias de imigrantes sofreu também mudanças importantes. Originalmente, todo o setor agrícola cooperativo estabelecia e utilizava uma firma comercial cooperativa conhecida como Tnuva. Essa servia como agente comercial para o produtor, retendo este último toda responsabilidade pela qualidade do produto e o risco do excedente. Contudo, a crescente complexidade e a burocratização afrouxou os laços entre as aldeias e seu agente, as relações entre o agricultor e a Tnuva tornando-se cada vez mais formais e com interesses freqüentemente conflitantes.

Colonos imigrantes têm amiúde encontrado dificuldade no cultivo e na seleção de expedição, ou na produção estritamente classificada, e têm estado relutantes em correr o risco de perda. Por isso a necessidade de estabelecer uma agência comercial adicional (Nuv, da qual a Tnuva é uma associada) surgiu, comprando o produto por atacado, cuidando da seleção e da classificação e assegurando o equilíbrio comercial. O comércio tornou-se, pois, muito mais diferenciado e destacado da produção.

Porém, outros tipos de comercialização também se desenvolveram nas novas aldeias, ao lado dos modelos oficialmente sancionados. Em alguns, todo comércio é individual, com os colonos vendendo ou a atacadistas ou diretamente no mercado. Em outros o comércio é organizado através da aldeia cooperativa, mas não necessariamente através da Nuv ou Tnuva. Finalmente, combinações desses sistemas freqüentemente operam em uma aldeia, de acordo com as temporadas, ou ramificações diferentes. Essas tendências podem ser traçadas por razões culturais, sociais e práticas: a maioria dos novos colonos não professa nenhuma ideologia específica de cooperação, alguns até mesmo achando isso contraditório e abusando de suas responsabilidades individuais e da autonomia; algumas aldeias — principalmente as compostas de grupos tradicionais heterogêneos — são simplesmente incapazes de manter uma simples organização social global; muitos acham a Nuv menos flexível, lenta nos pagamentos e oferecendo piores condições do que outros canais; finalmente, os colonos amiúde visam à comercialização através da aldeia cooperativa como tal, porque isso incapacita o *moschav* para deduzir dos seus membros os débitos e taxas do produto da venda.

Obviamente todas essas formas de comercialização "irregular" são combatidas pelo movimento do *moschav* por razões ideológicas e pelas agências colonizadoras, por motivos econômicos e administrativos. A comercialização completamente individual é combatida com um vigor especial, pois essa forma é associada pelo movimento à desorganização social e considerada como debilitante das bases da aldeia cooperativa. Também cria dificuldades na coleta das taxas internas — especialmente naqueles lugares onde não há senso cívico e disciplina — e assim afeta o escopo e a norma dos vários serviços mantidos pelo *moschav*.

A esfera social é outro campo no qual as aldeias de

imigrantes têm desenvolvido novas características importantes. Originalmente, o *moschav* baseava-se em membros cuidadosamente selecionados, com laços íntimos e intensa identificação com os valores igualitários e pioneiros comuns. A nova imigração e a política de cadinho de raças da colonização, combinada para produzir aldeias, são amiúde ideologicamente variadas e culturalmente heterogêneas. Um alto grau de integração social, ajuda mútua e responsabilidade ainda existem nos *moschavim* tradicionais. Tais *moschavim* são, entretanto, uma pequena minoria, sendo a maioria das aldeias orientais compostas de grupos conflitantes. As novas aldeias européias, embora tendo uma cooperativa e estrutura municipais viáveis, são freqüentemente mais uma espécie de associação do que uma comunidade. Essa perda de laços comuns, processo em que a cooperação torna-se uma técnica mais do que um valor, afeta vagarosamente também o setor veterano.

Politicamente o *moschav* clássico baseava-se em pura doutrina democrática e prática, tanto na eleição de funcionários quanto em suas responsabilidades. Esse padrão de governo interno foi largamente assumido nas novas aldeias com tradições ocidentais. A população oriental, contudo, acha a democracia estranha, sendo que sua organização política predominante baseava-se em critérios tradicionais de idade, sexo, afinidade e liderança religiosa. Esses *moschavim* são, portanto, ainda freqüentemente influenciados por princípios patriarcais, com famílias e grupos de parentesco formando a unidade política e estruturas de referência, constituindo os mais velhos a elite política. O resultado decorrente é uma variação caleidoscópica de diferentes misturas das combinações tradicionais democráticas do governo local.

Mudanças globais na posição estrutural do kibutz *e do* moschav *na organização social israelense*

As mudanças vitais ocorridas nas colônias obviamente afetaram sua posição na estrutura social global do país.

Internamente o *kibutz* e o *moschav* têm mostrado grande flexibilidade e adaptabilidade, consideradas em sua habilidade de absorver a maioria dos desenvolvimentos anteriormente descritos, assim como no desenvolvimento dos novos ramos de economia — especialmente industriais — e em sua aceitação dos vários arranjos regionais.

Assim, tanto dentro dos *kibutzim* quanto dos *moschavim* desenvolveu-se uma adaptabilidade de grande alcance e uma capacidade de inovação. Mas a natureza e o escopo daquelas tendências inovadoras variavam grandemente entre os dois movimentos. Dentro dos *kibutzim,* a capacidade de inovar era determinada dentro dos limites da legitimação ideológica. Na medida em que as novas atividades puderam tornar-se legitimadas pela ideologia, eram aceitas e, mais ou menos completamente, institucionalizadas. Foi apenas com relação ao trabalho assalariado e a alguns empreendimentos regionais que foi praticada a evasão ideológica.

Dentro da unidade do *moschav* houve, por outro lado, uma tendência ao que pode ser chamado de uma segregação entre a esfera ideológica e a prática. A democracia oficial mais antiga permaneceu ao todo bastante inalterada, mas inteiramente segregada dentro da liderança do movimento.

Isso permitiu um grau muito maior de adaptação na prática — mas uma adaptação de inovação que mais uma vez era bastante segregada e não relacionada com os campos ideológicos. Mas a flexibilidade do *kibutz* não deveria ser subestimada. O *kibutz* continuou a formar uma parte muito importante da sociedade israelense e seus valores coletivos provaram ser um contínuo centro de discussão e agitação social e ideológica. Não era mais porém o único repositório dos valores e símbolos nacionais.

Alguns dos elementos da orientação elitista ainda persistiram — como por exemplo, o fato de que a maioria dos líderes de grupos de trabalhadores vieram dos *kibutzim*. Mas no total o alcance e importância dessa seleção nas posições de elite tem diminuído grandemente — como tem diminuído a importância das colonizações como o principal reservatório do potencial humano do pioneirismo.

Em vez de manter posições estruturais cruciais como reservatórios de elite, as colônias — e em especial os *kibutzim* — tornaram-se um símbolo dos principais valores do pioneirismo e uma arena de experiências sociais significativas.

Ao mesmo tempo, contudo, a orientação em relação às posições de tal elite foi adotada por várias atividades culturais e políticas.

Essa autopercepção, embora não afetasse sua flexibilidade para com oportunidades viáveis, afetou a atitude das colônias para com o "mundo externo". O *kibutz* sentiu uma falta de apoio suficiente por parte do Estado e das agências do governo. A não-imposição de atividade de movimentos juvenis nas escolas e a política de estabelecer a Nahal apareceram para depreciar o *status* pioneiro do *kibutz*. Seus membros também sentiram que lhes estava sendo distribuída menos do que a parte que lhes cabia de terras aráveis. Além disso, o movimento kibutziano declarou que o governo não estava preservando suficientemente os valores pioneiros acalentados como parte da imagem do Estado.

Começaram a ser feitas exigências para tratamento especial com base em suas condições pioneiras pelos grupos colonizadores. Suas reivindicações eram de dois tipos interligados. Uma era para receber benefícios materiais especiais em termos de subsídios, verbas especiais, isenção de taxas etc. A segunda — de implicação estrutural e social mais ampla — estava à procura de posição e proteção legais especiais dadas pelo Estado.

Foram feitas exigências e propostas de uma legislação especial pelo Knesset que dariam efetivamente poderes legais especiais às colônias e seus movimentos. Enquanto os membros seriam capazes de apelar à Suprema Corte contra tais decisões, o julgamento seria em grande parte tirado da jurisdição efetiva do Estado, dando às colônias extraterritorialidade "legal" parcial e reduzindo ao mínimo os foros de acesso direto pelos membros às instituições legais do Estado. Tais propostas enfraqueceriam necessariamente a continuidade do elemento voluntário nas colônias e tenderiam também a fortalecer os elementos e orientações político-burocráticas mais amplos.

Essas duas leis envolveram a estrutura dos movimentos interessados (*kibutzim* e *moschavim*) e foram, dentro deles, aceitas por uma grande maioria. Em ambos os casos houve, contudo, alguma resistência à lei dentro e fora do próprio movimento.

No movimento do *moschav* houve uma resistência relativamente forte feita por um grande grupo de pessoas que se organizou dentro da estrutura da "Organização para a Preservação dos Direitos Básicos dos Membros do *Moschav* em Israel". Essa organização recebeu apoio da Associação dos Fazendeiros, do Herut e dos partidos liberais, ao passo que a maioria dos outros partidos, a Histadrut e seu Centro Agrícola, opôs-se a ela. Desse modo, a discussão em torno da lei do *moschav* tornou-se em grande parte uma batalha política pública. Os partidários da lei proposta viam nela uma garantia para a preservação do modo de vida do *moschav* e a oportunidade de ajuda através da lei na prevenção de "desvios" desse tipo. Os que rejeitavam a lei, viam nela um regulamento que afrouxaria os alicerces voluntários do *moschav* dando autoridade ao movimento ou à cooperativa à custa da liberdade do indivíduo.

A discussão em relação à lei foi mais limitada no movimento kibutziano devido às orientações coletivas proeminentes prevalecentes nesse setor, mas também ouviu-se a alegação de que a lei preserva os direitos do movimento mais do que preserva os direitos do indivíduo.

Ainda é difícil predizer em que medida essas propostas podem tornar-se lei. Entretanto, o fato de terem sido redigidas por um comitê chefiado pelo Ministro da Justiça, apesar da forte oposição por parte de alguns elementos do *moschav*, indica sua força.

Mudanças nas concepções de status. Aspirações ocupacionais

Essas múltiplas mudanças no sistema de organização local em geral e o enfraquecimento e a mudança de suas orientações elitistas em particular tiveram muitas repercussões no sistema de *status,* na sua evolução e percepções. Isto pode ser visto de muitas maneiras — uma das quais foi a das aspirações ocupacionais.

A pesquisa sobre as aspirações ocupacionais dos jovens no período do Ischuv indica forte ênfase na agricultura e em outras ocupações "pioneiras". Na década de 50 desenvolveram-se tendências das mais variadas.

Um dos poucos estudos sistemáticos disponíveis nesse campo analisa algumas dessas mudanças [9].

Investigações sondaram a hierarquia das ocupações, tal como foi percebida pelos membros inquiridos (hierarquia subjetiva), bem como a mantida pelo público (hierarquia objetiva).

Essa pesquisa mostrou que a parte superior da "hierarquia objetiva" inclui a maioria das profissões acadêmicas e aquelas que retêm o poder na esfera política (membros do parlamento e diplomatas, mas não políticos profissionais ocupando um degrau um tanto baixo na escala). No centro há um grupo diversificado de categorias profissionais, inclusive aquelas caracterizadas como capazes de permitir um alto padrão de vida, tais como banqueiros e industriais, ou ocupações ligadas a habilidades artísticas no sentido amplo do termo (pintores, músicos) e funcionários da classe social intermediária quer no governo quer em empregos particulares. O trabalho manual está na parte inferior da escala, em particular as ocupações que não envolvem treinamento extenso. Talvez a mais importante indicação dos valores modificados que vieram com o Estado seja o fato de que o trabalho agrícola quer o executado no *kibutz, moschav* ou *moschavá,* moveu-se para a parte mais baixa da escala. Em geral, um acordo maior foi encontrado em relação às profissões incluídas nas quartas partes inferiores e superiores da escala do que às que se encontram no centro.

Até uma maior uniformidade de opinião foi encontrada na posição pessoal (ego) sobre a classificação de prestígio das diferentes profissões. Contudo, também aqui, essa unidade não é a mesma com respeito a todas as partes da hierarquia. Por razões já mencionadas, as diferenças de opinião reaparecem em relação às profissões no centro da escala.

9. A pesquisa empírica na qual se baseia essa análise lida com as várias tendências na escolha da vocação prevalecente em 1957-58 em uma amostra do jovem urbano do sexo masculino em Israel. Constitui parte de "Tendencies in occupational, choice among. Israeli urban youth de M. Lissak. Tese de doutoramento, Departamento de Sociologia, Universidade Hebraica, 1963, em que se baseia a presente apresentação.

Comparações entre as duas hierarquias são especialmente interessantes e mostram correlações muito altas, assim como desvios sistemáticos, do centro da identificação. Assim, por exemplo, o membro do *kibutz* e o mecânico são sempre colocados em posição mais alta na hierarquia "ego" do que na "pública", enquanto o banqueiro, o advogado e o rabino são colocados mais abaixo. A tendência também existe entre as classes mais baixas da população pesquisada e atribui prestígio mais alto às profissões na quarta parte inferior da hierarquia objetiva. Por outro lado aqueles nas classes superiores tendem a desprezar as ocupações menos importantes.

Verificou-se que existia um acordo substancial na população estudada sobre os critérios para o êxito na sociedade israelense. Embora houvesse várias exceções, a ordem de importância encontrada foi a seguinte:
1) Padrões pessoais (qualificações individuais, talento, educação etc.).
2) Meios econômicos.
3) Ligações sociais.

Esses achados parecem insinuar uma mudança de valores entre a geração mais jovem relacionada a um grau de prestígio vinculado a diferentes ocupações.

As investigações revelaram quatro critérios básicos que determinam a estratificação da sociedade israelense: 1) o fator econômico, 2) profissão ou ocupação, 3) educação, 4) poder político.

Critérios típicos do período pré-Estado, como "serviço" em uma estrutura coletiva (realização individual) e "modo de vida pioneiro", parecem ter perdido sua proeminência e são agora de importância secundária.

Ao mesmo tempo, entretanto, o estudo indica um grau relativamente alto de incerteza desenvolvida na percepção e avaliação de ocupações diferentes.

Uma indicação muito importante de tal incerteza parece ser a discrepância significativa entre a própria avaliação de ocupações de cada um e a posição percebida dessas ocupações no apreço público, tal como foi relatado no estudo.

Mudanças na colocação estrutural e avaliação das diferentes profissões

A mudança na importância relativa das diferentes ocupações é bem ilustrada pelas mudanças em sua colocação e avaliação [10].

---
10. A análise aqui feita deve muito a vários escritos de J. BEN-DAVID sobre as profissões em Israel e em especial à sua tese de doutoramento em Filosofia, "The Social Structure of the Professions in Israel", Universidade Hebraica, Departamento de Sociologia, 1956.

Embora tanto o magistério como a medicina fossem aceitos em graus variados dentro da estrutura do "movimento" do Ischuv, tendo desenvolvido ideologias profissionais de acordo com os valores coletivos, o mesmo não aconteceu com a profissão legal.

Não temos dados adequados sobre a oferta ou procura em períodos diferentes e seria apenas lógico presumir que isso também influenciou, pelo menos até certo ponto, a avaliação, ou na melhor das hipóteses, o poder de "persuadir" das diferentes profissões. Mas as principais mudanças estruturais e ideológicas na posição das diferentes profissões — e algumas repercussões da estrutura dessas mudanças — podem ser discernidas.

Desde o estabelecimento do Estado de Israel, a tendência geral da maioria das profissões tem sido a de acentuar a importância do treinamento técnico e profissional e a responsabilidade individual. Apenas no magistério essa tendência foi, até certo ponto, inversa. O magistério continuou a ser considerado oficialmente como uma tarefa pioneira onde o espírito geral e a abordagem certa eram mais importantes do que as qualificações formais.

Não obstante, o *status* social do professor deteriorou-se rapidamente e a brecha social entre ele e a elite política e administrativa, ou outras profissões, parece estar em crescimento. Em contraste com os professores, os médicos reagiram às condições cambiantes do Estado com uma campanha vigorosa pelo reconhecimento de seu *status* profissional. A Associação Médica Israelense tem lutado muito mais abertamente do que o usual nas associações profissionais ao defender e incrementar os interesses econômicos e do *status* de seus membros.

Mas talvez a mudança mais dramática tenha sido a ocorrida no *status* marginal do advogado. Como a lei era considerada como não pertencente propriamente à estrutura semi-autônoma do Ischuv, o *status* do advogado era bastante marginal.

Com o estabelecimento do Estado, o *status* da profissão legal mudou com inesperada rapidez. Ela não só foi incorporada à estrutura social do Ischuv, mas tornou-se uma profissão altamente respeitada. O judiciário ganhou uma posição de independência e respeito que o advogado veio a partilhar com o tempo. O *status* da profissão legal subiu e sua coesão interna e moral foram fortalecidas.

Esse desenvolvimento culminou com o estabelecimento em 1962 da Ordem Israelense dos Advogados, que tem um grande poder legal de supervisão — tais como o controle da admissão à profissão e jurisdição sobre o comportamento profissional e ético.

Em outras profissões também ocorreram exigências de

pré-requisitos educacionais mais altos, tentativas de reconhecimento legal e organização associada. Essa tendência desenvolveu-se entre algumas das profissões "mais antigas" — engenheiros, assistentes sociais, técnicos e contadores — e também entre muitas profissões novas, tais como economistas e psicólogos.

Muitas profissões tornaram-se organizadas com admissão regulamentada pela lei. Algumas, tais como a Associação Médica e em grau menor a de engenheiros, têm recebido certo grau de organização associada — embora menor do que a dada à Ordem dos Advogados.

Repercussões da insegurança de status. *Desenvolvimento de associações voluntárias*

As inseguranças de *status* e a conseqüente mobilidade de aspirações tiveram muitas repercussões estruturais manifestas na procura de novas funções e organizações que serão tratadas adiante. Nesse estágio devemos examinar um importante campo de desenvolvimento estrutural, o das associações voluntárias.

As mudanças mais importantes nesse campo, depois do estabelecimento do Estado, parecem ter sido as seguintes:

1) a multiplicação de associações puramente sociais entre muitos setores e grupos sociais;
2) um declínio muito forte nas associações semivoluntárias que haviam realizado várias atividades cívicas na comunidade, ligado a um relativo crescimento de associações puramente filantrópicas;
3) a transformação de muitas dessas associações em grupos de pressão para forçar os corpos governamentais na concessão de várias facilidades;
4) desenvolvimento de vários novos tipos de associações e grupos.

Entre os últimos foram encontrados os seguintes:

1) variações de clubes sociais, cujas atividades geralmente combinam atividades de lazer com conversas e discussões sobre assuntos de interesse local ou de natureza intelectual;
2) clubes ou grupos ideológicos interessados em desenvolver uma orientação intelectual na sociedade contemporânea, ocupando-se com vários problemas do sionismo, governo, educação etc.;
3) clubes formais combinando discussões ideológicas com orientação política mais ou menos explícita, almejando algum grau de influência na vida política do Estado.

Poderia não ser inoportuno mencionar alguns grupos (tais como o Schurat Hamitnadvim) que visam dar novo ímpeto ao serviço voluntário, melhorando as relações com novos imigrantes e combatendo a corrupção, burocracia oficial e apatia geral na vida pública.

As novas associações diferiam em diversos aspectos das existentes durante o Ischuv: em primeiro lugar, com exceção de algumas, os grupos ideológicos não estavam relacionados com nenhum movimento social ou partido existentes etc., e geralmente acentuavam sua dissociação de tais grupos. Mesmo aqueles com fortes tendências ativistas (como o Schurat Hamitndvim) tentaram atrair adeptos dos vários partidos políticos e desse modo cortar o caminho deles; em segundo lugar, a maioria dos grupos tornava-se desligada da elite. A elite, por sua vez, separou-se e formou seus próprios grupos. A composição dessas associações refletiu as várias incongruências e inseguranças de *status*.

Os dois níveis em que não se desenvolveram tais associações e grupos foram o das camadas econômicas mais baixas, onde não havia formação para atividade organizada, e os grupos da elite superior do país, especialmente os donos do poder político no governo e nos principais partidos políticos. Esses geralmente não participavam de tais grupos e apareciam simplesmente algumas vezes como convidados ou participantes passivos por razões puramente sociais ou pessoais.

Embora não pudesse ser encontrado nenhum denominador sócio-econômico comum entre os membros dos grupos puramente sociais e culturais, eles evidenciaram certas características comuns do ponto de vista de suas posições e aspirações de *status*. Uma delas foi que a maioria dos membros de tais grupos não percebia a contradição entre suas posições de *status* e sua própria avaliação de *status*. Assim a maioria deles ou avaliava suas posições de *status* em termos de apenas um conjunto de critérios (geralmente econômicos), ou não via contradição ou discrepância entre seu *status* quando medido pelo poder e por valores coletivos. A maioria deles tirava satisfação de sua posição de *status* e se identificava em grande parte com elas. Entretanto, como a maioria dessas posições era relativamente nova, eles procuravam segurança expressando sua solidariedade e vinculação a elas.

Entre aqueles que, por outro lado, sentiram algumas contradições em suas posições de *status*, estando marginalizados em vários sistemas de *status* e de avaliações desenvolvidos na sociedade israelense, ocorreu uma maior predisposição para participação mais ativa em grupos culturais, ideológicos ou semipolíticos. Verificou-se que os seguintes tipos eram os mais comuns entre eles no início da década de 50:

1) Pessoas em posições oficiais relativamente importantes que deram ênfase aos antigos valores coletivos, mas que em grande parte perderam seu poder e influência.

2) Membros de vários partidos políticos, especialmente intelectuais e semi-intelectuais, que se encontravam privados de influência e poder.

3) Jovens (em geral entre 25 e 35 anos de idade), na maioria membros formadores dos movimentos juvenis e da Haganá, que haviam lutado na Guerra da Independência, agora no governo e em outros serviços públicos, geralmente em posições relativamente altas.

A maioria dessas pessoas possuía grau universitário e haviam se introduzido no serviço público principalmente com base em suas realizações profissionais. O grupo a que pertenciam não incluía os que haviam entrado no serviço público através da influência de vários partidos e grupos de pressão. Em virtude de sua educação e formação, a maioria delas foi orientada coletivamente e seu alistamento no serviço governamental foi de qualquer modo parcialmente motivado pelos ideais e serviço nacional. Contudo, suas posições eram em geral relativamente fracas, uma vez que carregavam consigo pouco poder de decisão; as pessoas envolvidas eram por isso incapazes de considerar suas posições como completamente compatíveis com os valores comuns da sociedade e como conferidoras de um *status* inequívoco.

Embora alguns dos tipos específicos de associações fossem prevalecentes apenas durante os primeiros anos do Estado, alguns dos tipos mais amplos continuam.

Assim podemos ver que as atividades desses dois últimos grupos foram também relacionadas com incongruências peculiares de *status*.

A filiação a essas associações tem mudado e se deslocado continuamente e, embora novos grupos continuem a se desenvolver, grupos mais antigos tendem a desaparecer aos poucos. Embora não existam dados exatos, parece que essas mudanças estão ligadas à crescente estabilização das aspirações de *status* entre os principais grupos sociais de alto nível e com a contínua insegurança de *status* entre muitos dos grupos mais móveis.

3. DIFERENCIAÇÃO E POLÍTICA SOCIAIS. CRITÉRIOS CONFLITANTES E ÁREAS ANÔMICAS NA SOCIEDADE ISRAELENSE

Mudanças na composição, situação social e orientações das elites

A maior parte dos desenvolvimentos importantes na organização social de Israel analisados com referência a isso estava ligada ao contínuo crescimento da diferenciação social e econômica e constitui-se em problemas das múltiplas políticas sociais empreendidas pelos grupos de elite. O padrão emergente da organização social pode ser entendido somente em termos de interação dessas políticas e seu fundo histórico.

É a combinação das várias mudanças estruturais importantes e as mudanças na composição e orientação das elites que fornece o foco dinâmico do padrão emergente da organização e estratificação da sociedade israelense.

O próprio termo "elite" é, por certo, difícil de definir. Cada setor do Ischuv tinha suas diferentes elites e apenas gradualmente aumentaram as diferenciações dentro de cada setor, crescendo interesses comuns entre as diferentes subelites — especialmente as administrativas e profissionais.

Com o estabelecimento do Estado várias mudanças cruciais ocorreram. As mais importantes entre elas foram: o afrouxamento dos estreitos laços estruturais entre as elites e as colônias, a crescente unificação dos principais grupos da elite e a crescente diferenciação entre e dentro das principais categorias da elite.

No período do Ischuv as ligações entre as elites e as colônias eram muito estreitas; grande parte da elite política foi tirada das colônias que serviam como reservatório para a imagem da elite, tendência que foi reforçada pelo desempenho de muitas tarefas nacionais através das colônias. Com o estabelecimento do Estado e a transferência de muitas tarefas cruciais nacionais tais como defesa e colonização ao exército ou à Agência Judaica, esse laço enfraqueceu.

O *kibutz* deixou de ser um dos principais instrumentos na realização das metas nacionais, para ser um grupo que, embora contribuísse freqüentemente para várias funções pioneiras, não tinha mais o monopólio de tais atividades. Com exceção dos partidos "esquerdistas" mais extremos (tais como Mapam e Ahdut Haavodá) diminuiu a extensão em que a liderança estava enraizada nas colônias.

O estabelecimento do Estado acelerou a unificação das diferentes elites; tornaram-se mais conscientes umas das outras, cooperaram e competiram mutuamente. Mas dentro dessa estrutura comum desenvolveu-se a crescente diferenciação entre os vários tipos de elite, acompanhada por uma forte mudança na imagem e conteúdo de suas atividades como tal e, sobretudo, uma mudança na posição estrutural das suas diferentes espécies.

Essa diferenciação desenvolveu-se em várias direções. Havia uma contínua mudança em vários grupos de elite políticos, culturais, intelectuais e profissionais. Além disso, também se desenvolveram novos grupos de elite militares e burocráticas.

Muitos grupos de subelite profissionais e mais especializados, tais como a elite gerencial administrativa, emergiram no campo da política.

O mesmo se aplica aos vários grupos acadêmicos, profissionais e científicos, bem como às elites literárias mais gerais.

Desenvolveu-se uma crescente distinção na montagem institucional, organizacional e social, tal como uma crescente tendência para conceitos e imagens mais autônomas.

Embora tenham sido feitas muitas tentativas para manter alguma identidade comum dos diferentes grupos de elite, esses já eram baseados em uma diferenciação estrutural muito maior e em um autoconhecimento crescente.

As "raízes" comuns da formação social não eram mais apenas baseadas na participação em diferentes movimentos, mas também na educação comum e em formações profissionais. Além disso, muitos desses novos contatos tornaram-se gradualmente cristalizados só depois de um período inicial de dissociação social, tensão, inquietude e conflito potencial.

Em cada esfera institucional desenvolveram-se diferentes imagens com seus próprios símbolos, identificações e modelos de carreiras. Embora essas imagens continuassem a acentuar a importância de orientações coletivas e mantivessem amiúde algumas orientações à imagem mais antiga do pioneiro, emergiram várias diferenças e mudanças no modo em que sua própria imagem foi concebida.

Dentro da elite política, a lealdade e o serviço ao partido e a habilidade manipulatória tornaram-se mais importantes para a carreira e biografia "oficial" do que a participação em atividades culturais ou em atividade ideológica total. Dentro das elites culturais aumentaram as diferenciações entre o literário e o acadêmico, ocorrendo crescente profissionalização e diferenciação.

Semelhantemente, os campos econômicos, profissionais e administrativos começaram a exigir uma concentração maior em problemas mais específicos e um aumento de competência no desempenho das respectivas tarefas.

As metas e os valores coletivos não eram mais plenamente cristalizados em "imagem-mestra" global e o direito de cada grupo particular da elite de monopolizar e interpretar a imagem da mesma elite foi sendo cada vez mais desafiado.

Esses desenvolvimentos causaram importantes mudanças na posição estrutural da elite e nas suas relações com os estratos mais amplos.

Talvez a mais importante dissociação entre a elite e as camadas mais amplas das quais ela se desenvolveu tenha sido a crescente burocratização que transformou as relações básicas entre elas sem, contudo, diminuir sua sensibilidade mútua.

Além disso, o afluxo de imigrantes confrontou a elite com um novo tipo de população cujos valores e orientações básicos eram diferentes dos seus.

A perspectiva comum e os valores, bem como as tensões existentes entre a elite e a população mais antiga, foram, exceto em termos gerais, quase deficientes de identificação judaica. Isso criou um complicado conjunto de relações entre a elite e esses novos grupos, transformou esses novos grupos em objetos de esforços políticos, econômicos e sócio-educacionais a fim de que fossem moldados segundo os valores e interesses das elites. A elite, contudo, também desenvolveu uma ligação com os recém-chegados, que segundo se pensava ainda, não estavam contaminados pelas recentes mudanças ocorridas na antiga sociedade.

Um aspecto ulterior da transformação estrutural, importante no desenvolvimento e institucionalização de novas normas, está relacionado ao pequeno tamanho da sociedade israelense e em especial aos muitos grupos primários mantidos juntos por controles informais.

Com a transformação das elites em grupos governanantes e sua crescente dissociação dos grupos mais amplos, ocorreu uma transformação importante em suas relações com esses grupos primários.

Os controles informais mútuos enfraqueceram e a elite facilmente recorreu a controles e organizações mais formais. Ao mesmo tempo, entretanto, foram feitas exigências à elite por grupos mais amplos em termos de expectativas de solidariedade primária, enquanto, não importa até que ponto as relações para com eles tivessem mudado, a elite esperava o mesmo tipo de identificação, lealdade e apoio, características dos tempos passados. Mas embora as novas normas e atividades desenvolvidas pela elite e pelos grandes grupos não fossem mais baseados em estreita identificação por causa da pequena escala da sociedade israelense, eles ainda permaneciam dentro de uma órbita perceptiva muito estreita, um em relação ao outro — poderia ser freqüentemente mantida a ilusão de que as antigas relações ainda persistiam. Isso criou freqüentemente novos tipos de tensões que devemos analisar mais tarde de modo mais pormenorizado.

O pequeno tamanho da sociedade israelense apresentava ainda outro problema — isto é, até que ponto seria capaz de agüentar as fortes tendências para a diferenciação que se desenvolviam no seu interior — e quais seriam as características estruturais específicas que se desenvolveriam como resultado dessa tensão entre a pequena escala e o forte ímpeto para a diferenciação.

A política elitista básica para uma sociedade em transformação

As principais políticas evoluíram a partir das mudanças na colocação estrutural das elites.

Os principais desenvolvimentos na organização social já analisados e a diferenciação estrutural crescente tiveram muitas repercussões na distribuição do poder e riqueza e nos valores predominantes dentro da maioria dos grupos da sociedade. Como em casos semelhantes de modernização crescente, esses fenômenos estavam intimamente ligados ao desenvolvimento de tensões e conflitos concomitantes. As repercussões nas exigências e ambições políticas bem como em orientações sociais básicas de diferentes grupos necessariamente afetaram toda a imagem da sociedade e sua relação com as principais elites. Propuseram novos problemas às elites e requereram políticas para problemas econômicos, sociais, educacionais, culturais e de absorção de imigrantes. O contínuo encontro com essas políticas e as tendências incipientes dos diferentes grupos constituíram a dinâmica dos desenvolvimentos institucionais nas esferas da organização e estratificação social.

Essas políticas foram conduzidas por uma série de considerações ideológicas, sociais e políticas. A elite acentuava que sua própria legitimação dependia amplamente da aderência aos vários símbolos e metas coletivas dos "movimentos", sendo sua função executar essas metas. Por causa disso, sustentou-se e intensificou-se a aderência à ideologia pioneiro-socialista a despeito do fato de seus próprios modelos de atividades e posições terem mudado grandemente.

Políticas elitistas visavam à distribuição de recompensas através das organizações coletivas maiores, tais como o governo, a Histadrut e as várias organizações de colônias, e tentaram reduzir ao mínimo e contrapor-se a tentativas de autonomia pelos grupos profissionais e ocupacionais.

Embora essas políticas fossem aparentemente dirigidas pela ideologia pioneira, suas implicações estruturais eram complexas e freqüentemente paradoxais. Estavam basicamente enraizadas nas mudanças na estrutura social e no fato das implicações de mudanças sociais visadas pelas políticas não serem completamente percebidas e entendidas pelas elites.

Um dos aspectos mais importantes dessas mudanças foi o fato de a elite ter se tornado uma classe governante e, portanto, o poder político tornou-se um critério de *status,* prestígio e recompensas econômicas.

Como foi afirmado, as elites não perceberam plenamente a natureza dessa mudança. Insistiram na continuidade de suas posições no sistema federativo mais antigo e até na identidade entre essas e suas novas posições políticas.

Como essas se multiplicaram, a crescente luta pelas posições e poder reforçou necessariamente essas orientações e o cumprimento das políticas sociais aumentou grandemente a força de várias organizações burocráticas competitivas, a importância dos critérios políticos no sistema de *status* e a intensidade da luta pelo poder. Isso, por sua vez, deu origem a uma mudança nas intenções básicas da política social. As orientações ideológicas, as considerações de igualdade e os ideais pioneiros foram acompanhados por crescentes considerações de poder político e estabilidade discerníveis em todo o desenvolvimento do Estado.

A nova orientação da própria elite política com seus critérios ambíguos de poder foi naturalmente ligada a essa mudança, que trouxe também fortes tendências monolíticas ao primeiro plano.

Suas novas metas eram monopolizar a distribuição de *status*, posições ocupacionais e recompensas econômicas, impor um sistema "homogêneo" igualitário, baseado nas suposições da ideologia pioneira, absorver os novos imigrantes e assimilar novos desenvolvimentos no setor mais antigo de acordo com esses dois princípios. Na nova realidade do Estado isso necessariamente implicava poder aumentado para os vários organismos burocráticos e administrativos, bem como uma maior burocratização do acesso a posições de poder.

Esses múltiplos desenvolvimentos contraditórios da elite política deram origem a importantes pontos de tensão, isto é, brechas que apresentavam contradições intensas entre algumas normas, ou em que emergiu a falta de quaisquer normas obrigatórias e definidas.

Embora tais brechas ou situações anômalas sejam inerentes ao desenvolvimento de qualquer sociedade moderna, seu grau de agudeza variava grandemente de uma sociedade para outra. Com a rápida expansão e mobilidade ecológicas em Israel essas situações anômalas puderam ser vistas em quase todos os aspectos da vida.

Essas tendências tornaram-se observáveis em uma variedade de ocorrências "diárias" — como por exemplo, no grande congestionamento nas estradas e no índice de acidentes rodoviários devido tanto à inadequabilidade das estradas como à impaciência e falta de cortesia entre os motoristas. Estavam evidentes na impaciência do povo em geral e na falta de boas maneiras. Mas por mais graves e amiúde muito irritantes que fossem, alguns diminuíram com o tempo ou talvez puderam ser explicados como manifestações do dinamismo israelense.

Além disso, contudo, havia "reações" e conseqüências que se cristalizaram em novos arranjos estruturais e é aqui que as características especificamente israelenses desses desenvolvimentos puderam ser vistas, amiúde estreitamente ligadas a conseqüências não tencionadas resultantes do encontro entre essas políticas e da reação de vários grupos. As manifestações específicas e as repercussões estruturais diferem, é claro, entre diferentes sociedades. Na seção seguinte iremos analisar alguns dos desenvolvimentos peculiares à sociedade israelense.

Contradições no desenvolvimento econômico e repercussões estruturais

As várias orientações contraditórias da elite e seus resultados freqüentemente paradoxais foram aparentes em todas as esferas principais da política social e econômica, afetando o desenvolvimento econômico e social, a política salarial, as relações de trabalho, a dotação de fundos públicos e a absorção de imigrantes. Esses campos foram de crucial importância na regulamentação do acesso a posições de controle continuamente em expansão dos recursos econômicos. Portanto, os desenvolvimentos neles ocorridos tiveram grande repercussão na estratificação da sociedade israelense.

As políticas contraditórias das elites nesse campo podem ser discernidas em duas áreas principais: em primeiro lugar, nas orientações ideológicas básicas para com o consumo e derivação institucional; em segundo lugar, nas implicações das políticas mais amplas de desenvolvimento.

Embora as premissas ideológicas básicas contivessem forte orientação "ascética" que acentuava a importância da restrição do consumo, a ideologia acentuava igualmente os direitos igualitários dos vários grupos a um padrão de vida decente. O efeito combinado dessas orientações ideológicas foi o de reforçar exigências políticas para contínuos aumentos de salário e concessões ao custo de vida e destacar vários componentes atribuídos, tais como antiguidade e números dos membros da família na composição dos salários.

Como resultado da relativa fraqueza no regulamento dessas crescentes exigências, foram feitas pela elite muitas tentativas para canalizar a distribuição de bens e serviços através das várias agências coletivas.

Muito amiúde as políticas econômicas mais amplas do governo encorajaram exigências dos setores privados e públicos, embora ao mesmo tempo a habilidade do governo em regulamentar tais exigências não fosse suficientemente competente. Assim, paradoxalmente, a política de desenvolvimento do governo encorajou o crescimento do consumo ostensivos pelos novos grupos de *nouveaux riches* e trouxe a cristalização de novos estilos de classes entre amplos setores da população.

As políticas contraditórias da elite levaram a um dilema entre o desenvolvimento físico, ligado à direção política central e administrativa, e a inabilidade do governo, seja para empreender, seja para regulamentar efetivamente as atividades de todos os setores de acordo com algum critério econômico bem definido.

A ênfase no desenvolvimento, portanto, não apenas liberou novos recursos econômicos e criou pressão inflacionária, como também encorajou o crescimento de muitas empresas especulativas e de consumo conspícuo.

O encorajamento direto e indireto acentuou as atitudes ambivalentes e contraditórias para com o gasto crescente, com políticas governamentais legitimando o consumo conspícuo comprazido por partes da elite.

Entretanto, como esses desenvolvimentos não foram completamente percebidos ou reconhecidos, houve tentativas contínuas de negar sua existência e de justificá-los por meio de pretextos ideológicos. Os princípios igualitários foram salientados sem se levar em conta a nova realidade em desenvolvimento. Como resultado disso, tornaram-se grandemente enfraquecidas tanto a eficácia como a legitimação de muitas dessas políticas.

Isso pode ser visto claramente nas repercussões estruturais desses aspectos da política social que visava à regularização da renda, dos salários e diferenciais econômicas em desenvolvimento.

As políticas visavam reduzir ao mínimo as diferenças entre várias categorias ocupacionais e camadas sociais na esperança de manter as premissas igualitárias da ideologia pioneira predominante e a alta avaliação de atividades "manuais" — em oposição às atividades profissionais e comerciais. Dois aspectos importantes da política foram a regularização dos salários e da escala de salários e várias políticas de taxação. A meta social mais importante da política salarial foi a continuação de diferenças limitadas entre escalões e tipos de trabalhadores (isto é, profissionais e não-profissionais) e, se possível, a redução ao mínimo de tais diferenças em favor da baixa classe média e dos grupos assalariados, em oposição à alta classe média e aos profissionais ou acadêmicos. Mas, como em muitos outros campos da política social, desenvolveram-se resultados paradoxais não esperados.

Sobretudo o governo e a Histadrut não foram bem sucedidos na regulamentação uniforme das diferenças salariais entre os vários setores, até mesmo em suas próprias companhias.

Essa tendência foi reforçada pela tensão posta na capacidade de emprego em todas as indústrias, independente de sua adaptabilidade, e pelo fato deles não terem podido suportar as pressões de grupos mais "agressivos", apesar de declarações em contrário.

Uma tendência similar pode ser discernida com referência às políticas e estrutura de taxas, onde vemos dois fatores de grande importância. O primeiro foi a dificuldade reconhecida de impor controles efetivos nas maiores companhias particulares e públicas, tornada ainda mais difícil por diversas injunções legais favorecendo esses setores e resultando em fracasso administrativo no cumprimento das políticas de taxação. A segunda foi que a estrutura de muitos impostos tendia a afetar os grupos de renda média muito mais fortemente do que os grupos de renda de "conta de despesa" mais alta, os setores públicos — governo, companhias da Histadrut — e as várias colônias.

Duas tendências mutuamente reforçadoras desenvolveram-se como resultado disso: uma aceitação predominante de evasões de impostos causada pela sensação que padrões normalmente obrigatórios não existiam e o emprego de pressão para obter maiores benefícios ou, para, pelo menos parcialmente, legitimar as muitas políticas existentes e injunções legais.

Isso também levou a repercussões estruturais de longo alcance com resultados paradoxais no que diz respeito às metas das elites. Embora os níveis de salário e taxações não se contrapusessem à tendência geral de diferenciais aumentados, amorteceram algumas diferenças que poderiam ter se desenvolvido com o impacto das forças do mercado livre. Mas, paradoxalmente, as diferenças entre o trabalho especializado e não-especializado aumentaram mais do que as existentes entre os grupos especializados, profissionais e técnicos (em especial visto que os primeiros eram amiúde grandes em termos de antiguidade e duração de tempo no país).

Mais importante ainda é o fato de que a influência do governo e da Histadrut na distribuição de renda entre os autônomos independentes era muito menor do que sua influência nos grupos assalariados e, em particular, nos setores públicos. Isto levou a um certo escoamento de potencial humano especializado e profissional dos organismos públicos para os particulares ou semiparticulares. Junto com o êxito de vários grupos de pressão ativos, isso freqüentemente tendia a distorcer a estrutura salarial e a desencorajar a direção do potencial humano para o profissional e o técnico, em comparação com os setores mais especulativos da economia.

Esses desenvolvimentos também encorajaram a pressão para níveis mais altos de consumo, criando assim um círculo vicioso no campo social e econômico. Igualmente, essas políticas causaram repercussões na organização social da estrutura de classes que serão analisadas mais tarde.

Relações trabalhistas e atividades profissionais

Um desenvolvimento semelhante de tendências paradoxais ocorreu nas relações trabalhistas e na organização e atividades profissionais.

Com o estabelecimento do Estado, a maioria da força trabalhista israelense foi organizada nos sindicatos, principalmente na Histadrut. O direito coletivo de barganha estava nas mãos do Departamento Sindical da Histadrut, dando-lhe assim os meios de sustentar sua política salarial.

Entretanto, a crescente diferenciação no mercado de trabalho e nos padrões de vida criou novas tendências, problemas e controvérsias. A principal questão implicada, que surgiu em primeiro lugar entre os grupos profissionais, foi o direito de organizar grupos separados dentro das organizações existentes e o direito de separar as negociações salariais.

Em quase todos os grupos profissionais foram feitas exigências para um adequado reconhecimento financeiro da posição profissional. Foram declaradas contínuas greves por professores de escolas secundárias, engenheiros e às vezes grupos de médicos contra decisões da Federação do Trabalho, desenvolvendo-se tendências separatistas. Um departamento específico da Federação do Trabalho, o Departamento para Trabalhadores Acadêmicos, foi estabelecido em 1956 para lidar com esses problemas. Contudo, as atividades e a política do Departamento nem sempre se harmonizavam com as idéias de sua "clientela".

A atitude básica da elite era reduzir ao mínimo a diferenciação e quaisquer tentativas de autonomia profissional, embora continuassem ambas a crescer. Na realidade, embora houvesse de fato um reconhecimento crescente de tais discrepâncias, elas nunca foram plenamente reconhecidas e contínuas tentativas foram feitas para combatê-las.

No campo mais amplo da regularização de rendas as metas declaradas do governo e da Histadrut eram sustentar a orientação igualitária da elite, reduzir ao mínimo as diferenças salariais aumentando o custo de vida e pensões de família e através da taxação progressiva. Como no campo da organização profissional, aqui também a política da elite era de ajustes contínuos *ad hoc* com pouca mudança global na concepção e ideologia básicas.

Mas em geral, as soluções preparadas pelos líderes da Histadrut e do governo consistiam em uma mistura de flexibilidade e aquiescência *ad hoc* a algumas das exigências feitas, acompanhada por uma forte rejeição ideológica e oficial de tais tendências.

O Relatório Horowitz — 1963

Qualquer que tenha sido o alcance desses ajustes *ad hoc,* as orientações básicas delineadas acima conduziram as políticas e declarações oficiais das elites em graus variados após o estabelecimento do Estado.

Uma das tentativas de longo alcance de regular esses problemas de acordo com a orientação sociopolítica básica, foi o assim chamado Relatório Horowitz, isto é, o "Relatório do Comitê Público sobre Ordenados e Salários de Funcionários Públicos e Empregados das Autoridades Locais e Conselhos Religiosos". O comitê foi designado pelo governo em 12 de novembro de 1961 e suas recomendações foram publicadas em abril de 1963.

Além de lidar com problemas administrativos e técnicos, esse relatório teve várias implicações mais amplas, das quais a mais importante foi a abolição de graus profissionais especiais no serviço governamental. Uma implicação ulterior foi reduzir a importância da antiguidade profissional sobre a antiguidade geral e o conseqüente bloqueio possível de vias de mobilidade dentro dos serviços. Por último, transmitindo o direito de representação a uma única organização profissional (isto é, a Histadrut) o relatório legitimou e aumentou as tendências monolíticas e administrativo-burocráticas, reduzindo ao mínimo o alcance de arranjos mais flexíveis.

A publicação do relatório e sua aceitação pelo governo despertou muita agitação e protesto entre os grupos acadêmicos e profissionais.

Sob a pressão desses protestos, o governo concordou então, numa tentativa, em modificar algumas das recomendações, em especial aquelas que lidam com a abolição do grau acadêmico. Permaneceu a impressão, contudo, de que o relatório representava as orientações sociais básicas do governo e da Histadrut. Como tal, continha uma transformação ideológica muito interessante. A forte ênfase pioneira sobre o trabalho manual e sobre as atividades dos setores primários da economia foi mudada para a defesa e até a exaltação das categorias de trabalho de escritório não-profissionais nos setores públicos, enquanto a forte ênfase igualitária sobre a inviolabilidade do trabalho transformou-se em uma ausência de ênfase no profissionalismo e uma ênfase nos direitos de antiguidade e de tempo de serviço.

Mudanças na organização profissional e nas relações trabalhistas

A tradução dessas orientações recentemente evoluídas em políticas contínuas, ligada à abordagem empírica que tentou facilitar o ajuste a desenvolvimentos cambiantes, não foi, em geral, bem sucedida.

A combinação das orientações monolíticas fortes e a

rigidez das orientações sociais juntas com a abordagem empírica *ad hoc,* cedendo a várias pressões, criou primeiro uma situação de relativa falta de normas claras e a sensação de que a aplicação de pressões indiscriminadas era o melhor caminho para alcançar resultados. Isso levou a contínuas tensões e, o que é mais importante, a novas organizações amiúde sobrepostas e a desenvolvimentos estruturais.

Um desses desenvolvimentos foi a crescente dissociação por certos grupos profissionais da Histadrut, sendo o mais proeminente deles o Sindicato dos Professores Secundários. No início de 1957, os professores secundários academicamente qualificados que pertenciam ao Sindicato de Professores da Histadrut exigiram a uniformização de níveis salariais com outro pessoal academicamente instruído.

A Associação Geral dos Professores (filiada à Histadrut) que não reconhecia os direitos dos professores secundários de fazer acordos salariais separados opusera-se previamente a tal exigência, até janeiro de 1958, quando os professores secundários formaram uma seção separada dentro da A.G.P. Seguiram-se longas disputas e ameaças de greve com os professores secundários recusando-se a dissolver sua organização separada e a 7 de outubro de 1958 declararam uma greve geral.

A 29 de outubro uma reunião geral de representantes dos professores secundários decidiu retirar-se da A.G.P. e criar uma Associação de Professores Secundários independente dentro da Seção Profissional da Histadrut. A 31 de outubro os professores secundários voltaram ao trabalho, mas a batalha tripla entre a A.G.P., a Histadrut e a nova Associação dos Professores Secundários continuou quanto aos aspectos de salários e seu direito de uma organização separada.

Apesar da oposição existente, a nova associação elegeu seus funcionários a 10 de dezembro e, ao mesmo tempo, declarou seu direito de pertencer à Seção Profissional da Histadrut como "parte integral da comunidade de trabalhadores". A nova organização continuou sua luta por aumentos salariais e foi gradualmente reconhecida de fato pelo Ministério da Educação.

Em 1962-63, quase todos os principais grupos profissionais juntaram-se na organização de um Comitê de Coordenação especial, fora e de fato, contra a Histadrut. Incluíam organismos da Histadrut, tais como o Sindicato dos Engenheiros, os médicos do Kupat Holim, empregados acadêmicos do governo e vários grupos menores; bem como os não pertencentes à Histadrut, tais como a Associação Médica, a Associação dos Professores Secundários e a recém-estabelecida organização dos Professores de Instituições de Ensino Superior.

Após a publicação do Relatório Horowitz as atividades desses organismos se intensificaram e, apesar da oposição da Histadrut, foi feita uma greve de protesto de um dia em novembro de 1963, por quase todos os 25 000 profissionais e funcionários públicos. Cerca de duas semanas mais tarde, o Sindicato Geral dos Empregados do Estado — que constitui uma parte da Histadrut — declarou uma greve de um dia contra as diretivas explícitas da Histadrut, em oposição às exigências dos acadêmicos e a possível não-implementação do Relatório Horowitz. Os profissionais no serviço governamental não participaram dessa greve.

Assim, uma das conseqüências paradoxais do relatório, cuja meta principal era a de reduzir ao mínimo as diferenças entre profissionais e não-profissionais, foi uma crescente polarização das divisões entre eles — simbolizada por essas duas greves conflitantes.

Essa situação, na qual tanto a Histadrut como o Comitê de Coordenação reivindicavam a representação do grupo acadêmico, continuou durante toda a última parte de 1964, quando a necessidade de estabelecer novos padrões para decidir disputas trabalhistas através da arbitragem tornou-se clara — sem ter sido feito muito a esse respeito.

Novos acordos salariais mostraram claramente que o governo era incapaz de manter aumentos dentro do limite de 3% que, segundo alegou, somente poderia assegurar a "estabilidade". O governo cedeu e os salários subiram até 18-20%. Ao mesmo tempo, indicou que, com a exceção de alguns aspectos técnicos do Relatório Horowitz, não seriam instituídos quaisquer princípios novos na regulamentação do trabalho. No máximo, portanto, os contínuos arranjos *ad hoc* feitos tornaram-se parcialmente institucionalizados.

Novos padrões nas relações trabalhistas e greves

Esses desenvolvimentos podem ser vistos como parte de uma tendência mais ampla que cresceu no campo das relações trabalhistas, nas quais a múltipla posição da Histadrut como empregadora e como representante dos trabalhadores, bem como organismo político, foi de importância particular.

Com o estabelecimento do Estado e o acesso ao poder da antiga liderança trabalhista ocorreram mudanças básicas nas atividades estruturais da Histadrut. Tanto a Histadrut como o governo tentaram regularizar a economia israelense de modo unificado e centralizado, dando lugar à crescente unificação e subjugação das decisões na economia e nas relações trabalhistas para considerações de política global. Isso podia ser visto no fato de que a maioria das decisões nas disputas salariais eram feitas através de negociações centrais e nacionais entre a Histadrut e os principais empregadores — o governo, a própria Histadrut e a Associação dos Industriais. As decisões mais cruciais tomadas nessas áreas eram feitas nos comitês centrais do Mapai.

Mas essa mesma centralização e a crescente identificação da Histadrut e do governo tiveram diversos resultados importantes.

Primeiro, a própria tendência para a tomada monolítica de decisões, em que a consideração do poder político desempenhava um papel muito importante, enfraqueceu sua flexibilidade e sua habilidade de controlar a nova situação e de elaborar quaisquer novos princípios de longo alcance de política. Segundo, isso necessariamente enfraqueceu várias outras funções da Histadrut — em especial aquelas de representar os trabalhadores em quaisquer disputas.

Como resultado dessas tendências desenvolveu-se na Histadrut uma atitude um tanto ambivalente em relação às greves. Embora a ideologia básica da Histadrut como sindicato incluísse necessariamente a inviolabilidade do direito de greve, isso foi sustentado com mais ênfase com referência

TABELA 33. Dias Perdidos em Greves e *Lock-outs* pelos Ramos Econômicos (Porcentagem) 1963

RAMO ECONÔMICO	1963	1964
Total	128 001	100 912
Porcentagem Total	100	100
Agricultura	1,6	0,8
Indústria e Exploração de Pedreiras	23,4	42,1
Construção	0,1	0,2
Eletricidade, Água e Serviços Sanitários	0,1	11,1
Comércio	1,0	0,6
Transporte, Armazenagem e Comunicação	12,3	7,8
Serviços Comerciais e Públicos Governamentais	61,5	35,1
Serviços Pessoais	0,0	2,3

Fonte: C.B.S., *Statistical Abstract of Israel*, n.º 16, 1965, Tabela K/31, p. 336 e Tabela K/33, p. 337.

à indústria privada onde devido aos arranjos nacionais entre a Histadrut e a Associação dos Manufatores era exercido apenas de vez em quando. Quando tinha de sustentar o direito de greve no funcionalismo público no qual o governo e a Histadrut eram os principais "proprietários", seu apoio foi muito menos franco. Ela desencorajava as tais greves mas, ao mesmo tempo, era incapaz de achar uma maneira de representar interesses de diferentes grupos de funcionários públicos e de desenvolver um novo padrão de regulamentos de relações trabalhistas.

Em anos recentes as greves não aprovadas pela Histadrut têm aumentado particularmente entre as profissões acadêmicas, e até as greves de alguns escalões mais baixos, como por exemplo a dos empregados do correio, basearam-se em exigências semi-ideológicas de diferenciações mais altas, autonomia sindical etc.

Um fato significativo ulterior a respeito de muitas das greves era que raramente dirigiam-se contra o empregador mas contra a Histadrut, que em suas políticas *globais* parecia negligenciar o interesse de grupos específicos. Em alguns casos o empregador — isto é, o Estado — assumiria o papel de mediador entre o empregador e os empregados.

Todos esses desenvolvimentos deram origem à difusão de um novo padrão de organização e de atividade trabalhistas.

Desenvolveram-se "grupos de ação" compostos de líderes locais, às vezes acompanhados por partidos esquerdistas que não aceitavam a autoridade dos conselhos oficiais dos trabalhadores. Esses se desenvolveram entre os grupos mais privilegiados de trabalhadores bem como entre os escalões mais baixos de trabalhos especializados ou semi-especializados [11].

Isso foi visto como uma grave ameaça à autoridade dos conselhos trabalhistas locais que eram geralmente dominados pelo Mapai. Em geral, eles provaram ser eficientes ao pressionar suas exigências imediatas, pois eram compostos quer de fortes grupos privilegiados de trabalhadores especializados, quer de grupos mais amplos dos escalões mais baixos cujas ameaças potenciais ao poder político eram amiúde muito grandes.

Esses desenvolvimentos intensificaram-se durante os meses de maio-junho de 1964 (e novamente no começo de 1966), quando uma série de greves brandas "não-autorizadas" irromperam em alguns serviços públicos (serviços postais e de impostos) e outras foram ameaçadas por vários grupos profissionais.

Enquanto isso acontecia, não se desenvolveu nenhuma nova percepção da realidade ou *novas* políticas contínuas e assim o alcance de brechas anômalas, sensações de inquietude, incerteza e uma necessidade geral de algum arranjo e de normas estruturais novas aumentaram. Essa sensação parecia ser particularmente aguda em relação à necessidade de melhorar as relações estruturais entre o governo e a His-

11. *The Jerusalem Post*, 20 jul. 1962; 30 nov. 1962.

tadrut, por um lado, e entre os diferentes componentes da Histadrut, por outro.

Normas conflitantes e brechas na regulamentação do poder e na manutenção das normas legais

O desenvolvimento concomitante de sua situação anômica em relação a novos desenvolvimentos estruturais pode ser visto mais claramente na institucionalização de normas que regulam o uso do poder, o acesso a posições de poder e na manutenção das novas normas legais promulgadas pela legislação.

É desnecessário dizer que isso atravessou áreas mais concretas da vida e não seria impossível analisar todas elas. Selecionaremos, portanto, apenas alguns casos, cada um dos quais ilustrará diferentes aspectos desse problema.

A primeira área importante foi a distribuição de benefícios públicos aos próximos das posições de poder, onde ganhos adicionais (em especial entre a elite política e administrativa) causaram um problema particularmente agudo durante os primeiros cinco ou seis anos do Estado. Arranjos para vários ganhos especiais (carros etc.) para diferentes categorias de funcionários tendiam em parte a legitimar as evasões das políticas salariais oficiais nesse campo.

Uma situação algo semelhante de ambigüidade e evasão semi-oficial das normas desenvolveu-se através do provimento de várias facilidades concedidas pelo governo e por várias organizações públicas aos seus próprios funcionários, a fim de superar queixas contra o baixo nível de vencimentos e de desviar a ameaça potencial de abandono do serviço público.

Essa falta de definições claras de normas estava igualmente aparente na distribuição de vários benefícios para o público por diferentes autoridades. Facilidades ou benefícios públicos eram tantas vezes distribuídos e de tal modo que as pessoas ligadas às agências de distribuição podiam obtê-los mais facilmente e amiúde tinham acesso exclusivo a eles.

Uma situação algo semelhante de ambigüidade e evasão pouco (1963) com referência à especulação de terras, encorajada em alto grau pela falta de uma política clara e pela ajuda dada pelo governo a vários grupos especiais, tais como investidores estrangeiros e locais ou pessoas ou grupos politicamente influentes.

Em vários casos, o superintendente estatal interveio e estabeleceu normas. Em outros casos, embora não houvesse infração legal formal, houve uma difundida sensação pública de que tais arranjos não estavam "em ordem".

O aspecto significativo disso não foi a mera ocorrência

TABELA 34. Tipos de Greves 1961-64

NATUREZA DAS GREVES	1961 (1)			1962 (2)			1963 (3)			1964 (4)		
	N.º de Greves	Dias Perdidos de Trabalho	Porcentagem de Dias Perdidos de Trabalho	N.º de Greves	Dias Perdidos de Trabalho	Porcentagem de Dias Perdidos de Trabalho	N.º de Greves	Dias Perdidos de Trabalho	Porcentagem de Dias Perdidos de Trabalho	N.º de Greves	Dias Perdidos de Trabalho	Porcentagem de Dias Perdidos de Trabalho
Greves Aprovadas	60	25 979	38	53	18 610	11	55	12 984	10	46	29 635	32
Greves que Não foram Aprovadas	52	41 915	62	85	216 484	89	68	111 289	90	800	62 988	68
Total	121	83 894	100	138	235 094	100	132	1 124 273	100	120	92 584	100

Fontes: (1) *O Livro do ano da Histadrut*, p. 177 (Disponível apenas em hebraico).
(2) *Op. cit.*, p. 177.
(3) e (4) Estado de Israel, Ministério do Trabalho, Departamento de Relações Trabalhistas. Retrospecto das Relações Trabalhistas. Retrospecto da Atividade do Departamento em 1964-65, Jerusalém, 1965, p. 13. (Disponível apenas em hebraico).

a não ser que isso se tornasse um padrão aceito de evasão, por várias autoridades públicas, das normas e injunções desenvolvidas e nominalmente sustentadas por eles.

Prevalecia a suspeita pública de que muitas das regras eram freqüentemente feitas para a conveniência dos que as faziam. A ausência de normas claras levou ao uso da posição para evadir os regulamentos e para a formação de grupos de pressão que visavam à subversão dessas leis, legitimando a evasão em uma variedade de termos e símbolos ideológicos. Muitas tentativas de executar mudanças de longo alcance — e em especial programas de remoção de favelas — defrontaram-se com forte oposição local. Em muitos casos tais tentativas eram diretamente de grupos ou líderes políticos, ou indiretamente encorajados por eles, que esperavam promover seus próprios interesses e receber um apoio mais amplo. Um dos exemplos mais notáveis parece ser a evasão geral das leis municipais de construção por empreiteiros de construção — freqüentemente com a vantagem dos organismos municipais que exigiam apenas pagamento especial. Novamente, houve alegações de aceitação de suborno pessoal ou institucional por funcionários capazes de distribuir ao público vários benefícios ou recursos.

Ao lado desse eventos, desenvolveram-se muitas áreas nas quais a lei não foi mantida e nas quais o não-cumprimento das normas e injunções legais era desenfreado.

Em alguns casos — como, por exemplo, no caso da Lei Kanowitz sobre veículos cujo combustível não provoca fumaça — os interesses obtidos foram diligentes sob a alegada cooperação de partes da administração, sendo criada uma situação em que a lei tornou-se quase que inteiramente ineficiente. Até recentemente o desenvolvimento descontrolado na especulação de terras forneceu outra área para tais evasões. Muitas tentativas de executar mudanças de longo alcance — e em especial programas de remoção de favelas — defrontaram-se com forte oposição local.

Alguns dos campos afetados mais destacados foram aqueles que lidavam com a limpeza e mendicância nas ruas em algumas das cidades grandes (especialmente em Telavive, mas não apenas nela) e com o controle dos mascates nas ruas.

Embora essas áreas não fossem necessariamente relacionadas estreita ou diretamente com os centros institucionais da sociedade, seu impacto global foi aumentar o alcance de situações anômicas e acentuar que as injunções legais nas quais vários grupos poderosos não estavam interessados não tinham as melhores oportunidades de serem executadas.

Um problema semelhante foi o da regulamentação das cooperativas (tais como a de transportes) que tinham monopólios efetivos em seus respectivos campos. Nessa área um ponto sensível — intimamente relacionado com a tendência de muitas das cooperativas de desenvolverem-se em "estabelecimentos que só admitem empregados sindicalizados" e de fugir do controle público efetivo — foi o do trabalho contratado e de suas freqüentes greves. Muitas das cooperativas relutavam em aceitar os regulamentos da Histadrut nesse campo e ela foi incapaz de impor suas injunções ou de formular uma nova política. De forma extrema isso pode ser visto nos acontecimentos que ocorreram nas cooperativas de carne de Haifa em 1962.

A sensibilidade especial do público para com tais ocorrências nos setores públicos e nas cooperativas deveu-se à predominância de tais setores em muitas esferas e também às tentativas feitas por muitos dos seus grupos de desviar a crítica de fora através da justificação ideológica.

Ainda de maior alcance em suas implicações estruturais foram as tentativas feitas por muitos grupos e partidos, bem como por vários grupos de colônias, de manter sua própria jurisdição interna e de limitar o acesso de seus membros aos órgãos jurídicos gerais do Estado, bem como proteger seus membros das atividades desses órgãos. Já aludimos sucintamente acima a tais tentativas, em nossa discussão dos *kibutzim*, *moschavim* e de várias organizações profissionais. Voltaremos posteriormente a esse problema mais pormenorizadamente.

Políticas básicas da absorção de imigrantes

Embora a análise precedente se limitasse na maior parte aos desenvolvimentos nos "antigos" setores do *Ischuv*, desenvolvimentos paralelos também ocorreram nos novos setores da sociedade israelense e não surpreende que a maioria dos resultados inesperados das várias políticas sociais tenham se desenvolvido na absorção de imigrantes.

Este capítulo analisará em primeiro lugar as políticas básicas que se desenvolveram com a absorção de imigrantes e prosseguirá então em uma análise de suas repercussões e resultados.

As orientações políticas básicas da elite também se evidenciaram no mais importante conjunto único de novos problemas — o da absorção de imigrantes.

A política de absorção foi conduzida por uma série de considerações e orientações básicas interligadas. Uma dessas considerações foi a formação da vida social dos imigrantes na medida do possível ao longo das linhas dos valores e das instituições sociais existentes e a redução ao mínimo dos seus efeitos potencialmente destrutivos. Um exemplo importante disso foi a ênfase posta na absorção primária pela agricultura, e somente então no desenvolvimento "geral", que na prática significou a orientação inicial dos imigrantes para áreas em desenvolvimento.

Inicialmente, também foi dada uma grande consideração para redução ao mínimo do valor competitivo dos imigrantes em relação à população mais antiga no mercado de trabalho e para a possibilidade de eles se tornarem um fator de agitação social. Em etapas posteriores da absorção, uma vez que o problema da realização educacional e ocupacional se torna importante, foi promulgada uma série inteira de políticas para lidar com eles.

Embora as autoridades tentassem fornecer aos imigrantes seus requisitos básicos mínimos, também tornaram — conscientemente ou não — seu progresso muito dependente do recurso às agências coletivas principais para a distribuição de recompensas e facilidades. Muitas agências e serviços especiais foram estabelecidos para lidar com os problemas da absorção. O Departamento de Absorção da Agência Judaica lidou com as etapas iniciais de habitação e facilidades domésticas. O Ministério do Trabalho desenvolveu uma rede espalhada de planos de habitação para imigrantes e organizou trabalho de emergência em reflorestamento, em construção e obras públicas até que um trabalho produtivo adequado pudesse ser encontrado. Duas instituições ulteriores que lidavam com a absorção dos imigrantes foram a Aliá dos Jovens e o Departamento de Colonização da Agência Judaica; o último lidando com o estabelecimento de novos imigrantes no país, na maior parte em aldeias cooperativas (*moschavim*). Além disso, muitos dos serviços públicos usuais, tais como saúde (na maior parte fornecido pela Assistência de Saúde da Histadrut), educação e agências de trabalho social, estabeleceram serviços especiais para imigrantes, o que amiúde significava que a eles se dava de fato tratamento preferencial.

Similarmente, os imigrantes foram gradualmente absorvidos através dos canais normais da sociedade — o sistema escolar, o exército (que foi de importância crucial nesse processo) e a seleção econômica e ocupacional. Aqui, os efeitos foram mais complicados e muitas novas políticas tiveram de ser desenvolvidas, visando dar um tratamento preferencial aos imigrantes, a fim de aliviar as suas desvantagens sócio-econômicas e educacionais.

Por um período relativamente longo as políticas básicas de absorção empreendidas nessas estruturas foram orientadas por abordagens "homogêneas", enraizadas na ideologia oficial também básica. A forte tradição de rebelião contra a Diáspora impediu a plena consciência de formações culturais e sociais diferentes e explica a tendência inicial de tratar todos os imigrantes como um todo uniforme.

Provavelmente a forte ênfase pioneira na mudança ocupacional impediu as agências de absorção de estudar as diferentes tradições e potenciais vocacionais e de desenvolver uma política flexível de seleção, orientação e educação vocacionais.

A ênfase na agricultura e no desenvolvimento resultou freqüentemente na negligência quanto ao setor urbano, que teve de absorver todos aqueles que não tiveram êxito na agricultura. Conseqüentemente, a coordenação entre serviços no setor urbano, dentro do qual a maioria dos imigrantes foi em última análise absorvida, foi pequena e não se desenvolveu nenhum sistema de "orientação" semelhante ao ocorrido nas colônias agrícolas.

Nas últimas etapas da absorção (desde cerca de 1959), quando o perigo de perpetuar "duas nações" ganhou proeminência na mente pública, vários sistemas econômicos, políticos e educacionais especiais foram adotados, dando origem a um novo problema, contudo, estreitamente relacionado.

Embora muitas das novas políticas constituíssem desvios das abordagens homogêneas anteriores, seus termos ideológicos reduziram ao mínimo seu aspecto sócio-econômico, mas tenderam a acentuar as diferenças culturais entre orientais e ocidentais, enfatizando assim amiúde problemas étnicos e símbolos de distinção e de separação.

Contradições na absorção dos imigrantes. Desenvolvimento da absorção parcial

Essas políticas variadas e freqüentemente contraditórias criaram repercussões estruturais e problemas de crucial importância para o padrão social em Israel.

A manifestação mais crucial desses problemas foi a contínua coalescência entre *status* étnico e ocupacional (em especial baixos), que amiúde podiam levar à cristalização de diferentes grupos de imigrantes em novas unidades estruturais com alto grau de tensão mútua, conflito e oposição à sociedade absorvente.

As tensões e conflitos decorrentes não se deviam à absorção quantitativamente insuficiente, mas antes à absorção "parcial", a forças sociais geradas pelo próprio êxito das etapas iniciais da absorção, mas não plenamente reconhecido e tratado pela sociedade absorvente.

As manifestações de semelhante absorção parcial tornaram-se evidentes no nível administrativo, bem como no sociopolítico. No campo administrativo esses desenvolvi-

mentos eram particularmente evidentes no início, enquanto
que no campo sociopolítico tornaram-se aparentes em etapas
mais avançadas da absorção.

A maioria das agências administrativas lidavam principalmente com o preparo dos imigrantes para a adaptação
na sociedade israelense, mas sem ajuda e orientação contínuas. Dava-se aos imigrantes em primeiro lugar ajuda financeira, habitação em condições fáceis e alguma ajuda na procura de trabalho — mas depois disso deixava-se que fizessem
mais ou menos o que queriam, com pouca orientação ou
ajuda contínuas.

Apenas nas colônias (*moschavim*) agrícolas e através
da Aliá dos Jovens é que as agências de absorção tentavam
coordenar os diferentes serviços em um nível local, continuando a ajudar os imigrantes além das etapas iniciais. A
estrutura política das várias agências, cada uma das quais
freqüentemente identificadas com um partido separado, e a
conseqüente falta de planejamento global criaram amiúde
muitas dificuldades e problemas aos imigrantes.

O fato de a maior parte do trabalho inicial de absorção
ser entregue à Agência Judaica (que se tornou menos importante do que o governo, mas ao mesmo tempo tentou
manter sua autonomia) provavelmente também contribuiu
para esses problemas.

Como resultado desses fatos, desenvolveu-se uma situação paradoxal quando a política de absorção se estendeu das
áreas agrícolas para áreas semi-urbanas de desenvolvimento.

A meta básica inicial desse programa era a orientação
de tantos novos imigrantes quanto possível em novos centros
ou cidades em desenvolvimento.

Entretanto, os elementos mais ativos dentre os imigrantes amiúde se recusavam a ficar nesses centros, enquanto
muitos outros tornaram-se passivos, negligenciados e alguns
quase se tornando delinqüentes, anulando assim a meta dessa
política.

A falta de coordenação também foi sentida de maneira
aguda por alguns dos imigrantes, quando se encontravam
perdidos entre as muitas agências administrativas diferentes,
sem entender apropriadamente suas funções. No campo da
orientação educacional e vocacional, por exemplo, freqüentemente acontecia que certos grupos (como os do grupo
etário 14 e 18 anos, entre o fim da educação compulsória
e o serviço militar) não estavam completamente incluídos
em nenhuma lei ou agência e, se eram incapazes de encontrar
seu próprio caminho, não podiam recorrer a ninguém para
orientação ou ajuda. Isso também foi sentido agudamente
pelos isentos do serviço militar que, mesmo depois de algum
treinamento vocacional preparatório no exército, encontra-

vam-se com poucas habilitações ocupacionais e sem capacidade de encontrar trabalho permanente.

A fim de assegurar trabalho manual a todos imigrantes que não podiam encontrar ocupação produtiva, um sistema de trabalho público emergente, *avodot dahak,* foi iniciado para mantê-los em áreas de desenvolvimento, até que a indústria os alcançasse, e para impedir que se atolassem no mercado de trabalho. Contudo, tanto por razões econômicas quanto administrativas gerais, esses trabalhos freqüentemente tornaram-se permanentes e muitos dos imigrantes menos "bem sucedidos", ou aqueles que foram enviados a lugares distantes de desenvolvimento, encontraram-se durante a década de 50 "encalhados" em empregos, onde um pai de família obteria às vezes apenas dezesseis dias de trabalho por mês, à razão de 6 a 7 libras israelenses por dia durante vários anos.

Uma ordem algo diferente de problemas desenvolveu-se no nível sociopolítico e ideológico. Embora a reunião dos exilados fosse uma das principais metas do Estado e do movimento sionista, sua execução concentrou-se em grande parte nas mãos de vários organismos burocráticos e a absorção não mais acontecia através do contato direto entre veteranos e recém-chegados, como ocorreu no período pré--Estado.

Nem os grupos informais da vida social de Israel e nem as organizações políticas contribuíram muito para a absorção *direta social* dos imigrantes. Aqueles tornaram-se cada vez mais socialmente fechados, com filiação limitada a pessoas de ocupações semelhantes e com mesmo tempo de permanência no país, ou vizinhança de habitação. Apenas os recém-chegados com parentes ou amigos entre os veteranos foram capazes de partilhar plenamente com eles.

As casas dos veteranos não eram fechadas, em princípio, aos novos imigrantes. Ao contrário, uma vez que os imigrantes nelas penetrassem eram em geral bem recebidos. Mas a maioria dos veteranos pouco fez para trazer novos imigrantes a suas portas.

Os partidos políticos que se tornaram cada vez mais centralizados e burocráticos consideravam os novos imigrantes principalmente como eleitores potenciais ou partidários que tinham de ser "organizados" e "garantidos". A ajuda considerável dada aos imigrantes pelos vários partidos foi, portanto, estendida sobretudo com esse objetivo em mente.

O mesmo se aplica à Histadrut e às suas várias organizações subsidiárias que deram grande ajuda econômica e vocacional, bem como proteção sindical aos que alcançaram algum nível de habilitação ocupacional.

A pressão política, em especial em níveis locais, era

amiúde imposta aos imigrantes por funcionários dessas agências e foi realçada por muitas outras administrativas que lidavam com a absorção, estando intimamente relacionadas com os diferentes centros de poder político.

É importante acentuar que o mesmo se aplica à maioria das velhas organizações sefarditas. Apesar de suas reivindicações de serem os líderes dos imigrantes orientais, a brecha social entre eles e esses imigrantes era tão grande como a ocorrida na maioria das outras organizações ou partidos.

Assim, embora a ideologia da sociedade de absorção acentuasse as idéias de plena igualdade, fraternidade e empreendimento comum, supunha-se, não obstante, que pelo menos nas etapas iniciais da absorção, os grupos sociais e políticos existentes eram adequados e suficientes para as necessidades e aspirações dos imigrantes.

Todos esses fatores — a discrepância no campo político e social entre a realidade social, o alcance relativamente pequeno da orientação social dada aos imigrantes, a gama de problemas administrativos, a rigidez ideológica e a simbolização posterior do problema étnico — tendiam a criar alguns dos principais problemas da absorção.

Falhas, tensões e conflitos na absorção de imigrantes

Os primeiros problemas principais nessa esfera desenvolveram-se nos *moschavim* no começo da década de 50.

Nessa época a política de absorção nos *moschavim*, guiada por orientações ideológicas "homogêneas", tentou instalar pessoas de diferentes países de origem no mesmo *moschav*, supondo que o processo de integração iria assim se acelerar. A suposição de que isso incorporaria os recémchegados ao *ethos* pioneiro foi rapidamente invalidada. Os imigrantes não desenvolviam nenhum espírito pioneiro espontâneo. Seus principais motivos para o estabelecimento foram os de segurança, sendo pequena sua predisposição para mudanças. A ruptura de seus grupos primários geralmente deu origem, portanto, à ansiedade e diminuiu sua habilidade em adaptar-se aos novos cenários. O nível de sua atuação no *moschav* foi conseqüentemente muito baixo; desenvolveram-se conflitos entre diferentes grupos e muitos *moschavim* tornaram-se desorientados.

Como resultado dessas falhas desenvolveu-se uma abordagem nova e mais flexível e cristalizou-se primeiro na área de Lahisch. Lá, a tendência foi a de estabelecer vários *moschavim* em uma região, cada qual composta de pessoas do mesmo país de origem com serviços mínimos, tais como jardins de infância, sinagoga etc., em cada aldeia, mas com a maioria dos serviços municipais e estatais, tais como escolas, serviço de saúde etc., colocados no centro da região. Dessa maneira uma estrutura comum era fornecida, as pessoas se adaptando a elas e servindo como um canal importante à sua absorção. A experiência provou que essa abordagem era, em geral, muito melhor sucedida do que as anteriores.

Problemas até mais agudos de absorção surgiram mais tarde nas várias regiões "não-estruturadas" que se desenvolveram no próprio meio da sociedade israelense e de suas agências de absorção, bem como nas novas cristalizações estruturais desenvolvidas nessas regiões. Os imigrantes vagavam nessas regiões depois de receberem ajuda inicial das agências de absorção e depois de terem passado por alguns dos canais da sociedade israelense (como escolas e exército), achando ainda impossível ser independentes ou progredir em suas vidas econômicas e sociais.

Essas regiões tendiam a desenvolver-se em algumas das áreas mais negligenciadas de desenvolvimento na Galiléia ou em algumas partes do Sul para onde os imigrantes eram conduzidos, mas onde o desenvolvimento real estava atrasado.

Também apareceram em alguns dos principais centros urbanos — Telavive ou Haifa — aos quais muitos imigrantes se dirigiram partindo de colônias agrícolas e de áreas de desenvolvimento, na esperança de obter trabalho fácil. Alguns deles foram gradualmente absorvidos em certos níveis ocupacionais e desenvolveram novos grupos sociais mas, ao mesmo tempo, tornaram-se também frequentemente mais exigentes e inquietos.

Estruturalmente, tipos mais adiantados e cristalizados de novos agrupamentos de imigrantes desenvolveram-se em cidades novas e áreas de desenvolvimento, como Beerscheva, Aschdod ou Dimona, onde os imigrantes constituíam grande parte, senão a maioria, da população e onde eventualmente foram atraídos para a política local.

Quanto melhor sucedida a absorção desses grupos específicos nas etapas iniciais, pela consecução de habitação, trabalho e possibilidades de progresso, tanto mais eles se cristalizaram e se chocaram com a estrutura social do país, fazendo-lhes novas exigências e mudando-a continuamente.

Padrões de absorção. Tradicionalismo, diferenças culturais e predisposição à mudança

A análise precedente não indica que essa estrutura de absorção fosse necessariamente prejudicial a todos os grupos de imigrantes ou que todos se deixaram levar para esferas não-estruturadas e marginais da sociedade. Muitos imigrantes encontraram com êxito seu caminho na sociedade israelense com a ajuda das existentes agências de absorção. Eles progrediram economicamente, fundiram-se socialmente com os veteranos, foram "absorvidos" em diferentes níveis ocupacionais e sociais e, por sua vez, influíram grandemente na vida social de Israel.

Contudo, variava grandemente a medida da mobilidade alcançada por diferentes grupos nas novas estruturas.

Um fator central que influenciou a integração, tornando-se crucial em etapas posteriores da absorção, foi a afinidade cultural e educacional de diferentes grupos da cultura predominantemente européia dos veteranos que moldou a maior parte das instituições israelenses. Esses fatores e o nível concomitante da realização educacional foram naturalmente importantes na facilitação da absorção ocupacional e do progresso dos respectivos grupos de imigrantes.

Por outro lado, o nível do "tradicionalismo" existente em qualquer grupo de imigrantes nem sempre foi um fator obstrutivo na absorção.

Outra variável crucial que influenciou o grau da absorção bem sucedida, em especial nas etapas iniciais, foi a extensão em que os imigrantes provaram ser flexíveis e prontos a mudar suas orientações sociais e padrões ocupacionais.

O fator geral mais importante que se notou influenciar tal predisposição para mudar foi a medida em que a antiga estrutura social era capaz de dar apoio social e emocional a seus membros para desenvolver novas atividades apropriadas ao seu novo cenário. Mais dois fatores dentro desse contexto são, em primeiro lugar, a coesão interna e a flexibilidade da estrutura familial e, em segundo lugar, o sistema de estratificação de uma dada comunidade de imigrantes e suas elites. Nesse aspecto foram de grande influência a flexibilidade de seu sistema de *status,* a permutabilidade de diferentes tarefas de elite (por exemplo, econômicas, políticas, culturais) e sua aceitação de subgrupos, bem como a medida da solidariedade básica e da diferenciação relativamente pequena entre as elites e os outros estratos da população.

A existência desses fatores fez muito para facilitar a absorção de diferentes grupos de imigrantes, enquanto que sua ausência impediu grandemente tal absorção.

Quando os dois fatores mais amplos, o nível "educacional" e a predisposição para mudar iam juntas, como no caso de muitos búlgaros, iugoslavos, alguns europeus orientais e alguns imigrantes orientais, a velocidade da absorção e do progresso social e econômico foi rápida. O processo da adaptação produtiva, contudo, foi mais difícil. Quando os imigrantes diferiam culturalmente do padrão predominante, mas tinham alguma flexibilidade em questões vocacionais, como aconteceu com muitos iemenitas e norte-africanos rurais, foram geralmente absorvidos e adaptados na agricultura, artesanato ou nos escalões inferiores da indústria. As maiores dificuldades surgiram em casos onde, como aconteceu com alguns dos norte-africanos, a dessemelhança cultural unia-se a uma grande inflexibilidade ocupacional.

A transformação de grupos tradicionais

Foi dentro dessa estrutura de amplas forças sociais que ocorreu a transformação de todos os principais grupos de imigrantes. Entre os grupos orientais mais tradicionais esse processo era necessariamente ligado a mudanças em seus agrupamentos e padrões tradicionais.

A obliteração total de cenários tradicionais não ocorreu em nenhum grupo, foi antes uma contínua reforma de elementos tradicionais da nova estrutura. Com quase todos os grupos, a família como uma unidade continuou a desempenhar algum papel quer na esfera econômica (isto é, manter propriedade comum, obrigações etc.), quer na esfera política e cultural (isto é, tornou-se um dos principais agentes informais através dos quais a influência e a orientação políticas podiam ser exercidas).

Similarmente, dentro de quase todos os grupos e em várias esferas, padrões antigos de autoridade ainda confirmavam-se em graus variados. Isso é visto nas relações entre gerações, na aceitação da autoridade dos mais velhos na vida religiosa e cultural, na vida familiar, no bem-estar e, em alguns *moschavim,* na predominância visível da elite tradicional na vida política e nas relações com a sociedade de absorção.

Os padrões de comportamento assumiram uma variedade de formas amiúde sobrepostas. As famílias recristalizaram-se em novas estruturas econômicas e políticas, seções especiais que lidavam com imigrantes desenvolveram-se nos partidos e organizações políticos existentes, como o fez uma variedade especial de associações voluntárias "étnicas" devotadas à ajuda mútua e ao lazer ou a atividades políticas.

Embora a existência de esferas "tradicionais" e "modernas" pudesse ser encontrada em graus variados na maior parte dos grupos, emergiu a necessidade de manter harmonia e contato relativos entre essas duas esferas. A prioridade entre os setores tradicionais e os modernos teve de ser planejada de modo a acentuar seus interesses mútuos. Boas ilustrações de tais atividades e organizações inter-relacionadas são os vários comitês de *moschav* onde velhos e jovens participam (embora em diferentes graus e em diferentes comitês).

O trabalho bem sucedido de tais esferas inter-relacionadas está estreitamente ligado ao desenvolvimento de uma imagem do *status* orientada para a esfera tradicional bem como para a moderna, tentando integrar as duas.

A imagem tão flexível do *status* não se desenvolve quer devido à falta de coesão interna, quer devido a condições negativas de absorção, onde se desenvolveram separações e tensões entre as esferas tradicionais e as modernas. A própria estrutura tradicional torna-se desorganizada — enquanto aumenta a possibilidade de símbolos étnicos divisivos.

O alcance em que se desenvolve cada um desses modos de transformação de grupos tradicionais influencia grandemente quer sua cristalização na sociedade israelense ocorra pacificamente, quer através de tensão.

Quais são então as condições que influenciam os variados tipos de transformação dos diferentes grupos de imigrantes? Tal conjunto de condições pode ser encontrado naqueles aspectos de sua estrutura analisados acima. Outro conjunto, relacionado com o primeiro, é constituído pelos processos de seleção de líderes dentre eles.

Seleção de liderança dentro dos grupos de imigrantes

A interação das condições de absorção naturalmente influenciou a seleção de líderes e teve grande relação com a transformação de grupos de imigrantes.

Tanto a seleção automática através da mobilidade geral como a seleção mais formal através da educação, treinamento, cursos políticos etc., estão ocorrendo continuamente entre todos os grupos de imigrantes, produzindo diferentes tipos de líderes. Incluem líderes de associações ou grupos puramente étnicos, vários tipos de "influentes" (tais como líderes comunitários, profissionais ou membros das várias organizações burocráticas da sociedade israelense) e líderes sociais e políticos locais.

Até recentemente, os líderes burocráticos e políticos estavam limitados sobretudo aos escalões inferiores e médios de suas respectivas organizações. Mas ultimamente emergiram mais líderes étnico-políticos em postos locais e municipais bem como nas organizações partidárias centrais. Alguns desses criaram novos tipos de organizações étnicas — tanto grupos de clã nos *moschavim* como facções étnicas politicamente ativas e mesmo militantes.

Algumas variantes interligadas parecem determinar a influência desses líderes em seus grupos de origem. Uma dessas variantes é a continuidade do relacionamento entre os líderes e seus grupos. Quanto mais estreito ele é tanto mais podem tais líderes ajudar na integração gradual de seus grupos nas sociedades de absorção — desde que eles próprios sejam bem sucedidos nela na realização de suas aspirações.

Quando tal continuidade não existe, os grupos tendem a esvaziar-se de seus membros mais ativos. É provável que se desenvolva uma apatia e as brechas de comunicação entre eles e a sociedade absorvente podem produzir tensões e explosões.

Uma variante ulterior nesse contexto é a natureza das relações de poder entre o líder e o grupo, e em especial a medida em que o grupo partilha das novas consecuções de seu líder e o alcance de suas orientações para novas recompensas para o grupo. Disso podemos distinguir dois tipos "ideais" principais: o líder democrático e o autoritário [12].

Além da pura atitude autoritária ou democrática para com o grupo, a distinção entre os dois tipos inclui uma avaliação diferente das relações entre os grupos de origem e a sociedade de absorção e isto, por sua vez, afeta suas funções como mediador entre eles.

Os efeitos dos dois tipos de líderes sobre seus grupos são, é claro, bem distintos. Os líderes autoritários em geral provocam uma atitude negativa e uma oposição passiva ou mesmo ativa aos valores da sociedade. Sua autoridade não é aceita de bom grado e, quando imposta ao grupo, resulta em evasões e rebeliões. O grupo geralmente sente que esses líderes afetam adversamente suas posições econômicas e políticas e usam os grupos para seus próprios fins. As ramificações das atividades de tais líderes são, entretanto, muito mais amplas. Elas dão origem a uma aguda orientação de poder por parte das próprias pessoas que, por sua vez, tentam explorar os líderes em termos utilitários e de poder, sem muita consideração para com as normas que regulam tais relações. A forte ênfase posta no poder dá origem, portanto, a uma série cumulativa de atividades divergentes.

Não obstante, o líder autocrático pode amiúde se tornar popular, ou ao menos bem sucedido, influenciando e orga-

---

12. O primeiro tipo tem as seguintes características: *a*) sua identificação positiva com o grupo de origem; *b*) quer servir ao grupo e vê-se como seu representante que deve ajudar em suas relações com o "exterior"; *c*) quer ser aceito pelo grupo, no entanto, não se impõe a ele; *d*) aspira a transmitir novos valores ao grupo — mas apenas de modo pacífico; *e*) não quer explorar ou usar o grupo diretamente como meio de engrandecimento pessoal (embora na realidade possa, é claro, ser ajudado pelo grupo). O segundo tipo caracteriza-se pelo seguinte: *a*) suas atitudes negativas perante os valores e membros do grupo de origem (embora comumente ligado a ele por forte vinculação emocional); *b*) quer forçar os valores da nova sociedade no grupo e exige obediência e poder em termos da posse desses valores; *c*) aspira a uma forte posição de autoridade dentro do grupo e usa-a como meio de auto-engrandecimento (por exemplo, obtendo votos etc.).

nizando grupos de imigrantes que estão desarraigados, insatisfeitos e presos nas várias "brechas" da absorção.

Os líderes mais democráticos são em geral aceitos de bom grado e sua autoridade é legitimada. Seu êxito em atingir novas metas é usualmente aprovado pelos grupos que esperam participar dele. Conseqüentemente, eles tornam-se bons mediadores e acentuam tanto a identificação positiva do grupo com os valores da sociedade de absorção como a participação do grupo nas esferas políticas, culturais e sociais.

As condições sob as quais esses diferentes tipos de líderes emergem afetam crucialmente a importância de sua seleção e aqui as variantes básicas da absorção previamente mencionadas chegam mais uma vez ao primeiro plano.

A estrutura interna dos grupos imigrantes e suas tradições cultural-educacionais são de importância primária, bem como seu grupo interno e coesões familiares. Os líderes profissionais e econômicos são, portanto, mais proeminentes em grupos com uma formação educacional apropriada. Entretanto, a relação entre a coesão interna do grupo e a tendência de desenvolver liderança democrática ou autocrática parece ser até mais importante.

As condições da absorção não são menos importantes do que as condições iniciais em que os grupos imigrantes se encontram. Conseqüentemente, os líderes autocráticos, amiúde encontrados em posições burocráticas e político-partidárias, são mais propensos a desenvolver-se quando as agências de absorção são excessivamente burocráticas ou políticas e em situações onde os critérios de poder são acentuados nas várias "brechas" da absorção ou em "regiões não-estruturadas" da sociedade.

Cristalizações estruturais e tensões nas etapas adiantadas da absorção

A importância das diferentes condições de absorção tornou-se até mesmo mais pronunciada nas etapas adiantadas quando grupos maiores de imigrantes foram levados para as esferas mais centrais de atividade.

Novos líderes ativos, articulados, profissionais e em especial político-étnicos apareceram em vez dos organizadores ou "mediadores de clã" de baixo nível, mas sua influência básica embora mais duradoura ainda era semelhante às previamente descritas.

Os amplos aspectos da transformação de grupo, em especial nas etapas mais adiantadas da absorção, constituíram o foco para novas cristalizações estruturais entre os diferentes grupos de imigrantes.

Onde tal transformação era suave, predominavam os líderes "positivos" e a coesão interna dos grupos cambiantes não era grandemente perturbada. A recristalização desses grupos e a conseqüente mudança contínua das subculturas na sociedade israelense foram relativamente suaves e aceitas.

Quando tal transformação suave não ocorria, a combinação de agrupamentos étnicos em seu novo cenário com os vários líderes alienados é que era mais conducente às tensões e explosões étnicas.

Isso foi demonstrado em muitas ocasiões, começando com as dificuldades em Wadi Salib em 1959 e continuando até os distúrbios mais recentes e articulados (ver mais adiante, Cap. 9).

É significativo que tais explosões não ocorressem nos primeiros anos da absorção quando a maioria dos imigrantes, e em especial os orientais, estavam em situação muito má, mas em uma etapa muito posterior quando a sorte da maior parte deles tinha melhorado grandemente.

Além disso, os participantes dessas explosões não eram em geral completamente destituídos mas pertenciam aos que já se haviam beneficiado dos serviços fornecidos pelas agências de absorção, embora não tivessem sido "bem sucedidos" mais tarde. De importância especial foi o grupo etário de 20 a 25 anos, que já estava em Israel de cinco a dez anos e servira no exército onde, de acordo com todos os testemunhos, não sentira discriminação. Ao deixar o exército eles se viram com habilidades insuficientes ou sem trabalho permanente, vagando através de vários trabalhos de emergência, incapazes de achar um meio de vida estável. Não fazia diferença o fato de até mesmo essas ocupações parciais terem fornecido um padrão de vida muito mais alto do que poderia ser desfrutado em seu país de origem. Comentários dessa natureza apenas os iravam mais visto que, nesse ínterim, eles adquiriram os valores da sociedade israelense, sentindo ter o direito de assim viver. Essas situações produziram vários tipos de líderes autocráticos muito importantes na cristalização dessas explosões.

Subculturas de imigrantes na sociedade israelense

A incorporação de vários grupos de imigrantes na estrutura da sociedade israelense significava que qualquer "intimidade" ou auto-suficiência prévia de sua parte era necessariamente enfraquecida, limitada ou transformada. As principais áreas em que ocorreu tal incorporação na sociedade israelense foram as da vida ocupacional e econômica, da educação e, até certo ponto, da política.

As esferas institucionais onde a continuidade de seu

próprio modo de vida foi maior eram a família, a vida social, as amizades, as relações com vizinhos e alguns aspectos das tradições culturais, tais como atividades de lazer ou tradições religiosas e folclóricas.

Entretanto, foi na mesma esfera dos valores e tradições culturais que os costumes dos imigrantes foram grandemente solapados através do impacto da sociedade de absorção.

Em geral, quanto maior o grau de concentração ecológica, tanto maiores as possibilidades de manter alguma continuidade da tradição. Em tais casos essas tradições podiam facilmente tornar-se o centro da atividade social e política mais ampla e até nacional. Aqui também estava o maior potencial de incitação étnica extremista e populista que poderia facilmente levar a distúrbios e fomentar tendências separatistas.

O processo de absorção e a concomitante transformação interna dos grupos de imigrantes poderiam tanto facilitar a absorção contínua desses grupos na sociedade israelense como promover o desenvolvimento de tensões intergrupais e pontos de conflito.

A transformação da estrutura social dos imigrantes influenciou grandemente a mudança cultural e deu origem a duas tendências contraditórias.

Em alguns casos essas subculturas integraram-se com êxito na sociedade israelense, acentuando sua identificação com ela e sua satisfação com as consecuções nela alcançadas, desenvolvendo ao mesmo tempo suas próprias tradições socias e culturais específicas.

Em outros casos, os grupos de imigrantes estavam desorganizados pelas tensões intergrupais, com símbolos étnicos indicando identificação grupal negativa e alienação da sociedade de absorção. Como veremos mais tarde, esses grupos desorganizados eram focos potenciais de tensões políticas.

Qualquer que seja a tendência que se torne predominante, a própria emergência de tais subculturas — e em especial das mais alienadas — por um lado, e a coalescência continuamente crescente de situações étnicas e de classe, por outro, foi certamente um desenvolvimento imprevisto e em grande parte paradoxal em vista das principais políticas sociais e das suas implicações.

Nos parágrafos precedentes falamos sobre os efeitos da política de absorção na cristalização de grupos étnicos e comunitários em primeiro lugar entre imigrantes de países orientais. Foram esses grupos que estavam concentrados nos níveis mais baixos da escala educacional e ocupacional e, portanto, sua identificação étnica e comunitária poderia facilmente se tornar um foco separatista na estrutura social existente. Embora entre os imigrantes de vários países europeus também se desenvolvesse uma tendência para continuar muitos de seus costumes anteriores e embora surgissem muitas tensões também entre eles na estrutura de absorção, no entanto a falta daquela distância educacional-cultural com todas suas implicações e resultados não transformou a identificação comunal em um foco de tensão e cristalização de separações sociais e políticas contínuas. A influência e a implicação principais da política de absorção com respeito a esses grupos estava, em geral, na acentuação dos aspectos políticos e organizacionais na estrutura da estratificação.

Mas além dessas implicações, a política de absorção também teve certa influência — talvez difícil de avaliar corretamente — no próprio processo de imigração. Os dados estatísticos básicos indicam claramente a escassa imigração dos chamados "países prósperos", isto é, das Américas do Norte e do Sul, Europa Ocidental e dos antigos domínios ingleses. A parte principal da imigração não-oriental veio da Europa Oriental e em pequeno grau também dos países da América Latina. Não há dúvida de que a razão principal para essa imigração escassa dos "países prósperos" é devida à falta de motivos suficientes para imigração e à inabilidade da Organização Sionista de encontrar novos modos de superar essa falta de vontade de imigrar.

Mas além dessas razões gerais que, é claro, também indicam algum problema básico na construção da sociedade israelense, há também bastante dados que mostram que a política de absorção não foi — pelo menos até data recente — planejada para lidar com os problemas dos imigrantes desses países. O mesmo método não-diferencial de abordagem, visto nas antigas etapas da absorção para com os imigrantes orientais, também encontrou expressão na abordagem aos imigrantes desses países. Até certo ponto, essas abordagens estavam enraizadas nas mesmas fontes, mesmo que sua expressão concreta diferisse grandemente.

Em relação aos imigrantes orientais a ausência de abordagem diferencial expressou-se na falta de consideração do *background* sociocultural permissível na tradição e dos problemas sociais que resultaram disso. Em relação aos imigrantes dos países prósperos, e até certo ponto também a outros imigrantes não-orientais, essa abordagem foi principalmente expressa no não-reconhecimento da existência de motivos "não-pioneiros" para imigração e apenas com um ligeiro entendimento dos problemas de imigração e absorção da classe média independente e dos imigrantes profissionais. O sistema de absorção adaptava-se mais às pessoas que aceitam voluntária ou necessariamente as implicações organizacionais da abordagem pioneira, sua dependência das organizações de absorção e o fato de serem orientadas em grande parte nas primeiras etapas, na sua atividade econômica, por essas organizações. Apenas nos últimos tempos ocorreu certa mudança nessa questão, principalmente como resultado dos problemas levantados pela imigração de latino-americanos. Entretanto, ainda é difícil avaliar o grau de êxito.

Por mais difícil que se possa avaliar a influência da política de absorção sobre os imigrantes que não vieram, não há dúvida de que ela aumentou em grande parte a importância dos fatores políticos e administrativos e das distinções na estrutura organizacional e de estratificação da sociedade israelense.

Contradições e problemas na política social e bem-estar social

Outro campo importante no qual se desenvolveram importantes contradições das políticas oficiais foi o do bem-estar social.

A suposição básica da maioria das políticas sociais em Israel era que amplas considerações de bem-estar são parte necessária das instituições do país. A absorção de imigrantes, muitos dos quais eram casos sociais, também foi aparentemente orientada para a certeza de um padrão de vida mínimo.

Contudo, a realidade não estava à altura das suposições ideológicas básicas e o bem-estar especial tornou-se um dos assuntos mais problemáticos na categoria da política social israelense. Isso é particularmente verdadeiro para os grupos mais marginais — os casos sociais — os desempregados, destituídos, velhos, doentes etc., que constituem uma parte não insignficante da população.

Embora muitas agências diferentes — o Ministério do Bem-Estar Social, Malben, Hadassá e vários organismos privados executassem importantes funções nessa área, desenvolveram-se no entanto muitas "brechas".

Assim, ao lado de instituições com altos níveis de atuação e padrões profissionais, desenvolveram-se também as de níveis muito mais baixos — situação que pode confessadamente ser encontrada em qualquer sociedade. Além disso, entretanto, existia um problema mais agudo no fato da distribuição mínima devida pelo Ministério do Bem-Estar Social não ser, e ainda não é, dada nem com freqüência nem plenamente. Ademais, essa distribuição não cuida dos problemas especiais de diferentes grupos e de diferentes categorias de casos sociais. O exame seguinte da assistência econômica ilustra esses problemas.

A assistência econômica direta baseia-se na "subsistência mínima" e consiste apenas do custo do alimento. Água, eletricidade, combustível, vestuário, educação, necessidades especiais para crianças, cuidado médico, bem como índice de impostos, não são incluídos nessa soma. Essas outras necessidades não são ignoradas, mas não há instruções bem delineadas que digam respeito à qualificação, à quantia, ou mesmo aos modos como esses serviços devem ser fornecidos. Se for julgado necessário, e se há meios disponíveis, a agência municipal do bem-estar estende esses serviços de vários modos. Assim as pessoas cuja renda principal ou única deriva-se da assistência pública são geralmente isentas do pagamento de impostos municipais sob recomendação do departamento do bem-estar. Com muita freqüência o mesmo departamento também paga parte ou o total do aluguel. Os cuidados médicos, isto é, hospitalização, são dados pelo Ministério da Saúde, sob recomendação das autoridades do bem-estar; o vestuário é fornecido se disponível (roupas são geralmente doadas pelos serviços particulares). Várias necessidades educacionais são cobertas por estipulações adicionais do orçamento do bem-estar, mas água, eletricidade e combustível não são incluídos em quaisquer das estipulações acima mencionadas. Deveríamos acentuar novamente que não há critérios bem delineados para a qualificação para quaisquer dos serviços supraditos. O único serviço administrado com a ajuda de orientações estritas que dizem respeito à quantia de dinheiro a ser gasta por família é a da assistência econômica direta, onde as diretivas são como se segue (1965):

LI 61 uma única pessoa por mês;
LI 95 um casal por mês;
LI 175 para cinco pessoas por mês;
e LI 35 por pessoa adicional.

O orçamento do Ministério do Bem-Estar Social baseia-se na suposição de que essas somas cobrem as necessidades mínimas de subsistência (apenas comida). Essa quota que foi aceita há mais de cinco anos é ratificada pelo Knesset todo ano. O gasto total com o bem-estar social em 1962-63 elevava-se a LI 120 000 000 e em 1963-64, a LI 143 000 000.

O Ministério do Bem-Estar Social tem um orçamento fixo para esse propósito, por meio do qual 30% do dinheiro é concedido por várias agências judaicas de bem-estar e 70% deriva de serviços governamentais. O número de famílias que receberam ajuda em 1962-63 era de 106 300, distribuída como se segue:

Assistência econômica regular 27 400
Outra assistência material 31 000
Cuidados sem assistência material 47 800
Assim desses dados pode-se ver que mais de 5% do

total da população depende dessas distribuições, enquanto os "maximalistas" argumentam que o número total de pessoas que receberam ajuda do bem-estar em 1961-62 foi de 241 000, que é 11% da população total [13]. Quinze mil pessoas que se beneficiaram de pensões de velhice deveriam ser ulteriormente adicionadas a esse número.

Em 1961 o estatístico governamental preparou um estudo de famílias que vivem da assistência. Vale a pena mencionar aqui alguns dos dados obtidos:

a) 95% das famílias envolvidas imigraram depois de 1948;

b) 80% das famílias vieram de países asiáticos ou africanos;

c) 17,5% das famílias consistiam de 8 pessoas ou mais;

d) o tamanho médio da família era de 4-7 pessoas.

Assim vemos que esse campo produziu resultados paradoxais. Os estratos mais baixos da população aumentaram de tal modo que se perpetuaram em suas posições.

Uma das razões disso é a proliferação de organizações e instituições diferentes e os interesses adquiridos que se desenvolveram e que tornam difícil uma política unificada.

A segunda razão é a escassez de definições claras de padrões e princípios de orientação nesse campo. Esses nunca foram firmemente declarados quer pelos assistentes sociais quer pelo Ministério do Bem-Estar Social. Esse Ministério não está entre os mais fortes e não poderia dominar e coordenar facilmente as várias agências e instituições — muitas das quais estão relacionadas com grupos políticos fortes do país. O próprio Ministério também sofreu com pressões políticas e com potencial humano profissional inadequado não facilmente coordenado.

Estavam estreitamente relacionadas com isso as dificuldades para desenvolver padrões profissionais adequados à assistência social e conseqüentemente atrair para ela potencial humano de alto nível.

A atitude ambivalente da assistência social já comentada era devida ao fato de que na ideologia pioneira social não havia lugar para casos ou problemas sociais. Tencionava-se que todos eles seriam cuidados pela execução plena da ideologia. Por isso, também, a política baseada na suposição da absorção "total" não poderia paradoxalmente suprir as diferentes necessidades de grupos de imigrantes. Conseqüentemente, uma das brechas básicas dessa política desenvolveu-se em torno de tais problemas sociais e espalhou-se por amplos grupos de casos sociais.

13. *Fonte*: Y. KANEV, *Social Policy in Israel*, Instituto de Estudos Sócio-econômicos (hebraico), Kupat-Holim, 1964, Telavive.

Por causa do forte interesse político adquirido pelo Fundo de Doentes da Histadrut não se desenvolveu nenhum seguro global de saúde. Semelhantemente, ainda não há nenhum seguro de desemprego. Uma suposição oculta atrás desse estado de coisas é que a maior parte dos grupos da população pode prover-se de um desses, quer diretamente quer associando-se a uma das organizações sociopolíticas. Essa atitude, legada ao estado organizacional dos serviços, discrimina contra aqueles grupos sociais "mais fracos" que não podem cuidar de si próprios dessas maneiras e que, portanto, tendem a permanecer além do limite de tais serviços.

Enquanto estão sendo feitos progressos administrativos contínuos, esses problemas ainda persistem. Eles fornecem um dos resultados interessantes, paradoxais e inesperados da política social e da absorção.

4. PADRÕES EMERGENTES DE ORGANIZAÇÃO E ESTRATIFICAÇÃO SOCIAL

Tendências na cristalização do status

O contínuo impacto das várias diferenças sociais, econômicas e ocupacionais e o programa de ação desenvolvido pela elite produziram algumas tendências duradouras, embora imprevistas, na organização social israelense.

A mudança mais evidente verificou-se nas manifestações de diferentes estilos de vida e nas maneiras pelas quais foi organizado o acesso aos recursos básicos.

É nesse contexto que tanto a importância de diferentes direções do movimento mais antigo quanto as tendências em direção às novas solidariedades atribuídas podem ser mais claramente discernidas.

Talvez o desenvolvimento geral mais importante nesse sentido tenha sido o enriquecimento do mecanismo de mudança do estilo de vida. A crescente ênfase dada aos padrões comuns de consumo diminuiu as diferenças entre setores privados e coletivos, mas acentuou as diferenças entre estratos sociais e grupos ocupacionais, econômicos e étnicos.

Isso fez com que as diferenças entre os principais setores convencionais ou semiconvencionais do Ischuv se tornassem menos nítidas, afetando todos os setores da população.

Ao mesmo tempo, as relações entre os diversos setores acentuaram a tensão no poder e cresceram muito em importância como um elemento básico no sistema de estratificação. Isso foi parte do processo mais amplo da proliferação dos vários centros de poder na sociedade israelense com raízes no estabelecimento do Estado, na diversificação das agências administrativas burocráticas e na crescente importância das posições políticas dentro da organização social. Tal competição desenvolveu-se não só entre os principais setores mas também entre subgrupos e empresas dentro de cada setor, aumentando o alcance de tal competição tanto quanto o número de pessoas e esferas de vida afetadas.

O enfraquecimento das orientações das elites e movimentos intensificou os problemas de acesso a várias posições e recursos — em parte porque esse desenvolvimento foi contra as pretensões igualitárias das elites e em parte porque o próprio processo de diferenciação tendia a enfraquecer o controle, por parte da elite, do acesso àquelas posições e recursos.

A mais importante transformação na estratificação desenvolveu-se em torno da diferenciação econômica e dos diversos estilos de vida.

Essas transformações não foram nem suaves nem simples. Estiveram intimamente ligadas com o desenvolvimento de várias áreas anômicas, com diversas e novas conseqüências e com rupturas estruturais, freqüentemente não intencionais.

Embora a crescente importância do consumo como critério de *status* tenha fortalecido a classe ou a camada social na estratificação social, às custas dos antigos movimentos ideológicos da elite dentro dela própria, desenvolveram-se novas tendências específicas do ambiente israelense.

Tendências na cristalização de classes

Uma análise das tendências das diferenciais de ocupação, de posição e de renda pode ser o melhor meio de se conhecer tais desenvolvimentos.

Para se analisar as características específicas da sociedade israelense não é suficiente indicar as tendências gerais; é mais importante analisar as constelações e fusão entre os padrões de *status* — educação, ocupação e renda — tal como eles se desenvolveram.

Surgiram algumas características peculiares intimamente relacionadas com alguns aspectos da mobilidade social acima analisados.

Os dados da Tabela 35 dão uma visão preliminar desse problema [14].

A análise mostra uma grande discrepância entre as diferentes séries e as classes mais baixas, especialmente indivíduos com nível educacional mais baixo apresentando uma chance razoável de alcançar uma renda de padrão relativamente alto.

14. R. BAR-YOSSEF, D. PADAN, The Oriental Communities in the Class Structure of Israel, *Molad*, v. XXII, pp. 195-6, nov. 1964.

Assim, considerando que 51,1% de todos israelenses pertencem ao mais baixo escalão educacional, somente 33,2% pertencem ao padrão salarial mais baixo. Diferentemente dos EUA, onde encontramos uma alta correspondência entre prestígio ocupacional e renda nos padrões mais altos das duas escalas, em Israel a tendência parece ser contrária. As classes mais altas revelam uma notável discrepância entre prestígio ocupacional e renda: 10,5% dos israelenses estão no mais alto padrão de prestígio ocupacional, mas somente 3,9% estão computados no mais alto nível salarial.

Isso quer dizer que, quando se distribui a população numa escala salarial, a inclinação é em direção às classes mais baixas, enquanto que na escala ocupacional essa distribuição aponta em direção às classes mais altas.

TABELA 35. Cristalização do *Status* (porcentagem e população) em Israel

	Renda	Ocupação	Educação
Alta	3,9	10,5	12,2
Média Alta	19,5	34,0	35,1
Média Baixa	43,4	24,7	—
Média Baixa	33,2	25,5	51,1[a]

a. Foi usado o seguinte critério para caracterizar a escala de classe:
Educação: Baixa = sem escolaridade — educação elementar.
Média = escola secundária.
Alta = educação universitária ou seu equivalente após escola secundária.

Ocupação: Baixa = trabalhos manuais não-especializados.
Média baixa = trabalhadores especializados, trabalhadores semi-especializados, posições clericais secundárias e grupos de negociantes e comerciantes secundários.
Média Alta = empregos burocráticos em posições intermediárias.
Alta = homens de negócios, autônomos e profissionais liberais assalariados, classe de dirigentes mais elevados.

Renda: os limites das classes são principalmente baseados na avaliação socialmente aceita de renda baixa, média e alta.
Baixa   = 1 000 a 1 999 LI
Média Baixa = 2 000 a 3 999 LI
Alta   = 7 500 a 10 000 + LI

Fonte: R. BAR YOSSEF e D. PADAN, *op. cit.*

Como os dados estatísticos são mais seguros em relação aos assalariados do que em relação aos autônomos, esses dados e implicações devem ser corrigidos adequadamente, mesmo que ainda não se possa conseguir dados exatos para uma correlação total.

Entre as recentes tendências da economia e da sociedade israelense, a mais significativa é a contínua elevação de salários e padrão de vida no setor privado (industrial, bancário e comercial) e até certo ponto entre profissionais independentes (advogados, arquitetos, alguns médicos). Isto também se aplica a muitos funcionários de companhias governamentais que conseguem ultrapassar os limites salariais oficiais.

Daí, embora uma porcentagem maior devesse provavelmente ser colocada nos escalões das rendas mais altas, é duvidoso que isso pudesse mudar significativamente a menor importância da educação nos escalões mais altos — especialmente porque a maioria dos profissionais liberais ainda está em empregos públicos. É possível que isso indique uma discrepância entre renda e prestígio ocupacional nos níveis mais altos, que podem ser um pouco menores do que foram considerados especialmente em relação às ocupações não-profissionais nos setores privados ou semipúblicos.

Entretanto, por maior que seja a extensão dessas divisões, o sistema de classe em Israel tende a uma forte ênfase na classe média e baixa média, fato que também transpareceu nos dados preliminares sobre a mobilidade, citados acima.

Um paradoxo interessante é o fato de que a situação econômica dos grupos mais baixos é realmente muito baixa, formando eles um grupo marginal dentro da sociedade.

Talvez o fato mais importante seja que a porcentagem relativa desses grupos mais baixos não decresceu, a despeito da forte ênfase do programa social oficial no sentido de minimizar as desigualdades. Alguns desses programas, tais como a falta do seguro de saúde em escala total, bem como a importância das pressões políticas em sua implantação, podem levar a reforçar e perpetuar essa situação.

No outro limite da escala, as várias classes médias salientaram muito o consumo simbólico diferencial e encorajaram o contínuo crescimento de uma pequena classe alta de milionários em contínua expansão ou outros grupos muito influentes de industriais, banqueiros, investidores estrangeiros e alguns profissionais.

Também foi parcialmente legitimado pela ênfase geral no extraordinário consumo, pela participação de muitos oficiais e figuras públicas em tal consumo e pelo fato de que isso foi um resultado não previsto e também não controlado pela política econômica do governo. Tal estado de coisas, por seu turno, influenciou fortemente a direção dos processos de mobilidade na sociedade israelense.

A tendência global em direção à cristalização da classe média torna-se até mais evidente na auto-avaliação dos israelenses em termos de *status* e critério de classe. Uma pesquisa preliminar [15] mostrou que, apesar do fato de Israel ser conhecido pela forte orientação política e ideológica em direção aos movimentos trabalhistas e embora os EUA sejam encarados como sustentáculo do capitalismo, os dados sobre identificação de classe nos dois países mostram um panorama inverso.

É interessante notar que até um terço dos membros das colônias coletivas socialistas (*kibutzim*) consideram-se a si próprios como membros da classe média.

Uma outra pesquisa [16] que usou questionários um pouco diferentes indica algo que à primeira vista pode parecer como resultados diferentes mas que basicamente são similares. A pesquisa usou as seguintes categorias de *status*, derivadas até certo ponto da ideologia do "pioneirismo": 1) classe média; 2) intelectualidade trabalhadora; 3) classe operária; 4) classe trabalhadora.

Conclui-se que a auto-identificação com uma dessas categorias de classe está intimamente relacionada com o *status* ocupacional objetivo e com realizações educacionais. 50% dos assalariados não registrados investigados identificaram-se como "classe trabalhadora" e menos de 20% como "classe média". 50% dos não registrados e 62% dos sindicalizados independentes identificaram-se como "classe média", enquanto 50% dos assalariados registrados colocaram-se na categoria de "intelectualidade trabalhadora", mais 22% como classe média e somente 10% como "classe trabalhadora".

Assim, também aqui, parece haver forte ênfase na classe média, embora definida por categorias algo diferentes — mais do que na classe "verdadeiramente" proletária ou "baixa".

Todos esses dados indicam uma interessante tendência do desenvolvimento do sistema de *status* israelense. Indicam realmente que a ocupação tornou-se uma importante, senão única, determinante do *status* sócio-econômico em Israel. Durante o período anterior ao Estado, o processo objetivo da descendente mobilidade intergerações foi reconhecido e idealizado ("proletarização", "normalização da pirâmide ocupacional"). A educação formal foi desvalorizada e o estereótipo do "trabalhador culto" promovido pelo setor halutziano acentuou a auto-imagem do "trabalhador com consciência de classe" (pelo menos assim nos foi dito). Rema-

---

15. A. ANTOVOSKY, Social and Political Attitudes in Israel, *Allot*, jun.-jul. 1963.
16. Adaptado da pesquisa de campo para A. ZLOCZOWER, *Mobility Patterns and Status Conceptions in an Urban Israeli Setting*. Tese para doutoramento em Filosofia. Universidade Hebraica de Jerusalém, 1966.

nescentes dessa idealização provavelmente atuam ainda hoje. Porém não há dúvida de que existe hoje uma maior variedade de componentes de *status* significativos do que no passado, competindo com "classe", ocupação e ideologia, como núcleo potencial de identificação e solidariedade.

Na pesquisa mencionada acima [17] tentou-se avaliar o potencial de solidariedade de algumas dessas categorias.

Foi apresentado um alto potencial de solidariedade (entre outros) por aqueles que se auto-identificaram como "religiosos" (74% daqueles que se colocaram nessa categoria deram-lhe alta posição em suas preferências de solidariedade), "intelectualidade trabalhadora" (65%), "classe trabalhadora" (52%), "registrados" (46%), "israelenses natos" (44%), "autônomos" (46%), "militantes partidários" (52%), "grupo étnico oriental" (45%), "socialistas" (47%).

Foi evidenciado um baixo nível potencial de solidariedade através das seguintes categorias: "não-religiosos" (15%), "classe média" (27%), "não-sindicalizados" (18%), "novos imigrantes" (20%), "assalariados" (31%), "abastados" (11%), "setor público" (17%), "socialistas moderados" (19%), "apolíticos" (isto é, sem filiação partidária) (13%) [18].

A pluralidade de componentes do *status* e a relativa ausência de correspondência entre os vários padrões impede a emergência de uma consciência de *status* baseada na prioridade de um só fator deprecatório, mesmo do tipo mais básico. Através do aumento da proeminência dos fatores de elevação de *status,* pessoas de baixo *status* tornam-se capazes de formar uma auto-imagem de *status* relativamente favorável. Quaisquer que sejam as limitações desses dados, eles realmente reforçam outras conclusões sobre a relativa predominância de orientações, aspirações e identificações da classe média na sociedade israelense.

Essa tendência predominante também pode explicar a contínua tendência de medir o *status* em termos da riqueza e ocupação e a constante aceleração da aspiração à mobilidade tanto quanto o desenvolvimento de muitas tensões, divisões e mudanças estruturais no campo profissional e trabalhista, analisados nos capítulos anteriores.

Nova cristalização de status: *afiliação ocupacional, étnica, política e religiosa*

A cristalização das orientações da "classe média" indica a crescente importância do padrão ocupacional na avaliação

---

17. A. ZLOCZOWER, *op. cit.*
18. As porcentagens acima referem-se aos números em cada categoria, números esses que colocam entre os cinco primeiros lugares a opção de solidariedade. As categorias ocupacionais mostraram o mais alto potencial de solidariedade (média de 57%).

de *status*. Apesar disso, desenvolveram-se também crescentes diferenças na hierarquia de prestígio de acordo com vários critérios não-profissionais, sendo os mais importantes os de fundo religioso e étnico. Simultaneamente, as orientações do antigo movimento se transformaram em outros, políticos e administrativos, que se tornaram por sua vez um importante e distinto critério adicional de prestígio e meios de acesso a diferentes posições e recursos.

Todos esses desenvolvimentos apresentam vários problemas. Primeiro, o que significam tais hierarquias, quais os diferentes estilos de vida que tendem a desenvolver e em que medida influem em outros aspectos da estratificação social. Segundo, até que ponto cada critério indica fatores objetivos, impedindo ou facilitando o acesso de diferentes grupos a diferentes ocupações, posições e recursos.

O elemento étnico na transformação das estruturas tradicionais

Devido às características básicas dos vários grupos de imigrantes e por causa das condições iniciais de absorção, descritas no Cap. 4, alguns dos principais grupos "étnicos" tendem a se concentrar, pelo menos temporariamente, em facções especiais.

Embora esses grupos tivessem mantido algumas de suas tradições e meios de vida, foram naturalmente muito afetados pelo impacto da sociedade absorvente: o sistema educacional, o exército e as pressões econômicas e ocupacionais.

As facções foram responsáveis pelo "destino" comum de diferentes grupos de imigrantes no processo de absorção.

Nesse contexto, o grau de fusão entre "classe" econômica e critério "étnico" assume uma particular importância.

Foi principalmente a interação que fez com que esses grupos étnicos formassem padrões e identificações sociais separadas. Mesmo que as manifestações externas, tais como moradia, vestimenta, linguagem e conduta, não fossem intimamente diversas das dos grupos antigos, o sentimento de separação e alienação era freqüentemente muito notado. O que obviamente criou novos focos de identificação e tensões sociais.

O antecedente e a identidade étnica eram mais fortemente articulados entre os orientais mas, em menor grau, também entre grupos europeus — e tornaram-se um novo fator importante no padrão de organização social. Sentiram-se também efeitos na recristalização das vias de acesso a diferentes posições ocupacionais e políticas e a fontes econômicas e políticas.

O desenvolvimento de subculturas específicas pelos imigrantes dentro do sistema israelense de estratificação é indicado por várias tendências reforçadas e está intimamente relacionado com a contínua mistura — especialmente dentro dos grupos orientais — de baixo *status* ocupacional, educacional e econômico.

Entre os grupos orientais as imagens menos diferenciadas da sociedade parecem prevalecer mais. Do mesmo modo, demonstram padrões de aspiração de mobilidade que acentuam mais salários maiores do que aquisição de educação mais ampla. Isso está ligado às constatações de que, no mesmo nível de renda, o grupo oriental tende a investir menos em educação e mais no consumo direto. O contínuo atraso educacional de muitos desses grupos — que será discutido no próximo capítulo — está logicamente muito relacionado com isso.

A cristalização do elemento étnico específico como um grupo distinto e discordante também se torna patente nos dados sobre casamento misto entre grupos de diferentes origens. Isso mostra que em 86% de todos os casamentos realizados em 1959 os parceiros eram de origem étnica similar, enquanto que somente 14% eram de origem "mista".

Além do mais, a maioria dos "casamentos mistos" seguiram o padrão de predominância social, isto é, casamento entre noivo aschquenazita e noiva oriental. Durante 1952, 17% dos noivos aschquenazitas casaram-se com noivas orientais enquanto só 10% de todas as noivas aschquenazitas casaram-se com maridos orientais. A tendência à predominância sexual cresceu desde 1952, mostrando que a identificação de diferenças de classe cresceu [19].

Vemos portanto que o elemento étnico, especialmente o oriental, pode cristalizar-se como um novo elemento específico atribuído na estrutura social israelense, desenvolvimento esse que constitui um dos mais importantes dentro da sociedade israelense e um desafio para ela. Além do mais, o fator étnico também causou novas divisões e tensões no campo social e político.

As inúmeras tentativas feitas para anular a relação negativa entre origem étnica e posições ocupacionais e educacionais estava intimamente relacionadas com esses desenvolvimentos. Uma dessas tentativas foi a exigência de maior ajuda na aquisição de meios (especialmente na educação) necessários ao acesso a várias posições e ocupações.

Fez-se outra tentativa para aumentar as exigências a um acesso mais direto a tais posições em virtude de pertencer a um dado grupo étnico.

19. Em 1955, 4,3% de todos os casamentos eram de noivos da Ásia e África com noivas da Europa e da América e 7,5% de todos os casamentos eram de noivos da Europa e da América a noivas da Ásia e África. Em 1963 o primeiro padrão de casamentos cresceu para 6,5% e o segundo tipo atingiu a cifra de 8,9%.
(C.B.S., *Statistical Abstract of Israel*, 16, 1965, Tabela 12/c, p. 65).

Essas diretivas combinaram-se nas organizações políticas de diversos grupos étnicos e reforçaram várias tendências mais amplas à cristalização do *status* na sociedade israelense.

Política e poder na cristalização de status e camadas sociais

Apresenta-se um panorama semelhante em relação ao segundo novo critério de *status,* isto é, político-administrativo.

Das várias organizações que, de modo crescente, afetaram a vida do cidadão israelense, a mais importante, compreendendo quase todos os setores da vida, foi a Histadrut. Essa organização controlava áreas de trabalho (e, até recentemente, também o acesso ao trabalho através das várias agências de trabalho), serviços de saúde (através do Kupat Holim) e grande parte das facilidades para obtenção de moradia e outras necessidades básicas.

Os diversos departamentos e agências governamentais constituíam outro importante grupo de organizações dominando o acesso às áreas e facilidades básicas. Para muitos dos novos imigrantes, a Agência Judaica e os diferentes partidos constituíam as mais importantes fontes de obtenção de recursos e bens. As diferentes organizações freqüentemente competiam entre si e tinham que recorrer aos órgãos centrais políticos e administrativos do Estado a fim de alcançar um *modus vivendi*. Isso desenvolveu muito a importância do poder no contexto da organização social — como um critério de *status,* como um recurso e como um foco de conflito dentro da estrutura social.

Muitos dos programas da elite tentaram ressaltar o valor do poder e o prestígio da posição política e seu controle no acesso aos recursos. O desenvolvimento de organizações econômicas muito amplas tanto nos setores públicos quanto privados, encorajado pela política econômica e tributária do governo, reforçou a importância dos padrões políticos e organizacionais no sistema estatal.

Visto através do critério político e administrativo de estratificação, a população israelense se divide de acordo com as diferenças de acesso às várias facilidades e de acordo com os canais através dos quais tal acesso é organizado.

Posto que os inúmeros grupos políticos controlam em grande escala o acesso às principais facilidades, a afiliação a um deles pode ser realmente essencial. Enquanto que é relativamente fácil avaliar diferentes grupos de acordo com padrão de vida, saúde e educação, o quadro se torna mais complicado em relação aos critérios adicionais. Em muitos casos, a não afiliação a nenhuma organização coletiva, partidária ou burocrática é um sinal de que o grupo tem o mais baixo *status* possível.

Entretanto, entre muitos grupos de novos imigrantes, enquanto o acesso às agências coletivas certamente abranda um baixo *status,* uma dependência muito exclusiva a uma única organização pode imobilizar diferentes grupos da população em um nível ocupacional relativamente baixo.

Não há dúvida, por exemplo, de que uma grande porcentagem dos que não são membros de nenhuma caixa beneficente pertencem às mais baixas camadas da população, para quem a obtenção de todos os privilégios no Kupat Holim da Histadrut significaria uma enorme melhoria.

Tal como em muitas outras sociedades desenvolvidas, os serviços sociais em Israel tendem a uma certa discriminação em favor dos mais poderosos ou ricos, de tal forma que as camadas mais baixas, isto é, as que não têm nem entradas adicionais nem a vantagem de participarem de outras organizações, recebam só a atenção mínima, o que bem pode diminuir suas possibilidades de progredir.

Conseqüentemente, o acesso a alguma das organizações mais ativas pode ser de uma importância crucial para se conseguir maior mobilidade.

Por outro lado, especialmente entre os grupos ocupacionais mais altos, a constante recorrência a tais organizações torna-se um fator constringente que pode impedir a possibilidade de posterior participação e mobilidade social.

Entre esses grupos, especialmente entre os profissionais, surgiram hierarquias de prestígio mais autônomos e com elas importantes tensões e divisões em reação às restrições impostas pelo corpo político e administrativo — embora muitos desses grupos (sobretudo os não-profissionais) possam ainda ser muito dependentes da política econômica do governo em relação ao seu *status,* podendo não querer solapar tal dependência.

A primeira ruptura apareceu entre os setores assalariados e autônomos e foi particularmente acentuada entre os grupos médios e mais altos. A segunda ruptura parece estar se desenvolvendo entre os profissionais assalariados, entre aqueles que estão empregados em setores privados e companhias governamentais onde isto não acontece. As divisões explicam os crescentes conflitos e tensões entre profissionais e não-profissionais no serviço público.

Essas tensões produziram duas amplas tendências de cristalizações estruturais de grande importância para os padrões que estão desaparecendo da estratificação em Israel. A primeira dessas tendências encontrou expressão nas crescentes diferenciações ocupacionais e sociais, na multiplicação dos canais de mobilidade e em pontos heterogêneos de prestígio e *status*.

A segunda tendência desenvolveu-se em direção a uma crescente concentração e restrição de acesso aos recursos, posições e prestígio, afetando membros de várias organizações, sejam elas políticas, étnicas ou religiosas.

Portanto, dentro dos grupos profissionais, tentou-se quebrar o monopólio da Histadrut enquanto que, ao mesmo tempo, novos grupos de atribuição foram organizados, grupos esses que poderiam se tornar uma segunda Histadrut, assegurando aos seus membros vários benefícios.

Da mesma forma, as novas leis propostas para os *moschavim* fizeram surgir tentativas para "liberalizar" aqueles regulamentos que davam um completo controle sobre o acesso à possibilidade de afiliação ao movimento, desenvolvendo ao mesmo tempo um forte apoio a esses vários esforços. Pode-se encontrar semelhantes tendências contraditórias em muitos outros exemplos.

O elemento religioso na sociedade israelense

A mudança na posição dos grupos religiosos e o desenvolvimento de novos padrões religiosos têm sido muito acentuados desde o período do Ischuv. Essas mudanças serão tratadas com maiores detalhes no capítulo sobre cultura e valores, mas alguns comentários vêm a propósito agora. Durante o período do Ischuv, os grupos ultra-religiosos (Agudat Israel e mesmo o mais radical Neturei Karta) estavam, social e politicamente, quase que à margem da sociedade geral e constituíam um setor à parte. Somente os grupos religiosos sionistas, representados especialmente pelo Mizrahi e Hapoel Hamizrahi, faziam parte da organização setorial "federativa" do Ischuv.

Enquanto os *kibutzim* religiosos formavam o meio de vida religioso mais cristalizado, os elementos religiosos mais gerais englobados pelo Mizrahi dispersavam-se principalmente dentro da população urbana e seu interesse especial era o sistema de educação religiosa que constituía uma das correntes educacionais no país.

Na vida diária, os elementos religiosos não estavam concentrados em nenhuma estrutura específica mas se mesclavam com outros grupos. Embora existissem alguns núcleos de grupos distintos, sua observância religiosa era, de modo geral, um assunto privado.

Desde o estabelecimento do Estado surgiram várias mudanças importantes na composição, orientação e atividade dos principais grupos religiosos.

As mudanças relacionam-se principalmente com os seguintes fatores:

1) a inclusão do Agudat Israel no primeiro governo;

2) as conseqüentes mudanças na legitimação do Estado e o relativo enfraquecimento do Partido Mizrahi como único sustentáculo dos valores religiosos;

3) as controvérsias políticas em torno do Rabinato-Mor;

4) a afluência de novos imigrantes ortodoxos não-sionistas, tanto de países tradicionais (orientais) quanto europeus.

Como resultado de tais processos, desenvolveram-se baluartes religiosos que deram ênfase aos seus tradicionais modos de vida. Embora fossem amiúde absorvidos nas atividades econômicas modernas, não compartilhavam necessariamente dos principais valores e orientações sociais do Ischuv em sua fase de "movimento", tais como pioneirismo, sionismo etc... Em vez disso, desenvolveram-se amiúde em centros de grupos religiosos relativamente fechados, nos quais uma orientação separatista autônoma foi mantida e perpetuada.

Os grupos eram os mais variados, desde os mais radicais, como Naturei Karta, e diversas instituições e grupos ortodoxos, tais como os de Ieschivot e Hassidim, que se estabeleceram em unidades ecológicas especiais nas diversas cidades, até os grupos ortodoxos mais "modernos". Em muitos dos grupos mais radicais, a tendência separatista veio lado a lado com uma falta de produtividade econômica. Sustentados por diferentes organizações políticas e filantrópicas, esse padrão não era diferente do que prevalecia no Velho Ischuv. Mas mesmo os grupos ortodoxos mais modernos mostraram maior coesão, desenvolvendo seus próprios meios de vida relativamente separados.

Alguns dos fatores mais importantes da separação foram o desenvolvimento de instituições educacionais religiosas especiais, tais como as Ieschivot-Gimnasia especiais e o desenvolvimento da "agressividade" ou militância entre os movimentos juvenis religiosos. Freqüentemente, os elementos mais jovens eram mais militantes do que os mais velhos em questões entre os setores seculares e religiosos do Ischuv.

A distinção foi enfatizada e, em certo sentido, legitimada pelo fato de serem os estudantes das Ieschivot de fato isentos do serviço militar.

Devido a esses desenvolvimentos, o elemento religioso e o seu padrão tornaram-se muito mais importantes no contexto geral da organização social israelense.

O elemento religioso alcançou um padrão de vida importante e específico e uma estrutura de prestígio. Tentou também tornar-se um grupo de pressão distinto, com novos e diferentes canais de acesso às posições políticas e ocupacionais e aos recursos econômicos. Em todos os sentidos, o fator religioso tendeu a se tornar um foco de contínuos conflitos e divisões, como veremos com maiores detalhes no Cap. 9.

Padrões ecológicos de estratificação

Pode ser que seja conveniente descrever sucintamente algumas das principais organizações sociais que se cristalizaram nos diferentes cenários ecológicos.

Como resultado dos fatos acima analisados, os diferentes padrões e agrupamentos sociais estão em constante desenvolvimento. A acentuada mudança dos padrões, como se vê no *kibutz* e no *moschav,* está situada num extremo com colônias de novos imigrantes — especialmente os *moschavim* — constituindo uma subcategoria especial dentro dessa estrutura. Esses padrões são, na maior parte das vezes, caracterizados por uma atitude mais positiva em relação à agricultura, por um crescente interesse nos padrões urbanos de vida e por atividades de lazer mais organizadas, entrelaçados nos diferentes padrões e tradições. Nos setores rurais estagnados e nos *moschavim* mais antigos desenvolveu-se um poderoso tipo de camponês suburbano com uma rigorosa tradição familiar ligada à orientação econômica e ocupacional, em torno da qual os novos grupos de imigrantes semi-urbanos tendiam a se estabelecer.

Entretanto, o desenvolvimento mais variado ocorreu nos vários centros urbanos de Jerusalém, Telavive e Haifa.

É aí que os diferentes grupos ocupacionais, profissionais e econômicos se transformaram e se cristalizaram mais dramaticamente. Também aí estão concentrados muitos dos grupos religiosos, desenvolvendo-se as mais destacadas áreas de problema "étnico".

As cidades desenvolveram diferentes padrões de vida social. Jerusalém é caracterizada por grupos acadêmicos na Universidade e em torno dela, pelo serviço público nos diversos escritórios governamentais e por grupos religiosos e étnicos concentrados em quarteirões fechados. Suas atividades industriais não são muito desenvolvidas e a maioria das atividades econômicas está centralizada no serviço público, comércio, pequena indústria e artesanato.

Os grupos mais antigos de imigrantes orientais em Jerusalém ainda estão concentrados em alguns de seus quarteirões, enquanto novos grupos religiosos e imigrantes se concentram em outros. As diferentes áreas estão relativamente segregadas umas das outras e somente no centro da cidade se desenvolveram algumas atividades de lazer, especialmente nas noites de sábado.

Telavive é o mais dinâmico de todos os centros urbanos. Lado a lado a grupos comerciais, muitos funcionários públicos, oficiais do exército e grupos profissionais — advogados, médicos — estão concentrados em diferentes bairros. Trabalhadores de indústria de diferentes níveis sociais também constituem uma parte importante da estrutura social. Ao redor de Telavive surgiram os mais luxuosos e proeminentes subúrbios da nata da sociedade israelense. Novos grupos e bairros se desenvolvem, enquanto muitos novos imigrantes se concentram em algumas das pobres e sujas áreas circunvizinhas. Haifa desenvolveu um padrão um tanto diferente, e em seus vários subúrbios foi formado um estilo de vida de trabalhador urbano, predominantemente. Alguns profissionais acadêmicos (professores e estudantes do Tehnion) e grupos empresariais concentram-se em alguns bairros, mas o padrão predominante é o dos trabalhadores especializados e semi-especializados organizados em sindicatos e partidos e dirigidos pela predominância trabalhista na cidade. Haifa é caracterizada pelas diversas facilidades para entretenimento coletivo, tais como jardins públicos, espetáculos públicos etc., e uma vida recreativa relativamente muito bem organizada com menos recreação particular informal. No distrito portuário concentram-se alguns elementos mais transitórios. Em alguns bairros de Haifa — como em Telavive e Jerusalém — há também algumas das mais miseráveis concentrações de novos imigrantes, a mais conhecida das quais está em Wadi Salib.

Pode-se encontrar um padrão completamente novo de organização social, na qual algumas das "novas tendências" se cristalizaram em várias cidades e áreas em desenvolvimento, tais como Beerscheva e em outras muito menos urbanizadas, Kiriat Schmona e Kiriat Gat, por exemplo.

Dentro desses contextos, o critério de ocupação e origem, tanto quanto o tempo de permanência no país, assume crescente importância e diferentes grupos e camadas tendem a se cristalizar de acordo com ocupações, educação, origem étnica etc.

Enquanto existem muitas variedades nas áreas em desenvolvimento, o seguinte levantamento [20] de uma das cidades de tamanho médio pode dar uma indicação de algumas das tendências emergentes em tais áreas.

A cidade em estudo foi estabelecida como o resultado

20. Isso, está baseado em: E. COHEN, L. SHAMGAR e Y. LEVY, Relatório de Pesquisa: *Absorption of Immigrants in a Development Town*. Universidade Hebraica, Departamento de Sociologia, 1962.

de um duplo planejamento: desenvolvimento de áreas áridas e instalação dos numerosos imigrantes que vieram para Israel na década de 50. A construção da cidade foi parte de um plano que incluiu o estabelecimento de colônias agrícolas. Deveria ser instalada uma indústria baseada na agricultura e também era previsto que a cidade servisse como centro administrativo, comercial e cultural.

Os primeiros colonizadores foram novos imigrantes da África do Norte, que vieram para a cidade diretamente do porto. Dentro de poucos anos seguiram-se mais imigrantes norte-africanos, principalmente do Marrocos, bem como alguns imigrantes do Egito, Europa Ocidental (principalmente da Polônia e Romênia) e um pequeno grupo de países de língua inglesa.

Desde o começo, esses grupos viram-se acrescidos por cidadãos, veteranos vindos de todas as partes do país e, na época em que o estudo foi feito, a população da cidade era ao redor de 10 000 pessoas.

Os principais critérios de diferenciação social nessa cidade são o tempo de permanência no país e origem étnica. A origem étnica também determina a afiliação a diferentes comunidades com suas próprias tradições culturais e religiosas. A comunidade aschquenazita que inclui principalmente judeus europeus e a comunidade sefardita que inclui judeus de ascendência espanhola e judeus orientais. A diferenciação entre os vários grupos abarca todas as esferas da vida, inclusive a política.

No início, os velhos colonizadores preencheram todos os papéis centrais na esfera ocupacional. Foram mandados à cidade a fim de atuar como uma elite cultural e administrativa, para ensinar, instruir e montar as instituições públicas e municipais. Sua concentração ocupacional, um padrão de vida relativamente alto, um estilo de vida e cultura comuns, colocaram-nos numa camada social relativamente fechada em que os membros gozam de alto *status* social. Essa camada abrange os principais funcionários das instituições municipais e do serviço público, tais como serviço social de saúde e bem-estar, e os mais altos funcionários dos partidos políticos para lá mandados, à medida que crescia a população. Nesse sentido, os veteranos estavam à testa da organização política deste o início.

Em contraste com os veteranos, os novos imigrantes geralmente careciam de recursos econômicos e meios de obter empregos, dependendo das várias agências governamentais e municipais para as necessidades mais elementares, tais como moradia e trabalho.

Após o primeiro período difícil de adaptação, tornaram-se evidentes as diferenças entre os diversos grupos de novos imigrantes, principalmente em sua situação econômica e estilo de vida.

Os mais altos salários e posições ocupacionais foram atingidos pelos imigrantes de países de língua inglesa, formando um pequeno grupo. Vivem na melhor parte da cidade junto com muitos veteranos e alguns prósperos imigrantes da Europa Ocidental. São ativos principalmente no campo econômico, enquanto que na vida pública e política o seu impacto é pouco sentido. Em geral, a situação dos imigrantes da Europa Oriental é menos boa, particularmente em relação às inúmeras pessoas mais idosas que têm dificuldades para se reestabelecer. A situação dos imigrantes húngaros que são ativos na vida econômica da cidade é melhor do que a dos poloneses e rumenos, sendo que entre os últimos se encontra um número mais alto de trabalhadores desempregados. Entre os imigrantes poloneses, um número considerável conseguiu melhorias salariais, obtendo cargos administrativos e profissionais, e adquiriu moradias adequadas.

Socialmente, os húngaros, tanto quanto os imigrantes anglo-saxões, formam grupos comparativamente coesos. Entre os imigrantes poloneses e rumenos, que constituem grupos bem maiores, há um grau mais baixo de coesão social.

Devido ao seu nível mais alto de treino educacional e profissional e por causa de sua identidade cultural com o Velho Ischuv, tanto quanto suas ligações pessoais com os colonizadores mais antigos, os imigrantes europeus e anglo-saxões têm acesso a muitos canais de mobilidade social individual.

A situação dos imigrantes que não têm as características acima mencionadas é muito mais difícil. Entre os imigrantes egípcios há um pequeno núcleo cuja formação educacional e profissional é européia. Ocupam posições relativamente boas e formam uma elite no meio de seu grupo.

Os imigrantes norte-africanos que constituem metade da população da cidade são os mais atrasados de todos os novos imigrantes, formando a maior parte dos trabalhadores desempregados e dependentes da assistência social. O salário médio de uma família marroquina é freqüentemente insuficiente mesmo para as necessidades mínimas de alimentação. O seu nível de educação formal é usualmente muito baixo. As famílias marroquinas são numerosas na maioria dos casos e um considerável número delas está sob a proteção da assistência social pública. Muitos desses imigrantes vivem nos bairros mais antigos que são atualmente zonas semelhantes a cortiços. Os imigrantes marroquinos mais velhos são tradicionalistas, sendo a sinagoga para eles uma instituição social da maior importância. Entretanto, sentem falta de uma liderança central tradicional (ou outra) e estão socialmente divididos em um certo número de grupos rivais.

O estudo mostrou que os distintos grupos étnicos e os residentes veteranos formam distintas unidades sociais com maiores vínculos sociais. Entretanto, esses grupos não são homogêneos do ponto de vista da estratificação e dentro de cada um deles existem diferenças econômicas e educacionais. Os dados mostram que diferentes grupos étnicos, com um nível econômico e educacional relativamente alto tendem a se unir em "grupos de *status*" que rompem as barreiras étnicas e criam novas unidades sociais cujas bases são econômicas e culturais. Entretanto, normalmente, eles não ultrapassam os limites entre as duas formações comunitárias: os aschquenazitas e os orientais.

Assim, o critério econômico e cultural gradualmente assumiu uma crescente importância nos grupos mais desenvolvidos da população, o que, por outro lado, leva a uma maior ênfase nas divisões entre grupos comunitários.

Naturalmente, a composição organizacional das numerosas cidades em desenvolvimento difere em muitos detalhes, especialmente naquelas cidades em que a elite política e administrativa original era composta de colonizadores "orientais" que receberam os recém-chegados, entre os quais também havia grupos europeus. Todavia, a cristalização de *status* e grupos étnicos com tensões étnicas concomitantes foi da mesma importância.

A importância dos elementos de atribuição de poder

É interessante ver em que medida os novos padrões de cristalização dos "estratos" e a crescente importância do critério de poder e atribuição influenciaram a percepção da estrutura social.

Vários projetos de pesquisa recentes chegaram à conclusão de que, em sociedades industriais modernas, a maioria das imagens de estratificação podem ser classificadas em um ou dois tipos ou em uma combinação dos dois. Os dois tipos são:

a) A imagem hierárquica na qual a sociedade é vista como uma composição de três grupos usuais, formando um sistema aberto de classes. Esses grupos diferem em suas funções e em seus sistemas de vida, mas juntos são concebidos como constituindo uma entidade social relativamente harmônica com poucos conflitos globais. Os diversos grupos são usualmente combinados como uma hierarquia, havendo um alto grau de mobilidade de um grupo a outro.

b) A imagem de força, na qual a sociedade é vista como uma dicotomia de duas classes nitidamente distintas.

Alguns estudos realizados em Israel [21] substanciam esses dados e mostram que aqui, como na maioria das outras sociedades, a imagem mais hierárquica é característica dos grupos sociais mais altos, enquanto que a segunda é típica das mais baixas. Mas parece que ressaltam algumas características específicas.

A pesquisa mencionada acima mostrou que as imagens mais comuns de estrutura social entre os habitantes de nossas cidades em desenvolvimento foram as seguintes:

1) Uma imagem multigrupal, não-hierárquica, na qual os grupos diferem na origem étnica de seus membros (18,1% do total de respostas). De acordo com essa concepção, a comunidade é composta de um número de grupos étnicos com *status* semelhante e sem conflito: não existe possibilidade de mobilidade entre eles, posto que o critério distintivo é atribuído e alguém simplesmente "pertence" ao grupo. Como esses grupos têm *status* semelhantes, a imagem foi chamada "imagem igualitária".

2) Uma imagem hierárquica de várias classes, na qual as classes se diferenciam de acordo com o critério econômico (12,8% do total de respostas). De acordo com essa concepção, a comunidade é uma hierarquia de grupos econômicos, principalmente grupos ocupacionais e do mesmo nível salarial. A distinção entre eles não é tão nítida quanto na imagem anterior, pois, juntos constituem uma entidade orgânica sem contrastes ou discrepâncias apreciáveis. Desde que o critério distintivo é o de realização econômica e os grupos formam uma hierarquia, a mobilidade de um grupo a outro é possível.

3) Uma imagem hierárquica de duas classes, na qual a distinção é feita ao lado de linhas de critério econômico (17% do total das respostas). De acordo com essa concepção, a comunidade é constituída de dois grupos, cuja situação econômica difere consideravelmente. A existência do conflito social é inerente a essa imagem. Portanto, o livre movimento entre as duas classes é mais limitado do que na imagem anterior, embora o critério distintivo seja o de realização econômica. Aqui é enfatizada a diferenciação do *status* de poder econômico dos grupos.

4) Uma imagem hierárquica de dois grupos, na qual os grupos são diferenciados pelo critério de origem (26,9% do total das respostas). Com esse enfoque, a comunidade também seria constituída por dois grupos, distribuídos pelo tempo da residência no país ou pela origem étnica e afiliação comunitária (imigrante novo ou veterano; aschquenazita ou oriental). Os grupos constituem uma dicotomia e há um conflito de interesses entre eles. Como o critério de distin-

---

21. E. COHEN, L. SHAMGAR e Y. LEVY, *op. cit.*, 1962.

ção é atribuído não há possibilidade de mobilidade entre os grupos. Essa imagem pode ser classificada como "imagem de casta".

O estudo conclui que a imagem igualitária não-hierárquica é característica daqueles grupos de *status* mais elevado. A amplitude da hierarquização cresce à medida que decresce o *status* e entre aqueles de *status* mais baixo encontramos a "imagem de casta" extremamente hierárquica por natureza. As duas imagens usuais, "a imagem hierárquica" e "a imagem de poder" são, por isso, colocadas entre as duas novas imagens constatadas em nossa pesquisa; elas são características dos grupos que ocupam as posições mais altas e as mais baixas na estrutura social da cidade. Também é interessante notar que ambos os grupos têm como bases de avaliação a atribuição, enquanto que a base comum dos dois grupos intermediários é a realização.

As conclusões são principalmente baseadas em material recolhido em áreas em desenvolvimento e refletem necessariamente alguns dos seus problemas específicos. A tentativa de comparação entre as imagens de estratificação da cidade e de todo o país mostra que em nível nacional tanto as imagens "conflitantes" (as imagens de "poder" e de "casta") quanto as imagens de atribuição (igualdade e casta) foram enfatizadas em grau menor, porém não insignificante.

O quadro da sociedade israelense, tal como é visto por alguns grupos, difere muito do ponto de vista ideológico, mais oficial, de uma sociedade proletária "sem classes" — a imagem ideológica da elite.

Nosso quadro indica não só a emergência de crescentes diferenças entre vários grupos, mas também a crescente importância de alguns novos elementos de poder e atribuição tanto no processo atual de cristalização da estratificação social quanto na percepção da estrutura social.

Principais padrões de mudança na organização social

As tendências e desenvolvimentos descritos indicam que se desenvolveu um duplo processo de mudança na organização social em Israel. Um desses processos foi a multiplicação e diversificação na estrutura de diferentes grupos e a ampliação da ênfase em diferentes critérios de *status*. A segunda mudança foi o desenvolvimento de novas normas e mecanismos regulando inter-relações entre esses grupos e seus problemas. As mudanças constituem a principal base do desenvolvimento no país, formando novos padrões de organização e estrutura social.

No contínuo esforço pela predominância, as considerações políticas e ideológicas de qualquer dos grupos ou partidos citados, definidos por sua elite, constituem o principal critério de ação. Um outro mecanismo é a negociação política, na qual são realizados acordos e ajustes entre diferentes grupos de acordo com o equilíbrio de poder entre eles.

Há ainda outro mecanismo, o legal, que baseia regulamentações em normas e sanções legais gerais. Esses mecanismos legais podem ser divididos em legislativo, judicial e burocrático. Enquanto cada um deles salienta algumas regulamentações públicas gerais que recaem sobre todos os grupos, o mecanismo burocrático e, até certo ponto o legislativo, pode se aproximar dos diversos mecanismos de negociações.

Finalmente, há vários tipos de auto-regulamentação e representação pública de diferentes grupos profissionais, associações voluntárias e órgãos de opinião pública, bem como mecanismos de compra e venda que são, é lógico, mais importantes no campo econômico. São características específicas no desenvolvimento desses mecanismos durante os primeiros tempos de Israel como Estado, a grande importância atribuída aos mecanismos políticos, a contínua justificação ideológica dos acordos abertos e encobertos e a contínua, embora lenta, expansão das regulamentações legislativa, judicial, pública e profissional. Recentemente, entretanto, apareceram mais algumas novas tendências e combinações.

O desenvolvimento desses vários mecanismos de regulamentação influenciam as tendências mais gerais que constituem o problema central no sistema de estratificação e distribuição de *status,* riqueza e poder.

A contínua expansão física, o desenvolvimento e mobilidade dos velhos e novos grupos tenderam a romper os grupos mais velhos de atribuição, dando margem a novas possibilidades e estruturas freqüentemente baseadas em realizações e normas institucionais e legais estabelecidas de acordo com critérios universalistas.

A crescente importância do critério educacional e ocupacional na determinação do *status* social acentuou muito o alcance das orientações universalistas de empreendimentos que, por seu lado, foram reforçadas pela crescente especialização e pela crescente tendência à autonomia dos papéis e organizações ocupacionais e profissionais.

Mas o desenvolvimento e a mobilidade nem sempre foram exclusivamente ligados ao estabelecimento das normas legais universalistas. O desenvolvimento da mobilidade e da diferenciação criou também o problema do acesso diferenciado a novas posições e recursos e foi principalmente aqui que emergiram várias possibilidades de novos critérios particularistas e de atribuição.

A primeira e mais íntima ligação com o critério mais

universalista dos empreendimentos é o aperfeiçoamento das bases negativas dos diferentes grupos, especialmente os orientais, através de programas especiais de ajuda e a técnica "usual" do moderno programa social: provimento de serviços sociais e taxação progressiva.

A segunda possibilidade foi o amplo esforço feito pelos vários grupos a fim de preservar seus interesses, seja pelo reconhecimento de fato do *status quo* ou simplesmente através de diferentes métodos de ajustes. Muitas das atividades cooperativas para estabelecer monopólios unilaterais e manter suas posições estão entre os mais importantes exemplos dessa tendência.

As diversas atividades não constituem, por si só, quaisquer desenvolvimentos estruturais, posto que elas próprias se encontram em uma situação de crescente diferenciação e competição.

Lado a lado com elas, desenvolveram-se tentativas para ajustar os ambientes novos e estruturalmente mais diferenciados de acordo com outros tipos de normas particularistas.

Esses esforços tornaram menos importante o critério de empreendimento, minimizando ou negando o alcance de sua aplicabilidade e realçando a importância de inúmeros critérios de atribuição; portanto, não só mudando as condições iniciais de ingresso em diferentes mercados, mas também a estrutura, o funcionamento e o acesso a tais mercados, bem como a posição neles assumida. A distribuição de diferentes facilidades através de diversas agências coletivas foi continuamente expandida, tornando assim, freqüentemente, a participação em tais cooperativas mais importante do que o critério de empreendimento ou o de cidadania universalista.

Foram realizados esforços a fim de estabelecer normas diferenciais de acesso a diversas facilidades e recompensas, tais como habitação, assistência médica, educação, trabalho, escalas de salário de acordo com um critério de idade [22], dados étnicos (país de origem) ou associação a diferentes agências coletivas, partidos ou movimentos.

É lógico que mais significativos ainda são os esforços realizados para estabelecer diversas normas de empreendimentos para aqueles que pertencem a essas categorias [23].

Em nível organizacional, essas tendências tornam-se evidentes nas tentativas feitas para estabelecer e solidificar os liames entre diferentes grupos e para organizar o acesso a eles de acordo com diversos critérios particularistas e de atribuição. Foram também feitas tentativas para conseguir alguma medida de extraterritorialidade legal. Um exemplo

---

22. Um aspecto muito importante dessa tendência foi a crescente importância, desde 1957, da idade como fator relevante à determinação do salário de quase todos os funcionários públicos, profissionais ou simples funcionários.
23. Ver também o capítulo sobre educação.

disso é o esforço realizado pelos grupos religiosos a fim de reivindicar certos direitos extraterritoriais para sua vizinhança, tendo em vista a observância de diversas leis religiosas, particularmente as relacionadas com o Schabat. As proposições ajudaram a dar direitos legais especiais aos *kibutzim* e *moschavim* e a limitação do acesso de seus membros aos órgãos legais do Estado é um outro exemplo de tais esforços, tal como o são os esforços feitos pelos diversos partidos e movimentos políticos para alcançar o monopólio efetivo no desenvolvimento das regiões de novas colônias. As tendências de várias corporações profissionais de estabelecer uma autonomia corporativa e uma supervisão sobre seus membros também constituem importantes indícios do que já foi dito.

O denominador comum de todas elas foi a tendência a organizar as atividades e grupos diferenciados emergentes na base de um critério novo mais flexível, mas ainda particularista, que deveria servir tanto como fonte de hierarquias autônomas de prestígio (embora separadas e fechadas), quanto como da organização do acesso a diferentes posições e recursos.

Os novos critérios não se desenvolveram só para a defesa dos interesses assentados existentes. Continham até orientações mais dinâmicas que conseguiram desviar o curso do processo de mobilidade de acordo com critérios mais particularistas, fazendo, às vezes, da associação grupal a base para o desenvolvimento e realização diferenciada. Ao mesmo tempo, ofereceram também muitas possibilidades de um desenvolvimento inibidor nos padrões da estratificação social.

Sumário. Coalescência da orientação atributiva e do critério de empreendimento

Há muitas maneiras pelas quais os critérios particularista e de atribuição se entrelaçam com princípios universalistas e com o critério de empreendimento, podendo-se discernir três principais tendências de desenvolvimento. Uma dessas tendências foi o desenvolvimento de um centro de atribuição em mudança contínua entrelaçado de várias maneiras com o padrão de realização e mudando à medida que diferentes grupos se cristalizaram à sua volta. O padrão de atribuição tornou-se evidente nos esforços feitos para facilitar a entrada em diferentes mercados através de diversas medidas da política social e também na mudança do centro das solidariedades de atribuição gerais — sejam baseadas na família, classe, movimento, setor ou país de origem — sem cristalização em unidades particularistas fechadas.

Tal tendência esteve às vezes ligada aos esforços realizados para associar desenvolvimento, diferenciação e mobilidade, de acordo com padrões mais particularistas. Foram realizados esforços no sentido de dirigir e ordenar a criação de novos grupos de acordo com diversos padrões particularistas e de atribuição, mantendo ao mesmo tempo certa abertura de movimento entre eles.

Entretanto, esses esforços estavam propensos a se desenvolver dentro da terceira tendência — a de "imobilizar" os diversos padrões de atribuição (étnico, político, de classe ou religioso) e minimizar as possibilidades de mudança e diferenciação contínua.

Em certo sentido esse foi o resultado da coalescência dos grupos sociais, tanto entre os estratos mais altos quanto entre os mais baixos da sociedade israelense. A própria importância desses problemas transformou-os em pontos de pressão política e reforçou muito os aspectos potenciais e inibidores desse padrão. Assim, os diversos símbolos de atribuição e solidariedades tornaram-se os pontos centrais das atividades e exigências políticas, fortemente entrelaçados com problemas de planejamento social. Estabeleceu-se assim uma tendência para enfraquecer, restringir e opor-se aos diversos critérios de empreendimentos e às orientações dinâmicas (particularistas).

Os diversos meios de cristalizar as relações entre orientações de empreendimentos e de atribuição também estiveram intimamente ligados à predominância de diferentes e complexos mecanismos reguladores. A preponderância do critério de empreendimento e das orientações de atribuição realçava necessariamente a importância dos mecanismos legais, públicos e de mercado e, até certo ponto, de aspectos burocráticos.

A predominância do critério particularista, mais "dinâmico", poderia ser afetada por acordos e pela combinação de mecanismos administrativos e legais (especialmente legislativos).

Essas tendências em contínuo desenvolvimento determinaram a dinâmica do desenvolvimento social israelense e também criaram as suas principais lacunas anômicas. A própria existência de tais brechas mostrou ser um desafio a novas normas e estruturas institucionais. Isto realça o problema de se saber até que ponto Israel pode continuar seu desenvolvimento e modernização dinâmicos e se poderá desenvolver e institucionalizar seus aspectos mais estagnados.

Este capítulo analisou tais possibilidades no amplo campo da organização e estratificação social. Entretanto, esses problemas também se manifestam em outros setores da sociedade israelense. Talvez, a mais importante dentre essas esferas é a que se refere à educação e à política, que serão analisadas nos próximos capítulos.

8. Educação, Saúde e Família

1. DESENVOLVIMENTO NO ISCHUV

Introdução

Este capítulo tratará dos fatores relacionados mutuamente entre família, juventude e educação, tal como se desenvolveram no Ischuv e no Estado de Israel. A maior parte das tendências, problemas e tensões analisadas no capítulo precedente cristalizou-se e concentrou-se na educação.

Analisaremos primeiro o desenvolvimento das instituições educacionais durante o período de formação do Ischuv, ainda sob o impacto da ideologia pioneira, e veremos então que problemas se desenvolveram a partir do confronto entre os pioneiros e a estrutura social em desenvolvimento.

A segunda parte desse capítulo analisará os desenvolvimentos das instituições educacionais e os problemas no Estado de Israel com as mudanças em toda a estrutura social e com o afluxo de novos imigrantes. Na terceira parte analisaremos as principais respostas aos novos problemas.

As três áreas, educação, juventude e família, abarcam o processo de socialização: a preparação dos jovens para se tornarem membros totalmente adultos em sua sociedade, substituição dos seus componentes de uma geração a outra e transmissão da sua herança social e cultural.

Desse ponto comum ramificaram-se contatos mais específicos com outras esferas sociais. Família e juventude estão intimamente relacionadas com estratificação e organização social, posto que as instituições educacionais servem tanto como extensão desse sistema quanto como agentes de mobilidade e mudança social. Elas estão, é lógico, também ligadas a todas as áreas de criatividade e tradição cultural e a diversas organizações profissionais.

Entre os mais importantes fatores que complicaram as relações relativamente simples entre estas esferas está o fato de que o sistema educacional do Ischuv não estava, inicialmente, aparelhado para a transmissão e elaboração de uma dada herança social e cultural, mas que se desenvolveu mais como uma inovação cultural e social.

Também, como em muitas outras comunidades de imigrantes, a família podia, em muitos casos, não servir como foco de continuidade social e cultural para os membros mais jovens da sociedade. Em Israel esse fator foi muito atenuado pelo fato de que o Ischuv era uma sociedade colonizadora, criada na maior parte por jovens pioneiros que estabeleceram suas novas famílias. Devido à pouca idade dos imigrantes pioneiros, a falta de continuidade e tensão das gerações mudou muito até o período pré-migratório e também mudaram as relações entre os imigrantes e suas famílias nos países de origem. Com algumas das famílias orientais a falta de continuidade entre as gerações foi ainda mais aguda.

Da mesma forma, a relação entre o sistema educacional de estratificação social e a mobilidade foi muito influenciada pela expansão da estrutura social e econômica do Ischuv e pela contínua criação de novos setores e grupos sociais.

Por causa desses fatores, os problemas centrais das esferas no Ischuv desenvolveram-se em sentidos muito especiais.

Surgiram três problemas:

1) A maneira pela qual um sistema educacional inicialmente encarado como uma agência de inovação cultural e de criatividade foi transformado em um sistema educacional normal e quais foram os efeitos de tal transformação em sua organização, conteúdo e funcionamento.

2) A maneira pela qual foram resolvidos ou tratados os paradoxos inerentes à continuação e à perpetuação do pioneirismo, à inovação e às ideologias rebeldes.

3) A maneira pela qual a fluida estrutura familiar dos jovens imigrantes se cristalizou num padrão fixo relevante à estrutura social em desenvolvimento.

Sublinhavam esses problemas várias questões de importância capital: a cristalização da continuidade social e cultural; a natureza da recentemente criada identidade cultural, coletiva; a transmissão dessa identidade à nova geração e a sua transformação nas mãos dessa mesma geração.

Instituições educacionais estabelecidas durante a segunda aliá

Como já foi mostrado, as primeiras linhas do sistema educacional foram formuladas durante o período da primeira *aliá*, através de várias escolas e seminários. Entretanto, o grande surto de criatividade cultural e inovação institucional ocorreu durante a segunda *aliá*, quando foram estabelecidas tanto instituições educacionais específicas quanto organizações profissionais, tendo sido formulada a ideologia educacional básica. Isso culminou com o estabelecimento do Ginásio Herzlia em Telavive e o Ginásio Rehavia em Jerusalém. A principal organização profissional estabelecida na época foi a Associação dos Professores, que serviu muito mais como grupo cultural pioneiro do que como associação profissional. A ideologia educacional básica daquele período mostrou uma estreita afinidade com a ideologia pioneira básica da segunda *aliá*, embora nunca tenha sido completamente idêntica a ela.

No desenvolvimento do currículo, um tanto paradoxal, foi dada uma importância muito maior às considerações de criatividade cultural e às inovações do que aos problemas puramente técnico-pedagógicos ou aos problemas da preparação prática da juventude à vida adulta. Da mesma forma, o sistema educacional, do qual esse currículo fazia parte, foi mais orientado no sentido de atrair novos adeptos do estrangeiro do que a simples transmissão de uma dada herança cultural aos filhos das famílias de classe média do Ischuv.

Também, dentro dessa estrutura, o professor foi definido como um pioneiro, o principal estimulador da inovação e criação cultural e um líder da juventude. Durante essa fase, a escola, juntamente com os grupos ideológicos de pioneiros, constituíam praticamente a única fonte da nova cultura na Palestina. A nova cultura existia sem ter uma ideologia específica ou mesmo uma organização própria por trás dos limites da escola e do grupo pioneiro.

Mudanças nas instituições educacionais depois da Primeira Guerra Mundial

A primeira mudança notável nas instituições educacionais ocorreu logo após a Primeira Grande Guerra, com o estabelecimento do Mandato, e moldou de maneira ampla o desenvolvimento do sistema educacional do Ischuv até o estabelecimento do Estado de Israel, e mesmo posteriormente.

As principais manifestações dessa mudança foram as seguintes:

1) Uma organização de âmbito nacional das instituições educacionais da comunidade judaica, especialmente no campo da educação primária, estabelecida com a ajuda da Organização Sionista, o Vaad Leumi, do governo mandatício e dos conselhos locais.

2) O nascimento de instituições de educação secundária que, entretanto, não faziam parte de um sistema global, mas eram, na sua maior parte, de propriedade privada.

3) A influência política sobre o sistema educacional primário confirmada através das várias escolas de tendências definidas (*zramim*), isto é, a linha dos trabalhadores, dos religiosos e a tendência geral.

4) O desenvolvimento de sistemas educacionais autônomos e distintos dentro dos *kibutzim* evoluiu, apesar do fato de serem oficialmente parte da linha dos trabalhadores.

5) A crescente incorporação da escola na estrutura social em cristalização e, com o desenvolvimento de movimentos juvenis autônomos, a limitação do alcance da escola como centro de cultura juvenil.

6) A gradual limitação e especialização do papel dos professores junto com um pequeno rebaixamento do seu *status* e o aumento da importância econômica e política da organização profissional dos professores.

7) O conseqüente decréscimo da importância do professor como um dirigente de movimento juvenil (*madrih*), cujo papel se tornou mais difuso e geral, em contraste com a sua crescente função especializada.

8) A concentração das mudanças educacionais nas escolas secundárias, *kibutzim* e *aliá* jovem.

9) O estabelecimento de uma instituição para educação superior (a Universidade Hebraica) só parcialmente ligada e incorporada à estrutura social existente.

10) Grande expansão nas atividades educacionais para adultos nas colônias e cidades, organizadas pelos conselhos de trabalhadores, municipalidades e diversos grupos e movimentos.

Transformações nas instituições educacionais durante o período do Mandato

As razões de tais transformações tiveram suas raízes na estrutura social em mudança do Ischuv durante esse período. Houve o afluxo de diversos grupos de imigrantes, cuja dedicação aos princípios de pioneirismo foi muito desigual. Como eles compreendiam muitas famílias com crianças em idade escolar, seu padrão demográfico também diferiu do padrão dos grupos pioneiros anteriores.

Paralelamente a isto, nas décadas de 20 e 30 cresceu uma segunda geração autógena que aumentou a procura de escolas e outras facilidades educacionais. Sob essas diferentes circunstâncias, o sistema educacional não podia continuar a se ocupar somente com a criação de novas atividades culturais e com a absorção de grupos juvenis selecionados. Teve que se dedicar, também, aos aspectos mais rotineiros da educação e com a socialização do setor juvenil em expansão.

A formalização das atividades educacionais foi então incluída nos setores competitivos do Ischuv, para o controle sobre o "corpo e alma" da segunda geração dentre as ondas de novos imigrantes.

Nessa competição, cada setor, principalmente o dos trabalhadores, tentou manter a continuidade e auto-suficiência de sua própria população. As mais extremas manifestações desses esforços se desenvolveram nos *kibutzim* e *moschavim*, onde o sistema educacional tentou manter a geração jovem dentro dos limites e da estrutura do *kibutz*.

Nos setores urbanos, a competição se dirigiu a uma meta mais agressiva, isto é, o esforço de cada setor para atrair à sua própria estrutura educacional tantas crianças quanto fosse possível.

Esse sistema teve muitos opositores, principalmente entre os professores e educadores não comprometidos. Entretanto, muitos deles foram posteriormente integrados na tendência geral. Contudo, muitas escolas primárias e quase todas as secundárias conseguiram se manter à parte de qualquer orientação oficial.

Esses desenvolvimentos fizeram com que a importância inicial da criatividade cultural geral fosse transferida principalmente para as esferas políticas e ideológicas, com pouca consideração para com a educação e pedagogia. Foi principalmente na escola secundária e nos *kibutzim* (e posteriormente na Aliá Hanor) que se desenvolveu um interesse relativamente sério em relação aos problemas pedagógicos e à criatividade educacional-cultural.

A sedimentação do sistema educacional na estrutura social do Ischuv

Esses desenvolvimentos mostram a crescente integração do sistema escolar dentro da organização e estratificação social em cristalização no Ischuv, refletindo-se até certo ponto na importância do critério educacional para a obtenção de posições econômicas e ocupacionais.

Os dados sobre esse assunto não são suficientemente

sistemáticos para nos autorizar a algo mais do que uma apresentação de um panorama geral. Embora o sistema educacional não tenha sido um fator crucial na regulamentação de posições ocupacionais, a relação entre nível educacional e posição econômica cresceu continuamente, moderada pela expansão na estrutura institucional do Ischuv, pela expansão paralela de seus setores rurais e urbanos e pelo conseqüente padrão de mobilidade desenvolvido nesse período.

As relações entre o sistema educacional e a estrutura ocupacional foram posteriormente afetadas pelo fato de que a evasão escolar era relativamente grande, especialmente nas classes mais adiantadas da escola secundária. Provavelmente, isso acontecia não tanto devido a razões econômicas quanto à influência dos movimentos juvenis, à ideologia pioneira, ao recrutamento para o serviço nacional nas diversas organizações de defesa e ao contínuo estabelecimento de novos colonizadores. Embora as orientações ideológicas não tivessem negado a importância das atividades culturais e educacionais e, de fato, tivessem contribuído para a rede de educação de adultos, elas tendiam a subestimar a importância do padrão educacional *formal* e a enfraquecer a relação entre tal padrão e o *status* sócio-econômico.

Entre os judeus orientais o quadro era completamente diferente, desenvolvendo-se uma constante relação entre o baixo nível educacional e o igualmente baixo nível ocupacional, relação essa originada e acentuada pelo "conflito de culturas" no qual se encontravam os judeus orientais. Como muitos deles não estavam inteiramente identificados com os valores de pioneirismo do Ischuv, não se valeram dos diversos mecanismos de ajustamento para elevação de seu *status,* tais como participação nos movimentos juvenis ou em classes de educação para adultos.

O sistema educacional dos kibutzim

Desenvolveu-se nos *kibutzim* e, em menor grau, nos *moschavim* um sistema educacional especial ligado à sua própria estrutura social específica.

O sistema não se cristalizou completamente e da mesma maneira em todos os diferentes *kibutzim,* mas evoluiu rapidamente no sentido de um sistema distinto, provocando um grande interesse do ponto de vista da prática educacional. Quaisquer que sejam as diferenças entre os *kibutzim,* algumas das características do sistema são comuns a todos eles.

Os alvos e princípios básicos dos sistemas foram assim colocados por um de seus protagonistas:

O ambiente de educação coletiva é uma sociedade que luta pela solução simultânea dos problemas culturais, sociais e econômicos em base de cooperação, igualdade e ajuda mútua. Tal sociedade, mesmo admitindo a existência da unidade familiar, não pode admitir a educação dentro do santuário da família como entidade única, isolada. A responsabilidade pela educação da criança é, pois, em parte, tirada da família e se torna responsabilidade da sociedade kibutziana [1].

A importância dos ideais coletivos constitui um fator importante no desenvolvimento do sistema educacional no *kibutz*. Outro, é a assim chamada ideologia feminista, isto é, a ideologia que ressalta a importância da libertação da mulher para o trabalho ao lado do homem. Como resultado dos efeitos combinados dessas orientações e do especial problema organizacional dos *kibutzim*, desenvolveu-se seu sistema educacional específico [2].

A instrução dada aos alunos é moldada tanto pelas necessidades sociais, econômicas e políticas, quanto pelas orientações ideológicas do *kibutz* e do movimento mais am-

---

1. Ver S. GOLAN, Collective Education in Kibutz, *Psychiatry, Journal for the Study of Interpersonal Processes*, v. 22, n. 2, maio de 1959.
2. A organização formal do sistema educacional do *kibutz* é geralmente baseada nas seguintes divisões:
   a) a casa das crianças;
   b) a casa dos lactentes;
   c) o jardim da infância;
   d) escola primária (ou comunidade das crianças menores);
   e) escola secundária.

Nessas organizações separadas, porém contínuas, é que a criança do *kibutz* recebe sua educação. A casa dos lactentes cuida de cerca de 20 bebês desde recém-nascidos até um ano de idade. Durante esse período, enfermeiras especialmente treinadas cuidam dos bebês em íntima cooperação com as mães que, é claro, amamentam seus próprios filhos. As mães são dispensadas de qualquer outro trabalho durante o período de amamentação, durante seis semanas, e daí em diante trabalham só meio dia até o desmame.

A criança de um ano é mudada da casa dos lactentes para a casa das crianças. Aí ela permanece até completar quatro anos em um grupo de seis crianças com uma enfermeira permanente. A criança encontra os pais à tarde, quando é levada a seus aposentos, por algumas horas. A casa das crianças, tanto quanto a casa dos lactentes, é mobiliada com o máximo de conforto planejado para tornar uma criança feliz e para lhe proporcionar um ambiente psicologicamente estimulante ao seu desenvolvimento intelectual e emocional.

O jardim de infância está localizado num edifício separado onde a criança vive dos quatro até os sete anos aproximadamente. "O jardim de infância faz esforços metódicos para desenvolver as capacidades físicas e mentais da criança, através da ginástica, educação musical e calistênica, auto-expressão verbal, pintura, modelagem e representação" (GOLAN e LAVI, Communal Education, *Ofakim*, v. XI, 4, 57).

"O jardim de infância capacita a criança a assentar raízes no seu lugar natal, faz com que se familiarize com os diversos setores do trabalho e processos de produção agrícola e os educa de acordo com os princípios da comunidade dos adultos".

Dos sete aos doze anos a criança do *kibutz* freqüenta o equivalente à escola primária ocidental. Durante esse período, ela também faz parte da comunidade infantil. Vive em locais especiais em grupos de 20 crianças, com um líder-professor e uma diretora, que vivem com as crianças até a época delas ingressarem numa escola secundária. Com a idade de doze anos, os jovens estudam e vivem numa escola secundária, geralmente localizada num edifício especial dentro do *kibutz*. Em cada grupo (classe) há cerca de 25 membros que tomam parte nas atividades escolares e sociais. Cada grupo tem seu instrutor especial que exerce funções semelhantes às de um líder de movimento juvenil. Portanto, o grupo juvenil está intimamente envolvido com a educação mais formal e é nesta área que algumas das inovações educacionais mais importantes do *kibutz* podem ser encontradas.

Talvez o traço mais característico do sistema escolar do *kibutz* seja o fato de não ser seletivo. Toda criança tem o direito às oportunidades educativas oferecidas pelo *kibutz*. Em conseqüência, na maioria dos casos, não há atribuição de notas nem são feitos exames.

plo do qual faz parte. O currículo contém humanidades, ciências, artes e educação física. As técnicas de ensino desenvolveram-se num método especial, um tanto semelhante ao método do projeto americano.

Embora o método constitua uma das principais inovações do sistema educacional kibutziano, chegando a se identificar com ele, não prevalece em todos os seus movimentos. Ultimamente, como veremos, ele tem sido minado pelas tendências a adotar a educação formal que prevalece no resto do país.

A educação kibutziana visou principalmente ao entrelaçamento entre o indivíduo e a comunidade: o desenvolvimento de um adulto cuja iniciativa pessoal e a maturidade poderiam coexistir com a devoção à comunidade e com a aceitação do modo de vida comunitária. Os seus principais traços foram desenvolvidos pela divisão do trabalho e pela ideologia kibutziana.

Entretanto, embora algumas dessas inovações e modelos pedagógicos, tais como o sistema de "projeto" ou a organização de grupos de jovens trabalhadores, tenham sido adotados em outras partes, em Israel, tendo despertado interesse geral, esse sistema educacional, como um todo, manteve-se restrito ao *kibutz*.

O desenvolvimento nos centros urbanos. Relações entre as atividades educacionais e a ideologia pioneira; o desenvolvimento dos movimentos juvenis

Os problemas do ajustamento da ideologia pioneira à sociedade em mudança foram concentrados no sistema educacional urbano geral e no sistema escolar em particular. O sistema escolar não continuou mais sendo o suporte das orientações mais dinâmicas e revolucionárias planejado na sociedade em mudança através da colonização contínua e da expansão do ideal pioneiro.

Mesmo dentro da orientação dos trabalhadores, as escolas tiveram que se concentrar cada vez mais na função acadêmica. A ênfase nos valores pioneiros transformou-se em identificação com valores mais gerais, ao invés de se manter como uma concreta incumbência educacional dentro da própria escola.

Entretanto, ao mesmo tempo, atividades pioneiras eram constantemente requeridas pelos líderes dos grupos proletários, pelos diferentes *kibutzim* e sobretudo pelas crescentes necessidades de defesa e colonização política nacional na década de 30. Os esforços para manter seu *status* de elite acentuaram o desejo dos setores trabalhistas de manter o sistema pioneiro e para impô-lo pelo menos à parte das novas gerações. Foi aí que os diversos movimentos juvenis desempenharam um papel importante.

A maioria desses movimentos começou na Diáspora e foi transplantada para a Palestina, onde esteve ligada aos principais partidos e movimentos político-sociais [3].

Com o gradual aumento da imigração, vieram à Palestina mais membros desses movimentos juvenis e até a nova geração palestinense começou a ser atraída pelos movimentos transplantados.

O caráter desses movimentos mudou consideravelmente com a transplantação. Originalmente, eram principalmente movimentos juvenis, com definidas reivindicações de direito de autodeterminação [4].

Com a sua transplantação e a gradual realização de muitos de seus ideais pioneiros, o movimento originalmente revolucionário perdeu o cerne de sua rebelião e o princípio de autodeterminação se transformou em autodiferenciação de outros movimentos juvenis. Suas ligações com os movimentos sociais políticos gerais (adultos) estreitaram-se e a doutrinação de novos membros tornou-se uma questão de interesse básico para os líderes, que através disso esperavam criar uma geração de adeptos.

Em 1923 foi fundada a Organização da Juventude Trabalhista, intimamente ligada à Federação Geral do Trabalho. Formada inicialmente como um sindicato, organizando a juventude proletária na Palestina, adotou a ideologia de outros movimentos juvenis, propagando o ideal da vida nas colônias coletivas.

Em 1927 foi fundado o Mahanot Haolim, como um movimento que se dirigia principalmente à juventude da escola secundária. Em 1946 esse movimento juntou-se ao

[3]. Os dois primeiros movimentos sionistas, o "Branco e Azul" na Alemanha e o Haschomer Hatzair na Polônia e Rússia, foram organizados há mais ou menos 50 anos. São os precursores dos outros movimentos juvenis que iriam surgir no decurso do processo de colonização empreendido até a fundação do Estado.
Os diversos movimentos juvenis não-religiosos podem ser divididos em: 1) movimentos socialistas tais como Gordonia (1924), Juventude Boruchov, Haschomer Hatzair; 2) o movimento revisionista Beitar (1923) e 3) Movimento Juvenil Sionista dos Sionistas Gerais. Os mais importantes religiosos na Diáspora foram Torá Ve'Avodá e, posteriormente, Bnei Akiva (1929).
Na Alemanha surgiu um movimtnto ortodoxo mais extremo ainda. Ezra, inspirado no judaísmo neo-ortodoxo que mais tarde se tornou sionista e que agora está afiliado à ala trabalhista do Agudat Israel.
[4]. É interessante notar que estes desenvolvimentos dentro da juventude judaica, tanto na Europa Central quanto na Oriental, ocorreram concomitantemente a movimentos similares em toda Europa, principalmente na Alemanha (o histórico comício dos grupos juvenis dos Alemães Livres exigindo os direitos de autodeterminação aconteceu em 1913, em Hohe Meissner). Alguns acontecimentos similares se passaram nos movimentos juvenis judeus e alemães: a idéia de transformar uma sociedade estagnada, a luta contra os símbolos de autoridade, esperança de um rejuvenescimento da sociedade através dos jovens etc. Acreditamos também que alguns desses movimentos, como por exemplo o Haschomer Hatzair, foram também influenciados pelo escotismo, adotando-o como um dos seus principais instrumentos educacionais.

movimento Gordonia, fundado inicialmente na Europa Oriental, em 1925. Juntos, formaram o Hatnuá Hameuhedet, intimamente ligado ao Mapai. O Hatnuá Hameuhedet e a Organização da Juventude Trabalhista só se uniram em 1962.

O Haschomer Hatzair renasceu na Palestina em 1929, onde se filiou ao movimento Kibutz Haartzi e, posteriormente, ao Partido dos Trabalhadores Unidos (Mapam).

O movimento juvenil religioso, Bnei Akiva, foi fundado em 1929, em conexão com o Hapoel Hamizrahi, e foi logo seguido pela Ezra, o movimento juvenil do Agudat Israel. A finalidade desses movimentos era basear a nova sociedade judaica da Palestina sobre as leis da Torá, combinada com uma abordagem socialista das relações de trabalho. A sua meta final era a fundação de colônias coletivas nas quais esses ideais pudessem ser implantados.

A tendência Sionista Geral incorporou organizações juvenis importantes. Uma foi a Hanoar Hatzioni, fundada em 1934, como movimento pioneiro na Diáspora e ligada aos Sionistas Gerais (posteriormente Progressistas), da baixa classe média, mais liberais e de orientação trabalhista, com seus grupos trabalhistas, Haoved Hatzioni.

O segundo movimento Geral Sionista foi o Macabi, um movimento com raízes na Diáspora e na Palestina. Apesar de ser principalmente um movimento escoteiro esportivo, não ligado às tendências pioneiras, esse grupo não pôde resistir, mesmo assim, às pressões ideológicas da época e dentro dele surgiu um núcleo de pioneiros que fundaram uma colônia coletiva.

O movimento de extrema direita, Beitar, foi fundado em Riga, em 1923, pelo Partido Revisionista. Apesar de ser um movimento juvenil paramilitar, em oposição ao movimento sionista oficial no que diz respeito aos problemas de política exterior e relações com os árabes, não pôde desprezar de todo a tendência geral à fundação de novas colônias.

Além desses movimentos, foi fundado, em 1919, o Movimento Escoteiro, mais independente, com a organização geral de todos os grupos escoteiros que funcionavam, então, na Palestina, tendo sido estabelecidos em 1921. Dois anos mais tarde, na Assembléia Geral dos Escoteiros Judeus em Jerusalém, também dentro desse movimento, surgiram duas tendências diferentes. Uma defendendo a ideologia das colônias coletivas, enquanto a outra aprovava uma linha pioneira mais geral. A ala mais extremista dissolveu-se e reapareceu com o Mahanot Haolim, no fim da década de 20. A controvérsia entre as duas facções acompanhou o desenvolvimento do movimento até que, em 1936, o Departamento de Educação do Vaad Leumi tomou o Movimento Escoteiro sob sua tutela e ampliou sobretudo a organização à qual foi acrescentada a orientação socialista e pioneira nacional.

Os escoteiros tornaram-se tão ativos quanto qualquer outro grupo no país. O serviço militar na Palmach imbuiu-os da ideologia kibutziana e da filosofia socialista e também eles fundaram uma série de colônias (3 antes da fundação do Estado e 9 ao todo), enquanto que seus grupos pioneiros se juntaram a colônias já existentes, principalmente depois da fundação do Estado. Também aqui foi inevitável a política partidária e, posto que a maioria dos líderes era formada de homens formados ou de membros de *kibutzim*, a influência escoteira diminuiu e a influência do *kibutz* cresceu. Sentiu-se crescer a influência do Mapai desde 1951, quando o movimento sofreu uma cisão política.

Características básicas dos movimentos juvenis

Algumas características são comuns a todos os movimentos: primeiramente, todos eles operam fora do âmbito da família, da escola ou do lugar de trabalho e, em segundo lugar, todos eles pretendem organizar seus membros em grupos formais específicos. Suas atividades são dirigidas a metas que não pertencem nem à família, nem à escola e tampouco ao lugar de trabalho, criando dessa forma novas identificações.

Eles divergem principalmente quanto ao alcance de suas atividades sociais, aos correspondentes graus de diferenciação e na medida em que o conjunto de metas implica uma mudança em seu *status* de membros da sociedade ou permite um certo grau de continuidade em relação à vida de seus pais.

Os três diferentes movimentos juvenis podem ser divididos em três tipos principais, às vezes justapostos:

a) o tipo pioneiro que valoriza os ideais socialistas e sionistas e que procura contribuir com membros para as colônias cooperativas;

b) os movimentos juvenis trabalhistas, cujo objetivo era o desenvolvimento ocupacional e educacional de seus membros;

c) os movimentos recreativos que dão maior importância às atividades de lazer e esportivas e que não tinham um objetivo social definido. Esse último tipo, menos organizado, tende a se transformar, aos poucos, em grupos informais.

Calculou-se que 20 a 30% da juventude do Ischuv eram membros dos movimentos juvenis. Entretanto, é bem possível que o número dos que passaram pelos movimentos esporadicamente tenha sido, na verdade, maior.

Os movimentos juvenis e a ideologia pioneira

O desenvolvimento dos diversos movimentos juvenis não pode ser encarado somente como um plano para atrair a juventude para as fileiras dos diferentes partidos. Eram uma parte dinâmica do amplo mundo de novas culturas que se desenvolveu no país, um fenômeno difundido em todas as sociedades modernas e especialmente em países de imigração.

A interação entre o ambiente cultural e social do lugar de origem, as diversas atividades patrocinadas pelos adultos e as organizações no país ajudaram a desenvolver as diferentes características dos grupos e movimentos juvenis.

Uma análise superficial mostra que se desenvolveu uma cultura juvenil especificamente organizada, sobretudo entre os diversos setores profissionais da classe média e o alto proletariado das populações urbanas, nas colônias comunais (*kibutzim*) e entre os setores de judeus orientais que estavam atravessando rápidos processos de contato e mudança cultural. Era muito menos evidente entre as famílias orientais que persistiam em seu ambiente tradicional, nas colônias cooperativas (*moschav ovdim*), nas *moschavot* e entre algumas classes urbanas mais baixas.

As ideologias e valores coletivos desempenharam um papel igualmente importante no desenvolvimento dos movimentos juvenis, estabelecendo-se uma íntima relação entre os setores do Ischuv em que existiam esses valores e os grupos juvenis mais organizados.

Nos setores em que a orientação para valores coletivos foi fraca, a cultura juvenil não desenvolveu nem uma individualidade fortemente organizada nem objetivos claros, porém, assumiu a forma de "panelinhas" indefinidas com atividades e objetivos puramente recreativos.

Com a análise acima, tornam-se claros os traços e posições peculiares dos movimentos juvenis trabalhistas. Não era seu propósito mudar somente o *status* e a prosperidade econômica de seus membros, mas também assegurar que tais mudanças fossem concomitantes com sua transição para valores comuns.

Os tipos menos adaptados de cultura juvenil estavam principalmente envolvidos nas situações em que existia uma discrepância entre as orientações sociais, os valores da família e a possibilidade de tais valores serem realizados na estrutura social. Isso se acentuou só em situações específicas e ocorreu principalmente em duas situações típicas: em famílias que não tinham estabilidade econômica, que não podiam dar a seus filhos a oportunidade de realizar esses objetivos e, em maior escala, em alguns setores de judeus orientais em que os contatos culturais eram mais críticos e onde a delinqüência juvenil ocorria mais freqüentemente.

Relações entre movimentos juvenis e o Ischuv

Nesse contexto, as relações entre os setores do Ischuv intimamente identificadas com valores coletivos e os movimentos juvenis pioneiros organizados merece uma análise adicional.

Vários estudos mostraram [5] que existe uma significativa correlação entre o movimento juvenil formado de adolescentes, sua escola e o *status* social de seus pais. Assim, os escoteiros recrutavam a maioria de seus membros dentre as antigas escolas secundárias, enquanto que os membros do Mahanot Haolim provinham principalmente das escolas técnicas e das escolas secundárias menos elegantes. Havia, é lógico, uma diferença correspondente ao *status* dos pais, embora o *status* objetivo não fosse sempre de fato decisivo. Os membros do Haschomer Hatzair parecem provir de ambientes mais variados, incluindo tanto famílias de classe alta e baixa e muito freqüentemente jovens de lares desfeitos. A atmosfera desse movimento ideologicamente intensivo e a completa e eficiente organização da vida de seus membros parecem ser um substitutivo para uma vida familiar estável.

Foram até encontradas correlações mais íntimas entre as aspirações e identificação de *status* dos pais e a associação a diferentes movimentos juvenis.

Crianças de famílias intimamente identificadas com seu *status* tendiam a escolher um tipo de movimento politicamente neutro (tais como os escoteiros e guias) ou, como no caso de participação no Mahanot Haolim, acentuavam os elementos não-políticos da ideologia do movimento, muitas vezes negando expressamente a importância do fator político.

As crianças de lares mais harmônicos manifestavam uma participação e identificação mais ativa com os movimentos juvenis pioneiros, exceto aqueles cuja identificação com seu *status* era relativamente passiva.

Essas pesquisas apresentaram resultados interessantes sobre a relação dos movimentos juvenis com a estrutura social em emergência do Ischuv.

---

5. A análise seguinte é baseada em S. N. EISENSTADT e J. BEN-DAVID, "Inter-generational Tensions in Israel". In: *International Social Science Bulletin*, Unesco, 1956, v. VIII, n. 1, pp. 54-75.

Era objetivo declarado dos movimentos juvenis realizar mudanças sociais através da transferência da juventude urbana (principalmente de classe média) para as colônias rurais. Entretanto, a escolha de movimento era em larga escala influenciada pelo *status,* segurança e aspirações da família. Da mesma forma, o papel da criança no movimento reflete o *status* da família.

Foi a cooperação comparativamente harmoniosa entre pais e filhos que, por mais paradoxal que pareça, impediu a plena realização das declaradas finalidades dos movimentos. Somente uma pequena proporção de membros permitiu as colônias comunais — caminho esse prescrito pelo movimento e irrestritamente aprovado por quase todos os membros. O verdadeiro sentido de associação tornou-se, portanto, não a educação para o tipo específico de mudança ocupacional e social, mas a penetração do socialismo idealista que conseguiu seu lugar no sistema de símbolo central da sociedade. Vistas desse ângulo, as funções do movimento complementavam as da família.

Em outras palavras, os movimentos juvenis estabeleceram um importante canal para a contínua transferência de identificação da família para a estrutura social mais ampla, a tal ponto que a família se identificou com os valores pioneiros coletivos.

Nesse sentido, a cultura juvenil tornou-se profundamente envolvida no desenvolvimento e cristalização da estrutura social, legitimada pelos valores coletivos e intimamente ligada a eles. Assim, a possibilidade de que assumisse características disruptivas ou mesmo excessivamente inovadoras e de que se opusesse aos valores do mundo adulto não chegou a se materializar. Embora pudessem surgir tensões psicológicas entre pais e filhos, o grau de incompatibilidade estrutural entre a família, estrutura social total e o movimento juvenil é minimizado.

Movimentos juvenis e a estrutura social. Sumário

Vemos então que não só a cultura juvenil mais informal, mas até os movimentos juvenis mais radicais foram gradualmente entrelaçados na estrutura social dos diferentes grupos e estratos do Ischuv. É possível que o grau em que estes movimentos realmente afetaram a mudança ocupacional e social tenha sido muito maior no fim da década de 20 e começo da de 30. Mas, com a gradual cristalização da estrutura social do Ischuv, sua ideologia e ênfase na mudança tornou-se, em vários sentidos, um mecanismo de seleção social e cultural e de articulação de valores comuns, mais do que de contínua inovação e mudança social.

As funções dos movimentos juvenis foram desempenhadas em condições muito intimamente ligadas ao processo mais geral de institucionalização seletiva da ideologia acima analisada. Gradualmente, eles desenvolveram determinado estilo de vida, evidenciado na moda (a roupa simples de cor cáqui, as camisas esportes), na grande importância dada às viagens e explorações do país, no hábito de dedicar algum tempo ao trabalho agrícola manual e em canções e festividades. Tudo isto se espalhou muito rapidamente através do Ischuv. Da mesma maneira, os líderes e instrutores juvenis tornaram-se em pouco tempo figuras importantes na cultura israelense.

Além disso, os movimentos juvenis também desempenharam importantes funções de socialização geral e seleção social. Dentro do contexto geral de família-escola-juventude eles constituíam um canal muito importante, senão o mais importante, de identificação com alguns dos principais símbolos coletivos de pioneirismo da sociedade. Graças a essas funções, os movimentos conseguiram mobilizar seus membros para diversas tarefas nacionais, tais como defesa ou ajuda temporária aos *kibutzim*.

Serviram também como canal de mobilidade social para algumas camadas da população, criando pontes entre diferentes setores e com importantes funções para a absorção de imigrantes.

Serviram, além do mais, como agências de seleção para algumas das posições de elite e desta forma contribuíram para a perpetuação do *status* de elite dos valores pioneiros de seus sustentáculos.

Também aqui a especial posição da Aliá Hanoar, a Aliá Juvenil, é de grande interesse. A Aliá Juvenil foi fundada em 1934, para facilitar a imigração de crianças órfãs da Alemanha e Europa Central. A maioria dos grupos da Aliá Juvenil era educada em colônias agrícolas, tendo em vista sua permanência definitiva em tais colônias. Embora a maioria deles não tenha se estabelecido permanentemente, a importância sociológica da Aliá Juvenil não pode ser superestimada. Para os jovens imigrantes, ela proporcionou a base para fortes tendências pioneiras e conseguiu um assentamento institucionalizado em que o padrão básico de motivação pioneira foi recriado. Ao mesmo tempo, proporcionou um canal de absorção através do qual eram dadas aos jovens imigrantes iguais oportunidades para tomar parte de grupos semiformais e informais já existentes. A Aliá Juvenil constituiu um mecanismo distintivo, através do qual foi efetuada a institucionalização seletiva da ideologia pioneira, caminhos não distintos daqueles dos movimentos juvenis e escolas secundárias. Serviu, também, como um canal de seleção para escalões ocupacionais mais elevados.

Nos últimos tempos do Ischuv, especialmente durante a guerra, quando o afluxo de imigrantes diminuiu, a Aliá

Hanoar começou também a atuar entre a juventude urbana desprivilegiada das classes baixas.

Mudanças no papel do professor

O papel dos professores foi muito afetado por esses desenvolvimentos e se transformou de criador cultural em transmissor técnico de conhecimento, experiência e tradição. O processo de mudança começou no início da década de 20 e atingiu o ápice na de 30.

Apesar de ainda restarem muitas possibilidades para um trabalho criativo, especialmente nos aspectos pedagógicos, a mudança implicou um enfraquecimento do *status* de elite do professor.

Além do mais, devido às falhas na situação financeira do sistema educacional, os problemas monetários (salários, doações, direitos de seguro social etc.) tornaram-se predominantes e nos fins da década de 30 e na de 40 os professores faziam parte dos grupos mais propensos aos movimentos grevistas, dentro do Ischuv.

A mudança do papel do professor e o rebaixamento de seu *status* estavam ligados ao aparecimento de novos tipos de educadores, que se tornaram os portadores de papéis sócio-educacionais mais dinâmicos. Um era o instrutor do movimento juvenil, o *madrih,* que freqüentemente provinha de um *kibutz* e simbolizava a ideologia educacional pioneira. O outro era o *madrih* dos grupos da Aliá Juvenil e também, muitas vezes, um membro de *kibutz.*

O desenvolvimento da educação adulta

É importante mencionar aqui o desenvolvimento de uma vasta rede de atividades educacionais adultas no Ischuv. Enquanto muitas dessas atividades eram limitadas a objetivos práticos, tais como ensino da língua hebraica ou matérias técnicas, o impulso geral para a educação adulta era a orientação ideológica básica, que enfatizava sua importância no processo de criatividade cultural, mas, ao mesmo tempo, tendia a depreciar a educação formal.

Organizacionalmente, o primeiro núcleo de educação adulta foi estabelecido na estrutura da Histadrut que, mesmo no início da década de 20, absorveu atividades já existentes e iniciou outras novas. Começando na década de 30, a Universidade Hebraica incumbiu-se de um programa de atividades continuamente crescente.

A finalidade dos programas educacionais não era tanto a aquisição de um grau ou diploma, mas a elevação do nível geral de cultura e o incremento do conhecimento do país, sua história e geografia. As raízes ideológicas foram tomadas dos movimentos de educação popular na Europa e da forte ênfase dada à importância da difusão geral de conhecimento, acentuando o potencial de criatividade cultural de todos os grupos. Foram feitas palestras em estabelecimentos longínquos, tanto quanto em centros educacionais especialmente criados. Grupos de estudos foram formados em cada região e em cada colônia e foram fundadas bibliotecas locais.

O desenvolvimento da educação universitária

Ao mesmo tempo em que escolas primárias e secundárias e diversas atividades educacionais adultas se desenvolveram, em resposta às necessidades vigentes da crescente população, apareceram também as instituições de ensino superior: a Universidade Hebraica e em menor extensão o Instituto Israelense de Tecnologia (Technion). O Technion foi fundado em 1912, mas o ensino integral só começou em 1924. Em sua fase inicial, o Technion não se desenvolveu muito além da esfera de uma escola técnica ajustada às necessidades concretas do Ischuv. Como essas eram relativamente poucas e supridas por hábeis imigrantes, o Technion não se desenvolveu nem atraiu muitos jovens da geração jovem local que freqüentemente iam ao exterior para estudar.

O desenvolvimento da Universidade foi diferente. Estabelecida em 1925, foi, a princípio, principalmente um instituto de pesquisa, tendo o ensino um papel secundário. Somente as crescentes demandas levaram a um desenvolvimento de faculdades regulares.

A finalidade original da Universidade era prover não somente as necessidades do Ischuv, mas também as necessidades mais gerais de um renascimento cultural judeu.

A importância da pesquisa e a relativa falta de ênfase dada às necessidades práticas do Ischuv reforçaram, cada uma por sua vez, a manutenção de relações com as comunidades judaicas de fora e encorajaram a segregação da Universidade do Ischuv mais organizada. Embora o estabelecimento da Universidade estivesse profundamente enraizado na ideologia sionista, sendo visto como o clímax cultural dessa criatividade, ela nunca se tornou parte de qualquer movimento político ou social ou de grupos dentro do Ischuv. Neste sentido, manteve sua autonomia para sustentar um critério universalista de empreendimento e para escapar à politização do sistema educacional.

Além do mais, enquanto muitos membros da equipe universitária participavam dos partidos políticos como indivíduos, outros trabalhavam nos centros independentes da opinião pública. A Universidade também estabeleceu um ponto de contato para pessoas de movimentos completamente diferentes e setores políticos do Ischuv que conjuntamente serviam em seus Concelhos.

Só gradualmente o núcleo universitário inicial se expandiu e, em 1935, foi estabelecido um Departamento de Educação que visava ao treinamento de professores de escolas secundárias, respondendo, assim, à crescente necessidade do Ischuv. Similarmente foi construído um Instituto de Agricultura em Rehovot, para assegurar o desenvolvimento agrícola do Ischuv através de atividades e pesquisas científicas. Gradualmente, alguns dos departamentos de ciências se inter-relacionaram com a indústria em desenvolvimento e empreenderam algumas pesquisas industriais. Por volta de 1939-40, o número de estudantes israelenses tinha aumentado, chegando a cerca de mil.

A Universidade sempre serviu como o ápice formal do sistema educacional, na medida em que supervisionava o nível das escolas secundárias e reconhecia o exame como condição de entrada, dando-lhe assim um *status* mais amplo, internacional. Essas funções tornaram-se até mais importantes com o crescimento da segunda geração do Ischuv.

O sistema educacional no Ischuv. Sumário

Perto do fim do período do Ischuv, o sistema educacional tinha desenvolvido um complexo variegado, no qual estavam intimamente inter-relacionadas tendências e orientações diferentes e freqüentemente contraditórias. Seu impulso primitivo tinha suas raízes nas orientações ideológicas iniciais para a mudança e criatividade cultural e social, mas esse impulso modificou-se com o crescimento do Ischuv e suas necessidades de serviços educacionais. Essas necessidades facilitaram o desenvolvimento da criatividade educacional na educação secundária e superior e nos *kibutzim* e Aliá Hanoar, mas ao mesmo tempo minimizaram o grau em que o sistema educacional primário básico poderia continuar a ser um instrumento de mudança social e de criatividade cultural.

Alguns dos impulsos para a criatividade cultural cristalizaram-se nas escolas secundárias, nos *kibutzim* e em algumas das instituições de educação adulta, enquanto que a orientação mais ideológica para a mudança cristalizou-se nos movimentos juvenis e nas diversas instituições de educação adulta, visando enfraquecer a conexão entre posição ocupacional e educacional e mantendo ao mesmo tempo a concepção de elite da educação geral.

O impacto combinado da contínua normalização da estrutura educacional e do desenvolvimento de diferentes setores políticos no Ischuv deu origem a uma crescente politização da educação primária, à estagnação na criatividade ideológica e pedagógica e ao desenvolvimento de várias orientações contraditórias no sistema educacional.

A estrutura educacional tendia a valorizar o critério coletivo-atributivo de atividades e motivação e a minimizar a importância das motivações ocupacionais. O que estava, é lógico, muito de acordo com a concepção elitista inerente à imagem do pioneiro, mas ao mesmo tempo criou grandes problemas nas diversas esferas institucionais.

2. EDUCAÇÃO NO ESTADO DE ISRAEL

Desenvolvimento da educação no Estado de Israel

O estabelecimento do Estado de Israel afetou profundamente a natureza e o desenvolvimento da educação, tanto quanto de todas as outras instituições. A primeira manifestação importante de mudança foi a expansão e unificação administrativa do sistema educacional, de um lado, e uma crescente diferenciação funcional, de outro.

A Lei Estatal da Educação foi assinada pelo Knesset no verão de 1953, abolindo, assim, o anterior sistema educacional de tendências variadas.

A promulgação da lei implicava uma ampla reorganização do sistema existente com demissões e nomeações de professores, diretores e uma revisão técnica e administrativa geral. O país estava dividido em seis distritos, cada um deles dirigido por um inspetor distrital com alguns inspetores delegados trabalhando sob sua direção. Porém, mesmo dentro da nova organização subsistiu a divisão entre escolas não-religiosas e religiosas. O Partido Religioso Nacional supervisiona o sistema religioso que de fato constitui uma continuação do "sistema de tendências". De acordo com a Lei de Educação Compulsória, toda criança, desde a idade de 5 anos até a idade de 14, é obrigada a freqüentar escola.

A educação secundária não é compulsória. As escolas secundárias são, na maioria, semiprivadas, mantidas por diversas instituições públicas, autoridades locais e, até certo ponto, pelo Estado [6].

O sistema escolar secundário consiste do seguinte:
1) Escolas acadêmicas secundárias.
2) Escolas secundárias noturnas.
3) Escolas secundárias agrícolas.
4) Escolas vocacionais.
5) Classes de aperfeiçoamento em colônias coletivas.
6) Cursos secundários de dois anos para crianças em aldeias longínquas.

6. Há muitas escolas nas quais a estreita divisão entre curso elementar e secundário não é mantida internamente, mas oficialmente essa é a principal linha divisória.

TABELA 36. Número de alunos nas Instituições Educacionais, de acordo com o tipo de instituição (1949-64)

Tipo de instituição	1949-50	1954-55	1959-60	1964-65
Total de alunos [a]	100	202	307	376
Sistema educacional completo [b]	100	203	303	363
Educação superior	100	215	338	550
Outras instituições	100	140	407	667
Educação hebraica total	100	207	318	383
Sistema educacional (compulsório)	100	207	310	364
Jardins de infância	100	167	232	253
Escolas elementares	100	218	333	370
Escolas especiais	100	254	470	716
Escolas para jovens operários	100	267	240	104
Escolas secundárias	100	160,5	273	517
Escolas secundárias noturnas [c]	—	167	263	192
Classes de aperfeiçoamento	100	389	605	829
Escolas vocacionais	100	161	272	687
Escolas de agricultura	100	225	209	320
Escolas normais p/ professores e professores de Jardim de Infância	100	155	279	—
Outras escolas pós-primárias	—	—	100	97
Outras instituições [d]	—	—	117	145
Educação árabe total	100	156	222	317
Sistema educacional (compulsório)	100	162	226	355
Jardins de infância	100	1 353	3 783	5 790
Escolas elementares	100	148	199	298
Escolas especiais [e]	—	—	—	111
Escolas p/ jovens operários [f]	—	—	42	53
Escolas secundárias [g]	—	467	637	924
Classes de aperfeiçoamento	100	156	—	—
Escolas vocacionais	—	—	—	127
Escolas de agricultura	—	—	100	282
Escolas normais p/ professores e professoras de Jardim de Infância [h]	—	—	288	280
Outras escolas pós-primárias	—	—	100	94
Outras instituições	100	140	185	212

Calculado de acordo com:
1) C.B.S., *Statistical Abstract of Israel*, 9, 1957-58, p. 325, Tabela 6.
2) C.B.S., op. cit., 14, 1963, p. 634, Tabela 7.
3) C.B.S., op. cit., 16, 1965, p. 575, Tabela D/20.

a. Inclui todos os alunos em todas as instituições educacionais, hebraicas e árabes, e também educação superior.

b. Inclui educação primária e pós-primária, hebraica e árabe, com exceção de educação superior e outras instituições educacionais.

c. 1951-52 = 100.
d. 1959-60 = 100.
e. 1962-64 = 100.
f. 1951-52 = 100.
g. 1963-64 = 100.
h. 1956-57 = 100.

TABELA 37. O Desenvolvimento da Educação Religiosa Estatal em Israel nos anos 1952-53 a 1964-65 (Número de estudantes e porcentagem — Educação Hebraica)

Ano	1952-53		1953-54		1962-63		1964-65	
	N. de Estudantes	%a	N. de Estudantes	%a	N. de Estudantes	%a	N. de Estudantes	%a
Escolas primárias b	40 601	18,5	56 372	22,4	111 734	28,2	115 544	28,0
Educação pós-primária								
Totalc	4 391	16,0	5 645	15,0	15 138	18,0	19 005	16,7
Escolas secundárias municipais (inclusive Ieschivot)	2 704	16,0	3 941	16,5	11 281	19,0	13 880	21,9
Escolas Vocacionais	283	6,7	300	5,8	1 900	15,0	3 145	12,2
Escolas Agrícolas	1 404	27,2	1 404	45,3	1 675	17,0	2 000	26,0

a. Porcentagem do número total de estudantes em Israel na escola determinada.
b. O papel desempenhado pela corrente dos "Independentes" (Agudat Israel) no sistema educacional primário correspondeu a 7,5% em 1953-54 e 6,9% em 1964-65.
c. Não inclui o grau 13 e subseqüentes nas escolas normais.

Calculado de acordo com:
1) Educação Elementar, Y. KIL, "Ten years of State Religious Education", *Year by Year*, Heichal Schlomo, 1964, pp. 341-42, e C.B.S., *op. cit*, 16, 1965, p. 582, Tabela T/11.
2) Educação Pós-primária, Y. KIL, *op. cit*. e A. YEHUDAH, "The Religious Post-Primary Education", *Year by Year*, Heichal Schlomo, 1965, pp. 414-29; C.B.S., *op. cit*, 16, 1965, Tabela T/10, p. 581.

Somente os dois primeiros tipos e algumas das escolas vocacionais dão direito ao exame vestibular, que é realizado após quatro anos de estudo, desde a idade de 14 anos até 17 anos, inclusive. Os exames são estabelecidos pelo Ministério da Educação e dão aos aprovados o direito de se matricular em qualquer instituição de ensino superior. Foi instituído, recentemente, um vestibular para a inscrição na Faculdade de Agricultura da Universidade Hebraica.

As escolas noturnas geralmente preparam seus estudantes para um "vestibular externo", isto é, um vestibular que não é realizado na escola (e onde as notas dadas na escola não são levadas em conta), mas que estão totalmente sob os auspícios do Ministério da Educação.

No todo, o sistema educacional muito centralizado trata de todos os problemas pertinentes ao currículo, bem como a contratação de professores, enquanto que os assuntos financeiros e administrativos são resolvidos em conjunto com as autoridades locais.

As únicas escolas que não estão completamente incorporadas dentro dessa estrutura são as do Agudat Israel, o setor extremamente religioso com seu currículo próprio, sob a mínima, senão negligente, supervisão de "fora". Tem seus próprios professores e instituições para formação de professores que só em parte são mantidas pelo Estado.

As tabelas seguintes mostram o desenvolvimento do sistema educacional em Israel:

Assim, vemos que o número de alunos no sistema educacional cresceu de 140 817 em 1948-49 para 711 274 em 1964-65 quase cinco vezes. O número de alunos na educação pós-primária nos mesmos anos cresceu quase 10 vezes (9,6) (de 10 218 para 97 937).

Nesse período, o número de professores de escola primária cresceu cinco vezes (5,3) (de 6 469 para 34 340) e o de pós-primários mais que nove vezes (941 para 8 847). O número de instituições escolares primárias cresceu 3,5 vezes e as pós-primárias 5,5 vezes (5,4). O maior grau de aumento de estudantes foi na educação superior, tendo crescido 11 vezes (de 1 635 para 18 363).

Desenvolvimento na educação religiosa

Como vimos, os grupos religiosos mantiveram um alto grau de separação em seu sistema educacional mas, ao mesmo tempo, ocorreram interessantes inovações dentro dessa esfera. Talvez, a mais interessante dessas tenha sido o ajustamento das *ieschivot* ou instituições educacionais religiosas ortodoxas às exigências da nova situação. As escolas foram inicialmente (e algumas delas ainda o são) unicamente dedicadas ao estudo diário, integral, das obras tradicionais judaicas, Talmud etc. Recentemente, entretanto, surgiram na escola secundária *ieschivot* que funcionam como internatos e onde há uma combinação da educação secundária moderna com um currículo do estudo tradicional. A maior parte delas agora prepara seus estudantes para o vestibular, embora algumas o façam em cinco anos ao invés de quatro, como é normal.

Da mesma forma, as *ieschivot* vocacionais e agrícolas combinam agora os estudos tradicionais com o ensino de uma vocação.

O número de alunos nas escolas primárias religiosas estatais cresceu de 56 000 em 1953-54 para 115 000 em 1964-65. Em 1964-65 eles consistim 28% de toda a educação primária, em comparação com os 18,5% de 1952-53 (ver Tabela 37).

No sistema educacional e independente (do Agudat Israel), o número de alunos cresceu de 15 438 em 1953-54 para 27 907 em 1954-55.

Nas escolas pós-primárias, a educação religiosa estatal diminuiu de 18% em 1962-63 para 16,7% em 1964-65.

A educação pós-primária independente cresceu de 1 137 alunos em 1959-60 para 3 000 em 1964-65 (ver detalhadamente a Tabela 37). O número total de estudantes está assim dividido: *ieschivot* secundárias — 12 198 estudantes; *ieschivot* vocacionais — 1 900 estudantes e *ieschivot* agrícolas — 1 657 estudantes.

Todos estes dados indicam a tendência dos grupos religiosos muito extremistas, especialmente os não-sionistas que encontraram o seu modo próprio para lutar com os problemas da sociedade moderna. Às vezes, isso pode estar associado a tentativas de assegurar por si próprios mais influência e autonomia, porém, mais freqüentemente parece que indica uma tendência para se segregar dela.

Atividades extracurriculares. Recreação, educação especial, educação para adultos e educação no exército

Lado a lado com as escolas desenvolveu-se um grande número de atividades extracurriculares, incluindo organizações educacionais especiais e recreativas e as que se dedicam a crianças-problema (especialmente as retardadas e aquelas com distúrbios emocionais).

Realizou-se também uma grande expansão e mudança no campo da educação para adultos principalmente por causa dos novos imigrantes. O governo, a Agência Judaica, a Histadrut e várias outras instituições, tais como autoridades locais e Malben desenvolveram organizações e atividades cuja finalidade era resolver esses problemas.

Os cursos vocacionais e de idiomas foram então de grande importância. Entre as escolas que se dedicaram ao ensino da língua, as mais importantes eram, e ainda são, as *ulpanim,* que são de diversas espécies: uma, é a *ulpan--pensionato*, que dura cinco meses, com regime de cinco horas de aula por dia. Um segundo tipo é a *ulpan*-trabalho, organizado em vários *kibutzim* e planejado para gente jovem. Aí os estudantes trabalham quatro horas por dia e estudam o resto do tempo. O terceiro tipo é a *ulpan*-diário, onde os estudantes vão apenas durante o dia e estudam trinta horas por semana. Há ainda outros tipos, tais como a *ulpan*-popular, onde as aulas são dadas de manhã ou de noite e que usualmente são mantidos pelas autoridades locais. A *ulpanit* ou pequena *ulpan,* onde se estuda de quatro a oito horas por semana, foi planejado especialmente para as pessoas que não podem se afastar de suas atividades diárias.

Além disso há diferentes tipos de cursos menos intensivos, tais como "Estudando um mês", para pessoas que estão muito atrasadas. Nesses casos o professor vai a uma determinada casa onde certo número de alunos se reúnem para tal fim.

Em 1965 havia 16 249 estudantes nos cursos de idioma hebraico (incluindo as *ulpanim*), 5 185 estudantes em instituições para adultos em 1963-64 e 10 827 estudantes em cursos vocacionais. O principal desenvolvimento ocorreu nos novos centros urbanos e rurais.

Nesse contexto deve-se dar especial atenção às atividades educacionais do exército. Muitos dos soldados são convocados pelo exército pouco tempo depois de terem chegado a Israel, fato esse que cria vários problemas culturais e educacionais, requerendo a organização de muitas atividades educacionais para os recrutas. O Departamento de Educação do Exército organiza cursos que vão desde o estudo da língua hebraica e da Aritmética básica até Geografia, História e matérias mais gerais de importância cultural e educacional, num esforço para elevar o seu nível educacional ao do nível cultural geral de Israel.

O exército também dá grande ajuda a pessoas desempregadas, treinando-as em diversas habilidades mecânicas e preenchendo funções de orientação vocacional.

Entre 1948-63, 43 000 estudantes freqüentaram os cursos de hebraico e de educação básica no exército.

Mudanças na educação para adultos e na do kibutz

O campo geral da educação para adultos não especificamente relacionado com os problemas dos novos imigrantes também teve uma grande expansão desde o estabelecimento do Estado e tem mostrado algumas notáveis mudanças e variações de importância. O grande desenvolvimento ocorreu nos cursos que levam a resultados diretos, seja em termos de linguagem, trabalhos especializados ou obtenção de algum diploma, embora muitas atividades recreativas e de "informações" gerais tenham também se expandido.

Entretanto, a educação para adultos com o ideal do estudo pelo amor ao estudo enfraqueceu um pouco, tendência essa que também influenciou o sistema educacional interno do *kibutz,* onde a procura de cursos oficiais causou sérias controvérsias. Embora os *kibutzim* estivessem sempre interessados em proporcionar aos seus membros "o mais alto nível de educação possível", sua ideologia intrínseca tem sido a de que não há necessidade do reconhecimento ou atestado externo de tal educação na medida em que os filhos permanecem no *kibutz,* numa natural sucessão a seus pais. A procura de cursos oficiais é pois encarada como uma indicação de outras possibilidades e isto não é aceitável pelo *kibutz* de jeito nenhum. Por outro lado, o obstáculo aos empreendimentos de seus jovens talentosos e a consciência de que alguns deles têm, mesmo sob o ponto de vista do *kibutz,* que continuar sua educação em nível superior, colocou muitos *kibutzim* diante de um dilema.

Não se encontrou, até agora, nenhuma solução uniforme. Alguns *kibutzim* permitem exames vestibulares externos, alguns fazem interromper os estudos no quarto ano da escola secundária (ou, como eles o chamam, no fim da 12.ª classe), alguns até cessam a educação formal depois de 10 anos de estudos (dois anos de curso secundário), mas dão uma oportunidade informal para capacitar os alunos a prosseguir os estudos.

Durante o mesmo período, as atividades da Aliá Hanoar também se expandiram muito. O número de alunos na Aliá Jovem era de 9 736 em 1965 (o número total de 1950-62 foi de 31 623).

Em comparação com os primeiros anos do Estado, mais de 50% estão em instituições educacionais e não em colônias rurais. O número de alunos da Ásia e África cresceu até 1957 (67%); desde 1957 houve um aumento no número de alunos da Europa e América (41% em 1962) e Israel.

Educação pioneira. Formação da juventude do exército

Lado a lado com estes desenvolvimentos, ocorreram importantes mudanças nas atividades educacionais pioneiras.

Os movimentos juvenis políticos foram proibidos de atuar nas escolas e só parcialmente readmitidos em 1961, sendo desenvolvidas várias organizações juvenis mantidas pelo Estado e dedicadas à execução das metas pioneiras.

Uma dessas organizações é a Nahal que foi fundada poucos anos após o estabelecimento do Estado [7].

Outra é a Gadna, uma organização paramilitar mantida pelo exército para jovens entre as idades de 14 e 18 anos. Sua finalidade é treinar e preparar jovens para o serviço nacional e imbuí-los de conceitos de responsabilidade e deveres do cidadão. Em 1964 havia na Gadna 61 200 jovens entre as idades de 14 e 18 anos.

Desenvolvimento da educação superior

A esfera de educação superior também se desenvolveu e mudou muito. As instituições de ensino superior que até o estabelecimento do Estado não eram originalmente equipadas tendo em vista as necessidades do Ischuv, logo mudaram e enfrentaram o problema de combinar a pesquisa com as necessidades educacionais e profissionais.

Enquanto em 1950-51 havia 1 250 estudantes no primeiro ano, nas instituições de ensino superior havia 3 022 em 1958-59. Em 1948-49 havia 450 estudantes de primeiro ano, enquanto em 1964-65 havia 6 055 deles, tendo pois crescido 15 vezes.

Observando a Tabela 38, vemos que o número total de estudantes nas instituições de ensino superior cresceu 11 vezes em 16 anos (de 1 635 em 1948-49 para 18 368 em 1964-55). A porcentagem de estudantes no total da população (número de estudantes por 10 000 habitantes), cresceu de 21 em 1950-51 para 88 em 1964-65, enquanto que a porcentagem de graduados por população (por 10 000), cresceu nesse período de 2 para 11.

A tabela seguinte mostra-nos o número de inscrições nas instituições existentes.

A proporção de portadores de certificados de exame vestibular (inclusive externo) entre os inscritos para estudos avançados só é conhecida em relação à Universidade Hebraica e ao Technion. Em 1951 só 57% dos novos estudantes aceitos pela Universidade haviam recebido educação secundária em Israel. Desde então, esta porcentagem entre estudantes universitários (inclusive os dos últimos anos de estudo) cresceu, variando entre 65% e 75% nos anos de 1951-56. Verificou-se que entre os novos estudantes do

---

7. Todo recruta israelense tem a possibilidade de se juntar ao assim chamado *garin* (núcleo) de um movimento juvenil, que o registra em grupo nessa formação especial do exército chamada Nahal ou Juventude Pioneira Combatente. Essa formação combina o treino militar com trabalho agrícola, especialmente em colônias coletivas. Sua meta principal é, num certo sentido, a continuação da antiga ideologia dos movimentos juvenis pioneiros, isto é, que após o serviço militar, esse núcleo venha a fundar novas colônias. Em geral, esse alvo não é plenamente alcançado. Muitos, senão a maioria, dos grupos se dissolvem após o serviço militar e só uma pequena parte dos núcleos originais se agregam a uma colônia já existente. Entretanto, há casos em que tais núcleos fundaram novas colônias.

TABELA 38. Estudantes e Diplomados das Instituições de Ensino Superior (Números absolutos e taxas por 10 000 pessoas na população de 1950-51 a 1964-65).

Estudantes	1950-51	1955-56	1961-62	1964-65
N.º total de estudantes em instituições de Ensino Superior	2 892	587	11 814	18 368
Taxa de estudantes por 10 000 pessoas na população	21	37	52	88
Diplomados nas instituições de Ensino Superior (BA, BSc, MA, MSc, Ph. D, M D) *	313	946	1 844	2 491
Taxa de diplomados por 10 000 pessoas na população	2	5	8	11

1) C.B.S., *op. cit.*, 14, 1963, Tabelas 25-31, pp. 648-53 (1950-51 a 1960-61).
2) C.B.S., *op. cit.*, 16, 1965, Tabela T/25, p. 593.

(*) BA = Bacharel em Artes
BSc = Bacharel em Ciências
MA = Mestre em Artes
MSc = Mestre em Ciências
Ph. D. = Doutor em Filosofia
M.D. = Doutor em Medicina

Technion a porcentagem de diplomados em escolas secundárias israelenses era de cerca de 70%.

Essa expansão numérica trouxe consigo o desenvolvimento e a diversificação de faculdades e matérias.

Entre os principais desenvolvimentos ocorridos na Universidade Hebraica durante os anos 1949-59 encontra-se a fundação de uma Faculdade de Direito (anteriormente as aulas de Direito eram dadas pelo governo mandatício), uma Faculdade de Medicina completa e, em conjunto com ela, uma Escola de Odontologia e de Farmácia. Duas novas faculdades foram as de Agricultura e de Ciências Sociais.

Além disso, foram estabelecidos departamentos para Administração Pública e Administração de Empresas, bem como uma Escola de Assistência Social e uma Escola Graduada de Biblioteconomia.

Os novos departamentos profissionais formaram diplomados mais orientados às necessidades do país, enquanto que o novo programa de educação superior geral, sob a forma de cursos de bacharelado, substituiu a especialização acadêmica total que predominava anteriormente.

Esses desenvolvimentos estiveram intimamente relacionados com a crescente procura de força de trabalho treinada e com a crescente tendência para as ocupações e profissões acadêmicas.

Através de todos esses meios, as instituições de ensino superior tornaram-se intimamente relacionadas com as necessidades do país, como se pode ver pelo crescente número de estudantes nascidos e educados em Israel.

O Technion, por seu turno, transformou-se, de uma escola técnica, em uma instituição acadêmica desenvolvida, formando uma força de trabalho técnica e profissional adequada às necessidades do país.

O Instituto de Ciências Weizmann tornou-se um importante centro de pesquisa no campo das ciências naturais. Há dez departamentos e cinco seções [8] no Instituto formalmente constituído em 1949.

A grande procura da educação, juntamente com a pressão das forças políticas locais, deu origem a novas instituições de ensino superior, tais como a Universidade de Telavive, estabelecida sob a égide da municipalidade de Telavive, e a Universidade Religiosa Bar-Ilan em Ramat Gan fundada sob os auspícios dos grupos religiosos, especialmente o do Partido Nacional Religioso.

A equipe acadêmica das instituições de ensino superior compreendia 293 membros em 1948-49 e 2 504 pessoas em 1964-65 crescendo, portanto, nove vezes, enquanto o número de estudantes cresceu onze vezes.

Mudanças na cultura da família e na da juventude

Os desenvolvimentos das metas e organizações da educação israelense aconteceram lado a lado com as mudanças no âmbito da família e da juventude, que ocorreram tanto entre os velhos residentes quanto entre os novos imigrantes. Embora as mudanças nos dois setores tenham sido sociologicamente paralelas, tenderam a aumentar as diferenças entre grupos populacionais através da integração da educação na estrutura social.

Nos setores mais antigos ocorreu um enfraquecimento geral dos movimentos e ideologias juvenis pioneiros, em favor de atividades e organizações mais formais.

Embora não tenhamos informações exatas, a impressão geral é de que há um declínio da participação ativa em tais movimentos (mesmo que não o haja em seus números reais) e especialmente de identificação com seus ideais pioneiros.

---

8. Os departamentos são: Matemática Aplicada, Física Nuclear, Indução Nuclear, Eletrônica, Cristalografia por Raios X, Pesquisa por Isótopos, Pesquisa Polimérica, Biofísica, Química Orgânica, e Biologia Experimental. As seções são: Fotoquímica e Espectroscopia, Espectroscopia Infravermelha, Bioquímica, Virologia e Genética, Genética dos Vegetais.

A equipe compreende cerca de 650 pessoas, incluindo 222 cientistas, estudantes pesquisadores, membros visitantes e outros trabalhando temporariamente em projetos especiais, com subvenções ou bolsas de estudo. A equipe acadêmica permanente compreende (por categoria), 14 professores titulares, 10 professores contratados, 36 cientistas, 43 pesquisadores contratados e 34 pesquisadores assistentes.

Fonte: *Israel Government Yearbook* 1960-61, p. 168.

A tabela seguinte indica algumas dessas tendências (ver Tabela 39).

Assim, vemos que a proporção de membros nos movimentos juvenis na população no grupo etário de 10 a 19 anos era de 47% em 1947-48. Em 1949-50 decresceu para 28% e, desde 1957, parece haver uma tendência a crescer. Em 1963-64 a proporção era, de acordo com dados oficiais, 37% (ver Tabela 39).

TABELA 39. Jovens Organizados em Movimentos Juvenis

Ano	N.º de jovens organizados (aproximadamente) (1)	N.º geral de jovens entre 10-19 anos (2)	Juventude organizada porcentagem (3)
1) 1947-48	37 500	80 000	47
2) 1949-50	52 500	148 000	28
3) 1955-56	67 300	295 000	23
4) 1960-61	129 500	406 000	32
5) 1963-64	191 982	525 000	37

Fontes:
Fileiras 1,2 e Fileira 3 coluna 1:
H. BARZEL, *A História do Movimento Jovem em Israel e entre as Nações* (hebraico), Jerusalém, 1963, p. 103.
Fileira 3 coluna 2:
C.B.S., *op. cit.*, n.º 9, 1956-57, Tabelas 11-12, p. 12.

Fileiras 4, 5 coluna 1:
De acordo com o ministro da Educação: A. YALDLIN, *Davar*, 23 de julho de 1964.
Fileira 4 coluna 2:
C.B.S., *op. cit.*, n.º 12, 1961, Tabela 11, p. 39.
Fileira 5 coluna 2:
C.B.S., *op. cit.*, n.º 15, 1964, Tabela B/12, p. 28.

Embora oficialmente os movimentos ainda sejam fiéis aos ideais de pioneirismo, eles, de fato, perderam muito em importância apesar do maior número de membros e até de instrutores, ganhando predominância as atividades puramente sociais.

Além de tudo, muitas tarefas coletivas deram origem a atividades "filantrópicas", tais como ajuda às crianças recentemente imigradas e aos *kibutzim*.

Lado a lado com as mudanças nos movimentos juvenis, numerosos grupos também juvenis tornaram-se crescentemente prevalecentes entre os setores veteranos do Ischuv e a diferença entre a cultura dos movimentos juvenis pioneiros e a da juventude mais informal tornou-se um tanto obscura, embora em seus extremos as diferenças ainda fossem muito nítidas (de um lado, nos movimentos juvenis sectários mais ideológicos e, de outro, entre os grupos de *Teddy Boys* ou "juventude dourada").

Mudanças nos movimentos juvenis. Participação e aspirações

Essas mudanças podem ser vistas nos padrões de participação dos movimentos juvenis e de aspirações de seus membros. Embora não se tenha realizado pesquisas em larga escala, as investigações parciais levam inequivocamente às seguintes conclusões.

Um levantamento de 600 jovens de um movimento particular mostrou [9] que a maioria dos membros desse movimento juvenil, oficialmente pioneiro, provinha de lares nos quais os pais se identificavam com a Histadrut ou Mapai e, geralmente, aprovaram o movimento, fato que aumentava a própria identificação social das crianças com o mesmo.

As primeiras atrações do movimento eram suas atividades intelectuais, sociais e esportivas. Foi dada pouca importância aos comprometimentos ideológicos ou de "movimento", expressos em uma "orientação kibutziana" um tanto vaga, freqüentemente acompanhada de aspirações a ocupações profissionais e acadêmicas. A maioria dos membros estava consciente do fato de que seus pais prefeririam para eles um futuro ocupacional mais definido. 46% dos indivíduos acreditavam que seus pais desejavam que eles encetassem uma profissão acadêmica urbana; 21,4% pensavam que seus pais não se preocupavam a respeito; 14,5% sentiam que seus pais gostariam que eles fossem profissionais especializados urbanos; 16,2% não sabiam ou não mencionaram "alguma outra profissão" e somente 1,7% pensava que seus pais gostariam que eles se agregassem a um *kibutz*. Como, no todo, há pouca evidência de discordância ou tensão global entre pais e filhos, esses dados parecem ser significativos.

A importância dada às ocupações "acadêmicas" apareceram mais reforçadas pelas relações positivas entre escola e movimento. Os sucessos escolares aumentaram a orientação e satisfação "acadêmica" dos membros com o movimento e depreciaram a auto-imagem como um futuro membro de *kibutz*.

As atitudes rebeldes ou orientadas para a mudança foram expressas por muitos membros em um sentimento geral de que as "coisas" deveriam ser melhoradas e de que o movimento talvez pudesse fazer algo a respeito. Entretanto, tais sentimentos estavam usualmente relacionados com uma baixa avaliação do movimento e encerravam pequena expectativa de ação.

Embora esses dados sejam muito parciais e preliminares, indicam a crescente consolidação dos movimentos juvenis dentro do estilo de vida dos diferentes estratos sociais

---

9. Ver M. LOTAN, *Values and Attitudes among Youth Movements* (hebraico), Instituto Berl Katzenelson, 1964.

e mostram a crescente ênfase dada às atividades educacionais e sociais, tanto quanto às ocupações profissionais e acadêmicas.

Mudanças nas funções dos movimentos juvenis

Qualquer que seja sua verdadeira associação, muitas das funções dos movimentos juvenis mudaram ou se enfraqueceram consideravelmente. Não constituem mais os principais mecanismos de seleção de elite ou de orientação no sentido dos principais valores coletivos da sociedade.

Se a princípio os movimentos juvenis constituíram o centro de irradiação da cultura juvenil, tal centro foi agora deslocado para a família e para as escolas. As atividades extracurriculares e os serviços pré-militares que funcionam como importantes canais de identificação com os valores coletivos também são fatores importantes na mudança.

Isto levou a uma integração ainda maior dos movimentos juvenis dentro dos padrões da organização social e da orientação dos diferentes grupos e estratos. Levou ainda ao enfraquecimento não só de seu papel como agentes de mudança social, mas também como canais de orientação aos valores comuns da sociedade e, conseqüentemente, a um obscurecimento das antigas e agudas diferenças existentes entre a juventude pertencente a esses movimentos e o tipo de cultura juvenil menos organizada e menos orientada ideologicamente.

Ao mesmo tempo, tornou-se talvez mais aguda a possibilidade de tensões sociais e pessoais entre pais e filhos, por causa da rejeição, por parte dos filhos, de muitas das tranqüilas ideologias ou conservadorismos dos pais. Porém, as tensões tendiam a ser mais pessoais do que ideológicas.

Possivelmente, a transformação das relações entre as gerações no seio do setor mais antigo é que explica as poucas manifestações dos *Teddy Boys* entre o que tem sido chamado Bnei-Tovim, isto é, filhos de boas famílias.

Tal fenômeno apareceu primeiro sob a forma de pequenos grupos de delinqüentes juvenis provenientes de famílias de alta classe média com uma experiência "cultural" e "ideológica". Desde então, o fenômeno tem reaparecido diversas vezes, com estudantes de escolas superiores engajados em atividades anti-sociais "só para ter emoções". Eles se encontravam principalmente em Telavive e em poucas cidades pequenas, economicamente bem situadas, espalhando-se mais tarde também para outros grupos socialmente mais baixos que, ao mesmo tempo, estavam progredindo no trabalho.

Cultura juvenil entre os novos imigrantes

Estruturalmente, ocorreram progressos paralelos entre os diversos grupos de novos imigrantes, onde se desenvolveram novas formas de cultura juvenil, igualmente inseridas nos estilos de vida dos pais e consistindo, de um lado, principalmente de grupos ou clubes juvenis informais e semi-organizados e, por outro, de associações ao antigo tipo de movimentos juvenis. Embora as culturas juvenis fossem muito influenciadas pela educação formal e pelas atividades educacionais extracurriculares, seu impacto foi amplamente absorvido pelos diferentes grupos imigrantes de acordo com seus padrões étnicos e ecológicos específicos. Um aspecto básico da cultura juvenil de diferentes grupos imigrantes foi sua forte orientação em direção a um ajustamento econômico e ocupacional e a um progresso na sociedade absorvente. A extensão do sucesso nesse campo influenciou muito a natureza e as metas de suas atividades e organizações.

O papel dos movimentos juvenis (e especialmente do Tnuá Hameuhedet e Hanoar Haoved, ou como são chamados hoje em dia Federação Geral da Juventude Operária e Estudantil e do movimento juvenil religioso Bnei Akiva) entre grupos imigrantes é para nós de especial interesse. Embora não haja dados exatos, há muitas indicações de que esses movimentos tendiam a atrair muitos membros do grupo de imigrantes. Provavelmente, eram mais populares entre eles do que entre as camadas mais sedimentadas da população. Parecem atrair os elementos de escol entre os imigrantes, especialmente crianças brilhantes nas classes mais adiantadas da escola elementar e nas escolas secundárias, cujas famílias têm relativa mobilidade. Em tais casos, os movimentos juvenis servem tanto como canais de mobilidade para as crianças quanto como confirmação de seu *status* recentemente alcançado. Aqui também a importância da ideologia pioneira parece ser muito pequena e os movimentos servem para canalizar atividades e orientações de seus membros dentro de seu estrato social.

Esses desenvolvimentos mudaram necessariamente a natureza dos diversos movimentos juvenis que se transformaram cada vez mais em clubes juvenis organizados por diferentes agências mantidas por adultos, tornando-se assim, parte do esquema mais amplo das atividades extracurriculares.

Desenvolvimento da delinqüência juvenil

Dentro desse contexto, os problemas de delinqüência juvenil ocupam uma posição central na base dos problemas educacionais. De um problema relacionado essencialmente com "grupos marginais", transformou-se em um problema muito mais geral. Em 1957 a proporção de delinqüentes juvenis por 1 000 na população de idade pertinente era 6,5. Em 1959 era 8,5 e em 1962, 10,5.

Em 1962, a proporção de delinqüentes juvenis judeus por 1 000 nascidos em Israel era de 6,4 em comparação com 6,7 entre os nascidos na Europa, 13,5 nascidos na Ásia e 18,9 na África [10].

A delinqüência está intimamente relacionada com a ociosidade e a evasão escolar precoce que parece estar concentrada nas classes mais adiantadas das escolas elementares e especialmente em escolas de novos imigrantes, tanto nas aldeias quanto nas cidades e entre crianças de origem oriental.

Condições de absorção e padrões de cultura juvenil

As condições de absorção na estrutura social emergente são aparentes nos diversos graus de cultura juvenil entre grupos em geral e no desenvolvimento de grupos juvenis delinqüentes em particular. Embora essas condições sejam mais aparentes entre grupos de imigrantes, sua influência é similar entre grupos mais antigos.

Os desenvolvimentos acentuaram a íntima relação entre diferentes tipos de cultura juvenil e as ocupações e estilos de vida dos diferentes grupos e estratos. Os estudos a respeito desse problema indicam que a extensão e o alvo da cultura da juventude imigrante foram muito influenciados por incongruências entre as concepções de *status* social dos pais imigrantes e sua real posição em Israel. Tais incongruências tenderam a se desenvolver entre pais que tinham concepções rígidas a respeito de seu próprio *status,* influenciadas principalmente por seu antigo ambiente cultural e social. Em tais casos, a mudança ocupacional significava perda de *status* e correspondentemente as novas exigências em relação a seus filhos, seja na escolaridade, nas atividades de lazer etc., foram encaradas com hostilidade. Um fator posterior na mudança das culturas juvenis foi o conflito de autoridades entre o ambiente tradicional (mais velho) e o mais novo e o conseqüente enfraquecimento da autoridade dos pais. Em tais casos, a habilidade dos jovens para desempenhar novos papéis sociais e conquistar um *status* satisfatório no novo ambiente foi posta em risco pelas antigas normas de autoridade que lhes foram impostas e o subseqüente conflito predispôs os jovens à formação de grupos delinqüentes.

Logo, a medida da solidariedade familiar em face das

10. C. B. S., *Statistical Abstract of Israel*, n. 16, 1965, Tabela V/6, p. 624.

vicissitudes da imigração desempenha também o seu papel. Isso foi geralmente considerado o fator interno mais importante determinando a extensão de formações grupais contínuas ou delinqüentes. Enquanto existir uma grande solidariedade interna, a família pode absorver os muitos choques e mudanças bem como os novos tipos de comportamento entre a população juvenil. Se os laços emocionais dentro da família e sua solidariedade interna pudessem resistir a tais mudanças desenvolver-se-iam poucas atividades delinqüentes.

Em outras palavras, a predisposição à delinqüência diminui quando pais e filhos (crianças e adolescentes) podem encontrar novos papéis sociais permanentes e reconhecidos e quando podem participar de seu novo ambiente.

Finalmente, a discrepância entre as aspirações paternas e a possibilidade de sua realização é de evidente importância. Isso se aplica principalmente aos imigrantes ou grupos da população mais antiga que estavam inicialmente predispostos a mudar seus papéis e aspirações sociais, mas que não tiveram sucesso na realização dessas mudanças no novo ambiente social. Nesse contexto, as diferenças culturais tornam-se da maior importância dinâmica, desde que a falta de experiência e conhecimento necessários ao desempenho desses novos papéis podem dificultar seriamente a sua realização.

Estas condições sociais variadas podem ser encontradas entre todas as camadas da população, embora sejam necessariamente mais visíveis entre alguns dos grupos de novos imigrantes. Com a crescente integração destes grupos, sua visibilidade especial foi reduzida e as diversas manifestações mais extremas da cultura juvenil, tais como os diversos tipos de *Teddy Boys,* podem ser encontrados entre grupos antigos e novos e entre a maioria das camadas sociais similares — entre as quais podem ser encontradas as diferentes condições de absorção ou integração acima analisadas.

3. NOVOS PROBLEMAS E SOLUÇÕES

Mudanças globais na função social da educação

O efeito combinado dos desenvolvimentos e mudanças descritos deu origem à crescente integração do sistema educacional existente e à minimização de suas funções na mudança, criatividade e inovação sociais.

As diversas subculturas juvenis que se desenvolveram entre diferentes camadas sociais, as escolas, atividades e organizações juvenis, todas elas tornaram-se mais intimamente relacionadas com o padrão de vida social e enfraqueceram a função social e culturalmente inovadora do sistema educacional.

Da mesma forma, a mudança nas funções do sistema educacional enfraqueceram seu papel como suporte da inovação e mundança social. Ao invés disso, tornou-se um canal de seleção social e ocupacional, um transmissor da herança cultural e social existente às novas gerações e um canal de absorção para os novos imigrantes.

O impacto do sistema educacional sobre os novos imigrantes foi duplo: serviu para uniformizar os diversos grupos de imigrantes, preenchendo importantes funções de mudança social e educacional. Abarcou a maioria dos grupos e introduziu-os, dentro de muito pouco tempo, na órbita de uma sociedade e cultura comuns.

Por outro lado, o sistema absorveu novos imigrantes na estrutura econômica e social vigente e não serviu mais como mecanismo através do qual os imigrantes e veteranos tinham criado estruturas culturais e sociais. Isto salientou muito a função do sistema educacional como canal de seleção social.

As razões para estas mudanças no sistema educacional são facilmente explicáveis. Suas raízes se encontravam, até certo ponto, no período anterior à criação do Estado de Israel, mas elas amadureceram com o estabelecimento do Estado. Uma das razões foi o aumento da diferenciação da estrutura social e econômica do Ischuv e seu desenvolvimento e cristalização em uma sociedade desenvolvida. Outra, foi a crescente necessidade de mão-de-obra especializada e, como terceira razão, apontamos o grande afluxo de novos imigrantes vindos especialmente dos países orientais.

Como conseqüência desses fatores, as verdadeiras exigências (diferentes da procura ideológica oficial) que a sociedade impôs à nova geração — bem como as oportunidades que lhe ofereceu — eram principalmente no sentido de aumentar a mobilidade e desenvolvimento ocupacional: o ajustamento da nova geração à estrutura em desenvolvimento.

Essas mudanças na organização, orientação e funcionamento do sistema educacional deram origem a inúmeros novos problemas em todos os principais setores da atividade educacional.

Problemas pedagógicos, ideológicos e culturais. Cristalização das tradições

O estabelecimento do Estado e a necessidade de absorver novos imigrantes fortaleceram muito a herança cultural na qual deveriam ser admitidos e a extensão de sua cristalização, flexibilidade e acessibilidade.

O sistema educacional teve que enfrentar o fato de

que a ideologia pioneira perdera muito de sua vitalidade
e de seu poder de liderança sobre as novas gerações israelenses, de que não poderia mais ser preservada pelos professores, de que não atraía os novos imigrantes e de que não
fornecia suficientes laços comuns entre as novas e antigas
seções da população.

Ao mesmo tempo, as freqüentes pressões contraditórias
sobre as estruturas institucionais também variavam, resultando, no campo econômico, numa grande variedade de necessidades ocupacionais e na necessidade de atrair tanto
a mão-de-obra existente quanto a que entrava no país para
preencher tais lacunas. Porém, a complexidade ultrapassa
os problemas essencialmente econômicos e ocupacionais:
as concepções humanas e sociais básicas e as imagens que
sublinham o processo educacional também se tornaram mais
ambíguas e variadas.

O primeiro dilema surgido do encontro entre o sistema
educacional existente e a realidade israelense em mudança,
foi a necessidade de escolher entre uma educação elitista e
outra mais democrática, mesmo que de nível mais baixo,
mas que se estendesse a todos. Embora as duas concepções
tenham suas raízes na ideologia pioneira, a contradição entre
elas tornou-se ultimamente muito acentuada.

Intimamente relacionado com isso estava o dilema da
diferente importância atribuída às orientações religiosas, étnicas ou ideológicas, de um lado, ou às orientações mais
tecnológicas, ocupacionais ou profissionais, de outro.

Ultimamente, embora os valores coletivos nos ideais
educacionais ainda continuem sendo importantes e embora
a importância da educação cívica seja amplamente conhecida, desenvolveu-se um conflito a respeito do problema de
resolver se as antigas orientações e organizações pioneiras
(tais como as colônias agrícolas e movimentos juvenis)
constituíam ou não os melhores veículos para tal educação.

Desenvolveu-se um conflito semelhante a respeito do
currículo escolar que, até então acentuava, conservadoramente, as tradições específicas do judaísmo da Europa
Oriental, sem dar importância a critérios estéticos e literários
mais gerais.

Esses debates e conflitos mostravam a falta de segurança dos projetos fundamentais da educação, tanto primária
como secundária.

É significativo o fato de que essas discussões ainda não
tenham se cristalizado numa atitude clara e que até agora
a principal realização continue sendo os exames finais que
parecem ter mais importância do que qualquer outra realização na avaliação das escolas — reforçando a tendência
geral de dar grande valor à educação acadêmica.

Principais problemas, conflitos, seleções, destaques e entraves sociais e econômicos da educação

O primeiro problema importante do sistema educacional desenvolveu-se na esfera sócio-econômica. Surgiu da crescente inter-relação entre os sistemas educacional, ocupacional e econômico, da integração do sistema educacional em diversos padrões de estratificação e como resultado da crescente importância do sistema como mecanismo de seleção e de colocação social e ocupacional.

O primeiro desses problemas foi o da seletividade, isto é, a verificação de até que ponto o sistema educacional estava aberto a todas as partes da população ou somente a determinados setores dela e até que ponto tal seleção ajudava a ultrapassar a brecha existente entre imigrantes de diferentes origens.

O segundo problema, intimamente relacionado com o primeiro, foi a eficiência geral do sistema educacional e sua capacidade de fornecer mão-de-obra adequada à economia em desenvolvimento.

Embora, nesse contexto, as crianças de origem oriental tenham sido e ainda continuem sendo o problema mais importante do sistema educacional israelense, isto é de fato parte de um problema mais amplo: o dos diversos obstáculos que tendem a se desenvolver neste sistema.

Apresentaremos primeiro alguns dados informativos. De maneira geral, a proporção de formados das escolas primárias que continuam os estudos nas escolas pós-primárias, dentro da população cuja idade vai de 14 a 17 anos (judeus), tem crescido constantemente. Assim, em 1951-52 somente 42,8% desses continuavam a estudar [11], enquanto em 1964-65 63% continuavam sua educação pós-primária [12]. Atualmente, 47,2% de toda a população do grupo etário entre 14 e 17 anos estuda nas escolas pós-primárias supervisionadas pelo Ministério da Educação; 26% destes continuam nas escolas secundárias; 12,4% nas escolas vocacionais; 3,6% nas escolas agrícolas; 4,5% nas classes de aperfeiçoamento e 6,7% nas escolas pós-primárias parciais.

Vejamos, antes de tudo, o processo de seleção educacional. Para a conclusão dos estudos primários, todas as crianças com idade de 14 anos são submetidas a um exame, no mesmo dia, no país inteiro. Os alunos aprovados neste exame podem se beneficiar da escala graduada que rege o pagamento das taxas escolares.

Somente 83% da população potencial de alunos conseguem passar no exame. Destes, 33,2% alcançaram um nível

11. C. B. S., *op. cit.*, n. 14, 1963, p. 636.
12. Z. Aran, Bahinuch Uvatarbut, *Education and Culture*, jun., 1965.

padrão A em 1957-58, em comparação com os 29% de 1963-64 [13].

A proporção de alunos que alcançaram padrão A [14] permaneceu mais ou menos a mesma (23%) e a porcentagem de alunos que só conseguiram notas baixas cresceu de 44% em 1957-58 para 48% em 1963-64.

De maneira geral, o processo seletivo é severo. Assim, do total de 18 600 formados na escola primária em 1957, só 3 000 alunos (ou 17%) conseguiram fazer os exames vestibulares em 1961 [15]. Daqueles que passaram com boas notas no exame de seleção em 1957, só 40% conseguiram fazer o vestibular em 1961. Essas porcentagens não são superiores às do período anterior à existência do exame de seleção.

Em 1964-65 somente 19,4% do grupo de idade em questão, dentro da população judaica, chegou aos exames vestibulares e somente 16% desse grupo etário na população judaica foi aprovado neles [16].

O grau de sucesso dos jovens nascidos na Ásia e na África foi comparativamente mais baixo do que dos outros. Em 1957-58, 43% dos jovens nascidos na Europa e nos Estados Unidos conseguiram padrão A; 30,4% dos nascidos em Israel e só 16,8% dos nascidos na Ásia e África alcançaram padrão A, mas nos níveis mais baixos a porcentagem dos nascidos na Ásia e África alcançou 63%.

Originalmente, o sucesso neste exame indicava quais os estudantes que deveriam receber ajuda estatal para freqüentar uma escola secundária acadêmica. Embora o examinando bem sucedido possa agora pedir auxílio financeiro do Estado para todos os tipos de educação pós-primária, o exame ainda acentua a tradicionalmente grande importância que se dá à escola secundária acadêmica como canal principal para se conseguir as ocupações burocráticas. Em 1961--62, das LI 8 500 000 distribuídas pelo esquema de taxas escolares graduadas, 64,5% foi destinada às escolas secundárias acadêmicas e somente 35,5% coube às escolas secundárias vocacionais e agrícolas.

Os alunos que fracassam no exame enfrentam grandes dificuldades para serem aceitos por uma escola secundária acadêmica, mesmo que não haja obstáculo financeiro e por isso dirigem-se geralmente às escolas secundárias vocacionais ou agrícolas. Como conseqüência, a existente ambivalência em relação às ocupações técnicas é acentuada pelo

---

13. Previsão da força de trabalho disponível, Educação Pós-Primária. Plano diretor da força de trabalho, Departamento do Trabalho, jul., 1965, pp. 23-30.
14. Estudantes que passam nos exames com notas superiores a 80.
15. O que se segue está parcialmente baseado em H. ADLER: *The Role of Israel's school system in Elite Formation* (mimeografado), 1964.
16. Previsão da força de trabalho, educação pós-primária, *op. cit.*

TABELA 40. População Escolar, segundo Tipo de Escola e Local de nascimento (Porcentagem) (Educação Judaica) (1956-57 a 1961-62)

Tipo de escola	Nascidos na Ásia e África como % de nascidos no estrangeiro			Nascidos na Europa e América			Nascidos na Ásia e África			Nascidos em Israel		
	1956-57	1958-59	1961-62	1956-57	1958-59	1961-62	1956-57	1958-59	1961-62	1956-57	1958-59	1961-62
Todas Escolas	61,4	65,2	69,0	12,1	14,5	14,4	19,3	27,1	32,2	68,8	58,3	53,4
Escolas primárias a	68,4	64,6	68,8	8,4	14,6	14,5	17,9	26,7	32,1	73,7	58,7	53,4
1.º Ano	71,6	79,0	89,3	3,8	3,5	3,1	9,4	13,4	26,3	86,8	83,1	70,6
2.º Ano	72,1	78,6	83,2	4,4	4,9	6,3	11,2	17,8	31,2	84,4	77,3	62,5
3.º Ano	70,5	79,2	68,6	4,6	6,8	17,3	10,8	26,0	37,9	84,6	67,2	44,8
4.º Ano	74,2	74,5	58,0	4,9	10,9	24,3	14,0	32,0	33,6	81,1	57,1	42,1
5.º Ano	74,6	61,4	58,8	6,2	22,6	24,0	18,2	36,0	34,3	75,6	41,4	41,7
6.º Ano	74,3	52,5	67,4	8,4	28,9	16,5	24,3	31,9	34,1	67,3	39,2	49,4
7.º Ano	68,7	53,3	70,8	13,2	27,5	12,1	28,8	31,5	29,5	58,0	41,0	58,4
8.º Ano	54,9	61,1	66,4	24,8	19,5	12,5	30,3	30,6	24,7	44,9	49,9	62,8
Escolas p/ crianças-problemas	85,7	81,5	77,5	5,7	9,9	11,5	31,8	43,6	39,7	2,59	46,5	48,8
Escolas p/ jovens trabalhadores	84,8	93,7	95,2	13,4	5,7	4,4	74,1	85,4	87,9	12,5	8,9	7,7
Escolas pós-primárias (total)	39,7	52,3	50,3	29,9	16,2	17,0	19,8	17,7	17,1	50,3	66,1	65,9
Escolas secundárias	25,6	43,4	36,0	37,4	16,5	18,6	12,6	12,6	10,5	49,8	70,9	10,9
Escolas secundárias noturnas	63,1	69,2	59,0	21,0	15,1	19,4	36,1	33,9	28,0	42,9	51,0	52,6
Classes de aperfeiçoamento	40,2	50,8	47,8	16,4	13,4	14,5	10,9	13,8	13,3	72,7	72,8	72,2
Escolas vocacionais	41,2	56,7	51,8	30,5	16,1	16,1	21,4	21,1	17,3	48,1	62,8	66,6
Escolas Agrícolas	51,7	64,8	77,4	27,1	20,4	12,9	29,1	37,5	44,0	43,8	42,1	43,1
Outras escolas pós-primárias	50,5	42,4	24,6	17,0	15,7	18,8	17,3	11,6	6,1	65,7	72,7	75,1
	65,0	—	—	23,8	—	—	54,0	—	—	22,2	—	—

a. Incluindo classes de escola primária sem grau definido.
Fonte: C.B.S., op. cit., 14, 1963, Tabela 16, p. 641.

TABELA 41. Alunos nas Escolas Primárias de Educação Hebraica, por Tipo de Escola, Grau e Continente Natal (porcentagem) (1961-62; 1963-64)

Tipo de Escola e Grau	N. de alunos estrangeiros por 100				1961-62 Origem dos pais			Nascidos em Israel	
	Imigrados desde 1955	Nascidos na Ásia-África como % de nascidos no estrangeiro	Nascidos na Europa-América	Nascidos na Ásia-África	Europa-América	Ásia-África	Israel	Total	Total
Escolas primárias									
TOTAL a	50,0	68,4	8,4	17,9	34,6	31,9	7,2	73,7	100,0
1.º Ano	84,2	71,6	3,8	9,4	30,5	47,3	9,0	86,8	100,0
2.º Ano	77,3	72,1	4,4	11,2	31,7	44,3	8,4	84,4	100,0
3.º Ano	71,2	70,5	4,6	10,8	35,2	41,7	7,7	84,6	100,0
4.º Ano	65,3	74,2	4,9	14,0	36,3	37,6	7,2	81,1	100,0
5.º Ano	54,0	74,6	6,2	18,2	37,1	31,5	7,0	75,6	100,0
6.º Ano	44,2	74,3	8,4	24,3	38,4	22,5	6,4	67,3	100,0
7.º Ano	36,9	68,7	13,2	28,8	38,4	13,4	6,2	58,0	100,0
8.º Ano	29,3	54,9	24,8	30,3	29,2	10,2	5,5	44,9	100,0
Escolas especiais	20,0	84,7	5,7	31,8	16,4	40,8	5,3	62,5	100,0
Escolas p/ juventude operária	46,4	84,8	13,4	74,1	3,2	7,2	2,1	12,5	100,0

TABELA 41. (continuação)

Tipo de Escola e Grau	N. de alunos estrangeiros por 100				Origem dos pais			Nascidos em Israel	
	Imigrados desde 1955	Nascidos na Ásia-África como % de nasci- dos no estrangeiro	Nascidos na Europa-América	Nascidos na Ásia-África	Europa-América	Ásia-África	Israel	Total	Total
			1963-64						
Escolas primárias									
TOTAL [a]	72,4	75,1	5,8	17,4	31,5	37,7	7,6	76,8	100,0
1.º Ano	85,1	78,9	3,0	11,1	26,3	50,0	9,6	85,9	100,0
2.º Ano	86,7	77,4	4,0	13,9	27,4	45,9	8,8	82,1	100,0
3.º Ano	86,7	76,1	4,9	15,8	28,5	42,4	8,4	79,3	100,0
4.º Ano	79,0	76,1	5,4	17,0	29,8	40,1	7,7	77,6	100,0
5.º Ano	75,3	75,4	5,8	17,9	31,9	37,6	6,8	76,3	100,0
6.º Ano	71,4	74,5	6,2	18,3	34,1	34,8	6,6	75,5	100,0
7.º Ano	61,8	73,8	7,5	21,1	35,8	29,2	6,4	71,4	100,0
8.º Ano	52,9	72,0	9,7	24,9	38,7	20,6	6,1	65,4	100,0
Escolas especiais	32,7	86,0	4,4	27,0	11,8	52,0	4,8	68,6	100,0
Escolas p/ juven- tude operária	63,5	86,4	10,9	69,4	5,7	12,1	1,9	19,7	100,0

a. Inclusive alunos em classes sem grau definido.
Fonte: C.B.S., op. cit., 16, 1965, Tabela T/17, p. 587.

TABELA 42. Alunos em Escolas Pós-Primárias de Educação Hebraica [a], por Tipo de Escola e Continente Natal (porcentagem) (1963-64; 1964-65)

Tipo de Escola	Nascidos no Exterior				Nascidos em Israel Origem Paterna				Total
	Imigrados desde 1955	Nascidos na Ásia-África como % de nascidos no Estrangeiro	Nascidos na Europa-América	Nascidos na Ásia-África	Europa-América	Ásia-África	Israel	Total	
				1963-64					
TOTAL	33,3	41,2	28,0	19,6	39,7	6,3	6,4	52,4	100,0
Escola secundária [b]	31,4	29,1	31,3	12,9	44,9	4,9	6,0	55,8	100,0
Cursos preparatórios p/ faculdades que formam professores	21,5	39,0	-24,4	-15,6	42,0	5,4	12,6	60,0	100,0
Escolas secundárias noturnas	25,2	54,5	24,8	29,7	25,3	13,5	6,7	45,5	100,0
Classes de complementação	40,9	30,1	23,1	10,0	57,4	4,4	5,1	66,9	100,0
Escolas vocacionais	35,4	49,4	28,7	28,0	28,7	7,9	6,7	43,3	100,0
Escolas Agrícolas	38,8	60,3	21,5	32,7	33,1	5,9	6,8	45,8	100,0
Escolas pós-primárias para cursos noturnos de 1/2 período	36,6	85,9	10,6	64,7	5,8	14,8	4,1	24,7	100,0

TABELA 42. (continuação)

Tipo de Escola	Nascidos no Exterior				Nascido em Israel Origem Paterna				Total
	Imigrados desde 1955	Nascidos na Ásia-África como % de nascidos no Estrangeiro	Nascidos na Europa-América	Nascidos na Ásia-África	Europa-América	Ásia-África	Israel	Total	
				1964-65					
TOTAL	43,1	45,7	22,1	18,6	42,8	9,7	6,8	59,3	100,0
Escolas secundárias	41,3	32,0	25,8	12,2	47,4	7,8	6,8	62,2	100,0
Cursos preparatórios p/ faculdades de formação de professores	19,8	49,5	17,9	17,5	46,2	7,6	10,8	64,6	100,0
Escolas secundárias noturnas	20,4	67,3	16,9	34,7	19,4	19,7	9,3	48,4	100,0
Classes de aperfeiçoamento	49,9	42,4	13,0	9,6	63,9	7,7	5,8	77,4	100,0
Escolas vocacionais	46,2	54,5	21,9	26,2	33,1	12,4	6,4	51,9	100,0
Escolas Agrícolas	51,0	63,2	17,7	30,5	33,3	11,1	7,4	51,8	100,0
Escolas pós-primárias para cursos noturnos de 1/2 período	41,9	84,0	11,6	60,5	9,6	15,3	3,0	27,9	100,0

a. Apenas sistema educacional, excluindo seminários e faculdades para formação de professores.
b. Em 1964-65, incluindo 15 *ieschivot* secundárias.
Fonte: C.B.S., *op. cit*, 16, 1965, Tabela T/18, p. 588.

fato de se destinar a elas os alunos de nível intelectual mais baixo [17].

Portanto, a evasão tornou-se um problema central no âmbito educacional. A sua particular intensidade foi, entretanto, intensificada pela alta porcentagem de evasão entre crianças de origem oriental, isto é, crianças de famílias imigrantes dos países asiáticos e africanos, tanto nos escalões mais altos quanto nos mais baixos do sistema educacional. As tabelas anteriores apresentam os dados básicos a respeito deste problema (Tabelas 40-42).

Essas tabelas e diversas outras pesquisas provam que as crianças de famílias recém-imigradas (principalmente de origem oriental) apresentam uma taxa de evasão superior à de outros grupos:

1) De acordo com uma dessas pesquisas feitas nesse campo [18], em 1957, os estudantes de origem oriental compreendiam 52% do grupo etário de 13-14 anos (comparação feita em relação ao último ano da escola primária) e uma proporção de 55% no grupo etário de 14-17 anos (comparação em relação à educação pós-primária). Entretanto, eles constituíam apenas 32% do último ano primário e 17% da população escolar pós-primária.

Em 1961-62 as crianças dos grupos orientais constituíam 40,5% de todos os estudantes judeus do oitavo ano, enquanto sua proporção dentro da população total era superior a 50%. Em 1963-64 essa proporção atingia 45,5%.

O crescimento é explicável, principalmente, através da sua proporção na população e, parcialmente, pelo sucesso dos diversos métodos e experiências educacionais novos.

A proporção de crianças orientais nas escolas pós-primárias cresceu, de 25,9% em 1963-64 para 28,3% em 1964-65. A concentração de alunos orientais apresenta o seguinte quadro: 54% dos alunos de escolas noturnas; 75,8% dos alunos das escolas de meio período; 41,2% das escolas agrícolas; 38,6% dos alunos das escolas vocacionais e 20% dos alunos de escolas primárias (ver Tabelas 40-42).

2) Dentro da educação secundária acadêmica, os jovens orientais não constituem mais que 7,8% da população do quarto ano (último). Assim, embora esses jovens constituam cerca da metade da população do grupo etário em idade de freqüentar a escola secundária, eles compreendem apenas 7,8% dos candidatos que enfrentam o difícil exame de habilitação às universidades.

3) Por isso no nível educacional superior os jovens adultos de origem oriental estão menos representados ainda. A porcentagem de estudantes de origem oriental na Uni-

---

17. Isso também é reforçado pela natureza do exame. O exame tem um caráter acadêmico principalmente do tipo de escolha múltipla, baseado no conhecimento adquirido nos dois últimos anos da escola primária.
18. Ver M. SMILANSKI, O aspecto Social da Estrutura Educacional em Israel (hebraico), *Megamot*, v. 8, pp. 2-33, jul., 1957.

versidade Hebraica, em 1957 estava entre 5 e 6% e no Instituto de Tecnologia de Israel consistia de cerca de 3 a 4% do total de alunos. Portanto, a jovem população de imigrantes originários do Oriente Médio ainda não ocupa sua posição adequada dentro das elites [19].

Paradoxalmente, o sucesso do sistema educacional na absorção inicial de imigrantes acentua os problemas específicos dos diversos grupos e a profundidade desse problema através do entrelaçamento do sistema educacional com o sistema econômico e ocupacional. Os resultados são conseqüências, acima de tudo, das grandes diferenças iniciais dos níveis educacionais e experiências culturais entre a maioria dos imigrantes orientais e o resto do Ischuv. Entretanto, até certo ponto, esses resultados foram também conseqüência da falta de reconhecimento que houve no início por parte das autoridades educacionais, dos problemas originários da grande variedade e da heterogeneidade do grupo imigrante.

O problema da evasão não é, entretanto, típico apenas das escolas gerais ou dos filhos de imigrantes orientais. Encontra-se também em diversas escolas vocacionais e agrícolas e nos obstáculos mais gerais desenvolvidos no sistema educacional.

Está intimamente relacionado com diversos problemas cruciais na estrutura da educação secundária — a escassez de escolas secundárias e nível relativamente baixo dos diferentes tipos de escolas secundárias (não humanísticas).

O baixo nível é conseqüência sobretudo do fato de que essas escolas foram freqüentemente encaradas como inferiores por aqueles que não conseguiram entrar em escolas humanísticas; foram, pois, usados como trampolim para ultrapassar tal fracasso e não foram suficientemente atraentes para manter seus alunos.

Assim, por exemplo, a evasão média do primeiro para o segundo ano (em 1961-62) das escolas agrícolas era de 16%, do segundo para o terceiro ano, 20%. Dos alunos que terminavam o terceiro ano em 1956-57, somente 45% continuavam seus estudos no quarto ano e somente 40% faziam os exames vestibulares para o setor da agricultura.

Dentro das escolas vocacionais o quadro é semelhante. Os resultados de um estudo feito por Smilanski mostram que 48% dos estudantes que ingressavam em escolas secundárias vocacionais não chegavam a completar os seus estudos. Essa evasão varia de uma instituição a outra, de acordo com os esquemas de seleção usados na época da matrícula dos alunos e de acordo com o programa de treinamento vocacional utilizado na instituição específica. Assim,

---

19. M. SMILANSKI, *Ibid*. De acordo com o Ministério da Educação havia 12,3% de estudantes de origem oriental nas escolas de educação superior em 1962-63 (ver *Bahinuch Uvatarbut* 11, p. 20, jun. 1964).

por exemplo, em uma escola que não fazia seleção alguma, a evasão foi de 70%, enquanto que em uma instituição que dava treinamento em uma ocupação específica a evasão foi de somente 30%. Essa escola dá um curso de três anos e está localizada em uma cidade grande, enquanto que a primeira fica numa pequena cidade.

Vemos, assim, que esse problema está associado a toda estrutura da educação pós-primária israelense, de um lado, às relações entre as escolas secundárias gerais (humanísticas) e vocacionais e, de outro, às suas relações com a seleção ocupacional. As escolas humanísticas gerais constituem o principal canal de seleção às "boas" ocupações, enquanto que as outras escolas — vocacionais ou técnicas — são encaradas como um substituto para os que não conseguiram entrar nas escolas secundárias gerais e, freqüentemente, servindo como trampolins para matrícula posterior nessas mesmas escolas, dando, assim, origem a uma porcentagem de evasão muito alta.

Assim, por exemplo, uma das pesquisas de mão-de-obra previa que a evasão das escolas secundárias vocacionais seria da ordem de 48% no ano de 1965-66 e que nas escolas secundárias agrícolas seria cerca de 54% [20].

Diversos fatores que contribuem para esta situação foram constatados, todos eles mostrando algum problema central no sistema educacional:

1) Métodos seletivos inadequados.
2) Atitude ambivalente dos pais em relação à escola secundária vocacional.
3) Currículos inadequados das escolas vocacionais.
4) Dificuldades econômicas.
5) Tratamento individual insatisfatório nas escolas.

A tendência geral a subestimar as escolas vocacionais e agrícolas e a sobrestimar a educação humanística geral torna-se evidente pelo grande número de estudantes que fazem exames vestibulares externos e na crescente pressão que se faz sobre as escolas vocacionais no sentido de oferecer um currículo que prepare os alunos para o vestibular.

As circunstâncias apresentam alguns resultados interessantes a respeito da capacidade do sistema educacional de fornecer os tipos de mão-de-obra especializada que a economia parece necessitar. A escola secundária geral tornou-se um canal de seleção principalmente para as ocupações profissionais e burocráticas e não é encarada como um meio de promover uma estrutura educacional geral para um campo de ocupações mais amplo. Nesse sentido, diversas destas ocupações — especialmente das ocupações mais técnicas, das quais a economia parece estar necessitando —

20. Previsão dos candidatos à educação pós-primária, *op. cit.*

estão desprovidas daquela legitimação de *status* que as escolas secundárias gerais parecem conferir aos indivíduos.

As diversas escolas vocacionais que não têm o devido prestígio tendiam a preparar seus alunos só para os níveis ocupacionais mais baixos ou, no máximo, para os de nível médio. Além do mais, mesmo o treino vocacional que elas dão parece ser relativamente limitado, isto é, orientado para empregos específicos com pouca possibilidade de transferir os conhecimentos para outras profissões, enquanto que o seu nível educacional geral, no todo, não tem sido alto nem flexível.

Portanto, o processo de seleção apresenta agora novos problemas:

a) a probabilidade de uma considerável perda de talento no decorrer do processo educacional;

b) a crescente pressão sobre um canal apenas de educação pós-primário pode ter efeitos negativos na diversificação dos possíveis meios de acesso ocupacional.

Problemas na educação superior

Os dois problemas mais importantes na esfera da educação superior são: em primeiro lugar, a extensão em que a continuidade do alto nível de produtividade científica pode ser institucionalizada e, em segundo lugar, a extensão em que pode ser fornecida a mão-de-obra profissional adequada ao desenvolvimento econômico. Alguns aspectos do primeiro problema estão ligados aos aspectos culturais do país e serão posteriormente analisados.

Ultrapassando esses dois problemas, apresenta-se a questão do investimento na educação secundária e até que ponto ele possibilitará a combinação de extensões educacionais e o desenvolvimento de organizações e departamentos posteriores com altos níveis e padrões de produtividade científica.

O problema do fornecimento de mão-de-obra adequadamente treinada para necessidades econômicas tem diversos aspectos, dentre os quais um dos mais importantes é a falta de professores. Por outro lado, porém, não é menor a escassez de potencial humano acadêmico na economia israelense, escassez essa evidenciada em diversos levantamentos que também prevêem o seu aumento na década de 70.

Explica-se a escassez pelo aumento da procura de mão-de-obra mais especializada na economia e pela diminuição do potencial acadêmico, devido ao previsto aumento de estudantes de países orientais [21] e à sua maior tendência de evasão das escolas secundárias.

21. 57% estimados em 1970, em comparação com 52% em 1964-65.

O maior problema que surge aqui é saber até que ponto a crescente correspondência das instituições de ensino superior com as necessidades da economia e com as exigências de uma educação superior poderá comprometer o desenvolvimento ou, pelo menos, a manutenção de seus padrões de ensino.

Talvez o aspecto mais crucial do problema seja a relativa falta de pessoal e de departamentos científicos e tecnológicos e o investimento inadequado na educação científica básica.

A proporção de estudantes no campo das ciências, agricultura, medicina e estudos técnicos diminuiu de 48% em 1961-62 para 41,9% em 1964-65.

Outra indicação do problema é o fato de que grande parte das pesquisas em Israel é financiada por recursos estrangeiros, especialmente dos Estados Unidos. Isto mostra, ao mesmo tempo, o padrão relativamente alto das instituições de pesquisa existentes e também demonstra a falta de interesse local nesse campo.

Na realidade, o orçamento do governo nas verbas das instituições de ensino superior cresceu de 40,3% em 1955-56 (LI 4 900 000 para LI 12 400 000) para 50% em 1964-65 (LI 40 000 000 para LI 80 400 000) e previa-se novos aumentos para 1966-67.

Mas durante esse período as verbas das instituições superiores cresceram somente nove vezes, enquanto que o número de estudantes cresceu quinze vezes, fato esse que acentua a intensidade do problema, isto é, até que ponto será possível manter os padrões destas instituições.

A íntima relação entre o desenvolvimento da educação secundária e superior e os crescentes problemas e necessidades da economia pode criar um perigoso círculo vicioso. De um lado, pode acontecer que o sistema educacional seja incapaz de fornecer o potencial de trabalho acadêmico exigido pelas necessidades da economia em geral e pelas instituições de ensino superior em particular. Por outro lado, poderia surgir uma situação na qual a economia israelense e as instituições de estudo superior seriam incapazes de absorver o potencial acadêmico e profissional que está sendo formado por suas escolas secundárias e superiores. A porcentagem relativamente alta de formados por essas instituições entre os que emigraram de Israel é um fato indicativo desse problema.

A capacidade de superar tais problemas será de importância capital para a continuação do alto nível dos empreendimentos científicos em Israel.

Contradições na política empregada para solucionar esses problemas

Tornou-se fato comprovado o reconhecimento de que o futuro de Israel estaria em perigo se a diferença entre os novos e antigos imigrantes levasse à criação de duas nações e/ou se o nível geral da educação do povo fosse rebaixado.

Entretanto, não foi fácil encontrar as soluções adequadas. Antigos preconceitos ideológicos aliados a determinados interesses podem impedir, facilmente, a compreensão e solução dos novos problemas e é possível que se desenvolvam contradições entre as soluções para diferentes problemas e entre as pressões dos diversos grupos da sociedade.

Essas contradições têm suas raízes na grande importância política potencial inerente à diferença entre imigrantes ocidentais e orientais, pois cada um deles poderia se tornar objeto de pressões por parte das camadas "desprivilegiadas" da população. Um meio de ceder a estas pressões e diminuir as diferenças entre os dois grupos seria o rebaixamento das exigências educacionais para certos grupos.

Desenvolveram-se também atitudes contraditórias no que se refere à seleção dentro do sistema educacional, isto é, até que ponto o sistema educacional deveria servir como canal de seleção social e ocupacional.

Aqui vemos que duas pressões diferentes atuaram lado a lado. Uma era a pressão sociopolítica e ideológica no sentido de proporcionar educação primária, secundária e até mesmo educação superior para todos, sem restrição de meios. A outra era, e ainda é, a necessidade econômica de mão-de-obra treinada e diferenciada.

Desenvolveu-se uma importante contradição na importância ideológica e política atribuída à educação, que muitas vezes subestimava a correlação entre problemas econômicos e educacionais.

Citando Patinkin:

> Algumas pesquisas preliminares mostraram que a imigração em massa para Israel reduziu notavelmente seu nível de educação *per capita* primordial nos primeiros anos da existência do Estado. Outro dado ainda mais inesperado é que essa tendência decrescente possivelmente continuou até 1955-56. Posteriormente, apesar da possível anulação da diferença, que era a tendência naquela época (como resultado, tanto da operação do sistema educacional de Israel, quanto dos níveis educacionais mais altos da imigração de 1957-58), o nível do cabedal educacional *per capita* em 1958 ainda não conseguira se elevar novamente ao seu nível de 1950. Isso poderia ser comparado com o nível de capital real que cresceu constantemente dentro do mesmo período, à razão de 3 a 8% ao ano. Esse decréscimo na importância relativa do "capital humano", intangível em Israel,

apresenta um forte contraste com a filosofia de que os investimentos no capital não-material, representado pelos recursos humanos, é um componente ainda mais essencial do processo de desenvolvimento econômico do que o investimento em capital real [22].

Dados posteriores indicam que o capital *per capita* total investido na educação não mudou em 1963, em comparação com 1961 e permaneceu na ordem de LI 4 000 (câmbio de 1957).

Entre os imigrantes orientais, o investimento na educação baixou de LI 2 400 *per capita,* em 1963, para LI 2 200, em 1965. Entre os nascidos na Europa e América podemos notar uma tendência ao aumento. Entre os nascidos em Israel, o investimento *per capita* na educação foi de LI 2 400 em 1961, superior ao da média da população e alcançou LI 7 300 (câmbio de 1957). Mas, para os israelenses natos, cujos pais vieram da Ásia e África, o investimento *per capita* foi de somente LI 3 800 (câmbio de 1957) [23].

Mudanças nos programas educacionais

Embora todos esses desenvolvimentos fossem freqüentemente intermitentes e não completamente compreendidos, eles se combinaram no sentido de provocar uma crescente mudança na ideologia e prática educacional.

Como já foi salientado, os diversos novos problemas foram acentuados pelo conflito entre o sistema educacional e os novos imigrantes. É, portanto, natural que a maior parte dos novos planos tenha concentrado seus esforços em algumas das conseqüências desse conflito.

A inclusão de partes da literatura tradicional (liturgia, por exemplo) dos grupos orientais no currículo escolar durante os três primeiros anos de estudo foi uma resposta parcial a esses problemas.

Porém, o afluxo de crianças imigrantes apresentou muitos problemas educacionais mais específicos, levando-se em conta suas tradições, origens e diferentes problemas.

A atitude que prevaleceu no início foi a de que o melhor meio de assegurar uma rápida absorção das crianças seria através do reforço da antiga ideologia pioneira ou "rebelde".

Admitia-se freqüentemente que nas etapas iniciais da absorção devia-se enfraquecer os laços familiares e étnicos dos jovens, a fim de atraí-los para diversas ocupações. Na realidade, entretanto, comprovou-se que esse não era nem

---

22. Ver D. PATINKIN, *The Israel Economy: The first Decade;* Projeto Falk, Jerusalém, dezembro, 1960.
23. Y. BARRUCH, *Investments in Education and the Human Capital Stock in Israel,* Pesquisa do Banco de Israel (hebraico), 23 de dezembro de 1964.

o melhor, nem o mais conveniente dos meios para se atingir tal fim.

Logo concluiu-se que uma ideologia educacional rebelde, baseada no pioneirismo, não era facilmente aplicável a crianças provenientes de meios em que esse fator não era nativo.

A ineficiência dessa ideologia foi posteriormente acentuada pelo fato de que as exigências ocupacionais feitas a tais crianças estavam de acordo com a estrutura ocupacional existente e em desenvolvimento.

Esses problemas foram acentuados pelo fato de que o sistema educacional imbuiu rapidamente os grupos imigrantes de aspirações a uma educação geral, humanística, em comparação com uma educação pioneira, mais técnica e vocacional.

Experiências pedagógicas

Naturalmente, os problemas de maior alcance surgiram dentro dos sistemas escolares gerais e é aqui que diversas organizações pedagógicas e problemas sociais foram atacados.

Entre as inovações pedagógicas mais importantes encontram-se as numerosas tentativas feitas para desenvolver métodos especiais de ensino para competir favoravelmente com a experiência cultural das crianças orientais.

O ensino da língua hebraica, bem como o da Aritmética, Geografia e História, apresentava dificuldades intrínsecas aos alunos vindos de regiões em que estudos abstratos e compreensão histórica não eram parte integral de sua herança cultural.

Foram publicados novos livros de texto, deixando o antigo tipo de "concentração no conteúdo" para um novo "tipo psicológico" de "concentração na necessidade da criança". Essas atividades experimentais, iniciadas individualmente por alguns professores, estão atualmente sob a égide do Departamento Pedagógico do Ministério da Educação.

Problemas educacionais "especiais"

A mudança na ideologia e prática pedagógica afetou também o desenvolvimento das atividades extracurriculares.

A ideologia educacional prevalecente, ainda enraizada na orientação política e pioneira, não reconheceu por completo a autonomia e a importância capital das novas tendências que sofreram, assim, pela falta de meios financeiros e como conseqüência de material humano inadequado.

Além do mais, a ideologia dominante também limitou

muito a possibilidade de cristalização de novos tipos de atividades extracurriculares para jovens e adolescentes, além da meta dos movimentos juvenis "tradicionais" e da possibilidade de desenvolvimento de novos papéis profissionais educacionais nesse campo. Isso criou muitas lacunas, provavelmente ligadas ao desenvolvimento dos novos tipos de distúrbios juvenis descritos anteriormente.

Entretanto, quaisquer que sejam suas limitações, a expansão acima descrita constituia uma indicação de possíveis mudanças nos setores do sistema educacional.

Mudanças no padrão educacional da Aliá Juvenil

Depois do estabelecimento do Estado aconteceram várias mudanças drásticas nas atividades educacionais da Aliá Juvenil. Veio para Israel um grande número de crianças sem famílias, muitas delas de países orientais, sob os auspícios da Aliá Juvenil. A fim de lidar com o crescente número de crianças, foram fundadas instituições juvenis especiais para suplementar as colônias coletivas. Como antes, a Aliá Juvenil dava uma importância acentuada ao estabelecimento de jovens nos *kibutzim* e *moschavim*.

Entretanto, as crianças não tinham as bases ideológicas necessárias para essa orientação pioneira. Especialmente nos casos em que os pais se juntavam a seus filhos, desenvolveu-se um profundo conflito entre filhos, pais e instituições educacionais. Como conseqüência disso, foi mudada a prática educacional da Aliá Juvenil; em primeiro lugar através de um treinamento vocacional e educacional mais diferenciado, o que foi da maior importância para as crianças cuja situação familiar e sócio-econômica tornava impossível que se lhes proporcionasse uma educação básica regular.

Assim, a Aliá Juvenil, que era uma agência cujo principal propósito era a preparação de pioneiros, transformou-se numa agência educacional e de treinamento com vários objetivos, trabalhando em íntima cooperação com outras instituições, tais como o Ministério do Bem-Estar Social ou com os serviços juvenis de diversas municipalidades.

Isso trouxe diversas mudanças organizacionais em seu rastro. Foram estabelecidos centros vocacionais rurais para dar cursos intensivos a cerca de 600 jovens por ano. Durante esses cursos, de seis meses de duração, são ensinadas as seguintes matérias: agricultura, encanamento, manutenção de eletricidade e trabalho com metais, enquanto as meninas são treinadas para cuidar de bebês e crianças, costurar, cozinhar. Uma segunda inovação: os centros juvenis com vários objetivos, estabelecidos conjuntamente pelo governo e pela Agência Judaica. Treinando um total de cerca de 1 700 alunos em 20 desses centros, eles associam trabalho remunerado com atividades recreativas e estudos vocacionais.

Embora as mudanças dentro da Aliá Juvenil fossem de maior alcance do que as empreendidas em qualquer outro setor do sistema educacional, elas não foram sérias. Elas se efetuaram mais no nível prático do que no ideológico-pedagógico e freqüentemente vieram acompanhadas de uma falta da antiga, simples e inequívoca ideologia educacional.

Obviamente, qualquer que seja o sucesso da Aliá Juvenil ou das organizações educacionais especiais, elas só poderiam afetar pequenas partes da população jovem de Israel e somente aspectos parciais de suas atividades.

Aspectos sócio-econômicos da integração no sistema educacional

Lado a lado com os diversos planos e experimentos pedagógicos descritos, surgiu uma série de planos, durante os últimos cinco a seis anos, visando ultrapassar as realizações educacionais das crianças orientais, realizações essas inicialmente baixas, elevando em seguida o nível desses grupos.

Um desses planos foi a redução da idade compulsória para a freqüência aos jardins de infância das crianças de famílias da classe baixa. De acordo com esta política, havia 17 000 crianças entre três e quatro anos que freqüentavam jardins de infância obrigatórios. Em segundo lugar, foi instituída uma escola semi-interna para crianças de famílias de poucas posses. Em 1964-65 havia 50 000 crianças que participavam desse sistema em 2 900 classes. Terceiro: 120 000 crianças foram consideradas como necessitadas de auxílio extra e suas escolas receberam mais elementos para trabalhar com elas.

Dentro desse programa, o Ministério da Educação acrescentou 694 classes com 20 000 crianças em 1964-65 e um mês especial no verão; foram também abertas 70 classes especiais para ajudar crianças que tinham dificuldades nos estudos devido a fatores psicossociais [24].

Outra medida foi a proibição de repetir o ano, como solução para o fracasso escolar dos estudantes orientais, mesmo no primeiro ano. O Ministério da Educação decretou que somente 4% de qualquer classe poderia ter permissão para repeti-la. Entretanto, esse sistema não dimi-

---

24. Z. ARAN, *Bahinuch Uvatarbut* (hebraico) *Education and Culture,* jun. 1955.

nuiu o fracasso. Pelo contrário, acentuou-se, pois criou o fracasso acumulado, sem solução.

Um programa de ajuda e de bolsas de estudo iniciado pelo Estado, em cooperação com a Agência Judaica, constituiu uma mudança mais positiva. Esse programa foi estabelecido especialmente para crianças de origem oriental ou crianças que imigraram durante os últimos quatro anos. Em 1960-61 foram criadas 5 236 bolsas de estudo completas ou parciais para escolas secundárias acadêmicas, vocacionais, agrícolas etc. O sistema de taxas graduadas foi ampliado em 1964-65, participando disso 83 000 alunos, dos quais mais da metade (45 000) na educação secundária geral. Foram investidas cerca de LI 21 000 000 nesse programa. Mais de 40% das crianças das cidades em desenvolvimento aproveitam-se do sistema de taxação graduada [25]. Levou-se também em conta a extensão das facilidades especiais dadas às crianças recém-chegadas, especialmente em relação à redução do número de alunos em cada classe. Os planos do Ministério da Educação para 1962-63 previam o aumento de 940 novas salas para escolas elementares, 52 classes para escolas vocacionais e agrícolas e 180 classes para escolas secundárias acadêmicas, todos eles dando prioridade aos filhos de novos imigrantes e de famílias orientais.

As atividades extracurriculares estão principalmente concentradas nas áreas pobres e nos distritos onde a população é principalmente de ascendência oriental. Existem ao todo 596 instituições nas quais se dá auxílio a 77 500 crianças em idade escolar, até 14 anos. 11 800 jovens de mais idade (alunos de escolas para jovens que trabalham) gozam das mesmas facilidades.

Além disso, foram estabelecidos programas de educação seletiva intensiva para crianças superdotadas de origem sócio-econômica baixa ou de colônias afastadas das cidades, onde não é possível conseguir educação secundária. Foram planejados cerca de 16 internatos para essas crianças, onde elas recebem educação secundária normal durante o período da manhã e durante a tarde são ocupadas em diversas atividades educacionais e recreativas. Em 1960-61 havia 80 alunos em tais escolas; em 1961-62 havia 250 e em 1964-65 900 [26].

O plano de criar instituições especiais para crianças orientais bem dotadas provocou uma crítica dupla. Uma delas era que, tirando essas crianças de seu ambiente natural, elas poderiam desenvolver um forte sentimento de re-

---

25. C. B. S. *Statistical Abstract of Israel*, 16, 1965, Tabela T/21, p. 590.
26. Dados recebidos do Ministério da Educação em 11 de janeiro de 1966, baseados no estudo de 387 alunos dessas escolas, indicam que 85% deles são bem sucedidos no exame de admissão.

jeição em relação a seus grupos de origem, privando-os, assim, de uma liderança eficiente. A segunda crítica era de que ao segregar essas crianças em instituições especiais, ao invés de espalhá-las entre as escolas comuns, a sua auto--identificação "étnica" separatista poderia ser reforçada e sua simbolização poderia ser parcialmente legitimada.

Embora ainda seja muito cedo para avaliar a total validade das críticas, elas com certeza apontam contradições potenciais e problemas inerentes a essa política. A instituição da Norma B foi uma medida adicional tomada nesse contexto pelas autoridades educacionais.

A principal regra da Norma B era que, enquanto um aluno regular devia ter uma nota mínima de 7,5-8,0 a fim de fazer jus à ajuda oficial para a educação pós-primária, o estudante oriental com nota superior a 6,5 estava habilitado a requerê-la.

Embora tal medida visasse facilitar a absorção dessas crianças, ela também tendeu a enfraquecer a aproximação da realização universalista do teste, colocando-o em bases atributivas particularistas (étnicas) contendo muitas possibilidades de queda do nível educacional geral.

Além de tudo, os efeitos benéficos da Norma B nas crianças orientais também se mostraram duvidosos, posto que adiantou artificialmente estudantes não-qualificados, levando-os à educação pós-primária, onde não gozam de nenhuma condescendência especial. Tais estudantes enfrentam, então, problemas de ajustamento e são levados a engrossar a fileira dos que deixarão a escola, posteriormente. Assim, os altos níveis de aspiração são alcançados no início, sendo depois frustrados.

Mais, ainda, essa orientação leva a atribuir o estigma de "segunda categoria" [27] à maioria das crianças orientais, principalmente àquelas poucas que podem conseguir a Norma B por seus próprios esforços.

Orientações de acordo com os entraves organizacionais

Outros planos intimamente relacionados visavam ultrapassar os diversos obstáculos organizacionais do sistema educacional que impediam o progresso. Reconheciam a inadequação das facilidades existentes para o suprimento das necessidades dos diversos grupos e tentaram fornecer os

---

27. Em geral algumas conclusões baseadas na observação do primeiro grupo que passou por toda a educação pós-primária de acordo com o esquema de taxas escolares com escala graduada (inclusive Norma B) parecem indicar que a Norma B não foi de grande valia: só 7,7% de todos os estudantes que, em 1957, foram qualificados dentro da Norma B, alcançaram a fase da matrícula num curso superior, em 1961. Em 1957, os alunos de origem oriental constituíam 33,6% dos alunos no último ano da escola primária. Entretanto, eles ainda constituíam só 12,4% dos alunos em fase de vestibular em 1961, a despeito da Norma B.

serviços necessários à economia e sociedade em desenvolvimento.

Entre as diversas tentativas feitas, duas são dignas de menção. Uma foi a introdução, em 1956, de um novo esquema de treino pré-vocacional dentro do horário escolar das duas últimas classes de algumas escolas elementares. Esse treino requeria doze horas semanais em oficinas e três horas de matérias correlatas (tecnologia e desenho técnico) adicionadas ao tempo dedicado à educação geral.

A finalidade desse esquema era, em primeiro lugar, preparar alunos para as profissões que escolheram, reduzindo o período de aprendizado e, em segundo lugar, desviar alguns dos alunos das escolas secundárias para escolas vocacionais. Entretanto, o esquema não resolveu o problema. Os alunos situados dentro da primeira categoria não estavam preparados para as diversas necessidades do mercado de trabalho, para o que o seu treino era de pequena valia. O fracasso, entretanto, atingiu principalmente os que estavam na segunda categoria que, a despeito do treino e orientação vocacional, continuavam a desejar um treino acadêmico, a qualquer custo. Portanto, embora alguns alunos tivessem, sem dúvida, adquirido um conhecimento técnico através desse esquema, foi ineficaz sua função como agência diretora, canalizando alunos para diversos ramos antes da seleção formal.

Entretanto, qualquer que seja a intensidade desses problemas, pode-se perceber uma tendência contínua à expansão da educação vocacional.

Assim, o número de alunos nessas escolas era, em 1964-65, 23% superior ao de 1963-64, enquanto que o número de diplomados cresceu cerca de 30%. Ao mesmo tempo houve uma grande expansão de escolas vocacionais sob os auspícios do Ministério do Trabalho.

Os dados existentes parecem indicar que cerca de 42% de todos os alunos na educação pós-primária freqüentam todas as escolas vocacionais.

A expansão global da educação vocacional, muito incentivada pelo governo, indica que ultimamente tem-se desenvolvido um canal alternativo de educação e mobilidade ocupacional.

Há uma tentativa mais recente de reformar a educação secundária, chamada "canalizante" ou "agrupante", que visa ao estabelecimento de dois exames vestibulares diferentes, um atestando que o portador do certificado de matrícula é formado por uma escola secundária e o segundo habilitando o seu portador a freqüentar instituições de ensino superior.

De acordo com esse sistema, os alunos do sexto, sétimo e oitavo ano são divididos em três níveis de estudos, sendo o critério da divisão suas notas de Aritmética, inglês, hebraico e, às vezes, também de Biologia. São então formados grupos homogêneos nas diversas matérias de estudo, que compreendem alunos provenientes de diversas classes e até de diversas escolas.

A finalidade desse novo sistema é dupla: primeiro, diferenciar os alunos de acordo com seu nível de realização, de modo que um grupo não seja prejudicado pela presença de alunos de outros níveis. Em segundo lugar, visa manter a classe como uma unidade social com alto grau de coesão, apesar das diferenças nas realizações educacionais.

Espera-se que essas inovações elevem a qualidade das escolas secundárias e criem alunos com um currículo amplo, ajustado às reais necessidades do mercado. Percebe-se, também, que, na medida em que o currículo não seja dirigido somente para se conseguir a matrícula universitária, haverá mais tempo para outras matérias e atividades.

Esse plano reconhece e aceita o fato de que qualquer abordagem uniforme e homogênea de problemas especiais estava destinada ao fracasso. Reconhece, ainda, que somente uma abordagem individual, diferenciada, podia esperar o sucesso. Significa também uma crescente ênfase dada ao sistema escolar semelhante à "ampla" escola inglesa, ao invés de uma escola mais especializada para os bem dotados.

Em 1964-65 esse sistema de "agrupamento" compreendia aproximadamente 1 500 classes com 42 000 alunos. De acordo com o programa, esse método abrangeria 45 000 alunos. Através do estudo da distribuição de alunos por país de origem entre os diferentes níveis, observou-se que os alunos cujos pais provinham da Ásia ou África estão maciçamente concentrados nos níveis mais baixos, em porcentagem menor no segundo nível e o mínimo no nível mais alto.

Até agora parece que esse sistema é principalmente mais produtivo no nível mais alto e mais baixo, porém não no nível médio, onde não houve elevação na realização escolar dos alunos.

Essa tentativa de mudar a estrutura do sistema educacional, no sentido de uma diferenciação crescente, tornou-se ainda mais evidente com a nomeação de um comitê (janeiro de 1963) que deveria examinar "as necessidades e as possibilidades de acrescentar dois anos de educação compulsória grátis" (o Comitê Prawer). Em 1965 esse comitê recomendou o acréscimo de um ano à educação compulsória e grátis já existente. Isso levou a tal mudança condicionada à estrutura do sistema educacional que criou uma unidade média que compreende o sétimo, oitavo e nono ano, sendo o primeiro ano da educação secundária uma unidade independente no que se refere à administração, programa de ensino e pessoal. O comitê levou em consideração um longo trabalho preparatório para a realização dessa meta, tal como o preparo de professores, livros de texto, construções etc. Por isso, propôs postergar sua execução completa por mais quatro ou cinco anos.

Por trás de tal recomendação está o pressuposto de que o programa possibilitará uma maior diferenciação e a melhor possibilidade para uma escolha de acordo com as tendências e habilidades dos alunos, a começar das classes mais adiantadas da escola elementar.

As reações às reformas propostas, isto é, a forte oposição inicial expressa pela União dos Professores ao experimento de Beercheba, ao novo sistema de "agrupamentos" em geral e às conclusões do Comitê Prawer indicam um dos principais pontos fracos do sistema educacional em Israel, ou melhor, o caráter conservador e a grande força da poderosa União dos Professores. Esta força é decorrente do fato histórico de que a União dos Professores foi, num certo sentido, a responsável pela educação hebraica, gozando, portanto, de uma posição de grande poder, que até cresceu com o fortalecimento da união da classe.

É, portanto, difícil avaliar o efeito e sucesso desses diversos programas. Eles mostram efetivamente a gravidade dos problemas educacionais israelenses e o fato de que amiúde a política educacional foi dirigida por considerações políticas e ideológicas contraditórias.

Falta de professores e recursos tentados

Entre os diversos problemas e tarefas com que se defronta o sistema educacional, a falta de recurso humano adequado, com a conseqüente redução do *status* da profissão, é um dos mais difíceis.

A falta de professores pode ser vista na crescente evasão da profissão, na sua crescente feminização, no número de professores não-qualificados empregados e na dificuldade de recrutar novo pessoal da escola secundária e universitários formados.

Enquanto em 1950-51 havia 5 367 professores dentre os 10 945 empregos de professores, em 1954-55 havia somente 8 331 do sexo masculino no total de 17 337 professores e 9 006 professoras. Em 1958-59 havia à disposição 24 826 professores empregados, dentre os quais 10 664 eram do sexo masculino e 14 162 mulheres. Essa proporção é mais nítida ainda nas escolas elementares, nas quais em 1958-59 dentre 13 336 professores havia 4 924 homens e 8 512 mulheres. No mesmo ano havia 8 431 professores qualificados, 4 024 não-qualificados e 881 cujas qualificações não eram conhecidas.

Em 1959-60 havia 4 074 professores não-qualificados nas escolas noturnas, vocacionais e agrícolas. Não há dados à disposição no que se refere a escolas para os jovens que trabalham e para crianças retardadas, mas também para elas há falta de professores. Em 1963-64 havia 17 514 professores na educação hebraica elementar, dos quais 11 923 (68%) eram mulheres e 5 591 (32%) eram homens. O número de professores não-qualificados era 5 850 (33%); 32,7% dos professores tinham quatro anos ou menos de experiência, 59% tinham uma experiência que variava de zero a nove anos de trabalho. 42,1% dos professores tinham nascido em Israel (comparados aos 15% do mesmo grupo etário, no total da população, que são nascidos em Israel). Somente 13,1% dos professores eram de origem asiática ou africana, enquanto que o seu grupo etário correspondente na população é de 35,4% [28].

Além disso, os resultados de um estudo persistente dos universitários formados pelas escolas preparatórias de professores nos anos de 1956-57, 1958-59 e 1959-60, mostram uma taxa de evasão da ordem de 20%.

As pesquisas a respeito da evasão de professores mostram que há uma íntima relação entre essa tendência e a limitação do papel do professor e o aumento das tensões entre a ideologia pioneira e a procura do campo ocupacional em mudança.

A fim de superar essa grave falta, foram introduzidas classes preparatórias especiais nas escolas secundárias e foram estabelecidas escolas de treinamento especial para professores rurais, onde são ministrados cursos de um ou dois anos. Em 1964-65 empreendeu-se uma reforma que pretendia aumentar em mais de 20% ao ano o número de alunos nos estabelecimentos para formação de professores. A verba do Ministério da Educação destinada à preparação de professores foi aumentada de LI 4,5 milhões para LI 16 milhões em 1964-65. O Ministério decidiu oferecer bolsas de estudo no valor de LI 1 500 a LI 2 500 por ano aos estudantes que desejassem ser professores nas escolas pós-primárias.

Em 1964-65, 600 estudantes entre 1 000 candidatos foram escolhidos para essas bolsas, 35% deles no setor de ciências e 65% em humanidades.

28. Previsão da mão-de-obra. Professores na educação primária. Plano--diretor da mão-de-obra. Ministério do Trabalho, 1964.

A comparação do número total de professores em 1959-60 em todos os níveis do sistema educacional mostra [29] 18 056 professores [30] para os 22 354 [31] cargos de professores à disposição no mesmo ano, o que indica que ainda há uma escassez desses profissionais, apesar dos 41 251 estudantes cursando os diversos estabelecimentos de formação para professores entre os anos de 1948-49 e 1960-61 [32].

Não podemos ainda estimar a eficiência das medidas adotadas e especialmente em que medida elas poderão ajudar a superar os amplos obstáculos sociais da profissão de ensinar. Há, por exemplo, alguns indícios de que a crescente feminização da profissão tem sido, até certo ponto, deficiente.

A concentração da associação dos professores nas disputas políticas, organizacionais e salariais, mais do que nos assuntos pedagógicos, deu origem a muitas dificuldades. As lutas internas entre diversas organizações de professores foram aqui de grande importância, tanto quanto o foi o rompimento entre a Associação Geral dos Professores (A.G.P.) e os professores das escolas secundárias que formaram uma organização à parte, não completamente reconhecida pela A.G.P.

Também no campo do ensino superior desenvolveram-se contradições e conflitos semelhantes.

Tentou-se diversos planos administrativos, a fim de assegurar altos níveis de criatividade científica e de incrementar o investimento nacional na educação. O mais importante deles foi a transformação (em 1959) do antigo Conselho de Pesquisa de Israel no Conselho Nacional para Pesquisa e Desenvolvimento. Essa repartição pública, ligada ao departamento do Primeiro-Ministro, foi "encarregada de aumentar a contribuição científica para o desenvolvimento do Estado" [33]. Ela está "encarregada da formulação de uma política nacional referente à pesquisa e desenvolvimento e da coordenação dos projetos de pesquisa às necessidades nacionais".

A relativa proliferação de instituições de ensino superior criou também diversos problemas políticos e adminis-

29. Exceto educação superior, mas inclusive institutos para formação de professores.
30. Fonte: C. B. S., *Statistical Abstract*, n.º 12, 1961, p. 450, Tabela 5.
31. Fonte: C. B. S., *Statistical Abstract*, n.º 12, 1961, p. 450, Tabela 5.
32. *Ibid.*, p. 448, Tabela 3.
33. *Government Year Book*, 1960-61, edição em inglês.
O Conselho tem os seguintes subcomitês:
Comitê de Agricultura, Comitê de Química Industrial, Comitê de Farmacologia, Comitê de Medicina, Comitê de Patentes, Comitê para a Pesquisa da Mão-de-Obra Tecnológica e Científica, Comitê de Oceanografia. Tem também um escritório para o Pessoal Graduado, encarregado dos problemas dos estudantes no exterior e um Centro para Informação Científica e Tecnológica.

trativos especialmente ligados aos problemas da manutenção de padrões adequados e reconhecimento oficial.

A 19 de maio de 1958, o Parlamento promulgou a Lei do Conselho para Estudos Superiores de 1958. As responsabilidades do Conselho são as seguintes: recomendar qualquer instituição a ser reconhecida pelo governo (na realidade, o conselho reconhece, parágrafo 9, mas o governo aprova, parágrafo 10); recomendar a expansão de determinada instituição, recomendar o subsídio governamental, revogar reconhecimento (também com o apoio governamental, parágrafo 19); reconhecer e outorgar diplomas, títulos etc. A lei não define as regras de acordo com as quais o Conselho deve executar seus deveres: essas devem ser estabelecidas pelo próprio Conselho.

Ainda é muito cedo para avaliar a dupla função do Conselho no sentido de encorajar novas instituições de ensino superior e assegurar que elas não estejam abaixo de um padrão mínimo aceitável. Em 1956 foi criado um comitê especial para examinar a situação da educação superior.

O relatório desse comitê aconselhava a nomeação de uma jurisdição da educação superior especial que deveria planejar um programa básico para o desenvolvimento das instituições sem colidir com a liberdade de cátedra e com a autonomia das instituições de ensino superior.

Esse departamento deveria ser estabelecido em lugar do Conselho de Educação Superior então existente e devia incluir os representantes das instituições de ensino superior públicas e privadas.

Alguns dos aspectos da expansão dos institutos de ensino superior podem ter conseqüências problemáticas. A importância das pressões políticas locais e a expansão limitada das ciências naturais em contraste com a crescente multiplicação de estudantes de artes, não permitem nem os níveis superiores de investimento nem a criação de condições que conduzam a padrões mais altos de criatividade científica.

Provavelmente, ainda é muito cedo para avaliar as atividades do Conselho de Pesquisa. Parece que esse Conselho teve bastante sucesso na criação de atividades limitadas de pesquisa aplicada e no sentido de servir como uma carteira de compensação parcial para fontes exteriores que aplicam seus recursos nas instituições israelenses de pesquisa, porém não foi tão bem sucedido no levantamento das necessidades gerais do país ou assegurando um nível maior de investimentos no campo educacional e científico.

Problemas e perspectivas no campo educacional

O quadro do meio educacional depois dos primeiros

quinze anos do Estado de Israel é mais complexo e variado ainda do que o era no fim do período do Ischuv.

Toda a estrutura das relações entre escola, família e movimentos juvenis passou por grandes mudanças, com origens em diversos pontos de partida inter-relacionados. Um deles foi o próprio estabelecimento do Estado, uma sociedade desenvolvida com poder soberano e com tendências centralizadoras. O segundo foi a concomitante cristalização da estrutura social e da herança cultural. O terceiro ponto de partida foi o influxo de um grande número e variedade de novos imigrantes que traziam consigo, para o país, novas motivações, novas atitudes básicas e variadas experiências técnicas e educacionais. Em quarto lugar, houve o impacto combinado dos processos anteriores com a diferenciação econômica e o desenvolvimento da estrutura educacional e ocupacional. As necessidades econômicas do país, a expansão da estrutura econômica, a necessidade de mão-de-obra especializada e o afluxo de imigrantes com baixo nível educacional acentuaram a importância dos critérios educacionais nas esferas econômicas e educacionais. É então que começam a ficar críticos os problemas especiais dos novos imigrantes e particularmente dos orientais.

Paradoxalmente, a absorção dos diferentes grupos de imigrantes no sistema educacional acentuou as diferenças entre grupos e estratos sociais e de início aumentou até essas diferenças.

Tanto os problemas educacionais, administrativos e organizacionais quanto a adaptação do sistema tiveram que ser encarados como instrumentos do planejamento social. Freqüentemente estes problemas eram novos, influenciando mais tarde a visão tradicional das autoridades educacionais.

Além do mais, as dificuldades para enfrentar tais problemas foram acentuadas pelo desenvolvimento "estrutural" interno do sistema educacional em sua reação inicial à sociedade em mudança. O progresso foi obstruído pela forte politização de ampla parte do sistema educacional e da organização profissional dos professores e também pelas oportunidades e incentivos limitados que a principal estrutura educacional oferecia à inovação pedagógica e cultural.

Posteriormente verificaram-se novos obstáculos decorrentes da preponderância dos interesses profissionais assentados nos diversos escalões do professorado, da instabilidade e ambivalência dos papéis dos professores e do rebaixamento de seu *status*.

As dificuldades ideológicas e pedagógicas para criar uma combinação mais flexível do ideal inicial com uma orientação para atividades e tarefas mais especializadas podem reforçar as tendências à estagnação no desenvolvimento da economia israelense.

Desenvolveu-se, ainda, uma série semelhante de problemas com relação às conseqüências sociais da seleção educacional. Neste caso, as tentativas para superar as brechas entre os diferentes grupos sociais e os imigrantes também tenderam a se desenvolver em dois sentidos contraditórios.

Ao mesmo tempo desenvolveram-se diversas tendências importantes de dentro para fora, sem que o sistema educacional apresentasse inovações importantes.

Vemos, portanto, que o sistema educacional partilhava ao mesmo tempo do grande impulso da contínua expansão, diferenciação e capacidade para absorver os novos grupos imigrantes e das dificuldades internas da sociedade israelense para lidar eficientemente com os novos problemas.

De um lado, muitos desses planos e medidas facilitaram possíveis mudanças e melhoramentos, mas, por outro, alguns dos planos podem reforçar as tendências mais atributivas e as tendências à estagnação que existem no sistema de estratificação e organização social.

9. Estrutura Política e Instituições

1. A ESTRUTURA POLÍTICA DO ESTADO DE ISRAEL

Introdução

As diferentes tendências e desenvolvimentos analisados nos capítulos precedentes convergiram para as instituições políticas e estrutura em Israel.

As instituições políticas e as organizações foram, e até certo ponto ainda são, o centro da sociedade israelense contemporânea. O capítulo sobre instituições econômicas mostrou a importância do Estado e da política governamental no campo diplomático. No capítulo sobre organização social vimos o critério do poder adquirido na estratificação da sociedade israelense, assim como a importância das agências governamentais na absorção de imigrantes. Este capítulo tratará de algumas das causas que possuem relação com a importância dessas instituições políticas.

Devemos lembrar que a implantação de metas coletivas, tais como colonização, segurança e manutenção da livre admissão na Palestina para novos imigrantes, constituiu a *raison d'être* de muitos grupos e instituições importantes no Ischuv, orientação que foi de muitos modos intensificada pela criação do Estado de Israel. O Estado não era apenas o clímax de uma prolongada luta política e de esforços diplomáticos incontáveis, mas também era visto como a redenção da nação judaica e a realização do sonho sionista.

Os símbolos da soberania e da condição de Estado: bandeira, presidência, governo, Parlamento e especialmente o exército, tornaram-se os focos de forte identificação nacional tanto em Israel como na Diáspora.

Em seus primeiros estágios, o Estado tornou-se também o núcleo para as ideologias proeminentes nos diversos movimentos sociais do Ischuv. O despertar dessas ideologias nas esferas privadas de vida, causado pelo sentimento de que tinham sido amplamente conquistadas através do estabelecimento do Estado, reforçou tentativas de retratar os símbolos do Estado, órgãos, líderes e funcionários como as corporificações desses valores.

Porém a importância crucial do Estado e das instituições nunca deixou de apresentar problemas ou de ser tomada como certa, pois, diferentemente de muitos outros campos institucionais, o campo político não estava claramente formulado na ideologia sionista básica e pioneira.

A meta do Estado era um dos princípios básicos da ideologia sionista, mas isso era considerado principalmente como uma estrutura externa para a coletividade nacional e como a manifestação externa de uma nova identidade coletiva.

Organizações políticas mais concretas desenvolveram-se durante o período do Mandato quando a execução de metas coletivas tornou-se mais importante que uma formulação ideológica pura. Além disso, a ideologia sionista, como muitas outras ideologias utópicas, nacionalistas e socialistas, evitava tratar com problemas de poder e muitas vezes implicitamente pretendia que tais problemas seriam resolvidos quando os principais propósitos coletivos fossem alcançados.

Por essa razão, a proliferação de funções políticas e de organizações no novo Estado causaram problemas que a ideologia não tinha condições de resolver.

A estrutura formal das instituições políticas de Israel

O Estado, estabelecido em 14 de maio de 1948, desenvolveu rapidamente seus principais traços e características institucionais formais.

Até hoje Israel não possui constituição — apenas uma série de leis básicas, com muita controvérsia política desencadeada sobre o problema de uma constituição. Os principais traços formais e característicos da estrutura institucional e governamental de Israel podem ser descritos da seguinte forma [1]:

A estrutura de governo consiste dos ramos executivo, legislativo e judiciário, com um Presidente, um Parlamento,

1. Adaptado de O. JANOWSKY, *Fundações de Israel*, N. 4, 1959, pp. 88-92.

um Gabinete e um sistema legal. O Presidente é o chefe titular do Estado, cujas funções são principalmente cerimoniais e formais. É eleito por um prazo de cinco anos por maioria de votos e eleição secreta do Knesset. O primeiro presidente do Estado foi Chaim Weizmann, o notável líder do movimento sionista durante o período mandatício. Foi eleito em 16 de fevereiro de 1949 e morreu em 9 de novembro de 1952. Seu sucessor, escolhido em 30 de dezembro de 1952, reeleito em 30 de outubro de 1957 e mais uma vez em 1962, foi Itzhak Ben-Tzvi, presidente do Vaad Leumi. Quando da morte do presidente Ben-Tzvi em abril de 1963, Zalman Schazar (um veterano líder do Mapai, orador e erudito) foi escolhido para a presidência.

O Knesset é a suprema representação formal (mas não real) do governo. É um parlamento de uma câmara, constituído por cento e vinte membros, cujos poderes não são limitados nem pelo veto presidencial nem pela Suprema Corte. É eleito por um período de quatro anos através de eleição direta, imparcial e secreta, pelo sistema de representação proporcional. O governo é responsável formalmente pelo Knesset e não pode ser formado sem seu apoio, devendo resignar quando não consegue manter a confiança do Knesset.

Precauções especiais foram tomadas em relação ao escrutínio severo e contínuo das atividades econômicas e financeiras do Estado sob a égide do Knesset. Um Controlador do Estado, nomeado pelo Presidente a partir da recomendação de um comitê do Knesset, informa o Comitê de Finanças do Knesset sobre a legalidade, economia, integridade e eficiência dos negócios do governo. O Controlador do Estado é responsável diante do Knesset e não depende do governo.

O Gabinete, ou governo, é o corpo executivo funcional. O Primeiro-Ministro, um membro do Knesset, é encarregado pelo Presidente da tarefa de formar um governo e negocia com os diversos líderes dos partidos sobre a escolha de seus colegas, que podem não ser membros do Knesset. Quando é aprovado pelo Knesset com voto de confiança, o governo está constituído.

O princípio de responsabilidade coletiva governa oficialmente o Gabinete, embora a interpretação exata dessa responsabilidade tenha se constituído um pomo de discórdia em muitas das coalizões governamentais.

O ramo judicial do governo compreende cortes civis e religiosas. A hierarquia das cortes civis inclui muitas cortes municipais e cortes de magistrados (inclusive duas cortes juvenis) com jurisdição civil e criminal secundária; três cortes distritais onde são ouvidas apelações dos tribunais inferiores e que servem como cortes de primeira instância nos casos civis e criminais mais importantes. A mais alta do país é a Suprema Corte que compreende sete magistrados, um presidente e um vice-presidente. Conquanto a Suprema Corte não possa declarar inconstitucionais as leis aprovadas pelo Knesset, ela pode invalidar ações administrativas ou interpretações estatutárias que considerar contrárias ao uso da lei.

As cortes rabínicas exercem jurisdição exclusiva sobre assuntos de casamento e divórcio na comunidade judaica. Em outros assuntos de caráter pessoal, tais como pensões alimentícias, legitimação de testamentos e heranças, esses tribunais podem atender casos somente com o consentimento de todas as partes. As cortes eclesiásticas das comunidades cristãs têm autoridade exclusiva em assuntos de casamento, pensões alimentícias, divórcio e confirmação de testamentos de membros de suas respectivas comunidades, podendo julgar outros assuntos de caráter pessoal com o consentimento das partes interessadas. As cortes muçulmanas têm jurisdição exclusiva em todos os assuntos de caráter pessoal da comunidade muçulmana. Existem também tribunais para casos especiais, tais como aluguel, exploração, especulação e seguro nacional. Há ainda cortes tribais para os beduínos.

A independência do judiciário é assegurada pela proteção especial contra nomeações políticas e pelo direito, sujeita apenas ao bom comportamento.

O corpo da lei administrado pelas cortes consiste na ratificação do Knesset e em leis herdadas de regimes anteriores. Essas incluem remanescentes otomanos, especialmente no caso de leis privadas e de leis para terras; regulamentações de emergência obtidas sob o Mandato, a lei inglesa comum e de igualdade, a lei rabínica e as leis religiosas das comunidades muçulmana e cristã.

O governo local, iniciado cautelosamente durante o Mandato, foi ampliado e democratizado desde o estabelecimento do Estado. A posse de uma propriedade como uma qualificação para o voto foi abolida. O direito de voto foi estendido às mulheres em todas as eleições locais; e prefeitos e vice-prefeitos, nomeados sob regime britânico, são agora eleitos pelos corpos representativos locais.

Os partidos mais importantes em Israel

Os partidos políticos mais importantes eram, na sua maioria, os que também predominavam durante a época do Ischuv. Em todos eles a transformação resultante do estabelecimento do Estado produziu o desenvolvimento de novas organizações unificadas, reunindo os diferentes movimentos, seitas e grupos de interesse com um esquema marcado quanto à orientação que tem por finalidade a absorção de novos elementos.

O Mapai

A maior flexibilidade na absorção de novos elementos, interesses variados e orientações políticas diferentes aconteceu dentro do Mapai. Entre os grupos antigos mais importantes de que se compunha o Mapai estavam as diversas colônias agrícolas — os *kibutzim* (especialmente aqueles pertencentes ao Ihud Hakibutzim) e os *moschavim* — e nos setores urbanos, os sindicatos e os grupos de trabalhadores. Ao mesmo tempo, o Mapai, que estava em uma boa posição para enfrentar as mudanças de imigração em massa, tentou também atrair muitos dos novos imigrantes. O Mapai estava melhor organizado para absorver os imigrantes do que muitos outros partidos e tradicionalmente era o partido que havia conduzido o sionismo à condição de Estado. Até imigrantes que não sabiam distinguir uma plataforma partidária de outra, reconheciam a figura dramática de Ben-Gurion, Primeiro-Ministro e líder do partido que ganhara a independência. Nas eleições para o sexto Knesset (1965), o Mapai e o Ahdut Haavodá fundaram a Coligação (Maará) e receberam juntos 37% dos votos. Na mesma eleição o grupo Rafi, encabeçado por Ben-Gurion, separou-se do Mapai e recebeu 8% dos votos.

A esquerda: Mapam e Ahdut Haavodá

Os elementos mais sectários do movimento trabalhista, com uma concepção mais pura e elitista do pioneirismo, manifestaram-se na ala esquerda do Mapai (em alguns de seus *kibutzim*) e, fora dele, no Mapam e no Ahdut Haavodá.

Originalmente, esses dois últimos grupos eram facções relativamente fechadas, alicerçadas principalmente nos *kibutzim*. Eles só se transformaram em partidos políticos maduros com o estabelecimento do Estado, quando também tentaram atrair e organizar mais amplamente elementos não sectários.

Em agosto de 1944, algumas facções do Poalei Tzion separaram-se do Mapai sob o antigo nome de Ahdut Haavodá. Em 1948, fundiram-se com o Haschomer Hatzair para formar o Mapam. Controlando 60% do corpo governante do partido, o Haschomer Hatzair conseguiu facilmente vencer por número de votos o Ahdut Haavodá. Finalmente, em 1954, o Ahdut Haavodá separou-se do Mapam e organizou seu próprio partido independente. A cisão final foi acelerada como um resultado do julgamento anti-semita de Praga em 1951 e do julgamento, em Moscou, dos médicos judeus, em 1952. Na política trabalhista de Israel, o Ahdut Haavodá ocupa uma posição entre o Mapai e o Mapam.

Embora sendo a facção majoritária do Mapam, o Haschomer Hatzair absteve-se de formar um partido político até a iminência da formação do Estado e suas atividades eram na realidade as habitualmente associadas com partidos políticos. Seu programa e sua direção ainda conservam o apelo pioneiro (*halutz*) e continuam a refletir uma abordagem rural e coletivista para os problemas internos.

No período do segundo Knesset (1951-1955) três cisões diferentes cortaram a força eleitoral do Mapam pela metade e reduziram-no do terceiro para o sexto partido, pela ordem. Dois de seus representantes formaram um grupo dissidente que se uniu ao Partido Comunista, dois foram para o Mapai e quatro o abandonaram, em 1954, quando o Ahdut Haavodá cindiu-se do Mapam. Até 1965, quando o Ahdut Haavodá criou a coligação com o Mapai, não aconteceram grandes mudanças entre esses grupos "esquerdistas".

O centro: Os Sionistas Gerais, Progressistas e Liberais

Mudanças similares, talvez até mais pronunciadas do que as de dentro dos grupos trabalhistas, aconteceram entre os diferentes grupos de Sionistas Gerais.

Dois partidos principais desenvolveram-se do movimento dos Sionistas Gerais que em 1961 foram absorvidos pelo Partido Liberal.

Até então, o Partido Progressista era a réplica israelense mais próxima de um Partido Liberal e embora pequeno possuía considerável influência moral. Saído pelo menos em parte da Aliá Hadaschá, partido composto principalmente de imigrantes da Europa Central que chegaram à Palestina depois de 1933, o Partido Progressista foi fundado em 1948. Seus objetivos eram um sistema educacional nacional, um funcionalismo público e judiciário independentes, garantias de liberdade pessoal, controle do transporte público pelo Estado antes que pela Histadrut, serviços de saúde, agências de trabalho, estímulo para o investimento privado e tratamento mais liberal para os árabes que vivem em Israel. Com a curta interrupção de um ano, os progressistas fizeram parte de todas as coalizões do governo de 1948 a 1961.

O Partido dos Sionistas Gerais é composto de diferentes grupos de interesse, tais como a Associação dos Manufatores, Associação dos Cultivadores de Cítricos, diversos grupos de comerciantes e os líderes de alguns grupos municipais.

Com a formação do Estado, esse partido surgiu como o paladino da empresa privada em uma economia dominada pela Histadrut. Em 1949 recebeu apenas 5% dos votos e ganhou sete cadeiras no Knesset. Entretanto, entre 1949--1951 cresceu enormemente, tornando-se o segundo partido no Knesset com vinte cadeiras, as quais mais tarde se elevaram a vinte e três, através da afiliação de três delegados de partidos menores. De 1952 até junho de 1955 os Sionistas Gerais foram membros do governo. Porém, nas eleições de 1955 perderam força especialmente para o partido da extrema direita Herut.

A principal força e atrativo dos Sionistas Gerais estava na sua oposição ao controle econômico do governo e no seu esforço em refrear o poder das atividades e das empresas da Histadrut. Seu programa doméstico acentuava a máxima liberdade frente a quaisquer restrições que poderiam atrapalhar a livre iniciativa e um sistema educacional unificado isento de doutrinação partidária. O partido exigia a transformação da Histadrut numa assistência de saúde nacional, nacionalização de trocas de trabalho e maior diferenciação entre trabalhadores não-especializados, especializados e profissionais como incentivo para aumentar a produtividade.

Ao tentar aumentar seu atrativo organizando uma ala especial dentro da Histadrut, esse partido criou também sua própria organização feminina.

Uma das mais importantes conseqüências do "Caso Lavon" (ver p. 415) foi a fusão dos Progressistas e Sionistas Gerais no Partido Liberal, que ganhou 14% dos votos e dezessete membros no Knesset nas eleições de 1961. Em 1965 houve uma cisão no Partido Liberal. Sua grande maioria (quase todos os antigos Sionistas Gerais e alguns antigos Progressistas) fundou um bloco parlamentar com o Herut que recebeu 21% dos votos. Uma minoria fundou o Partido Liberal Independente, constituído na maioria por antigos Progressistas, e recebeu cerca de 7% dos votos.

O Herut

Um dos principais desenvolvimentos no período do Estado foi o crescimento do Herut — o único partido de oposição total dentro do panorama da política israelense. Formou-se a partir dos antigos grupos revisionistas, dos grupos "terroristas" do Irgun Zvai Leumi e dos membros do Partido Revisionista. (O outro grupo dissidente, Lehi, enviou apenas um membro ao primeiro Knesset.)

O Herut é o maior partido de oposição antigovernamental de direita, opondo-se a qualquer função econômica desempenhada pelo Estado e ao predomínio econômico da Histadrut. Da mesma forma que os Sionistas Gerais, exige livre iniciativa incondicional, supressão dos monopólios da Histadrut, educação nacional uniforme e agências de trabalho oficiais. De modo geral é favorável a uma constituição escrita, à abolição da censura e a um funcionalismo público imparcial. O Herut enfatizou, pelo menos oficialmente, uma orientação expansionista em sua política externa e foi durante algum tempo identificado como uma política de guerra preventiva contra os árabes como sendo a melhor garantia para a sobrevivência de Israel.

Nas eleições de 1949, o Herut surgiu como o terceiro maior partido, com catorze cadeiras no Knesset e 11,5% do voto popular. O aumento de cadeiras dos Sionistas Gerais em 1951 foi devido em grande parte à perda do Herut para oito cadeiras, com 6,7% dos votos. Em 1955 aconteceu o contrário, quando os dois partidos voltaram às suas posições primitivas. Como o principal partido de oposição, o Herut aprendeu a explorar o descontentamento originário especialmente dos altos impostos atribuídos aos numerosos grupos da classe média e da baixa classe média, assim como o ressentimento de muitos elementos recém-imigrados que não estavam inteiramente satisfeitos com o ritmo e o volume de sua absorção. Em 1965 o Herut fundou, juntamente com uma grande parte dos Liberais, um bloco parlamentar (Gahal) que, como vimos, recebeu cerca de 21% dos votos.

Os partidos sionistas religiosos

Transformações semelhantes ocorreram dentro do Partido Religioso Nacional, com uma substituição crescente do Mizrahi (baseado principalmente em elementos da Diáspora) para o Rapoel Hamizrahi (mais fortemente enraizado em Israel).

Em 1949 o Mizrahi uniu-se à Frente Religiosa Unida (englobando o Agudat Israel e o Poalei Agudat Israel).

Devido ao seu êxito na absorção de imigrantes orientais e norte-africanos, a posição do Hapoel Hamizrahi melhorou nos últimos anos. Embora formalmente fundido em um único partido, conhecido como Frente Religiosa Nacional, em 1956, na realidade o Hapoel Hamizrahi ainda conserva sua organização própria para finalidades sindicais. Os dois grupos têm recebido cerca de 10 a 11% dos votos desde o período da constituição do Estado.

Os partidos religiosos radicais (não-sionistas). Agudat Israel e Poalei Agudat Israel

O Poalei Agudat Israel, a ala trabalhista do Agudat Israel, foi fundado na Polônia, em 1922. Seu objetivo era neutralizar sentimentos anti-religiosos entre os trabalhadores poloneses e preservar o lugar do judeu ortodoxo na indústria. A base religiosa do Agudat Israel e de sua ramificação, o Poalei Agudat Israel foi idêntica, mas a ala trabalhista deu mais ênfase à colonização agrícola. Seu primeiro núcleo rural na Palestina foi fundado em 1934, em terras adquiridas pelo Fundo Nacional Judaico, fato que provocou amargo conflito com o Agudat Israel, que se opunha ao Fundo Nacional Judaico. Casualmente, entretanto, o Poalei Agudat Israel já controlava cerca de quinze aldeias rurais e uma escola agrícola. Seu trabalho de colonização gradualmente levou-o ao contato mais íntimo com a Agência Judaica e com a Histadrut e, embora não fosse membro dessa última, o Poalei Agudat Israel participava de algumas atividades sindicais. Ajudou a organização da imigração ilegal, enviou trabalhadores para campos de refugiados na Europa e lutou nas fileiras da Haganá. O Agudat, por seu lado, até o estabelecimento do Estado não manteve muitos contatos com os sionistas (exceto em algumas atividades políticas orientadas para os ingleses) e estava apoiado no Ischuv mais velho.

Os Naturei Karta constituíam o mais radical dos grupos religiosos no Velho Ischuv e até hoje mantêm-se isolados e não "reconhecem" o Estado de Israel.

Diferentemente do Mizrahi e do Hapoel Hamizrahi, que se aproximaram muito nos últimos anos, o Poalei Agudat Israel tornou-se mais independente do Agudat Israel; atualmente publica seu próprio jornal, tem seu movimento de juventude próprio e age entre os imigrantes que estão em campos de passagem.

Em 1960 e 1961 o Poalei Agudat Israel participou das coalizões governamentais e um de seus membros foi nomeado Vice-Ministro da Educação.

O Partido Comunista

O Partido Comunista foi fundado na Palestina em princípios de 1920, inicialmente como instrumento para encorajar a resistência árabe contra o imperialismo britânico e contra o sionismo [2]. Desde então, apenas no curto período que vai de novembro de 1947 — quando da Resolução da Partilha pelas Nações Unidas — até o início do primeiro

---

2. Para uma excelente história resumida do Partido Comunista de Israel, ver WALTER Z. LAQUEUR, *Communism and Nationalism in the Middle East*, Nova York, Frederick A. Praeger, 1956, pp. 73-119, 300-302.

Knesset, em 1949, foi que esse partido trabalhou pela meta sionista de soberania nacional. Sua orientação tem sido, logicamente, sem nenhuma hesitação, pró-soviética. Em política nacional, seu programa era facilmente previsível: oposição a todas as formas de confiança no capitalismo reacionário, inclusive subvenções americanas e assistência técnica, e às reparações de guerra alemã, nacionalização de todas as empresas, começando pelas construídas por investidores estrangeiros e reivindicações contínuas por salários mais elevados.

Ao explorar o descontentamento árabe, o Partido Comunista tornou-se um dos paladinos dos direitos da minoria árabe em Israel e um de seus lugares de maior influência é a cidade de Nazaré. Destarte, não é de surpreender que aproximadamente um terço de seus membros sejam árabes, muitos dos quais entram e saem do partido, ocasionando alto índice de mudança. Em junho de 1965 o Partido Comunista cindiu-se em dois. Um novo partido — a Nova Lista Comunista — baseado em sua maioria em grupos e líderes árabes, com forte orientação árabe, foi fundado e angariou votos suficientes para colocar três membros no Knesset, enquanto que a lista antiga conseguiu eleger apenas um membro. Esses resultados sublinharam o fato de que a maior força dos comunistas situava-se dentro da população árabe.

Os partidos árabes

Na época das eleições, os inúmeros partidos apresentam listas de candidatos, competindo todas elas pelos votos da minoria árabe. Destes partidos ou listas, quatro foram extremamente significativos e três desses são afiliados ao Mapai. Nas eleições de 1955 ao Knesset, aproximadamente 60% de todos os votos árabes foram para partidos árabes e cerca de 90% desses votos foram ganhos pelos três partidos afiliados ao Mapai. O restante dos votos árabes se divide principalmente entre Mapai, Mapam e os comunistas. Os partidos árabes apareceram sob nomes diferentes em várias eleições. Em 1965 os partidos árabes mais importantes eram: "Cooperação e Fraternidade", localizado no Triângulo (área habitada pelos árabes, próxima a Nataniá e Kfar-Saba) e entre os drusos e o partido "Progresso e Desenvolvimento", localizado principalmente na Galiléia e afiliado tanto à Coligação quanto a um pequeno grupo chamado "Paz", ligado ao Rafi.

"Grupos dissidentes"

Além dos principais, vários pequenos partidos dissidentes se desenvolveram, tais como as diferentes listas étnicas — colocando cinco membros no primeiro Knesset, três no segundo e nenhum membro daí por diante.

Desenvolveram-se também alguns grupos políticos, semi-intelectuais, a maioria deles representando pontos de vista totalmente diversos:

1) Hamischtar Hehadasch: grupo de intelectuais do Velho Ischuv, politicamente descontente e expulso de todos os partidos; foi criado em 1954.

2) A Liga Semítica: pequeno grupo de intelectuais e jornalistas marginais, frouxamente ligado ao Hamischtar Hehadasch, cuja ênfase especial se colocava na necessidade de integração aos demais povos semitas.

3) Schurat Hamitnavdim: tratando principalmente com a ética das questões públicas, ativo durante o começo e meados da década de 50.

Em 1965, o redator do *Haolam Hazé,* Uri Avneri, organizou uma lista chamada Haolam Hazé — "Novo Rumo" — que conseguiu votos suficientes para eleger um membro (o próprio Avneri) ao Knesset.

Resultados de eleições e mudanças no governo

O governo de Israel mudou diversas vezes, em algumas ocasiões através de eleições (em 1949, 1951, 1955, 1959, 1961 e 1965) e algumas através da reorganização do governo sem dissolução do Knesset. As Tabelas 43 e 44 apresentam os resultados das eleições.

Um traço comum de todos os governos a ser assinalado era o fato de que eles invariavelmente incluíam uma coalizão, isto é, compunham-se sempre de diversos partidos, já que nenhum partido possuía uma maioria no Knesset e que o Mapai sempre tinha superioridade dentro da coalizão. Até hoje todos os governos foram formados pelo Mapai, sendo que a maioria deles por David Ben-Gurion, um por Mosche Scharett, de 25 de janeiro de 1945 a 29 de janeiro de 1955 (durante a renúncia temporária de Ben-Gurion) e dois por Levi Eschkol, um após a segunda renúncia de Ben-Gurion, em 1963, e outro após as eleições de 2 de novembro de 1965.

A forma de coalizão evoluiu com a Organização Sionista Mundial e desde 1935 os cargos mais importantes dentro da coalizão têm estado nas mãos do Mapai, com Ben-Gurion atuando como Presidente do Executivo da Organização Sionista e da Agência Judaica.

O predomínio do Mapai era aparente não apenas pelo fato de que, sendo o maior partido, a ele recorriam para formar uma coalizão, mas também pela sua contínua e ab-

TABELA 43. Resultado das Eleições para o Knesset por Partidos, a Mudança de um Knesset para o Seguinte (Porcentagem) (1949-65)

Partidos	Primeiro Knesset 25/1/1949	Segundo Knesset 30/7/1951	% de Mudança	Terceiro Knesset 26/7/1955	% de Mudança	Quarto Knesset 3/12/1959	% de Mudança	Quinto Knesset 15/8/1961	% de Mudança	Sexto Knesset a 2/11/1965	% de Mudança
Total	100,0	100,0		100,0		100,0		100,0		100,0	
Mapai	35,7	37,3	+1,6	32,2	—5,1	38,2	+6,0	34,7	—3,5	36,7 b	+3,3 b
Rafi	—	—		—		—		—		7,9	
Partido Religioso Nacional	12,2	8,3	0,3	9,1		9,9		9,8		8,9	
Agudat Israel e Poalei Agudat Israel	3,6			4,7	+1,9	4,7	+0,8	5,6	+0,8	5,1	—1,4
Outros Partidos Religiosos	1,7	0,6	—1,1	0,3	—0,3	—	—0,3	—		—	
Herut	11,8	6,6	—4,9	12,6	+6,0	13,5	+0,9	13,8	+0,3	21,3 c	—2,3 f
Mapam	14,7	12,5	—2,2	7,3		7,2		7,5		6,6	—0,9

TABELA 43. (continuação)

		(incluído no Mapam)	(incluído no Mapam)							
Ahdut Haavodá		4,1	3,2	8,2	+3,0	6,0	+2,3	6,6	+0,9	3,8	—
Progressistas				4,4	+1,2	4,6	+0,2	13,6	+2,8	3,8 e	
Sionistas Gerais		5,2	16,2	10,2	—4,0	6,2	—0,4	(Partido Liberal)			
Comunistas		3,5	4,0	4,5	+0,5	2,8	+1,7	4,2	+1,4	3,4 d	0,8
Minorias		3,0	4,7	4,9	+0,7	4,7	—0,2	3,9	—0,8	3,8	—0,1
Outros		8,4	3,0	—1,6	1,4	2,2	+0,6	0,3	—1,9	2,5	+2,2

Fonte para os anos de 1949-61: C.B.S., *Op. cit.*, 1965, n. 16, Tabela W/1, p. 631.
a. Fonte para 1965: *Al Hamischmar*, 10 de novembro de 1965.
b. Incluindo Ahdut Haavodá (a Coligação).
c. Inclusive uma seção do Partido Liberal (Gahal).
d. Inclusive o Novo Partido Comunista.
e. Sob o nome de "Liberais Independentes" (LI).
f. A comparação é entre o Gahal e o LI no sexto Knesset e o Partido Liberal no quinto.

TABELA 44. Resultado das Eleições para o Knesset por Blocos e a Mudança Percentual de um Knesset para o seguinte (1949-65).

Bloco	Primeiro Knesset 25/1/1949	Segundo Knesset 30/7/1951	% de Mudança	Terceiro Knesset 26/7/1955	% de Mudança	Quarto Knesset 3/12/1959	% de Mudança	Quinto Knesset 15/8/1961	% de Mudança	Sexto Knesset 2/11/1965	% de Mudança
Total	100,0	100,0		100,0		100,0		100,0		100,0	
Partidos Religiosos (Mizrahi, Hapoel Hamizrahi, Agudat Israel, Poalei Agudat Israel e os demais)	13,9	12,5	—1,4	14,1	+1,6	14,6	+0,5	15,4	+0,8	14,0	—1,4
Partidos Trabalhistas (Mapai, Rafi, Mapam, Ahdut, Haavodá, Comunistas)	53,9	53,8	—0,1	52,2	—1,6	54,2	+2,0	53,0	—1,2	54,6	+1,6
Partidos de Direita (Herut, Progressistas, Sionistas Gerais, Liberais, Liberais Independentes)	20,8	26,0	+5,2	27,2	+1,2	24,3	—2,9	27,4	+3,1	25,1	—2,3
Listas Minoritárias	3,0	4,7	+1,7	4,9	+0,2	4,7	—0,2	3,9	—0,8	3,8	—0,1
Outros	8,4	3,0	—5,4	1,6	—1,4	2,2	+0,6	0,3	—1,9	2,5	0,5

Fontes: 1) Para os anos 1949-61: C.B.S., *Op. cit*, n. 16, 1965, Tabela W/1, p. 631.
2) Para 1965: *Haaretz*, 10 de novembro de 1965.

soluta hegemonia na Histadrut — até mesmo nas ocasiões em que sua maioria real era relativamente pequena (mais ou menos 57-58% em 1949 e 1956, declinando para 50% em 1960).

Não há dúvida de que de certo modo foi a força do Mapai e sua liderança — e talvez especialmente a do Primeiro-Ministro, David Ben-Gurion — que constituíram os principais focos e símbolos de continuidade do período do Ischuv ao do Estado.

Tal continuidade também existia em grau menor nos outros partidos, especialmente naqueles que participaram dos governos de coalizão no Estado de Israel. Quase todos esses partidos desdobraram-se dos partidos originais do Ischuv e do Partido Sionista, embora tenham sofrido diversas mudanças significativas, que serão analisadas em breve.

A única grande exceção é o Agudat Israel, partido ortodoxo radical, que não apenas deixou de participar do movimento sionista, mas até mesmo opôs-se a ele, pelo menos nos planos ideológico e cultural. Porém, esse partido participou de diversas coalizões governamentais, embora sem aceitar necessariamente a interpretação sionista das metas e legitimações do Estado.

Esse movimento, visto na época em termos de unidade nacional e/ou das exigências de coalizões políticas, estava, na realidade, como veremos com maiores detalhes, a seguir, prenhe de significação do ponto de vista da legitimação e dos símbolos do Estado.

Destarte, havia continuidade marcante de partidos políticos em todos os diversos estágios do Ischuv e do Estado.

Mudanças no poder e diferenças de estrutura entre Ischuv e Estado

Enquanto a continuidade anteriormente discutida também era utilizada pela estrutura institucional do governo, toda a parafernália formal de um Estado totalmente soberano não podia, obviamente, ser emprestada do período anterior. As principais características dessas instituições, entretanto, tais como a estrutura democrática, a manutenção das instituições representativas e a responsabilidade do governo para com a legislação não são diferentes da situação tal qual era na época do Ischuv.

Algumas das mais importantes mudanças formais podem ser vistas na presidência que, diferentemente da Organização Sionista, tornou-se principalmente um cargo simbólico com pouca influência política real.

Igualmente, foram feitas pequenas mudanças no esta-

TABELA 45. A Distribuição Ocupacional dos Membros do Parlamento do Primeiro ao Sexto Knesset, 1949-65 (Porcentagens)

Ocupação	Primeiro Knesset	Segundo Knesset	Terceiro Knesset	Quarto Knesset	Quinto Knesset	Sexto Knesset
1. Políticos e Funcionários, inclusive Prefeitos e Diplomatas	49,5	32,5	29,0	30,0	28,8	25,8
2. Trabalhadores Agrícolas	16,5	23,0	23,0	22,5	21,0	20,0
3. Profissionais inclusive Professores, Rabinos etc., Proprietários de Fábricas, Comerciantes	23,6	35,7	39,7	39,6	42,4	41,6
4. Dirigentes de Corporações	1,5	2,5	3,0	1,5	3,0	7,5
5. Trabalhadores Especializados e Semi-Especializados	3,0	4,0	2,4	4,1	2,4	5,1
6. Outros e Desconhecidos	5,9	2,3	2,9	2,3	2,4	—
Total	100,0	100,0	100,0	100,0	100,0	100,0

Notas: 1) Esta Tabela baseia-se principalmente no que é reivindicado pelo candidato por ocasião da apresentação das suas qualificações ao Knesset.
2) Vários candidatos mudaram de tempos em tempos sua categoria ocupacional.

Fonte: Knesset 1 — 5: A. ZIDON, *Parlamento* (hebraico). Aihasaff, 1964, p. 392.
Knesset 6: *Reschumot* (hebraico), 17 de novembro de 1965.

belecimento e institucionalização do judiciário que não existia nas instituições judaicas, exceto quanto à corte honorária do Congresso Sionista e nas representações de controle de autorização de poder — tais como o Controlador de Estado e os diversos comitês parlamentares permanentes.

Apesar da continuidade na natureza e composição dos partidos e suas elites, o estabelecimento do Estado de Israel forjou obviamente mudanças de longo alcance nos processos e instituições políticos.

Muitas funções do Mandato, tais como a Agência Judaica e o Vaad Leumi, foram incorporadas à estrutura institucional do Estado, terminando completamente com a antiga divisão de trabalho existente naquele período (ver Caps. 3 e 4). A Agência Judaica continua a tratar de problemas de colonização, estabelecimento de novos imigrantes, atividades culturais na Diáspora e algumas atividades políticas e propagandísticas próprias, mas a maior parte de suas atividades políticas naturalmente reverteram ao Estado.

Houve também uma mudança paralela à da estrutura institucional na importância relativa das organizações e instituições israelenses e sionistas mundiais. A situação que vigorava no período anterior ao Estado — quando os sionistas do exterior tinham importância muito maior que seus irmãos da Palestina — foi completamente invertida. Agora o centro de gravidade deslocou-se para Israel, com os órgãos sionistas da Diáspora desempenhando apenas um papel secundário. Isso poderia ser observado na composição da liderança política (com a maioria dos líderes mais importantes aderindo ao governo) e na divisão das funções entre os mesmos [3].

Além dessas mudanças e das transformações formais na organização das instituições políticas, uma das mais importantes evoluções foi a unificação dos diferentes níveis e questões de luta política em uma estrutura comum e o apa-

---

3. O contrato entre o Governo de Israel e o Executivo Sionista, também chamado de Diretorial da Agência Judaica, foi assinado em 1954. Este contrato estabelece as funções, direitos e deveres da Agência Judaica. O princípio fundamental é de que a Agência Judaica deveria ocupar-se com a imigração, absorção, desenvolvimento etc., mas todas as outras funções empreendidas previamente pela Agência Judaica em especial as relações exteriores, estariam agora sob o patrocínio do governo. A Agência Judaica não é representativa do Estado. Entretanto, esta distinção teoricamente definida não foi de fácil execução. Problemas de relações internacionais, públicos e secretos, necessitavam de tempos em tempos da intervenção da Agência Judaica contrariando dessa forma o espírito do contrato.

Em 1960, uma proclamação conjunta foi emitida a qual, embora pondo fim a toda disputa formal, dava origem ainda a uma tendência de controvérsia entre as duas agências do povo judeu.

A declaração determina (25 de maio de 1960): "O Governo de Israel e o Executivo do ZWF (Zionist World Foundation), congregados para uma reunião, declaram o seu absoluto desejo de estabelecer relações íntimas, de acordo com o contrato de 1954 e no espírito da Lei de *status* da ZWF de 1952, pelo qual o Estado de Israel vê-se a si próprio como criação do Povo Judeu no seu conjunto, e espera esforços da parte da ZWF para alcançar a unidade da nação para o Estado..."

recimento de vários órgãos e padrões para a formulação de decisões e regulamentações políticas.

A estrutura e a organização do poder foi, é lógico, bastante modificada com o estabelecimento do Estado, desenvolvendo estruturas políticas e posições institucionais novas e unificadas e ampliando a finalidade de suas atividades.

Mas a mudança mais importante não aconteceu apenas no escopo aumentado das atividades políticas, mas no desenvolvimento de novos mecanismos e normas de distribuição de poder e de posições políticas. As mais importantes dessas mudanças foram as seguintes:

1) estabelecimento de posições políticas unificadas;

2) o estabelecimento e institucionalização — mesmo parcial — de novas normas legais e formais de atividade política;

3) crescente centralização das estruturas básicas de poder em mãos do governo e de suas agências administrativas;

4) uma ascensão na avaliação social de poder e relações de poder;

5) nova orientação e organização de atividades políticas;

6) crescimento concomitante na diferenciação entre grupos de elite e grupos de não-elite;

7) o desenvolvimento do poder como um fator importante na solução dos problemas internos.

Entre as funções cruciais agora assumidas pelo Estado estava, antes de tudo, o estabelecimento do Exército de Defesa de Israel como uma organização militar unificada, sujeita às diretivas do governo, substituindo as frouxas organizações da Haganá e os diversos grupos dissidentes. Eventualmente, à unificação dos serviços servia para o estabelecimento de um sistema educacional unificado em lugar das diferentes escolas vocacionais e, ainda mais tarde, para o estabelecimento de agências estatais de trabalho em lugar das dirigidas pela Histadrut.

Embora algumas das atitudes e arranjos mais antigos persistissem nas instituições recentemente unificadas, não prejudicaram a importância geral das novas instituições políticas centrais — apesar de influenciar seu funcionamento.

Estabelecimento dos poderes básicos do governo. O executivo, legislativo e judiciário

Lado a lado com a unificação da estrutura política surgiram o estabelecimento e funcionamento das modernas instituições políticas, incluindo o legislativo, o judiciário, o executivo e os serviços administrativos.

Ao contrário dos órgãos legislativos e executivos que tiveram predecessores na organização sionista e onde podia-se encontrar uma continuidade nitidamente pessoal, o judiciário e o administrativo eram órgãos novos, tanto do ponto de vista de organização como de funcionários.

O estabelecimento de um sistema legal foi de uma enorme importância para a estrutura unificada das instituições políticas e as cortes desempenharam um papel sempre crescente na regulamentação e julgamento de questões civis e políticas.

Embora as cortes não tenham direitos constitucionais reais na revisão das leis existentes, muitas de suas decisões (especialmente as das "ordens nisi" da Suprema Corte de Justiça) provocam importantes repercussões constitucionais e o espírito de suas decisões tem afetado em muito o funcionamento da administração.

Desenvolvimento da administração governamental

Como veremos na tabela que se segue, o desenvolvimento e contínuo crescimento do pessoal da administração do governo (ver Tabela 46) cristalizou-se rapidamente.

Foram criados os seguintes ministérios: Defesa, Relações Exteriores, Finanças, Comércio e Indústria, Agricultura, Trabalho (incluindo o Instituto Nacional de Seguros), Interior, Justiça, Saúde, Bem-Estar Social, Educação e Cultura, Comunicações e Correios. Devido às exigências da coalizão, também foi criado o Ministério da Polícia e as necessidades especiais do país ulteriormente impeliram ao estabelecimento dos Ministérios do Desenvolvimento e dos Assuntos Religiosos. Além do mais, o escritório do Primeiro-Ministro abarca importantes unidades administrativas, cujo pessoal total excede o de diversos ministérios. Entre esses está a Comissão de Serviços Civis, o Escritório Central de Estatística, o Conselho de Pesquisa Científica e institutos de pesquisa especializados como a Comissão de Energia Atômica, Serviços de Imprensa e Radiodifusão, Escritório de Contato de Assistência Técnica, Arquivos do Estado, a Corporação de Turismo do Governo, Ministérios de Emigração e de Veteranos de Guerra existentes anteriormente e integrados em outros ministérios.

Se bem que algumas das divisões e relações específicas entre os diferentes ministérios tenham se originado como pontos de conveniência política, sua estrutura burocrática espalhou-se rapidamente em corporações anônimas, autônomas, representando interesses, tradições e orientações separados. Muitas nomeações para cargos importantes eram feitas em deferência ao sistema de coalizão ou às considerações partidárias, alterando a cada mudança de Ministro os escalões máximos (o Diretor-Geral e seus diversos representantes, o Conselheiro Legal, diversos Diretores de Departamentos).

Porém, aos poucos, especialmente na área dos ministérios econômicos vitais e legais, desenvolveu-se uma crescente profissionalização do serviço civil. Simultaneamente, devido a problemas políticos e sociais contínuos, um lento mas constante crescimento de corpos administrativos sur-

TABELA 46. Empregados do Governo por Categoria [a] (1955-64)

Ano [b]	Total		Categorias Administrativas		Categorias Profissionais		Trabalhadores Manuais	
	N.º	%	N.º	%	N.º	%	N.º	%
1955	30 872	100	18 289	59,25	3 731	12,08	8 852	28,67
1957	32 889	100	19 138	58,19	4 454	13,54	9 297	28,27
1959	37 175	100	19 849	53,40	7 001	18,83	10 325	27,77
1960	38 691	100	19 637	50,76	8 174	21,12	10 880	28,12
1961	39 978	100	20 462	51,19	8 815	22,04	10 701	26,77
1962	40 738	100	20 165	49,50	10 084	24,76	10 489	25,74
1964	43 629	100	21 042	48,25	11 274	25,84	11 313	25,91

Fonte: C.B.S., Op. cit., n.º 16, 1965, Tabela K/35, pp. 340-41.
a. Não inclui funcionários da Polícia e das Prisões.
b. Os dados referem-se à situação dos empregados do governo em fins de março de cada ano.

giu, levantando muitos problemas sobre eficiência e debilitando freqüentemente orientações profissionais.

Durante os últimos cinco anos foram feitos esforços consideráveis para aumentar a "profissionalização" do Serviço Civil; o recrutamento é feito de modo crescente por mérito; é dada atenção muito maior ao treinamento posterior à entrada de funcionários civis e tentou-se fortalecer a orientação "profissional" do serviço civil através da despolitização. De 38 391 funcionários públicos em março de 1960, 8 174 ou 21,1% eram profissionais, 19 637 ou 50,8% eram trabalhadores administrativos e 10 880 ou 28,1% eram operários. Em março de 1961 [4], de 39 978 funcionários públicos (sem contar guardas da polícia, extranumerários e carcereiros) 8 815 ou 22,3% eram profissionais,

4. Fonte: Statistical Abstract, n.º 13, 1962, pp. 424-25.

20 462 ou 51,05% eram administrativos e 10 701 ou 26,65% eram operários.

A despeito do aumento do elemento profissional no serviço civil, o quadro global não é o de um serviço altamente profissional. Antes, esse quadro é algo semelhante àquele que vimos na esfera econômica — expansão contínua devido à expansão geral da economia, mas guiada principalmente por consideração às exigências e pressões políticas e de coalizão, porém com alcance de planejamento e coordenação relativamente pequenos, originando, assim, uma quantidade de burocracias diferentes, cada uma com seus próprios interesses investidos, com pouca orientação profissional ou de serviço.

Durante os primeiros anos do Estado, as posições administrativas mais altas e até mesmo as posições administrativas intermediárias eram consideradas o ápice da hierarquia social, principalmente devido à sua proximidade com o poder político. Com o passar do tempo, entretanto, esse prestígio decresceu e esses cargos tornaram-se muito mais dependentes de critérios profissionais. No entanto, o critério de lealdade e de poder político certamente não foi anulado por completo.

A situação era muito diferente com o poder judiciário que, no conjunto, manteve uma oscilação ascendente contínua em prestígio comum e orientação profissional.

O serviço civil naturalmente tornou-se o principal instrumento para a implementação das duas metas principais e da política geral.

Isso aumentou necessariamente o controle da administração burocrática sobre várias esferas da vida e transformou o serviço civil numa área importante de luta política, onde a maioria dos grupos de interesse recorrem a tomadas de decisões políticas e onde os detalhes concretos da barganha política são continuamente planejados.

Os ministérios econômicos centrais como o Ministério do Comércio, do Desenvolvimento, do Trabalho e em particular o do Tesouro, têm aqui importância especial, pois formam freqüentemente grupos especiais de interesse apoiados por seus ministérios e seus partidos ou correligionários.

Embora o problema de uma constituição como estrutura básica de instituições políticas tenha sido freqüentemente tema para discussão pública geral, ele não se tornou realmente um assunto de disputa política dos partidos.

Outras burocracias públicas

Paralelamente ao serviço civil e de certo modo em reação a ele, desenvolveram-se burocracias semelhantes em outros organismos públicos, especialmente a Agência Judaica, a Histadrut e os diferentes partidos políticos.

A Agência Judaica foi então encarregada da tarefa de absorver e instalar imigrantes e, como resultado, o número de seus empregados elevou-se de 759 em 1946 (período do 22.º Congresso) para 4 437 em 1951 (23.º Congresso) e para 4 444 em 1954, com um pequeno decréscimo para 4 153 em 1960. Dessa época em diante não ocorreram grandes mudanças.

Quando do estabelecimento do Estado, os membros da Histadrut e suas famílias eram em número de 270 750 e seus empregados administrativos eram cerca de 6 000; seu orçamento era de LI 873 213 por ano. No fim de 1946 o número de sócios era 1 338 000 e havia 24 816 empregados em 1961 [5]. O orçamento havia crescido para LI 49 500 000, por volta de 1965 [6].

Burocracia crescente na estrutura e atividades da elite política

A crescente importância da administração no campo político favoreceu também a crença na maior eficiência de organismos civis e militares mais autônomos, atitude sustentada pela contínua extensão no poder e escopo das agências administrativas. Isto mudou o padrão das tomadas de decisão políticas, assim como a estrutura dos principais partidos políticos e também afetou as relações entre a elite e o público.

Muitas dessas mudanças, especialmente a ênfase exagerada no *status* do serviço civil, foram apenas fenômenos transitórios. Entretanto, os efeitos estruturais globais dessas mudanças foram duradouros.

A elite política do Ischuv, e especialmente o grupo mais ativo dentro dele — a liderança do Mapai —, tornou-se logo um grupo de elite dirigente, sofrendo diversas mudanças importantes em suas características básicas.

A relativa homogeneidade da elite nos diferentes setores deu lugar a uma diferenciação marcante entre os diferentes escalões da elite política, ao mesmo tempo que também produziu crescente coesão entre as elites dos diferentes setores. Grupos de elite mais profissionalizados desenvolveram-se no serviço burocrático militar e no serviço diplomático, assim como no judiciário, enfraquecendo a homogeneidade interna e a coesão da elite. Surgiram problemas e tensões entre esses diversos grupos de elite.

5. Não conseguimos informações além de 1961.
6. Este orçamento não inclue o orçamento dos Serviços de Saúde e algumas pequenas subsidiárias da Histadrut.

Naturalmente, tudo isso teve muitas repercussões nas relações entre a elite e o público. A relação comparativamente íntima entre a elite e os vários grupos formais e semiformais enfraqueceu consideravelmente. Membros da elite tenderam a se desligar, formando grupos próprios e o seu padrão de vida e de associação começaram a se diferenciar dos da não-elite.

Destarte, os papéis dos ministros e dos membros da elite política mudaram. Partido, governo e focos administrativos emergiram tendo à sua volta diferentes papéis, e grupos desenvolveram-se para evidenciar as exigências e referências da elite ministerial superior ou política. A velha liderança do movimento tornou-se menos importante — e até impediu o completo desenvolvimento e cristalização dessas novas posições.

Burocracia crescente dos partidos

Os desenvolvimentos acima analisados levaram à rápida cristalização de grupos e seitas proeminentes, fazendo-os emergir em partidos mais ou menos organizados. Juntamente com os diferentes grupos de interesse, seitas e movimentos sociais, eles se transformaram em estruturas políticas mais unificadas, partilhando sua organização e padrões de atividades com uma forte orientação, para alargar as referidas estruturas políticas ao público geral.

Apenas os grupos da esquerda e os religiosos radicais mantiveram parte de sua natureza sectária, estabelecida principalmente nos *kibutzim,* no caso dos partidos de esquerda — e suas orientações totalitaristas — mas até mesmo eles tiveram que procurar apoio entre o grande público.

Com a difusão da organização formal e crescente centralização, tanto o núcleo como as ramificações dos partidos dividiram-se em diversas células profissionais e em vários interesses. Atividades recrutadoras eram organizadas através de agências mais específicas adaptadas às fontes de recrutas potenciais, isto é, a geração mais jovem, os novos imigrantes e outros indivíduos não comprometidos. O apelo principal ao membro individual era, dessa forma, feito através de células diferenciadas, às quais pertencia tanto no local do seu trabalho como no seu distrito residencial.

Além do mais, muitos partidos também criaram uma vasta rede de oportunidades econômicas em forma de bancos, projetos de moradias, fundos de empréstimos e um número regular de empresas do tipo agências de emprego. Todas as empresas econômicas da Histadrut, os Serviços de Saúde Pública (Assistência de Saúde), as diversas cooperativas, as agências de trocas de trabalho, até recentemente e, em certa medida, mesmo empresas privadas estão, em alguns aspectos, intimamente afiliados aos partidos.

Portanto, seja qual for a estrutura formal dos partidos, é a liderança superior, ligada ao núcleo dos funcionários, que controla o verdadeiro poder.

Ao mesmo tempo, tem havido ultimamente muitos sinais de rebelião nos partidos contra essas tendências elitistas e oligárquicas, tendo freqüentemente resultado apenas na escolha dos líderes mais rebeldes para as instituições centrais, em vez de quaisquer mudanças estruturais nos partidos.

A extensão da centralização é geralmente muito maior nos pequenos partidos esquerdistas e no Herut, de força média no Mapai e no Partido Religioso Nacional, provavelmente se apresentando mais fraca nos partidos "burgueses". Porém, a tendência geral em relação a tal centralização pode ser encontrada em todos os partidos.

Na Histadrut, o crescimento de empresas econômicas e políticas e as tendências concomitantes da centralização e burocratização totais já eram evidentes na autonomia limitada dos diversos sindicatos e dos conselhos locais dos trabalhadores. Com o número e a diversificação crescentes de suas atividades, essa tendência cresceu naturalmente e fortaleceu-se pelo fato de a Histadrut, uma federação de diferentes partidos, ter tentado usá-la como meio de aumentar o seu poder.

As diversas eleições para a Histadrut mantiveram o Mapai em sua posição de poder — embora com força decrescente.

Continuidade política do Ischuv para o Estado

Qualquer que seja a extensão da mudança interna nos partidos, houve uma continuidade marcada em seus controles gerais desde o período de pré-Estado e através dos anos do Estado. As únicas mudanças importantes foram as diversas alianças e cisões entre o Mapam e o Ahdut Haavodá, no bloco religioso, e em 1961 a fusão dos Progressistas e dos Sionistas Gerais no Partido Liberal.

A continuidade é mais marcante e espantosa quando consideramos o grande influxo de novos imigrantes — para a maior parte dos quais a forma específica da moderna organização política e dos movimentos sociais eram desconhecidos.

Como pode ser explicada essa continuidade? E qual tem sido seu efeito sobre o sistema político israelense? Conseguiram as ideologias mais antigas e os programas dos diferentes partidos atrair realmente as parcelas novas da população em termos de seus próprios problemas? E conseguiu a nova população — os diversos grupos de imigrantes, assim como a nova geração nascida no país — identificar-se com essas metas, símbolos e ideologias? Qual foi o efeito da continuidade dos partidos na estrutura das novas normas e instituições políticas unificadas?

2. O PROCESSO POLÍTICO EM ISRAEL, OS PRINCIPAIS PROBLEMAS DA LUTA POLÍTICA E AS COLIGAÇÕES AO SEU REDOR

Introdução

O ponto de partida para qualquer compreensão do cenário político de Israel é uma análise das controvérsias políticas entre os principais partidos, muitos dos quais surgiram desde o estabelecimento do Estado. Essas questões refletem os principais problemas sociais, econômicos e políticos do país e as atitudes empreendidas pelo governo para lutar contra eles.

Podem ser divididos em diversos "níveis" e em diferentes áreas de "conteúdo". Em primeiro lugar existem os problemas "mais simples", que tratam de aspectos concretos de relação e competição entre grupos diferentes com a distribuição diferencial de diversas facilidades e com posições ou subsídios privilegiados — seja em religião, educação ou em política econômica ou social.

Em segundo lugar estão os problemas que tratam com princípios econômicos ou sociais mais gerais (tais como o problema da "liberalização") ou aqueles concernentes às relações entre grupos religiosos e não-religiosos, o problema do governo militar nos setores árabes ou os méritos de várias medidas para a integração de novos imigrantes.

Essas questões algumas vezes fundem-se com o terceiro nível das que lidam com a definição das metas básicas, orientações ou Estado — sejam elas o acolhimento aos imigrantes, a manutenção da segurança militar ou a continuidade das instituições democráticas.

No que se refere ao conteúdo, essas questões dividem-se *grosso modo,* em questões econômicas, sociais, políticas e religiosas.

Questões econômicas

Os problemas e as orientações econômicas têm sido o tópico central de debates públicos e políticos em Israel, em toda a sua existência. Mais especificamente, o principal problema econômico tem sido a expansão em grande escala do consumo público e privado e se a manutenção de um sistema democrático em difíceis condições tornou isso inevitável.

Somente radicais (como alguns do grupo Hamischtar Hehadasch) argumentaram que problemas de consumo e necessidade de um padrão de vida mais elevado poderiam ser ignorados num sistema democrático. Em geral, poucos eram os que estavam preparados para defender a orientação existente sem admitir que ela era, em certo sentido, prejudicial ao desenvolvimento econômico. Relatórios do Banco de Israel e muitos outros estudos independentes substanciam claramente tais atitudes críticas.

Na esfera política, o problema de independência econômica foi freqüentemente tratado como uma questão moral, isto é, à proporção em que os dogmas básicos ideológicos do sionismo tornaram moralmente justificável viver além de seus próprios recursos.

Além dessas questões gerais, os detalhes da orientação econômica concreta, sua administração e execução estavam constantemente sob discussão, girando especialmente ao redor dos seguintes temas:

1) O escopo da política de desenvolvimento, isto é, o âmbito a que o desenvolvimento deveria ser encorajado através do gosto especial do governo em oposição ao desenvolvimento através dos mecanismos habituais do mercado. Problemas de agricultura e a extensão a que poderia ser dilatada além de seus níveis de rentabilidade apresentam aqui interesse especial.

2) O governo ou outra supervisão direta da economia como se opondo à extensão de mecanismos de mercado mais autônomos.

3) Monopolização e preferências para diferentes setores — especialmente a suposta preferência dada ao setor da Histadrut.

4) O escopo da política salarial e especialmente a contínua ascensão do subsídio de custo de vida, em contraste com a oposição aos salários diferenciais.

5) Nacionalização dos principais serviços sociais — especialmente os serviços de saúde — em oposição às tentativas da Kupat Holim em manter o *status quo*.

Essas questões estavam freqüentemente entrelaçadas com problemas sociais, sendo os mais importantes desses relacionados com os salários diferenciais, isto é, o alcance a que as diferenças entre trabalhadores especializados, profissionais etc., deveriam ser limitadas ou encorajadas. Em segundo lugar estavam os problemas que tratavam da autonomia das diversas organizações profissionais em oposição à estrutura monolítica da Histadrut. Essas questões foram rigorosamente relatadas nos debates sobre valores e ideologias da sociedade israelense e deram lugar a uma quantidade de questões concretas discutidas neste capítulo e nos precedentes.

Problemas de absorção de imigrantes: Wadi Salib

É muito importante para o entendimento da política israelense saber que, com uma exceção, questões de imigração e problemas de grupos de imigrantes não fazem parte, na realidade, da luta política no nível central interpartidário.

Os problemas gerais da política de absorção (tais como instalação de imigrantes ou seletividade — aceitação apenas de imigrantes "saudáveis" ou produtivos) em certas ocasiões constituíram um tema de disputa sem uma clara coligação partidária. Mas, no total, os detalhes da política de absorção em raras ocasiões constituíram qualquer foco especial de discussão política.

Ainda mais surpreendente é o fato de que (exceto durante as eleições de 1959) essas questões quase não foram expressas pelos próprios imigrantes, mas antes pelos diversos líderes dos partidos. Embora tenham aparecido listas étnicas específicas em quase todas as eleições, elas não tiveram sucesso.

Mas em 1959, com a manifestação de Wadi Salib, surgiu uma nova evolução gradual. Tensões e hostilidades intergrupais ocorreram entre um grande número de recém-chegados de baixa posição econômica. A política governamental de orientação desses novos imigrantes parece ter involuntariamente aumentado seu desapontamento, transformando-o numa frustração total.

Em julho de 1959 ocorreu violenta demonstração em Wadi Salib, em Haifa, organizada por imigrantes norte-africanos, seguida por ocorrências similares em outros locais. O organismo principal por trás dessas demonstrações era o Likud Olei Tsfon Africa, liderado por David Ben-Harousch. Organizaram a demonstração em Haifa e nessa mesma noite distribuíram panfletos conclamando todos os norte-africanos a manter a calma, mas a "abandonar" qualquer partido vigente (da situação) e "seus lacaios entre os norte-africanos", confiando apenas no Likud, que encarregar-se-ia de zelar pelos seus interesses reais. Alguns dias depois, novos distúrbios ocorreram em outros locais.

Na maioria dos casos, os agitadores clamavam que a discriminação contra os norte-africanos os induzira a manifestarem-se e que as demonstrações eram dirigidas aos aspectos básicos do sistema de absorção — especialmente à suposta discriminação contra os norte-africanos e contra o sistema de *avodat dahak*. Desde o começo notou-se que esses incidentes locais eram sintomáticos de problemas mais profundos e por essa razão o governo indicou um comitê público para investigar as ocorrências de Wadi Salib e suas origens.

Wadi Salib, outrora uma obscura área de cortiços nas encostas do Hadar Hacarmel em Haifa, tornou-se atualmente um símbolo famoso em Israel. Os acontecimentos de Wadi Salib desencadearam uma torrente de debates públicos, recriminação política, assim como discussões mais sérias e responsáveis em vários setores da população israelense.

O Likud parecia ser mais que um simples grupo étnico. Iniciando-se como um pequeno grupo espontâneo com problemas comuns de moradia e trabalho, eles cedo se tornaram uma organização radical-populista que se opunha a todos os partidos e especialmente ao egoísmo excessivo neles encontrado, proclamando uma ideologia completamente nova e extrema de separatismo "étnico".

Na realidade, o radicalismo de Ben-Harousch apenas favoreceu os planos dos que queriam tratar o problema como se fosse uma questão de arruaças e de agitação política por elementos "subversivos".

Entretanto, os incidentes de Wadi Salib foram responsáveis por uma sensibilidade crescente quanto ao problema "étnico". Deram ímpeto a diversas inovações políticas importantes na esfera econômica e educacional e, num nível mais superficial, mas não obstante significativo, conduziram à inclusão (freqüentemente em "lugares seguros") de orientais e norte-africanos nas listas de candidatos à eleição de muitos partidos políticos. Diversos partidos especificamente étnicos surgiram novamente em épocas de eleições, entre eles o Likud com Ben-Harousch à frente de sua lista, exigindo representar não apenas os norte-africanos mas todas as vítimas da discriminação.

A necessidade da inclusão de um número maior de orientais para postos públicos mais importantes tornou-se totalmente reconhecida e nas eleições de 1961 alguns dos grupos sefarditas mais antigos deram apoio ao Mapai, que incluiu um ministro sefardita no gabinete desse ano.

A consciência da gravidade dos problemas étnicos nas esferas da educação e da orientação ocupacional cresceu desde então e foram tomadas atitudes políticas para superá-los.

Não surgiram novos partidos ou coligações como resultado destes problemas e a maioria dos grupos interessados foram absorvidos nos partidos já existentes — os elementos mais satisfeitos foram absorvidos principalmente pelo Mapai e pelos partidos religiosos, e os elementos mais descontentes pelo Herut. Em todos os partidos, entretanto, o problema "étnico" teve importância cada vez maior especialmente no âmbito local. Durante os dois últimos anos, líderes étnicos tornaram-se proeminentes na política local e municipal e, como veremos posteriormente, em muitas eleições locais as questões étnicas ganharam importância crescente, às vezes, mesmo capital. Um dos resultados desses desenvolvimentos foi o de dobrar o número de deputados de origem oriental — o sexto Knesset, quando comparado ao quinto, mostra que tais elementos constituem atualmente 12% dos seus membros totais.

Questões religiosas. Idéias gerais

As questões religiosas constituem um foco muito importante e contínuo de debate político. Já o esboço da Declaração da Independência em 1948 fez surgir diferenças de opinião entre os representantes religiosos e a maioria laica, sendo que os primeiros exigiram a inclusão na Declaração de algumas legitimações religiosas por parte do Estado. A solução da concessão adotada que cita "A Rocha de Israel" em lugar de "Deus" é típica dos muitos compromissos que marcam o relacionamento entre Estado e religião.

Num nível cultural, esse problema aparece como a definição básica da coletividade total em termos da tradição judaica e da extensão da liberdade, definição essa dada na interpretação e na inovação da tradição cultural. A extensão segundo a qual a lei religiosa tornar-se-ia a lei oficial do país em diversas esferas legais tornou-se uma ampla questão institucional.

Em termos mais concretos, os principais pontos de disputa entre os partidos religiosos e seculares residem em três campos: 1) a questão geral pertinente à legitimação do Estado e à definição da natureza e das tradições da sociedade; 2) mais concretamente, o alcance dos contornos religiosos do Estado ou o grau de não-separação entre religião e Estado e o ponto em que leis religiosas pudessem ser impostas ao povo como um todo; o ponto em que corpos religioso-políticos, como o Rabinato, pudessem, por um lado, ter jurisdição sobre toda a população judaica e que, inversamente, pudessem ser isentados da supervisão das autoridades "seculares"; 3) a autonomia de grupos religiosos na esfera educacional até o ponto em que diversas instituições religiosas puderem fazer gozar do auxílio do Estado.

Na discussão das questões religiosas, diversos fatos básicos deveriam ser considerados. Um deles é o *modus vivendi* que se desenvolveu entre os grupos religiosos e seculares no período do Ischuv. Como resultado, toda a jurisdição pessoal (isto é, com relação a casamentos, divórcios etc.) foi investida pelo Knesset no Rabinato (com instituições religiosas paralelas para as comunidades dos muçulmanos, dos cristãos e dos curdos) — dando-lhes, destarte, completa jurisdição sobre toda a população, tanto religiosa como não-religiosa.

Assim, apesar do Rabinato representar, o que é geralmente aceito, uma fonte de autoridade apenas por uma parte da população, ele tem poder legal geral em assuntos pessoais para toda a população judaica em Israel. Entretanto, o Rabinato tende a manter e acalentar pretensões quanto à universalidade e conseqüente autonomia própria em relação aos grupos religiosos, enquanto seu poder na realidade é bastante dependente do poder político desses grupos.

O Rabinato desenvolveu, assim, um alto grau de centralização e militância, a que exige total autonomia em relação às instituições seculares, tornando-se semelhante a uma organização eclesiástica centralizada. Ao mesmo tempo, constituiu o foco de uma luta intensa entre diferentes grupos religiosos e até mesmo seculares, afetando a possibilidade e os limites de sua coexistência e respectivas jurisdições globais.

A luta foi intensificada pelo fato de o Partido Religioso Nacional ter exigido para si próprio o monopólio de representar perante o Estado todos os interesses e instituições religiosas (com exceção dos do Agudat) e lutou amargamente contra qualquer tentativa de reduzir seu poder sobre eles.

Questões religiosas. Quem é Judeu?

O foco da primeira questão, a da legitimação religiosa do Estado, convergiu para o problema do "Quem é Judeu"?

O problema latente do "Quem é Judeu"? surgiu em março de 1958. Naquela época, os imigrantes que chegavam ao país incluíam judeus assimilados dos países por trás da Cortina de Ferro que, em alguns casos, traziam consigo esposas que não eram judias, e filhos de pais meio gentios. O então Ministro do Interior, membro do Ahdut Haavodá, emitiu diretivas sobre o registro de imigrantes que declaravam que uma pessoa podia ser caracterizada como judia em sua carteira de identidade, tendo em vista apenas sua declaração sobre tal propósito. Essas regulamentações causaram muitos debates públicos. Os grupos religiosos opuseram-se a essas regulamentações, pois, segundo eles, a definição de um judeu deveria basear-se somente na lei haláhica, de acordo com a qual um indivíduo é judeu se sua mãe for judia ou se tiver sido convertido por sanção rabínica. Sob a lei haláhica muitos laços de casamento são proibidos, tais como a união entre um descendente da antiga casta de sacerdotes (*cohanim*) com uma mulher divorciada, ou entre um judeu e uma gentia. Mas o ponto crucial da lei rabínica em relação ao casamento é o problema do divórcio. A não ser que o divórcio tenha sido obtido por essa lei, o casamento anterior ainda será válido e um novo casamento de qualquer dos cônjuges será considerado nulo e sem valor. Os filhos nascidos de tais casamentos são nascidos em adultério e considerados "bastardos" — o único tipo de ilegitimidade na lei rabínica — sendo por fim proibidos, bem como seus descendentes, de se casarem no judaísmo. A ortodoxia judaica temia que qualquer falha na lei haláhica sobre a família fizesse aparecer divórcios e novos casamentos não reconhecidos, forçando assim, e finalmente, a minoria ortodoxa a um gueto virtual, social e racial, pois que essa não poderia casar-se com a maioria em que os filhos ilegítimos teriam se casado. O medo era geralmente parafraseado pelos ortodoxos no nível ideológico, isto é, a introdução da lei familiar secular "destruiria a unidade da nação" e por essa razão opunham-se a novas regulamentações que derrubavam uma separação formal entre afiliação religiosa e nacionalidade, suavizando dessa forma o caminho para a aceitação de filhos "ilegítimos". Por outro lado, a ala da extrema esquerda opunha-se a tais regulamentações por ser terminantemente contrária ao fato de se qualificar afiliação religiosa. As novas regulamentações foram ratificadas formalmente pelo Gabinete em junho de 1958 e a crise atingiu seu ápice com a saída do Partido Religioso Nacional da coalizão. Durante a paralisação total dos meses seguintes, Ben-Gurion deu um passo sem precedente ao apresentar o problema aos assim chamados quarenta e três "Sábios de Israel" de todo o mundo (que incluíam notáveis personalidades em religião e humanidades pertencentes a todas as escolas do pensamento). Aos "Sábios" pediu-se portanto que manifestassem suas opiniões sobre o problema e como qualificar os israelenses de origem judaica mista.

As respostas dos "Sábios" mostraram-se amplamente a favor do ponto de vista ortodoxo, fato que ajudou a encontrar uma fórmula aceitável para o lado secular, embora baseada em princípios haláhicos. A nova proposição formulava que a religião de um menor não deveria ser dada como sua própria, em vez disso a religião dos pais deveria ser determinada. Por outro lado, cada adulto teria o direito de determinar sua própria religião. Essa proposição resolveu o problema específico daquela época, pois a questão da identificação era crucial apenas no caso de crianças que cresceriam em Israel e que eventualmente apresentariam o problema dos casamentos mistos proibidos pela lei haláhica.

As novas cláusulas foram executadas em 1960 quando o Partido Religioso Nacional instalou-se mais uma vez no Ministério do Interior.

O problema do Bnei Israel

Esse problema estourou novamente, de um modo tenso e desagradável, em torno do Bnei Israel — um grupo de judeus da Índia.

Como a lei para a família desse grupo diferisse em alguns detalhes da lei geral rabínica para a família, tornou-se questionável se poderiam casar-se com outros judeus sem se "converterem". Desde que os Bnei Israel tinham estado isolados de outras comunidades, houvera realmente outrora casamentos mistos com outras comunidades judaicas. Por outro lado, suspeitava-se que eles pudessem em certas ocasiões terem se casado na Índia com grupos não-judaicos.

Porém, com a imigração para Israel de mais ou menos um terço dessa comunidade, englobando alguns milhares de almas, o problema do casamento misto com a população comum de Israel e as antigas dúvidas rabínicas assumiram então uma forma mais prática. Durante o princípio da década de 50, os poucos casos de casamentos mistos ocorridos foram resolvidos por rabinos individuais com julgamentos divergentes, mas a falta de decisões uniformes levou o Grão--Rabinato a intervir no assunto em fins de 1950.

O Grão-Rabinato tomou a decisão arrojada de anular o decreto do século XIX que proibia o casamento misto, colocando assim, em princípio, a comunidade na mesma situação do restante do povo judeu.

Apesar de tudo isso, a nova regulamentação foi sustentada apenas por uma minoria, embora influente, a do Grande Conselho Rabínico. O Grão-Rabinato seguiu-o de perto emitindo cláusulas qualificadoras formuladas de forma a acalmar as opiniões dos ortodoxos radicais. Uma dessas cláusulas ordenava aos rabinos oficiantes que inquirissem ao membro do Bnei Israel que queria fazer o casamento "misto", se as duas gerações que lhe precederam eram totalmente judias. A política totalmente liberal do Rabino--Chefe Nissim não obstante despertou oposição. A comunidade dos Bnei Israel exigiu que as regulamentações originais em relação ao seu *status* fossem canceladas, exigência que foi apoiada pelo setor secular, inclusive o próprio Presidente Ben-Tzvi. Os círculos radicais do Agudat Israel, cujo reconhecimento da autoridade do Grão-Rabinato é quando muito indiferente, rejeitaram completamente a regulamentação, enquanto muitos rabinos locais recusaram-se a obedecê-la. Assim, como em outros assuntos, a opinião dos rabinos radicais na Diáspora também foi sentida neste caso.

A questão chegou ao Knesset, onde foi ouvida a queixa que exigia que os rabinos indisciplinados obedecessem à lei. Atualmente o problema está sendo resolvido temporariamente pelo Ministro dos Assuntos Religiosos com instruções aos diversos rabinos regionais (cujas convicções pessoais são as mesmas do Ministro e do Rabino-Chefe) sobre como resolver esses casamentos "mistos". O dissabor de forçar diversos rabinos locais a agir contra suas convicções foi assim evitado. Porém, membros da comunidade dos Bnei Israel não estão satisfeitos com este arranjo que não os reconhece como estando categoricamente em igualdade com o resto da nação. A situação é típica da vida israelense nesse campo, onde arranjos precários *ad hoc* prevalecem.

Esse arranjo precário estourou mais uma vez no verão de 1964 trazendo como conseqüência um dos mais intensos conflitos da luta religioso-secular, na qual a posição do Grão-Rabinato foi bastante discutida.

O seguinte trecho de um artigo publicado em um jornal nos dá um quadro bastante correto da situação [7]:

Segunda-feira o Knesset começou uma sessão com a votação de uma resolução que exigia que o Grão-Rabinato "se desdissesse". Numa rara demonstração de unanimidade, o Parlamento de Israel exigiu do Grão-Rabinato a remoção das causas de descontentamento entre os Bnei Israel que vieram da Índia para Israel e que se sentiam discriminados sob as regulamentações estabelecidas pelo Grão-Rabinato com relação aos casamentos entre eles e outros judeus. Até mesmo o Partido Religioso Nacional votou pela resolução do Knesset baseada numa decisão do Gabinete e subscrita por todos os partidos da coalizão governamental. Somente duas mãos levantaram-se contra a resolução, as dos dois membros do Partido Agudat Israel. Os principais partidos da oposição — Herut, Liberais, Mapam e Comunistas — abstiveram-se por considerarem a resolução demasiado fraca. O Knesset votou a resolução por 43 votos contra 2, com 30 abstenções. Declarou serem os Bnei Israel judeus em todos os aspectos, sem qualificação, com direitos iguais em todos os setores, inclusive nos do casamento e divórcio. A menção era dirigida às instruções dadas pelo Rabino-Chefe Nassim da comunidade sefardita que decretava uma série de regulamentações especiais para os membros da comunidade dos Bnei Israel.

Algumas semanas antes, algumas dezenas de famílias dessa forte comunidade de 10 000 pessoas começaram uma greve, ficando sentadas em frente dos escritórios da Agência

7. Do *Jewish Observer and Middle East Review*, 21 de agosto de 1964.

Judaica em Jerusalém. Seu caso foi seguido por quase todos os partidos políticos, tanto do governo como da oposição — incluindo o Mapai.

Mesmo antes que esse assunto alcançasse tal estágio, houve diversas tentativas por trás dos bastidores a fim de alcançar algum acordo. Mas os apelos feitos ao Grão-Rabinato e até mesmo a intervenção do Presidente Schazar fracassaram.

A proposta dos partidos da oposição foi de que o Knesset deveria ordenar aos Rabinos-Chefes que alterassem sua posição, ou então adotassem uma legislação apropriada para resolver o problema.

Antes da sessão do Knesset, houve durante uma semana comícios populares em defesa dos Bnei Israel e o Primeiro-Ministro Eschkol, em sua fala dirigida ao Knesset, apresentou claramente a opinião da maioria.

Os Bnei Israel, disse ele, não são a única comunidade cujos membros nem sempre agiram de acordo com a lei rigorosa da Schulhan Aruh. Se, por exemplo, fosse permitido aos judeus da União Soviética imigrarem para Israel, os rabinos talvez também os rejeitassem por não possuírem ascendência pura.

O Rabinato dessa forma seria um obstáculo ao princípio do congraçamento dos exilados e isso não poderia ser permitido.

Eschkol exprimiu o seu pesar por alguns dos desagradáveis incidentes ocorridos nas demonstrações dos Bnei Israel e de seus defensores — tais como a queima de uma efígie do Rabi Nissim. Mas tais fatos foram eclipsados pela seriedade do problema.

Depois disso o Grão-Rabinato desistiu de fato de suas ordens anteriores, aceitando um acordo sugerido pelo prefeito de Jerusalém, segundo o qual as injunções específicas contra os Bnei Israel seriam retiradas das diretrizes e substituídas por uma injunção mais geral para investigar "casos de origem duvidosa em todos os processos".

O caso do Irmão Daniel

Um importante aspecto do problema de definição foi a recente decisão da Suprema Corte no caso do "Irmão Daniel".

O assunto do caso era quase tão interessante como a própria questão: Oswald Rufeisen, monge carmelita, nascido judeu e que lutou contra os alemães na Resistência durante a Segunda Guerra Mundial. Durante a sua juventude na Polônia, Rufeisen fora membro ativo de um movimento sionista religioso e passara dois anos em Vilna preparando-se para a vida de pioneiro na Palestina. Quando a guerra eclodiu, Oswald foi preso pelos nazistas mas conseguiu escapar e foi aceito pelos alemães como *Volksdeutscher*. Graças às suas ligações com os alemães conseguiu salvar as vidas de pelo menos 150 judeus que mais tarde se uniram aos *partisans*. Foi descoberto e preso, mas escapou mais uma vez escondendo-se num convento católico romano onde em 1942 abraçou a fé católica, porém sem convicção.

Depois da guerra, estudou para sacerdote e, quando se ordenou, uniu-se à Ordem Carmelita porque, como já foi dito, embora abandonando a fé judaica, considerava-se etnicamente um judeu e queria emigrar para o Estado judeu, o único país do mundo onde poderia encontrar a realização de seus sonhos como judeu. Juntou-se aos carmelitas porque aquela Ordem tem mosteiros em Israel.

Chegou em Israel alguns anos depois com a permissão de seus superiores para juntar-se ao Mosteiro Stella Maris no Monte Carmelo, depois que as autoridades polonesas lhe permitiram emigrar como judeu.

Quando da chegada a Israel, solicitou ao Ministro do Interior sua cidadania com base na Lei do Retorno, que permite a todo imigrante judeu tornar-se cidadão do país assim que pisar em seu solo. Pediu que em sua carteira de identidade israelense no espaço reservado a "afiliação étnica" *(le'um)* estivesse escrito "judeu".

O Ministro do Interior recusou-se a fazê-lo com base na resolução do governo de que apenas uma pessoa declarando-se um judeu *bona fide,* que não pertencesse a nenhuma outra religião seria judeu. Entretanto, ofereceu a Rufeisen a cidadania através da naturalização. Rufeisen recusou-se a aceitá-la e levou a questão à Suprema Corte em forma de uma petição para uma *ordem nisi* contra o Ministro do Interior e que foi ouvida perante a Suprema Corte em dezembro de 1962. Os cinco juízes: Silberg, Landau, Berenson, Cohen e Manny, decidiram (com a oposição do juiz Cohen) que um apóstata não tinha direito de ser reconhecido como judeu em Israel.

É significativo o fato de que nem todos os juízes basearam seu julgamento na lei haláhica — onde em algumas interpretações está que até mesmo um judeu que pecou (ou se tornou um apóstata) continua judeu — mas antes no que chamaram de consciência histórica e tradição do povo.

Isto foi o que disse o juiz Silberg resumindo para a maioria:

> Estou consciente de que existem muitas outras opiniões sobre o que é ser judeu — desde a ortodoxia radical até os totalmente heréticos — mas o que é comum a todo o povo que vive em Israel (com exceção de poucos) é que não nos separamos do nosso passado histórico e não negamos a herança de nossos antepassados.

Declarou ainda que o conselho peticionário havia levantado a questão que se Rufeisen não era reconhecido como judeu, a que nacionalidade pertenceria então? Ele não era nem judeu e nem polonês. A resposta, disse o juiz, era que Rufeisen não pertencia a nenhuma nacionalidade, e o espaço necessário para a afiliação étnica seria deixado em branco em sua carteira de identidade, não vendo ele nada de anômalo em tal situação.

O juiz Landau baseou sua opinião no veredicto da maioria sobre uma interpretação de pensamento sionista.

O juiz Berenson disse:

> Se pudesse seguir a vontade do meu coração eu aceitaria o pedido do requerente. Infelizmente não sou livre de fazê-lo porque tenho que interpretar o termo judeu não como o considero justo, mas do modo como admito que ele significava para aqueles que o criaram.

Ele sustentava que quando o Knesset decidisse por votos da maioria que um judeu só é um judeu quando ele não professa nenhuma outra fé, esse assunto estaria além de seus poderes pois era um assunto a ser decidido pelo Knesset.

O juiz Cohen concordou com o juiz Silberg que, de acordo com a lei religiosa, um apóstata continua um judeu, embora tenha sofrido algumas incapacidades. Também achou que a Lei do Retorno deveria ser interpretada de acordo com a legislação laica e que:

> Não podemos nos separar de nosso passado histórico e não podemos negar o legado de nossos antepassados... Entretanto, não posso concordar que... a interpretação da Lei do Retorno torne obrigatório, ou apenas possível, negar os direitos de judeu ao requerente.
>
> ... Se é que entendi corretamente, meu ilustre colega, juiz Silberg, é de opinião de que a "continuidade" da história de Israel, desde os dias terríveis do passado até o presente, previne que consideremos judeu quem se juntar à Igreja Católica, embora essa pessoa não mais seja — tanto na teoria como na prática, nosso inimigo confesso.
>
> Não posso aprovar semelhante tipo de continuidade histórica. Se a história é na verdade contínua e não pode ser separada de sua origem, isso não significa que ela não mude, progrida e se desenvolva. Pelo contrário, é da natureza do progresso histórico que tempo, conceitos e processos de pensamento e valores culturais deveriam mudar e que deveria haver um progresso no modo de viver e da lei [8].

Enquanto um aspecto legal do problema foi decidido pelos juízes, a diversidade de opiniões ao redor da questão atesta o fato de que, de um modo ou de outro, o problema

---

8. *Jewish Observer and Middle East Review*, 14 de dezembro de 1962, pp. 16-18.

será o centro de discussões e controvérsias públicas por algum tempo.

O lugar das instituições religiosas na estrutura do Estado. Os contornos religiosos do Estado

O segundo plano das controvérsias religiosas fixou-se nos contornos religiosos gerais do Estado e do lugar da estrutura geral institucional do Estado.

Com relação ao primeiro aspecto, já no período do Ischuv, os grupos religiosos tentaram estabelecer semelhantes contornos religiosos em alguns aspectos da vida pública. Algumas das mais importantes ilustrações dessas exigências — da maneira como se cristalizaram no período do Estado — foram a aprovação de uma lei proibindo a criação de porcos em quase todas as regiões do Estado (com exceção das habitadas pelas minorias cristãs); a promulgação de muitas leis locais que proibiram em quase todos os lugares (menos Haifa) o transporte público no sábado e que não apenas o decretaram como o dia de descanso oficial para os judeus, mas também o não funcionamento de todos os serviços e lugares de diversão (exceto restaurantes) nesse dia; a manutenção da Kaschrut na maioria dos estabelecimentos públicos e semipúblicos do governo — tais como a El Al (Companhia de Aviação Israelense) e a Companhia de Navegação Zim (onde os partidos religiosos se opuseram à instalação, em um de seus navios, de duas cozinhas — uma *kascher* e outra não-*kascher*). Todas essas exigências foram muito intensificadas nas eleições de 1956 quando foi feita uma reivindicação pelos grupos religiosos a fim de que fosse promulgada uma lei geral do Schabat, dando plena sanção aos diversos acordos locais.

Outro exemplo dessa tendência foram as exigências dos partidos religiosos para mudanças nas leis da anatomia e da patologia — dirigidas especialmente contra autópsias — exigências que provocaram a oposição dos médicos que as consideraram prejudiciais à pesquisa médica.

Com relação ao segundo aspecto dos contornos "religiosos" do Estado — isto é, o lugar das instituições religiosas na estrutura geral do Estado — podemos salientar alguns focos básicos de controvérsia.

Um destes focos estava arraigado no fato de que o Rabinato possuía o monopólio virtual sobre a lei pessoal. Isso fez com que surgissem exigências de que fossem encontradas certas maneiras de permitir o casamento em determinados casos (como entre um "Cohen" e uma mulher divorciada). Nesses a proibição era de acordo com a lei rabínica. Quando tais exigências não eram recebidas favoravelmente pelos círculos religiosos, surgiam outras exigências ainda mais radicais para casamento civil.

Outra controvérsia, enraizada na posição monopolizadora do Rabinato, pode ser encontrada em sua relação com as organizações religiosas judaicas "não ortodoxas" do exterior (especialmente no caso dos EUA) — os conservadores e reformistas — a cujos órgãos e regulamentos foi negada, virtualmente, por parte do Rabinato, qualquer legitimação.

Da mesma forma, foram feitas tentativas em diversos casos pelos círculos ortodoxos para evitar que congregações reformistas de Israel pudessem alugar salões para serviço religioso público.

Um terceiro — talvez o mais central — foco de controvérsias nesse domínio é o focalizado no problema da extensão da autonomia jurídica do Rabinato *vis-à-vis* ao sistema jurídico do Estado. Nesse caso, os grupos religiosos mais radicais reivindicaram que o Rabinato — enquanto tivesse jurisdição sobre toda a comunidade judaica (inclusive sobre a maioria não-religiosa) — deveria ser dispensado da supervisão pelas autoridades jurídicas do Estado, isto é, especialmente pela Suprema Corte.

Nesse ponto surgiram duas áreas principais de problemas. Uma dizia respeito à lei pessoal em geral e a casamentos em particular. A Suprema Corte, desde então, interveio diversas vezes, impedindo o Rabinato de concretizar diversas decisões. Por exemplo, ela emitiu uma *ordem nisi* exortando o Rabinato a explicar por que não poderia rescindir um julgamento rabínico que permitia a um homem divorciar-se de sua esposa sem o consentimento da mesma e esposar outra mulher. Da mesma forma, o Ministro do Interior, ele próprio membro do Partido Religioso Nacional, autorizou um casal (um "Cohen" e uma mulher divorciada que não podiam casar-se de acordo com a Halahá, mas que se casaram numa cerimônia particular) a se registrarem no cartório como casados, depois de a Corte Rabínica ter decidido que o casamento deles, apesar de estar em acordo com a Halahá, não era válido e que eles não poderiam tornar a casar-se sem um divórcio prévio.

A segunda área importante onde o problema da posição jurídica surgiu foi a da Kaschrut.

Na época do conflito com os Bnei Israel eclodiu uma grave disputa entre o Rabinato e o Judiciário, sobre um novo matadouro. Mais uma vez usaremos uma notícia de jornal para melhor relatar os fatos [9]:

O choque entre o Judiciário e o Rabinato ocorreu há duas semanas. Este último recusou-se a dar um *hechschar* de âmbito

9. Do *Jewish Observer*... 21 de agosto de 1964.

nacional para o mais novo e mais moderno matadouro do país, Marbek, situado ao sul de Kiriat Malachi.

O consenso geral de opinião (tanto nos grupos não-religiosos como pelo menos uma parte de grupos religiosos), sem qualquer dúvida, é de que essa recusa não se opõe à *kaschrut*, mas é feita com o intuito de salvaguardar os interesse econômicos dos abatedores e de outros que não poderiam competir no comércio da carne com essa grande empresa.

Depois de repetidos esforços para resolver o assunto, a companhia apelou para a Suprema Corte e uma *ordem nisi* foi emitida contra o Rabinato e o Conselho Religioso de Telavive e Jafa, pedindo a explicação do motivo pelo qual não teriam dado ao Marbek o certificado pedido.

O Rabinato recusou-se a contestar o caso. Em vez de fazê-lo, afirmou numa carta assinada por seu secretário que a Suprema Corte não possuía jurisdição para intervir em assuntos de *Halahá*.

Na verdade, a Suprema Corte decretara a sua própria competência para intervir nesse assunto. O Procurador-Geral declarou que queria prevenir uma situação na qual a Suprema Corte se veria obrigada a fazer pronunciamentos contra o Rabinato e assim agravar uma situação já difícil. Ele estava preocupado com a posição do Rabinato dentro da nação e pedia um adiamento [10].

A Corte concordou com um adiamento de duas semanas para o caso.

O Rabinato reagiu convocando uma assembléia de rabinos. Quatrocentos rabinos vieram a Hechal Schlomo, de todas as partes do país, e ouviram o Rabino-Mor Untermann reiterar sua recusa sobre os direitos de intervenção da corte laica na jurisdição rabínica. A assembléia também manifestou o apoio dos rabinos em relação à posição do Rabinato quando da questão dos Bnei Israel.

A ocasião produziu uma notável resposta do vice-líder iemenita do Mapai no Knesset, Israel Yeschayahu. Foram suas palavras:

A Halahá é dada por Deus, mas os rabinos são escolhidos pelas comunidades. Portanto, o Rabinato como tal é uma instituição secular não derivada das escrituras...

Um acordo foi alcançado entre o Marbek e o Rabinato e na realidade constituiu uma retirada do último. Como resultado, o Marbek retirou sua petição da Suprema Corte.

Esse caso salientou as severas tensões que poderiam surgir devido às exigências de grupos e de instituições reli-

---

10. A Suprema Corte declarou o seguinte: "O Rabinato foi autorizado pelo Estado a estabelecer e supervisionar o sistema de *kaschrut* para os judeus que se preocupam com a *kaschrut* de seus alimentos, a fim de que aqueles que observam as leis da *kaschrut* tenham certeza de que a carne que compram de açougues sob a supervisão do Rabinato seja realmente *kascher*. Porém esta autoridade não foi concedida ao Rabinato com o propósito de impor um regime de *kaschrut* a judeus que não estão interessados nesse problema".

Esta declaração da Suprema Corte de Justiça constituiu uma das bases para sua decisão de fazer o Grão-Rabinato replicar ao matadouro de Marbek uma *ordem nisi* contra ele. O parecer da Corte de Justiça que examinou a aplicação foi escrito pelo presidente da Suprema Corte, Juiz Y. Olshan, auxiliado pelos juízes Agranat, Landau, Witkon e Manny.

giosas para posições extralegais — exigências que se tornaram relativamente especificadas e eloqüentes durante as eleições de 1965.

Talvez a manifestação mais radical dessas exigências para semelhantes posições extralegais e para uma relação assimétrica com algumas das mais centrais e quase sagradas instituições estatais, estava na isenção de alguns jovens ortodoxos do serviço militar. Num desses grupos estavam moças religiosas que seriam isentadas do serviço militar se declarassem que sua religiosidade as impedia de servir no exército.

Um outro exemplo, aliás bastante grave, não promulgado por lei mas de acordo com o Ministério da Defesa devido a arranjos internos, foi a isenção de estudantes das *ieschivot,* sendo o motivo alegado o fato de que o serviço militar arruinaria seus estudos e as próprias *ieschivot* como instituições educacionais.

Todas essas tendências militantes no campo religioso eram fortalecidas pelo contínuo enfraquecimento dos elementos sionistas no terreno religioso, pelo aumento da força do grupo religioso ortodoxo mais radical e militante cuja atitude em relação ao Estado e às suas leis era muito ambivalente, pela sua má vontade em concordar até mesmo com a atitude "neutra" freqüentemente adotada em relação às leis de governos não-judeus também em relação com as autoridades do Estado — o que de muitas maneiras pretendia perpetuar o tipo de cultura de minoria fechada característica das comunidades judaicas da Europa Oriental, sem levar em consideração a nova realidade do Estado judeu.

Ajuda do Estado a instituições religiosas: O desenvolvimento de tensões a propósito de questões religiosas

O terceiro plano mais importante dos problemas religiosos constituiu-se a propósito da distribuição de auxílio financeiro às instituições religiosas em geral e à educação religiosa em particular e no reconhecimento absoluto de um sistema escolar secundário religioso. Esse último estava intimamente ligado às contínuas tentativas feitas pelos religiosos em monopolizar tantos serviços religiosos do Estado quanto possível, criando assim uma posição política segura especial para si próprios como o maior, se não o único, intermediário entre o Estado e os grupos religiosos.

As múltiplas questões sobre problemas religiosos constituíram contínuos focos de tensões. Essas pioraram, particularmente no verão e no outono de 1963, quando diversas atividades militantes exercidas pelos elementos religiosos radicais chamaram a atenção da opinião pública. Naquela ocasião ocorreram demonstrações contra escolas missionárias, assim como contínuos apedrejamentos de veículos que passassem perto dos quarteirões dos religiosos no Schabat. Foram atiradas pedras até mesmo nos carros de turistas que iam e vinham do Jordão e na polícia em serviço, com a finalidade de garantir o trânsito lento de veículos.

As tensões crescentes no campo religioso se refletiram no estabelecimento da Liga Contra a Coerção Religiosa, fundada em junho de 1950, em Jerusalém. A Liga, dirigida principalmente por intelectuais de origem alemã e centro-européia, por jovens professores de universidade e por estudantes, organizou seções nas três cidades principais. Os membros dessa organização provinham principalmente dos mesmos círculos e havia geralmente poucos membros importantes na vida política.

As exigências da Liga eram: casamento civil e minimização de restrições e coerção religiosas na vida do país. A Liga tentou influenciar a opinião pública publicando esporadicamente panfletos, cartas às autoridades e artigos nos jornais sobre o problema da coerção religiosa. Deu, também, apoio ativo em casos específicos de protesto individual, como o caso dos criadores de porcos que tiveram dificuldades com diversas autoridades, ou onde casamentos não pudessem ser religiosamente sancionados.

Em 1960, depois de uma série de crises religiosas, e especialmente depois do caso "Quem é Judeu?", a Liga mais uma vez discutiu ardorosamente uma questão local de Jerusalém: a do fechamento de diversas ruas ao tráfego, aos sábados.

Em 1963 ela organizou em Jerusalém uma demonstração contra a crescente militância de grupos ortodoxos, durante a qual muitos grupos de jovens "laicos" armados com paus marcharam até a proximidade dos quarteirões religiosos.

Embora a influência da Liga tenha sido muito inconstante, ela resumiu até certo ponto a crescente separação entre os campos religiosos e não-religiosos.

Problemas políticos. O problema de uma constituição

Por trás das diversas questões analisadas acima desenvolveram-se intensas controvérsias sobre questões políticas — especialmente em torno da estrutura institucional básica do Estado — discorrendo sobre o que pode ser chamado de imagem do "Estado". Essas controvérsias surgem especialmente durante as campanhas eleitorais, quando "um Estado religioso" é advogado pelos partidos religiosos, um

"Estado codialista*" é advogado pela ala esquerda e assim por diante. Entretanto, esses problemas não são habitualmente agudos, exceto em momentos de crise, quando são reforçados por questões institucionais mais concretas.

O problema da imagem do "Estado", em termos institucionais, primeiro focalizado quanto à possibilidade de promulgar-se uma constituição, foi levantado pela primeira vez no período do Conselho Provisório do Estado. O debate sobre a questão foi um dos mais importantes na história do primeiro Knesset. As opiniões diferiam em três direções. O Mapam, o Herut, os Sionistas Gerais e os comunistas advogavam uma constituição formal, uniforme e completa. Leis básicas, a serem decretadas quando necessário, para regular aspectos específicos da vida eram advogadas pelo Mapai e pelos progressistas, enquanto que os partidos religiosos clamavam ser a única constituição aceitável para Israel aquela baseada na fé judaica.

A decisão de adiar o debate e adotar uma série de leis básicas deixou a questão em aberto.

Depois disso as questões centrais de controvérsia no campo político foram focalizadas a propósito dos problemas de "Estado" — mas o significado desses problemas mudou nos primeiros e últimos anos do Estado.

Unificação do exército, educação, trabalho e serviços de saúde do Estado

Logo após a instituição do Estado, o foco de tais questões políticas foi o estabelecimento de diversos serviços estatais e sua relação com as muitas agências federativas já existentes, o que causou muitos problemas institucionais, sendo o primeiro deles referente ao licenciamento do Palmah, em 1949. O Palmah originou-se como uma organização voluntária semimilitar, em que membros do Mapam (e posteriormente do Ahdut Haavodá) tinham posições de liderança. Com o estabelecimento do Estado e do exército israelense, o governo decidiu incluir o Palmah nas forças armadas regulares sem dar-lhe nenhuma autonomia especial. O problema surgido era se a nova organização militar israelense deveria ser controlada somente pelo governo, ou se alguns dos antigos sistemas federativos deveriam ser mantidos. O Primeiro-Ministro opôs-se fortemente a essa última sugestão, enfatizando a importância de conservar a política fora do exército.

O mesmo problema aplicava-se a outras organizações militares dissidentes — como o Irgun Zvai Leumi e o Lehi (Grupo Stern) — que, depois de muitas dúvidas e disputas, foram dissolvidas dentro do exército.

* Esta forma é uma aproximação portuguesa da expressão utilizada pelo Autor *codialistic state* que é de sua criação.

Resolvidos os problemas das facções nas forças de defesa, surgiram os problemas de outras organizações relativas a setores, começando com a tendência do sistema a ser tomado na educação. Embora, depois de muitas disputas, se tenha estabelecido um sistema de educação nacional em 1963, a tendência religiosa ainda se conservou isolada.

Outro ponto contínuo de disputa foi fornecido pelos serviços de saúde organizados pela Histadrut e por diversos partidos políticos.

Não menos agudo foi o problema das permutas de trabalho que durante os primeiros anos do Estado foram organizadas em bases políticas, sendo cada partido representado de acordo com sua força. Já que o emprego dependia da afiliação de partido, a força relativa dos partidos tornou-se virtualmente permanente. O problema foi solucionado finalmente pela Lei de Permuta de Trabalhos, que colocou todas as permutas sob controle estatal.

Além desses problemas concretos, surgiram aos poucos problemas mais gerais tais como se direitos e facilidades dos serviços estatais, como moradia, deveriam ser distribuídos diretamente e por direitos cívicos, ou através de diversos grupos e organizações, tais como partidos políticos ou pela Histadrut.

Apesar desses problemas ainda persistirem nos anos posteriores ao Estado, tornaram-se menos centrais.

O executivo e seu controle: O problema da segurança

O segundo estágio nas disputas sobre os contornos do Estado e o alcance de suas finalidades cristalizou-se em meados de 1950 e foi focalizado no escopo do poder da lei, nas relações entre o legislativo e o executivo, especialmente, mas não apenas em assuntos de segurança e em algumas das relações básicas entre o Estado e seus cidadãos.

Um tema para debate foi a preponderância da legislação administrativa sobre a legislação parlamentar que se refletia nas dificuldades em face da predominância do Estado, do executivo e da burocracia.

De especial importância nesse contexto foi a tendência de ver no cidadão um "objeto" de regulamento governamental e administrativo, "objeto" esse que conhecia melhor que qualquer cidadão — ou grupo de cidadãos — qual poderia ser o supremo bem-estar do país e dos cidadãos. Outra tendência concomitante foi a de colocar o cidadão numa posição continuamente defensiva em relação às autoridades.

Essas tendências foram amparadas pelo governo nas diversas "regulamentações drásticas de segurança" herdadas do Mandato e em uma lei de segurança básica bastante drástica que declarava ser dever do acusado fornecer prova de inocência em assuntos de traição. Em 1962 foi feita uma tentativa, sem sucesso, para promulgar uma nova Lei de Difamação.

A lei proposta causou furor entre o público e especialmente entre a imprensa. Clamaram que a promulgação da lei teria dado às autoridades um caso inatacável contra uma crítica desfavorável de segunda mão, além de privar o público de seu direito elementar de saber se o acusado foi julgado inocente ou não.

Os jornais locais foram amplamente ajudados pela imprensa internacional e a proposta foi recolhida para "reconsideração" pelo comitê ministerial. A proposta revista é muito mais branda, embora ainda possua traços de sua predecessora, sendo que diversas das cláusulas mais extremas e arbitrárias foram retiradas [11].

Podemos encontrar tendências semelhantes, se bem que sob formas mais brandas, esporadicamente em outras regulamentações ou projetos de lei.

Problemas de segurança. O lugar do exército no processo político

Foi bastante natural que algumas das questões políticas mais básicas fossem focalizadas a propósito dos problemas de segurança. Isso estava enraizado primeiramente nos fatos objetivos da situação continuamente difícil da segurança de Israel, desde o início sob a constante ameaça de aniquilação por parte dos Estados árabes.

Mas, por trás disso, ela também estava enraizada na opinião, fortemente expressa por Ben-Gurion, de que era no exército e nos assuntos de segurança que o novo Estado deveria estar mais claramente resumido. Ainda no seu parecer nesses assuntos a ele estava investido de uma responsabilidade especial, única e pessoal, responsabilidade essa que de certo modo estava além da parlamentar, usual e até mesmo ministerial — revestindo-a assim com uma especial aura carismática que ele partilhava apenas com aqueles seus assistentes pessoais, por ele escolhidos.

O primeiro problema importante desenvolvido nesse amplo contexto foi o da medida em que existiam os perigos de usurpação do poder político pelos militares.

O estabelecimento de um exército unificado e o fato de ter-se ele tornado rapidamente um foco de intensa iden-

---

11. Segue-se um sumário de alguns fatos mais importantes relativos à lei acima:

a) Em 21 de julho de 1965 o Knesset (durante sua última sessão) aprovou a Lei Antidifamação.

Difamação consiste na publicação em letra de forma, escrita, figuras, movimentos, desenhos, palestras, ruído, ou qualquer outra forma, de algo injurioso a outra pessoa ou a sua dignidade, em uma das seguintes maneiras:

1. Atribuir-lhe um ato hostil ou criminoso.
2. Atribuir-lhe um comportamento indesejável enquanto ocupando um cargo público.
3. Algo que possa prejudicar sua posição profissional.
4. Algo que possa transformá-lo publicamente em objeto de escárnio e ridículo, ou fazê-lo odiado.
5. Algo que possa causar com que pessoas o evitem, ou abstenham-se de sua companhia.

b) As modificações mais importantes englobadas nesta lei, em comparação com a lei correspondente anterior, são as seguintes:

1. Consolidação das provisões civis e criminais, concernentes ao procedimento por difamação. Uma definição comum de difamação que se estende para aplicar tanto a crimes quanto a injúrias.
2. Difamação do *público*.
3. Difamação de pessoas falecidas.
4. A lei amplia o escopo da responsabilidade direta criminal e civil de redatores, editores, de pessoas que trazem material para publicação, e em casos de *publicações semanais e mensais* mesmo aquelas de proprietários de prensa tipográfica (seção 12).
5. Enquanto a defesa de "uma declaração verdadeira" é reconhecida tanto pela nova lei quanto pela predecessora, a nova lei adicionou duas condições: "Que a publicação fosse de interesse público, e sob a condição: de que a publicação não ultrapassasse os limites apropriados ao caso" (seção 14).
6. A justiça atuante pode proibir publicação de processos por difamação se achar tal passo necessário para a proteção da reputação da pessoa. (De acordo com a lei anterior, a única base para tal proibição era a possibilidade de que a publicação pudesse ser depreciativa à segurança estatal.)

c) O desenvolvimento da lei:

Em seguida a sua aprovação (21 de julho de 1965) a lei sofreu severa oposição por parte dos jornais, baseada na alegação de que fora aprovada precipitadamente, sem que suficiente atenção tivesse sido dada às moções de crítica aprovadas pela assembléia geral. Os jornais reivindicavam que a lei teria o efeito de restringir a liberdade de expressão e a liberdade de imprensa, e exigiam alteração da lei enquanto o quinto Knesset estava ainda em sessão.

A oposição, Gahal e Mapam, levantaram trinta e seis votos a favor de instalar uma sessão especial para discussão da Lei Antidifamação (trinta votos são suficientes). Esta sessão foi fixada para 1.º de setembro de 1965, e nesta data quatro versões retificadas da lei foram propostas (Gahal, Mapam, Maki, Liberais-Independentes). "Nenhuma delas se desviava das regras básicas de Lei Antidifamação e cada uma delas era composta de maneira cuidadosa, com a finalidade de impedir injúria à dignidade humana" (*Haaretz*, 1.º de setembro de 1965).

Os jornais decidiram apelar para uma reunião geral de imprensa em Israel, e foi também decidido traduzir a lei para o francês e inglês, a fim de compará-la com leis correspondentes em dez nações democráticas.

Os pontos importantes da resolução aprovados na assembléia geral da imprensa foram os seguintes:

a) A imprensa não aceitará aquelas seções da lei que restringem jornais (e que foram aprovadas muito apressadamente).

b) Todos os partidos políticos foram exortados a apoiar emendas da lei durante a sessão especial do Knesset.

c) Nenhum jornalista servirá em qualquer comitê que possa ser constituído com o propósito de exame de crítica da lei.

d) No caso em que a sessão especial do Knesset não decida alterar a lei será deflagrada uma greve, por um período de vinte e quatro horas.

A imprensa fez um esforço para levantar a opinião pública contra a lei, e aparelhou as estruturas políticas existentes para este fim.

No correr da sessão especial, que foi levada a efeito em 1.º de setembro de 1965, uma resolução foi aprovada, constituindo-se um Comitê da Lei Antidifamação a ser presidido pelo Dr. Vitkon da Suprema Corte de Justiça. Conseqüentemente, a imprensa convocou uma greve no dia 16 de novembro de 1965 — duas semanas antes das eleições para o sexto Knesset.

Em dezembro de 1965 o "Comitê Vitkon" submeteu algumas propostas relativas à lei. A finalidade da maioria das propostas era mitigar consideravelmente o rigor das provisões estritas da lei mas é ainda muito cedo para prever o resultado destas propostas.

tificação nacional, de orgulho e de unidade foi a causa básica desse problema, sendo um fato corolário a formação de uma elite militar diferindo em algumas características importantes da elite política mais antiga. A nova elite era inicialmente mais predominantemente israelense e tornou-se um importante ponto de partida para muitos jovens israelenses, que encontravam outras possibilidades de atividade pública bloqueadas pela velha guarda. Ela sintetizou a vitória e a eficiência, assim como a juventude, como distintas da costumeira política "confusa" da geração mais velha. Foi mais tarde investida com a aura de pioneirismo e como sendo o suporte de valores nacionais.

Além disso, o exército executou uma função muito importante para com os novos imigrantes em termos de educação e socialização básica na sociedade israelense.

No começo de 1950, esses desenvolvimentos causaram grandes preocupações quanto às possibilidades de militarização. Porém, por diversas razões o cenário mudou muito, desde então.

A mudança foi causada parcialmente pela reorganização de um exército em estado de pé de guerra a um outro em situação de paz armada. Concomitantemente, porém, crescimento na importância das reservas e em parte na profissionalização de muitos ramos do exército.

O recrutamento de energias humanas profissionais e adequadas devido ao seu quadro "permanente" apresentava grandes problemas, tal como realmente aparece no fato de muitos oficiais mais antigos terem sido incitados a deixar a ativa numa idade relativamente jovem (embora depois de um longo período de serviço), sendo dessa forma capazes de se adaptarem a postos civis.

Embora o exército continuasse a exercer muitas funções importantes, especialmente no campo da educação, orientação vocacional e absorção dos novos imigrantes, essas tarefas não-militares foram executadas na maior parte no exército e não como uma extensão das suas atividades na esfera civil. Isso diminuiu as possibilidades de os militares tornarem-se um grupo distinto, com sua própria orientação política. Mas em muitos problemas administrativos comuns poder-se-ia freqüentemente usar a palavra "segurança" para acalmar uma discussão.

O fato de certos padrões de vida terem sido partilhados pela elite militar (isto é, usualmente compartilhavam a mesma área) não os impediu de se tornarem intimamente relacionados a diferentes grupos, movimentos políticos e sociais. A passagem de muitos membros desse grupo para a vida civil teve o significado de uma descida de importância secundária e os líderes militares que queriam entrar no campo político tinham que passar pelos canais costumeiros e expor suas pretensões em termos civis, mesmo que continuassem a gozar de um pouco de sua antiga aura como portadores dos valores da "segurança". Destarte, eles eram vistos certas vezes por seus opositores como representantes de tendências anticivis ou antidemocráticas [12].

Isso ocasionou uma mudança marcante, passando da ênfase no exército à ênfase nos ministérios relacionados com a defesa. Da ênfase na ameaça de militarização à nos perigos de ver os problemas de segurança monopolizados por certos grupos políticos ou administrativos, especialmente pelo então Primeiro-Ministro, como uma conseqüente falta de parlamentarismo civil e até mesmo controle ministerial.

Esse foi um importante problema na época das eleições de 1961 e em suas conseqüências.

Problemas de segurança. Governo militar em áreas árabes

Outro palco de conflito nesse contexto é o da segurança em geral e do regulamento militar particularmente nos distritos árabes. É com freqüência que se afirma que as frases "regulamentações de segurança" e "razões de segurança" são usadas como uma fórmula mágica para discussões sufocantes.

Desde 1960 tem havido uma crescente exigência quanto ao controle parlamentar em assuntos de segurança. A discussão sobre os perigos do militarismo, que será comentada em breve, também poderia ser aqui mencionada.

Incluída na questão "segurança", mas também relacionada com o problema do poder do Estado, está a questão do governo militar. De acordo com a antiga regulamentação mandatícia, diversas áreas fronteiriças em Israel ficaram sujeitas a tal regulamentação. Essa contém uma grande parte da população árabe em Israel (que era de 285 000, em 1964). O problema do domínio militar, a extensão de sua necessidade, legalidade e comensurabilidade com as orientações democráticas do sistema político de Israel, tem recebido atenção especial em toda a existência do Estado e tem sido tópico contínuo de debate público.

---

12. Estas revindicações nem sempre eram sem conteúdo. Deste ponto de vista foi muito reveladora uma entrevista coletiva com todos os Chefes de Equipes anteriores, empreendida em 1963 por um dos jornais mais importantes. Quase todos expressaram seu desapontamento com a vida política israelense dominada por facciosismo e inapta a produzir decisões "eficazes"; todos eles defendiam vigorosamente a mudança para representação direta (não proporcional), e a maioria deles dizia que não poderia participar ativamente em política em Israel sob as condições presentes. Mas nas últimas eleições (1965) o quadro modificou-se um bocado. Três deles uniram-se ao Rafi enquanto dois apoiaram ativamente a coligação.

As opiniões sobre a questão variam desde a defesa da extinção completa, à insistência sobre sua preservação — sendo a primeira pressionada pelo Mapam, pelos comunistas, pela Liga Semita e pelo Hamischtar Hehadasch e a última pelos outros partidos e especialmente pelo Mapai.

Porém, em 1959, o número de áreas restritas no Norte foi reduzido de 54 para 16 e as limitações sobre o movimento de não-judeus para os centros judaicos foram levantadas para fins de trabalho e comércio. Igualmente, foram concedidas licenças de longa duração permitindo moradias nas áreas restritas. A redução das restrições, não obstante, não solucionou o problema básico e a agitação continuou.

No dia 2 de fevereiro de 1963 houve um veemente debate no Knesset sobre o poder militar, quando a maior parte da oposição propôs a abolição da autoridade militar. Diziam que os inúmeros problemas de segurança poderiam ser tratados pela polícia regular civil e que a autoridade militar impedia a lealdade árabe para com Israel, criava tensões sociais e políticas, atrapalhava o contato entre árabes e judeus e diminuía o respeito mundial pelo Estado e sua política externa. Alguns ainda protestavam que o governo militar servia para assegurar o poder da influência do partido governante sobre as minorias.

Opondo-se às propostas para a abolição do governo militar, o Primeiro-Ministro Ben-Gurion baseou-se principalmente na precária situação da segurança de Israel, embora afirmasse estar contra tal lei, "em princípio".

Durante o debate, ficou patente que até mesmo alguns membros dos partidos de coalizão se opunham à continuação do poder militar (todos do Ahdut Haavodá, alguns do Partido Religioso Nacional e alguns membros do Mapai). A renúncia e pressão ameaçadas por Ben-Gurion foram atribuídas aos membros não-judeus do Parlamento associados ao Mapai. Desse modo, quando a questão foi votada, as propostas para abolição do poder militar foram derrotadas por uma maioria de 57 para 56.

A segunda mudança expressiva nesta área ocorreu em 1963, sob iniciativa do novo Primeiro-Ministro Levi Eschkol.

Depois de continuadas discussões com os representantes do Ahdut Haavodá, Eschkol anunciou a retirada das restrições ao movimento em todos os distritos sob poder militar em 21 de outubro de 1963. As únicas exceções a essa ordem foram as restrições impostas a indivíduos considerados como "riscos de segurança" e a aldeias árabes localizadas na fronteira. Nesta ocasião Eschkol também falou sobre a "Lei de Requisição de Terras", segundo a qual seria assegurada aos árabes uma compensação total pelas propriedades requisitadas com finalidade de desenvolvimento. Em linhas semelhantes, o Primeiro-Ministro tornou conhecidos os planos para o desenvolvimento de aldeias árabes. Esses planos foram ratificados pelo voto de uma maioria dos partidos de coalizão (incluindo o Ahdut Haavodá). Deve ser acentuado o fato de que tais propostas na realidade não aboliram a lei militar e que a maioria de suas regulamentações ainda continuavam sem efeito. Porém, até mesmo a pequena mudança teve importância como um sinal de possíveis desenvolvimentos futuros — alguns dos quais aconteceram realmente no início de 1966.

O lugar da burocracia no processo político

Um problema algo semelhante pode ser constatado em relação ao serviço civil e à burocracia e que nos primeiros anos do Estado cresceu continuamente em força e prestígio, cujas decisões principais eram cada vez mais concentradas nos altos escalões burocráticos.

Enquanto que o serviço civil pôde assim tender a sustentar normas legais à custa das normas executivo-carismáticas, é importante distinguir entre uma tendência natural de ampliar o alcance da burocracia e a possibilidade de uma usurpação política completa.

A simbolização política do Estado

As questões precedentes cristalizaram-se, ultimamente, em uma disputa ideológica entre os protagonistas de duas atitudes políticas básicas diferentes. A primeira acentua a importância da técnica (do *know-how*) e do "desempenho" político, técnico e militar, enquanto que a segunda acentua a manutenção de normas legais, constitucionais e institucionais e a força da lei.

O termo "desempenho" apareceu repetidas vezes em controvérsias públicas relativas à imagem do Estado e é em certa medida considerado como uma continuação natural do empenho da época pré-Estado para *hagschamá*. Para os partidários desse ponto de vista os deveres do Estado requerem ação competente e imediata sem deliberação ideológica prolongada.

Os oponentes dessa opinião afirmam que o "desempenho" por si só não é suficiente. Argumentam ser esse caminho perigoso e capaz de conduzir à "tecnocracia", ficando a finalidade do Estado para trás, enquanto os meios ficam com a notoriedade.

Uma tal ênfase técnica — freqüentemente ligada a uma forte tendência carismática — veio assim a ser considerada como potencialmente oposta às metas e movimentos ideológicos e contra o regulamento da lei em instituições políticas.

Afora suas implicações ideológicas, essas discussões também tiveram muitas repercussões institucionais, sendo as mais óbvias as tentativas feitas para institucionalizar a interpretação de valores investidos ao então Primeiro-Ministro, David Ben-Gurion.

A manifestação simbólica mais importante dessas tentativas foi a pequena ênfase colocada nos símbolos não-políticos (ou não-governamentais) do Estado. Em matéria de protocolo isto podia ser visto no fato de que o Primeiro-Ministro vem imediatamente após o Presidente (tendo precedência sobre o Presidente do Knesset que representa o Presidente na sua ausência) e no menor lugar formal dado ao judiciário, apesar de seu enorme prestígio. Essa tendência também podia ser vista nas tentativas feitas para equiparar o Estado com o governo, para minimizar a completa participação da oposição e até mesmo deixar a legitimação da oposição nas mãos do governo, isto é, nas mãos do Primeiro-Ministro.

Entre as funções não-políticas, apenas a Presidência foi mantida como um símbolo relativamente autônomo, e é interessante ressaltar que muitos padrões de atividade realizados pela Presidência foram talvez inconscientemente contrários aos desenvolvidos por Ben-Gurion.

O sistema eleitoral

Assunto intimamente relacionado com os contornos básicos das instituições políticas é o da representação direta contra a representação proporcional. O sistema de representação direta sempre foi advogado por Ben-Gurion, por certos grupos do Mapai, por alguns membros do Herut, pelos Sionistas Gerais e pelo Hamischtar Hehadasch.

Os principais argumentos dos que advogam esse sistema eram de que asseguraria um contato direto entre os representantes e o eleitorado, acabaria com a multiplicidade de pequenos partidos e garantiria o desenvolvimento de um sistema bipartidário, resultando em maior estabilidade.

A oposição a essas perguntas baseou-se na premissa de que a representação direta asseguraria o monopólio do Mapai, obliteraria qualquer oposição e assim solaparia as bases da democracia israelense.

Política externa

As posições da política externa foram de certo modo inerentes às diversas ideologias partidárias. Embora nenhum partido (nem mesmo o Comunista) advogasse uma coligação com o bloco oriental, havia alguns partidos de esquerda que exigiam uma política estritamente neutra.

A suposta reivindicação de que o governo fazia esforço pouco real para melhorar suas relações com os árabes foi outro fator importante em todo debate de política externa. Essa reivindicação era feita pela direita, onde o Herut freqüentemente asseverava ser necessária uma política mais "agressiva", assim como pela esquerda, clamando que a maneira para atingir a integração no Oriente Médio seria pela neutralização da região.

As relações com a Alemanha constituíram outra importante questão que fazia um atalho através das costumeiras controvérsias políticas e ia direto às camadas mais profundas da identidade nacional. Um dos problemas centrais nesse contexto era a questão das reparações.

Em janeiro de 1952 o Primeiro-Ministro anunciou que estavam sendo mantidas negociações entre a Alemanha Ocidental e Israel, concernentes às compensações aos judeus que haviam sofrido sob o regime nazista antes e durante a Segunda Guerra Mundial. A declaração causou alvoroço entre o público e os membros do Knesset.

Embora algumas pessoas em todos os partidos divergissem da política de seu partido nessa questão, foi o Herut que se opôs mais ativamente a tal acordo, clamando ser equivalente a uma traição nacional. Houve demonstrações nas cidades, culminando com uma demonstração fora do prédio do Knesset, enquanto o debate sobre tal questão estava sendo discutido. Pedras foram atiradas e toda a área do Knesset parecia um campo de batalha.

As relações com a Alemanha apareceram uma segunda vez em 1959, com relação à questão da venda de armas à Alemanha e dessa vez causaram o colapso da coalizão. O Primeiro-Ministro (Mapai), os Sionistas Gerais e os Progressistas favoreceram o acordo, enquanto que os dois membros esquerdistas da coalizão, Mapam e Ahdut Haavodá, foram contra ela, juntamente com o Herut e alguns dos partidos religiosos.

As relações de Israel com a Alemanha de muitos modos diferentes tem sido continuamente assunto de controvérsia pública e política.

O caso Lavon

O caso Lavon estourou no outono de 1960 embora suas raízes datem de 1954, quando Pinhas Lavon foi Ministro da Defesa num gabinete chefiado por Mosche Sharett. David Ben-Gurion na época estava em um semi-isolamento em seu retiro em Neguev, no *kibutz* Sde Boker.

Durante esse período sucedeu um erro, ou "azar", político e militar importante. A princípio os funcionários da seção de Inteligência clamavam que Lavon, o Ministro, havia dado as ordens originais que levaram ao desastre. A pedido do Primeiro-Ministro foi organizada uma comissão de inquérito, da qual faziam parte o Juiz da Suprema Corte Olschan e o antigo chefe do Estado-Maior Dori, para esclarecer a questão.

Mais tarde ficou claro que alguns dos oficiais que testemunharam conseguiram iludir a comissão. Com base em suas conclusões, Lavon foi afastado de seu posto ministerial e as eleições de 1955 trouxeram Ben-Gurion de volta como Primeiro-Ministro e Ministro da Defesa. Ao mesmo tempo, e provavelmente como parte da compensação, Lavon foi nomeado Secretário-Geral da Histadrut.

O assunto voltou à tona mais uma vez em 1960, durante o julgamento, sobre outra matéria, de um dos oficiais envolvido previamente, quando apareceram novas evidências indicando a provável inocência de Lavon. Lavon exigiu que o Primeiro-Ministro emitisse uma declaração pública reabilitando-o. Mas Ben-Gurion insistia que o caso era de tal maneira sigiloso que absolutamente nenhuma justificação poderia ser dada ao público. Ele também afirmava que o nome de Lavon não poderia ser inocentado sem incriminar outro oficial superior da Inteligência.

Entretanto, o Primeiro-Ministro concordava em nomear uma comissão de inquérito judicial para o caso, mais uma vez. O "Comitê Cohen" e mais tarde uma comissão especial de investigação constituída por sete Ministros do Gabinete, encabeçada pelo Ministro da Justiça, chegou à conclusão de que Lavon não era responsável pelas ocorrências de 1954. Longe de estar concluído, entretanto, o caso desenvolveu-se de uma questão de reabilitação pessoal para um debate sobre alguns dos aspectos cruciais do Estado. Ben-Gurion considerou as críticas de Lavon sobre alguns aspectos do Exército Israelense e do Ministério da Defesa como próximas da traição, enquanto Lavon achava que a instituição do exército e a segurança não deveriam estar acima das críticas e do controle público. A questão foi repetidamente discutida no Comitê Central do Mapai, desenvolvendo-se diferentes facções no seu interior. Uma, era constituída especialmente de elementos "mais jovens" (tais como Mosche Dayan, antigo chefe do Estado--Maior e por Schimon Peres, então Vice-Ministro da Defesa) que ajudaram Ben-Gurion e suas exigências quanto à demissão de Lavon de seu posto na Histadrut. A outra facção era constituída na maior parte pela velha guarda e, a princípio, opôs-se à exigência arbitrária.

Porém, o assunto não foi deixado dentro das fronteiras do Mapai. O governo e o sistema político envolveram-se intimamente na disputa, especialmente quando Ben--Gurion recusou-se a apresentar o relatório completo do Comitê Cohen ao Gabinete. Foi então que o Gabinete nomeou um comitê de sete ministros, que unânime e inequivocamente inocentaram Lavon e atribuíram a responsabilidade do fracasso de 1954 ao então chefe da Seção de Inteligência. Na sessão seguinte do Gabinete Ben-Gurion declarou não aceitar as decisões que ele declarava incluírem "parcialidades, perversão de justiça e meias verdades". Partiu imediatamente para férias prolongadas, declarando que reassumiria seu posto de Primeiro-Ministro depois da deposição de Lavon da chefia da Histadrut.

A máquina partidária foi posta em movimento numa campanha pública para a volta de Ben-Gurion ao governo, mesmo ao preço de aceitar seu ultimato. Surgiram dizeres anunciando "o desastre iminente" que aguardava o Estado com a retirada de Ben-Gurion da cena. Os membros da coalizão que haviam tomado parte do comitê ministerial sobre o caso sentiram-se ofendidos pelo comportamento arbitrário do seu Primeiro-Ministro e juntamente com alguns ministros veteranos do Mapai ameaçaram, então, resignar.

O Mapai empreendia agora esforços frenéticos para conseguir um acordo em seu conflito interno, mas Lavon não concordou com as propostas apresentadas, nem quaisquer dos seus líderes queriam arcar com a responsabilidade.

Finalmente, em março de 1961, o Ministro das Finanças Eschkol foi forçado a decidir a questão, porque Ben-Gurion renunciara nesse meio tempo e o país se achava sem governo. Numa sessão dramática do Executivo do partido, com elementos pró-Lavon fazendo demonstrações fora do edifício, o Mapai decidiu remover Lavon de sua posição. O Executivo da Histadrut, conduzido pela sua maioria pertencente ao Mapai, executou a decisão do partido.

O resultado final da votação no Comitê Central do Mapai foi relativamente preciso (159 contra 96). A moção contra a demissão foi proposta por Mosche Scharett e o resultado foi no todo considerado como uma vitória moral de Lavon.

Submetendo-se à pressão pública, os membros da coalizão mais uma vez decidiram participar de um governo encabeçado por Ben-Gurion, trazendo finalmente o caso Lavon à sua conclusão com o Knesset dissolvendo-se quase três anos antes do tempo e com a nação indo às urnas mais uma vez em agosto de 1961. O Mapai perdeu quatro cadeiras, mas a estreita coalizão governamental resultante continha uma maioria do Mapai ainda mais forte.

Repercussões do caso Lavon

Uma faceta interessante e significativa do caso Lavon foi a revolta da opinião pública independente, especialmente entre os intelectuais, membros de *kibutzim*, jovens elementos dos diversos partidos (especialmente do Mapam e do bloco religioso) e a imprensa. O descontentamento latente atingiu seu ponto culminante em janeiro de 1961, quando um grupo de influentes professores da Universidade Hebraica lançou um protesto público. Convidaram os acadêmicos do país a expressar sua insatisfação e como resultado desse apelo foram recebidas, em poucos dias, centenas de declarações de protesto feitas por muitos acadêmicos e intelectuais. Diversos grupos de estudantes seguiram espontaneamente seus mestres, formando um Comitê para a Defesa da Democracia no qual manifestavam seu protesto por meio de discussões públicas e através da imprensa. A imprensa teve parte ativa no debate com dois jornais independentes — o *Haaretz* (que era totalmente pró-Ben-Gurion) e o *Maariv* (que tendia no conjunto a ser pró-Lavon) — sendo especialmente veementes. Os jornais dos partidos eram geralmente pró-Lavon e a crise interna do Mapai foi manifestada sobretudo no jornal da Histadrut, o *Davar,* que não tinha uma política clara na principal questão do país naquela época. A administração do partido não poupou esforços para organizar um grupo de intelectuais para comparar a posição de Ben-Gurion, mas isso terminou num fracasso, pois apenas um grupo de escritores e professores aceitou o apelo do partido.

O desenvolvimento da opinião pública foi de tal forma sem precedentes que mostrou que o foco do caso se transformara gradualmente de uma questão pessoal para o mais amplo problema da democracia em Israel.

O grupo Lavon, do mesmo modo que muitos outros, tentou espalhar a controvérsia a algumas questões políticas mais amplas, especialmente no conflito entre o poder do Estado *versus* formas mais voluntárias de organização social.

Diversos aspectos cruciais da vida política israelense foram levados a público através do caso, sendo um deles o do poder do Primeiro-Ministro para anular uma decisão do Comitê do Gabinete, o que se tornou intimamente relacionado com toda a questão do controle parlamentar.

Outra questão que surgiu foi a do direito das pessoas de pisar no terreno "sagrado" da segurança e a do poder do Primeiro-Ministro para anular decisões governamentais *post factum.*

Embora Ben-Gurion institucionalmente tenha ganho, visto que teve condições de formar um novo governo, e que

Lavon foi desalojado do seu cargo, esses desfechos não aumentaram o seu prestígio nem o do seu governo.

Durante o caso, o prestígio de Ben-Gurion esteve no seu índice mais baixo e o fato de a sua versão do caso não ter sido aceita foi um rude golpe para o seu prestígio. O fato de ter conseguido a saída de Lavon foi considerado geralmente mais um *coup-de-force* bem sucedido do que uma vitória da justiça e significativamente seu próprio partido tentou evitar levantar a questão durante as eleições e, ao invés, pleiteava uma crescente estabilidade, segurança e dependência em relação ao "velho".

O caso Lavon continuou a ter amplas repercussões na vida política israelense, o que levou eventualmente à resignação do Primeiro-Ministro Ben-Gurion em 1963 e a subida de Eschkol ao poder. Mesmo muito mais tarde, esse caso continuou a servir para a recristalização das forças no Mapai e no país como um todo.

3. O PROCESSO POLÍTICO E A CONTINUIDADE DO SISTEMA

Os padrões de continuidade do sistema político israaelense. Os partidos políticos

A análise anterior dos principais problemas da luta política em Israel indica que enquanto os maiores partidos que tomaram parte nesse processo permaneceram em grande medida os mesmos do período do Ischuv, a maioria dos problemas em torno dos quais a luta se concentrava era relativamente nova, tendo se desenvolvido mormente depois do estabelecimento do Estado. Mesmo as questões — como as religiosas e algumas das sociais — que também eram de grande importância no período do Ischuv transformaram-se bastante no âmbito da estrutura do Estado.

É esse fato que constitui uma das principais chaves para a compreensão da continuidade do sistema político de Israel, de seus problemas e de suas armadilhas. Um bom ponto de partida para a análise desses problemas seria o estudo dos principais participantes nos foruns — os diferentes partidos políticos.

Como vimos, a capacidade inicial do sistema político de lidar com forças novas condensou-se na absorção pelos partidos existentes da maioria dos novos grupos sociais e imigrantes, fato intimamente relacionado com as principais características dos partidos israelenses — sua organização e atividade.

Essas tendências explicam, em grande medida, a continuidade dos partidos desde o período do Ischuv.

Destarte, quase todos os partidos tentaram manter diversos arranjos "federativos" e especialmente a distribuição de recursos e força de trabalho "fixos" dentro da estrutura tanto do Estado como da Agência Judaica. A maior procura de recursos residia no domínio da habitação, colonização, disponibilidades educacionais e em muitos casos o acesso — através de agências de emprego — a trabalho. Os serviços de saúde que estavam nas mãos da Kupat Holim e que canalizavam imediatamente a maioria dos novos imigrantes para o quadro da Histadrut eram de especial importância nesse contexto e constituíram uma das principais razões pelas quais a Histadrut se opôs à nacionalização dos serviços de saúde.

Os diferentes partidos também tentaram consignar previamente as novas forças de trabalho imigrante antes de efetivada a imigração. Isso foi feito através da distribuição de "porcentagens" e pelo envio ao exterior de emissários que pudessem organizar e dirigir os diferentes grupos de imigrantes aos estabelecimentos designados. Existia, pois, um acordo não admitido, não oficial, no entanto realíssimo no âmbito da Agência Judaica sobre a divisão proporcional dos recém-vindos entre as colônias dos diferentes partidos.

A distribuição de recursos levantados por intermédio da U.J.A. (United Jewish Appeal) e do Keren Haitssod aos diversos fundos partidários, era admitida mais abertamente. Isso se aplicava em especial aos assim chamados fundos "construtivos" — usados geralmente para alojamento e ajuda na absorção dos membros do partido.

Mesmo quando alguns desses serviços (como habitação ou permuta de trabalho) eram transferidos a agências estatais que não permitiam oficialmente o patrocínio partidário, tais acordos ainda persistiam em nível local no sentido de que os diversos funcionários dos partidos exerciam considerável influência sobre os imigrantes para que estes se afiliassem aos seus respectivos partidos. A tendência em continuar os arranjos federativos "anteriores" também podia ser encontrada nos planos para o estabelecimento regional de *kibutzim, moschavim* ou para áreas em desenvolvimento.

Nesse ponto os diversos partidos e movimentos, agindo freqüentemente através dos ministérios que encabeçavam nas coligações governamentais, tentavam obter um monopólio completo ou parcial dessas regiões num esforço para dividir as principais áreas de desenvolvimento entre si.

Isso estava intimamente ligado à segunda importante mudança estrutural nas atividades partidárias, isto é, ao tipo de clientela mobilizada pelos diversos partidos e suas relações com eles.

Desde o começo, muitos dos novos imigrantes não tiveram identificação ideológica com os diversos partidos. Suas relações eram formuladas ou em termos de identificação vaga com alguns dos símbolos gerais do Estado representados pelos partidos (especialmente pelo Mapai) e/ou em termos de benefícios concretos a serem obtidos dos partidos.

As atividades da maioria dos partidos (com exceção parcial de alguns de esquerda) também não eram dirigidas com o intuito de forjar novos grupos sociais ou ideológicos. Aliás, os partidos tentavam ajudar os imigrantes a se adaptarem na economia israelense, oferecendo-lhes agências de absorção e representando o partido determinado como a personificação do Estado.

Na maioria dos partidos, portanto, desenvolveu-se uma grande ênfase na distribuição dos benefícios, manipulação da mão-de-obra e posições de poder, com muito menos ênfase no antigo tipo de orientação de "movimento" e ideologias. Apesar das inúmeras diferenças entre os diversos partidos, a mudança para tais atividades e orientações foi muito marcante na maioria deles.

Algumas das repercussões nos aspectos estruturais e organizacionais dos diferentes partidos já foram mencionados acima, mas vale a pena insistir em alguns dos problemas que se originaram do encontro dos diversos partidos com os novos imigrantes. Como vimos, nos partidos desenvolveram-se seções especiais que tratavam com imigrantes, atraindo os elementos mais ativos dentre os seus grupos para sua órbita, dando-lhes certas posições importantes mas mantendo forte controle ao mesmo tempo.

As diversas maneiras pelas quais a estrutura do partido adaptou-se à liderança mais tradicional e aos ambientes existentes entre muitos dos novos imigrantes são tão interessantes quão significativas.

Em muitos casos, e especialmente nos *moschavim*, verificamos que os chefes tradicionais mais velhos ou os novos elementos mais ativos entre os imigrantes foram atraídos aos partidos por meio de acordos diferentes com seus líderes, sendo que a liderança política em áreas rurais e de desenvolvimento freqüentemente se torna idêntica à liderança da família numerosa.

Os chefes políticos dessas famílias numerosas não eram em geral homens que foram líderes no exterior. A liderança dos chefes de família que funcionava no exterior tende atualmente a se restringir aos campos religioso e cultural, enquanto que a liderança nas atividades econômicas e políticas se encontra nas mãos de homens mais jovens que em muitos casos obtiveram uma educação moderna padronizada em

Israel. No entanto, a antiga estrutura familiar tradicional ainda persiste e as atividades desses homens mais jovens, embora individualmente bastante modernizadas, ainda estão canalizadas em formas tradicionais.

Os partidos procuram influenciar a gente comum por intermédio desses chefes de famílias numerosas e em muitos casos a fidelidade de todo um clã é assegurada ao conquistá-los para um partido político. Desse modo vemos que a fidelidade política básica se centraliza não na ideologia ou num programa político, mas na realização de benefícios materiais concretos para o clã como um todo. A atitude do clã e de seus chefes para com a ideologia dos partidos é freqüentemente cínica, originando-se da irrelevância da ideologia a muitos dos problemas concretos ou ao processo de estabelecimento.

A isso devemos acrescentar a dinâmica "tradicional" dos próprios clãs, como distinta das atividades do clã resultante do impacto dos partidos políticos modernos. Portanto, existem numerosos casos onde o poder interno e a divisão de liderança de uma aldeia estão baseados na clivagem do clã. Em tais casos um clã luta contra outro por posições de poder como o de prefeito da aldeia, organizador da utilização da maquinaria, membro da edilidade da aldeia etc. Embora essa clivagem seja de hábito baseada no princípio tradicional da divergência da lealdade das famílias, as lutas políticas locais são freqüentemente envolvidas na estrutura mais ampla da política em nível nacional, com os diversos partidos nacionais procurando influenciar os diferentes clãs e esses pertencentes na aparência aos diferentes partidos nacionais. Embora esses partidos se classifiquem ideologicamente desde os partidos religiosos, num extremo, até os partidos de esquerda, no outro, o aspecto ideológico é geralmente esquecido a nível da aldeia. Quando a luta política interna (nível da aldeia) se dá entre os diversos grupos étnicos, os partidos nacionais freqüentemente aparecem como representantes desses diferentes interesses étnicos. Apenas os partidos maiores englobam amplamente os grupos étnicos diferentes existentes na mesma localidade. Tem assim sucesso em surgirem como patronos desses diversos grupos imediata e simultaneamente.

A seleção interna da liderança entre os imigrantes é logicamente bastante afetada por tudo isso e sendo os chefes e "patrões" locais cada vez mais moldados dentro do padrão particularmente nos *moschavim* onde a estrutura social fechada encorajou a conservação das estruturas tradicionais. Os novos líderes, entretanto, também emergiram nos diversos centros urbanos e semi-urbanos onde os "patrões políticos", encorajados por todos os partidos, subiram ao poder dentre os diferentes grupos étnicos.

Continuidade e mudança nas atividades partidárias

Estas atividades partidárias explicam em grande escala a continuidade dos partidos — especialmente enquanto relacionados com os novos imigrantes.

Ainda não surgiram novos tipos de partidos políticos entre os novos imigrantes. Isso sem dúvida se deve ao fato de que as perspectivas de progresso são mais favoráveis dentro das estruturas dos partidos mais antigos e de que a realidade social, à qual os novos imigrantes tiveram que se ajustar, foi modelada pelos grupos mais antigos que também controlavam os pontos estratégicos nas esferas das principais instituições.

Além do mais, os imigrantes desenvolveram uma identificação marcante com os símbolos mais gerais do partido, seja quanto à situação de Estado, religião ou mesmo de origem étnica — apesar de sua falta de interesse pelos aspectos mais ideológicos dos partidos.

Ultimamente houve uma mudança significativa nas atividades e orientações dos partidos mais com relação às "atividades de poder" do que com a ideologia "totalitária" — apesar de continuarem se desenvolvendo símbolos e organizações totalitárias.

O mesmo padrão também aparece com relação à geração "jovem" que cresceu após o estabelecimento do Estado ou com os vários novos grupos ocupacionais e profissionais desenvolvidos durante esse período.

A maioria dos partidos tentou absorver tais elementos parcialmente através do preenchimento de posições de liderança através da preocupação por seus diversos interesses concretos.

Esses desenvolvimentos sublinham a transformação interna dos principais partidos de facções e "movimentos" em partidos dignos desse nome com uma liderança política distinta interessada na conservação de suas posições e com amplas redes de grupos de interesse e burocracia.

Entre os funcionários do partido adquiriu muito em importância o chefe e o organizador político, assim como o representante direto dos diversos grupos de interesses, sobre o tipo mais antigo de líder independente ou de movimento. Simultaneamente a ênfase na disciplina organizacional, em oposição a compromissos ideológicos, também aumentou, pois as novas estruturas permitiram aos partidos acomodar novos grupos e absorver novos partidários tanto dos antigos como dos novos setores da sociedade israelense.

Os partidos religiosos encontraram seus adeptos entre os elementos mais tradicionais das comunidades orientais, assim como das comunidades da Europa Oriental.

Os grupos esquerdistas foram auxiliados principalmente por alguns dos mais jovens grupos israelenses (especialmente dos *kibutzim* e dos movimentos juvenis urbanos), por alguns ex-membros dos movimentos juvenis e por alguns imigrantes da Europa Oriental.

Os Sionistas Gerais a princípio tiveram pouco sucesso entre os novos imigrantes, mas posteriormente atraíram alguns elementos *bourgeois* mais urbanos, enquanto os Progressistas foram especialmente bem sucedidos entre os grupos profissionais e a *intelligentsia* mais jovem. Parece que nas últimas eleições o bloco liberal também atraiu uma seção relativamente ampla dos mais velhos e/ou elementos urbanos europeus.

O Herut atraiu alguns membros do antigo movimento revisionista, muitos membros antigos da Irgun Zvai Leumi e muitos elementos insatisfeitos entre os imigrantes mais recentes sobretudo entre os parcialmente integrados e descontentes com sua situação. Paradoxalmente, de certo modo o Herut foi um partido mais "proletário" que qualquer outro dos grupos de trabalho.

A mais ampla e mais variada imagem poderia, logicamente, ser encontrada dentro do Mapai.

É importante lembrar que as diversas tentativas feitas para organizar especificamente os partidos étnicos tinham fracassado completamente e que os seus líderes tinham que se voltar cada vez mais para os partidos já existentes para apresentar suas reivindicações.

O Herut, o único partido "realmente" da oposição — isto é, o único que nunca participou de nenhuma coligação governamental —, conseguiu atrair muitos descontentes com o sistema, fato que, por paradoxal que pareça, fortaleceu o sistema vigente.

A habilidade de vários partidos em atrair muitos dos novos grupos está baseada de certo modo em suas tentativas para aumentar e perpetuar a relativa escassez do que pode ser chamado de centros independentes de poder e opinião pública e para reforçar a tendência de diferentes correntes de opinião pública a fim de que sejam organizadas em grupos relativamente "fechados".

O desenvolvimento de novas forças. Problemas e contradições

Deve-se o êxito da perpetuação dos diversos partidos parcialmente à continuação e reforço dos mais antigos arranjos "federativos", fato que indica que tal continuidade implicou uma mudança no significado dessas atividades.

Como os arranjos federativos e totalitários são feitos dentro da estrutura de um Estado que formalmente mantinha normas universalistas legais, elas se tornaram necessariamente semilegais, criticadas por alguns grupos como divergentes das normas e ideais gerais legais do Estado.

Entretanto, tal "divergência" era em si menos importante que suas repercussões mais amplas, como o fato de que muitos beneficiários desses arranjos não permaneceram leais aos seus benfeitores, questionando freqüentemente as pretensões dos diferentes partidos e grupos quanto a serem os principais fornecedores dos serviços estatais.

Desse modo os arranjos institucionais criados pelos partidos geravam amiúde novas exigências e esperanças políticas que não satisfaziam com facilidade o padrão existente da política partidária bem como a tomada de decisões.

Tais forças já tendiam a desenvolver-se no período do Ischuv, mas tornaram-se muito mais ativas depois do estabelecimento do Estado e sobretudo com a institucionalização contínua das novas estruturas políticas, mesmo se não totalmente reconhecidas.

Para compreendermos os caminhos pelos quais o sistema político israelense tentou lidar com estas novas forças é necessário proceder à análise de outro aspecto do processo político, isto é, a coligação dos diversos partidos e os principais problemas acima analisados.

Coligações ao redor dos problemas religiosos

Qual é o significado desses problemas? Como se relacionam com as forças da sociedade israelense e com seus principais problemas?

A mais simples e a mais direta coligação de forças parece estar relacionada com as questões religiosas, embora isso se dirija a problemas culturais e políticos básicos.

Nesse particular muitos aspectos de tradição religiosa foram considerados como parte da herança nacional comum — mesmo se a interpretação religiosa específica não fosse aceita pela maioria não-religiosa.

Porém isso deu aos partidos religiosos uma certa força para exigir que representassem alguns aspectos particulares das tradições nacionais ou da unidade nacional mais ampla.

As reivindicações de unidade nacional e de manutenção da tradição nacional também fizeram surgir uma grande variedade de exigências relacionadas com o perfil religioso do Estado — tais como o âmbito dos serviços públicos no Schabat ou a criação de porcos. O fato de no conjunto não se haver desenvolvido dentro do movimento sionista nenhuma militância anti-religiosa global ajudou grandemente os grupos religiosos em suas pretensões.

Embora os diferentes grupos tenham mostrado graus variados de extremismo, mesmo os menos radicais evidenciaram recentemente uma tendência crescente para adotar idéias mais ortodoxas e mesmo militantes ligadas a importantes mudanças estruturais no campo religioso em benefício do Agudat Israel "não-sionista" e ao enfraquecimento dos elementos mais sionistas.

Embora os grupos religiosos estejam concentrados principalmente entre a pequena burguesia e entre os novos imigrantes de tendência mais tradicionalista particularmente de países da Europa Oriental, os problemas religiosos aproximaram diversas camadas sociais e econômicas.

Durante o período do Estado os grupos religiosos aumentaram suas intromissões em aspectos gerais de vida nacional e embora fosse mantido o *status quo* em diversos assuntos religiosos ampliaram continuamente o alcance das concessões feitas aos grupos religiosos.

Nos últimos tempos, a crescente militância dos grupos religiosos e a intensidade da controvérsia acerca de questões religiosas tornaram-se tão grandes que criaram a possibilidade de uma situação em que se poderia desenvolver um aumento contínuo de características teocráticas estatais não-tolerantes, conduzindo a uma possível *Kulturkampf*.

Coligações ao redor de questões econômicas

As divisões entre os diferentes grupos sócio-econômicos sobre questões sociais e econômicas nem sempre foram facilmente definíveis, por exemplo, em questões de salários diferenciais, taxação progressiva, participação dos trabalhadores no executivo dos sindicatos etc., a divisão "usual" entre grupos "da esquerda" ou "da direita" era clara.

No conjunto os diversos grupos da Histadrut ampararam a regulamentação estatal da economia e a extensão da política do bem-estar, enquanto a liberalização da economia foi mantida principalmente pelos Progressistas, pelos Sionistas Gerais e pelo Herut. Porém ao mesmo tempo deveríamos enfatizar que muitos grupos industriais e financeiros que se desenvolveram nos últimos dez ou quinze anos dependiam pesadamente da política governamental e da administração a que devem muito do seu sucesso. Freqüentemente esses grupos relutavam em desistir desta proteção, embora pudessem tentar conseguir melhores condições do governo.

O quadro, entretanto, complicou-se em relação à nacionalização de algumas indústrias e serviços básicos, especialmente os serviços de saúde. Paradoxalmente, a Histadrut e os grupos da esquerda se opuseram violentamente a tal nacionalização, considerando-a um perigo ao poder da Histadrut. Coube aos elementos "orientados para o Estado" dentro do Mapai e aos assim chamados partidos "do centro" ou "da direita" como os Progressistas e os Sionistas Gerais pleitearem a nacionalização — especialmente dos serviços de saúde.

O problema da independência econômica foi ainda mais complicado. Embora sua importância fosse reconhecida por todos os principais partidos, o grau de prioridade dado a este objetivo diferia em cada grupo, os Progressistas, os Sionistas Gerais e alguns elementos do Mapai sustentavam a dominância prioritária deste problema, enquanto os grupos esquerdistas contestavam tal urgência.

Tanto a Histadrut quanto os setores privados exerceram igualmente pressões sobre o governo e sobre a administração para obtenção de benefícios econômicos — mas a combinação de reivindicações ideológicas e de interesses investidos possivelmente deu maior peso às exigências da Histadrut.

Coligações políticas

Coligações ainda mais complicadas evoluíram no decorrer de vários casos "políticos" com os protagonistas destes debates nem sempre dispostos de acordo com as divisões "usuais".

As coligações ao redor das diversas questões políticas e especialmente dos problemas de "Estado" não eram uniformes. Variavam especialmente entre os diferentes aspectos ou estágios desse problema. Desta forma as coligações em torno da questão da universalidade dos serviços estatais e controle da lei frente aos diversos arranjos federativos diferiam daqueles em torno da conservação do Estado como uma epitomização carismática encarnada no executivo, dos principais valores coletivos frente à visão de Estado como uma agência geral e central da comunidade e a conseqüente necessidade de supervisão do executivo pela legislatura, opinão pública etc.

O ideal de serviços estatais abrangentes foi mantido com ênfase variável pelos Progressistas, pelos Sionistas Gerais e por alguns elementos dentro do Mapai. A ele se opunham os elementos mais conservadores em quase todas as facções trabalhistas, especialmente quando se beneficiavam dos acordos federativos existentes. Ultimamente dois grupos diferentes tornaram-se aliados em várias questões. São os protagonistas de grupos sectários mais velhos dentro do setor trabalhista — como os *kibutzim* — e os proponentes do controle da lei e de normas universalistas, junto com diversos grupos de opinião pública politicamente sensíveis e independentes.

As coligações em torno da percepção do Estado e do

executivo com encarnações das principais metas coletivas foram notadamente diferentes — como ficou especialmente claro nas conseqüências do caso Lavon. Nesse momento os partidos de esquerda, assim como os diversos grupos orientados pela Histadrut no Mapai, uniram suas forças com os Progressistas e Sionistas Gerais e com as diversas forças independentes da opinião pública, enfatizando a responsabilidade do executivo ao Knesset e ao público conjuntamente e contra grupos no Mapai — e até certo ponto nos outros partidos — o que manteve a visão carismática do Estado e do executivo.

No sistema eleitoral as coligações são de grande importância para a compreensão da realidade política e social em Israel. Essa questão foi levantada em nome de uma maior estabilidade e eficiência políticas pelo então Primeiro-Ministro Ben-Gurion, por algumas seções do Mapai e intermitentemente também por elementos dos Sionistas Gerais e do Herut. A oposição surgia principalmente dos partidos que bradavam que isso solaparia a estrutura democrática existente ao dar predominância a um partido apenas.

Indubitavelmente o desejo de garantir predomínio para seu próprio partido e executivo desempenhou seu papel na insistência de Ben-Gurion a respeito dessa mudança, pois é duvidoso que um autêntico sistema bipartidário pudesse se desenvolver sob as condições existentes. Mas sua insistência estava provavelmente ainda mais enraizada na crença de que apenas dentro da estrutura e dos ideais de Estado se encontrassem as forças que pudessem forjar uma nova nação — e que essas forças estivessem em grande escala ausentes ou fracas nos grupos existentes.

As coligações a propósito de questões relativas à política externa mantidas geralmente próximas à divisão interna do partido e outras, especialmente aquelas referentes às relações com a Alemanha, tornarem-se freqüentemente temas de acalorados debates. Porém, com exceção da ênfase dada ao "neutralismo" pelos partidos de esquerda e, esporadicamente pelo Herut, a política exterior não era muito popular no seu aspecto global.

As eleições de 1961 foram as primeiras em que a política exterior constituiu um foco de debate público, com o Partido Liberal (especialmente o Dr. Goldman) criticando a política do governo a propósito do "neutralismo", e levantando a questão de como chegar a algum entendimento com os países árabes, mesmo que não oficial.

Continuidade e mudança na política

Vemos, assim, que a natureza das diferentes coligações políticas não pode ser completamente compreendida em termos de distinções aceitas entre "esquerda", "direita" e "centro", pois essas conotações "usuais" aplicavam-se apenas a alguns aspectos concretos da política econômica (isto é, a ênfase na taxação progressiva ou de rendas diferenciais). Em vez disso, as características específicas da estrutura social israelense forneceram a chave para a compreensão da política do país. É um fato paradoxal que a Histadrut, os partidos e grupos operários sejam, sob certo aspecto, os elementos conservadores do sistema sócio-econômico de Israel. Eles estão muito interessados na perpetuação dos acordos estruturais existentes com a sua ênfase em diferentes setores e em um planejamento "público" e na tomada de decisões. O incentivo à mudança institucional vem dos grupos "burgueses" da ala direita e de algumas partes da administração do governo, bem como, embora parcialmente, de alguns grupos do Mapai.

Esse conservadorismo não está enraizado somente nos interesses investidos de poder, ansiosos de impedir mudanças na sociedade, ao contrário, está também intimamente ligado à ênfase na contínua expansão da estrutura social existente e na absorção de novos elementos dentro dela. Tal expansão é encarada como uma extensão às estruturas social e econômica existentes e seus estabelecimentos, cooperativas e companhias públicas atuais com poder total da Histadrut.

Esse conservadorismo pode ser dirigido contra elementos "burgueses" do setor privado, considerado por sua vez como "conservador" no sentido europeu costumeiro, mas pode igualmente ser dirigido contra a crescente usurpação do Estado — seja na sua forma legal-universalista ou como o único sustentáculo dos principais valores coletivos.

Devido a essas complexas orientações básicas a coligação quanto às diferentes questões é freqüente, incomum e surpreendente, como já foi acima indicado.

Se bem que em assuntos sociais e econômicos, tanto a Histadrut quanto o "Estado" possam opor-se à liberalização da economia, embora por motivos diferentes, muitos círculos governamentais podem adotar uma política econômica "estatal" ou "liberal" diferente da orientação da Histadrut.

Visto que o governo tende a adotar uma política de longo alcance com vistas à independência econômica, poderá agir contra os interesses da Histadrut como sindicato e poderá também agir contra os interesses investidos do setor privado e da Histadrut como empregadores.

Ao mesmo tempo, houve, como já vimos, uma certa tendência ao desenvolvimento de diferentes alianças cruzadas no campo político. De especial interesse nesse campo, são as alianças relativamente novas entre os diversos grupos da "oposição", da esquerda e do centro que tendem a conservar a estrutura legal-institucional do Estado contra as invasões dos proponentes mais "militantes" do Estado e do executivo, como se fossem a única corporificação de todos os valores coletivos.

Enquanto em certos estágios de desenvolvimento, os que sustentavam os serviços estatais universalistas poderiam ser vistos como inovadores em contraste com os antigos arranjos federativos; posteriormente foi a reivindicação de supervisionar o executivo que constituiu, com efeito, a principal mudança de orientação.

Assim o realinhamento do conservadorismo frente à mudança não coincide com a divisão entre os partidos de direita ou esquerda, tendo a distinção ficado toldada pelo fato de que alguns aspectos do conservadorismo estão intimamente relacionados com o desenvolvimento e a absorção dos imigrantes.

A posição central do Mapai no governo e na Histadrut forneceu um importante foco para o processo político, já que foi no Mapai que a maioria dessas tendências se desenvolveu e foi tomada a maioria das decisões cruciais.

O aspecto estrutural mais importante do poder do Mapai estava no fato de ser o partido dominante (majoritário) na Histadrut e o partido principal em todas as coalizões governamentais.

Embora a Histadrut também fosse uma federação dos principais partidos operários e de alguns grupos religiosos e liberais menores, a maioria que o Mapai possuía dava-lhe um poder vital na estrutura social do Ischuv. Sua influência no setor econômico da Histadrut fornecia o elo crucial entre as exigências dos trabalhadores e a implementação da política do governo, tanto nas esferas social e econômica, especialmente na política salarial.

Os muitos grupos existentes no Mapai incluíam diversos organismos sociais e econômicos, tais como membros de *kibutzim* e *moschavim,* operários não-especializados, operários especializados, um número razoável de trabalhadores profissionais, intelectuais e mesmo empresários particulares de quem, especialmente depois de 1951, o Mapai cuidou muito bem, talvez bem demais.

Havia também no Mapai diferentes grupos sócio-econômicos e políticos, sendo os mais "conservadores" aqueles das elites mais antigas da Histadrut e os mais "inovadores", os empresários da nova economia, administradores, oficiais do exército, profissionais etc.

Sua capacidade em absorver os diferentes grupos e em legislar efetivamente dependia de três condições básicas. A primeira, era sua habilidade em manter o controle do poder no sistema econômico através do governo, da Histadrut e dos estabelecimentos. A segunda, era sua habilidade em usar esse poder para expansão econômica geral e desenvolvimento e para assegurar uma contínua ascensão no padrão de vida. A terceira, era que o Mapai dependia muito da coesão interna de sua liderança, para que as decisões políticas pudessem ser executadas e regulamentadas em face das pressões contraditórias diversas e freqüentes dos vários grupos da população.

Enquanto essas condições foram preenchidas, o Mapai foi capaz de conservar seu controle efetivo e sua posição política central. Foi em seus comitês centrais que as principais transformações da política nos campos econômico, de segurança ou educacional foram discutidas e estabelecidas. Em tais casos, todos os outros partidos agiam como grupos de pressão ou catalisadores das diferentes forças dentro do Mapai.

Desse ponto de vista, é muito significativo o fato de que em quase todas as principais questões os outros partidos eram, em geral, relativamente mais homogêneos e unidos que o Mapai, onde poderia ser encontrada uma grande variedade de atitudes.

Além do mais, não importa quão grande fosse a oposição ao Mapai pelos outros partidos em qualquer assunto específico, tal oposição nunca era unificada em não importa que espaço de tempo a propósito de uma ampla variedade de questões, e mesmo essas mudanças nos padrões de coalizão nem sempre indicavam verdadeiras mudanças políticas.

Enquanto a liderança do Mapai foi coesa e capaz de tomar decisões e de executá-las, essa heterogeneidade de atitudes foi, para ele, uma fonte de flexibilidade e força.

Os líderes do Mapai quando tentavam executar certas políticas, experimentavam às vezes incluir na coalizão os partidos que poderiam se opor a essas mesmas políticas. Desse modo, muitos dos aspectos mais "liberais" da política econômica foram realizados com os partidos de esquerda na coalizão, enquanto que a participação relativamente contínua dos Progressistas, servia freqüentemente como um amortecedor útil em oposição ao desenvolvimento de exigências políticas "liberais" demasiado intensas.

Resolvendo conflitos

A fim de compreender essas questões, é necessário analisarmos como foram resolvidas e quais foram os resultados de tais disputas na estrutura institucional política.

Entre 1949 e 1960 surgiram muitas crises de Gabinete sobre questões políticas, econômicas e religiosas, nem todas, porém, causaram queda de governos. Na realidade, a queda do Gabinete israelense era geralmente produzida, não por votos de não-confiança, mas pela renúncia do Primeiro-Ministro (oito vezes Ben-Gurion e uma vez Mosche Scharett). Além do término constitucional do Mandato, as questões que provocaram tais renúncias foram:

1) proposta de estabelecer um Ministério do Comércio e Indústria a ser ocupado por uma pessoa não pertencente ao Knesset ou a um partido político;

2) rejeição da responsabilidade coletiva pelos partidos religiosos na coalizão pela oposição ao serviço militar para mulheres, unificação do sistema educacional de quatro ciclos e por falhar no apoio ao governo por votação no Knesset;

3) rejeição de responsabilidade coletiva através da abstenção durante uma votação de não-confiança no Knesset, envolvendo uma acusação contra o Dr. Israel Kastner, líder do Mapai, de ter feito acordos com o nazista Adolf Eichmann;

4) rejeição de responsabilidade coletiva e violação de sigilo de gabinete ao tornar pública a decisão de enviar uma missão secreta à República Federal da Alemanha, com o propósito de negociar vínculos militares e em buscar auxílio para um compromisso com a Organização do Tratado do Atlântico Norte a fim de garantir a segurança de Israel;

5) oposição religiosa à definição do gabinete do termo "judeu" para efeito de registro nas carteiras de identidade;

6) rejeição de responsabilidade coletiva em conexão com a venda de armas fabricadas em Israel à República Federal da Alemanha;

7) recusa do Primeiro-Ministro Ben-Gurion em aceitar um inquérito ministerial sobre o caso Lavon;

8) por último, a tentativa de Ben-Gurion em forçar o novo Primeiro-Ministro Levi Eschkol a instituir tal inquérito.

Embora a maior parte dessas crises fossem centradas em "questões de princípio", as mudanças no governo, de modo geral, não afetaram especialmente a fixação desses problemas e era raro o novo governo aproveitar estas oportunidades para provocar modificação de *status quo* nesses assuntos.

Além do mais, embora os diferentes partidos freqüentemente mantivessem essas diversas questões de princípios nas eleições, elas não eram de importância vital na formação da coalizão, onde algum *modus vivendi* entre os diferentes partidos era, geralmente, obtido sem uma grande adesão às plataformas eleitorais.

Embora ocorressem mudanças significativas na política econômica, social ou imigratória, essas não eram necessariamente proclamadas nas campanhas eleitorais, nem mesmo completamente debatidas em público. O desenvolvimento real de tais políticas funcionava normalmente por intermédio de acordos mútuos entre interesses diversos, sobretudo no Mapai e através das pressões de vários outros fatores em grupos que faziam parte dele, reforçando desse modo a predominância do sistema político de Israel e do Ischuv.

Crises de legitimação e desenvolvimento de novas forças

Em que medida a elite política do país e principalmente a liderança do Mapai foram capazes, através da realização das diversas coligações, de tratar os novos problemas e forças que surgiam continuamente no cenário político de Israel?

É desnecessário dizer que esse sucesso sempre foi parcial. Em alguns dos casos mais extremos, esses desenvolvimentos criaram crises intermitentes na legitimação do sistema político existente. Tanto quanto podemos apurar, a maioria dos cidadãos se identificava com o Estado como tal e com os princípios básicos de Estado e independência judaicos, embora o significado dado a essas metas diferisse entre os vários grupos. Entretanto isso não abrangeu necessariamente os arranjos institucionais do Estado.

Em diversos estágios do desenvolvimento apareceram várias manifestações negativas aos arranjos institucionais concretos. A primeira delas foi observada nas atividades do Schurat Hamitnadvim fundado principalmente por estudantes no começo da década de 50, e cujas finalidades declaradas eram:

1) ajudar os novos imigrantes nos vários aspectos;

2) denunciar os delitos e as atividades desleais praticadas por funcionários nas organizações políticas e econômicas do governo e nos diversos partidos políticos.

O Schura começou suas atividades de vigilância com a esperança de recriar a atmosfera ideológica da época dos "pioneiros" e também de abolir a corrupção. Sua atitude era puritana na medida em que denunciava qualquer manifestação de luxo ou de benefício pessoal proveniente dos cofres públicos.

O auge das atividades do Schura foi o julgamento no qual o Inspetor de Polícia Amos Ben-Gurion o processou por calúnia, alegando ter sido acusado de participar em acordos ilegais e de suprimir certos casos antes de serem levados a julgamento.

O veredicto dado tanto pela Suprema Corte como pela Corte Distrital foi contra o Schura. Entretanto, a Suprema Corte, enquanto mantinha sua própria decisão, decidiu a 4 de junho de 1960 diminuir a multa imposta ao Schura. Posteriormente descobriu-se que tinham ocorrido muitas irregularidades na apresentação do caso pela promotoria. O julgamento teve algumas conseqüências de longo alcance, sendo a mais importante a remoção de um antigo inspetor geral da polícia de seu posto por falso testemunho.

As conclusões e resultados do julgamento foram muito interessantes do ponto de vista da institucionalização e legitimação dos diferentes órgãos do Estado. Embora fosse aparente a existência de diversas irregularidades nos órgãos estatais, a importância de tais irregularidades como focos de negação da legitimação do regime começou a diminuir. Nos primeiros estágios do Estado poderiam ter servido a vários elementos da "velha guarda" que se viram esquecidos pela nova "instituição" ou viram uma traição dos antigos valores primitivos do pioneirismo. Mas com o desenvolvimento posterior a aceitação de tais grupos vigilantes e suas exigências em servir como um substituto às costumeiras atividades de controle do Estado pareceu diminuir. Por outro lado, as atividades de controle e legitimação das cortes foram mantidas e foi o estabelecimento e aceitação dessas que se constituiu na mais importante seqüência do julgamento.

Posteriormente foram feitas tentativas para negar a legitimação do regime por diversos grupos menores, tais como o Hapeulá Haschemit e o Hamischtar Hehadasch, bem como por alguns intelectuais independentes.

O Hapeulá Haschemit estava intimamente ligado ao semanário algo sensacionalista *Haolam Hazé*. Apesar de sua ampla circulação ter parecido aumentar devido ao seu caráter sensacionalista, muita gente também lia o periódico por causa de sua atitude global de crítica ao governo.

O Hamischtar Hehadasch foi fundado por diversos ex--membros proeminentes do Mapai e do Herut, assim como por alguns intelectuais independentes. O grupo, partindo da formação de um tipo de "organização de oradores independentes", tentou instituir-se como um partido político, mas não se registrou como tal nas eleições e, logo após o pleito de 1959, a organização foi dissolvida.

Esse grupo exigia mudanças em quase todos os campos sociopolíticos e econômicos. Sua crítica abrangia desde as relações entre religião e Estado até a impotência da política externa atual, relativa aos Estados vizinhos ou à política econômica que na opinião deles anulava qualquer perspectiva de independência econômica.

Eram na realidade um grupo francamente da oposição cuja principal reivindicação consistia na mudança total do regime político e da classe dominante como única solução para os problemas, segundo pretendiam, estava baseada na dependência contínua de fontes econômicas estrangeiras e na supressão de qualquer atividade independente.

Desenvolvimento de forças independentes e do voto flutuante

Com o passar do tempo surgiram cada vez mais questões e problemas que, aos olhos de certos elementos do povo, não foram bem resolvidos por quaisquer dos partidos políticos ou instituições existentes, criando desse modo tensões e preocupações.

O desenvolvimento de um voto flutuante e de forças independentes da opinião pública indica a preocupação do povo com relação a problemas que não são tratados pelas tradicionais e antigas exigências dos diversos partidos.

Isso tornou-se especialmente evidente durante as eleições de 1959 e 1961 e durante algumas das três eleições municipais de 1961, quando certas características do voto flutuante tornaram-se visíveis.

Em termos de influência quanto à distribuição básica de cadeiras no Knesset, essas mudanças — que nunca excederam de sete para dez no Knesset — não foram muito importantes. Mas no contexto da política israelense constituíram considerável preocupação para os diferentes partidos.

Uma análise mostra que essas mudanças surgiram entre os novos imigrantes nos "últimos estágios da absorção", aqueles já instalados até certo ponto em estabelecimentos urbanos ou rurais que se sentiram capazes de participar no processo político especialmente local, mas também em nível central.

A segunda causa dos votos flutuantes se assentava na emergência dos diversos grupos profissionais. Alguns da geração mais jovem provavelmente podiam ser também contados entre esses grupos, embora não haja dados estatísticos exatos sobre seu comportamento nas eleições.

Em adição ao que foi dito acima, alguns grupos "marginais mais antigos" das classes média e média baixa parecem ter sido importantes nesse contexto.

A colocação estrutural desses elementos na sociedade israelense é de grande importância para a nossa análise; indica que pelo menos alguns dos grupos são o "produto" — ainda que o produto não-antecipado — da política visada na perpetuação dos arranjos "totalitários'", "federativos" dos diferentes partidos, especialmente do Mapai, mas que na realidade geraram e criaram novos tipos de participação política.

Uma mudança parcial semelhante também ocorreu nos focos da opinião pública independente, o que pode talvez ser melhor observado no desenvolvimento do jornalismo. Novos desenvolvimentos surgiram, sendo de especial importância o aumento em circulação de dois vespertinos, o

Maariv e o *Iediot Aharonot*. Sobretudo o *Maariv* que é propriedade privada de diversas companhias e tem sempre tido uma posição muito independente.

Estas atitudes independentes articularam-se de maneira mais completa durante o caso Lavon e suas conseqüências. Uma indicação importante desse desenvolvimento foi o fato de que em quase todos os partidos — e sobretudo no Mapai — grandes pressões do povo, especialmente dos novos membros jovens e dos profissionais, fizeram progredir e desafiaram a política partidária oficial.

Não é fácil para esses grupos tornarem-se independentes e articulados devido ao grande poder das máquinas partidárias existentes. Mas esses desenvolvimentos indicam a crescente importância potencial de tais forças e o sentimento de insatisfação com os muitos arranjos existentes.

Novo conflito, problemas e tensões

As conseqüências do caso Lavon, a subseqüente política econômica de desvalorização de fevereiro de 1962, os contínuos problemas relativos aos novos imigrantes e, por último, as eleições de 1965, estimularam bastante a consciência geral das questões mencionadas e fizeram surgir a questão de até que ponto a liderança política existente seria capaz de representar a crescente variedade de exigências e problemas políticos.

Vários grupos provocaram uma crescente pressão para coagir as instituições políticas centrais, conseqüentemente diminuindo sua habilidade para regular e integrar esses interesses e formular uma política efetiva. Esses desenvolvimentos tornaram-se aparentes pela primeira vez nas diversas "revoltas" contra a autoridade da Histadrut e continuaram de várias maneiras durante 1962 e 1963.

Embora a reação inicial à nova política econômica parecesse enfatizar muitos dos antigos ajustamentos e medidas *ad hoc* às pressões, a política foi no conjunto bem sucedida (pelo menos, até fins de 1963) na manutenção da estabilidade econômica. A onda de greves "não oficiais" difundidas entre funcionários e profissionais, sucedendo-se regularmente desde 1964, é um importante indício dos problemas e dificuldades existentes e tem lançado sérias dúvidas sobre as possibilidades de estabilidade contínua.

Porém, a cristalização de listas "étnicas" específicas — especialmente em eleições municipais — tem talvez, muito mais do que se imagina, implicações de longo alcance. O aparecimento de tais listas pode ser interpretado como um desenvolvimento posterior às ocorrências em Wadi Salib — e, na verdade, constitui desenvolvimentos novos e muito importantes na articulação política dos grupos imigrantes. Os dois desenvolvimentos mais importantes nesse setor ocorreram em agosto de 1963 durante as eleições municipais em Aschdod e Beerscheba.

Essas duas cidades desenvolveram-se somente depois do estabelecimento do Estado e em ambas a maioria da população abrange novos imigrantes, dos quais dois terços são "orientais". Nestas cidades existem amplas possibilidades de emprego.

Foram desde o começo administradas de "cima" — pelas diferentes jurisdições em desenvolvimento e (especialmente em Beerscheba) por líderes dinâmicos da elite mais velha do Mapai, sendo na realidade governadas pelas centrais dos diversos partidos políticos. Porém, com a crescente evolução e estabilidade econômica, diversos grupos de imigrantes envolveram-se na atividade pública e ingressaram na arena política.

A revolta dos diversos grupos de imigrantes e seus líderes, combinada aos conflitos pessoais, fornecendo o principal motivo às crises na coalizão municipal dominada pelo Mapai, levaram a novas eleições no verão de 1963.

Na mesma época, um amplo movimento nacional de grupos orientais foi organizado por um grupo de judeus orientais (especialmente do Iraque) muito abastados de Ramat Gan e Jerusalém que proporcionou apoio moral e material à lista "étnica" local de Beerscheba e ao seu líder David Chacham.

Conseqüentemente o Mapai procurou um candidato adequado que pudesse ser aceito tanto pelos veteranos como pelos grupos imigrados. Encontrou seu candidato ideal na pessoa do juiz Eliahu Nawi que viera do Iraque com treze anos, e que abriu sozinho seu próprio caminho oriundo da classe trabalhadora. Foi nomeado junto com dois outros candidatos orientais originários da África do Norte e do Egito.

Os resultados das eleições em Beerscheba mostram uma diminuição nos votos do Mapai, nenhuma mudança nos do Mapam, um aumento nos dois partidos religiosos e um sucesso para a lista étnica que fez dois dos quinze membros do Conselho da Cidade.

Depois de demoradas negociações foi formada uma coalizão entre o Mapai, Mapam e os dois partidos religiosos (o Partido Religioso Nacional e o Poalei Agudat Israel) encabeçada por Nawi.

As eleições em Aschdod tiveram lugar uma semana antes das de Beerscheba. Dos dezesseis mil habitantes de Aschdod, apenas cinco mil puderam votar e desses somente dois mil já haviam participado de eleições anteriores, sendo os restantes novos imigrantes. Aschdod, cidade típica de desenvolvimento, com uma nova estação de força e com o porto mediterrâneo mais meridional do país, quase pronto, é habitada principalmente por judeus da África do Norte. Os habitantes mais antigos formam uma minoria indiferente e normalmente ocupam posições profissionais e empresariais.

A coalizão que governava a cidade era constituída pelo Mapai e pelos partidos religiosos e era encabeçada por um imigrante do Egito (Robert Haim) que representava o Mapai; o segundo em importância, Boskiliá, também era de origem oriental. Os veteranos de Aschdod não se misturavam com os novos imigrantes e evitavam participar na direção dos assuntos da cidade. Desse modo, desenvolveu-se uma elite local de judeus orientais, que com apoio partidário, dirigia tais assuntos. Cerca de um ano antes das eleições municipais os quartéis-generais do Mapai começaram a debilitar a administração local.

Ao contrário de Beerscheba, em Aschdod o Mapai enfrentava um grupo partidário mais ou menos consolidado e capaz de agrupar em torno de si sua própria liderança local.

Novamente, ao contrário de Beerscheba, as eleições em Aschdod se realizaram num clima de relativa indiferença e à maneira do "toma-lá-dá-cá", já que os políticos locais mudavam suas afiliações partidárias dia a dia.

Os resultados da eleição mostraram uma diminuição nos votos para o Mapai e um aumento para os partidos religiosos (que receberam um número de votos igual ao Mapai) e para a lista "étnica" que elegeu dois dos onze membros.

Depois de prolongadas negociações foi formada uma coalizão entre o Mapai e os partidos religiosos, e com a nova lista "étnica" aderindo ao Partido Liberal. Mais uma vez, apesar do número de votos para o Mapai ter diminuído, o partido conseguiu preservar sua posição de poder na cidade.

Esses desenvolvimentos indicam problemas de grande importância potencial para o cenário político de Israel.

Em ambos os casos, o ponto crucial do problema está nas tentativas feitas pelo partido existente em diminuir a importância e a independência da liderança local. Em ambas as cidades e, é lógico, em muitos outros lugares de Israel, os grupos imigrantes foram introduzidos na arena política, tornando-se mais organizados e articulados em suas exigências e criando seus próprios líderes.

Suas exigências eram muitas. Até no nível menos articulado as reivindicações eram de benefícios econômicos mais amplos e diretos. Mais tarde essas exigências tornaram-se mais nítidas, expressas em termos de uma maior e mais independente participação no cenário político e, quando frustradas, podiam facilmente levar a explosões focalizadas em símbolos étnicos.

Embora os partidos "tradicionais" continuassem a governar depois das eleições de 1963, apesar do sucesso das listas "étnicas", tornou-se evidente não ser mais possível ignorar as opiniões e a influência da maioria dos habitantes locais e seus líderes. Várias alternativas básicas se desenvolveram, fundamentadas no êxito relativo dos partidos mais antigos contra as novas listas "étnicas" e na necessidade de impedir o possível desenvolvimento dos partidos "étnicos" em todo o país que, na realidade social de Israel, evoluiriam rapidamente em partidos de grupos sócio-econômicos inferiores, ativados por líderes populistas. Mas se os partidos mais antigos tivessem êxito na absorção desses novos elementos e suas reivindicações, teriam de ceder à maioria dos grupos menores quanto às suas necessidades relativamente não articuladas, diminuindo dessa forma sua capacidade de socializar tais grupos dentro de suas estruturas.

Uma outra possibilidade era tornar acessível canais mais amplos de mobilidade e aumentar a participação ativa de novos elementos e liderança nos partidos existentes e ao mesmo tempo minimizar os símbolos e exigências puramente "étnicos".

Nas eleições de 1965 parece, ao menos por enquanto, que essa última alternativa passou a ser predominante. Os partidos "étnicos" fracassaram totalmente em nível nacional e apenas tiveram êxito de modo muito parcial em nível local. Ao mesmo tempo tem-se a impressão de que o Rafi tornou-se um condutor pelo menos dos votos "étnicos".

Transformações no Mapai

O padrão contínuo e dominante do governo em Israel era o da coalizão concentrada ao redor do Mapai, com a maioria dos partidos, exceção feita aos comunistas e ao Herut, prontos e desejosos de participar em tal coalizão. Dessa forma, nenhum dos outros partidos transformou-se numa oposição efetiva com um programa alternativo e pronto a arcar com a responsabilidade total da formação de um governo.

A situação permitiu ao Mapai manobrar entre os diversos partidos que agiam, por sua vez, como grupos de pressão sobre ele, exigindo diversos benefícios.

A situação também permitiu ao Mapai e ao Primeiro-Ministro proclamarem sua condição de indispensáveis e sua identificação com o Estado, desenvolvendo dessa forma uma atitude cavalheiresca em relação a todos os demais partidos.

Essa superioridade entretanto era suavizada pelo fato de o Mapai não ter tido jamais uma maioria nítida no governo e, em conseqüência disso, ter de procurar continuamente diversos aliados, fazendo concessões de longo alcance tanto aos diferentes partidos como aos inúmeros grupos de interesse na sociedade.

A predominância efetiva do Mapai, embora limitada, estava arraigada nas características histórico-sociológicas básicas do Ischuv analisadas no Cap. 4. Com o estabelecimento do Estado, esse sistema mudou através da unificação das estruturas políticas e dos processos de diferenciações social e econômica descritos acima.

Mais uma vez o Mapai desempenhou um papel crucial nesse ponto. Seus líderes dirigiram a transformação do Ischuv em Estado e estabeleceram muitas das estruturas e símbolos do novo Estado.

Embora as bases da predominância do Mapai permanecessem arraigadas nos motivos históricos descritos acima, teve que contar de modo crescente com sua habilidade em monopolizar as principais posições de poder e formular uma política flexível. Essa flexibilidade atraiu diferentes grupos e camadas da população para o Mapai e enfraqueceu a atração exercida pelos outros partidos. Devido à sua relativa flexibilidade, assim como à sua estratégica posição no poder, o Mapai invariavelmente encontrava aliados entre os vários grupos, mesmo que não os encontrasse entre coalizões partidárias reais.

Assim sendo, o Mapai dependia muito da sua habilidade em combinar um certo conservantismo básico com o início de novos programas de ação que poderiam promover o desenvolvimento de novos órgãos e atividades estatais, tentando solucionar novos problemas. Esses fatos explicam a continuidade e a habilidade da estrutura institucional existente em absorver novos elementos com tendências inovadoras nas esferas social, econômica e política (sejam eles novos imigrantes e seus líderes, profissionais, empresários ou membros de uma nova geração política).

Alguns dos últimos desenvolvimentos mostram a posição peculiar e ambivalente que o Mapai mantém nesse contexto. Sua força estava arraigada numa combinação de "conservantismo" e flexibilidade, mas sua liberdade em manobrar foi dificultada pelas diferenciações sociais e por interesses divergentes que tinha de conciliar. Desenvolveu-se também sólidos interesses atribuídos a suas próprias posições de poder no governo, interpretando naturalmente quaisquer tentativas de minar essas posições como ameaças à estabilidade do Estado.

Com o aumento da pressão dos vários grupos nos seus dois principais interesses e sobre a posição de poder no governo tornou-se mais difícil manter sua posição e o conservantismo do Mapai deve ter-se tornado um importante obstáculo a um desenvolvimento político posterior.

É possível que esses desenvolvimentos tenham "congelado" a capacidade de lidar com os inúmeros novos problemas, podendo ter baixado nos últimos tempos o nível de participação política e a eficiência global do sistema.

A fraqueza potencial do Mapai pode também ser percebida no que foi uma das suas principais forças — o duplo papel do partido dirigente tanto na Histadrut como nas coalizões governamentais. Durante muitos anos essa combinação favoreceu o desenvolvimento e execução das políticas de longo alcance e a regulamentação das exigências feitas pelos diferentes grupos de trabalhadores. Mas ela é capaz de tornar o governo e o Mapai demasiado suscetíveis às diversas pressões e exigências, solapando o alcance da sua facilidade de manobras.

Problemas semelhantes naturalmente se revelaram na maioria dos outros partidos, os quais precisavam encarar as alternativas ou de desenvolver novas estruturas políticas próprias ou de persuadir o Mapai a criar tais estruturas para eles.

Ainda é difícil calcular a resistência dessas forças sociopolíticas com suas diferentes reivindicações e a habilidade da liderança nacional em formular novas políticas efetivas para lidar com tais reivindicações.

Alguns desses problemas atingiram o ponto culminante com a segunda renúncia de Ben-Gurion em 1963 e com a ascensão de Levi Eschkol ao cargo de Primeiro-Ministro. O fato de os cargos de Primeiro-Ministro e Ministro da Defesa terem passado das mãos de uma personalidade fortemente carismática como Ben-Gurion para as de Eschkol, teve poucas conseqüências e a legitimação do novo governo tendo sido aceita, contribuiu bastante para a estabilidade potencial do sistema político. Essa estabilidade e a rotina efetiva do sistema seriam realçadas se o governo de Eschkol provasse sua eficiência. Todos esses problemas tornaram-se mais cristalizados nas eleições de 1965.

As eleições de 1965

As eleições de 1965 marcaram um importante ponto crítico quanto às coligações políticas de Israel em geral e quanto às relações entre o conservantismo e o radicalismo no sistema político israelense em particular.

Sucederam-se algumas importantes manifestações. Em primeiro lugar, foi formada a coligação entre Mapai e Ahdut Haavodá, em um esforço inicial para realizar a consolidação plena do que é geralmente chamado a Ala Esquerda dos Trabalhadores que era, ou gostaria de ter sido, o começo de uma tendência à unificação total do Movimento Trabalhista, o qual, à primeira vista, poderia pretender formar uma concentração de "conservadores" no cenário israelense. Em segundo lugar, o bloco da "ala direita", paralelo à Coligação foi criado no Gahal: os Liberais do Herut — formado pela maioria dos Sionistas Gerais e um pequeno número de Progressistas. A maioria dos antigos Progressistas continuou no quadro do Partido Liberal Independente. Essa combinação enfatizava a tendência do Herut em passar de um partido isolacionista para uma posição parlamentar regular e reconhecida, baseada em interesses econômicos específicos de escala não desprezíveis dos diversos grupos sociais. O Partido Comunista também dividiu-se (ver p. 373).

Finalmente foi formado o Rafi. Isso poderia parecer inicialmente a mais significativa manifestação quanto às diferentes possibilidades de mudança da estrutura política em Israel. A formação do Rafi tinha relação, como vimos, com o caso Lavon e com a ruptura entre Ben-Gurion e os líderes veteranos do Mapai, que formavam a Coligação. A formação desse partido também estava intimamente relacionada à recusa de Ben-Gurion em reconhecer a legitimidade do sistema político existente — um sistema de representação proporcional e de coalizões.

A ruptura entre Ben-Gurion e o Mapai teve início com a carta de Eschkol aos membros do grupo Min Haiessod (março de 1964), que continha, de fato, uma promessa do retorno de Lavon à atividade política e também de evitar novamente a reabertura do caso. Ben-Gurion considerou esse fato como sendo um malogro da justiça e protestou devido à falta de separação entre as autoridades administrativa e judicial.

Em seguida à recusa pelo Mapai do pedido para se refazer a investigação do caso e transferi-lo a um comitê judicial, Ben-Gurion rejeitou inteiramente a liderança do partido e seu esquema. Quando, numa fase posterior, considerou-se incapaz de obter o controle de uma maioria nos órgãos existentes do partido, declarou em julho de 1965 a fundação de um novo partido — o Rafi (Reschimat Paolei Israel). O novo partido foi criado tendo como base um número de pontos importantes:

1. A personalidade e liderança de Ben-Gurion.
2. A exigência de reabrir o caso sob os auspícios judiciais (exigência que mais tarde, no decorrer das eleições, foi bastante negligenciada).
3. A exigência de mudar o sistema de eleições (de representação proporcional para representação pessoal-regional) [13].

---

[13]. Uma exigência que alguns anos antes fora aceita mas não executada pelos órgãos partidários do Mapai.

4. A exigência de uma rápida modernização da agricultura, indústria e instituições educacionais, para uma.
5. Representação mais extensa dos grupos étnicos e áreas em desenvolvimento.

O Rafi esperava receber, em virtude de sua liderança (encabeçada por Ben-Gurion), uma alta porcentagem dos votos eleitorais a fim de que, mesmo não atingindo uma maioria, pudesse pelo menos constituir um fator crucial na formação do governo.

A combinação dos tópicos da plataforma do Rafi e o motivo de sua formação, tenderam a enfatizar que, de acordo com seu parecer, nenhuma inovação real era possível na estrutura política existente e que essas estruturas eram incapazes de lidar com os principais problemas novos, como modernização, absorção de grupos étnicos, já que qualquer inovação estaria condenada ao fracasso devido à necessidade dos compromissos inerentes ao sistema de coalizão existente. A inovação comparativa no surgimento do Rafi foi enfatizada por outro fato — era o único entre os grandes e médios partidos políticos que não provinha de um partido, ou de um movimento de colonizadores, ou do movimento sionista da época anterior à formação do Estado. Era como se fosse o primeiro partido puramente "israelense".

Numerosos grupos uniram-se ao Rafi: parte dos "jovens" líderes do Mapai (M. Dayan, S. Peres, S. Yizhar etc.) que em certas ocasiões eram chamados de "executores" e que se consideravam representantes das forças por trás das inovações políticas e sociais: uma pequena parte do bloco veterano dentro do Mapai (especialmente dos *moschavim*); alguns elementos dos grupos étnicos de origem oriental, ativos em assuntos partidários nas cidades (especialmente naquelas em desenvolvimento).

Vemos assim que nessas eleições dois blocos comparativamente grandes foram formados pela primeira vez — a Coligação e o Gahal — que representavam atitudes sociais e econômicas e até certo ponto também atitudes políticas diferentes. Desse modo parecia que se alcançaria uma possibilidade de formação de uma alternativa ao poder do Mapai. Surgia também na forma do Rafi, pela primeira vez, uma força política que à primeira vista dava a impressão de rejeitar a legitimidade do sistema político existente. Essa força não era nem marginal (como a Lista do Partido Haolam Hazé) ou de outros grupos dissidentes, nem étnico-separatista (embora, como já foi notado, tenha absorvido um pouco da tensão étnica), mas antes era proveniente do núcleo da arena política.

No começo da campanha geral das eleições — que foi longa, amarga e muito custosa — e durante as eleições para a Histadrut (em setembro de 1965, dois meses antes das eleições para o Knesset) essas duas forças — Gahal de um lado e Rafi de outro — pareciam ser capazes de perturbar o sistema de poder em Israel. 77,6% do eleitorado da Histadrut (que compreende 60% dos eleitores ao Knesset) votaram nessas eleições. As seguintes sete listas partidárias participaram na eleição: Coligação, Rafi, Liberais-Independentes, Mapam, Gahal, e dois grupos comunistas. A principal inovação nessas eleições foi o aparecimento de uma lista de candidatos da Histadrut ligada ao Herut — o grupo Azul e Branco que se uniu à facção dos Sionistas Gerais na Histadrut, e que apareceu conjuntamente com o "Bloco Liberal do Herut". O aparecimento do Herut no cenário político da Histadrut constituiu uma inovação importante, pois, essa parcela precária e seus fundadores estavam entre os líderes da oposição à Histadrut e sua estrutura. A importância dessa novidade era realçada pelo fato de ter o Herut uma seção de trabalhadores na forma de "Organização Nacional de Trabalhadores" (com cerca de 50 000 membros) que não se afiliavam à Histadrut e que também se opunham à formação de uma facção do Herut na Histadrut. Esses fatos foram acentuados pela maioria na Histadrut a fim de justificar sua oposição à proposta do Herut para a formação de uma facção política dentro da Histadrut. A disputa principal era de que a uma facção que se esforça em dissolver a Histadrut não se lhe deveria permitir agir dentro dela. Os órgãos da Histadrut decidiram antes das eleições, por uma ampla maioria, rejeitar o pedido de admissão do Herut. Essa decisão foi levada aos tribunais pelo Herut, que julgaram a decisão da Histadrut ilegal, sendo permitido ao Herut formar uma facção separada.

O resultado dessas eleições trouxe uma considerável mudança na organização política da Histadrut. A Coligação recebeu 50,88% dos votos, 17% dos quais foram destinados ao Ahdut Haavodá. O resultado final, portanto, foi que o Mapai recebeu apenas 33% em comparação aos 56% recebidos por ele nas eleições para a Nona Conferência (fevereiro de 1960) — perdendo dessa forma, pela primeira vez, sua maioria na Histadrut. O Mapam não chegou a receber 1% a mais do que na eleição anterior (de 13,9% em 1960 a 14,5% em 1965). Os Independentes-Liberais receberam cerca de 4,4% (em comparação aos 5,8% nas eleições de 1960). O Rafi recebeu cerca de 12% dos votos eleitorais e os dois partidos comunistas receberam cerca de 3% (igual a 1960).

A surpresa estava na ascensão do Bloco Liberal do Herut, que agora se constituía no segundo maior partido na Histadrut, após ter recebido 15,2% dos votos (em comparação aos 3,5% que os Sionistas Gerais receberam sozinhos em 1960). O nítido aumento no número dos votos recebidos pelo Gahal pode ser explicado pelo fato de os defensores do Herut na Histadrut terem sido anteriormente forçados a votar em outros partidos. (Pareciam ter tendência para votar no Ahdut Haavodá.)

Porém essa nova tendência não se repetiu nas eleições ao Knesset — e pode haver alguma base para a alegação de que os resultados das eleições para a Histadrut alarmaram partes suficientemente grandes do público e dessa forma influenciaram os resultados das eleições ao Knesset. A porcentagem de votantes foi maior do que em grande parte das eleições anteriores e cerca de 83% de todos os eleitores votaram. A Coligação (Mapai, sem Rafi e Ahdut Haavodá) conseguiu manter sua posição e até mesmo ganhar 2% sobre o Mapai nas eleições de 1961 (34,7% em 1961 e 36,7% em 1965). O Rafi recebeu cem mil votos, compreendendo 7,9% do número total de votos calculados. O Rafi, Mapai e Ahdut Haavodá juntos receberam 3,3% de votos a mais do que nas eleições ao quinto Knesset. O Mapam perdeu 0,9% (recebendo 6,6%) e os dois partidos comunistas perderam 0,8% em comparação à sua posição no quinto Knesset. De um modo geral, o bloco da ala esquerda manteve sua posição e continua a receber cerca de 50% do total dos votos computados.

É interessante notar que o "Novo Partido Comunista" recebeu quase o triplo dos votos recebidos pelo "Partido Comunista Hebraico", fato que parece substanciar a suposição de que o Rafi é apoiado especialmente por votantes árabes.

O bloco religioso perdeu cerca de 1,4% nas eleições gerais de 1965, diminuindo para 14%. O Bloco Liberal do Herut não conseguiu reforçar a representação da ala direita. O "bloco" recebeu 21,3% dos votos eleitorais, em comparação aos 13,5% e aos 6,2% que o Herut e os Sionistas Gerais receberam respectivamente nas eleições ao quarto Knesset. Os Liberais-Independentes conseguiram de certa forma manter os 3,8%.

Se, entretanto, combinarmos a porcentagem que o Partido Liberal-Independente recebeu no quinto Knesset (38%) e compará-la à porcentagem recebida pelos Partidos Liberal e Herut juntos, veremos claramente que o bloco da "ala direita" sofreu uma perda de 2,3%. Essa diminuição é insignificante e pode-se concluir que não aconteceram mudanças de longo alcance no equilíbrio de forças.

E por fim deveria ser notado que as listas étnicas e pessoais de candidatos propostos para eleição ao sexto Knesset não conseguiram nem mesmo obter o número de votos (cerca de 10 000) necessários para assegurar um representante no Knesset, com exceção da lista do Haolam Hazé, encabeçada por U. Avneri, que foi eleito.

Durante essas eleições ocorreram algumas evoluções interessantes em nível municipal:

1. Uma diferença entre o padrão de votação para o Knesset e o padrão de votação para autoridades locais manifestou-se em vários concelhos locais e municipalidades. A discrepância mais visível foi observada em Jerusalém — onde o Rafi recebeu 20% dos votos (igual aos da Coligação) — comparada aos 7% que o Rafi recebeu nas eleições ao Knesset. Semelhante discrepância ocorreu em diversas outras municipalidades, mas em cada uma delas referia-se a partidos políticos diferentes. Em Hedera, por exemplo, o Gahal recebeu uma porcentagem de votos maior do que nas eleições gerais.

2. Essas discrepâncias nos padrões de votação podem ser largamente atribuídas à distinção feita pelo eleitorado entre os dois níveis de eleição e à tentativa de votar em um candidato que parecesse pessoalmente adequado antes do que no partido que o apoiasse. (Mais uma vez a manifestação evidente dessa tendência foi o número de votos recebidos por Teddy Kolleck em Jerusalém.) Por outro lado, não há dúvida de que os partidos são a mais poderosa força atuante em nível municipal.

3. Outro fato que ficou claro depois das eleições foi a tendência de desalojar o Mapai de sua posição anterior de controle em vários concelhos e municipalidades.

Em diversas localidades, como Ierucham, Hedera, Netivot, Aschkelon, Kiriat Schmoné e outros lugares semelhantes, foram formadas coalizões entre o Rafi, o Gahal e os partidos religiosos. Essa tendência foi especialmente marcante nas cidades em desenvolvimento.

A explicação dada (especialmente pelos representantes do Rafi) para as razões existentes por trás dessa tendência foi que o desalojamento do Mapai do poder nas jurisdições municipais daria ensejo ao desenvolvimento de uma liderança local independente, que atuaria como uma espécie de "controle mútuo" ao governo central. É ainda muito prematuro determinar se essa pretensão será correta ou não. Porém, não há dúvidas de que houve uma certa mudança no cenário político israelense. Por outro lado, deveria ser enfatizado que o Mapai conseguiu manter sua posição de poder na maioria das municipalidades das grandes cidades (Telavive, Haifa, Petach Tikva, Guivataim, Kfar-Saba e outras).

O novo governo compreendido pelo Mapai, Ahdut Haavodá, Mapam, pelos Liberais-Independentes, Mafdal e Poalei Agudat Israel, encabeçado por Levi Eschkol foi formado em janeiro de 1966. Por essa razão o governo tem o apoio de setenta membros do Knesset.

O processo de formação do novo governo impôs negociações cansativas, no decorrer das quais foi exercida pressão sobre o principal partido na coalizão (Mapai) por todos os interessados. A pressão maior foi exercida pelos partidos religiosos com relação aos assuntos religiosos, recebendo promessas que garantiam uma posterior restrição dos serviços públicos e das indústrias, aos sábados (inclusive no porto de Aschdod e nas fazendas agrícolas) e a proibição de autópsias sem o consentimento das famílias dos falecidos, exceto nos casos excepcionais.

A inclusão do Mapam na coalizão foi possível ao lhe ser dada a permissão de reservar o direito de voto independente em assuntos que considerava serem de especial importância (relações com a Alemanha e desarmamento atômico).

Os Liberais-Independentes receberam promessas relativas à política salarial, à extensão da legislação básica a fim de salvaguardar os princípios democráticos e também à execução da supervisão e orientação públicas sobre hospitalização através do Ministério da Saúde. O governo foi finalmente aprovado a 12 de janeiro de 1966 por maioria de setenta e cinco votos do Knesset. Era formado de dezoito ministros, cinco dos quais novatos.

Como foi dito anteriormente, as eleições de 1965 foram extremamente importantes no tocante aos principais problemas do sistema político de Israel, sobretudo quanto às relações entre conservantismo e inovação nele existentes, por um lado, e entre sua continuidade e habilidade em lidar com novos problemas, por outro.

Do ponto de vista da "continuidade" do sistema, essas eleições mostraram o relativo fracasso das tentativas de diversos grupos — e em especial do Rafi — de solapar sua legitimidade.

Na verdade, o Rafi foi severamente prejudicado nessas tentativas — particularmente e de modo assaz paradoxal — devido à combinação de recursos que tentou promover. Havia por um lado o apelo pessoal e carismático de Ben-Gurion negando, em suas manifestações extremas, a legitimação ou validade de quase toda a posição institucional do regime, tentando basear suas exigências de mudança do regime na combinação de carisma pessoal e no monopólio sobre o ativismo e a experiência política e técnica. Havia a reivindicação dos grupos e líderes mais jovens em termos de "modernização" e inovação em oposição aos interesses assentados e à falta de iniciativa inovadora dos grupos mais velhos — exigência que talvez perdeu alguns de seus atrativos pelo fato de a maioria dos líderes ser até muito recentemente membro do governo, onde não lutava necessariamente pelas idéias que agora começava a advogar. E, por fim, havia o apelo à problemática dos diversos grupos étnicos — especialmente para alguns daqueles que eram entre eles mais inconstantes política e socialmente.

Embora cada uma dessas exigências pudesse atrair alguns grupos da população, muito freqüentemente poderiam também cancelar-se uma às outras. Os que estavam seriamente preocupados com problemas de transformação ou mudança e que até gostariam de dar crédito a esse respeito a alguns líderes mais jovens, nem sempre aceitavam facilmente o descontrole de toda a situação institucional como uma condição necessária a tal inovação ou modernização.

Outros — especialmente o estrato mais amplo dos novos imigrantes — embora talvez ligados ao carisma de Ben-Gurion, poderiam ter dúvidas a respeito da capacidade do Rafi em cumprir a sua parte do contrato em contraste com os mais maciços meios à disposição dos partidos existentes.

Provavelmente, apenas os leais seguidores de Ben--Gurion estariam prontos a aceitar cegamente todos esses apelos.

Na verdade, cada um desses apelos — e todos em conjunto seriam suficientes para garantir dez membros do Rafi ao Knesset — em si mesmos eram muito poucos para manter sua reivindicação de se tornarem uma nova força capaz de causar transformação, particularmente quando tentaram, logo após, em nível municipal e até certo ponto na Histadrut, manobrar o jogo costumeiro da política de coalizão.

Eram principalmente em número muito reduzido frente ao retumbante sucesso da Coligação para receber quarenta e cinco membros — muito além das expectativas da maior parte do povo.

Essa vitória foi antes de tudo uma vitória da consolidação institucional do regime existente como tal. Salientava que o eleitorado israelense não estava pronto a conceber um sistema político que fosse dependente de qualquer pessoa única e acreditava que provavelmente poderia lidar com a maioria de seus problemas através das estruturas existentes — ou pelo menos enquanto não existissem outras melhores em perspectiva.

A aceitação da consolidação institucional foi talvez o mais significativo resultado dessas eleições. Embora, é claro, em si mesmo não negasse a possibilidade de que no futuro essa estrutura pudesse ser subvertida, seria necessário uma grande crise ou um colapso, especialmente quando em tal futuro até mesmo a continuidade cedida à personalidade de Ben-Gurion se tornasse mais fraca.

Porém, por trás disso, a vitória relativa da Coligação significava antes de tudo uma vitória do conservantismo do eleitorado israelense e de muitos modos enfatizava várias das características paradoxais desse mesmo conservantismo.

Destarte, embora a Coligação tivesse sido fundada sob um rótulo "socialista" ou "trabalhista", acentuando cada vez mais a orientação "socialista" e a unidade do movimento trabalhista (que também se tornou aparente no fato do Mapam ter-se unido à nova coalizão, em princípio de 1960), ainda assim boa parte do seu apoio aparente — e foi provavelmente esse apoio que tornou possível a estrondosa vitória — vinha dos grupos "não-coligados", fossem eles profissionais, acadêmicos ou industriais, que na verdade estavam muito longe de aceitar a ideologia socialista. Esses grupos votaram pela Coligação, fosse devido aos interesses assentados ou ao sentimento geral de bem-estar e/ou pelo fato de estarem contra a desordem geral do regime tal como era advogado pelo Rafi e num grau menor pelo Gahal. (Pode muito bem ser que o Gahal, a oposição paradoxalmente "menos radical", que se apresentou como uma possível alternativa em termos não somente pessoais, como também de ideologia, tenha perdido alguns votos devido ao temor de uma convulsão social extrema criada pelo Rafi.)

Desse ponto de vista, foi extremamente significativo que o voto dos subúrbios abastados — como os do norte de Telavive — fosse para a Coligação, enquanto que nas quadras mais proletárias o Gahal (especialmente em algumas das novas cidades em desenvolvimento) e o Rafi encontrassem maior apoio.

Dessa forma, talvez mais do que antes, as bases da vitória da Coligação acentuaram a grande discrepância entre a orientação ideológica e os *slogans,* de um lado, e as bases sociais do eleitorado e a orientação de uma política concreta, de outro.

Novamente é significativo o fato de considerarem que, durante as conversações da coalizão anteriores à formação do novo governo em 1966, o Primeiro-Ministro estava interessado em cooperar, como de costume, com os partidos religiosos (e que estava disposto a ceder-lhes em diversos pontos importantes — tais como a proibição do trabalho aos sábados no novo porto de Aschdod ou prolongando a validade das leis municipais referentes ao trabalho no Schabat) — para tornar-se assim menos dependente em assuntos econômicos e sociais sobre o mais doutrinário Mapam e possibilitar o mesmo aos seus próprios colegas da Coligação do Ahdut Haavodá — os mesmos grupos que formaram a base da Frente Trabalhista Unida. A inclusão do pequeno Liberais-Independentes também indicava claramente a mesma orientação.

Esses fatos não eram de modo algum novos — de muitas maneiras, eram apenas prolongamentos das antigas atividades e da política do Mapai. Mas o problema que surgia agora era a propósito da possibilidade de dar prosseguimento a eles, efetivamente, na situação algo nova criada nessas eleições através da formação da Coligação por um lado, do Gahal por outro, e a possível justaposição entre "esquerda" e "direita" acentuada devido à possível junção do Rafi, como ocorreu em alguns casos ao nível municipal, com a ala de "direita".

Isso nos leva ao segundo problema, isto é, o da relação entre o conservantismo e a inovação no sistema político israelense e entre o grau em que a própria continuidade e a aparente estabilidade institucional do sistema são também compatíveis com a capacidade de enfrentar muitos dos problemas novos — sejam os da modernização da economia, da absorção ativa de novos tipos de grupos sociais, acadêmicos e de imigrantes — e de desenvolver novas políticas e abordagens.

O principal teste de tal capacidade é a extensão do desenvolvimento dentro da maioria dos partidos e especialmente dentro do Mapai, de novas maneiras de considerar os problemas, novos canais para seleção da liderança e novos cenários e formas organizacionais.

Temos visto que até o princípio da década de 60 o Mapai tem realmente mostrado uma capacidade relativamente grande em todas essas orientações — mesmo se em sua maioria, de um modo *ad hoc* — mas que, desde então, muitos sinais já indiquem um enfraquecimento dessa mesma capacidade.

Esse problema tornou-se até mesmo mais pronunciado e agudo durante o período das eleições de 1965 — apesar de, ou talvez devido à sua grande vitória. De um lado, a antiga coesão da liderança do Mapai, que o habilitou a forjar através da década de 50 algumas dessas novas políticas, enfraquecia-se através da dissidência do Rafi. Embora seja verdade que a organização e a estrutura da liderança revelaram uma grande elasticidade quanto a essa dissidência, ainda está para ser provado se tal fato está também ligado à capacidade de forjar novas orientações e novas políticas e de continuar a absorver novos grupos.

Dois problemas parecem sobressair aqui. Um deles é em que medida a crescente coligação entre o Mapai e o

Ahdut Haavodá enfraquecerá os elementos mais sectários da liderança do Ahdut Haavodá de modo a acentuar o potencial para a inovação, criatividade e de abertura de novos canais ou, inversamente, em que medida ela será imobilizada (sobretudo na Histadrut, onde está agora em minoria) por sua dependência em relação ao Ahdut Haavodá.

Parece tratar-se mais de uma questão de coesão interna, força e autoconfiança dos líderes do Mapai do que de posições puramente táticas de força relativa — sobretudo porque basicamente a dependência do Ahdut Haavodá em relação ao Mapai é maior do que a dependência deste em relação àquele. Em segundo lugar, porque parece que de certa maneira existe uma inclinação e entre os membros do Ahdut Haavodá algumas novas orientações.

O segundo grande problema, no caso, é a que grau o Mapai e a Coligação serão capazes de absorver novos grupos sociais e de abrir novos canais de mobilidade política.

O período pré-eleitoral tem mostrado que a pretensão do Rafi em representar o "jovem" e "moderno" não foi comprovada porque muitos desses grupos haviam realmente votado pela Coligação. Além do mais, sob o impacto do Rafi, a Coligação e outros partícipes incluíram novo sangue em suas fileiras — embora obviamente a secessão do Rafi tenha distanciado alguns desses elementos deles.

Mas ainda não está estabelecida a medida em que serão realmente permitidas as posições de liderança a tais elementos novos, nem se serão capazes de participar na construção de novas políticas ou se apenas irão transformar-se em novos grupos de pressão. Esse problema é especialmente agudo em vista do fato de, mesmo no passado, a capacidade de absorver novos grupos e atender às suas exigências era maior do que aquela de elaborar novas orientações e novas políticas. Os mesmos problemas existem também com respeito a outros partidos — incluindo o Rafi. Na verdade, o aparecimento do Rafi aumentou as possibilidades da cristalização de novas coalizões nos alinhamentos e daí, talvez, também de um novo centro alternativo à coalizão existente. Nesse sentido pode bem ser verdade que o teste real da coalizão dominada pelos partidos trabalhistas virá somente nas próximas eleições. Mas na realidade sociológica da política israelense, a possibilidade de tal mudança ainda não assegura em si um aumento na capacidade inovadora do sistema político.

É o conjunto de todos esses fatores que apresenta, de forma, o problema a propósito da continuidade institucional do sistema político israelense ser ou não ligado à crescente flexibilidade e inovação, ou inversamente à imobilização crescente.

4. CARACTERÍSTICAS BÁSICAS DOS PROCESSOS POLÍTICOS E CONTINUIDADE DO SISTEMA

Características básicas do sistema político. Raízes sócio-históricas

O complicado processo político em Israel mostra diversas tendências distintas. Encontramos um grau relativamente alto do consenso real *de facto* em muitas questões básicas preocupadas com os contornos do Estado, com erupções ocasionais da aguda controvérsia política quando os limites do consenso existente do *modus vivendi* são postos em perigo. Tais crises geralmente resultam na restauração do *status quo* ou na aceitação de que sejam feitas nela algumas mudanças.

A orientação vociferante e totalitária do discurso político em Israel, combinada com a habilidade de se chegar a um acordo sobre assuntos concretos, ajudou a impedir que vários assuntos básicos que poderiam ter sido discordantes fossem arrastados a um debate político. Alguns desses assuntos, especialmente no campo religioso, emergiram recentemente, mas mesmo neste caso são no todo apenas incipientes.

A continuidade do sistema político israelense foi também ajudada pela variedade de coligações em diferentes questões, que impediram o desenvolvimento de sérias dissensões, e pela capacidade de desenvolver políticas globais combinando o dinamismo conservador com a inovação administrativa e política.

Ao mesmo tempo, contudo, a eficiência desse empírico reajuste político foi limitada pela falta de conhecimento público e pela plena institucionalização das regras e critérios instrumentais à sua consecução.

Essas características explicam em certo grau a continuidade do sistema e sua capacidade em absorver novas forças, mas mostra também a criação de muitas tensões e brechas anômalas no sistema político.

Para entender a continuidade e a capacidade do sistema político israelense em lidar com novos problemas, vale a pena analisar como algumas de suas características se cristalizaram partindo de suas raízes sócio-históricas.

O estabelecimento de instituições políticas unificadas e o desenvolvimento concomitante de novas normas e percepções legais constituíram necessariamente uma grande mudança nas estruturas do período do Ischuv.

Estabelecidas através do ímpeto de valores "antigos", essas novas estruturas e normas determinaram o relacionamento entre grupos, partidos e líderes, mudando grandemente o cenário político global.

Necessariamente, os vários grupos tornaram-se parte de uma estrutura nova, mais ampla e mais diferenciada. Mas ao mesmo tempo tendiam a continuar a proclamar sua visão totalitária no novo cenário. Os órgãos estatais recentemente desenvolvidos foram com freqüência percebidos pelos grupos em termos de antigas metas.

Enquanto que o ímpeto para o estabelecimento do Estado foi em grande parte devido aos movimentos sociais e pioneiros do Ischuv, a criação do Estado ocasionou novas estruturas políticas e instituições, cujas premissas e estruturas básicas opuseram-se freqüentemente aos valores e tradições dos movimentos mais antigos. Portanto, a maioria dos líderes não foi preparada ou capaz de aceitar e entender as mudanças na estrutura institucional que se desenvolviam com o Estado, e assim foi particularmente desde que uma certa "cegueira" em relação à nova situação pudesse reforçar suas próprias posições de poder na nova estrutura.

Essa situação gerou muitas tensões e "brechas anômicas" na estrutura política, focalizou relações do Estado para com as principais metas coletivas da comunidade e trouxe ao primeiro plano diversos problemas cruciais. Um deles foi o problema de estabelecer tais metas e o grau de prioridade a ser-lhes atribuído no cenário das novas instituições políticas. O segundo foi o problema da aceitação dessas metas como parte do consenso básico da nação.

Esses problemas desenvolveram-se bastante devido ao fato de ter o estabelecimento do Estado enfraquecido muito o tipo de "movimento" de legitimação causando uma fraqueza geral nas orientações ideológicas sionistas, a qual foi acentuada pela limitação das funções da Organização Sionista, bem como pela incapacidade geral do movimento sionista para reinterpretar o significado do sionismo no Estado de Israel.

A clara inclusão de grupos "não-movimento"* na estrutura do Estado — o mais destacado dos quais era o Agudat Israel — foi outra razão para o aumento desses problemas.

Em seguida, foi a unificação da estrutura da luta política que tornou antigos movimentos partes de uma única entidade política unificada, em que estes tinham de concordar com algumas metas amplas e gerais, e com os princípios dos arranjos federativos, a despeito de sua tendência para manter antigas atitudes "totalitárias".

* Aspas da tradução (N. da T.)

Foram realizados muitos compromissos quanto aos meios de determinar a prioridade das diferentes metas, mas não estavam completamente institucionalizados em termos do processo e discurso políticos em Israel.

Duas atitudes básicas para o Estado: O Estado como o epítome das metas coletivas

Diversas atitudes básicas para com o Estado emergiram desses problemas, causando importantes repercussões na institucionalização das novas estruturas e processos políticos em Israel.

A primeira delas foi a concepção do Estado como portador do principal futuro coletivo — como o sionismo, ou a reunião dos dispersos — e do investimento do Estado e de seus órgãos ativos (especialmente o governo) na tarefa de cumprir essas metas.

A segunda, foi a percepção do Estado como uma agência distribuidora cuja tarefa era de distribuir vantagens aos vários grupos e movimentos.

Em seu primeiro aspecto, o Estado abrangeu os principais símbolos da nação e apareceu como sucessor dos vários movimentos com suas fortes orientações futuras e reivindicações totalitárias.

No segundo aspecto, apareceu principalmente como um distribuidor dos vários bens e serviços, como mediador entre recursos externos e grupos internos e, de um certo modo, até como um objeto de exploração por parte desses grupos.

O primeiro conjunto de orientações estabeleceu o Estado e seus órgãos executivos como o principal repositório dos antigos tipos de metas previamente assumidas pelos vários movimentos sociais.

A defesa nacional, a reunião dos dispersos, uma sociedade equitativa etc., derivadas da ideologia sionista-socialista básica foram transferidas ao Estado e aos seus símbolos em um grau considerável.

Alguns deles, tais como o exército, identificaram-se naturalmente com o Estado. Outros — tais como o pioneirismo e a reunião dos dispersos — tornaram-se pomos de discórdia e as reivindicações para representar estas metas continuaram a ser feitas não só pelo Estado mas também por outros grupos.

Como essas tentativas e orientações para com a "condição de Estado" fossem freqüentemente interpretadas como uma reação contra as contínuas disputas sobre detalhes da política, deram ao Estado e ao executivo — e sobretudo ao cargo de Primeiro-Ministro — uma aura carismática especial. Desse modo, não só a manutenção da forte ênfase posta na execução das metas, como também a remoção dessas mesmas metas do processo político diário, poderiam presumivelmente ser alcançadas sobretudo através das tentativas de Ben-Gurion assumir para o Estado, e com freqüência para si mesmo, a representação do monopólio dos principais valores coletivos e sua "retidão" intrínseca.

Intimamente relacionadas com isso estavam as tentativas, novamente feitas sobretudo por Ben-Gurion, de desenvolver um novo conjunto de valores diretamente ligados à história judaica bíblica e profética, omitindo com freqüência muitos períodos da história judaica na Diáspora e também os mais recentes valores dos movimentos sionista e trabalhista.

Uma das indicações mais importantes disso foi a tentativa de despojar o movimento do *kibutz* de sua aura pioneira — uma atitude que mais tarde mudou de modo marcante. Talvez a mais significativa tenha sido a tentativa feita por Ben-Gurion e por alguns da sua *entourage,* de acentuar a disparidade entre a Haganá e o Exército de Defesa de Israel, apresentando o último como uma nova criação praticamente inspirada por Ben-Gurion.

De orientação semelhante foram as tentativas de Ben-Gurion — em nítida oposição aos pontos de vista do governo e do seu próprio partido — para minimizar a importância da organização sionista e até das idéias sionistas e para acentuar em seu lugar a conexão e a identificação mais geral com Israel dos judeus de todas as partes.

Isso acarretou outro importante aspecto estrutural-ideológico na "transferência" da ênfase da meta dos vários movimentos sociais e pioneiros para o Estado. As metas do movimento original implicavam a "dedicação" dos membros aos objetivos comuns. Quando transformadas na nova estrutura do Estado, cristalizaram-se com freqüência ideologicamente em pretensões de "supremacia" do Estado e de sua conseqüente legitimidade para definir e limitar as atividades da questão. Essas tendências tiveram muitas implicações no nível constitucional — tal como o desenvolvimento dos vários regulamentos de segurança antes mencionados — e elas eram, por sua vez, muito reforçadas por outra tendência para a burocratização e para a centralização administrativa.

O Estado como agência distribuidora

Muitas das tendências acima mencionadas foram paradoxalmente fortalecidas pelo modo como se desenvolveu a ênfase nas funções distributivas do Estado.

Essa atitude estava arraigada em muitos dos sindicatos "sectários" que desprezavam o Estado como um provedor de serviços ou mesmo como uma instituição potencialmente "estrangeira". Foi também sublinhada pelo fato de que cada grupo podia reivindicar que o Estado "pertencia", ou favorecia a outro, ou que não tinha ainda sintetizado os reais valores nacionais melhor representados por grupos específicos e que, portanto, ao grupo teriam que ser dados direitos e privilégios especiais dentro do Estado.

Isso foi visto na continuação e mesmo na extensão da "jurisdição" interna de muitos organismos públicos — variando da Histadrut e dos diferentes partidos para cooperativas e colônias — e nas tentativas para esquivar-se ou lograr a jurisdição dos tribunais.

Tal atitude estava enraizada em muitos interesses grupais que apresentaram suas reivindicações ao Estado relativas à distribuição de posições, subsídios e bens, atitude essa que foi naturalmente reforçada pelo crescimento da burocracia na administração pública.

Em termos institucionais, a manifestação mais importante dessas tendências foi a exigência de que várias vantagens e serviços alegadamente atribuídos ao Estado pudessem ser distribuídos através de movimentos, partidos ou agências da Histadrut. O exemplo mais importante disso foi na área dos serviços de saúde. Outro, foi na esfera de alojamento, cuja distribuição exigia-se que fosse feita através das agências da Histadrut ou dos diferentes partidos com base no princípio da "justiça social".

Essa atitude deixou também sua marca na política econômica, manifestando-se na incapacidade de vários líderes de suportar as pressões para um crescente consumo particular e público com base nos seus valores pioneiros ideológicos, os *kibutzim* e os *moschavim* reivindicaram uma proteção especial dada pelo Estado e de um modo geral a Histadrut exigiu uma sociedade em partes quase que iguais com o Estado.

No debate ideológico que surgiu do caso Lavon, esse problema evoluiu da ênfase posta na pureza dos valores antigos para uma reivindicação mais geral da importância das associações "voluntárias" (da qual a Histadrut foi presumivelmente o epítome) em contraste com as tendências "estatizantes" do Estado.

Essa mudança, acentuando o aspecto voluntário de várias atividades ao invés de suas metas, continha um importante reconhecimento da realidade social em transformação. Entretanto, como isso foi associado a reivindicações totalitárias contínuas para a Histadrut, a mudança foi somente parcial, contendo muitos elementos conservadores.

Efeitos estruturais das duas orientações para o Estado quanto à sua legitimação e eficiência

A contradição potencial entre essas duas diferentes orientações apareceu na sua forma extrema como oposição entre partidos diferentes e, no Mapai, essas tendências distintas existiram lado a lado, tendo a sua liderança tentado satisfazer ambas em vários graus.

Não obstante, a combinação dessas duas abordagens com o Estado enfraqueceu a legitimação da "rotina" legislativa e dos órgãos judiciais e encorajou a percepção do Estado como a estrutura que mantém e ajuda a execução dos valores e das metas gerais, mas que não é em si mesma seu repositório ou sua única guardiã.

Através desse período, as repartições legislativas, jurídicas e as controladas pelo Estado tornaram-se mais organizadas, reconhecidas e ligadas à legitimação e ao funcionamento adequado dos órgãos estatais. A importância dos vários controles parlamentares e jurídicos aos olhos da opinião pública parece ter aumentado desde o estabelecimento do governo Eschkol.

A interação dessas várias tendências desenvolveu diversas brechas anômicas na estrutura política israelense; indicando igualmente possibilidades de desgaste do sistema político existente e da sua recristalização. A fraqueza crucial dessas brechas foi a incapacidade de desenvolver a plena institucionalização das novas normas que poderiam regularizar novos problemas, temas e conflitos.

Desse modo, a crença nas instituições democráticas pode facilmente desgastar-se através da apatia, do conflito e da crescente discrepância entre o alto nível de engajamento nas metas nacionais e o forte conservantismo prático enraizado nos interesses investidos.

As tendências concernentes à predominância do executivo e da burocracia puderam freqüentemente reforçar tal apatia e ser, por sua vez, reforçadas pelos sentimentos de inadequabilidade dos grupos e partidos existentes de enfrentar o executivo ou de lidar adequadamente com novas exigências.

Entretanto, essas diversas brechas também continham a possibilidade do desenvolvimento de novas orientações políticas. Em contraste com as forças que desgastam a crença na democracia e no funcionamento do sistema existente, tem lugar o crescimento de formas mais independentes de expressão e interesse públicos levando a aumentar a legitimação e aceitação de novas normas e mecanismos reguladores, tais como do judiciário e da legislatura.

A orientação política básica do cidadão para o Estado é complexa e, até certo ponto, ambivalente. Ela hesita entre a identificação global em termos de símbolos fundamentais de Estado, e uma tendência a uma avaliação negativa das estruturas institucionais e da exigência feita pelo governo, sendo isso equivalente a uma concepção também negativa dos direitos e deveres do cidadão.

Uma atitude oposta a isso, entretanto, tende a desenvolver-se, expressando-se com uma grande preocupação pela apatia e cinismo apresentados, e com um sentimento de devoção pelo Estado e uma ansiedade pelas questões concretas.

Algumas vezes, essas duas atitudes opostas podem até mesmo se complementar na medida em que o crescimento do cinismo pode também originar uma preocupação crescente.

Essas atitudes ambivalentes para com as instituições políticas são provavelmente o equivalente a uma falta de definição clara das funções dos governantes acima analisados. Estão também enraizadas na falta de uma definição clara de normas reguladoras do exercício do poder.

Discurso político e tomada de decisões

A natureza do discurso político e da tomada de decisões em Israel reforçaram as tendências previamente analisadas. Enquanto que a maioria dos partidos apresentava diferentes políticas em termos de valores definitivos, as relações entre eles eram caracterizadas por difíceis negociações a propósito da distribuição e divisão de benefícios concretos com disputas relativamente pouco expressivas quanto a maiores problemas concretos, cuja existência era admitida por todos.

Naturalmente, reivindicações ideológicas "totalitárias" de diferentes grupos e partidos foram freqüentemente utilizadas para conservação de posições de poder, acordos "federativos" negociados, ou para consecução de uma posição mais favorável na esfera política.

Críticas a tais arranjos foram freqüentemente respondidas em termos de valores básicos e considerados como uma espécie de apostasia. Somente no trabalho diário dos comitês parlamentares, do judiciário e, em pequena extensão, de algumas municipalidades desenvolveram-se gradualmente atitudes mais realísticas, embora representem ainda apenas a parte secundária do discurso político em Israel.

Isso indica que muitas questões concretas ou não são abertamente discutidas (como, por exemplo, assuntos de defesa, justificado sob pretexto de "segurança"), ou são debatidos em termos de lealdades e valores básicos e não em suas implicações concretas. Muitas vezes tais disputas foram estabelecidas com o Mapai, excluindo discussões entre os diferentes partidos.

Padrões similares afetaram as decisões tomadas nos altos escalões executivos do Mapai e nas várias categorias burocráticas.

Mecanismos políticos reguladores que vão além da negociação direta entre diferentes partidos, em geral, são relativamente fracos e apenas parcialmente aceitos, aplicando-se sobretudo a defesas jurídicas contra as transgressões do executivo e da burocracia.

Embora essas forças reguladoras viessem a formalizar-se e institucionalizar-se à medida que se desenvolviam, não foram facilmente aceitas. Não obstante algumas mudanças e progressos acentuados ocorressem, as tentativas de controlar o executivo em áreas cruciais como a segurança, ainda se defrontam com numerosos problemas.

Possíveis padrões de desenvolvimento no sistema político

Até agora o jovem sistema político israelense conseguiu subjugar todas as tentativas radicais-populistas, étnicas ou "vigilantes" para solapar sua legitimidade. Se vai continuar ou não a manter esta legitimidade e função efetivamente no quadro das instituições existentes, é o principal problema com que agora se depara. A questão real dentro desse contexto não é tanto a estrutura formal do governo (isto é, se um sistema de dois partidos se desenvolverá), mas, se as várias novas questões e problemas podem ser adequadamente tratados no âmbito das estruturas institucionais existentes, tanto através do desenvolvimento de novos mecanismos reguladores quanto da capacidade de velhos e novos partidos para lidar com tais problemas.

Há diversas possibilidades de enfrentar estes novos problemas. Uma é a continuação do sistema existente e o incremento de sua capacidade para lidar com eles. Isso provavelmente estaria ligado à crescente importância dos corpos legislativo e judiciário dos vários órgãos de controle público e da opinião pública independente, o que pode ser efetuado de duas maneiras. Uma outra seria conservar a estrutura da coalizão existente, reorganizando suficientemente o Mapai para capacitá-lo a absorver novos grupos e para estabelecer nova liderança efetiva, enquanto que os outros partidos teriam que ser suficientemente revitalizados, a fim de que pudessem exercer pressões efetivas sobre aquele.

A outra alternativa é a de um crescente reagrupamento de partidos e grupos políticos em torno da "direita", "centro" e "esquerda", com a possibilidade de enfraquecer os partidos menores e fundi-los com os maiores. Isso talvez permitisse o desenvolvimento de uma oposição bastante forte, de modo a tornar-se uma alternativa real para uma coalizão dominada pelo Mapai.

O desenvolvimento do sistema político israelense em tal direção ligar-se-ia provavelmente à crescente importância do legislativo e dos órgãos de opinião pública, ao florescimento de orientações particularistas mais dinâmicas e ao enfraquecimento das orientações consideradas "paralisantes" na organização social.

Ainda outra possibilidade é a do debilitamento do sistema existente pela diminuição de sua eficiência e nível de flexibilidade. Há muitos modos pelos quais isto poderia realizar-se, mas todos eles incluiriam o enfraquecimento do legislativo e da influência da opinião pública, e realçariam a importância dos vários tipos de barganha como um mecanismo político fundamental. Tais processos também se vinculariam provavelmente à crescente preponderância da orientação particularista considerada "paralisante" na estrutura social de Israel.

10. Cultura e Valores

1. RENASCIMENTO CULTURAL: INSTITUCIONALIZAÇÃO DAS ATIVIDADES CULTURAIS

Introdução: Premissas ideológicas e padrões de criatividade

Os capítulos precedentes cuidaram do desenvolvimento histórico da estrutura social básica de Israel, derivada principalmente do sionismo e mais tarde da ideologia sionista-socialista que concentrou os esforços para a criação de uma nova sociedade judaica. Agora, voltamos à questão proposta no Cap. 1 deste livro — que espécie de sociedade pretendiam, que sociedade e tradição iniciais criaram e como participaram os vários setores da população israelense na criação, perpetuação e transformação dessas tradições?

Diversas suposições ideológicas básicas na institucionalização dos ideais foram desenvolvidas na maioria dos grupos pioneiros, que eram parte integrante das orientações básicas ideológico-sectárias e podem ser rapidamente resumidas. Foi basicamente tido como certo que o renascimento cultural nacional iria abranger todas as esferas da cultura — artes e ciências, língua e religião — com seus elementos tradicionais e modernos e que todos esses iriam florescer e se desenvolver na nova estrutura nacional. A segunda suposição foi a de que o processo de criatividade cultural iria também abranger todas as esferas da vida diária e iria impregnar todos os grupos da sociedade. Finalmente, foi também tido como certo que todos iriam participar nesse processo de criatividade cultural, independente de inclinações específicas. Essa última suposição foi personificada pelas grandes figuras da época heróica do sionismo — o poeta Bialik, ativo também na política, líderes como Weizmann que combinou atividades políticas e científicas, ou Sokolov, um intelectual de prestígio. Foi também representada pelas intensas atividades culturais dos vários grupos do movimento sionista e em particular pelos grupos pioneiros.

Embora alguma especialização remonte à primeira e à segunda *aliot,* quando foram fundadas várias escolas, seminários, jornais e foram estabelecidas sociedades profissionais e científicas, tal diferenciação foi geralmente percebida apenas como uma diferença de ênfase no esforço comum.

A institucionalização das várias atividades culturais remonta à segunda e ao começo da terceira *aliá,* quando cristalizaram-se alguns aspectos culturais cruciais como a restauração da língua hebraica e as relações entre o movimento sionista e o Ischuv com a tradição religiosa. A primeira expressão plena dessas tendências pode ser vista no currículo escolar inicial anteriormente discutido, que combinou o estudo judaico e os estudos gerais numa estrutura pedagógica relativamente moderna. O estudo judaico enfatizou (principalmente não-religioso) o estudo da Bíblia e do Talmud, bem como a história e a literatura judaica. Em história e literatura desenvolveu-se uma ênfase crescente para com os períodos do primeiro e segundo Templos, acentuando-se, ao mesmo tempo, os precursores imediatos do movimento sionista. Embora outros períodos da história judaica não fossem negligenciados, a valorização desses períodos específicos, bem como a atitude secular para com a Bíblia, constituiu uma importante mudança na ênfase "palestina". Nos estudos gerais deu-se relevo à história e, em menor grau, à literatura (a maior parte da literatura geral era ensinada como parte da língua inglesa e, em certa medida, da francesa) e ciência. Enquanto este currículo básico desenvolveu muitas variações e experiências pedagógicas, o mais importante fato a emergir foi o de ter superado e transposto o problema da tradição *versus* modernismo, judaísmo *versus* cultura "geral", criando, de fato, antes, um problema técnico-pedagógico ao invés de um problema ideológico.

Tendências semelhantes apareceram na esfera literocultural do Ischuv, que foi desde o começo parte integrante do esforço mais amplo do sionismo na Diáspora e uma continuação dos antigos movimentos da Hascalá. Entre as mais importantes características dessa atividade estava a combinação de novas e originais obras criativas, em hebraico, com traduções da literatura mundial. Assim, por exemplo, Bialik traduziu *Don Quixote*, e Tschernikhovsky a *Ilíada*, a *Odisséia* e *Kalevala*, como parte de uma atividade literária mais ampla, difundida através de muitos periódicos e empreendida por várias editoras. Parte importante dessas atividades foi a tentativa de hebraizar trabalhos consideráveis da *Wissenschaften des Judentums* desenvolvida na Alemanha.

Modelo semelhante surgiu no desenvolvimento teatral — com o estabelecimento do Habimá, em 1918, primeiro teatro nacional hebraico, grandemente influenciado pelo teatro russo moderno, que desde o princípio incluiu em seu repertório tanto peças estrangeiras quanto originais hebraicos.

No campo da criatividade literária e científica, é necessário mencionar manuais escolares (especialmente de escola secundária), sobretudo na esfera literária e histórica e nos vários campos da ciência, que muito freqüentemente apresentaram um alto nível literário e cultural. A "popularização" de partes da tradição judaica foi outro desenvolvimento importante, culminando no famoso *Sefer Haagadá*, do qual Bialik e Revnitski extraíram a estrutura da literatura não-legal do Talmud. Lado a lado com isso, desenvolveu-se uma enchente de novas atividades semicientíficas, semipopulares, históricas, arqueológicas, destinadas a florescer mais tarde.

No princípio do período do Mandato, dias santos e dias de descanso começaram a ser institucionalizados em um padrão algo semelhantes.

Todos os principais dias santos judaicos — dos mais santificados (Rosch Haschaná e Iom Kipur), Sucot, Pessach, Schavuot, aos menos, Hanuká e Purim (que não acarretam tantas restrições religiosas como os outros) foram instituídos no Ischuv como dias santos oficiais ou semi-oficiais e mais tarde no Estado de Israel. Igualmente o Schabat tornou-se o dia de descanso semanal, sendo que as comunidades não-judaicas podiam optar pelo seu próprio dia específico de descanso.

Mas, embora esse sistema fosse aceito por todas as partes da população, não significava necessariamente a aceitação de todas as implicações ou injunções religiosas e as muitas inovações implícitas, especialmente nos estabelecimentos de colonização. Nenhum feriado não-judaico tornou-se completamente institucionalizado no Ischuv, com exceção do 1.º de maio, reconhecido pelos setores trabalhistas durante aquele período, mas que havia perdido sua importância desde o período do Estado. Todas as comunidades não-judaicas, é claro, observaram integralmente seus próprios feriados religiosos. Além do acima mencionado, o Dia da Independência tornou-se mais um feriado após o estabelecimento do Estado.

Embora a institucionalização dos dias santos judaicos significasse que o calendário judaico (lunar) era adotado no campo religioso e, em certa medida no programa escolar anual, todos os outros eventos e atividades foram regulamentados de acordo com o calendário gregoriano, sem causar problemas indevidos de coordenação.

A institucionalização de orientações e atividades culturais

Qualquer que tenha sido o nível do valor intrínseco das várias atividades culturais que se desenvolveram no Ischuv, integravam a tradição histórica, bem como o moderno sem conflito excessivo. Às novas atividades culturais no Ischuv defrontavam-se os problemas do provincialismo e dos baixos padrões, mas desenvolveram-se em uma estrutura de simbolismo e de comunicação comuns que, salvo algumas exceções, superaram os problemas da tradição *versus* o moderno.

Na esfera cultural o único fator importante de inflexibilidade foi o forte elemento do "movimento" totalitário, que via toda a criatividade cultural como parte integrante do esforço nacional ou social. Desenvolveram-se diversos antídotos institucionais a essas orientações totalitárias através de conexões difundidas com as comunidades judaicas do exterior, os vários movimentos socialistas ou internacionais, e através de centros e grupos profissionais estrangeiros. Internamente, o mais importante desenvolvimento institucional desse ponto de vista foi a Universidade e, numa escala menor, o Technion. Além do mais, a natureza federativa da estrutura institucional do Ischuv e o fato de que os aspectos culturais eram grandemente comuns em diferentes setores, enfatizaram potencialmente as orientações universalistas.

Embora tudo isso não pudesse negar os ingredientes totalitários nas orientações culturais do movimento sionista e do Ischuv, forneceram, contudo, importantes antídotos. Estranhamente, as definições ideológicas das atividades culturais não foram firmemente mantidas no auge da criatividade cultural, limitada como foi pela forte ênfase religiosa. Mais alguns aspectos problemáticos — como o controle de tais atividades por organismos coletivos — nunca se tornaram rígidos, sendo aparentemente enfraquecidos pela contínua criatividade cultural. O sucesso na revivescência da língua hebraica, a ausência de uma divisão aguda entre a tradição e o moderno e os contatos institucionais que enfraqueceram as orientações totalitárias — tudo isso criou um complexo diversificado de atividades culturais orientadas para o esforço e o rejuvenescimento nacional, mesmo se essa heterogeneidade não fosse completamente admitida. Paradoxalmente, a procura de soluções para os principais problemas culturais foi mais forte do que a institucionalização ou aceitação de tais soluções. Essas diversas atividades culturais foram além das fronteiras das soluções ideológicas ou dos preceitos produzidos, em larga escala, por motivações e orientações enraizadas nas várias ideologias oficiais.

A intensidade da criatividade cultural obstruiu, em certa medida, o fato de que, mesmo no começo da era mandatícia, desenvolveu-se algumas diferenças entre esferas e papéis culturais bem como entre produção e consumo nessas mesmas esferas, tal como fez o apelo muito forte e contínuo ao exterior, isto é, aos vários centros e fontes européias ou americanas.

A institucionalização da cultura após o estabelecimento do Estado

Com o aumento da cristalização da estrutura social do Ischuv nas décadas de 30 e 40, surgiu a crescente institucionalização do sistema cultural trazendo à tona muitos problemas e contradições que até então tinham estado apenas latentes.

O estabelecimento do Estado foi um momento crítico crucial no desenvolvimento cultural do país, embora talvez de maneira um tanto diferente do que em outras esferas institucionais. O Estado em si não mudou a estrutura básica dos problemas e tradições culturais. Entretanto, mudou os aspectos ideológicos e institucionais dos problemas e tradições. Como o próprio estabelecimento do Estado constitui um evento histórico que tinha de ser incorporado à tradição histórica global, necessariamente acrescentou uma nova e significante dimensão histórica.

O estabelecimento do Estado apresentou o problema dos valores orientados para o futuro, se teriam sido já realizados, ou se teriam de ser transpostos para novos conteúdos e novos tipos de orientação para o futuro não completamente identificados com qualquer coletividade ou instituição dadas. A transformação tinha de incorporar dois novos elementos, a crescente importância de grupos e tradições religiosos não-sionistas e o influxo de judeus orientais, com suas diferentes manifestações de tradição e suas diferentes orientações para com os judeus e para com a sociedade israelense. Esses desenvolvimentos, junto com as muitas mudanças sociais, enfraqueceram as orientações para o futuro inerente à ideologia e à ênfase na criatividade cultural como tal. Realçaram intensamente o problema de diferentes "conteúdos" culturais e deste modo necessariamente aumentaram as possibilidades do conflito social e político nessas questões.

A institucionalização de orientações e atividades culturais aconteceram em vários níveis diferentes, o primeiro dos quais afetou o "conteúdo" e forma das tradições e novos símbolos culturais no Ischuv. O segundo nível foi a definição dos principais papéis no campo das atividades culturais, enquanto que o terceiro foi o da transmissão institucional e organizacional e da expansão da "cultura" na sociedade. Como veremos, as tentativas em desenvolvimento em cada um desses níveis nem sempre convergiram.

2. CONTROVÉRSIA E PADRÕES INSTITUCIONAIS NA ESFERA CULTURAL

Definição da identidade coletiva: Dimensões ideológicas, religiosas e históricas

No nível da institucionalização dos conteúdos e símbolos da identidade cultural, o problema mais importante foi a definição ou natureza da tradição e da identidade coletiva de Israel, isto é, a judaicidade da sociedade. Esse problema tornou-se agudo no nível ideológico nos campos institucional, organizacional e legal, em círculos literários e artísticos e também com respeito a expressões e atitudes cotidianas. Embora exista naturalmente uma grande interdependência entre diferentes níveis, nem sempre eles se desenvolveram na mesma direção.

No nível ideológico e literário, esse problema tornou-se evidente através da ênfase posta em períodos diferentes da história judaica e da busca de uma definição mais clara da nova sociedade judaica emergente. O problema central foi descobrir qual o aspecto da antiga tradição judaica que fez a contribuição mais importante para a presente e viva tradição e quais foram as relações entre o Ischuv e o Estado de Israel com suas diferentes comunidades judaicas e suas tradições. Isso foi complicado pelo problema específico enfrentado pela ideologia sionista com o estabelecimento do Estado.

A única parte da comunidade judaica para a qual isso constituiu um problema insignificante, se é que algum, foi para a comunidade religiosa extremamente ortodoxa. Para eles a tradição religiosa compartilhada por todos foi o sistema mais importante e a base comum para diferentes comunidades judaicas. A vinculação especial a Israel poderia ser expressa em termos de conceitos religiosos mas não transmitiu qualquer redefinição especial da tradição religiosa como a força mais importante e unificadora entre as comunidades judaicas.

Entretanto, para a maior parte da comunidade judaica que não aceitava a visão religiosa e para aqueles setores religiosos cientes da não aceitação dessa solução por parte de grupos mais amplos, o problema existiu em graus variados de intensidade, e foi expresso tanto em nível literário e ideológico, bem como em debates públicos, literários e políticos. Estes debates e atividades literárias deram origem a várias atitudes, sendo a mais extremada delas a dos assim chamados cananeus no fim das décadas de 30 e 40 e no começo da década de 50. Os cananeus eram um pequeno grupo de jovens escritores e artistas israelenses que reivindicavam o desligamento dos "israelenses" ou palestinos com todas as tendências históricas, especificamente judaicas, orientadas pela Diáspora, e o estabelecimento de uma continuidade direta com o passado cananeu, genuinamente palestino.

A intensidade e a novidade da ideologia cananéia, bem como sua expressão literária, diminuíram mais tarde, mas num nível menos definido contribuíram com alguns elementos para a auto-identificação, mesmo que a sua importância tenha sido exagerada por muitos de seus adversários.

Além disso, o tema específico palestino-israelense foi evidenciado na grande ênfase colocada nos períodos do primeiro e segundo Templos, e na dedicação ao estudo arqueológico e bíblico.

Outro desenvolvimento importante e significante nesse campo foi o debate sobre a "consciência judaica" *(Toda'a Iehudit)* nas escolas, que se desenvolveu de uma tentativa feita no fim da década de 50 para ensinar a tradição religiosa judaica como uma matéria "secular" especial nas escolas não-religiosas do Estado. Enquanto os que advogavam essa proposta queriam ampliar o escopo da tradição histórica, foi de modo geral sentido que a nova geração israelense crescendo num ambiente secular poderia perder contato com a tradição judaica religiosa e litúrgica e assim tornando-se talvez distanciada do povo judeu vivendo no exterior. A proposta foi cristalizada em sua última forma em 1959 numa diretiva publicada pelo Ministério da Educação e Cultura declarando que o currículo em escolas não-religiosas do Estado deveria incluir alguma instrução sobre a tradição religiosa e que os estudantes deveriam familiarizar-se com bênçãos, costumes etc., mesmo que não os praticassem. A última pretensão representava o âmago do problema. Foi perguntado: "É possível ensinar a jovens alunos o conteúdo da religião sem ensinar religião?" e "É possível transmitir esses valores sem transmitir também uma atitude, que nesse caso é apta a tornar-se simpática para com a religião?"

Os defensores do programa eram principalmente membros dos partidos seculares de centro e centro-esquerda — Mapai, Progressistas e Sionistas Gerais. Seus maiores adversários eram os partidos trabalhistas de esquerda, principalmente o Mapam que viu na proposta uma tentativa à obrigatoriedade religiosa, e os partidos religiosos radicais. Objeções ideológicas ao programa também incluíam elementos cananeus que reivindicavam que o jovem israelense deveria aprender a história da terra e não a história de seu povo na Diáspora, pois foi a terra que criou a nova nação, sendo portanto a tradição e a história do judaísmo na Diáspora de importância secundária. Os partidos religiosos radicais opuseram-se ao programa pois eram contra a idéia de que a tradição religiosa pudesse ou devesse ser ensinada pelos não-crentes num cenário secular.

Uma dimensão adicional do conteúdo histórico foi o período mais recente na história judaica, o período do holocausto, dramatizado pelo julgamento de Eichmann. Isso trouxe à pátria o relacionamento direto entre a Diáspora e o Ischuv, embora sublinhasse também as diferenças de mentalidade evidentes, por exemplo, nas atitudes de autodefesa.

Ainda uma outra tentativa de encontrar o significado e a ênfase da judaicidade, tal como era expressa principalmente por Ben-Gurion, foi achar a essência do judaísmo no elemento "profético", messiânico, diferentemente das tradições mais válidas do Talmud e do sionismo.

Entretanto, o debate mais importante desde o princípio do Estado tem sido certamente aquele sobre o sionismo, seu significado no Estado, e seus efeitos nas relações entre o Estado de Israel e as comunidades judaicas no exterior. Seria descabido apresentar aqui uma análise completa e detalhada desse debate, mas algumas características evidentes deveriam ser apontadas.

Uma das conseqüências do estabelecimento do Estado foi a institucionalização gradual da ideologia sionista, e a compreensão de que o cumprimento parcial dos objetivos políticos do sionismo enfraqueceu seus aspectos escatológicos e criou novas necessidades e problemas. Embora isso não fosse completamente entendido durante os primeiros anos da existência do Estado com sua imigração maciça, a necessidade de um novo significado ou definição do sionismo evoluiu gradualmente e chegou ao ápice durante o 25.º Congresso da Federação Sionista, quando Ben-Gurion (o então Primeiro-Ministro) declarou que, em sua opinião, deveria ser o objetivo supremo de cada sionista imigrar para Israel, e aquelas pessoas que poderiam imigrar mas ainda não o tinham feito não eram sionistas. Declarou ainda que o movimento sionista havia concluído sua tarefa, seus propósitos tinham sido alcançados e suas esperanças cumpridas.

Seus adversários eram principalmente os líderes sionistas veteranos, incluindo o presidente da Federação Sionista Dr. Nahum Goldman, e sustentavam que a ajuda oferecida pelos judeus na Diáspora ao Estado de Israel constituía parte da realização da idéia sionista enquanto que a contínua difusão e fortalecimento da cultura judaica, da língua hebraica e dos laços da Diáspora para com Israel forneciam outro aspecto importante desse processo.

O debate continuou por um longo período, em reuniões e congressos sionistas, em simpósios especiais e em muitos diários e periódicos, mas não pode ser encontrada ou formulada uma solução completamente aceitável. Entretanto, a extensão e a intensidade do debate em círculos sionistas intelectuais e veteranos atestaram o fato de que a redefinição da tradição judaica em Israel e no exterior, os laços entre os dois setores, as possibilidades de alguma nova forma de criatividade cultural e a necessidade de redefinição dos dogmas ideológicos do sionismo haviam se tornado de grande importância. Foi preciso encontrar o lugar do Estado nesse contexto, além dessas tentativas de definição da recente tradição coletiva emergente.

Embora fosse óbvio que o sionismo não estava completamente realizado com o estabelecimento do Estado, ainda eram feitas tentativas não somente para incorporar o Estado à estrutura da tradição coletiva mas até mesmo para torná-lo o foco e símbolo dessa tradição. A exaltação do Estado estava intimamente relacionada às tentativas feitas para promover sua prioridade na política e no campo da organização social, estando igualmente relacionada às orientações e elementos coletivos tão proeminentes na ideologia básica pioneira. Mas conquanto a definição ideológica das orientações coletivas tenha enfraquecido bastante com o desgaste ideológico geral, ainda persistem os elementos mais fundamentais de tais orientações.

Entre os elementos da identidade sionista e pioneira, foram muito importantes a auto-segurança, a autoconfiança e a autodefesa. Mais tarde, com as contínuas tensões com os vizinhos árabes, defesa e segurança tornaram-se ingredientes básicos da identidade nacional.

Como em muitas outras esferas, a formulação pública ideológica e institucional, conforme verificada na excessiva ênfase posta no elemento militar, não foi bem sucedida em arraigar-se na sociedade israelense e na autopercepção, embora a submissão a esses valores e às suas implicações pareça ser muito forte.

Nesse contexto, um novo padrão de mudança parcial e da institucionalização também aparece nas relações entre a comunidade judaica em Israel e as várias comunidades judaicas na Diáspora, com relações organizadas, oficiais e formais, mantidas através da Agência Judaica e da Organização Sionista, de vários órgãos de ajuda financeira a Israel e de diversos empreendimentos culturais e ideológicos. Mas além desses contatos oficiais e semi-oficiais, tenderam a desenvolver-se muitos padrões novos e informais. É de grande relevância nesse contexto, o hábito crescente de muitas organizações judaicas, tal como a Bnei Brit, em organizar subdivisões especiais ou de planejar conferências, convenções e simpósios em Israel.

Em um nível mais informal, mas continuamente crescente, esses contatos são mantidos através de visitas, turismo e o costume cada vez maior de se celebrar a cerimônia de Bar-Mitzvá em Israel.

Esses diferentes padrões desafiam qualquer prescrição ou formulação ideológica. Se eles atestam a força das motivações para com problemas coletivos, mostram igual e claramente o desenvolvimento de padrões além de qualquer tradição ideológica clara, ou de definição legalística, indicando até mesmo a possibilidade de alguma diluição do elemento sionista específico na identificação israelense.

A identidade israelense em desenvolvimento consiste em muitos elementos e componentes básicos, e sua cristalização entre a população não tem sido ainda suficientemente investigada para permitir o esboço de quaisquer conclusões. A única característica que se salienta é a de que se cristalizou um padrão global e que todo o processo ainda está em uma contínua alteração.

Problemas na institucionalização da atividade científica, literária e artística

Procederemos agora à análise do segundo nível da institucionalização na esfera cultural — a saber, para a organização de várias atividades científicas, literárias e artísticas.

Com a crescente cristalização da estrutura social do Ischuv, as áreas de cultura e criatividade científica, literária e artística desenvolveram-se de diferentes maneiras com respeito ao conteúdo e à organização. O grande impulso de criatividade cultural que caracterizou a primeira geração — em Ciência, Literatura, Jornalismo e Artes — continuou na segunda e terceira gerações, com uma institucionalização completa da organização cultural, surgindo tentativas em todos esses campos. Em alguns aspectos, tal como o da pesquisa científica, a segunda e terceira gerações superaram até mesmo a primeira.

Entretanto, o conteúdo exato e a organização entre as principais esferas de atividade cultural necessariamente diferiram no âmbito da orientação ideológica e no grau em que qualquer esfera específica desenvolveu o conteúdo e as identificações locais, palestinas ou israelenses.

As ciências "puras", naturais e médicas, evidenciaram os mais intensos esforços universalistas não localizados. Em muitas esferas dessas ciências — estendendo-se da Agricultura à Medicina — desenvolveu-se necessariamente uma forte ênfase quanto à escolha dos problemas de interesse local e regional, embora tal ênfase fosse no todo feita tendo em mente o critério corrente, universalista dos esforços científicos gerais.

Nas Ciências Humanas e Sociais, a situação era mais complexa. Desenvolveram-se muitos empreendimentos nas áreas de estudos judaicos e gerais — História, Filologia, Literatura, Filosofia, ou estudos orientais — principalmente através da Universidade, mas também entre professores secundários e intelectuais independentes. O novo cenário social e cultural também causou muitos novos *Problemstellung,* bastante influenciados pelo esforço em redefinir e recristalizar a nova tradição nacional.

Guiados por essas orientações e por muitas atividades na Universidade, desenvolveram-se, em muitas dessas matérias, padrões relativamente altos de esforço científico e de criatividade. Alguns desses assuntos, tais como estudos bíblicos, história e literatura judaica, tornaram-se igualmente objetos de esforço e interesse público generalizado, com orientações e tradições algo diferentes. Primeiro, foram expressas na difusão de atividades populares desenvolvidas, visando à expansão de atividade científica e literária em amplas partes da população. Em segundo lugar, pelo fato das orientações "nacionais", ideológicas ou populistas, serem conscientemente acentuadas foram também expressas não só como razões para o empreendimento e desenvolvimento de atividades científicas, mas também como possíveis alvos e critérios e como tendo sua própria *raison d'être,* tradições e até mesmo organização.

Essas orientações foram freqüentemente reforçadas pelas inclinações "naturais" de estratos e grupos mais amplos e organizados por intelectuais institucionalmente marginalizados com tendências populistas e por vários proponentes oficiais das tentativas estatais nesses campos.

As colônias mais socialistas ou sectárias proveram uma

subvariante especial da criatividade cultural, muitas delas estabelecendo por sua conta atividades literárias, educacionais e editoriais muito difundidas. As mais importantes delas são os vários seminários mantidos pelos grupos do *kibutz* e as editoras da principal federação do *kibutz* — Sifriat Poalim do Haschomer Hatzair e Sifriat Hakibutz Hameuhad — que, além das traduções dos clássicos "progressistas", aderiram principalmente à tradução da literatura socialista. Existe uma posição similar com respeito à Am-Oved cujo repertório é ainda menos ortodoxo. Prosseguiu e foi intensificado, de forma geral, o costume arraigado das traduções mais conhecidas do mundo literário — em parte por todos esses editores e especialmente pela "Mossad Bialik" e pela Editora Universitária.

Nas Ciências Sociais, a predominância de orientações socialistas-ideológicas nas décadas de 20 e 30 minimizou a importância de quaisquer ciências sociais "científicas" (burguesa!) e confinou-se principalmente às estatísticas ou a relatórios fatuais submetidos a comissões britânicas ou à Liga das Nações. Mais tarde, e especialmente após o estabelecimento do Estado, um progresso relativamente grande se efetuou na Economia, Sociologia e Demografia. Embora a forte tendência "social" ou "israelense" na seleção de tópicos continuasse com problemas tais como a absorção de imigrantes ou a estrutura dos *kibutzim* e dos *moschavim*, uma abordagem científica geral lhes foi trazida, atraindo acentuada oposição dos elementos mais radicais do "movimento-ideológico" que almejavam à constante predominância de ideologias formais e socialistas.

A situação na literatura e nas artes era inevitavelmente mais complicada. A esfera artística mais "universal", não--local, foi a da música, esfera esta que certamente não é marginal, onde, tanto consumo como produção foram de modo geral ajustados para criatividade musical universal, fato esse perfeitamente confirmado pela Orquestra Filarmônica de Israel com sua série de regentes internacionais e seu próprio repertório internacional.

Naturalmente música, danças folclóricas e similares também se desenvolveram nessa esfera como a Orquestra da Rádio de Israel, e prosperaram em muitos outros centros que mantinham ao mesmo tempo as tradições da música clássica.

O campo literário foi porém muito diferente. Ao contrário das ciências e em certa medida da música, não havia organizações institucionais totalmente formadas, com padrões definidos, capazes de manter relações contínuas com instituições internacionais mais amplas. Essa esfera foi mais dependente do local, das alterações, do público e dos mercados. Além do mais, esses campos, por sua própria natureza, iriam tornar-se o centro da criatividade específica local ou nacional.

As possibilidades de desenvolvimento e justaposição de diferentes orientações e padrões tornaram-se neste campo muito mais pronunciados. Lado a lado com algumas das mais sólidas tradições e dos esforços literários contínuos da jovem geração foram feitos muitos apelos de ajuda pública e estatal por vários grupos freqüentemente medíocres, pretendendo representar o novo espírito nacional ou social. Desenvolveu-se uma situação analogamente confusa dentro do teatro e da ópera.

As orientações universalistas do campo científico, e em certa medida dos campos literário e artístico, foram mantidas através de relações em constante expansão com várias instituições do exterior. Viagens e contatos em forma de bolsa de estudos, estágios, consultórios etc., têm aumentado continuamente desde a Segunda Guerra Mundial. Os laços com instituições científicas no exterior têm-se intensificado e sido supridos por um número crescente de visitantes às instituições de ensino superior de Israel.

Em muitos casos, tais contatos com o exterior têm tornado os cientistas parcialmente independentes do cenário local, tornando-os assim menos suscetíveis às suas várias pressões.

Semelhante estado de coisas, embora menos organizado e regularizado, pode ser encontrado com respeito à literatura e às artes, embora possa ser ainda regulamentado ou, pelo menos, influenciado por vários acordos e comitês governamentais.

Cristalizações de tradições e padrões de participação cultural

A discussão precedente leva-nos ao terceiro nível da institucionalização na esfera cultural — à cristalização de padrões de participação cultural, "consumo" e tradições.

Desenvolveram-se muitas atividades culturais que parecem ser específicas ao cenário israelense. Algumas delas têm se desenvolvido a partir das tradições culturais mais centrais da sociedade. Entre elas podemos mencionar as seguintes:

O estudo do Talmud e da tradição "oral" tem, recentemente, se tornado muito popular, especialmente entre os religiosos, como também entre outros grupos. Os dois exemplos mais importantes de tais seminários de estudo são os "Encontros para Estudo da Lei Oral" e o "Mês de Estudos Dirigidos", organizados por uma das maiores *ieschivot* da Bnei Brack.

Muitas atividades públicas foram organizadas para o estudo da Bíblia e para o aprendizado da História e da Arqueologia. Os vários congressos das sociedades nacionais eruditas (tais como as Sociedades Arqueológicas e Históricas), foram assistidos por centenas e até mesmo por milhares de pessoas atraídas não somente pela curiosidade científica mas acima de tudo pela procura de novos laços com o seu passado histórico.

Deparamo-nos aqui naturalmente com o problema da atitude de diferentes parcelas da população em relação à tradição religiosa. Entretanto, antes de tentarmos tratar do problema, precisamos novamente acentuar que dentro do campo da religião ortodoxa completamente institucionalizada, havia apenas uma pequena inovação, o que era visto com bons olhos pela maioria dos líderes religiosos oficiais do país, contendo os elementos de uma *Kulturkampf*.

A influência do grupo religioso radical é aqui sentida mais fortemente porque são eles que desfrutam a completa legitimação religiosa. A ausência do Judaísmo Reformista legitimado em Israel torna desconfortável a posição dos grupos religiosos modernizadores. Conseqüentemente, no debate entre tradição e modernização, a primeira está em geral tornando-se de modo crescente militante e intolerante; os grupos religiosos inovadores potencialmente radicais e o movimento religioso dos *kibutzim,* que formam o ápice da ala radical, perderam muito da sua importância na última década.

Até agora foram os grupos ortodoxos que determinaram o tom na maioria dos debates públicos sobre temas religiosos, embora alguns grupos independentes, mas até então sem importância, tenham se desenvolvido sobretudo nos círculos que não aceitam a política oficial dos líderes rabínicos ou dos líderes dos partidos religiosos. Os debates sobre temas religiosos têm tido muita repercussão, tanto na vida israelense interna como nas relações entre Israel e a Diáspora.

Assim, por exemplo, a discordância entre o Ministério dos Assuntos Religiosos e a Assembléia Rabínica (a organização rabínica do movimento conservador nos Estados Unidos) sobre a validez dos casamentos realizados por rabinos conservadores, levou à desistência de uma convenção especial em Israel programada pela Assembléia.

Somente mais tarde surgiram alguns movimentos solidamente apoiados por grupos reformistas nos Estados Unidos. Alguns grupos devotos israelenses reformistas têm se estabelecido presentemente apesar da oposição muito forte dos grupos ortodoxos locais. O precedente para uma maior liberdade religiosa foi determinado por um grupo reformista que ganhou um caso na Suprema Corte contra uma autoridade local que, sob pressão dos grupos ortodoxos, recusou-

-se a alugar um edifício público para oração. Esse caso estabeleceu claramente o princípio de liberdade de associação religiosa.

Não obstante esses acontecimentos no campo religioso, emergiram importantes e significativas tendências nas atitudes da maioria não-religiosa para com as tradições religiosas. Houve uma simpatia crescente para com algumas tradições religiosas, não implicando, entretanto, nenhum crescimento na religiosidade ou na aceitação da ortodoxia.

Podem ser apontados alguns dos acontecimentos ocorridos nesse contexto, sendo um deles o aumento da freqüência nos serviços da sinagoga — especialmente nos Dias Santos mais importantes. Outro, é o fato do público ocorrer cada vez mais às cerimônias religiosas nos principais *rites de passage* com um número maior de circuncisões, *bar--mitzvot,* casamentos e funerais sendo realizados de acordo com o ritual religioso completo. Talvez o mais conspícuo deles — porque menos compelido pela convenção pública — seja o ressurgimento da *bar-mitzvá* e mesmo a inovação de suas cerimônias. A evidência também revela uma crescente observância de alguns rituais do Schabat — como acender velas — em muitas casas não-religiosas.

A distribuição desses padrões é naturalmente desigual e com duas exceções extremas (nos grupos religiosos e nas colônias mais esquerdistas) não pode ser definida clara e uniformemente como pertencendo a qualquer grupo social ou cultural. Lado a lado com essas atividades, desenvolveram-se novos tipos mais periféricos de participação cultural. Entre esses, o fenômeno mais conhecido e interessante é o desenvolvimento dos esportes populares — estendendo-se do atletismo ao futebol americano. Organizados em associações "regionais", locais e nacionais, o interesse pelo esporte tornou-se bem difundido. Apesar dos padrões comparativamente baixos e medíocres de muitos desses times, despertam grande interesse popular e tornam-se objeto da organização e do esforço de toda a nação.

Outra tradição saiu das colônias e tornou-se evidente na difusão das atividades folclóricas (danças e músicas), e nas novas interpretações dos festivais tradicionais mais importantes, tais como o da colheita das frutas ou das cerimônias das primícias, ou na criação de uma nova cerimônia no Seder de Pessach.

Os judeus orientais que trouxeram suas próprias tradições ou religiosidade proporcionaram uma faceta de interesse e importância especiais nesse mosaico cultural.

O influxo dos muitos grupos imigrantes com sua cultura e tradições diferentes e as dificuldades de absorção previamente descritas constituíram um fator crucial no crescente pluralismo da cena cultural israelense. Isso foi acentuado pelo enfraquecimento ideológico geral no país, que desafiou a aceitação de uma abordagem homogênea quanto aos problemas culturais.

A pluralidade emergente dos padrões culturais é vista na multiplicidade das línguas faladas, nos padrões de vestimenta (especialmente nos feriados), nas diferentes entonações do hebraico e nos padrões do consumo cultural. Pode também ser vista na transformação de muitos padrões tradicionais da organização social, no aparecimento dos grupos "étnicos" e de líderes em assuntos políticos e culturais e na persistência das atitudes e das fidelidades familiares.

Além disso, em um nível mais profundo de orientações de personalidade, até agora meramente tocada pela pesquisa, é provável que uma grande variedade de atitudes pessoais se desenvolva em conceitos de tempo e espaço, bem como em relações pessoais.

Esse pluralismo cultural não é de modo algum limitado aos elementos "étnicos judaicos" específicos nas tradições de diferentes grupos, ou nos padrões de sua vida diária, visto que as diferenças na orientação para a cultura e tradições européias são de igual importância. Dois padrões principais de orientação cultural geral mais ampla, um europeu oriental e central e o outro "de língua inglesa", começaram a se desenvolver no Ischuv e na estrutura formal institucional do Estado.

Esses dois padrões enfraqueceram muito a orientação cultural "latina" e especialmente a "francesa" predominante entre os antigos grupos sefarditas sob o domínio turco e preservada apenas mais integralmente por uma pequena e restrita elite intelectual. Somente com o influxo de novos imigrantes aumentou de algum modo o potencial para a sua revivescência. Entretanto, embora fomentada por várias tentativas do governo francês e, em uma menor extensão do governo italiano, ansiosos por estender o escopo de suas atividades culturais em Israel, forças poderosas trabalharam contra esses esforços. Uma foi a fraqueza comparativa de tradições intelectuais específicas entre esses imigrantes, unida à indiferença de seus grupos de elite mais definidas. Uma segunda força foi a predominância de outros padrões na maioria das áreas internacionais mais importantes no Ischuv. Entretanto, não pode haver dúvidas de que algumas mudanças, embora de certo modo restritas, estão sendo feitas e estão contribuindo bastante para o pluralismo emergente em Israel, mesmo que ainda seja impossível avaliar seu impacto final.

Deveríamos, entretanto, destacar algumas advertências. Uma delas é que a despeito da ênfase natural na grande importância ou diferença da tradição cultural, oriental, distinta das tradições culturais ocidentais, ou do Ocidente, há de fato uma variedade muito maior dentro desses grupos em comparação com a relativa homogeneidade das orientações da cultura judaica da Europa Oriental e Central predominantes no Ischuv.

A nova imigração inclui muitos grupos ortodoxos da Europa Oriental que tinham pouco em comum com a cultura ocidental, estando muitas das classes mais baixas em contato somente com os aspectos externos e periféricos de tais culturas, enquanto que os grupos mais assimilados tinham pouca, se é que tinham alguma orientação para a cultura judaica. Similarmente, o campo oriental não constituiu um grupo homogêneo, desenvolvendo-se nele muitas orientações culturais.

Um dos últimos aspectos cruciais do desenvolvimento do pluralismo cultural em Israel é o forte entrelaçamento das transformações sociais e culturais com assuntos políticos e a conseqüente possibilidade de se tornarem não somente um importante aspecto do processo político em todos os níveis, mas também um foco cultural e étnico de organizações e símbolos políticos.

Essas tendências inclinam-se a intensificar os vários processos de desorganização social e cultural de que se alimentam, enquanto tendem igualmente a "homogeneizar" os diferentes campos étnicos orientais e ocidentais. Devemos ser capazes de entender alguns desses problemas de maneira mais completa olhando brevemente para alguns aspectos da participação em atividades culturais ou do "consumo" cultural.

Problemas de participação cultural e consumo

O quadro global do cenário cultural mostra grande heterogeneidade e recurso para atividades culturais bastante diversas. Em todas as esferas do consumo cultural, as diferentes tradições internas e externas condicionadas pelos respectivos países de origem ou diferentes níveis de educação desempenharam um papel importante. Entretanto, nem a diversidade nem o alto nível de consumo na distribuição de jornais e na produção e venda de livros asseguraram conseqüentemente altos padrões. De fato, os níveis dos assuntos variam da sofisticada atividade cultural de alto padrão ao vulgar e provinciano, decaindo para o entretenimento barato e de "cultura de massa", reforçada pelo influxo de novos imigrantes, sobretudo orientais, cujas atividades culturais características haviam sofrido grande ruptura.

Qualquer que tenha sido a diversidade dos assuntos e níveis, o quadro geral indica a vitalidade de interesse cultural, criatividade e participação relativamente altos, com possibilidade de desgaste dessas orientações e do desenvolvimento de "cultura de massa" anômica.

A possibilidade do crescimento de uma "cultura de massa" anômica é intensificada pelo encontro entre as antiga estrutura social e os vários grupos de novos imigrantes, muitos deles trazendo elementos culturais originais enquanto passam por uma mudança social e cultural.

Se esse processo de transformação social se tornasse mais organizado e menos cheio de tensões, alguns dos diferentes elementos étnicos e culturais tradicionais poderiam muito bem tornar-se focos de vários novos subgrupos e padrões no mosaico cultural israelense.

Padrões de participação cultural e de consumo. Imprensa israelense

Um método apropriado para traçarmos essas evoluções seria através da observação da produção jornalística em Israel [1].

As várias exigências feitas pelo público leitor e os países de origem dos próprios jornalistas refletiram intensamente na composição dos jornais israelenses. Há o estilo jornalístico da imprensa européia central e oriental de antes da guerra, concentrada em artigos cuja intenção é admoestar, criticar, guiar e estimular a reflexão. Há os novos aspectos como os característicos das imprensas inglesa e americana, o *feuilleton* dos jornais suíços e alemães, a "coluna" da imprensa americana e o noticiário completo, quase sensacionalista, da imprensa francesa.

Quase todos os jornais trazem colunas permanentes visando ao aumento da familiaridade dos leitores com a língua hebraica — que para muitos deles é uma língua nova — e extensas seções literárias. Seções de esportes estão aumentando e páginas femininas se multiplicam regularmente. Enquanto adiciona essas características de entretenimento, a imprensa está além do mais profundamente interessada na preservação da sua importância como um fator educativo e de orientação.

Através de sua imigração contínua, Israel proporciona um mercado seguro para jornais de língua estrangeira, embora através dos anos muitos leitores tenham mudado para a imprensa hebraica. Nove dos vinte e quatro jornais de Israel são publicados em outras línguas que não o hebraico. Desses, um é publicado em árabe, um em inglês (língua

---

[1]. Segundo J. ELLEMERS, Some Sociological Comments in Mass Communication in Israel, *Gazette*, 1961, v. 7, p. 89 e ss.

oficial na época anterior ao estabelecimento do Estado), um em francês, dois em alemão, um em húngaro, um em polonês, um em rumeno e um em ídiche. Todos esses jornais servem a novos imigrantes ou turistas. Entretanto, o tom básico é estabelecido pelos diários hebraicos, muitos dos quais são órgãos dos numerosos partidos políticos de Israel, onde exceto uma minoria de diários hebraicos pertence a particulares.

O número de jornais publicados depende do desenvolvimento dos partidos políticos. Assim, por exemplo, devido à existência de diversos partidos na Federação Geral do Trabalho, cinco jornais são definidos como jornais "trabalhistas". Quando o partido da União dos Trabalhadores dividiu-se, uma seção mantendo o nome original, e uma outra tornando-se o Ahdut Haavodá, apareceram imediatamente dois jornais: *Al Hamischmar* e o *Lamerhav*. O Partido Comunista em Israel mantém o seu próprio jornal, um pouco menor em tamanho do que os outros jornais matutinos. Os partidos religiosos mantêm também quatro jornais, dois em Jerusalém e dois em Telavive. Há porém quatro diários sem filiação partidária — um jornal matutino *(Haaretz)*, dois vespertinos e um jornal de esporte.

Os dois vespertinos hebraicos vigentes são o *Maariv* e o *Iediot Haaronot*, com uma circulação conjunta de mais de 130 000 cópias que pode ser considerada como relativamente grande, já que a população do país é de apenas um pouco mais de dois milhões e que a circulação conjunta de todos os vinte e quatro jornais não excede a 250 000. Cada um desses vespertinos controla um número de leitores muito maior do que os outros jornais em Israel, tendo também uma marcada influência sobre a imprensa geral. Ambos os jornais são independentes, apartidários e livres para criticar, em contraste com a imprensa matutina que, em sua maioria, é partidária e sectária em seus pontos de vista.

Embora não haja membro adulto de *kibutz* que não leia um ou mais jornais diários, não há um jornal nacional para os *kibutzim*. Esses leitores são servidos pela imprensa trabalhista diária — *Davar, Lamerhav, Al Hamischmar* etc., todos eles contendo características especiais, seções e suplementos com notícias gerais e específicas para a população do *kibutz* e com itens semanais ou mensais sobre os *kibutzim*.

Entretanto, o considerável crescimento econômico e social das instituições do *kibutz* carece da expansão de sua "imprensa interna" caracterizada por sua "seriedade" e seu estilo complexo e de alto nível.

Surgem atualmente em Israel cinco revistas para crianças entre as idades de 6 a 16 anos atingindo uma circulação de mais de 50 000 exemplares. O número de jovens leitores em Israel é, em proporção, mais alto do que em outros países culturalmente bem desenvolvidos.

É desnecessário dizer que esse levantamento não nos diz muito sobre o consumo diferencial de comunicação porque a população heterogênea de Israel causa problemas muito especiais.

Relativamente pouco conhecida até agora é a influência dos meios de comunicação de massa em Israel, e a informação obtida através de um levantamento dos hábitos dos ouvintes de rádio levada a efeito em 1955 em uma amostra representativa da população judaica adulta em Israel não é de grande alcance. Verificou-se que cerca de dois terços dos ouvintes regulares de rádio questionados pertenciam às classes mais instruídas, os veteranos, os imigrantes de origem européia e os nascidos em Israel. Essas mesmas categorias eram também as mais interessadas em programas de notícias do que os ouvintes provenientes dos países do Oriente Médio e da África do Norte, os recém-chegados a Israel, e aqueles de pouca instrução ou os que tinham acima de 60 anos. Verificou-se que os ouvintes regulares constavam principalmente dos nascidos em Israel e de pessoas de origem européia, com exceção dos rumenos. Noventa por cento dos ouvintes dos *kibutzim* revelaram-se ouvintes regulares — quase dois terços da população urbana eram ouvintes regulares, declinando essa cifra para menos da metade nos *moschavim* e nos *moschavot*. De acordo com o tipo de colônia, essas diferenças podem ser remontadas parcialmente ao país de origem e em parte ao tempo que os habitantes estão em Israel. Podem também ser explicados pelas discrepâncias na estrutura social entre os vários tipos de colônias.

A estrutura ideológica da sociedade israelense

Uma outra esfera em volta da qual surgiram sérios conflitos foi a estrutura ideológica da sociedade israelense e as conseqüências das tentativas para institucionalizar certos aspectos cruciais da ideologia socialista pioneira.

No nível ideológico, o problema central era a medida em que Israel poderia continuar a ser uma sociedade ideológica, encontrando o significado completo de sua tradição cultural, criatividade e identidade nessa ideologia claramente cristalizada e formulada ou se teria de encontrar tais significados em termos de outros símbolos e formulações valorativas.

Na discussão que se desenvolveu em torno desse assunto, tal problema foi freqüentemente definido como o declínio da ideologia que implica o desgaste do compromisso para metas coletivas e encoraja a criação de uma sociedade "de massa" anômica.

A principal tendência estrutural institucional com aplicação direta em toda essa área foi neste, como em outros campos, a crescente diferenciação das várias funções e uma maior tendência à autonomia organizacional e profissional.

Grande carga ideológica foi colocada, inicialmente no período do Ischuv, por causa da necessidade de se considerar a cultura como parte da imagem pioneira com uma ênfase simultânea na participação global em atividades culturais gerais.

A maioria de outras funções culturais e de comunicação foi definida em termos de submissão a movimentos ou contramovimentos, a deveres e metas, enquanto que a organização profissional de escritores e jornalistas definiu em primeiro lugar suas atividades em termos de participação geral na criatividade cultural.

Essas atividades foram mais claramente expressas nas colônias e campos de trabalhadores, onde as mudanças ocorreram de maneira muito gradual e onde a crescente diferenciação e especialização nos vários papéis e atividades culturais aconteceram vagarosamente.

Essas mudanças não eram diversas das que sucederam em outros grupos profissionais e que se intensificaram com o estabelecimento do Estado. O ímpeto principal para a mudança se originou da crescente tendência ao profissionalismo e dos desenvolvimentos intensivos nos campos técnicos e científicos.

O contínuo aumento no número de cientistas em instituições científicas, instituições governamentais de pesquisa e na indústria, aceleraram esse desenvolvimento, semelhante aos dos novos papéis da comunicação, tais como jornalismo e relações públicas. Todas enfatizavam a profissionalização e a autonomia organizacional.

Mas as tendências para autonomia e profissionalização freqüentemente, como no campo da estratificação social, evocavam orientações políticas visando controlar ou regularizar esses desenvolvimentos de acordo com alguma prescrição ideológica coletivista. O conflito entre estas tendências é provavelmente o mais importante na esfera da organização cultural em Israel e preparou o cenário para o debate sobre os contornos ideológicos da sociedade israelense.

Foi, talvez, nessa estrutura que o problema específico israelense do conservantismo *versus* "inovação" foi mais pronunciado, causado pelo contínuo enfraquecimento da adesão à ideologia que era, por sua vez, paradoxalmente adequada à institucionalização bem sucedida de alguns dos principais valores e símbolos envolvidos. Isso incluiu uma forte identificação coletiva e a aceitação mais difundida do ideal "pioneiro" e da maior parte das premissas sionistas. Ao mesmo tempo, a aceitação desses valores criou, amiúde, impaciência com relação a formulações ideológicas integralmente cristalizadas, as quais começaram a parecer óbvias e banais. Essa tendência foi aumentada pelo crescimento da especialização, profissionalização e ênfase no conhecimento técnico e pela autonomia emergente entre diferentes profissionais. Os proponentes de ideologia eram distinguidos freqüentemente como representantes de interesses legitimados, opostos às aspirações sociais e aos interesses de outros.

Foi ao redor desses problemas que se desenvolveu a controvérsia sobre o lugar da ideologia na estrutura cultural da sociedade israelense.

Ideologia na estrutura cultural da sociedade israelense

Virtualmente o problema não existiu para os dois campos extremos. Os grupos religiosos radicais encontraram sua solução na tradição religiosa e na conseqüente negação de qualquer ideologia secular, embora essa atitude não se aplicasse a todos os membros dos grupos religiosos e especialmente aos membros dos *kibutzim* religiosos.

Às colônias e movimentos sectários mais radicais, e em particular à elite do Haschomer Hatzair, a resposta foi dada de acordo com a manutenção da "velha" ideologia socialista. Entretanto, essa atitude não foi necessariamente aceita ou assumida por todos os membros das colônias, desenvolvendo-se além delas outras diversas a respeito desse problema.

Por sua própria natureza, o campo ideológico foi mais articulado e eloqüente do que o menos homogêneo "não--ideológico". Entretanto, algumas das divergências que se desenvolveram no "campo ideológico" foram elas próprias causas contribuidoras para o declínio da ideologia.

O grande ponto divisor entre os que eram ideologicamente orientados foi a atitude com respeito ao Estado como uma expressão completa das aspirações e dos valores sionistas. Em uma certa medida, o caso Lavon serviu como um catalisador acentuando algumas das divisões no campo ideológico.

Havia, por um lado, os ideólogos que enfatizavam a adesão ao socialismo "antigo", aos valores pioneiros, preservando a importância das colônias e, em uma certa medida, da Histadrut, que criticavam as tendências da sociedade de "massa" em Israel — tal como a importância no consumo — defendendo energicamente a crença de que a adesão à ideologia e à continuação do procura de soluções ideológicas básicas assegurariam coesão moral e a continuidade da sociedade israelense.

Por outro lado, havia os ideólogos que tendiam a preocupar-se menos com tais questões sociais e culturais e a enfatizar mais a importância dominante do Estado como foco de valores sociais e coletivos.

Implicações institucionais de tendências ideológicas

Se, ao nível de conteúdo, a batalha sobre a estrutura ideológica da sociedade israelense foi puramente "acadêmica", ela teve várias repercussões importantes na esfera institucional, onde foram feitas diversas tentativas para impor uma inferência ideológica na organização da vida cultural. Na esfera científica, tais tentativas acentuaram a função "social" da ciência e a necessidade de aderir aos anseios coletivos do movimento. Contava-se com a literatura para servir como expressão das orientações de valor e das realidades dos movimentos.

Similarmente, a identificação com o Estado era esperada da criação literária e científica, atribuindo-se ao governo o direito de orientar o desenvolvimento de atividades científicas e literárias.

Uma terceira orientação ideológica mais populista enfatizava a importância das atividades culturais como expressões do espírito "popular".

Entretanto, essas tendências não foram muito bem difundidas e no todo as propensões a organizações culturais mais autônomas pareciam institucional e ideologicamente mais sólidas. Fortes critérios universalistas de realização cultural e a diversidade de orientações contrariaram quaisquer implicações totalitárias latentes. Similarmente, a própria heterogeneidade de orientações no campo ideológico poderia facilmente enfraquecer essas implicações ideológicas e institucionais totalitárias.

Além do mais, a própria existência de tensão contínua nas diferentes orientações ideológicas de um lado, e entre estas e as orientações ideológicas, de outro, — enquanto não era determinada a concessão inconteste da supremacia institucional às orientações totalitárias — pode prover elementos de ininterrupta criatividade cultural e cristalização.

Embora de modo algum predominante, essas orientações totalitárias diferentes e suas implicações institucionais não poderiam ser ignoradas, principalmente porque encontraram um certo amparo institucional nos diversos movimentos, nas colônias estatais industriais e científicas e entre os vários grupos de funcionários. Sob circunstâncias propícias, e juntamente com as várias tentativas de estabelecer a supremacia do Estado em outras esferas como com a crescente dependência da educação superior na ajuda governamental e poderiam tornar-se facilmente de grande importância em guiar o desenvolvimento da vida cultural israelense.

A posição do intelectual em Israel: Sociedade e cultura

O debate sobre a posição da ideologia atingiu um problema mais geral envolvido nos contornos da sociedade e cultura israelenses, isto é, a posição do intelectual na sociedade israelense.

Como já foi várias vezes mencionado, inicialmente o Ischuv foi uma sociedade ideológica criada por intelectuais que, em sua participação no movimento sionista e nos grupos pioneiros, sintetizaram o papel tradicional do intelectual como um rebelde contra a ordem estabelecida. Com o desenvolvimento crescente, com o estabelecimento do Estado e com a diferenciação cada vez maior das comunicações científicas e outras funções "culturais", a posição do intelectual não estava mais bem definida.

Embora a tradição de protesto do intelectual se mantivesse continuamente com referência ao exterior — seja a Diáspora, a sociedade inglesa ou a sociedade "capitalista" em geral — foi muito mais difícil reformular ou transpor isso para o interior, para a sociedade criada por sua própria rebelião.

A crítica à sua própria sociedade era complicada pela falta de poder coercitivo durante o Mandato, pelas fortes identificações sectárias dos grupos pioneiros e pelos contínuos perigos externos. Somente grupos marginalizados "intersetoriais", como o Brit Schalom, saíram-se bem ao desafiar essas suposições comuns.

Com o estabelecimento do Estado, a situação tanto do ponto de vista das posições estruturais dos intelectuais quanto da sua posição no complexo da vida cultural e pública em Israel, tem, é claro, mudado muito.

As tendências descritas originaram uma grande variedade de "tipos" intelectuais, tais como o burocrático, o profissional, o acadêmico e o intelectual independente, havendo casos de tipos pertencentes a mais de uma dessas categorias.

Com respeito aos assuntos públicos, haviam os "conformistas" e os "críticos". Ambos podem ser subdivididos tanto do ponto de vista da articulação quanto do alcance e da meta da sua crítica, ou do seu conformismo — e podem pertencer a diferentes campos ideológicos ou políticos.

Além desses, emergiram os intelectuais não-ideológicos

que se interessavam por problemas mais amplos sem estarem compromissados com qualquer ideologia específica. Apareceu ainda um crescente número de intelectuais apáticos que, desinteressados dos assuntos públicos mais amplos, confinavam-se a suas funções profissionais, técnicas e burocráticas.

Embora essa crescente variedade de tipos fosse similar a outras sociedades modernas ou modernizadoras, alguns de seus problemas estavam enraizados no cenário especificamente israelense, sobretudo na transição de uma sociedade vagamente federativa composta de grupos intelectuais rebeldes.

Neste caso o estabelecimento do Estado complicou bastante as possibilidades e o alcance da posição crítica dos intelectuais.

Visto primeiramente como a realização de aspirações históricas duradouras, o Estado tornou-se a mais completa manifestação dos valores do sionismo e os sentimentos de identificação focalizados nos movimentos lhes eram transpostos. Em muitos círculos literários jornalísticos e científicos o Estado tornou-se a expressão desse grande evento histórico que, apesar de alguns elementos de bajulação "bizantina", continha os esforços honestos para a compreensão desse tipo de evento, para participar e para nele encontrar meios para defini-lo e torná-lo significativo.

Inevitavelmente essa tendência de idolatrar o Estado originou, com o passar do tempo e com o procedimento rotineiro das atividades estatais, um sentimento de vazio e uma crise moral exigindo explicações ideológicas que permaneciam insatisfeitas.

Externamente às várias tendências emergiu o novo conservantismo ideológico, criticando o governo, mas ainda assim mantendo sua fidelidade aos valores pioneiros. Finalmente, pelo menos para alguns intelectuais, isso forneceu a possibilidade de combinar seu contínuo protesto contra a ordem estabelecida com uma lealdade a outros aspectos dessa ordem social e aos valores básicos da rebelião ideológica inicial.

Entretanto, esse desenvolvimento também colocou a problemática de transformar a crítica intelectual em uma crítica além da puramente ideológica, pois o forte conservantismo contido na ideologia poderia facilmente desgastar o desenvolvimento da crítica intelectual, não-ideologicamente comprometida, originando apatia e cinismo.

As dificuldades em transformar as tendências ideológicas em vida cultural foram também aparentes no fraco desenvolvimento do espírito cívico e da responsabilidade cívica nos assuntos locais, organizações voluntárias e relações entre organismos públicos e o público em geral.

Sumário. O desenvolvimento da identidade israelense

A identidade coletiva de Israel tem sido moldada através das muitas orientações e atitudes acima analisadas. Seus limites exatos ainda não foram fixados, embora alguns elementos tal como o intenso patriotismo local sejam facilmente discerníveis.

A maioria dos israelenses provavelmente concordaria com a importância da sua judaicidade como parte de sua identificação, embora seja difícil saber de que modo eles vêem isso como um elemento básico na sua identidade como israelense. Na maioria da camada mais antiga da população há, além disso, uma contínua consciência do fato de que o significado de ser um israelense ou um judeu vai além de mero patriotismo, mas refere-se a valores, tradições e orientações mais amplas, não importando quão indeterminados ou indefiníveis possam ser.

Mas quaisquer que sejam as exatas definições dessa auto-identidade israelense, um de seus aspectos mais extraordinários é que não mais se define a identidade judaica em termos de cultura ou de um grupo minoritário. Ser um judeu em Israel não implica a definição da sua identidade em relação à cultura ou a um grupo majoritário, e não envolve problemas, incertezas e ansiedades que constituíram uma parte tão importante da vida e da identidade judaicas através de todo o mundo moderno.

É talvez nesse aspecto de auto-identidade de Israel que reside sua principal inovação e é também esse aspecto que cria algumas das diferenças e dificuldades no encontro entre israelenses e judeus na Diáspora. Ademais, é esse fato que constitui o ponto inicial da orientação israelense para com as tradições judaicas e para forjar sua própria identidade dentro dela.

Cada geração nova e cada novo grupo de imigrantes tem contribuído para a mudança da identidade coletiva de Israel, a qual, principalmente pela modificação da ênfase e da seleção da criatividade cultural e da tradição, mostrou um alto grau de criatividade e de adaptabilidade. Israel evitou muitos dos problemas e incertezas que atormentavam a questão da identidade de outras nações novas em face da modernização. Entretanto, teve de lutar com problemas de provincialismo e de desgaste de valores ou de orientações mais amplas, bem como com a possibilidade de diluir um componente sionista mais específico pondo fim à identidade com comunidades judaicas do exterior.

Essa identidade coletiva é atualmente concebida menos em termos de ideologia explícita e bem mais em termos de tradições e orientações continuamente em transformação.

A ideologia pura é agora somente parte do cenário cultural global, tendo mudado muito sua posição e significado. Os valores e símbolos aos quais aderiram as parcelas mais ativas da população são expressos apenas parcialmente em termos ideológicos e em todas as esferas da criatividade cultural estão surgindo tendências à autonomia, às relações mais diretas (sem a mediação de uma cristalização ideológica completa) e aos valores da coletividade.

A adesão a esses valores e compromissos coletivos mostraram uma grande vitalidade e persistência em face das muitas possibilidades de desgaste realçados pelos inúmeros conflitos sociais para os quais não foram encontradas normas reguladoras adequadas. Essas possibilidades foram necessariamente intensificadas por grupos de novos imigrantes menos articulados, com valores e compromissos diferentes interrompidos no processo de transformação e de desorganização social e cultural.

Nesse contexto, o desenvolvimento de um conservantismo ideológico original israelense pode ser um grande ponto de força, embora possa contribuir para o crescente cinismo e apatia. Similarmente, a possibilidade de desgaste está enraizada nas crescentes divisões culturais entre os religiosos e seculares.

Entre as forças que tendem a se opor à ameaça do desgaste ideológico estava o relacionamento flexível às diferentes tradições e à ausência de clivagem cultural entre campos diferentes.

É importante notar que, até agora, a identidade cultural e coletiva israelense em transformação logrou absorver as novas tensões e problemas que se desenvolveram através de uma técnica crescente e da profissionalização, e apesar dos muitos problemas e tensões criados, não abandonou inteiramente seus compromissos a certos valores. Algumas das orientações ideológicas e coletivas até mesmo misturaram-se com o aspecto técnico e profissional da nova imagem coletiva. Assim, por exemplo, o desenvolvimento do esforço científico e os programas de ajuda israelenses, bem difundidos na África e na Ásia, ajudaram em certa medida a difundir a imagem pioneira coletiva para técnicos e profissionais, incorporando esses elementos à identidade coletiva emergente em Israel.

Até que ponto tais contínuas transformações pacíficas da identidade israelense serão capazes de superar as diferentes tendências corrosivas é, talvez, o problema mais crucial que a cultura e a sociedade israelenses enfrentam.

11. Grupos Minoritários Não-Judaicos em Israel

Introdução

Até agora lidamos quase que exclusivamente com a parte judaica da sociedade israelense. A análise dos grupos minoritários restringiu-se ao panorama histórico geral da Palestina, às relações políticas e culturais entre o movimento sionista, o Ischuv e a população árabe da Palestina, a uma breve descrição do êxodo da população árabe do Estado de Israel em 1948 e a delinear as tendências de desenvolvimento dos grupos árabes e de outros grupos minoritários nos vários campos institucionais.

Lidaremos algo mais pormenorizadamente neste capítulo com os problemas dessas minorias e sua significação para o Estado de Israel.

Contudo, antes de analisar a estrutura interna dos vários grupos minoritários e sua integração na sociedade israelense, vale a pena delinear alguns dos fatos básicos ligados a esses processos.

O desenvolvimento demográfico das populações árabes e drusas

As tendências demográficas básicas da população árabe em Israel têm sido apropriadamente resumidas como se segue por E. Ben-Amram e baseiam-se em dados disponíveis, inclusive os resultados do censo de 1961 [1].

---

1. Extraído de E. BEN-AMRAM, Uma Descrição Demográfica da População Árabe (hebraico). *Hamizrá Hehadasch (O Novo Oriente)*, v. XV, 1965, n. 1-2, pp. II-IV.

Em 1947, a população árabe da Palestina era de 1 320 000 e constituía 68% da população total; havia 800 000 não-judeus na área que forma hoje parte do Estado de Israel. Contudo, como resultado da guerra de 1948, os árabes tornaram-se uma minoria e, da população de Israel de 2 519 700 no fim de 1964, apenas 285 400 — ou 11% — eram não-judeus, principalmente árabes. Embora a população árabe crescesse em 83% desde 1948 — 4% por ano — ela diminuiu em relação à população total, principalmente devido à imigração judaica em larga escala. Espera-se que em 1970 a população de Israel seja de três milhões incluindo 350 000 árabes (11,8%).

As duas concentrações principais da população árabe estão na Galiléia e ao longo da fronteira do Jordão. Encontram-se concentrações menores em Haifa, Telavive, Jafa, Ramla, Lida e no distrito de Jerusalém. Em algumas áreas os árabes representam uma vasta maioria dos habitantes; em outras áreas não há absolutamente árabes. Não ocorreram quaisquer mudanças significativas na distribuição geográfica da população árabe desde 1948 exceto uma ligeira elevação no subdistrito de Haifa e uma diminuição no distrito meridional.

Enquanto em 1963, 87% dos judeus viviam em colônias urbanas, isso só se aplicava a 25% dos árabes, que constituem apenas 3,6% da população urbana total. Esses árabes urbanos habitam duas cidades árabes — Nazaré (27 100) e Schafa Amr (8 050) e mais seis cidades mistas (31 000). A fuga em 1948 de grande número de árabes das cidades levou a uma queda na proporção de moradores citadinos entre eles, comparado com o período do Mandato.

A população rural árabe constitui 41% da população rural total de Israel e espalha-se por mais de 101 aldeias — principalmente na Galiléia, no Carmelo e nos montes da Samaria. Antes, o principal meio de vida dos habitantes de aldeias costumava ser a agricultura, mas uma tendência recente é procurar emprego fora, principalmente nos centros urbanos judaicos.

Os beduínos vivem principalmente no Neguev (20 000) e na Galiléia (10 000). Os do Neguev moram principalmente em tendas, enquanto que os da Galiléia estão gradualmente mudando para habitações permanentes.

Em 1948 apenas nove localidades árabes, isto é, 27% da população, tinham um governo local reconhecido, mas no fim de 1963 havia cinqüenta e quatro localidades (de 110), correspondentes a 71% da população árabe, com instituições governamentais locais: nove municipalidades, trinta e um concelhos locais e quinze aldeias com concelhos regionais.

No fim de 1963, o islamismo era a religião de 192 400 israelenses, ou 70% da população não-judaica. A maior parte dos muçulmanos de Israel são sunitas, embora nem todos eles sejam árabes. Cerca de 83% vivem em áreas rurais. Um quinto da população árabe (53 700) é cristã.

Há cerca de sete mil cristãos não-árabes, dos quais os católicos gregos constituem a maior denominação com 42%. De modo geral, dois terços dos cristãos aceitam a autoridade do Papa. Em 1961 três quintos dos cristãos viviam em áreas urbanas — principalmente em Nazaré e Schafa Amr.

Em 1963 os drusos constituíam um décimo (27 000) da população árabe com 91% deles vivendo em áreas rurais.

Tanto os índices de casamentos como os de divórcios entre os árabes caíram desde os dias do Mandato. A queda do primeiro pode ser explicada pela proibição da poligamia e pela composição mais jovem da população de hoje em dia. O censo de 1961 mostrou que três quartos das mulheres muçulmanas e drusas casavam antes da idade de vinte e um anos e a mesma proporção de homens casava antes da idade de vinte e cinco anos. A queda nos índices de divórcio pode ser atribuída principalmente aos obstáculos colocados no caminho do divórcio pelas leis do Estado de Israel.

Os fatores acima mencionados, combinados com a ausência de controle da natalidade, respondem pelo alto índice de fertilidade entre as mulheres árabes: o número médio de filhos nascidos a uma mulher árabe até a idade de 45-49 anos era de 7,6 em 1963, em comparação com 3,1 entre as judias. Contudo, o contato com a população judaica e a elevação dos padrões educacionais estão resultando em um índice de natalidade decrescente entre as mulheres árabes.

Em 1964, havia 49 nascimentos vivos para cada 1 000 habitantes árabes em comparação com 22 entre os judeus. O índice de natalidade entre os árabes está aumentando, enquanto entre os judeus acontece o oposto.

O índice de mortalidade entre os árabes está declinando e é agora semelhante ao dos judeus: 6 por 1 000 em 1964. Paralelamente a isso, os natimortos entre os árabes estão diminuindo e elevam-se a apenas 38 por 1 000 nascimentos vivos em 1964.

O crescimento natural (isto é, nascimentos menos mortes) dos árabes conseqüentemente aumentou de 34 por 1 000 em 1952 para 43 por 1 000 em 1964 (em comparação com 16 por 1 000 entre os judeus).

Como resultado de sua composição etária, a população árabe contém uma proporção relativamente grande do sexo masculino.

Em 1963 a família árabe média constava de seis membros em comparação com quatro nas famílias judaicas (uma tendência a limitar o tamanho da família pode ser constatada entre os judeus de origem asiática e africana que até agora tinham famílias grandes).

De acordo com o censo de 1961, metade da população árabe adulta sabe ler e escrever (homens: 68%; mulheres: 28%), e essa porcentagem continuará sem dúvida a se elevar com as crescentes facilidades educacionais. A melhora considerável nos padrões educacionais também se reflete no aumento do número de anos passados na escola pela juventude árabe.

De acordo com o exame do potencial humano de 1963, 47% dos 144 000 árabes com mais de 14 anos de idade pertenciam à força trabalhista do país; desses, 60 000 eram homens e 9 000 mulheres (mulheres empregadas na fazenda da família aparentemente não se consideravam como empregadas). O desemprego entre os árabes é insignificante; cerca da metade deles está empregada fora das localidades em que vive. O índice global mais baixo de árabes pertencentes à força trabalhista civil existente entre eles (44% em 1961 em comparação com 53% entre os judeus) pode ser explicado pelo baixo índice de emprego entre as mulheres árabes. Outros fatores são a estrutura etária e o padrão de educação. Espera-se que a crescente procura de trabalho eleve o futuro índice de emprego, especialmente entre as mulheres.

Noventa e quatro por cento dos árabes estão empregados em quatro principais ramos econômicos: agricultura (39%), construção (22%), indústria (22%) e serviços gerais (11%). Os árabes constituem 22% de todos os empregados agrícolas e 18% de todos os trabalhadores em construção. Paralelamente à queda na proporção de árabes empregados na agricultura desde 1954, a proporção daqueles empregados na construção e na indústria elevou-se. Essas mudanças devem ser responsáveis pelas tendências cambiantes na economia judaica.

As minorias na estrutura sócio-econômica

Os dados precedentes indicam algumas das tendências causadas pelo impacto gradual do Estado de Israel sobre a população árabe.

Os laços econômicos diretos entre árabes e judeus durante a época do Ischuv consistiam principalmente da venda de produtos agrícolas pelos árabes aos judeus, emprego de árabes por judeus e compra de terras por judeus. A importância desses laços para a economia total, em especial do ponto de vista do setor árabe, era muito pequena.

O estabelecimento do Estado mudou consideravelmente a situação. A população árabe viu-se reduzida em tamanho (156 000 em 1948) e destituída de liderança e poder. A elite econômica — a população urbana de Haifa e Jafa — fugiu. As instituições econômicas foram dissolvidas e os laços com os países árabes foram cortados quando o governo passou para mãos judaicas.

No entanto, com o seu estabelecimento, o Estado adquiriu a responsabilidade de cuidar do bem-estar social de um grupo minoritário, preocupado com a ligação gradual de seus grupos minoritários na esfera econômica.

Cultural e educacionalmente, os árabes classificam-se por todos os critérios em uma situação de inferioridade, ficando mesmo atrás dos novos imigrantes da Ásia e da África que têm o nível educacional mais baixo entre a população judaica. A grande brecha educacional entre homens e mulheres é pior no nível de alfabetização e educação primária e um pouco menor entre pessoas com educação secundária ou superior. A desigualdade na distribuição da educação é maior entre as mulheres. Há uma associação negativa entre o nível de educação e a idade entre os homens, surgindo um declínio agudo primeiro nos grupos etários de mais de quarenta e cinco anos de idade.

Problemas básicos constitucionais, culturais e políticos da minoria árabe

A fim de capacitar-nos a avaliar plenamente os constantes processos de mudança na minoria árabe, é essencial descrever não só as tendências sociodemográficas básicas, mas também a estrutura em que elas estão ocorrendo.

A questão central nesse problema é a relação entre a orientação especificamente judaica do Estado de Israel, concebido como a condensação das metas sionistas, e a sua união com as verdades universais e seculares de um Estado moderno baseado na igualdade de todos os seus cidadãos e dissociado da identificação plena com qualquer grupo religioso ou étnico. Dentro da esfera legal-constitucional, os fatores universais e seculares foram predominantes desde o início. A plena igualdade dos cidadãos de todas as nacionalidades e religiões foi completamente estabelecida com a Declaração da Independência.

Semelhantemente, foram concedidos direitos civis e igualdade legal plenos a todos os cidadãos de Israel desde o início do Estado. Isto incluía todos os árabes, drusos etc., residentes em Israel na época, bem como aqueles com permissão de entrar mais tarde sob a política da reunião familiar. Além de seus direitos como cidadãos, foram concedidos às comunidades religiosas minoritárias direitos comunais especiais e — nas esferas das relações pessoais — direitos jurídicos. Foi concedida plena autonomia religiosa às várias comunidades muçulmanas, árabes cristãs e drusas, sendo dada ajuda às suas instituições religiosas pelo Ministério das Questões Religiosas. O árabe é a segunda língua oficial, usada no Knesset e nas repartições governamentais nos distritos árabes. Nas escolas árabes é a língua principal, sendo ensinado o hebraico como segunda língua do quarto ano em diante.

Não obstante, desenvolveu-se uma certa assimetria entre os grupos judaicos e árabes (ou qualquer outra minoria) enraizada na própria essência do Estado de Israel. Isso evidenciava-se no fato de que sob a "Lei do Retorno" a cidadania era acessível a todos os judeus que quisessem vir a Israel, mas era limitada a todos os outros grupos, aos residentes ou àqueles que obtinham permissão especial para se estabelecer.

Contudo, se outros fatores não tivessem intervindo, isso, em si, poderia não ter sido um obstáculo demasiado grande para a plena integração. Nessas circunstâncias, as discrepâncias culturais e sobretudo as complicações no nível político deram também origem a uma situação problemática.

Embora houvesse pleno reconhecimento dos direitos dos grupos minoritários de autonomia cultural, não estava claro o que exatamente essa autonomia implicava ou o que — além de uma idéia geral de cidadania comum — poderia desenvolver como foco comum de identidade israelense.

Foram várias as razões para isso: a própria comunidade judaica estava enfrentando problemas a fim de desenvolver uma nova identidade coletiva.

O desenvolvimento paralelo dos movimentos nacionais sionistas e árabes poderia apenas atrapalhar aquele de uma identidade comum — mesmo sem as atitudes políticas hostis que se desenvolveram depois. Até nos círculos do movimento sionista (e inversamente do movimento árabe) que pleiteavam maior entendimento mútuo, isso era feito mais em termos políticos do que culturais.

A minoria árabe (quer muçulmana, quer cristã) não possuía nenhuma identidade coletiva cultural distinta israelense ou mesmo palestina, exceto no nível local, tradicional, que sobrevivera através de séculos de conquista. Na medida em que se desenvolveu uma identidade mais ampla entre tais minorias (e isso começou a acontecer sob o Mandato, através de contatos com o mais amplo movimento nacional árabe e paradoxalmente através dos processos de integração em Israel), ela estava estreitamente ligada a outros países ou comunidades árabes. Isso não se aplicava, contudo, às minorias não-árabes, em especial aos drusos.

Todas essas probabilidades foram grandemente complicadas e em grande parte negadas pelas relações políticas entre Israel e seus vizinhos, o contínuo estado de hostilidade entre eles, a recusa dos países árabes de reconhecer a existência de Israel e suas contínuas ameaças de aniquilá-lo. Tais complexidades tiveram um impacto direto e indireto óbvio sobre a escala inteira de relações entre o Estado e suas minorias.

Primeiramente, a comunidade árabe viu-se em uma situação ambivalente perante o Estado de Israel, sendo os aspectos mais negativos dessa ambivalência aqueles que as autoridades israelenses tiveram de enfrentar e talvez tenderam inicialmente a acentuar.

As causas dessa ambivalência são simples, em essência. Por laços de parentesco, etnia ou orientação nacionalista incipiente, estavam muito mais estreitamente ligados aos árabes do outro lado da fronteira, em países hostis a Israel. Com exceção de muitos poucos casos de participação ativa por parte de pequenos grupos árabes que lutaram no lado judaico na Guerra da Independência, havia pouco para fomentar uma orientação positiva para o Estado de Israel, fato geograficamente reforçado pela alta concentração de grupos de população árabe em várias áreas fronteiriças.

Sua proximidade nas fronteiras constituía um grave problema de segurança, agravado pelas contínuas, ainda que intermitentes, incursões de elementos de infiltração provenientes dos países vizinhos. Além disso, a possibilidade dos árabes locais serem usados com o propósito de espionagem e sabotagem pelos Estados hostis também tinha de ser prevenida. O impacto desses fatos deixou suas marcas nas relações entre o Estado e a sua população árabe, resultando, primeiro, no estabelecimento de um Governo Militar nas áreas fronteiriças.

Embora o estabelecimento de um Governo Militar fosse indispensável por razões de segurança, suas repercussões também foram sentidas no nível legal-constitucional. Sua execução acarretava restrições a viagens que, embora em princípio se aplicasse a todos os habitantes dessas áreas, de fato afetava na maior parte os árabes, não ajudando muito a superar a ambivalência desses grupos, ou a desenvolver relações amigáveis e "iguais" entre eles e as autoridades no contato diário.

Uma segunda inovação constitucional foi a isenção da maioria da população árabe (embora não a drusa) do serviço militar, a fim de evitar uma situação de lealdades conflitantes, bem como para não pôr em perigo a segurança do Exército Israelense.

Embora isso pudesse ser visto como uma liberação de um dever oneroso, foi também uma exclusão de uma esfera que resumia a essência da cidadania e identidade israelenses, acentuando portanto as relações ambivalentes entre os árabes e o Estado. As repercussões mais amplas disso envolviam a disponibilidade de oportunidades ocupacionais como suspeita e uma relutância em empregar trabalho árabe desenvolveu-se em legítimas áreas de segurança, bem como naquelas não afetadas diretamente. Como tal atitude, embora muito difundida não fosse plenamente articulada, não era fácil de ser também superada.

Um caso especial e importante aqui era o problema de admitir trabalhadores árabes na Histadrut, que foi originalmente criada para promover o desenvolvimento do trabalho judaico moderno e que, devido à hostilidade política entre as comunidades, era uma organização exclusivamente judaica.

Confessadamente foram feitos alguns esforços para organizar os trabalhadores árabes em sindicatos e para esse propósito foi estabelecido em 1932 o Brit Poalei Eretz Israel. Houve também várias greves árabes-judaicas conjuntas no período pré-Estado. Tudo isso, todavia, estava fora da órbita da Histadrut.

Com o estabelecimento do Estado, foi feita uma proposta para anexar duas organizações árabes à Histadrut, mas foi rejeitada. As organizações sindicais dos trabalhadores árabes eram o Congresso Comunista, o A-Rabita cristão e o Brit Poalei Eretz Israel. Em 1951 o A-Rabita uniu-se ao Brit Poalei Eretz Israel e no fim de 1953 a Histadrut decidiu aceitar alguns trabalhadores árabes em seus sindicatos. O Congresso Comunista dispersou-se voluntariamente alguns meses mais tarde. Finalmente em 1959, a Histadrut adotou uma resolução de admitir trabalhadores árabes como membros com direitos iguais e por volta dos meados de 1962, cerca de 16 000 árabes haviam ingressado na Histadrut. Em 1962 a responsabilidade de lidar com problemas sindicais dos trabalhadores árabes foi transferida do Executivo da Histadrut aos conselhos trabalhistas locais, aumentando a disposição da Histadrut para conceder *status* igual aos trabalhadores árabes. Paralelamente a isso, houve um crescimento de membros árabes nos fundos de segurança da Histadrut.

Problemas de desenvolvimento e administração

Uma segunda força importante na sociedade árabe cambiante em Israel foi a grande expansão dos serviços administrativos naquele setor, que se estendia da previdência de saúde e serviços gerais à instrução técnica na agricultura e o fornecimento de serviços educacionais [2].

Na esfera da saúde, as atitudes tradicionais e a falta de facilidades limitavam tais serviços no setor árabe, em particular nas aldeias. Como resultado, o Ministério da Saúde teve de arcar tanto com as despesas iniciais como com as correntes para todos os projetos de saúde executados desde 1948. Esses incluem: serviços de saúde em cinqüenta e seis aldeias, dois centros de saúde e hospitais de maternidade, vinte e quatro clínicas e trinta centros de assistência a mães e crianças.

No campo educacional, verificamos que havia sessenta escolas primárias no setor árabe antes da aprovação da Lei da Educação Obrigatória. Assim que a lei entrou em vigência, o número de alunos quadruplicou e o problema de espaço insuficiente tornou-se cada vez mais agudo. Os custos dos novos edifícios deveriam ser arcados pelas jurisdições locais e, onde tal jurisdição não existisse, pela jurisdição educacional local estabelecida pelo Ministério da Educação. Na realidade, contudo, as jurisdições locais não usaram completamente as somas colocadas à sua disposição para o propósito de construção de escolas até 1960-61. Hoje em dia as subvenções governamentais importam em pelo menos 50% do custo da construção de uma sala de aula, e LI 2 500 são dadas para toda sala de aula construída em aldeias sem *status* municipal. Como resultado, toda aldeia árabe reconhecida possui agora um edifício escolar.

Outro campo importante de atividade governamental foi a modernização da agricultura. O investimento governamental na agricultura enfatizava o treinamento e a produção. São, portanto, fornecidos empréstimos para aumentar os meios de produção e por isso o rendimento elevou-se consideravelmente nos anos recentes. O Ministério da Agricultura também formulou planos a longo prazo para aldeias árabes, mas por diversas razões esses nem sempre são apoiados pelos habitantes.

Compreendendo a necessidade de suplementar o emprego agrícola, o Ministério do Comércio e Indústria iniciou e financiou o estabelecimento de pequenas indústrias no setor árabe, que estão agora se expandindo com a ajuda de fundos especiais administrados principalmente pelo Ban-

---

2. Extraído de B. Shidlovsky, Mudanças no desenvolvimento da aldeia árabe em Israel, *Hamizrá Hehadasch*, v. XV, 1965, n. 1-2, pp. 25-37.

co Árabe-Israelense. Os dois principais fundos para esse propósito são: 1) os fundos para o Incentivo à Manufatura (LI 300 000) financiados igualmente pelo Ministério e pelo Banco que autorizou 350 empréstimos para o estabelecimento de novas firmas ou melhoramento das existentes; 2) o Fundo de Incentivo ao Comércio (LI 300 000) que autorizou 325 pedidos de empréstimos. Além disso o Ministério também concede empréstimos diretos a empreendimentos maiores. Não há nenhum limite orçamentário aparente ao futuro desenvolvimento industrial que provavelmente continuará em uma escala paralela àquele dos serviços básicos nas aldeias.

Nesse contexto, várias obras públicas foram de grande importância. Desde o estabelecimento do Estado, foram construídos 175 km de estradas de acesso e internas em aldeias árabes e no término do Plano Qüinqüenal quase todas as aldeias árabes terão esse mesmo tipo de estradas.

Semelhantemente, foram iniciados vários projetos de abastecimento de água pelo Ministério da Agricultura desde o estabelecimento do Estado, resultando deles que a água potável é agora canalizada para noventa aldeias (e está agora em processo de ser fornecida a todas as localidades árabes).

A ligação com a rede nacional de eletricidade é em geral financiada pelos habitantes de cada localidade. Todavia, o governo oferece empréstimos baratos para esse propósito a qualquer aldeia árabe onde exista um organismo municipal legalmente constituído.

Até 1962-63 os vários Ministérios formularam seus próprios programas de desenvolvimento para o setor árabe, programas esses sujeitos ao critério do Ministério interessado. Desde então, reconhecendo a urgência de tal desenvolvimento, o orçamento para o setor árabe foi duplicado e fundos estão sendo agora dotados dentro do esquema de um plano global de cinco anos. O plano original fornecia para a dotação de LI 25 milhões que mais tarde foi aumentada para LI 33 milhões. Espera-se que os investimentos totais no setor árabe, inclusive as fontes não-governamentais, importem em LI 71 milhões para o período 1962--63 a 1966-67, comparados com o total de LI 9 700 000 investidos pelo governo durante o período 1957-58 a 1961-62.

Das LI 71 000 000 a serem investidas, LI 15 800 000 serão destinadas à agricultura, LI 12 500 000 à habitação, LI 11 500 000 ao fornecimento de água, LI 11 000 000 à eletricidade, LI 7 500 000 à indústria, LI 6 000 00 à educação e o restante para estradas, projetos de saúde e outros serviços municipais.

O fato de a maioria dos serviços administrativos e mesmo alguns de emprego direto no setor árabe girarem em torno do Governo Militar, criou uma situação um tanto especial pela qual o setor árabe era "administrado" forte mas separadamente. Embora isto mostrasse alguns paralelos à situação administrativa entre os novos grupos imigrantes, as implicações específicas e as concentrações geográficas dos árabes eram muito diferentes.

Isso, bem como a criação de uma repartição consultiva especial para as minorias, estabelecida como parte do Gabinete do Primeiro-Ministro, acentuou a separação dos árabes e reforçou os sentimentos de ambivalência e de participação apenas parcial no Estado. Ao mesmo tempo, contudo, essa repartição também constituía um dos principais fatores para a mudança e o desenvolvimento.

Os pólos de mudança na sociedade árabe

Os processos analisados acima criaram a dinâmica básica do desenvolvimento para os árabes em Israel, inclusive os beduínos no Neguev mas excluindo as comunidades drusas. Esse esquema compunha-se de diversos pontos básicos de partida, às vezes contraditórios, dos quais o primeiro era o econômico. Embora inicialmente distintos e separados da economia do Ischuv, os setores árabes foram de modo comparativamente rápido atraídos ao esquema geral, posto que até hoje em dia a agricultura — embora muito mudada e até certo ponto modernizada — permanece ainda sua base principal. Essas mudanças foram muito reforçadas pelo grande crescimento demográfico da população árabe discutido acima.

O crescimento natural da população árabe conduz-nos ao segundo aspecto administrativo econômico do desenvolvimento, que resultou em densa concentração de serviços administrativos entre eles, bem como no reconhecimento de sua igualdade como cidadãos e o dever do Estado de fornecer-lhes serviços.

Esses processos demográficos econômicos e administrativos propiciaram a mudança no padrão tradicional da sociedade árabe, a crescente modernização e as aspirações que surgiam continuamente nas esferas econômicas, ocupacionais e sociopolíticas.

Em seguida veio o problema de realizar as várias aspirações nas quais estavam envolvidos os aspectos político-administrativos.

Embora as premissas de igualdade, o fornecimento de serviços e a atração dos árabes à estrutura israelense predominasse na esfera econômico-administrativa, as ambivalências das situações políticas e de segurança eram supremas no nível político-administrativo.

Assim o árabe, em menor grau, o druso e as outras pequenas comunidades, viram-se na posição de um grupo minoritário, cujo modo de vida tradicional estava mudando e cuja atitude perante tais mudanças estava plena de ambigüidade causada pela suposição de igualdade política ligada a tendências nacionais-políticas potencialmente hostis.

Padrões de mudança na sociedade árabe

A fim de entender os problemas acima analisados, é essencial olhar para a sociedade árabe cambiante em Israel começando com a aldeia em que vivia a maior parte de sua população.

A aldeia árabe tradicional na Palestina, e mais tarde em Israel, evidenciava a maior parte das características de uma sociedade camponesa baseada na agricultura. A composição interna de cada aldeia baseava-se na posição econômica e familial e incluía muitos grandes proprietários de terras, cujas famílias às vezes casavam-se com pessoas de outras aldeias. Também incluía muitos pequenos camponeses arrendatários e sem terras.

As instituições comuns da aldeia eram comumente as da religião e do governo local, impostas pelo governo dirigente, fosse ele turco, inglês ou israelense. Os principais elos com o resto do país eram forjados através dessas instituições.

Da década de 20 e de 30 em diante, a educação começou a espalhar-se sob o Mandato, foi grandemente acelerada sob o governo israelense, sendo estabelecidos elos adicionais com os centros urbanos em desenvolvimento e com os vários movimentos e organizações sociais e nacionais através de professores e de alguns grupos ocupacionais urbanos adiantados.

Na aldeia, era observado o conformismo às hierarquias básicas de *status* econômicas, sociais e político-administrativas, embora nas famílias dominassem os seus membros mais velhos. A participação na vida política mais ampla, tal como movimentos e partidos sociais, era mediada pelos maiores grupos familiais, que também organizavam as atividades políticas e representavam o elo com o governo central.

Sob o impacto da modernização, serviços aumentados e expansão demográfica, essa estrutura tradicional começou a mudar. Embora algumas conotações especificamente israelenses fossem inerentes a essas mudanças, elas não foram limitadas aos árabes israelenses mas eram comuns à maioria das sociedades camponesas em semelhante estado de transição e em particular a outros camponeses árabes.

Entre os colapsos mais comuns ocorridos nessas sociedades móveis estava a relação entre as hierarquias de riqueza e o *status* de poder com o crescimento de fazendeiros *nouveaux riches* e de indivíduos politicamente ativos não ligados à velha ordem.

Outro fenômeno foi a crescente dissociação da geração mais jovem do padrão da mais velha quanto à religião e às atitudes sociais gerais — dissociação essa largamente ligada à expansão demográfica e à inabilidade da estrutura tradicional de satisfazer as crescentes exigências que lhes eram feitas.

Além disso, o crescente nível de educação, que levava maiores aspirações ocupacionais, contribuiu grandemente para a alienação dos jovens além do alcance da aldeia natal e do cenário urbano mais antigo.

Uma das conseqüências dessas mudanças foi o desenvolvimento de um proletariado-campesino migrante sem terras, que consistia daqueles que foram para as cidades como extranumerários e que desenvolviam as características usuais em trabalho desse tipo. Tais grupos tendiam a concentrar-se em áreas onde o potencial humano era mais necessário, mas, embora alguns se desenvolvessem em trabalhadores especializados auxiliados pelos cursos vocacionais da Histadrut e do governo, a grande maioria desse proletariado flutuante pertencia às categorias inferiores dos não-especializados.

Um grupo especial consistia de jovens que afluíam das aldeias para as cidades — especialmente Jafa e Acre — sem a ajuda de qualquer instituição e que, portanto, vagueavam para cenários ecológicos de semifavelas marginais.

Outra tendência era o desenvolvimento de uma *semi-intelligentsia* extraída sobretudo do sistema escolar israelense e em parte reforçada pelos núcleos existentes em Jafa e Acre, que se beneficiaram do sistema educacional em expansão. Contudo, mesmo nesse grupo muitos receberam apenas educação secundária parcial, devido ao alto índice dos que abandonavam os estudos e dos que fracassavam e porque o que resultava da educação secundária completa amiúde parecia não valer a pena economicamente.

Via de regra, era mais fácil para os jovens do campo que procuravam trabalho manual encontrá-lo nas cidades do que para os que trabalhavam em escritório. Esse fato aplicava-se em particular a jovens árabes em um mercado judeu. Embora as diferenças de língua, culturais e de formação social não fossem tão importantes em ocupações manuais, elas afetavam decisivamente a elegibilidade para empregos em escritórios. Um jovem árabe cuja educação formal é equivalente a de um jovem judeu não pode, em geral, competir por um emprego de escritório na área judaica, mesmo que nenhum sentimento de discriminação motive o empregador. O fato de que em muitas ocasiões os trabalhadores são aceitos com base nas ligações e recomendações pessoais, em contraste com a base não-pessoal em que são contratados os trabalhadores manuais, enfraquece ainda mais as oportunidades do jovem árabe, cujo emprego em escritórios no setor judaico é insignificante.

No próprio setor árabe a procura de potencial humano educado é muito limitada, e como os serviços profissionais e administrativos são em parte fornecidos pelo setor judaico, restam apenas os serviços governamentais. Todavia, o jovem árabe que procura emprego no serviço governamental no setor judaico enfrenta pelo menos os mesmos obstáculos encontrados no setor privado, com várias considerações políticas e de segurança agindo como obstáculos. A principal ocupação singular aberta para as classes mais altas da *intelligentsia* é portanto o magistério, e em 1961 o Ministério da Educação empregou 1 400 dos 1 800 jovens árabes empregados pelo governo [3].

Tensões e ambigüidades entre a minoria árabe

Os problemas de integração foram plenamente articulados principalmente pelos grupos dinâmicos da *intelligentsia* que tentaram cristalizar as ambigüidades e incertezas mútuas, bem como os pontos mais positivos de progresso e contato.

Do lado positivo encontramos crescente preocupação por parte das autoridades e do público israelense em geral com os problemas da integração da minoria árabe, com o abrandamento do governo militar, com o desenvolvimento de novos pontos de reunião entre árabes e judeus e uma preocupação cada vez maior com a falta de tais facilidades.

Inevitavelmente, contudo, os aspectos mais ambivalentes e problemáticos desses desenvolvimentos foram os mais plenamente articulados. Os problemas paralelos aos da esfera econômica também se desenvolveram no campo político.

Aqui, várias tendências diferentes tornaram-se aparentes [4]. Há a velha participação "paternalista", evidenciada nas listas árabes ligadas ao Mapai, que são em essência um estratagema parlamentar estabelecido para atrair o voto árabe com a ajuda da máquina governamental. Existem duas ou três listas semelhantes na maioria das eleições e elas levam em conta as contendas pessoais e de famílias e as

---

3. Esta análise segue YORAM BEN-PORAT, *Characteristic of Arab Labour Force in Israel*, Falk Centre of Economic Research.
4. Extraído de Y. WASHITZ, Arabs in Israeli Politics. *New Outlook*, v. 5, n. 3, mar.-abr. 1962, pp. 33-45.

divisões comunais de seu eleitorado. Os métodos aplicados para atrair os votos são uma combinação de pressão (amiúde através do governo militar) ou de favores concedidos tais como autorizações, empregos, licenças e arrendamentos de terras. Os elementos mais ricos da comunidade que têm muitas negociações com as autoridades comumente acham conveniente cooperar.

Essas listas preocupam-se mais em evitar as possíveis seqüências dos votos "errados" do que com tentativas de mudar o regime. Os lemas usados por seus candidatos são de várias espécies: podem acentuar a importância de apoiar os poderes existentes; ou podem ser antijudaicos e nacionalistas, com lemas tais como "vote no seu próprio povo (as listas árabes), contra os partidos judeus". Com esses meios à sua disposição, essas listas congregaram entre a metade e dois terços do voto árabe, dando-lhes de quatro a cinco membros no Knesset.

As outras listas são do Partido Comunista e do sionista esquerdista, em especial o Mapam, embora deva ser feita, é claro, uma distinção entre os dois. Contudo, ambos podem ser considerados como manifestações de protesto e é duvidoso que qualquer dos dois represente uma participação real, mesmo que oposicionista, na vida política de Israel.

Uma nova feição que apareceu nas eleições para o quarto Knesset foi o grupo El-Ard — um grupo nacionalista árabe sem qualquer ligação com qualquer outro partido. Esse grupo emergiu da "Frente Árabe" formada em 1958 durante o período de entusiasmo pela união sírio-egípcia. Naquela época o Partido Comunista parecia identificar-se com as metas do nacionalismo árabe e muitos de seus membros foram aprisionados após um conflito com a polícia durante uma parada do Dia do Trabalho organizada pelo Mapai em Nazaré. A "Frente Árabe" foi formada por comunistas árabes e intelectuais nacionalistas da classe média. Além de fazer exigências específicas para os árabes dentro do Estado, seu programa também requeria o "direito dos refugiados de voltar a Israel".

O movimento El Ard tornou-se mais tarde semi-ilegal e foi declarado, pela Suprema Corte, basicamente oposto à existência do Estado de Israel, sendo ordenado a se dissolver [5].

Um quadro semelhantemente ambivalente e problemático desenvolveu-se no nível sociocultural. Embora muitas atividades e organizações culturais fossem empreendidas por vários organismos oficiais e semi-oficiais, parece ser muito limitada a extensão a que foram plenamente aceitas pelos árabes, em parte, sem dúvida, por causa de sua situação

5. Ver *The Jerusalem Post*, 12 de novembro de 1964.

política ambígua e em parte por causa de sua suspeita para com os iniciadores desses planos e suas dificuldades no encontro social e cultural.

Essas incertezas necessariamente criaram, ou reforçaram, a apatia existente e sem dúvida intensificaram os sentimentos de alienação e ambigüidade. Isso, por sua vez, levou a várias atitudes negativas para com o Estado, às vezes tocando as raias da traição — tais como contatos com países vizinhos, variando do contrabando tradicional "limitado", ao asilo a infiltradores e até à participação ativa em atividades de espionagem, demonstrações anti-Israel e movimentos políticos extremistas, como o El-Ard.

É extremamente difícil avaliar de modo preciso o alcance e a intensidade dessas diferentes orientações, visto que as mais sonantes e negativas obviamente atraem a atenção ao passo que a aceitação mais passiva e menos sonante de Israel não se torna aparente de modo tão fácil.

Um estudo recente dos escritores árabes de Israel mostra que a maioria desenvolve atitudes um tanto negativas para com o país com orientações positivas apenas ocasionais [6]. Contudo, há muitas indicações de que esses pontos de vista positivos estejam crescendo na vida cotidiana, bem como em aspectos literários mais articulados, embora seja até agora difícil medir sua extensão e alcance.

Problemas de identidade em Israel

Para ilustrar os problemas inerentes na busca de uma identidade nacional por parte dos árabes em Israel, as seguintes citações dos escritos de dois intelectuais árabes israelenses servem para mostrar os sérios esforços feitos nessa direção:

...Nem todas as conseqüências do encontro com o sionismo foram positivas. A reunião das comunidades palestinas e do movimento sionista nacionalista dividiu o país ao longo de linhas nacionalistas, além das afiliações religiosas. Enquanto no Líbano a organização política assumiu um caráter religioso, o movimento nacional árabe na Palestina tendia para uma reconciliação cristã-muçulmana. O movimento sionista forneceu o ímpeto e a oportunidade para a reunião de grupos religiosos rivais e assinalou a passagem da divisão oriental tradicional em partículas ou grupos religiosos, que provaram ser inadequados para lidar com o novo desafio fornecido pelos colonizadores sionistas. O palco estava preparado para a luta entre os grupos nacionais na Palestina.
Após o estabelecimento do Estado de Israel em 1948 os padrões europeus foram estimulados pelos recém-criados ins-

---

6. Ver AVRAHAM YINON, Alguns aspectos da Literatura árabe em Israel, *Hamizrá Hehadasch*, v. XV, 1965, n. 1-2, pp. 57-85.

trumentos de soberania. A cultura oriental, que estava quase que hermeticamente isolada de seu meio ambiente imediato, foi atingida por um golpe. Embora a metade dos habitantes do Estado viessem de uma formação oriental, a cultura européia era dominante por causa do caráter social e político da população judaica, do impulso para contatos com o continente europeu e da força e influência dinâmicas da cultura européia altamente industrializada...

Embora se possa dizer que o estabelecimento de Israel demoliu as divisões entre os judeus de cultura orientais e ocidentais e tendeu a criar uma única unidade cultural e social global abarcando toda a população judaica do Estado, isso não ocorreu com a população árabe. A proclamação do Estado deu um cunho oficial à divisão dos habitantes de Israel entre judeus e árabes e acabou de uma vez por todas com o padrão oriental tradicional de divisão em diferentes comunidades religiosas. A nova divisão é sustentada pelos diferentes padrões que governam as atividades cotidianas. As escolas judaicas e árabes têm currículos separados, baseados em diferenças nacionais. A criança árabe estuda árabe, hebraico e inglês nessa ordem; a criança judia estuda hebraico e inglês, com uma opção de árabe e francês. A criança árabe estuda história árabe em toda extensão e história judaica apenas sucintamente; ocorre o inverso com a criança judia. Há de fato casos em que crianças árabes estudam em escolas judaicas; mas na verdade as crianças judias e árabes são separadas pelas suas diferentes línguas principais — hebraico e árabe respectivamente — que dividem os habitantes em duas nações diferentes e perpetuam tal situação através de uma educação separatista e consciente da nacionalidade em escolas diferentes.

É verdade que, durante as etapas finais da educação, nas universidades e às vezes até nas escolas secundárias em cidades mistas de judeus e árabes, tais como Haifa, Acre e Jafa, os membros dessas duas diferentes nações encontram-se mais uma vez. Mas mesmo nesse caso, sob a influência do clima político e cultural geral, os jovens judeus tornam-se membros de diferentes grupos nacionais, muito afastados uns dos outros tanto em formação religiosa como em características culturais gerais.

Quando esses dois grupos diferentes se encontram, o resultado é freqüentemente um conflito. A sensação de estranheza é vista de imediato. Os estudantes árabes, que em geral estudaram em escolas freqüentadas apenas por meninos (por causa da recusa da maioria dos pais árabes em permitir que suas filhas estudem em escolas de educação mista), ficam embaraçados e constrangidos na estrutura da educação mista que prevalece na maioria das escolas judaicas. Eles tentam integrar-se na nova Sociedade Judaica, mas são comumente repelidos pela insularidade da sociedade judaica.

As estórias dos jovens que entraram em contato com jovens judeus nas escolas e em lugares de trabalho amiúde chegaram à triste conclusão de que esta parte da população árabe é mais hostil à sociedade judaica do que qualquer outro elemento árabe. O jovem árabe odeia a sociedade judaica porque ela o considera como estranho e diferente, rejeitando-o, e por causa da inveja de seu correspondente judeu que o sobrepuja cultural e intelectualmente. Também sofre de sentimentos de inferioridade porque vem de uma sociedade que tem um nível econômico e cultural mais baixo do que a maioria da sociedade judaica. Quase não pode esquecer que a minoria árabe foi a maioria nessa mesma terra há uma década e meia, fazendo parte de uma grande nação com uma cultura profundamente enraizada, que poderia ser atrasado pelos padrões europeus, mas que se desenvolveu de acordo com suas próprias necessidades e não sofria de nenhum complexo de inferioridade.

A natureza equívoca da política oficial para com os árabes israelenses fornece a esses jovens árabes a justificativa emocional para o ódio e a indignação. Incita-os a expressar seus sentimentos de ódio pela sociedade judaica fugindo de Israel e "unindo-se" — em um sentido emocional e prático — aos árabes dos países vizinhos que odeiam Israel como um Estado. Um grau menor de ódio leva alguns jovens árabes a alistar-se em grupos extremistas. Em muitos casos isso leva-os a um beco sem saída cultural e político, onde eles perdem toda fé em palavras e ações.

O maior desastre é a considerável deterioração no pensamento das duas gerações em ambos os lados da cerca. A maior parte da geração judia mais velha nunca pensou muito nos árabes, tomando uma atitude razoavelmente liberal para com membros de outros grupos nacionais. Em contraste, a maioria dos israelenses judeus mais jovens aceita, de modo geral, a disposição das notícias da imprensa que lê e os comentários que ouve em casa e na escola; isso é muito amiúde chauvinista e antiárabe. O judeu jovem que não entra em contato com os árabes, embora possa viver no centro de uma área árabe, pensa nos árabes como pessoas estranhas e peculiares. O mesmo ocorre no lado árabe. Para os árabes mais velhos, os judeus ainda representam uma comunidade *religiosa* respeitada como tal. (Não se deve esquecer que tanto o cristianismo como o islamismo têm o judaísmo em alta estima.) Embora a propaganda anti-sionista tivesse criado sentimentos antijudaicos, a geração mais velha, conservadora e religiosa, permaneceu positiva em sua atitude para com o judeu como grupo religioso.

Até o crítico mais severo da atitude árabe para com os judeus durante o período do Mandato britânico admitirá que o ódio aos judeus limitava-se a pequenas camadas de interesses políticos e que as massas árabes eram principalmente indiferentes e moderadas. A fim de provocar agitação anti-sionista, eram invariavelmente trazidos emissários dos países vizinhos para introduzir um reino de terror com a ajuda de partidários locais [7].

Uma segunda expressão do ponto de vista árabe reza o seguinte:

A questão permanece, portanto, se os árabes de Israel podem integrar-se na sociedade dinâmica de Israel com sua cultura presente, ou se eles devem adotar outra. Para responder a tal questão devemos lembrar que, além das dificuldades usuais que as sociedades em desenvolvimento enfrentam, os árabes de Israel sofrem pela carga extra da terminologia vaga da "lealdade nacional à nação árabe" e estão sujeitos à propaganda de ódio dos Estados árabes vizinhos. Além disso, os árabes de Israel estão sem líderes, e os que pretendem falar em seu nome no exterior são o produto de governos estrangeiros.

7. De A. Mansour, The Modern Encounter between Jews and Arabs, *New Outlook*, v. 5, n.º 3, 1962, pp. 59-63.

Embora a posição econômica dos árabes tenha melhorado desde o estabelecimento de Israel, houve um aumento compreensível na proporção de assalariados móveis. O Plano Qüinqüenal de 1962 projetado para acelerar o desenvolvimento do setor árabe quase que não acompanhará o ritmo do crescimento natural da população árabe. Qualquer progresso econômico, contudo, deve ser acompanhado por desenvolvimento social paralelo se é que se deve evitar os aspectos prejudiciais da modernização.

Um método de modernização é forçar as mudanças de cima; o outro método é despertar o desejo de mudar e para alcançar esse fim a estrutura patriarcal da família árabe, na qual a influência das mulheres é insignificante, deve passar por uma transformação fundamental. Um fator decisivo nessa direção será a reforma do sistema educacional. Além disso, a política oficial para com os árabes deve incluir a abolição de tratamento separado para eles; no campo da segurança, os árabes, como quaisquer outros cidadãos, devem ser considerados como inocentes a menos que provem ser culpados. Deve ser feito um esforço especial para a integração econômica. Finalmente, deve ser traçada uma distinção clara entre a política externa para com os Estados árabes e a política interna para com os árabes em Israel. Essas medidas contribuirão em grande parte para a restauração da autoconfiança dos árabes de Israel, para ajudar seu desenvolvimento social e para levá-los a um novo modo de vida [8].

Sumário: problemas e expectativas

A análise precedente mostra a grande complexidade e os elementos trágicos da situação dos árabes em Israel. Segundo muitos padrões, os de desenvolvimento econômico, serviços administrativos, educação e até igualdade política (embora com exceção do governo militar e a expropriação de terras por razões de segurança), os padrões dos árabes israelenses são altos — certamente muito mais altos do que muitas das minorias nos países vizinhos — e sua sorte está sendo melhorada continuamente.

Todavia, isso nem sempre abranda a alienação e hostilidade potenciais, enraizadas na situação histórica e política que em parte é fomentada pelas abordagens iniciais das autoridades israelenses, tanto no nível administrativo como no político-cultural.

A verdadeira tragédia do problema reside no fato de que, embora as atitudes melhoradas das autoridades e público israelenses, a certeza de maior liberdade e o alcance aumentado do contato mútuo certamente aliviam muitos aspectos do problema, podendo também, no entanto, como em tantas situações paralelas em outros lugares, dar origem à crescente desilusão por parte dos árabes.

8. Citado de um sumário de Arab Society in Israel, de R. BASTUNI, *Hamizrá Hehadasch*, v. XV, n. 1-2, 1965, p. II.

Naturalmente, isso não isenta o público e nem as autoridades israelenses de adotar as melhores políticas possíveis e as atitudes mais democráticas com referências às minorias. Contudo, o êxito de tais medidas depende em grande parte das mais amplas circunstâncias político-históricas e internacionais, e em especial das relações com os países árabes vizinhos e sua atitude para com Israel.

Em muitos aspectos a possibilidade de um encontro mais pleno e mais livre entre a minoria árabe e a maioria judaica em Israel contém possibilidades importantes, não só de arranjos políticos, mas também de diversificação dos componentes da identidade israelense. A complexidade e a tragédia da situação reside no fato de que essas possibilidades e potenciais são grandemente limitados pelas situações políticas internacionais.

12. Israel, uma Sociedade Moderna

Características e problemas do Ischuv e de Israel como sociedade moderna

Chegamos ao fim de nossa história, embora, é claro, a própria história continue a se desenrolar. Depois de examinar o desenvolvimento histórico da estrutura social de Israel e de suas principais esferas institucionais, talvez valha a pena tentar uma avaliação da natureza da sociedade israelense, as características e os problemas específicos e suas tendências potenciais de desenvolvimento.

Também surgem aqui duas questões ou problemas básicos, comuns a todas as sociedade modernas. O primeiro é a natureza das características estruturais e organizacionais específicas do Ischuv e do Estado de Israel como distintas das de outras sociedades modernas. O segundo, é a medida em que as variadas formas sociais podem enfrentar os novos problemas que surgem do desenvolvimento contínuo de uma sociedade emergente.

Portanto, tentaremos primeiro recapitular sucintamente as principais características do Ischuv conforme se desenvolveram em suas etapas formativas, compará-las com as de algumas outras sociedades modernas e então ver como essas características influenciaram sua capacidade de lidar com os novos problemas surgidos na nova etapa de seu desenvolvimento ou modernização em que ingressou o estabelecimento do Estado de Israel.

A meta dos primeiros pioneiros era, como vimos, que o Ischuv se tornasse não só uma sociedade moderna em todos os sentidos do termo, mas também que corporificasse um significado e valores mais amplos com algum sentido transcendental. Essa meta desenvolveu-se, com modificações, do legado da sociedade judaica tradicional que combinava um anseio ardente por um significado universal com as realidades de uma minoria oprimida. Enquanto a minoria permanecesse fechada dentro de si, a tensão entre o anseio e a realidade produzia considerável atividade criadora em sua própria estrutura, embora relegasse para um futuro distante qualquer esperança de que suas reivindicações universais fossem aceitas. Quando as portas da sociedade européia foram abertas — pelo menos parcialmente — muitos de seus membros conseguiram entrar em campos de atividade social e cultural gerais nos quais poderiam ser altamente criativos. Mas ao mesmo tempo enfrentavam o problema de perder sua identidade judaica coletiva e/ou o de não serem plenamente aceitos na sociedade européia mais ampla.

O movimento sionista visava fornecer a oportunidade para a criatividade cultural e social de significação universal na estrutura de uma sociedade judaica livre, moderna e independente — e foi essa combinação a responsável pela tremenda ênfase colocada na criatividade sociocultural e pelas fortes orientações de uma elite. A ênfase foi mais aumentada ainda pelas circunstâncias externas prevalecentes na Palestina — as condições do país, a ausência de reservas de capitais e de recursos adequados de potencial humano, bem como a falta de uma longa tradição de uma sociedade civil ordenada.

A característica mais destacada do Ischuv foi, talvez, o seu centro ter se desenvolvido em primeiro lugar. Suas instituições e símbolos centrais cristalizaram-se antes da emergência da "periferia" composta de grupos e estratos sociais mais amplos e menos criadores. Esse centro — construído pelas futuras orientações elitistas das seitas pioneiras — foi contemplado como sendo capaz de permear e absorver a periferia que (esperava-se) se desenvolveria e se expandiria através de uma migração contínua.

As orientações ideológicas e elitistas dos primeiros grupos pioneiros e as fortes orientações transcendentais e o senso de responsabilidade pessoal pelo cumprimento do ideal inerente à imagem do pioneiro guiaram o desenvolvimento inicial desse centro, seus símbolos e instituições.

As tentativas de longo alcance para desenvolver uma estrutura moderna específica estavam implicadas na ideologia pioneira. Essas tentativas combinavam os aspectos positivos da tecnologia moderna com a manutenção dos valores humanos e sociais básicos, sendo especialmente orientadas para sua execução nos campos da organização econômica e social. Todavia, as orientações econômicas não eram puramente sociais ou ideológicas. Estavam estreitamente relacionadas ao esforço nacional e foram concebidas não em termos utópicos, mas antes como parte essencial da construção de uma nova nação.

O encontro entre essas orientações e as tarefas enfrentadas em sua execução na Palestina durante os períodos otomano e mandatício constituía o foco do desenvolvimento da estrutura social israelense.

Como o desenvolvimento e a manutenção de um alto padrão de vida para ondas imigratórias existentes e futuras eram implicitamente adotados, era necessário uma separação parcial da economia árabe local e tradicional.

Entre os fatores iniciais básicos que influenciaram a execução desses ideais estavam a falta de recursos de capitais e de potencial humano adequados para ocupações primárias combinadas, contudo, com um alto potencial educacional inicial. O último atributo talvez tenha assegurado uma transição relativamente calma para um nível bastante alto de desenvolvimento tecnológico.

Essas exigências básicas, junto com a ideologia dos grupos pioneiros, causaram a densa concentração inicial do capital público nos principais setores de desenvolvimento, enquanto ao mesmo tempo permitiam a contínua expansão dos setores privados. Também deram origem às formas especificamente israelenses de organização sócio-econômica (sobretudo dos estabelecimentos comunais e cooperativos) e à proliferação de empreendimentos cooperativos no setor urbano, feição essa também encontrada até certo ponto em outras sociedades sectárias e colonizadoras. Contudo, a maioria dessas cooperativas e organismos colonizadores foi até certo ponto incorporada à estrutura mais unitária da Histadrut em uma medida sem paralelo em outros países, indo assim além da orientação agrária inicial dos primeiros grupos pioneiros. Foi aqui que se desenvolveram as principais características da estrutura social urbana do Ischuv. Mais importante foi a tentativa de combinar estruturas unificadas organizacionais em larga escala projetadas para executar metas coletivas com seitas ou movimentos sociais mais totalitários e fechados por um lado e com organizações diferenciadas, funcionalmente específicas, por outro.

O segundo aspecto da estrutura social emergente do Ischuv foi a forte ênfase na igualdade e desaprovação da especialização. Ela se apresentou em dois aspectos — na forte tendência igualitária na distribuição dos prêmios atribuídos às principais funções ocupacionais e na redução ao

mínimo das diferenças entre eles e a suposição de uma
transição fácil de um para outro.

Outro aspecto do igualitarismo era o de acessibilidade
geral a várias posições ocupacionais. Esse aspecto era, contudo, acentuado muito menos explicitamente nos princípios
ideológicos iniciais. Isso devia-se ao fato de que no começo
o acesso a tais posições não constituía um problema; era
assegurado pela comparativa homogeneidade das facilidades
educacionais e culturais e pela dependência de todos os grupos de recursos econômicos e políticos externos.

No campo político o encontro entre as ideologias básicas, o seu cumprimento no movimento sionista e a realidade da Palestina explica o desenvolvimento de duas tendências em parte contraditórias e em parte complementares
na organização política do Ischuv e mais tarde no Estado
de Israel.

A primeira dessas tendências era a orientação totalitária
inerente à base sectária e ideológica das seitas pioneiras. A segunda era a tendência pluralista mais constitucional, a parte
da estrutura federativa do Ischuv e que, abrangendo as orientações totalitárias dos movimentos sectários, criou o esquema
estrutural para instituições pluralistas constitucionais e as
pré-condições sociais mais amplas requeridas aos seus funcionamentos contínuos.

O sistema federativo provou ser de grande importância
para a socialização política dos vários grupos pioneiros e
imigrantes nos processos e símbolos democráticos comuns.
Além disso, a estrutura e a composição sociais dos grupos
imigrantes forneciam algumas das condições mais amplas
ao funcionamento contínuo de um cenário pluralista viável,
em especial porque a relativa semelhança da formação dos
imigrantes e a constante ênfase na importância nacional da
imigração facilitaram a acessibilidade a diferentes posições
nos setores tanto privados como dos trabalhadores e asseguravam a continuidade e o desenvolvimento de cada um
desses setores.

*Características do Ischuv e da sociedade israelense de um
ponto de vista comparativo*

Valeria a pena neste ponto resumir as indicações comparativas implicadas na análise precedente e ver que características a sociedade israelense compartilha com outras sociedades nas quais alguns de seus componentes analíticos
podem também ser encontrados.

A sociedade israelense compartilha características importantes com algumas sociedades não-imperiais colonizadoras (em especial os Estados Unidos e os Domínios Britânicos): primeiro, a forte ênfase na igualdade, pelo menos entre os grupos iniciais de colonos, e a conseqüente falta de qualquer classe proprietária de terras hereditária, feudal, aristocrática forte. Segundo, o desenvolvimento de uma forte concentração de vários tipos de atividades econômicas e administrativas em estruturas amplas, unificadas e organizacionais em comum com outras sociedades sectárias e colonizadoras. Por fim, e novamente em comum com outras sociedades colonizadoras, a colonização sionista acentuou a conquista de terras incultas pelo trabalho — como mostrado na expansão de ocupações produtivas e primárias e na expansão das estruturas colonizadoras e fronteiriças.

Tais combinações de esforços cooperativos e empreendimento econômico-colonizador também poderiam ser encontradas, por exemplo, na colonização de terras incultas pelos mórmons. A combinação de sindicatos com as atividades industriais e financeiras do empresário também poderia ser encontrada em outros movimentos trabalhistas politicamente orientados, em especial na Escandinávia e — em menor grau — na Inglaterra.

Todavia, a fusão dessas feições como desenvolvida na Histadrut parece ser única e explica-se pelo seu caráter e perspectiva políticos. Isto também explica seu poder político, embora não seja economicamente de modo algum o maior setor do país.

Essas características tornaram-se estreitamente entrelaçadas com outros componentes da sociedade israelense, tais como os movimentos sectários ou sociais que são evidentes na perspectiva totalitária das seitas pioneiras com sua forte coesão ideológica interna e na institucionalização da ideologia em face da crescente diferenciação social.

Diferentemente de muitas outras seitas, os grupos pioneiros visavam desde o início ser os precursores de uma sociedade moderna e comprometeram-se com muitos esquemas e organizações institucionais que poderiam servir como os predecessores de semelhante desenvolvimento e pelos quais os grupos mais amplos da sociedade judaica pudessem participar da vida econômica, ideológica e política do Ischuv.

Diferentemente da maioria dos modernos movimentos sociais e nacionalistas, contudo, os pioneiros sionistas não planejavam a imediata tomada de poder e uma estrutura política, unitária e nova. A ênfase fundamental estava na ampla colonização rural e urbana que, em si, enfraquecia as implicações políticas das orientações totalitárias.

Foi apenas no fim do período mandatício, com a intensificação da luta política externa, que se desenvolveu alguma concepção de um Estado autônomo.

Foi fora dos elementos do movimento sectário e social do Ischuv que se desenvolveu outra tendência crucial — a forte inclinação ideológica da elite que visava à realização de uma nova sociedade através da execução de um programa também ideológico.

Nisso, Israel assemelhava-se a algumas sociedades revolucionárias, tais como a URSS, a Iugoslávia ou o México, que tentaram moldar sociedades relativamente tradicionais em um padrão moderno específico. Todavia, as ideologias desenvolvidas no movimento sionista continham elementos mais variados e heterogêneos do que qualquer uma das seitas religiosas fechadas ou dos movimentos políticos revolucionários. A diversidade ideológica foi grandemente reforçada pela coexistência de muitos grupos diferentes na estrutura federativa do Ischuv, criando novos núcleos institucionais com orientações para valores culturais e sociais mais amplos e mais universais.

A sociedade israelense também partilhava de muitas feições e problemas com outros países que tinham imigração em larga escala. Tinha de lidar com ondas contínuas de imigrantes e com a integração deles em sua estrutura institucional emergente. Mas também desenvolveu características específicas próprias, enraizadas nas motivações e orientações básicas entre os imigrantes e sua forte ênfase nas metas nacionais e sociais.

Como foi salientado, a sociedade israelense continha também muitos elementos e problemas semelhantes aos de outros países em desenvolvimento. A semelhança também poderia ser encontrada no estabelecimento de uma nova estrutura política pela elite de um governador colonial e a sua conseqüente transformação em uma classe governante. Contudo, destacam-se várias diferenças importantes.

Diferentemente de muitas sociedades contemporâneas em desenvolvimento, a estrutura institucional inicial em Israel foi estabelecida por elites modernas e ao longo de linhas modernas. As elites tinham uma grande reserva de pessoas instruídas, empenhadas pela ideologia, perspectiva ou credo na criação de uma sociedade moderna. Os elementos tradicionais só foram recebidos em tais estruturas muito mais tarde e o processo de sua modernização foi mais rápido e mais intenso do que em muitos outros países em desenvolvimento recentemente independentes. Além disso, e outra vez diferentemente da maioria dos novos Estados, a consecução da independência não criou uma ruptura aguda com o passado, uma vez que o Ischuv e o movimento sionista já tinham desenvolvido múltiplas organizações políticas, administrativas e econômicas. A ênfase no "Reino Político" foi, portanto, muito menor.

Israel, os Estados Unidos e a URSS: Comparações quanto à modernização

A combinação das características arroladas acima foi quase singular, como podemos ver de uma comparação com as duas principais sociedades industriais: a colonização puritana nos Estados Unidos e a revolução política ideologicamente orientada na URSS.

Algumas das semelhanças com essas sociedades, tais como a colonização por grupos sectários nas colônias americanas e a forte ênfase sócio-ideológica na Rússia, embora notáveis, não deveriam obscurecer as principais diferenças. Com referência aos Estados Unidos havia, é claro, as diferenças óbvias no meio ambiente externo — as diferenças entre um continente grande esparsamente povoado e potencialmente aberto e um país pequeno, árido e densamente povoado, cercado por outros países que logo se tornaram hostis aos esforços colonizadores feitos, criando assim imediatos problemas e considerações de segurança no desenvolvimento da nova sociedade.

Mas, além disso, havia também algumas diferenças importantes entre os grupos puritanos, por um lado, e as seitas sionistas e socialistas pioneiras, por outro. Diferentemente daqueles, essas eram na maioria seculares; e não foi na esfera religiosa que foram mais inventivas ou revolucionárias. Portanto, enquanto a sociedade americana teve de enfrentar a contínua secularização relacionada com suas orientações iniciais de valor, religiosas, a israelense enfrentava problemas quase que opostos. Teve de transformar suas ideologias seculares totalitárias em um sistema de valores de uma sociedade mais diferenciada e em parte sem qualquer ideologia, mais tarde enfrentando a possibilidade do desgaste desses valores por muitos fatores — entre eles o crescente número de militantes dos grupos religiosos não-sionistas de crescimento recente. No aspecto social e econômico, havia a grande diferença entre as orientações coletivas e a forma organizacional dos grupos sionistas predominantes e a ênfase mais individualista e o recrutamento individual dos pioneiros americanos.

Em seguida vinha a grande diferença no desenvolvimento e expansão além da fase inicial. Embora ambos os casos lidassem com sociedades que tinham de absorver ondas de imigrantes cujas orientações sociais diferiam daquelas dos primeiros colonizadores, havia diferenças básicas nesses problemas e na estrutura em que foram colocados.

Na América, a principal motivação comum dos novos imigrantes — em especial durante a segunda metade do século XIX e o início do XX — era a realização da segurança pessoal e do progresso econômico, enquanto que em Israel era mais uma orientação nacional comum. Assim, embora algumas diferenças entre os grupos imigrantes mais novos e tradicionais e os colonizadores iniciais fossem talvez menores em Israel do que nos Estados Unidos, elas foram sentidas como mais cruciais para a unidade da nação.

As diferenças com a URSS são até mais impressionantes. Além das diferenças óbvias de escala e o relativo atraso da sociedade russa, estava o fato de que na Rússia as tentativas de moldar a sociedade em uma fórmula ideológica vieram através de uma elite altamente unificada e cuidadosamente organizada após a Revolução e após o estabelecimento de uma nova estrutura política e o de que os ideólogos foram, portanto, sobrepujados no estabelecimento e manutenção de um regime totalitário empenhado na industrialização rápida de um país relativamente atrasado.

No Ischuv e no Estado de Israel, as tentativas de executar a ideologia vieram muito antes do estabelecimento de uma estrutura política unificada e referiam-se principalmente aos campos econômicos, aos da colonização e aos sociais. O estabelecimento do Estado continuou o processo da institucionalização seletiva em um cenário pluralista e enfraqueceu a eficiência dos elementos monolíticos na orientação ideológica da elite. Essas tentativas estavam não apenas colocadas em um cenário pluralista-constitucional mas, paradoxalmente, a ênfase na ideologia pioneira também deu origem a reivindicações de certa influência política por parte de alguns dos grupos pioneiros mais velhos, contra os do Estado, reforçando assim a tendência pluralista. Além disso, esses grupos conseguiram, enfim, êxito relativo na absorção dos novos elementos que não tiveram, como na Rússia, de ser coagidos para dentro da nova estrutura central.

Processos e problemas da nova etapa de desenvolvimento de Israel

As diferenças entre as sociedades acima mencionadas e o Ischuv ajudam a iluminar as características estruturais específicas do último e os modos como foi capaz de lidar com os vários problemas que teve de enfrentar na nova etapa de seu desenvolvimento quando foi estabelecido o Estado de Israel. Foi nessa etapa que a capacidade do Ischuv de crescer, de absorver novos elementos e de lidar com novos tipos de problemas, foi severamente testada de várias maneiras.

Esses problemas desenvolveram-se a partir de três amplas tendências que ocasionaram a transformação estrutural da sociedade israelense e que, por assim dizer, introduziram a nova etapa de desenvolvimento ou modernização.

A primeira delas foi a crescente diferenciação e especialização em todas as principais esferas da sociedade, mas em especial nos campos ocupacionais e econômicos, culminando na "situação de irreversibilidade" na mobilidade ocupacional — desenvolvimento esse que até certo ponto se opunha à ideologia pioneira inicial.

A segunda tendência foi a transformação, com o estabelecimento do Estado, da elite em um grupo governante e as mudanças concomitantes na colocação e orientação estruturais de todos os outros grupos principais.

Em terceiro lugar estava o afluxo em grande escala de novos imigrantes, uma das principais fontes da expansão e diferenciação crescentes da estrutura social israelense, trazendo também alguns dos problemas mais difíceis que a sociedade israelense teve de enfrentar. Desenvolveram-se, nesse ponto, riscos de baixar o nível das atuações econômicas, técnicas e educacionais e a possibilidade de criar uma escala inteira de tensões e conflitos sociais e culturais novos, que conduziam à possível divisão entre "orientais" e "ocidentais", dando assim origem à possibilidade de criar "Duas Nações" dentro de Israel.

Essas três tendências coincidentes acentuaram o problema de até que ponto as elites e o centro existentes seriam capazes de absorver a nova periferia ampliada dentro da estrutura de suas instituições e símbolos básicos.

Como em todas as sociedades modernas ou modernizadoras que entram em uma nova etapa de desenvolvimento e enfrentam novos problemas, as tentativas de solucionar esses problemas poderiam desenvolver-se quer de um modo que pudesse assegurar o crescimento ulterior da sociedade, quer em uma direção mais estagnada e dominada por conflitos.

Em Israel cada um desses possíveis desenvolvimentos baseava-se em alguma combinação das ideologias e instituições mais velhas combinadas com novas orientações e organizações.

Esses encontros criaram variadas possibilidades de desenvolver novas orientações e padrões culturais mais amplos e universais de organizações sociais e de integrar os núcleos organizacionais e institucionais portadores de tais orientações nas novas organizações desenvolvidas no período do Estado. Inversamente, poderia desenvolver-se uma ênfase mais forte nas estruturas particularistas e atributivas, reforçando assim na nova sociedade as tendências à estagnação e contribuindo para a possível baixa dos níveis de atividade social, econômica e cultural.

Tais tendências à estagnação poderiam tornar-se reforçadas pela transformação de muitos movimentos sociais em grupos de interesses mais contraídos, pelo desenvolvimento de orientações restritivas nos grupos "mais velhos" dos movimentos (as colônias, a Histadrut, os partidos políticos) e pelo desenvolvimento de tais orientações nos diversos novos setores da sociedade, tais como os novos grupos étnicos e religiosos e as várias organizações profissionais.

Nas seções seguintes salientaremos sucintamente as principais maneiras pelas quais os novos problemas — e variadas tentativas de lidar com eles — foram desenvolvidos nos principais campos da sociedade israelense, começando com aquela área em que esses problemas são de certo modo mais visíveis — a saber, a área política.

Problemas no campo político

Nos termos mais gerais, os problemas que a elite política israelense enfrentou foram semelhantes aos que se desenvolveram em outras sociedades modernas ou modernizadoras.

Em cada nova etapa de desenvolvimento ou modernização, novos grupos que até então eram relativamente inertes do ponto de vista político criaram problemas pela expressão de exigências que tornaram indispensável redefinir os princípios condutores das atividades, instituições e sistemas políticos e reconstruir o centro da sociedade. Isso sempre torna indispensável também a reformulação de problemas e dilemas de liberdade política, causando tensões entre a legitimidade e a eficiência da ordem política.

O novo centro tem de enfrentar o problema de em que medida pode agüentar as pressões de diferentes grupos, de ser capaz de forjar uma estrutura institucional viável e novos princípios de política ou atividade política, sem ao mesmo tempo monopolizar todo poder e legitimação efetivos, negando ou restringindo assim a participação dos grupos mais amplos em sua formação e trabalho.

Amiúde essas duas possibilidades podem tornar-se paradoxalmente combinadas, reduzindo assim ao mínimo tanto a eficiência da nova elite como a participação responsável dos novos grupos no novo cenário político complexo e diferenciado.

A capacidade das elites de forjar um novo centro e de manter tanto sua eficiência como sua legitimidade depende, comumente, em alto grau da coesão interna e das relações entre os velhos e os novos grupos.

Embora tais problemas se desenvolvam em todos os casos de transição de uma etapa de modernização para outra, algumas feições específicas emergem em cada sociedade moderna.

O sistema social e político israelense enfrentou o problema crucial de desenvolver e manter um governo efetivo e legítimo dentro do Estado que emergiu do cenário pluralista das instituições, movimentos e organizações "pré-Estado". A legitimação do novo Estado, hesitante entre a exigência de identificação total com suas metas coletivas e a percepção do Estado como mero fornecedor de facilidades a outros grupos e setores, tornou-se um problema importante que estorvava grandemente o desenvolvimento e a legitimação de novas instituições políticas viáveis e flexíveis.

Esse problema foi reforçado ainda por uma tendência que se encontra em muitas sociedades, novas ou já estabelecidas, afluentes ou de bem-estar social do Ocidente ou dos Domínios Britânicos. Isso foi a transformação dos movimentos trabalhistas em grupos de interesse, ligados à crescente importância das injunções e regulamentações administrativas e das negociações habituais no processo político global.

Isso resultou em uma situação algo paradoxal. Embora a tendência de centralizar a liderança tivesse êxito em reduzir ao mínimo a autonomia de centros de poder alternados, a força desses centros como grupos de pressão aumentou bastante, testando assim amiúde a capacidade da liderança de forjar políticas eficientes em face de situações e problemas novos.

Dois fatores contribuíram para o crescimento de semelhantes pressões sobre a liderança política e para sua possível inabilidade de forjar novas e consistentes políticas.

Um foi a legitimação semi-ideológica de exigências feitas em termos de valores e arranjos mais velhos e federativos. Isso com freqüência enfraqueceu a unidade entre a liderança sem, necessariamente, facilitar o desenvolvimento de centros de poder mais adaptáveis e criativos ou de uma percepção mais realista da sociedade.

O segundo fator foi a absorção inicial comparativamente bem sucedida de muitos grupos de novos imigrantes, fato esse que levou a maiores exigências do grupo governante e à potencial dependência política desses grupos por parte dos líderes do país.

Esses problemas focalizaram-se, como vimos, no partido dominante, Mapai, que alcançara tal posição através de sua maioria na Histadrut e de sua posição no governo.

O Mapai e o sistema político israelense confrontavam-se com o problema de absorver as crescentes forças novas enquanto mantinham a coesão e a solidariedade entre os novos grupos técnicos, burocráticos e profissionais e a liderança política mais difusa, bem como entre os diferentes escalões e grupos de líderes políticos. Tais fatos afetaram os outros partidos, forçando-os a exercer bastante pressão sobre o partido dominante a fim de torná-lo sensível aos novos problemas.

Esses desenvolvimentos tendiam a tornar-se agudos não só no centro político mas também na periferia mais ampla dentro da qual desenvolveram-se continuamente novos focos de poder e novas divisões com repercussões muito fortes no próprio centro.

Talvez a mais importante dessas divisões potenciais tenha sido aquela entre os "velhos" e os "novos" imigrantes, entre os grupos "orientais" e o centro e grupos "europeus". Aqui o centro político enfrentou o problema de ser capaz de desenvolver novas estruturas criadoras comuns a esses grupos variados, cortando caminho por entre eles, ou de desenvolver no meio deles uma divisão contínua, dando origem a erupções e conflitos políticos, por um lado, e/ou à estagnação política com uma conseqüente baixa da eficiência e legitimação do sistema político, por outro.

As repercussões dos problemas e desenvolvimentos analisados acima foram sentidos em todas as principais esferas da sociedade israelense — no campo econômico, na educação, na organização social — em todas aquelas em que foram feitas várias tentativas pela elite de lidar com eles.

Como vimos acima, esses problemas foram primeiro atacados através da contínua expansão física da estrutura institucional básica, pela multiplicação e segmentação de suas principais organizações sociais e pela absorção de novos grupos nessas mesmas estruturas.

Embora várias feições básicas dessas organizações fossem transformadas pelos três processos delineados acima, algumas das importantes características estruturais permaneceram. Entre essas estava a tendência para organizações monolíticas nas quais unidades menores e mais especializadas poderiam ser incorporadas e também as tendências para tomadas de decisão centralizadas, tal como se evidenciou nas atividades do governo e da Histadrut.

Contudo, os novos problemas testaram rigorosamente a praticabilidade de usar esses esquemas e estruturas na nova situação e a capacidade da elite de solucioná-los, tal como se desenvolveram na sociedade israelense.

Amiúde, como vimos, as políticas desenvolvidas pela elite inadvertidamente solaparam as condições de existência e de atividade dessas organizações específicas e questionaram a capacidade da elite de lidar com os novos problemas — mas ao mesmo tempo abriram possibilidades para novos desenvolvimentos.

Os principais problemas econômicos

No campo econômico desenvolveram-se muitas dificuldades na transição de um nível econômico para outro, especialmente de uma economia cuja principal ênfase estava na mobilização e investimento de capital para expansão física a uma outra em que um grande investimento tinha de ser aplicado no desenvolvimento tecnológico.

As estruturas sociais e econômicas do Ischuv eram originalmente engrenadas para a contínua expansão física tanto da agricultura como da indústria e para a mobilização e investimento de capital através de canais coletivos e privados.

O afluxo de novos imigrantes de sociedades com níveis educacionais e tecnológicos mais baixos e a dinâmica interna da economia, com sua pressão para padrões de vida mais altos, deram ímpeto à diferenciação e especialização crescentes na esfera ocupacional e econômica, resultando no estabelecimento de novos empreendimentos e na contínua expansão física da economia, de acordo com o padrão e a estrutura existentes.

Nessa estrutura a segurança social parcial proporcionada pela Histadrut fornecia importantes facilidades para a absorção inicial da mão-de-obra imigrante, tanto na agricultura como na indústria, em um grau provavelmente sem paralelo na maioria de outros países em desenvolvimento.

Mas essas políticas não foram suficientes para assegurar a consecução de novos níveis de desenvolvimento econômico e tecnológico, e a capacidade da elite de lidar com o desenvolvimento e a diferenciação econômicos contínuos foi severamente testada.

Os problemas e as dificuldades desenvolveram-se em dois níveis. No nível político central, tornaram-se evidentes nas tentativas feitas pelo governo de manter seu controle global dos principais processos de crescimento e desenvolvimento, enquanto ao mesmo tempo tentava usar todos os grupos disponíveis de empresariado a fim de assegurar a expansão física da economia.

Isso deu origem ao desenvolvimento paradoxal de uma forte onda ascendente de especulação tanto nos setores privado e público e as conseqüentes tentativas da elite de controlar os sintomas (tais como consumo conspícuo), embora não as causas mais profundas de tal especulação. Também criou grandes dificuldades no refreamento do crescente consumo e na colocação da economia israelense em um nível tecnológico que pudesse competir no mercado internacional.

No nível mais setorial os principais impedimentos à transformação estrutural estavam enraizados no conservantismo de muitos dos sindicatos que, sendo algo semelhantes aos da Inglaterra, não tinham a flexibilidade dos sindicatos suecos. Esse conservantismo constituía um obstáculo à mobilidade do trabalho e ao progresso para níveis mais altos de competência técnica e profissional.

De modo semelhante, as políticas do governo tendiam a desencorajar o desenvolvimento de tipos relativamente novos de empresários não dependentes da proteção no mercado local, dada a eles através de subsídios governamentais, da política alfandegária e de um nível mais alto de especialização econômica.

Aí também muitos dos desenvolvimentos ligados ao eleitorado altamente politizado, que desenvolveu contínuas pressões para o crescente consumo, deram origem ao possível desperdício de recursos necessários ao desenvolvimento econômico.

Em contraste com as funções não-especializadas mais antigas que reivindicavam ser as únicas portadoras legítimas de tais orientações mais amplas, tornou-se vital em todas essas esferas encontrar funções ocupacionais novas ou diferenciadas e maneiras de como ligar os seus aspectos mais técnicos às orientações coletivas mais amplas e de valor.

Aqui, também, o problema da adequação do sistema educacional no suprimento das necessidades de uma variegada estrutura social e do desenvolvimento técnico superior tornou-se muito agudo.

Como em outros países com forte tradição de educação humanística e de elite, tendia a se desenvolver um sistema educacional homogêneo que oferecesse aquele tipo de educação com uma variedade relativamente pequena. Isso criou uma certa rigidez com referência à orientação tecnológica e profissional, acentuando a necessidade de encontrar maneiras de combinar valores culturais gerais e amplos com tarefas mais especializadas e rejeitando igualmente uma adesão rígida à orientação geral do período precedente como um sistema indiscriminado, engrenado apenas nas necessidades técnicas cambiantes e especializadas.

Reforçada pela forte ênfase no serviço público e na expansão de facilidades educacionais acadêmicas, essa tendência poderia contribuir à rigidez do sistema educacional, aos crescentes obstáculos ao seu progresso e à possível baixa nos padrões gerais de educação.

Todavia, também ajudou a cristalizar as possibilidades mais dinâmicas do desenvolvimento e do estabelecimento de novos centros de criatividade potencial, em especial nas esferas culturais, científicas, profissionais e tecnológicas.

As principais mudanças e problemas na organização social

Problemas e dilemas semelhantes surgiram também na esfera mais ampla da organização e estratificação sociais. A crescente diferenciação mudou fundamentalmente a organização social israelense, destruindo a relativa igualdade das diferentes posições ocupacionais e perturbando a homogeneidade do *status*. Também mudou as bases do acesso a várias e novas posições ocupacionais — e em especial, as mais altas — e criou novas divisões e tensões em torno dessas vias de acesso.

Como na maior parte de outros países, a crescente importância das realizações educacionais salientaram os problemas do acesso diferencial a facilidades e instituições de educação.

O estabelecimento da educação estatal compulsória e geral levou à absorção de grupos que pertenciam a estratos que não partilhavam das orientações sociais dos iniciadores do sistema. Nessa etapa o sistema educacional tornou-se um instrumento importante da seleção ocupacional.

Em Israel o aspecto mais crucial desses problemas foi o "étnico", isto é, o problema dos assim chamados grupos orientais.

Em todas as esferas da organização social o problema da possível divisão entre os novos grupos orientais e os veteranos europeus tornou-se muito importante. Isso se evidencia mormente no fato de que os grupos orientais tendiam a concentrar-se nos escalões ocupacionais e educacionais mais baixos. Tanto os sistemas econômicos como os educacionais, embora muito bem sucedidos nas etapas iniciais da absorção, tiveram muito menos êxito ao transformarem-se em caminhos que atravessariam essa distinção e criariam novos níveis de especialização e novas estruturas e organizações que poderiam ser igualmente comuns aos orientais e europeus, tanto novos como velhos.

Com a possibilidade de perpetuar sua privação através de fracasso contínuo na esfera educacional, desenvolveu-se uma sensação de frustração entre esses grupos — nem de longe entre os seus escalões médios mais bem sucedidos.

Esse problema foi até certo ponto semelhante àquele

de ajustar grupos tradicionais em outras sociedades em desenvolvimento às tarefas educacionais e ocupacionais modernas. Contudo, a agudeza desse problema em Israel foi acentuada pelo alto êxito inicial (quando comparado com outras comunidades subdesenvolvidas ou de imigrantes) na absorção de grupos tradicionais em meios ambientes modernos e pelo engajamento global da sociedade em sua integração plena e na criação de uma nacionalidade comum.

A busca de soluções para esses problemas desenvolveu-se, como em outras sociedades, em duas direções diferentes — para uma crescente flexibilidade e crescimento nas estruturas sociais e econômicas, por um lado, e para tensões e estagnação insolúveis, por outro.

As políticas conducentes a um maior crescimento ligavam-se ao desenvolvimento de novos empreendimentos e a estruturas sociais, educacionais, econômicas, especializadas, universalmente orientadas e organizadas que tendiam a atravessar os diferentes grupos sociais e étnicos. As possibilidades mais estagnadas ligavam-se à perpetuação de estruturas existentes dentro das quais as diferenças entre esses grupos tornavam-se mais pronunciadas e com a concomitante simbolização dessas diferenças. Essas por sua vez davam origem a tentativas de superar tais problemas não pela ajuda aos grupos relativamente despojados para obter as qualidades necessárias para a realização em várias estruturas universais (velhas ou novas), mas principalmente tornando a associação em vários setores particularistas da sociedade — políticos, étnicos ou religiosos — o principal critério de acesso a diferentes posições e aos emolumentos vinculados a elas.

Repercussões sobre os valores e ideologias e a continuidade da identidade de Israel

Todos esses problemas esclarecedores, como foram o da capacidade da sociedade israelense de lidar com a extensão de sua periferia e com os problemas de uma nova etapa de desenvolvimento ou modernização, ligavam-se estreitamente à transformação da imagem do pioneiro.

Essa imagem combinava, como vimos, tanto o ascetismo como os interesses mundanos, junto com algumas qualidades potencialmente transcendentais mais amplas que iam além de qualquer situação ou cenário concretos. Contudo, também continha outras orientações mais estagnadoras. Nisso não era diferente das orientações ideológicas e religiosas ligadas à famosa Ética Protestante, bem como a muitas outras orientações ideológicas de países modernos ou modernizadores.

Aí também, como em muitos desses casos, a ideologia

inicial manifestava fortes orientações totalitárias e restritivas que — como no caso da Ética Protestante — foram inicialmente reduzidas ao mínimo e transformadas pela institucionalização dos grupos religiosos e pioneiros em um cenário social mais amplo.

Mas aí, como em outros casos, as orientações restritivas e estagnadoras poderiam reaparecer ou tornar-se reforçadas em etapas posteriores de desenvolvimento — em especial quando se tornavam encravadas nas várias estruturas institucionais que tendiam a se tornar focos dos interesses adquiridos e que tendiam a restringir e impedir a percepção adequada de novos problemas.

Quando a fase inicial da modernização do Ischuv desenvolveu uma forte ênfase ideológica, essa transformação interessava-se em grande parte pela transição de metas predominantemente ideológicas para outras mais concretas, variadas e realistas, enquanto ainda mantinha compromissos com valores mais amplos e com responsabilidades coletivas.

Assim, nesse contexto, a continuidade do crescimento de Israel centralizava-se em torno da transformação da imagem do pioneiro e dos símbolos iniciais de sua identidade coletiva.

Foram feitas muitas tentativas para redefinir os elementos concretos da imagem do pioneiro. As reivindicações feitas por vários grupos de que novas e específicas tarefas e atividades continham certos elementos dos compromissos coletivos do pioneiro são significativas como tentativas de manter tais compromissos no novo cenário, mesmo que tais reivindicações contribuíssem continuamente para a mudança da imagem do pioneiro e para torná-la mais difusa.

Ao mesmo tempo desenvolveu-se a possibilidade da expansão da amorfa cultura de massa e o possível ressurgimento do assim chamado levantinismo e provincialismo poderia enfraquecer grandemente os horizontes culturais e sociais mais amplos, corroendo suas bases e núcleos institucionais. Isso poderia tornar-se evidente na diminuição de orientações para outros centros de cultura no Ocidente, na perda de contato com outras comunidades judaicas e conseqüentemente no aumento da identidade provinciana estreita e no crescimento de orientações apenas instrumentais para compromissos coletivos.

Uma série semelhante de dilemas e problemas desenvolveu-se em torno dos símbolos de identidade coletiva com referência à possibilidade da absorção pela esfera central simbólica da sociedade de novos elementos, tradições e orientações. Aqui se desenvolveram várias áreas de conflito potencial que poderiam facilmente se tornar muito destruidoras.

A primeira delas estava na esfera das relações seculares-religiosas. O conflito nessa esfera foi ultimamente intensificado e o crescente número de militantes dos grupos religiosos pode bem restringir a flexibilidade da identidade coletiva e sua capacidade de lidar com problemas modernos. Outra foi o conflito entre a demasiada ênfase na ideologia, por um lado, e um compromisso mais flexível com valores mais amplos, por outro.

Uma terceira área de conflito estava na esfera "étnica", na possibilidade de desenvolvimento de "Duas Nações", a intensificação e simbolização da divisão entre orientais e europeus e no desenvolvimento dessa divisão como principal elemento divisor na esfera dos símbolos sociais, políticos e culturais centrais.

Contra essas possibilidades constringentes e dominadas por conflitos também encontramos a contínua expansão e a recristalização da imagem coletiva israelense, sua capacidade de incorporar muitos e novos elementos étnicos, tradicionais e modernos (técnicos e profissionais) e de ajustar os centros de sua criatividade a novos problemas e situações cambiantes.

Sumário

Nas páginas precedentes resumimos brevemente alguns dos principais problemas que a sociedade israelense enfrenta nesta etapa de seu desenvolvimento, suas raízes históricas e sociológicas, bem como as diferentes direções onde estão sendo tentadas soluções para eles.

Todos esses problemas variados tendem a convergir para o problema central de se a sociedade israelense será capaz de manter algumas de suas principais premissas e em especial de combinar a manutenção de uma sociedade judaica moderna, independente com o desenvolvimento de uma criatividade social e cultural com alguma significação além de seus próprios limites.

Vimos que muitos problemas são em grande parte devidos à convergência de expectativas e exigências de criatividade, por um lado, e às condições de desenvolvimento em um pequeno país novo com população e recursos limitados, por outro.

Como vimos, essa sociedade sentia-se como um "centro" que tem sua "periferia" em grande parte fora de si próprio. Embora o estabelecimento do Estado ajudasse a desenvolver uma crescente diferenciação interna "natural" entre o centro e a periferia, a sociedade israelense tentou continuamente manter suas características "centrais" e "de elite" e os concomitantes arranjos institucionais especializados acentuando seus compromissos com a criação de uma ordem cultural e social de significação mais ampla.

Todavia, essas orientações inevitavelmente enfrentam os problemas criados pelo crescimento de uma sociedade moderna, mas pequena — o pequeno tamanho de sua população pode limitar a capacidade de desenvolver papéis e atividades especializados e diferenciados e os meios pelos quais possam ser mantidos.

Esse problema tornou-se até mais agudo com a imigração em massa desde 1948, que trouxe em sua esteira uma espécie de periferia não só mais ampla, mas também diferente — a saber, muitos grupos de níveis educacionais e técnicos relativamente mais baixos da sociedade. Essas pressões manifestaram-se no desenvolvimento de várias orientações e organizações particularistas.

As tendências particularistas parecem ter se desenvolvido a partir de três raízes: a primeira era a sociedade judio-européia tradicional e fechada da qual veio a metade veterana da população e muitas cujas características poderiam perpetuar-se no cenário da Palestina logo que seu fervor revolucionário original diminuísse e a ideologia revolucionária se tornasse cada vez mais rotineira e institucionalizada. Em segundo lugar estavam as orientações particularistas e paralelas dos novos imigrantes que se transformaram no novo cenário em novos tipos de exigências de participação política e social e de recompensas econômicas baseadas em critérios também particularistas. Mas as tendências particularistas também poderiam, em terceiro lugar, ter se desenvolvido a partir das orientações basicamente de elite dos próprios grupos pioneiros — enraizados como estavam em pequenas seitas e movimentos sociais que poderiam facilmente se transformar em grupos e organizações de interesses relativamente estreitos tentando reivindicar para si o direito de serem os únicos portadores da criatividade "pioneira", social e cultural, inerente à ideologia sionista.

Todas essas tendências poderiam, é claro, tornar-se facilmente reforçadas pelo pequeno tamanho do país e de sua população e pelas tentativas de criar dentro dele uma estrutura econômica moderna "normal" com uma diferenciada estrutura de papéis.

Mas esses novos desenvolvimentos também poderiam servir como pontos de partida para novas direções de criatividade, desafiando o centro existente para encontrar, junto com os novos grupos, outros modos de criar vários núcleos de criatividade social e cultural com orientações universais mais amplas e de tentar continuar a sobrepujar as várias limitações inerentes à sua formação e ao seu cenário.

Como, devido à falta de apropriadas tradições sociais e condições ambientais, parece duvidoso que a sociedade israelense possa desenvolver-se como um país moderno pequeno ou médio normal, esses problemas tornam-se até mais importantes e cruciais para o seu futuro. A sociedade israelense enfrenta agora em toda sua agudeza o dilema quer de declinar para uma estrutura estagnada local, desprovida de forças de atração tanto internas como externas, quer de sobrepujar essa possível estagnação, encontrando novas maneiras de desenvolver a criatividade social e cultural com alguma significação além de seus próprios limites.

Além disso, assoma a questão mais fundamental de até que ponto será possível para uma tradição social e cultural que manteve fortes orientações para tal criatividade social e cultural mais ampla durante toda sua história mantê-las sob novas condições. Como vimos, tais orientações foram mantidas por essa sociedade tanto quando era uma minoria oprimida e segregada em uma sociedade tradicional-religiosa como quando seus membros começaram a entrar nos vários campos da maioria da sociedade ou sociedades quando essas se modernizaram. O problema que enfrenta agora, e que constitui o seu maior desafio, é se será capaz de preservar e desenvolver semelhantes orientações agora que não só deixou de estar implantada em uma situação de minoria, mas também se transpôs para uma sociedade moderna e autônoma, e tendo de desenvolver suas estruturas e organizações institucionais dentro dos limites de um país relativamente pequeno.

Bibliografia Selecionada

I. DADOS BÁSICOS GERAIS

BENTWICH, N. *Israel*. Nova York, E. Benn, 1952.
CENTRAL BUREAU OF STATISTIC. *Statistical Abstract of Israel*. Jerusalém, 1949-66, n. 1-17.
"Eretz Israel". *Enciclopédia Hebraica* (hebraico). Telavive, Massada, 1957. v. 6.
JEWISH AGENCY for Palestine. *Statistic Handbook of Jewish Palestine, 1947*. Jerusalém, Agência Judaica, 1947.
MINISTRY OF FOREIGN (Affairs Information Department). *Facts About Israel*. Jerusalém, 1963.
SAFRAN, N. *The U. S. and Israel*. Cambridge, Mass., Harvard University Press, 1963.

II. DESENVOLVIMENTO HISTÓRICO E ESTRUTURA INSTITUCIONAL DO ISCHUV

A. *Geral*

ATTIAS, M. *O Knesset de Israel na Terra de Israel* (hebraico). Jerusalém, Departamento de Informação do Va'ad HaLeumi (Conselho Nacional), 1944.
BEIN, A. *The Return to the Soil*. Jerusalém, Agência Judaica, 1954.
BRESLAVSKI, M. *O Movimento do Trabalhador Judeu na Palestina* (hebraico). Telavive, Hakibutz Hameuhad, 1959-63. v. 1-4.

Chabas, B. & Schochet, A. (orgs.). *A Segunda Aliá* (hebraico). Telavive, Am Oved, 1947.
Erez, V. (org.). *A Terceira Aliá* (hebraico). Telavive, Am Oved, 1964.
Joseph, B. *British Rule in Palestine*. Washington, Public Affair Press, 1948.
Katznelson, B. *Obras Completas* (hebraico). Telavive, Mapai, 1949. v. 11.
Peel Comission. *Palestine Royal Comission Report*. Londres, 1937.
Polak, A. *A Comunidade Judaica no Fim da Segunda Guerra Mundial* (hebraico). Merhavia, Sifriat Poalim, 1946.
Rosenstein, Z. *A História do Movimento dos Trabalhadores na Palestina* (hebraico). Telavive, Am Oved, 1956, v. I; 1966, v. II, III.
Ruppin, A. *Thirty Years of Building the Country*. Jerusalém, Schoken, 1937.

B. Material Básico Estatístico do Período do Ischuv

Government of palestine, Office of Statistics. *Statistical Abstract of Palestine*. Jerusalém, 1937-43.
Gurevitch, D. *O Livro Estatístico da Eretz Israel* (hebraico). Jerusalém, Agência Judaica, 1930.

C. Assuntos históricos específicos

Arlozorov, Ch. *Diário de Jerusalém* (hebraico). Telavive, Mapai, 1949.
Attias, M. (org.). *O Livro de Documentos Havaad Haleumi: 1915-1948* (hebraico). Jerusalém, 1949.
Banai, J. *Os Soldados Desconhecidos: Operações "Lehi"* (hebraico). Editado por Y. Elddad, Telavive, Hug-Yedidim, 1957-58.
Ben-Gurion, D. *Bama'aracha* (hebraico). Telavive, Ayanot, 1950.
Dinur, B. *et al.* (org.). *O Livro da História da Haganá* (hebraico). Biblioteca Sionista e Maarchot, 1954, 1963 (4 v. publicados até agora).
Gilad, Z. (org.). *O Livro da Palmah* (hebraico). Telavive, Hakibutz Hameuhad, 1953.
Golomb, E. *A Defesa "Força Oculta"* (hebraico). Telavive, Mapai, 1950.
Niv, D. *Batalhas do Irgum (Organização Militar Nacional)* (hebraico). Telavive, Klausner Centre, 1965.
Schochat, A. & Storer, H. (orgs.). *Capítulos sobre Hapoel Hatzair* (hebraico). Telavive, Tiversky, 1935-39 (13 v.).

ZEMACH, S. *No Começo* (hebraico). Telavive, Am Oved, 1946.

D. *Discussões Gerais sobre os Maiores Problemas do Período do Ischuv*

ARLOZOROV, Ch. *A Categoria de Guerra na Realidade Palestina* (hebraico). Escritos selecionados de Arlozorov. Telavive, Biblioteca Sionista e Ayanot, 1959.

BEN-GURION, D. *Da Classe à Nação* (hebraico). Telavive, Ayanot, 1956.

MERHAVIA, H. (org.). *O Povo e o Lar Nacional* (hebraico). Jerusalém, Editora Halevi, 1949.

OPHIR, J. *O Livro do Trabalhador Nacional. A História do Movimento do Trabalhador Nacional na Palestina* (hebraico). Telavive, Comitê Executivo da Organização Geral do Trabalho, 1958-59.

III. O ESTABELECIMENTO DO ESTADO

A. *A consolidação histórica do estabelecimento do Estado de Israel*

DUNNER, J. *The Republic of Israel, its History and its Promise.* Nova York, Whittlesey House, 1950.

LEHRMAN, H. *Israel.* Nova York, Sloane, 1951.

SACHER, H. *Israel: The Establishment of a State.* Londres, Weidenfeld, 1952.

WEINGROD, A. *Israel.* Londres, Pall Mall, 1965.

B. *As maiores tendências da mudança demográfica*

BACCHI, R. O Desenvolvimento Demográfico de Israel (hebraico). *Rivaon Lekalkala,* v. III, n. 8, 1955.

CENTRAL BUREAU OF STATISTICS. *The Jewish Population, 1949-1953.* Jerusalém, 1953 (Publicação Especial n. 37).

Statistical Abstract of Israel. Jerusalém, 1949-65, n. 1-16.

MATRAS, J. *Social Change In Israel.* Chicago, Aldine Publishing, 1965.

SIKRON, M. Demographic Structure of Israeli Population. *Megamot,* v. 7, n. 2, abr. 1955.

The Immigration to Israel, 1948-1953. Jerusalém, Instituto Falk e Instituto Central de Estatísticas, 1957.

C. *As maiores mudanças institucionais na transição do Ischuv para o Estado*

EISENSTADT, S. N. "The Social Structure of Israel". In: A. Ross (org.). *The Institutions of Advanced Societies.* Minneapolis, University of Minnesota Press, 1958.

EISENSTADT, S. N., ADLER, H., BAR-YOSEF, R. & KAHANE, R. *A Estrutura Social de Israel* (hebraico). Jerusalém, Akademon, 1966.

IV. ESTRUTURA ECONÔMICA

A. *Desenvolvimentos econômicos no período do Ischuv*

HOROWITZ, D. *A Economia Palestina em seus Desenvolvimentos* (hebraico). Jerusalém, Instituto Bialik, 1948.
HOVNE, A. *The Labour Force in Israel*. Jerusalém, Projeto Falk, 1961.

B. *O desenvolvimento no setor dos trabalhadores*

BREIMAN, S. "A Organização Geral do Trabalho dos Trabalhadores Hebreus" (hebraico). *Enciclopédia Hebraica*. Telavive, Massada, 1962. v. 15.
DAN, H. *Em uma Estrada sem Pavimentação: A Legenda de Solel Boné* (hebraico). Jerusalém, Editora Schubin, 1963.
ORGANIZAÇÃO GERAL DO TRABALHO, o Comitê Executivo. *A Economia do Trabalho: 1959-1962* (hebraico). Telavive, Instituto de Pesquisa Econômica e Social, 1963.
MINTZNER, G. *A Estrutura Econômica da Organização Geral do Trabalho* (hebraico). Telavive, Organização Geral do Trabalho, 1942.
NAPHTALI, P. *Sociedade dos Trabalhadores* (hebraico). Telavive, Comitê de Relações Públicas, 1956.
CONSELHO DOS TRABALHADORES DE HAIFA. *A Organização Geral do Trabalho em Haifa até 1945* (hebraico). Haifa, 1945.
ZIDROVITCH, G. *A Economia dos Trabalhadores em Israel* (hebraico). Telavive, Am Oved, 1954.

C. *As maiores tendências no desenvolvimento econômico em Israel*

BANCO DE ISRAEL. *Bank of Israel Report*. Jerusalém, 1955-65.
—. *Desenvolvimento Econômico em Israel* (hebraico). Jerusalém, 1960-64.
CENTRAL BUREAU OF STATISTICS. *The Israel Economic Scene* (mensal).
—. *The Labour Force in Israel: Publications of the 1961 Population and Dwelling Census*. Jerusalém, 1964, Parte 1.
—. *The National Income and Expenditure of Israel, 1950--1952*. Jerusalém, 1964. (Série de Publicações Especiais, publicação n. 153.)

EISENSTADT, S. N. *Essays on Sociological Aspects of Political and Economic Development*. Haia, Mouton and Co., 1961.

——. "Israel: Traditional and Modern Social Values and Economic Development". *Annals of American Academy of Political and Social Sciences*. Filadélfia, American Academy of Political and Social Sciences, 1956.

GAATON, A. L. Crescimento Econômico em Israel nos anos de 1948-1962 (hebraico). *Riveon Lekalkala*, v. II, n. 41-42, 1964.

HALEVI, N. *Estimates of Israel's International Transitions*. Jerusalém, Projeto Falk, 1956.

HALEVI, N. & KLINOV-MALUL, R. *Development of Israeli Economy*. Jerusalém, Conselho Consultivo do Banco de Israel para o Projeto de Pesquisa Econômica e Sociológica em Israel em cooperação com o Instituto Histadrut, Basiléia, 1965.

HORVITZ, D. *Teoria Econômica e Política Econômica em Israel* (hebraico). Telavive, Am Oved, 1958.

——. *A Economia de Israel* (hebraico). Telavive, Massada, 1954.

——. No Fim da Segunda Década (hebraico). *Riveon Lekalkala*, v. 5, n. 19, 1957-58.

——. *Estrutura e Tendência na Economia de Israel* (hebraico). Telavive, Massada, 1964.

LUBELL, H. *Israel's National Expenditure, 1950-1954*. Jerusalém, Projeto Falk, 1958.

OLITZKI, Y. (org.). *Livro do Ano da Histadrut* (hebraico). Telavive, Organização Geral do Trabalho, Comitê Executivo, 1962-63, 1963-64 e 1964-65.

PATINKIN, D. *A Economia Israelense na Primeira Década* (inglês e hebraico). Jerusalém, Projeto Falk, 1957-58. (Relatório n. 14.)

RUBNER, A. Problems of Israel's Economy. *Commentary*, v. 26, n. 3, 1958.

ZWEIG, F. The Jewish Trade Union Movement in Israel. *Jewish Journal of Sociology*, v. 1, 1959.

D. *Problemas de mão-de-obra*

BEN-BARUCH, Y. *Changes in the Input of Manpower Quality in Israel*. Jerusalém, Banco da Superintendência de Israel.

HOROWITZ, U. & BONNÉ, M. *Desenvolvimento da Mão-de--Obra nas Ciências Naturais e na Tecnologia em Israel* (hebraico). Jerusalém, Conselho Nacional de Pesquisa e Desenvolvimento, 1964.

KLINOV-MALUL, R. *The Profit from Investment in Education.* Jerusalém, Projeto Falk, 1966.

MINISTRY OF LABOUR, Manpower Planning Authority. *Manpower in Israel.* Jerusalém, 1964-55 (Relatório anual).

—. *Manpower Forecast. The Supply for the years 1964-69.* Jerusalém, 1964.

—. *Manpower Forecast, Supply and Demand and Suggestions for a Balance from 1964-1969.* Jerusalém, 1964.

E. *Desenvolvimento agrário em Israel*

BEN-DAVID, J. (org.) *Agricultural Planning and Village Community in Israel,* Paris, UNESCO, 1964. (XXIII Relatório de Pesquisa da Zona Árida).

EISENSTADT, S. N. "Institutional and Social Aspects of Agriculture". Documento sobre desenvolvimento e modernização preparado para a Conferência Rehovot sobre um Planejamento Pormenorizado da Agricultura em Países em Desenvolvimento, ago. 1963 (mimeografado).

MUNDLACK, Y. *Supply and Demand for Agricultural Products in Israel.* Jerusalém, Projeto Falk, 1964.

WEINTBRAUB, D. & LISSAK, M. *Some Social Aspects of Agricultural Settlement in Israel.* Um Relatório de Pesquisa, Jerusalém, Departamento de Sociologia, Universidade Hebraica, 1960.

WEINTRAUB, D., YUCHTMAN, E. & WEIHL, H. *Report on the Role of the Agricultural Producer in Cooperative Settlements.* Um Relatório de Pesquisa, Jerusalém, Departamento de Sociologia, Universidade Hebraica, 1962 (mimeografado).

WEITZ, R. Uma Mudança de Valores em Nossa Agricultura (hebraico). *Molad,* v. 21, n. 177-178, maio-jun. 1963.

WEITZ, R. & ROKACH, A. *Estimativa e Direção da Agricultura e dos Estabelecimentos em Israel* (hebraico). Rehovot, Instituto Nacional e Universidade de Agricultura, 1962.

F. *Absorção econômica de imigrantes*

BAR-YOSEF, R. "Adaptação dos Novos Imigrantes ao Trabalho de Fábrica" (hebraico). *Livro do Ano da Histadrut 1965-1966,* Telavive, 1966, v. II.

—. "Dimona — The Adaptation of Migrant Workers to Industry". *Proceedings of the International Seminar on Migrant Workers in the Industry.* Wiesbaden, OECO, 1963.

Cohen, E. *A Estrutura Ecológica de uma Cidade em Desenvolvimento* (hebraico). Um relatório de Pesquisa, Jerusalém, Departamento de Sociologia, Universidade Hebraica, 1960 (mimeografado).

—. *Comitês Municipais em uma Cidade em Desenvolvimento* (hebraico). Jerusalém, Departamento de Sociologia, Universidade Hebraica e o Comitê Público da Comunidade em Desenvolvimento, 1962 (mimeografado).

—. Sobre o Problema da Política Social no Planejamento do Novo Estabelecimento Urbano em Israel (hebraico). *Molad*, v. XXII, n. 195-196, 1964.

Eisenstadt, S. N. "Traditional and Modern Social Values and Economic Development". *Annals of American Academy of Political and Social Sciences,* Filadélfia, American Academy of Political and Social Sciences, 1956.

Schuval, J. *Immigrants on the Threshold.* Chicago, Atherton Press, 1963.

—. Interesses Ocupacionais e Pressões Familiares (hebraico). *Megamot,* v. 13, n. 1, 1964.

—. Occupational Interest and Sex Role Congruence. *Human Relations,* v. XVI, n. 2, 1963.

V. ORGANIZAÇÃO E ESTRATIFICAÇÃO SOCIAL

A. *Tendências gerais no desenvolvimento da estratificação em Israel*

Antonovsky, A. Ideologia e Classe em Israel (hebraico). *Ammot,* v. 2, n. 7, 1963.

—. Desejos e Ansiedades em Israel (hebraico). *Ammot,* v. 2, n. 9, 1963.

Bar-Yosef, R. & Padan, D. As Comunidades Orientais na Estrutura de Classe em Israel (hebraico). *Molad,* v. XXII, n. 195-196, 1964.

Cohen, E. *Emigração de Israel* (hebraico). Um Relatório de Pesquisa, Jerusalém, Departamento de Sociologia, Universidade Hebraica, 1959 (mimeografado).

—. *Divergência Econômica, Igualdade Econômica e Padrão de Vida* (hebraico). Telavive, Organização Geral dos Trabalhadores, Comitê Executivo, 1963.

Eisenstadt, S. N. The Oriental Jews Israel. *Jewish Social Studies,* v. XII, 1950.

—. The Social Conditions of Voluntary Associations. *Scripta Hierosolomytana,* v. III, 1956.

—. Sociological Aspects of the Economic Adaptation of

Oriental Immigrants in Israel: A case of Study in the Process of Modernization. *Economic Development and Cultural Change*, v. IV, n. 3, 1956.

EPSTEIN, S. Sobre a Estratificação Social em Israel (hebraico). *Tmurot*, 1962.

FRANKENSTEIN, D., SIMON, A. E., ROTTEINSTREICH, N., GROLL, M. & BEN-DAVID, J. Discussão sobre os Problemas das Diferenças Étnicas (hebraico). *Megamot*, v. II e III, n. 3 e 4. (Sumário da Discussão em *Megamot*, 1951, 1952).

HANOCH, G. *Income Differentials in Israel*. Jerusalém, Projeto Falk, 1959-60, Relatório n. 5.

MATRAS, J. Some Data on Intergenerational Occupational Mobility in Israel. *Population Studies*, XVIII, n. 2, 1963.

MINISTRY OF LABOUR, Departament of Work Relations. *Survey on Work Relations and Department Activities, 1964-1965*. Jerusalém, Ministério do Trabalho, Departamento de Relações de Trabalho, 1965.

—. Manpower Planning Authority. *Change in Occupational Structure*. Jerusalém, 1965.

YOSEFTAL, G. *Vida e Obra* (hebraico), editado por Sch. Wurm. Telavive, Editora do Mapai, 1963.

ZLOCZOWER, A. Padrões de Mobilidade e Concepções de *Status* no Cenário Urbano Israelense" (hebraico). Tese para Doutoramento em Filosofia, não-publicada, na Universidade Hebraica, Jerusalém, 1967 (projeto).

B. *Desenvolvimento nos* kibutzim

BAR-YOSEF, R. The Pattern of Early Socialization in the Collective Settlement in Israel. *Human Relations*, v. XII, n. 4, 1959.

COHEN, E. *Distribuição de Bens ao Consumidor no* Kibutz (hebraico). Jerusalém, Departamento de Sociologia, Universidade Hebraica, Um Relatório de Pesquisa, 1960 (mimeografado).

COHEN, E. Mudanças na Estrutura Social do Trabalho no *Kibutz* (hebraico). *Riveon Lekalkala*, v. X, n. 4, 1963.

—. Cohesion of Work Groups in Kibutz Haartzi. *Hedim*, v. 26-27, n. 70, 1962.

—. *The Division of Labour in Kibbutzim*. Um Relatório de Pesquisa, Jerusalém, Departamento de Sociologia, Universidade Hebraica, 1956 (mimeografado).

—. Formas de Institucionalização (hebraico). *Niv Hakevutzá*, v. VII, n. 3, 1958.

—. Encontro dos Trabalhadores do Ramo nos *Kibutzim* (hebraico). *Hedim*, v. 28, n. 75, 1963.

—. *A Estrutura Social do Processo de Trabalho nos Kibutzim do Haschomer Hatzair* (hebraico). Um Relatório de Pesquisa, Jerusalém, Departamento de Sociologia, Universidade Hebraica, Serviço de Extensão do Ministério da Agricultura e Federação do Haschomer Hatzair, por vir (mimeografado).

—. *Levantamento da Atividade Pública no Movimento do Kibutz Religioso* (hebraico). Jerusalém, Departamento de Sociologia, Universidade Hebraica e o Movimento do *Kibutz* Religioso (hebraico). Jerusalém, Departamento de Sociologia, Universidade Hebraica e o Movimento do *Kibutz* Religioso, 1964 (mimeografado).

COHEN, E. & LEIHMAN, E. Atitude com Relação ao Trabalho Contratado nos *Kibutzim* do Haschomer Hatzair (hebraico). *Hedim,* v. 29, n. 77, 1964.

ETZIONI, A. A Estrutura Organizacional do *Kibutz* (hebraico). Parte A, *Niv Hakevutzá,* v. 6, n. 3, 1957; Parte B, *Niv Hakevutzá,* v. 6, n. 4, 1957.

—. Solidarity Work Groups in Collective Settlements. *Human Organization,* v. 16, n. 3, 1958.

ORLEAN, CH. *O* Kibutz *Religioso e o seu Desenvolvimento* (hebraico). Telavive, Hakibutz Hadati, 1946.

PERES, J. Assembléia Geral dos Membros na *Kvutzá* (hebraico). *Ovnaim,* n. 3, 1962.

SARELL, M. O Conservantismo e a Mudança na Segunda Geração nos *Kibutzim* (hebraico). *Megamot,* v. 1, n. 2, 1961.

—. *A Segunda Geração nas Colônias Coletivas em Israel* (hebraico). Jerusalém, Departamento de Sociologia, Universidade Hebraica, 1959 (mimeografado).

TALMON-GARBER, Y. Differentiation in Collective Settlements. *Scripta Hierosolymitana,* v. 3, 1955.

—. The Family in Collective Settlements. *Transactions of the Fifth World Congress of Sociology,* v. IV, 1962.

—. A Família e a Disposição Ocupacional da Segunda Geração nas Colônias Coletivas (hebraico). *Megamot,* v. VIII, n. 4, 1957.

—. "The Family in a Revolutionary Movement". In: NIMKOFF, M. (org.). *Comparative Family Systems.* Nova York, Houghton, Mifflin & Co., 1965.

—. Relações Pais-e-Filhos em um Estabelecimento Coletivo (hebraico). *Niv Hakevutzá,* v. VIII, n. 1, 1959.

—. *Sex-Role Differentiation in an Equalitarian Society.* Jerusalém, Departamento de Sociologia, Universidade Hebraica, 1959 (mimeografado).

—. *Os Arranjos para as Crianças Dormirem no* Kibutz (hebraico). Um Relatório de Pesquisa, Jerusalém, Departamento de Sociologia, Universidade Hebraica, 1956 (mimeografado).

TALMON-GARBER, Y. & COHEN, E. "Collective Settlements in the Negev". In: BEN-DAVID, J. (org.). *Agricultural Planning and Village Community in Israel*. Paris, UNESCO, 1964.

TALMON-GARBER, Y. & STUP, Z. "Ascetismo Secular: Padrões de Reformulação Ideológica" (hebraico). In: SCH. WURM, (org.). *Sefer Busel*. Telavive, Tarbut VeHinuch, 1960.

C. Desenvolvimentos nos moschavim

ABRAMOV, S. Z. Os *Moschavim* dos Trabalhadores — A História de Uma Idéia Social (hebraico). *Ammot*, v. II, n. 7, 1963.

ASAF, A. *Os* Moschavim *dos Trabalhadores em Israel* (hebraico). Telavive, Ayanot e Tenuat Hamoschavim, 1954.

EISENSTADT, S. N. *Essays on Sociological Aspects of Political and Economic Development*. Haia, Mouton Publication, 1961, Parte II.

KOREN, J. *Aglomeração dos Exilados e seus Estabelecimentos: História dos* Moschavim *dos Imigrantes em Israel* (hebraico). Telavive, Am Oved, 1964.

—. *A Trajetória do Movimento do Moschav* (hebraico). Telavive, Organização Geral do Trabalho, 1957.

LISSAK, M. *Os* Moschavim *dos Imigrantes em Crise e a Fundação* (hebraico). Um Relatório de Pesquisa, Jerusalém, Escola Kaplan de Economia e Ciência Social, Universidade Hebraica, 1956.

WEINGROD, A. Mudança e Continuidade em uma Vila de Imigrantes Marroquinos (hebraico). *Megamot*, v. 10, n. 4, 1960.

WEINTRAUB, D. Problemas de Absorção e Integração nos *Moschavim* de Imigrantes (hebraico). *Megamot*, v. 5, n. 3, 1953-54.

—. *Social Change in New Immigrants Smalholders' Cooperative Settlements in Israel*. Um Relatório Preliminar de Pesquisa, Jerusalém, Departamento de Sociologia, Universidade Hebraica, 1963 (mimeografado).

—. A Study of New Farmers in Israel. *Sociologia Ruralis*, v. IV, n. 2, 1954.

WEINTRAUB, D. & LISSAK, M. Problems of Absorption of North African Immigrants in Smallholders' Collective Settlements in Israel. *Jewish Journal of Sociology*, v. II, n. 3, 1961.

WEITZ, R. Sete Anos de Novos Estabelecimentos (hebraico). *Riveon Lekalkala,* v. III, n. 11, 1955-56.

WILLNER, D. Sobre a Indústria Doméstica nos *Moschavim* de Imigrantes (hebraico). *Megamot,* v. 7, n. 3, 1956.

D. *Desenvolvimentos nas profissões*

ADAR, L. Atitudes Relacionadas com a Sensibilidade ao *Status* entre os Professores em Israel (hebraico). *Megamot,* v. 12, n. 2, 1962.

BEN-DAVID, J. Professions and Social Structure in Israel. *Scripta Hierosolymitana,* v. III, 1959.

—. Status Social do Professor Israelense (hebraico). *Megamot,* v. VIII, n. 2, 1957.

MUHSAM, H. V. *The Supply of Professional Manpower from Israel's Educational System.* Jerusalém, Projeto Falk, 1959.

O Trabalhador Acadêmico (hebraico). Telavive, Havaad Hapoel, Departamento dos Trabalhadores Acadêmicos, 1956.

E. *Seleção ocupacional e mobilidade*

ADLER, C. "The Role of Israel's School System in Elite Formation". *Transactions of the Fifth World Congress of Sociology,* 1962 (mimeografado).

LISSAK, M. *Tendencies in Occupacional Choice-Israeli Urban Youth.* Dissertação para Doutoramento em Filosofia, Universidade Hebraica, 1961.

F. *O desenvolvimento de estilos de vida e padrões de consumo da sociedade israelense*

BANK OF ISRAEL SURVEY. *The Order of Acquiring Durable Goods.* Jerusalém, 1963 (Levantamento n. 20).

LANDSBERGER, M. *Changes in the Consumption Habits in Israel 1956-57 — 1959-60.* Jerusalém, Bank of Israel Survey, 1964 (Levantamento n. 23).

LEVIATHAN, N. *Consumption Patterns in Israel.* Jerusalém, Projeto Falk, 1964.

G. *Imigração e absorção de imigrantes e a relação entre grupos étnicos*

ABBAS, A. Entre Difusão e Aglomeração de Exilados (hebraico). *Schevet Veam,* jun. 1958.

BAR-YOSEF, R. Vadi Salib: Uma Análise do *Status* dos Imigrantes Norte-Africanos em Israel (hebraico). *Molad,* Jerusalém, v. 17, n. 131, 1959.

BERGER, L. "Dialectics of Immigration and Absorption". *The Israel Year Book,* Jerusalém, Israel Year Book Publications, 1966.

COHEN, A.; SHAMGAR, L. & LEVY, Y. *Absorption of Immigrants in a Development Town.* Um Relatório de Pesquisa Final, Jerusalém, Departamento de Sociologia, Universidade Hebraica, 1962 (mimeografado) (2 v.).

DULZIN, L. "New Epoch of Immigration and Absorption". *The Israel Year Book,* Jerusalém, Israel, Year Book of Publication, 1966.

EISENSTADT, S. N. *The Absorption of Immigrants.* Londres, Routledge and Kegan Paul, 1954; Glencoe, III, The Free Press, 1955.

—. Communication Processes Among Immigrants in Israel. *Public Opinion Quarterly,* v. 16, n. 1, 1952.

—. Conditions of Communicative Receptivity. *Public Opinion Quarterly,* v. 17, n. 3, 1953.

—. Problemas de Liderança entre Imigrantes (hebraico). *Megamot,* v. II, n. 2, 1953.

—. Studies in Reference Group Behavior, Reference Norms and the Social Structure. *Human Relations,* v. 7, n. 2, 1954.

FRANKENSTEIN, C. *Between Past and Future: Essays and Studies on Aspects of Immigrants' Absorption in Israel.* Jerusalém, Instituto Szold, 1953.

KATZ, E. & EISENSTADT, S. N. Observations on the Response of Israel Organizations to New Immigrants. *Administrative Science Quarterly,* v. V, n. 1. 1960.

LISSAK, M. *O Fator Étnico nos Moschavim de Imigrantes* (hebraico). Jerusalém, Ministério de Educação e Cultura, 1959 (Panfleto sobre as Comunidades Orientais na Sociedade Israelense).

PATAI, R. *Israel between East and West.* Filadélfia, Jewish Publication Society of America, 1957.

ROSENFELD, H. A Cidade dos Imigrantes Kiriat Schmoné (hebraico). *Mibifnim,* v. 13, n. 4, 1947-49.

SCHUMSKY, A. *The Clash Of Cultures in Israel.* Nova York, Columbia University, 1955.

SCHUVAL, J. Cultural Assimilation and Tension in Israel. *International Social Science Bulletin,* v. 8, n. 1, 1956.

—. *Immigrants on the Threshold.* Nova York, Atherton Press, 1963.

—. The Role of Ideology as a Predisposing Frame of Reference for Immigrants. *Human Relations,* v. XII, n. 1, 1959.

—. Value Orientations of Immigrants to Israel. *Sociometry,* v. XXVI, n. 1, 1963.

WEIHL, H. *Schimon — Uma Aldeia Iemenita nas Colinas Judias* (hebraico). Um Relatório de Pesquisa, Jerusa-

lém, Departamento de Sociologia, Universidade Hebraica, 1963 (mimeografado).
WEINGROD, A. *Reluctant Pioneers.* Ithaca, Cornell University Press, 1966.
—. O Judeu Marroquino em Transição (hebraico). *Megamot,* v. 10, n. 3, 1960.
—. *Relatório ao Conselho Consultivo sobre Problemas de Absorção* (hebraico). Jerusalém, Departamento das Colônias, Agência Judaica, sem ano (mimeografado).
WEINTRAUB, D. A Influência da Estrutura Demográfica da Família de Imigrantes na sua Adaptação ao *Moschav* (hebraico). *Megamot,* v. 6, n. 2, 1960.

H. *Política social*

BARUCH, N. *Major Problems of the Development of the Social Service 1965-1970.* Jerusalém, Ministério do Bem-Estar Social, 1964.
CENTRAL BUREAU OF STATISTICS. *Survey of Housing Conditions, 1963.* Jerusalém, 1965.
MINISTRY OF SOCIAL WELFARE. *Saad* (hebraico). Jerusalém, 1960-66.
—. *Bem-Estar em Israel* (hebraico). Jerusalém, 1965.
NATIONAL INSURANCE INSTITUTE. *Relatório 1954-59, 1961--62* (hebraico). Jerusalém.

VI. EDUCAÇÃO

A. *Dados básicos sobre o sistema educacional*

ARAN, Z. Discurso ao Knesset sobre o Orçamento do Ministério (hebraico). *Bahinuch Uvatarbut,* v. 35, n. 11, 1964 e *op. cit.,* v. 36, n. 12, 1965.
BENTWICH, J. *Education in the State of Israel.* Londres, Kegan Paul, 1965.
CENTRAL BUREAU OF STATISTICS. *Informação Estatística sobre Educação* (hebraico). Jerusalém, 1963 (Relatório n. 4).
EVEN, A. Educação em Israel (hebraico). *Divrai-Haknesset,* v. 20, pp. 1135-1442, 12-14 de março de 1963.
GOLAN, S. Collective Education in the Kibutz. *Psychiatry. Journal for Study of Interpersonal Processes,* v. 22, n. 2, maio 1959.
GOLAN, S. & LEVI, J. Communal Education. *Ofakim,* v. XI, n. 4, 1957.
GREENBAUM, A. *Report to the Committee on Cultural-Religious Affairs.* Jerusalém, American Joint Distribution Committee, 1963.
MERHAVIA, H. *O Sistema Educacional em Israel* (hebraico). Jerusalém, Achiassaff, 1957.

—. *Enciclopédia Educacional* (hebraico). Jerusalém, Instituto Bialik, 1959-67 (4 v.).

B. *Educação superior*

NATIONAL COUNCIL FOR RESEARCH AND DEVELOPMENT. *By-yearly Report, 1963-64*. Jerusalém, Gabinete do Primeiro-Ministro, jan. 1965.
PRAWER, Y. "Educação Secundária, Educação em Geral e Educação Superior" (hebraico). In: TVERSKI, J. (org.). *Knowledge and Activity in Education* em memória de A. Arnon. Telavive, Havaad Hatziburi, 1964.
PRIME MINISTER'S OFFICE, State of Israel. *Report on Higher Education*. Jerusalém, 1965.

C. *Aspectos econômicos do sistema educacional*

BARUCH, J. *Investments in Education and Manpower in Israel*. Jerusalém, Bank of Israel Survey, 1964.
GREENFELD, Y. *The Measurement of Educational Capital in Israel*. Projeto Falk (a sair).
KLINOV-MALUL, R. *The Profit from Investment in Education*. Jerusalém, Projeto Falk, 1966.
MUSCHAN, H. V.; HANOCH, G. & MALUL-KLINOV, R. *The Supply of Professional Manpower from Israel's Educational System*. Jerusalém, Projeto Falk, 1959.
SMILANSKI, M. O Aspecto Social da Estrutura Educacional em Israel (hebraico). *Megamot,* v. 8, n. 3, 1957.

D. *Problemas pedagógicos: uma seleção*

ADAR, L. & ADLER, C. *A Educação Voltada para os Valores nas Escolas* (hebraico). Jerusalém, Escola de Educação, Universidade Hebraica, 1965.
ADAR, Z. Crítica do Programa Estatal de Educação (hebraico). *Megamot,* v. 7, n. 1, 1956.
ADLER, CH. *A Escola Secundária como um Fator Seletivo de um Ponto de Vista Social e Educacional* (hebraico). Tese para Doutoramento em Filosofia, Jerusalém, Universidade Hebraica, 1966.
ARNON, Y. O Experimento Beer-Scheva (hebraico). *Hahinuh,* v. 35, n. 2, 1963.
CHEN, M. Boletim Estatístico sobre as Escolhas quanto às Escolas Secundárias por parte dos Graduados nas Escolas Primárias de Telavive (hebraico). *Megamot,* v. 2, n. 4, 1961.
EVEN, A. *Educação em Israel* (hebraico). Jerusalém, Ministério da Educação e Cultura, 1963.
SCHAPIRA, M. (org.). *Teoria e Prática na Educação Secundária* (hebraico). Universidade Hebraica, 1962.

SCHMUELI, A. Um Projeto Desenvolvimentista (hebraico). *Davar*, 5 dez. 1963.

SIMON, A. Uma Realização Escolástica das Crianças Imigrantes no Neguev (hebraico). *Megamot*, v. 8, n. 4, 1957.

SMILANSKI, M. Propostas para Reformas na Estrutura da Educação Secundária (hebraico). *Megamot*, v. 11, n. 4, 1961.

TEVETH, S. O Começo do Fim da Igualdade em Educação (hebraico). *Haaretz*, 8 maio 1963.

E. *Estrutura familiar e cultura dos jovens*

ADLER, H. *Movimentos de Juventude na Sociedade Israelense* (hebraico). Jerusalém, Instituto Szold, 1962.

BEN-DAVID, J. "Conforming and Deviant Images of Youth in a New Society". *Transactions of the Fifth World Congress of Sociology*. Louvain, International Sociological Association, 1962.

—. Condição de Membro em Movimentos de Juventude e *Status* Social (hebraico). *Megamot*, v. 5, n. 3, 1954.

CHEN, M.; SCHIFENBAUER, D. & DORON, R. Uniformidade e Diversidade nas Atividades de Lazer dos Estudantes da Escola Secundária em Israel (hebraico). *Megamot*, v. 13, n. 2, 1964.

EISENSTADT, S. N. Youth Culture and Social Structure in Israel. *British Journal of Sociology*, v. 2, 1951.

EISENSTADT, S. N. & BEN-DAVID, J. Inter-generational Tensions in Israel. *International Soc. Sc. Bulletin*, v. VIII, n. 1, 1956.

KREITLER, H. & KREITLER, S. A Atitude da Juventude Israelense em Relação aos Ideais Sociais (hebraico). *Megamot*, v. 13, n. 2, 1964.

LOTAN, M. *Atitudes e Valores no Movimento da Juventude* (hebraico). Beit Berel, 1964.

—. *Atitudes e Valores no Movimento da Juventude (Imigrantes)* (hebraico). Telavive, HaNoar HaOved VeHalomed, 1966.

PERES, J. Boletim Estatístico sobre a Condição de Membro nos Movimentos de Juventude (hebraico). *Megamot*, v. 11, n. 2, 1961.

—. Youth and Youth Movements in Israel. *Jewish Journal of Sociology*, v. V, n. 1, 1963.

F. *Delinqüência juvenil*

CENTRAL BUREAU OF STATISTICS. *Judicial Statistics*, 1963 (Séries Especiais n. 182).

MILO, A. Detalhes Estatísticos sobre a Delinqüência Juvenil (hebraico). *Megamot*, v. 1, n. 1, 1959.
Boletim Estatístico sobre as Áreas de Favelas em Jerusalém, Telavive e Haifa (hebraico). *Megamot*, v. 11, n. 3, 1961.

VII. ESTRUTURA POLÍTICA E INSTITUIÇÕES

A. *Estrutura básica das instituições políticas*

AKZIN, B. e outros. Arranjos Governamentais e Legais em Israel (hebraico). *Enciclopédia Hebraica*. Telavive, Massada, v. VI, 1957.
AKZIN, B. & DROR, Y. *National Planning in Israel*. Telavive, Hamidrascha Leminhal, 1966.
COMISSÃO DO SERVIÇO PÚBLICO. *Arranjos Governamentais e Legais em Israel* (hebraico). Jerusalém, 1953.
EISENSTADT, S. N. *Essays on Sociological Aspects of Political and Economic Development*. Haia, Mouton & Co., 1960.
——. Le Passage d'une Société de pionniers à une Société Organisée: Aspects de la Sociologie Politique d'Israel. *Revue Française de Science Politique*, jul.-set., 1954.
FREUDEHEIN, Y. *O Governo no Estado de Israel* (hebraico). 3. ed., Jerusalém, 1960.
Israel Government Year Book. Jerusalém, Imprensa Oficial, 1951-66.
JANOWSKY, O. *Foundations of Israel: Emergence of a Welfare State*. Princeton, Van Nostrand, v. I, 1959.
KRAINES, O. *Government and Politics in Israel*. Boston, Houghton Mifflin, 1961.
SELIGMAN, L. G. *Leadership in a New Nation: Political Development in Israel*. Nova York, Atherton Press, 1964.

B. *A estrutura legal de Israel*

TEDESCHI. G. *Studies in Israel Law*. Jerusalém, Editora da Universidade Hebraica, 1960.

C. *A estrutura e os programas dos partidos*

AKZIN, B. The Knesset. *International Social Science Journal*, v. 13, n. 4, 1961.
——. The Role of Parties in Israel Democracy. *Journal of Politics*, v. 17, n. 4, 1955.
ANTONOVSKY, A. Atitudes Sociopolíticas em Israel (hebraico). *Ammot*, v. 1, n. 6, 1963.
BENARI, N. *Sionismo Socialista* (hebraico). Telavive, Hamerkaz LeTarbut VeHinuch (HaHistadrut), 1950.

CENTRAL BUREAU OF STATISTICS. *Resultado das Eleições ao Terceiro Knesset e Eleições nas Municipalidades Locais* (hebraico), 1956.
—. *Resultado das Eleições ao Quinto Knesset* (hebraico). Jerusalém, 1964.
GILBOA, Y. Capacidade de Absorção do Mapai (hebraico). *Maariv*, 8 mar. 1963.
GUTMAN, E. Some Observations on Politics and Parties in Israel. *India Quarterly*, v. XVII, n. 1, 1961.
KLEIMAN, M. *Os Sionistas Gerais* (hebraico). Jerusalém, Instituto para o Conhecimento Sionista, 1945.
LUBOTZKI. *Os Revisionistas e Beitar* (hebraico). Jerusalém, Instituto para o Conhecimento Sionista, 1946.
POLES. Retirada da Oposição (hebraico). *Haaretz*, 1 set. 1964.
—. A Deficiência do "Clube dos Quatro" (hebraico). *Haaretz*, 6 out. 1961.
RECHEV (LANDKUTSCH), S. *Haschomer Hatzair* (hebraico). Sifriat Poalim, 1955.
SCHAPIRO, O. *Os Padrões da Atividade do Partido em uma Cidade de Imigrantes* (hebraico). Um Relatório de Pesquisa, Jerusalém, Escola Kaplan de Economia e Ciências Sociais, Universidade Hebraica, 1956.
WOLFSBURG, Y. *Os Movimentos Mizrahi e Torá VeAvodá* (hebraico). Jerusalém, Instituto para o Conhecimento Sionista, 1944.

D. *Aspectos gerais da Histadrut*

Lei do Emprego de Funcionários (hebraico), a) *Divrei Haknesset*, v. 23, pp. 2020-2025; b) *Divrei Haknesset*, v. 25, pp. 775-795. Jerusalém, Imprensa Oficial.
LAVON, P. *Valores e Mudanças* (hebraico). Telavive, Hamerkaz LeTarbut VeHinuch, 1960.
MALKIN, A. *A Histadrut dentro do Estado* (hebraico). Beit Berel, Ovnaim, 1961.
REVISTA *Petah*. Governo e Sociedade (hebraico). Beit Berel, 1958.
—. Tendências Socialistas na Sociedade de Israel (hebraico). Beit Berel, 1962.
TABB, G. J.; AMI, G. & SCHAL, G. *Labour Relations in Israel*. Telavive, Dvir, 1961.

VIII. CULTURA, VALORES E RELIGIÃO

A. Background *geral e problemas*

AGUDAT ISRAEL. Relatório submetido aos Delegados do Quinto Congresso Mundial do Agudat Israel (hebraico). Jerusalém, Serviço de Informação da Organização Mundial do Agudat Israel, 1963-64.

Da Fundação (hebraico). Telavive, Amikam, 1962.
GOLDMAN, N. *Do Perigo de Exterminação à Libertação* (hebraico). Jerusalém, Organização Sionista, 1958.
Hazut. Panfletos para Inquérito na Questão Sionista.
HECHAL SCHLOMO. *De Ano a Ano* (hebraico). Jerusalém, 1961-62 — 1965-66.
INSTITUTE OF CONTEMPORARY JEWRY. *Studies in Contemporary Jewish Life*. Jerusalém, Universidade Hebraica, 1964.
"A Consciência Judaica" (hebraico). Reeditado do *Divrei Haknesset* no Bahinuh Uvartarbut, n. 31-32, 1959.
KURTZWEIL, B. *A Essência e as Fontes do Jovem Movimento Hebraico* (hebraico). Telavive, Livro do Ano Haaretz, 1952-53.
LEWIN, I. M. *Discursos* (hebraico). Jerusalém, El-Hamakor, 1951-52.
—. O Que é o Judaísmo? Quem é Judeu? (hebraico). *Beit-Iakov*, n. 5, 1959.
LUFBEN, Y. *Selected Writings*. Telavive, Ayanot, 1953-54.
MEGED, M. The Normalization of Israel. *Commentary*, v. 32, n. 3, set., 1961.
NETUREI KARTA. *Tire a Máscara* (hebraico). Jerusalém, Editora Hamassora, 1949-50.
PATAI, R. (org.) *Hertzel Year Book*. Nova York, Hertzel Press, 1958-61 (4 v.).
ROTENSTREICH, N. *Between Nation and State*. Telavive, Hakibutz Hameuhad, 1965.
YZHAR, S. *Os Dias de Ziklag* (hebraico). Telavive, Am Oved, 1958.

B. *Sionismo e nacionalismo*

BUBER, M. *Entre um Povo e a sua Nação* (hebraico). Jerusalém, Schocken, 1945.
HALPERN, B. *The Idea of the Jewish State*. Cambridge, Mass., Harvard University Press, 1961.
—. Zionism and Israel. *Jewish Journal of Sociology*, v. III, n. 2, 1961.
HERTZBERG, A. *The Zionist Idea*. Nova York e Telavive, Doubleday and Herzl Press, 1959.
LIVNEH, R. "Is Israel a Zionist State?" *Midstream*, v. 2, 1956.

C. *A transformação da ideologia pioneira*

ALTERMAN, N. Ao Invés de uma Introdução ao "Kineret" (hebraico). *Haaretz*, 9 junho 1962.
BITMAN, Y. Pioneiros da Universidade (hebraico). *Davar*, 30 nov. 1942.
KATZNELSON, B. *Valores Latentes* (hebraico). Telavive, Ayanot, 1954.

Luz, K. *Fatos Decisivos* (hebraico). Telavive, Tarbut Ve-Hinuh, 1962.
O Homem no Hitiaschvut (Kibutz-Moschav) (hebraico). Telavive, Editora do Mapai, 1958.
Schprintzak, Y. *Escrevendo e Falando* (hebraico). Telavive, Editora do Mapai, 1952.
Zakai, D. *Pequenos Assuntos* (hebraico). Telavive, Davar, 1956.

D. *Padrões de criatividade cultural: intelectuais e comunicação*

Avinoau, L. (org.). *Pergaminhos de Fogo* (hebraico). Telavive, Ministério de Defesa, 1952-61 (3 v.).
Ben-Porat, Y. Intelectuais em Israel (hebraico). *Iediot Aharonot,* 9 mar. 1962, 16 mar. 1962, 30 mar. 1962. 1962.
Ellemers, J. E. Some Sociological Comments on Mass Communication in Israel. *Gazette,* v. VII, n. 1, 1961.
A Essência dos Intelectuais: Um Simpósio (hebraico). *Keschet,* v. I, n. 2, 1959.
Comitê Público sobre Cultura e Arte. *Dois Anos de Atividade* (hebraico). Jerusalém, Ministério da Educação e Cultura, 1962.
Schmueli, A. A Mudança em Literatura e no *Status* dos Escritores (hebraico). *Moznaim,* v. VIII, n. 5-6, 1959.

E. *Aspectos do desenvolvimento dos feriados, do teatro e do folclore*

Ben-Zakai, T. O Teatro Israelense Tenta Encontrar o seu Caminho (hebraico). *Maariv,* 3 jan. 1964.
Donewitz, N. Não o Mesmo Feriado (hebraico). *Haaretz,* 24 abr. 1964.
Kadman, G. "Danças Populares em Israel" (hebraico). *Kama.* Jerusalém, Fundo da Nação Judia, 1952.

F. *A transformação da cena religiosa: questões e problemas*

Fischman, A. *The Religious Kibbutz Movement: The Revival of the Jewish Religious Community.* Jerusalém, 1957.
Goldman, E. *Religious Issues in Israel's Political Life.* Jerusalém, Agência Judaica, 1964.
Hamodia (Jornal do Agudat Israel).
Impressora Hasbara. *O Livro do Israel Religioso* (hebraico). Telavive, 1954.
Hatzofe (O Jornal do Partido Religioso Nacional).
Hechal Scholomo. *De Ano a Ano* (hebraico). Jerusalém, 1963-64, 1964-65, 1965-66.

LEBOVITZ, Y. The Crisis of Religion in the State of Israel. *Judaism*, v. 2, n. 3, jul. 1953.

MAIMON, C. L. Y. A Reinstituição do Sanedrin em Nosso Estado Renovado (hebraico). Jerusalém, Instituto Kook, 1961.

MIZRAHI E HAPOEL HAMIZRAHI. *O Povo de Israel Verá e Julgará* (hebraico). Jerusalém, 1958.

NETUREI KARTA. *Afastando as Cortinas* (hebraico). Jerusalém, sem ano.

Scharim (hebraico) (Jornal do Poalei Agudat Israel).

WEINER, H. Church and State in Israel. *Midstream*, v. 8, 1962.

IX. MINORIAS

ASAF, M. O Futuro da Educação Árabe em Israel (hebraico). *Hamizrá Hehadasch*, v. 3, n. 3 (II), 1952.

BACHI, R. Demografia das Populações Muçulmana, Cristã e Drusa (hebraico). *Enciclopédia Hebraica*, Telavive, Massada, v. 6, 1957.

BEN-AMRAM, E. Descrição Demográfica da Comunidade Árabe em Israel (hebraico). *Hamizrá Hehadasch*, v. 15, n. 1-2, 1965.

BEN-HANANNIAH, Y. A Comunidade Acmádica (hebraico). *Hamizrá Hehadasch*, v. 8, n. 3 (26), 1957.

BENOR, Y. L. A Educação Árabe em Israel (hebraico). *Hamizrá Hehadasch*, v. 3, n. 1, outono de 1954.

BEN-PORAT, Y. *Characteristics of the Arab Labour Power in Israel*. Jerusalém, Projeto Falk (a sair).

BLANK, CH. *Os Drusos* (hebraico). Jerusalém, Gabinete do Conselheiro nos Assuntos Árabes, Gabinete do Primeiro-Ministro, 1958.

CENTRAL BUREAU OF STATISTICS. *Muçulmanos, Cristãos e Drusos em Israel*. Jerusalém, 1964 (Publicação n. 17).

COHEN, A. *Arab Border Villages in Israel*. Manchester, University Press, 1965.

HAREL, M. *Yanvach — Uma Aldeia Drusa na Galiléia* (hebraico). Jerusalém, Gabinete do Conselheiro nos Assuntos Árabes, Gabinete do Primeiro-Ministro, 1959.

LISCH, A. A Jurisdição Comunitária dos Drusos em Israel (hebraico). *Hamizrá Hehadasch*, v. 11, n. 4 (44), 1961.

—. A Jurisdição Religiosa dos Muçulmanos em Israel (hebraico), *Hehadasch*, v. 13, n. 1-2 (49-50), 1963.

LISKOVSKY, A. Os Refugiados Árabes — Israel no Presente (hebraico). *Hamizrá Hehadasch*, v. 10, n. 3 (39), 1960.

MANSOUR, A. The Modern Encounter Between Jews and Arabs. *New Outlook*, v. 5, n. 3, 1962.

Maoz, M. A Regra Local nas Colônias Árabes (hebraico). *Hamizrá Hehadasch,* v. 12, 1961-62.
Marx, E. Beduínos do Neguev (hebraico). *Hamizrá Hehadasch,* v. 7, 1957.
—. A Estrutura Social dos Beduínos do Neguev (hebraico). *Hamizrá Hehadasch,* v. 8, 1957.
Office of the Adviser on Arab Affairs. *Árabes e Colônias Drusas em Israel* (hebraico). Jerusalém, Gabinete do Primeiro-Ministro, 1963.
Rosenfeld, H. The Arab Village Proletariat. *New Outlook,* v. V, n. 3, 1962.
—. The Determinants of the Status of Arab Village Women. *Man,* Artigo 95. v. LX, 1960.
Fatores que Determinam o *Status* da Mulher em uma Aldeia Árabe (hebraico). *Hamizrá Hehadasch,* v. 9, n. 1-2 (33-34), 1958-59.
—. "From Rural Peasantry to Rural Proletariat and Residual Peasantry: The Economic-Occupational Transformation of an Arab Village". In: Manners, Robert A. (org.). *Patterns and Processes of Culture.* Ensaios em honra de Julian H. Steward. Chicago, Aldines Press (a sair).
—. Os Problemas do Planejamento Social em uma Aldeia Árabe (hebraico). *Megamot,* v. 11. n. 4, 1961.
—. Processos de Separação e Divisão da Família Ampla na Aldeia Árabe (hebraico). *Megamot,* v. 8, n. 4, 1957.
—. *Eles Eram Camponeses* (hebraico). Telavive, Hakibutz Hameuhad, 1965.
Wage, Labour and Status in an Arab Village. *New Outlook,* v. VI, n. 1, 1963.
Schamir, S. Mudanças na Liderança na Aldeia de Ar-Rameh (hebraico). *Hamizrá Hehadasch,* v. 11, n. 4, 1961.
Scmidlovsky, B. Mudanças no Desenvolvimento da Aldeia Árabe em Israel (hebraico). *Hamizrá Hehadasch,* v. 15, n. 1-2, 1965.
Schimoni, Y. *Os Árabes da Palestina* (hebraico). Telavive, Am Oved, 1947.
—. Os Árabes em Antecipação da Guerra Israel-Árabe de 1945-1946 (hebraico). *Hamizrá Hehadasch,* v. 12, n. 3 (47), 1962.
Waschitz, Y. Arabs in Israeli Politics. *New Outlook,* v. V, n. 3, 1962.
Yinon, A. Alguns Aspectos da Literatura Árabe em Israel (hebraico). *Hamizrá Hehadasch,* v. 15, n. 1-2, 1965.

Glossário

A-RABITA: Organização Sindical dos Trabalhadores Árabes.

ACHDUT HA-HAVODÁ: (Lit.: "unidade de trabalho"). Partido político e ala do movimento trabalhista fundado em 1919, na Palestina; designa também vários periódicos publicados em diferentes épocas pelos movimentos trabalhistas de Israel.

ACHDUT ou HA-ACHDUT: (Lit.: "A Unidade"). Primeiro periódico hebraico em Israel, dos Poalei Tzion; fundado em Jerusalém como mensário em 1910, passou a ser depois semanário, existindo até 1915.

AL HAMISCHMAR: Órgão do Mapam, partido de esquerda israelense e do movimento sionista.

ALIÁ (pl. ALIOT): (Lit. "subida, ascensão"). Antigamente designava uma das três peregrinações anuais a Jerusalém, mais tarde a participação durante os serviços, na leitura da Torá; e modernamente cada uma das ondas imigratórias, que a partir do fim do século XIX, se dirigiu à Terra de Israel.

ALIÁ HADASCHÁ: (Lit.: "nova emigração"), por extensão: emigrantes recém-vindos, designa também um partido político sionista, organizado em 1943, em Israel, principalmente por judeus-alemães, de tendência liberal-sionista.

ALIAT HA-NOAR: (Lit.: "emigração de crianças") organizada pelo movimento sionista e a Agência Judai-

* Organizado por J. Guinsburg.

tância durante e depois da Segunda Grande Guerra. ca, a partir de 1934, para facilitar a emigração de crianças sem pais. Sua atuação foi de grande impor-
AM-OVED: (Lit.: "povo operário"). A Editora da Histadrut.
ASQUENAZITA: (Aportuguesamento de *Aschkenazi*: Alemanha); por extensão: judeu da Europa Central e Oriental.
ASEFAT HA-NIVHARIM: (Lit.: "reunião de eleitos"). Assembléia representativa eleita pelos judeus em Israel, durante o período do Mandato britânico.
AVODÁ: (Lit.: "trabalho"). Agrupamento de trabalhadores precursor do *Adud ha-Avodá*.
AVODOT DAHAK: (Lit.: "serviços de emergência"). Trabalhos públicos para ocupar os operários e socorrê-los no desemprego.
BAR-MITZVÁ: (Lit.: "Filho do Mandamento"). Denominação dada ao rapaz judeu ao completar treze anos, quando ingressa na mocidade religiosa, tornando-se responsável perante Deus e podendo participar do *miniam;* por extensão: a solenidade que marca esse evento.
BEIT SCHALOM: Trata-se do Brit Schalom ("Pacto da Paz"). Sociedade fundada em Jerusalém, em 1925, e que existiu até c. de 1935 por intelectuais que se propunham a cultivar as relações com os árabes e promover uma solução conjunta para o futuro da Palestina.
BRIT POALEI ERETZ ISRAEL: "Aliança dos Trabalhadores da Terra de Israel". Organização sindical criada em 1932, para congregar os trabalhadores árabes, em ligação com a Histadrut.
BETAR: Sigla de Brit Iossef Trumpeldor. Organização juvenil fundada por Vladimir Jabotinsky em 1923, em conexão com o movimento revisionista-sionista.
BNEI AKIVA: (Lit.: "Filhos de Akiva"). Movimento juvenil sionista de escotismo e pioneirismo, com ênfase especial sobre os valores tradicionais do judaísmo; fundado em 1924, a partir de 1930 seus membros começaram a estabelecer-se coletivamente em Israel.
BNEI-BRAK: Cidade costeira na região de Telavive, fundada em 1924; 70 000 habitantes em 1970.
BNEI BRIT: (Lit.: "Filhos do Pacto"). Uma das mais velhas e maiores organizações judaicas de serviços sociais. Fundada em 1843, em Nova York como ordem fraternal, tem lojas e capítulos hoje em 45 países, com mais de 500 000 membros. Seu campo de atuação abrange todos os aspectos da vida judaica.
BNEI-TOVIM: "De boa família".

CABALA: Tradição. Denominação dada ao conjunto das doutrinas místicas judaicas. Na sua forma restrita designa o sistema místico-filosófico que teve origem na Espanha, no século XIII e cuja influência na vida judaica foi uma das mais acentuadas. A Cabala divide-se em teórica (*iunit*) e prática (*maasit*); a primeira calcada em bases neoplatônicas destina-se ao estudo de Deus, suas emanações e da criação; a segunda procura aplicar as forças ocultas na vida terrena.

COHAN (pl. COHANIM): Sacerdote em hebraico. Designa também os descendentes da casta sacerdotal de Israel antigo.

DAVAR: (Lit.: "palavra, coisa, assunto"). Primeiro diário trabalhista em Israel; publicado desde 1925 pela Histadrut.

DUNAM: Medida agrária equivalente a 1 000 m², correntemente utilizada no Estado de Israel.

EDÁ (pl. EDOT): Congregação, comunidade.

EIN HAROD: *Kibutz* fundado em 1921 no Vale de Harod.

EL-ARD: Grupo nacionalista árabe, surgido nos anos de 1960, sem conexões com qualquer dos partidos legais em Israel.

ETZEL: Organização militar dissidente que atuou na Palestina contra os ingleses na década de 1940; seus membros vinham em geral dos grupos sionistas-revisionistas.

EZRA: (Lit.: "ajuda"): Movimento juvenil religioso de caráter ortodoxo, ligado em Israel ao Poalei Agudat Israel; uma organização homônima existiu na Alemanha.

GAHAL: (Sigla de Gusch Tenuat ha-Herut — Ha-Miflagá ha-Liberalit: Bloco do movimento Herut e do Partido Liberal). Partido fundado em 1965, constituindo a segunda facção política israelense e o principal grupo de oposição aos trabalhistas. Entre os seus líderes, um dos mais conhecidos internacionalmente é Menahem Beiguin.

GDUD HA-HAVODÁ: (Lit.: "batalhão ou legião do trabalho"). Movimento halutziano da terceira *aliá,* que pretendia organizar comunas de trabalhadores no campo e na cidade.

GORDONIA: Movimento juvenil de caráter sionista-socialista, fundado em 1923, cujo programa era "construção da pátria, educação dos seus membros nos valores humanistas, criação de uma nação de trabalhadores, renascença da cultura hebraica e trabalho pessoal".

Desempenhou importante papel na resistência judaica na Polônia. Em Israel, fundiu-se com outros grupos compondo o Tnuá ha-Meiuhedet.

HA-ARETZ: (Lit.: "O País"). Matutino de Telavive, fundado em Jerusalém em 1919 sob o nome de *Hadaschot ha-Aretz* (Notícias do País); hoje é um dos principais jornais de Israel.

HA-AVODÁ: (Lit.: "o trabalho"). Organização de granjeiros da primeira *aliá* que, antes da Primeira Guerra Mundial, advogava uma síntese rudimentar de agricultura e coletivismo.

HA-BIMÁ: (Lit.: "o palco"). Nome do grupo teatral formado na Rússia em 1919 e que se tornou o Teatro Nacional de Israel.

HACHSCHARÁ (pl. HACHSCHAROT): Grupo ou fase em que os movimentos juvenis e pioneiros se preparam para a vida e o trabalho nas colônias coletivas em Israel.

HADASSÁ (The Women's Zionist Organization of America): Um dos maiores agrupamentos femininos do movimento sionista. Suas origens remontam ao início do século XX. Em Israel, patrocina estudos médicos e pesquisa, estando seu nome ligado à Faculdade de Medicina, à Escola de Odontologia, à Escola de Enfermagem bem como ao Hospital da Universidade Hebraica de Jerusalém.

HAGANÁ: (Lit.: "defesa, proteção"). Organização clandestina de autodefesa judaica na Palestina criada em 1935, sob o Mandato inglês. Assumiu primeiramente o caráter de uma milícia popular e depois, com a Independência, foi o núcleo de onde surgiu o Exército de Israel.

HAGSCHAMÁ: (Lit.: "complementação", "materialização"). *Hagschamá azmit,* conceito sionista de "realização pessoal" do objetivo ideológico e racional: e estabelecimento em Israel do militante sionista.

HALAHÁ: ("guia, tradição, prática, regra e lei"). Designa a parte normativa do Talmud ou, às vezes, toda a tradição legal judaica.

HALÁHICA: Adaptação adjetiva portuguesa de Halahá; lei *haláhica,* que segue as prescrições talmúdicas e rabínicas.

HALUTZ: (Lit.: "pioneiro"). Denominação dada aos jovens do Movimento Sionista que emigraram para a Terra de Israel a fim de aí se estabelecer, sobretudo em colônias coletivas.

HA-KIBUTZ HA-ARTZI (Lit.: "O Kibutz Nacional").

Federação e movimento de colônias coletivas, criada em 1927 por membros do *Ha-Schomer ha-Tzair*. Considera o *Kibutz* uma unidade autônoma de vida social, compreendendo todas as esferas da atividade econômica, social, cultural, política e educacional, que deve desenvolver a realização do sionismo, a luta de classes e o socialismo. Desempenhou considerável papel na formação da sociedade e do Estado israelenses.

HA-KIBUTZ HA-MEUHAD: União dos Kibutzim, em Israel, fundada em 1927. Em 1970 contava com 60 *kibutzim* e uma população de 30 000 pessoas.

HA-KIBUTZ HA-ARTZI SCHEL HA-SCHOMER HA--TZAIR: (Lit.: "O Kibutz Nacional do ha-Schomer ha-Tzair"). União de *kibutzim,* fundado em 1927, pelas primeiras colônias coletivas do ha-Schomer ha-Tzair. Consideram-se o núcleo de vanguarda da sociedade socialista em Israel, aderem estritamente aos princípios da vida e da educação coletivas. A federação era composta, em 1970, de 75 colônias com uma população de c. de 30 000 habitantes.

HA-MISCHTAR HE-HADASCH: (Lit.: "A Nova Ordem"). Grupo político israelense formado por intelectuais e militantes de vários partidos, descontentes com a orientação destes.

HANOR HAOVED: (Lit.: "O Jovem Trabalhador"). Organização de juventude trabalhadora fundada em 1926, para defender salários e condições de trabalho.

HA-NOAR HA-TZIONI: (Lit.: "O Jovem Sionista"). Organização juvenil fundada em 1934, ligada ao movimento dos Sionistas Gerais.

HANUCÁ: (Lit.: "dedicação, renovação"). Solenidade que comemora a reconsagração do Templo pelos Macabeus e a sua vitória sobre os greco-sírios que o profanaram. Festa das Luminárias, celebrada durante oito dias, sendo o primeiro a 25 de Kislev (dezembro).

HAOLAM HAZÉ: (Lit.: "Este Mundo"). Nome de um seminário israelense fundado em 1937, em Jerusalém, sob o nome de *Tescha ba-Erev.* Em 1947 assumiu o título atual. Sob nova direção em 1947 e 1950, foi transferido para Telavive, onde conquistou grande popularidade pela maneira irreverente, sensacionalista e às vezes desafiadora com que passou a tratar os assuntos israelenses e judaicos. Deu origem, inclusive, a um partido político com o mesmo nome, sob a liderança de seu redator, Uri Avneri.

HA-OVED HA-TZIONI: (Lit.: "o trabalhador sionista"). Movimento trabalhista de Israel, criado em 1935 com a facção da Histadrut. De caráter progressista mas contrário ao socialismo no plano ideológico.

HA-POEL HA-TZAIR: (Lit.: "o jovem trabalhador"). Movimento juvenil da segunda *aliá,* que criou em 1907 um periódico com o mesmo nome.

HA-POEL HA-MIZRAHI: (Lit.: "o trabalhador Mizrahi"). Partido Trabalhista Religioso.

HA-TNUÁ-MEUHEDET: (Lit.: "Movimento Unificado"). Movimento formado em 1945, pelo movimento juvenil sionista Gordonia e partido Mahanot ha-Olim (hostes ascendentes), movimento de escotismo pioneiro entre a juventude das escolas.

HA-IHUD HA-HAKLAI: (Lit.: "Unidade dos Agricultores"). Organização de *moschavim* israelenses.

HASCHOMER: (Lit.: "o guarda"). Organização rudimentar de defesa, composta de poucas dúzias de trabalhadores, que se formou nos inícios da colonização judaica em Israel.

HA-SCHOMER HA-TZAIR: (Lit.: "O Jovem Guarda"). Movimento juvenil sionista-socialista cujo objetivo é educar a mocidade judaica para a vida nos *kibutzim* de Israel. Criado em 1916, em Viena, seus membros começaram a se estabelecer em Israel desde 1919; desempenhou um papel dos mais relevantes no desenvolvimento do *kibutz* e no processo político do país, sendo um dos principais componentes do partido da esquerda sionista, Mapam.

HASCALÁ: (Lit.: "inteligência, ilustração, sabedoria"). Designa o movimento de Ilustração judaica iniciado na Alemanha, em meados do século XVIII, sob a direção de Mendelsson.

HASSID (pl. ASSIDIM): Pio, beato, adepto do Hassidismo.

HASSIDISMO: Movimento pietista de grande alcance entre os judeus da Europa Oriental, fundado pelo Rabi Israel ben Israel, chamado Baal Schem Tov e seus discípulos, nos séculos XVIII e XIX.

HASSNÉ: Companhia de Seguros Gerais da Histadrut.

HECHAL SCHLOMO: Sede do Rabinato-mor de Israel, em Jerusalém.

HECHSCHAR: Permissão ou certificado expedido por um rabino, assegurando a pureza *(kascher)* ritual de um alimento.

HE-HALUTZ: (Lit.: "O Pioneiro"). Uma associação de jovens judeus cujo objetivo era treinar seus membros para a vida em Israel; suas origens remontam aos inícios do século XX, quando certos grupos começaram a adotar o conceito de "realização pessoal", *hagashamá azmit.*

HERUT: (Lit.: "Liberdade"). Partido israelense criado em 1948 procedente do movimento sionista-revisionista e do Irgun Tzvai Leumi, que veio a integrar a coligação do Gahal.

HEVER HA-KVUTZOT: (Lit.: "Liga de Colônias Coletivas"). Federação de *kibutzim,* fundada em 1929, composta de colônias sem laços ideológicos ou organizacionais muito fortes entre elas. Fundiu-se com o Ihud ha-Kibutzim, em 1951, para formar o Ihud ha-Kvutzot ve-ha-Kibutzim.

HEVRAT HACHSCHARAT HA-ISCHUV: Companhia de Colonização da Terra.

HEVRAT HA-OVDIM: Organismo coordenador geral dos empreendimentos econômicos da Histadrut.

HISTADRUT: (Abreviatura de Ha-Histadrut ha-Klalit ha--Ovdim ha-Ivrim be-Eretz Israel", Confederação Geral dos Trabalhadores Hebreus da Terra de Israel). Nome da organização fundada em 1920 e que reúne funções sindicais, cooperativas, securitárias e industriais. Desde 1960 o termo *ha-Ivrim* foi retirado de sua denominação, que passou a ser Confederação Geral dos Trabalhadores da Terra de Israel.

HITACHDUT HA-ICARIM LE-ISRAEL: (Lit.: "Federação dos Lavradores de Israel"). Associação de agricultores com propriedades individuais da organização; preocupa-se com os problemas profissionais, econômicos, culturais e sociais de seus membros e os representa junto aos órgãos governamentais em diferentes setores.

HOVEVEI TZION: (Lit.: "Amantes do Sião"). Movimento surgido na Rússia após 1880 e que foi o principal precursor do sionismo político moderno, surgido por inspiração de Herzl.

IEDIOT AHARONOT: ("Últimas Notícias"). Diário em forma de tablóide, fundado em 1939, de tendência independente.

IESCHIVOT GIMNASIA: Instituições educacionais religiosas em Israel, que combinam, no nível secundário, o ensino tradicional, de base talmúdica, das *ieschivot,* com a educação secular dos ginásios.

IHUD EZRAHI: Nome de uma federação do trabalho que pretendeu unir em 1940 os grupos liberais e da direita sionista, em oposição à Histadrut.

IHUD HA-KVUTZOT VE-HA-KIBUTZIM: Federação de colônias coletivas, formada em 1951, pela fusão dos *kibutzim* ligados ao Mapai, que se separaram do Ha--Kibutz ha-Meuhad, com o Hever ha-Kvutzot.

IHUD HA-KIBUTZIM: União de *Kibutzim,* filiada ao Mapai.

IOM KIPUR: Dia da Expiação. O último dos dez "dias terríveis" que começam com o Ano Novo. É uma das principais celebrações da religião judaica, quando o crente, observando jejum absoluto, se entrega à oração, ao exame de consciência e à penitência.

JESCHIVÁ (pl. IESCHIVOT): Escola, seminários rabínicos, academia talmúdica, escola de estudos superiores.

IRGUN TZVAI LEUMI: (Lit.: "Organização Militar Nacional"). Agrupamento de resistência antibritânica, fundada em 1931 e que a partir de 1937 atuou contra os ataques árabes e as autoridades inglesas, favorecendo a imigração ilegal de judeus na Palestina e a luta pela independência política do Estado de Israel.

ISCHUV: Comunidade, coletividade.

KASCHER: Ritualmente puro. Vide Kaschrut.

KASCHRUT: Leis religiosas de pureza dietética.

KEREN HAIESSOD: Fundo Nacional de Reconstrução de Eretz Israel. O braço financeiro da Organização Sionista Mundial, fundada na Conferência Sionista de Londres em 1920.

KEREN KAIEMET LE-ISRAEL: Fundo agrário estabelecido pela Organização Sionista Mundial, para a aquisição de terras na Palestina, como patrimônio nacional judaico.

KIBUTZ (pl. KIBUTZIM): (Lit.: "comuna"). Colônia coletiva israelense baseada na posse comum da terra e dos meios de produção.

KIRIAT SCHMONÁ: "Cidade dos Oito", em honra de Iossef Trumpeldor e outros sete que ali caíram em 1920. Fundada em 1950, quando um campo de novos imigrantes (*maabará*) foi transformado em área residencial. População em 1970: c. 15 000.

KNESSET: (Lit.: "assembléia, reunião, congresso"). Abreviatura de Knesset Israel.

KNESSET ISRAEL: ("Assembléia de Israel"). Parlamento que exerce funções legislativas no Estado de Israel.

KULTURKAMPF: ("luta cultural"). Conflito político-cultural ocorrido na Alemanha entre o governo de Bismarck e a Igreja católica; por extensão, designa qualquer conflito cultural.

KUPAT POALEI ERETZ ISRAEL: ("Fundo dos Trabalhadores de Israel"), estabelecido em 1910 pelo movimento Poalei Tzion, com o fito de promover a formação de colônias e empresas com base cooperativa; em 1937 foi transferido para a Histadrut.

GLOSSÁRIO

KUPAT HOLIM: ("Fundo de Doentes"). Primeira instituição de seguro de saúde em Israel. Fundada em 1911, foi incorporada em 1920 à Histadrut. Hoje, 70% da população israelense está inscrita em seus quadros.

KVUTZÁ (pl. KVUTZOT): (Lit.: "grupo, equipe"). Pequena comuna de pioneiros organizados em colônia agrícola em Eretz Israel; serviu de base para o desenvolvimento ulterior do *kibutz*.

KVUTZAT HA-EMEK: (Lit.: "Grupo do Vale"). Grupo da terceira *aliá*, com ideais semelhantes ao do Gdud ha-Avodá.

LA-MERHAV: Diário trabalhista, órgão do Ahdut ha-Avodá, entre 1954-1971, fundiu-se com o Davar.

LANDSMANNSCHAFTEN: Associações de conterrâneos.

LEHI: Abreviatura de Lohamei Herut Israel. Combatentes para a Liberdade de Israel. Organização militar de resistência antibritânica, fundada em 1940 por dissidentes do Irgun Tzvai Leumi.

LEUM: Nação, povo, etnia.

LIKUD OLEI TZFON AFRICA: União dos Emigrantes da África do Norte.

MAABARÁ: Campo de trânsito para imigrantes em Israel.

MAARAKH: (Lit.: "Alinhamento"). União política trabalhista, em 1964, entre o Mapai e o Ahdut Avodá.

MAARIV: (Lit.: "tarde, véspera"). Diário independente de Telavive fundado em 1948 sob o nome de *Iediot Maariv* ("Notícias da Tarde").

MADRI'ACH: (Lit.: "guia, instrutor, educador"). Nome que designa, nos movimentos e organizações juvenis sionistas, jovens que receberam treinamento especial e que instruem os demais.

MAGSCHIM: (Lit.: "realizador, materializador").

MAGSCHIMEI HA-TZIONOT: Realizadores do Sionismo.

MAFDAL: (Sigla de "Miflagá Datik Leumit", Partido Nacional Religioso) fundado pela união do movimento Mizrahi e do Hapoel Mizrahi em 1966.

MAHANOT HA-OLIM: (Lit.: "Hostes Ascendentes"). Movimento de estudantes de escolas secundárias, formado em Israel, em 1927.

MAPAI: (Sigla do "Mifleguet Poalei Eretz Israel", Partido dos Trabalhadores de Israel). Organização política sionista-socialista criada em 1930 por Ben Gurion e outros; filiada à Internacional Socialista, seu programa era mais pragmático do que marxista, tendo contribuído poderosamente para a fundação do Estado de Israel, à testa de cujo governo seus líderes se encontram desde então.

MAPAM: (Sigla de "Mifliguet Poalei Eretz Israel", Partido dos Operários de Eretz Israel). Reúne a maior parte da esquerda sionista e dos membros das colônias coletivas com esta tendência; foi fundado em 1948.

MIN HA-IESSOD: (Lit.: "das bases"). Facção política do Mapai, formada em 1961, por Lavon e outros.

MISRAD HA-HAVODÁ: (Lit.: "escritório de trabalho"). Organização fundada em 1913 com o objetivo de cuidar de problemas trabalhistas (empregos, desemprego etc.); precursora do Ministério do Trabalho de Israel, que é designado hoje pelo mesmo nome.

MIZRAHI: (Do hebraico *Merkaz Ruhani*, "centro espiritual"). Movimento religioso sionista fundado em 1902, como facção da Organização Sionista Mundial. Atualmente sob o nome de Partido Nacional Religioso (Mafdal) é uma das correntes políticas ativas em Israel, de cujo parlamento e ministérios tem participado desde a fundação do Estado.

MOSCHAV (pl. MOSCHAVIM): (Lit.: "estabelecimento, colônia, residência"). Aldeia ou colônia em bases cooperativas.

MOSCHAVIM OVDIM: ("colônias de trabalhadores"). Aldeia agrícola que combina o trabalho individual e cooperativo, sob as seguintes bases: terra de propriedade nacional, ajuda mútua, compra e comercialização de produtos por meios cooperativos e a família como unidade básica. Cada *moschav* é uma sociedade cooperativa de exploração agrícola e constitui uma unidade local de governo, administrada pela direção da sociedade.

MOSSAD BIALIK: Importante casa editora de Israel.

NAHAL: (Sigla de "Noar Halutzi Lohem", Juventude Pioneira Combatente). Unidade regular das Forças de Defesa de Israel cujos soldados são organizados em grupos semelhantes aos que existem nos movimentos juvenis de pioneiros e são treinados tanto para a tarefa militar quanto para o trabalho nas colônias agrícolas israelenses; designa também os postos ou campos destas unidades que têm um caráter de colônias agrícolas militares.

NTANIÁ: Cidade costeira da região central de Israel. Fundada em 1929, como um *moschav* de 40 jovens, tinha, em 1968, 60 000 habitantes.

NETUREI KARTA: (Lit.: "Guardiães da Cidade"). Grupo judeu extremista ultra-religioso, que considera o estabelecimento de Israel um pecado e uma negação de Deus, razão pela qual não reconhece o Estado judeu.

GLOSSÁRIO

NUV: Agência cooperativa de produtos das aldeias agrícolas.
PALMACH: (Sigla de *Plugá,* "destacamento", e *mahatz,* "ataque, ferida"). Tropa de choque da Haganá, criada em 1941 e dissolvida em 1948.
PESSACH: (Lit.: "Páscoa"). Nome da festividade judaica que se celebra durante oito dias (sete em Israel) a começar a 15 de Nisan (março ou abril) e comemora o êxodo do Egito.
POALEI AGUDAT ISRAEL: ("Trabalhadores Agudat Israel"). Ligada ao partido religioso ortodoxo sionista, Agudat Israel, esta corrente surgiu em 1922, na Polônia, propondo-se a aplicar, na vida diária, os princípios sociais contidos na Torá. Em Israel, hoje, é um partido autônomo com representantes no Parlamento.
POALEI TZION: (Lit.: "Trabalhadores de Sião"). Movimento político sionista-socialista que surgiu no Império Russo por volta do fim do século XIX e impulsionou a segunda *aliá;* sua importância foi fundamental para a evolução de todo o trabalhismo hebreu e da criação do Estado de Israel.
POGROM (pl.: POGROMS): Nome dado na Rússia aos ataques e violências contra a população judaica. A partir de 1880, ondas dessa natureza, inspiradas pelas próprias autoridades, varreram em diferentes ocasiões o Império Czarista.
PROBLEMSTELLUNG: (alemão): "colocação do problema".
PURIM: Festa celebrada a 13 e 14 de Adar (fevereiro-março). Comemora o feito de Ester que salvou os judeus no reinado de Assuero.
RAFI: (Sigla de Reschimat Poalei Israel (Lista Trabalhista de Israel). Cisão do Mapai em 1956 até 1968, sob a liderança de Ben Gurion e que contou com o apoio de Perez, Dayan e outros.
RESCHIMAT POALEI ISRAEL: Vide RAFI.
ROSCH HA-SCHANÁ: (Lit.: "começo do ano"). Ano Novo judaico celebrado no primeiro e segundo dia do mês de Tischri.
SABRA: Nome de um cacto israelense. Por extensão: denominação dada aos nativos de Israel e especialmente aos jovens.
SCHAVUOT: ("Pentecostes"). Celebração de dois dias, comemorada sete semanas depois da Páscoa. Festa das primícias e dedicada à memória da revelação no Monte Sinai.
SCHULKHAN: Lei rabínica. Provável referência ao Schulkhan Aruch. Vide SCHULKHAN ARUCH.

SCHULKHAN ARUCH: (Lit.: "mesa posta"). Título de importante codificação das regras e preceitos da vida religiosa judaica. Foi composta, no século XVI, por Rabi Iossef Caro, de origem espanhola.

SCHURÁ (v. Schurat ha-Mitnaudin): grupo de serviços ou trabalhadores voluntários.

SCHURAT HA-MITNADVIM: Grupo Voluntário de Serviço.

SEDER DE PESSACH: (Lit.: "Ordem de serviço", isto é, ritual da Páscoa) ágape e ritual que é celebrado em família, no primeiro ou segundo dia de Pessach.

SEFARAD: (Vide SEFARDITAS).

SEFARDITAS: (de Sefarad, Espanha). Designa os judeus de ascendência ibérica que se espalharam pela Europa, Ásia e América, após a expulsão procedida pelos Reis Católicos da Espanha.

SEFER HA-AGADÁ: (Lit.: "Livro das Lendas ou Narrações"). Designa um conjunto de bênçãos, preces, salmos, comentários e relatos que celebram o Êxodo do Egito e que são recitados no ritual do Seder, o ágape festivo de Pessach.

SIFRIAT HA-KIBUTZ HA-MEUHAD: Editora do Kibutz ha-Meuhad, uma das maiores federações de *kibutzim* do país; até 1968 havia publicado 700 obras originais.

SIFRIAT HA-POALIM: "Biblioteca dos Trabalhadores". Editora estabelecida pelo movimento juvenil da esquerda sionista Ha-schomer Ha-tzair ("Jovem Guarda").

SOLEL BONÉ: Empresa organizada pela Histadrut, em 1924; dedica-se à construção, obras públicas e indústria.

SUCÁ (pl.: SUCOT): ("Festa das Cabanas e Tabernáculos"). Celebração que dura oito dias, começando no quinto dia depois do Dia do Perdão. Comemora a viagem pelo deserto. Durante estes dias as pessoas deixam suas casas e vivem em cabanas cobertas de folhas.

TECHNION: Instituto de Tecnologia de Israel, única universidade técnica de Israel, fundada em 1912, em Haifa.

TEDDY BOYS: Jovem inglês de espírito contestador, metido em trajes da época de Eduardo VII.

TODAA IEHUDIT: "Consciência judaica".

TNUVÁ: (Lit.: "produção"). Cooperativa associada à Histadrut, que comercializa, desde 1927, a maior parte da produção das aldeias judaicas em Israel.

ULPAN (pl.: ULPANIM) (do aramaico: "treinamento, instrução"). Denominação, a partir de 1949, de escolas para adultos, especialmente novos imigrantes em que a língua hebraica é ensinada de maneira intensiva.

VAAD LEUMI: ("Conselho Nacional"). Órgão Executivo da *Asefat ha-Nivharim;* criado em 1920, funcionou até o estabelecimento do Governo Provisório do Estado de Israel, em 1948.

VOLKSDEUTSCHER: Descendente de alemão, de etnia alemã.

WISSENSCHAFT DES JUDENTUMS: "Ciência do Judaísmo". Disciplina científica fundada na Alemanha por Leopold Zunz, no século XIX, e dedicada à pesquisa histórica, filosófica, literária e sociocultural do judaísmo.

ZIM: (Lit.: "navio"). Companhia de Navegação Israelense, fundada em 1945 pela Agência Judaica, Histadrut e Liga Marítima da Palestina.

ZRAMIM: (Lit.: "correntes, tendências"). As várias tendências ideológicas que presidem as escolas do sistema de ensino primário em Israel.

COLEÇÃO ESTUDOS

1. *Introdução à Cibernética*, W. Ross Ashby
2. *Mimesis*, Erich Auerbach
3. *A criação Científica*, Abraham Moles
4. *Homo ludens*, Johan Huizinga
5. *A Lingüística Estrutural*, Giulio Lepschy
6. *A Estrutura Ausente*, Umberto Eco
7. *Comportamento*, Donald Broadbent
8. *Nordeste 1817*, Carlos Guilherme Mota
9. *Cristãos-Novos na Bahia*, Anita Novinsky
10. *A Inteligência Humana*, H. J. Butcher
11. *João Caetano*, Décio de Almeida Prado
12. *As Grandes Correntes da Mística Judaica*, Gershom Scholem
13. *Vida e Valores do Povo Judeu*, Cecil Roth e outros
14. *A Lógica da Criação Literária*, Kate Hamburger
15. *Sociodinâmica da Cultura*, Abraham Moles
16. *Gramatologia*, Jacques Derrida
17. *Estampagem e Aprendizagem Inicial*, W. Sluckin
18. *Estudos Afro-Brasileiros*, Roger Bastide
19. *Morfologia do Macunaíma*, Haroldo de Campos
20. *A Economia das Trocas Simbólicas*, Pierre Bourdieu
21. *A Realidade Figurativa*, Pierre Francastel
22. *Humberto Mauro, Cataguases, Cinearte*, Pauio Emílio Salles Gomes
23. *História e Historiografia*, Salo W. Baron
24. *Fernando Pessoa ou o Poetodrama*, José Augusto Seabra
25. *As Formas do Conteúdo*, Umberto Eco
26. *Filosofia da Nova Música*, Theodor Adorno
27. *Por uma Arquitetura*, Le Corbusier
28. *Percepção e Experiência*, M. D. Vernon
29. *Filosofia do Estilo*, G. G. Granger
30. *A Tradição do Novo*, Harold Rosenberg
31. *Introdução à Gramática Gerativa*, Nicolas Ruwet
32. Sociologia da Cultura, Karl Mannheim
33. *Tarsila — Sua Obra e seu Tempo*, Aracy Amaral
34. *O Mito Ariano*, Léon Poliakow
35. *Lógica do Sentido*, Gilles Deleuze
36. *Mestres do Teatro I*, John Gassner

37. *O Regionalismo Gaúcho e as Origens da Revolução de 1930*, Joseph L. Love
38. *Sociedade, Mudança e Política*, Hélio Jaguaribe
39. *Desenvolvimento Político*, Hélio Jaguaribe
40. *Crises e Alternativas da América Latina*, Hélio Jaguaribe
41. *De Geração a Gearação*, S. N. Eisenstadt
42. *Política Econômica e Desenvolvimento no Brasil*, N. Leff
43. *Prolegômenos a uma Teoria da Linguagem*, Louis Hjelmslev
44. *Sentimento e Forma*, S. K. Langer
45. *A Política e o Conhecimento Sociológico*, F. G. Castles
46. *Semiótica*, Charles S. Peirce
47. *Ensaios de Sociologia*, Marcel Mauss
48. *Liberdade, Poder e Planejamento*, Karl Mannheim
49. *Poética para Antônio Machado*, Ricardo Gullán
50. *Soberania e Sociedade no Brasil Colonial*, Stuart B. Schwartz
51. *A Literatura Brasileira*, Luciana Stegagno Picchio
52. *A América Latina e sua Literatura*, UNESCO
53. *Os Nueres*, E. E. Evans-Pritchard
54. *Introdução à textologia*, Roger Laufer
55. *O Lugar de todos os Lugares*, Evaldo Coutinho
56. *Sociedade Israelense*, S. N. Eisenstadt
57. *Das Arcadas do Bacharelismo*, Alberto Venâncio Filho

*

Impresso nas oficinas da
RUMO GRÁFICA EDITORA LTDA.
São Paulo - Brasil

*